上海浦山新金融发展基金会

弘扬浦山先生为代表的经济学家克己奉公的高尚品质推动金融理论创新，支持上海国际金融中心建设

太阳之下无新事

余永定 著

中国社会科学出版社

图书在版编目（CIP）数据

太阳之下无新事/余永定著.—北京：中国社会科学出版社，2019.12（2024.3重印）
（经世学人文丛）
ISBN 978-7-5203-5349-6

Ⅰ.①太⋯　Ⅱ.①余⋯　Ⅲ.①中国经济—宏观经济形势—文集
②中国经济—宏观经济—经济政策—文集　Ⅳ.①F12-53

中国版本图书馆CIP数据核字（2019）第230554号

出 版 人	赵剑英
责任编辑	王　茵
责任校对	张依婧
责任印制	王　超

出　　版	中国社会科学出版社
社　　址	北京鼓楼西大街甲158号
邮　　编	100720
网　　址	http://www.csspw.cn
发 行 部	010-84083685
门 市 部	010-84029450
经　　销	新华书店及其他书店
印刷装订	北京君升印刷有限公司
版　　次	2019年12月第1版
印　　次	2024年3月第6次印刷
开　　本	710×1000　1/16
印　　张	55.25
字　　数	778千字
定　　价	258.00元

凡购买中国社会科学出版社图书，如有质量问题请与本社营销中心联系调换
电话：010-84083683
版权所有　侵权必究

"浦山书系"由上海浦山新金融发展基金会(简称浦山基金会,PU SHAN FOUNDATION)创设。

浦山基金会由中国金融四十人论坛(CF40)旗下上海新金融研究院(SFI)发起,于2016年7月成立。基金会以弘扬浦山先生为代表的经济学家克己奉公的高尚品质,推动金融理论创新,支持上海国际金融中心建设为宗旨,主要业务为奖励在国际经济领域做出贡献的经济学家,并资助国际金融和新金融领域的课题研究与研讨。

浦山基金会与中国世界经济学会战略合作,联合主办浦山世界经济学优秀论文奖(简称浦山奖),主要奖励世界经济、开放宏观经济学、国际金融、国际贸易、经济发展与增长,以及中国对外经济关系方面具有原创性的优秀学术研究和政策研究。

"浦山书系"专注于国际经济等相关领域,基于研究和研讨成果出版系列图书,力图打造兼具理论、实践、政策价值的权威书系品牌。

2009年以来,"中国金融四十人论坛书系"及旗下"新金融书系""浦山书系"已出版100余本专著。凭借深入、严谨、前沿的研究成果,该书系在金融业内积累了良好口碑,并形成了广泛的影响力。

目 录

代　序 ·· (1)

第一篇　从治理通胀到克服通缩的转向

1996年中国宏观经济回顾与1997年展望 ···················· (3)

90年代后半期的"冲销政策"和货币政策的无效性 ········· (15)

1998年中国宏观经济政策转向所面临的问题 ·············· (22)

中国宏观经济管理的新阶段 ································· (38)

中国1999—2000年的宏观经济形势与金融改革 ··········· (52)

亚洲金融危机背景下中国的通缩及国际金融体系改革 ······ (66)

90年代中国经济发展与政策演进回顾 ······················ (77)

2000年中国经济形势回顾与2001年展望 ·················· (95)

克服通缩主要靠积极的财政政策 ··························· (111)

第二篇　在物价稳定和经济增长之间寻找平衡

2003年中国宏观经济政策的天平应向防止过热

　一端倾斜 ·· (141)

警惕投资过热造成生产过剩和经济效益下降 ··············· (151)

如何认识2003年以来的宏观经济形势 ····················· (156)

分析当前宏观经济形势的一些思路 ························· (171)

关于2005年财政政策的几个重要问题 ····················· (210)

中国金融体系及其所面临的挑战 …………………………… (217)
中国经济的稳定、平衡增长呼唤积极财政 …………………… (233)
中国宏观经济管理:问题与展望 ……………………………… (246)
组合拳调理宏观经济 …………………………………………… (265)
当前股市存在泡沫亟需干预 …………………………………… (274)
中国经济的不稳定、不平衡和应对之策 ……………………… (278)
抑制股市泡沫的可行措施 ……………………………………… (284)
1998年香港政府稳定股市的经验 ……………………………… (293)
应综合考虑特别国债对宏观调控的影响 ……………………… (300)
如何理解流动性过剩 …………………………………………… (305)
宏观调控与价格改革 …………………………………………… (313)
通胀、资产泡沫和中国宏观经济稳定 ………………………… (318)
通货膨胀严重威胁稳定 ………………………………………… (338)
当前中国宏观经济的十大问题 ………………………………… (347)
人民币汇率升值可以作为治理通胀的一种选择 ……………… (360)
反通胀要谨防"误伤" …………………………………………… (369)
2008年中国经济前瞻:应对三大挑战 ………………………… (374)

第三篇 全球金融危机下经济增速和结构调整的取舍

中国内外部经济形势及宏观经济政策前瞻 …………………… (393)
面对全球金融危机的冲击,中国宏观经济政策
　　应该如何调整? …………………………………………… (403)
以财政扩张刺激内需,经济增速保8%无虞 …………………… (414)
"四万亿刺激计划"及其他政策问题 …………………………… (420)
2009年中国宏观经济面临的挑战 ……………………………… (431)
经济增长过程中"过度需求"和"产能过剩"的交替 ………… (439)
财政刺激取得成功,结构调整不容拖延 ……………………… (447)
警惕经济反弹后的通胀威胁和结构恶化 ……………………… (456)

中国的经济增长与结构调整……………………………………（461）

第四篇　需求管理与"供给侧结构改革"之间的重点转换

社会融资总量与货币政策的中间目标………………………（483）
20世纪90年代以来中国的宏观经济管理……………………（494）
需准确评估"四万亿"后的金融风险…………………………（518）
经济增速下降,金融风险恶化难以避免,但不会
　　发生金融危机…………………………………………（529）
经济增长中的房地产投资依赖………………………………（535）
2014年中国不大可能发生金融危机…………………………（542）
中国经济增长的新变化………………………………………（547）
中国企业融资成本为何高企?…………………………………（557）
新常态,新挑战…………………………………………………（567）
中国企业债对GDP比的动态路径……………………………（578）
"宽货币"难助资金"脱虚向实"………………………………（593）
中国2015年经济形势和宏观经济政策组合…………………（601）
评2015年股灾及增长方式转变问题…………………………（607）
当前中国的宏观经济形势和政策选择:对话黄益平教授……（618）
应再次引入一揽子刺激措施打破通缩局面…………………（634）
我为什么主张出台新刺激政策………………………………（643）
中国"大规模刺激"是没有更好选择的选择 …………………（647）
必须扭转经济增速进一步下滑的趋势………………………（651）
结构改革和宏观管理…………………………………………（657）
"供给侧结构性改革"不能代替需求管理……………………（664）
抑制债务—通缩恶性循环,稳定经济增长……………………（681）
央行"缩表"并不意味紧缩货币………………………………（691）
中国是否正在逼近明斯基时刻?………………………………（700）

目 录

2018年经济增长是否可以实现L型筑底？ ……………（711）
把脉2018年中国经济和中美贸易 ……………………（720）
实施积极财政政策和中性偏松货币政策的必要性 ………（731）
双"宽松",稳增长 ………………………………………（738）
中国经济与宏观调控:问题与出路 ………………………（745）
增长是硬道理 ……………………………………………（757）

后　记 ……………………………………………………（766）

代　　序

自20世纪70年代末到1988年秋负笈牛津之前,我一直在中国社会科学院世界经济与政治研究所从事世界经济和西方经济理论,特别是西方宏观经济理论的研究,对国内经济体制改革和宏观调控的实际问题关注不多。1991年,我选择了"中国宏观经济和稳定政策设计"作为博士学位论文题目。选择这个题目的原因:一是我对宏观经济理论有兴趣;二是我自认为应该比西方学者更了解中国的实际情况,可以写出他们写不出的东西。为了完成博士学位论文,我开始恶补中国宏观经济和中国政府宏观经济政策的知识。1994年8月论文答辩通过,我于同月打道回府。回国后,中国宏观经济调控成为我的主要研究领域之一。

《太阳之下无新事》这本文集收录了我回国后撰写的有关中国宏观经济形势和宏观经济政策的主要文章。我的宏观经济研究主要包括两个方面:一是对中国宏观经济中、短期变化趋势的判断;二是对中国宏观经济的一些争议问题的理论探讨。

中国经济从宏观调控的角度来看,自20世纪90年代以后大致经历了五个主要阶段:1990—1997年、1998—2002年、2003—2008年、2009—2010年以及2010年至今。

在整理自己横跨20多年的宏观经济文章的过程中,我突然发现:当前学界所争论的大部分重要宏观经济问题,在20多年前就已经争论过了。我现在的许多观点其实在20多年前就说过,而且所用的语言也几乎同现在完全一样。当然，我并非想说自己有什么先见之明，或思想如何一以贯之；相反，我想说的是，在宏观经济领域真是"已行的事，后必再行。阳光之下，并无新事"。或许，这种感觉源于宏观经济自身的"重复性"：尽管每次重复都不尽相同，但模式是相同的。这样，研究宏观经济史、宏观经济调控史，研究说对了什么、说错了什么？为什么会做出错误判断，对在今后不重犯过去的错误就显得很有意义了。年轻一代学者在技术分析层面早已超过我们这一代人。但他们并未亲身经历两个（更不要说三个）以上的经济"周期"，如果他们能够通过了解我们的思想历程，感受到什么是"阳光之下，并无新事"，或许就可以不必再次回到原点，不犯或少犯我们这些过来人所犯的错误。

对90年代以来中国宏观经济调控的回顾

1990—1997年：抑制通胀

由于特殊的历史原因，1990年中国经济增速仅有4.1%。1991年，经济迅速反弹，GDP增速达到9.5%。[①] 1992年，在邓小平南方谈话的激励下，伴随货币供给和信贷的井喷式增加，固定资产投资增速迅速提高，在1992年和1993年分别飙升到44.4%和61.5%。同期，GDP增速分别上升到14.2%和13.5%，CPI增速也从1990年、1991年和1992年的3.1%、3.4%和6.4%上升到1993年的14.7%。在这个时期，房地产开发投资增速惊人，在1992年和1993年分别达到93.5%和124.9%。1993年8月，朱镕基兼任中国人民银行行长，严令各级银行收回计划外贷款，严控银行资金流入房地产。金融乱象得到初步整治。

---

① 《代序》中的统计数字如未特别说明，都是当时公布的数字，而不是在2016年经调整过的统计数字。——笔者注

1994年政府开始执行"适度从紧"的财政政策和货币政策("双适度")。财政政策主要是推进税改、压缩财政开支；货币政策则包括严格控制信贷规模，大幅提高存贷款利率，存款利息率同通货膨胀率挂钩。尽管经济增长率因政府的调控而下降，1994年通货膨胀率却上升到24%，创下自改革开放以来的新高。通货膨胀率持续上升的原因是多重的，其中包括旨在促进价格结构合理化的行政价格调整、由于供应短缺导致的粮食价格上涨、由于粮食流通系统重组导致的交易成本增加和资本流入导致的外汇占款增加未能得到充分对冲等等。朱镕基认为，经济过热的根本原因是基础设施和房地产投资过热。[①]

面对不断恶化的通货膨胀，政府在1995年进一步收紧货币供给[②]，并分别在1月和7月两次提高金融机构贷款利息率。政府的"双适度"政策终于取得成效：1995年固定资产投资增速回落到17.5%，1996年进一步下降到14.8%；1995年通货膨胀率下降到14.8%，1996年进一步下降到8.3%。由于经济在1995年开始显现需求不足迹象以及通胀形势的好转，自1996年4月1日起中国人民银行停办保值储蓄。1996年5月1日，中国人民银行将银行存款利率平均降低0.98个百分点，贷款利率降低0.75个百分点，是为自1993年7月强化宏观调控以来首次降息。

1996年10月，生产资料批发价格（WPI）首现负增长。进入1997年，各类型价格指数进一步下跌，产能过剩现象日趋严重。政府似乎并不能确认这种情况到底是产业结构问题，还是有效需求不足问题，因而并未进一步放宽货币政策。1997年夏季部分经济学家呼吁进一步降息，但政府未予理睬。事实上，权威经济学家认为："当前并不是出现了总需求严重不足的问题，而是需要改善与提高供给面

[①] Zhu Rongji, *Speech at Central Economic Work Conference*, 1994.
[②] 在1995年出现了一个令人费解的现象：尽管货币供给增长率迅速下降，但信贷增长率出乎意外地上升了，而且在1996年6月达到顶点的44%。

的问题。因此,适度从紧的基本方针和抑制通货膨胀的首要任务不应改变……1997年宏观经济政策的着力点应该是:调整供给结构、提高供给质量、降低供给成本、提高供给效率。"① 关于货币政策,权威人士的观点是:"目前主要危险恰恰是放松银根,再度出现'一哄而起'。"② 不难看出,20年前经济学界权威人士对"供给侧改革"的强调绝对不输今日。他们对1997年经济形势的判断是:1996年是1993年紧缩后的谷底,从1997年起将出现稳步的经济回升。事实上,1997年全年GDP的增长率为9.2%;CPI年增长率2.8%,而12月为0.4%。看上去,政府自1993年开始的以实现"软着陆"为目标的宏观调控取得圆满成功,中国经济即将进入一个低通胀、高增长的新阶段。但1997年实际上却是中国经济进入通货收缩阶段的转折年。

1997年10月零售物价指数下跌至1.5%③,政府终于在10月23日宣布再降低银行贷款基准利息率,其中1年期贷款基准利息率下降1.44个百分点。中国人民银行10月的降息是一个强烈的信号,表明货币政策方向从"适度从紧"转向了"放松"。

在1994年8月到1997年的大部分时间,我一方面研究世界经济问题,另一方面了解国内经济实际情况,并未介入国内宏观经济政策的辩论。1997年一些学者开始呼吁调整宏观经济政策方向,其主要政策建议是降息。尽管之前不久因发表的一篇关于中国"双顺差"的文章④,处境比较微妙,但我在夏天广西北海召开的一次会议上也呼吁中国人民银行降息。在同年8月发表的会议论文中,我讨论了

---

① 余永定、刘国光等:《1997年中国经济形势分析与预测》,社会科学文献出版社1996年版,第3页。
② 同上书,第34—35页。
③ 但当时认为是负增长。参见谢平《通货收缩与货币政策》,《经济研究》1999年第8期。
④ 余永定:《见证失衡:双顺差、人民币汇率和美元陷阱》,生活·读书·新知三联书店2010年版,第1—12页。

"货币政策的无效性",指出:"货币政策的放松,利息率的下调并未达到刺激实际部门的预期效果……新增加的资金仅仅流入了证券交易所而未流入实际部门。"一方面是股票价格暴涨,"1997年5月,在深圳和上海上市的595个公司的市盈率分别高达47.74%和51.62%。在1996年同期,这两个数字分别为18.20%和23.75%。两个证券交易所的股票价格指数的增长速度分别达到162.14%和117.25%"。另一方面是投资不振。"由于实物经济对利息率变动的不敏感性,为了刺激经济增长,看来政府应该进一步降低利息率。然而,由于担心进一步降息将会导致股票价格的另一轮暴涨,中国政府对于是否进一步降息还处于犹豫状态。"① 毋须说,在其后的20多年中,政府还要一再面临这种左右为难的形势。

在1998年7月的一篇文章中,我对1993年以来政府执行的以抑制通货膨胀为首要目标的"双适度"做了比较全面的评述。文章的主要观点包括:第一,中国应该更早由"双适度"转向积极的财政政策和稳健的货币政策。"现在回过头来看"(with benefit of hindsignt),中国宏观经济政策目标的"转变应该实施得早一些","许多重要经济变量的变动具有巨大惯性,而政策变量效用的发挥又具有极大滞后性,因而,在运用经济政策调控经济变量时,应考虑'提前量'。"② 第二,在通货收缩期间,货币政策失效,财政政策在克服通货收缩、稳定经济增长的过程中应该起主导作用。③ 第三,抛开一些技术细节不谈,货币政策之所以失效主要是因为银行"惜贷"和企业"惜借"。而银行和企业行为的这种变化又同体制改革、不良债权

---

① 余永定:《当前中国货币政策的某些问题》,1997年8月广西北海国际研讨会会议论文;另见氏著《一个学者的思想轨迹》,中信出版社2005年版,第304—305页。
② 余永定:《中国宏观经济管理的新阶段》,《改革》1998年第5期;另见氏著《一个学者的思想轨迹》,中信出版社2005年版,第309页。
③ 同上书,第310—315页。

处理、经济的结构性变化和对宏观经济发展前景的预期有关。① 应该"建立鼓励银行按商业原则积极发放贷款的激励机制",但"对银行发放贷款规定下限之类的做法则是十分有害的……银行迫于完成放款任务的压力,很可能放松对借款人资信的审查。其结果必然是不良债权的增加"。② 第四,"增加政府支出主要是指增加……基础设施的投资支出。在中国目前情况下政府中的行政开支等非生产性支出还是应该尽量压缩的"③。第五,增加政府支出特别是投资支出的资金从何而来呢? 在政府财政收入无法提供融资的情况下,应该向商业银行增发国债。"中国目前60%以上国债由公众持有,商业银行持有债券仅占其资产的6%。中国商业银行持有政府债券的比例远远低于一般发达国家的水平……政府向银行发债,不但可以解决政府资金不足的问题,还可以解决金融机构无法扩大高质量资产的问题。一举两得,何乐而不为呢!"④ 第六,"从政府决定开始实施公共工程建设到工程真正全面展开,再到形成最终投资需求并使GDP的增长速度得以加快,是需要花费相当一段时间的。希望一蹴而就、立见功效是不现实的。公共工程是'百年大计',必须坚决避免任何仓促上阵的做法。与其通过浪费来刺激经济,还不如通过'用直升飞机撒钱'的办法来刺激经济"⑤。以上六点,听起来是不是有些耳熟? 10年后的2008—2009年和20年后的2018—2019年,我们是不是还在讨论同样的问题,说同样的话?

有意思的是,此文还谈到了从供给方、从长期看,中国经济增速下降的必然性。这点同我们20年后的今天论证中国经济增速为什么必然下降的方式几乎完全一样。文章指出,从长期增长的观点来看,

---

① 余永定:《中国宏观经济管理的新阶段》,《改革》1998年第5期;另见氏著《一个学者的思想轨迹》,中信出版社2005年版,第310—315页。
② 同上书,第311页。
③ 同上书,第313页。
④ 同上书,第313—314页。
⑤ 同上书,第307—316页。

中国经济的最大难题还是如何维持可持续的增长。"一系列使中国在过去20年中得以保持高速增长的长期因素正在或将要消失。首先，制度变迁、结构调整对经济增长的贡献将会消失和大大减少……其次，中国正以极高的速度进入老龄社会，劳动力的增长速度将显著下降……由于老龄化和其他原因，中国的储蓄率也将随之下降。而近40%的高储蓄率是过去20年间中国经济高速增长的主要推动力。再次，由于在过去的高速发展时期，中国的环境遭到巨大污染，生态环境遭到巨大破坏，为了治理环境污染、恢复生态平衡，中国将不得不相应付出牺牲经济增长的巨大代价。复次，随着中国经济的发展，中国利用后发（later comer）效应所取得的技术进步速度可能会明显下降。又次，随着印度等南亚次大陆国家和非洲国家更多地进入国际市场，中国低劳动成本的比较优势将逐步丧失，国际资本流入的势头也会逐步减弱。最后，由于边际效用递减规律的作用，中国人均GDP的增长速度也很可能会明显下降。"[1] 除第一点外（对中国经济改革和结构调整进程中出现反复的可能性估计严重不足），其他各点大概在20年后的今天也不会有什么争议。问题是，前述关于未来增长潜力的判断在现在看是正确的，在10年前看是正确的，在20年前看也是正确的。正因为如此，对长期趋势的判断并不能作为决定短期经济政策的依据。即便对潜在经济增速的判断是正确的，我们也无法从中推出当下经济增速应该比上年下降几个百分点。如果10年前、20年前我们就根据上述推断来制定当时的宏观经济政策（包括确定经济增长速度目标），降低经济增长速度目标，今天中国经济如何能够成为体量超过90万亿元人民币的世界第二大经济体？

1998—2002年：克服通缩

由于受到亚洲金融危机的影响，1998年中国的出口增速急剧下

---

[1] 余永定：《中国宏观经济管理的新阶段》，《改革》1998年第5期；另见氏著《一个学者的思想轨迹》，中信出版社2005年版，第309—310页。

降。不久之后，固定资产投资增速也大幅度下降。尽管中国人民银行进一步放松货币政策，中国的经济增速还是一路下降。到1998年上半年GDP增速已经降至7%。这样，1998年并未如所希望的那样成为中国经济成功软着陆，进入增长坦途的一年。相反，1998年成为中国20世纪90年代最困难的一年。

虽然政府自1996年5月就开始微调宏观政策方向，特别是在1997年10月陆续采取了下调存贷款利率、降低法定存款准备率和取消贷款限额控制等一系列措施，但银行惜贷、企业惜借现象依然严重。1998年下半年政府转向扩张性财政政策（"积极的财政政策"）。财政部卖给商业银行1000亿元人民币债券，为基础设施投资筹集资金。与此同时，商业银行还被要求提供1000亿元贷款以满足基础设施投资的资金需求。1998年"下半年国有单位固定资产投资增长显著加快，全年增长19.5%，全社会固定资产投资增长14.1%。投资的较大幅度增加，对拉动经济增长发挥了明显作用"[①]。尽管如此，1998年全年GDP增速仍仅仅达到7.8%，而CPI则从4月开始负增长，全年为-0.8%。CPI负增长标志着中国经济进入了一个过去从未经历过的阶段——通货收缩。

从1997年到1998年我的主要工作是研究亚洲金融危机的发展和中国应该如何从中吸取教训，防止危机的发生。与此同时，我也开始尝试对年度经济增长率和通胀率做出预判，并对宏观经济的热点问题发表看法。

现在能够找到的20世纪90年代我的第一篇分析中国宏观经济形势的文章是1998年11月用英文撰写的。文章认为，政府的目标非常明确，就是要获得8%的经济增速，以保证充分就业。由于当时正处于亚洲金融危机过程中，中国宏观经济中的最不确定和最难以控制的因素就是出口增长速度。各种迹象显示，出口增速将是严重负增长。

---

① 1999年政府工作报告。

在这种情况下，为了使经济获得8%的经济增长速度，唯一可行的办法是提高固定资产投资的增长速度。因而，对经济前景的分析就归结为分析中国政府是否有能力通过扩张性财政、货币政策刺激固定资产投资。文章触及了货币政策的无效性、执行扩张性财政政策的必要性和可能性等问题。对于1999年中国经济的增长前景，当时中国社会科学院的预测是GDP增速将为8.6%。对此，我并无异议，但对1999年之后到2001年的中期增长前景有些担忧。第一，中国的财政状况可能会迅速恶化，政府难以长期依靠扩张性财政政策。第二，中国的M2/GDP比过高，通货膨胀威胁不可低估。第三，政府还未形成处理不良债权的综合措施，不能仅仅寄希望于通过增长解决不良债权问题。第四，由于老龄化、环境污染、劳动生产率下降等原因，中国的长期增长潜力正在下降，这种下降将使政府维持较高经济增长速度越来越困难。这些理由同现在不少经济学家论证为什么中国应该容忍6%甚至更低增长速度的理由没有很大不同。这篇文章再次说明"阳光之下无新事"。幸好，我仅仅是表示了一些担忧。这些担忧并没有影响我对政府采取扩张性财政政策的坚决支持。[1]

财政部对商业银行注资应该说是1998年的一件大事。由于种种原因，商业银行资本金不能满足巴塞尔资本充足率要求。政府决定给四大商业银行注资。首先，中国人民银行降低了法定准备金率，四大银行从先前不能动用的法定准备金中释放出可使用的准备金2400亿元人民币。根据人民银行要求，四大银行在准备金中预留出2700亿元，存到中国人民银行开的专门户头上。其次，四大银行用这些预留出的资金认购特别国债。这样，银行资产负债表的资产方减少准备金2700亿元，增加了优良债券资产——国债2700亿元。然后，财政部将通过出售国债获得的2700亿元作为资本金注入银行。银行再将这

---

[1] Yu Yongding, "China's Current Macroeconomic Situation and Future Prospect", *China and World Economy*, No. 3 – 4, 1999.

2700亿元作为准备金存入中国人民银行账户。操作完成之后，四大银行的资产负债表中负债方增加了2700亿元实收资本金（股东权益），资产方增加了2700亿元国债。在整个操作过程中，四大银行的2700亿元准备金只是垫付，转了一圈，又回到了原处（实际上根本没动）。① 上述整个操作过程只不过是四大银行出让股权换得债权；财政部以负债换得银行股权。其实质不过是国家把左口袋的钱（或收益权）转到了右口袋。文章对不良债权的处置等问题也做了简单描述，主要目的是使自己搞清楚这些问题。②

1999年中国的经济表现令人失望，全年经济增速只有7.1%，创下1990年以来的新低。造成这种结果的直接原因是固定资产投资增速的持续下降，其次是净出口的负增长。在1999年的四个季度中，固定资产投资增速分别为23.8%、16.2%、8.5%和6%。当年投资增速急剧下降显然是无法用人口老龄化之类的长期因素解释的。2018年固定资产投资增速急剧下降同样不能用人口老龄化之类的长期因素解释。2018年中国经济增速下降的最重要原因同样是固定资产投资增速的急剧下降。在判断宏观经济形势时，应该具体分析导致固定资产投资增速急剧下降的直接原因和直接原因背后的原因，而不能用20年前就用过、以后还可以用的人口老龄化等长期因素来解释。除非，你能说明，本年度老龄化的某种特定指标决定了劳动供给和劳动生产率的特定增速，从而决定了本年度特定的潜在增速。事实上，要想证明这点是很困难的。例如，技术进步因素如何被纳入分析之中呢？在彻底分析清楚这些问题之前，很难说经济增长只能维持在某个特定水平上。

在另一篇英文文章中，我指出，导致1999年下半年固定资产

---

① 参见王大用《2700亿特别国债解决了什么问题?》，《国际经济评论》1998年第6期。

② Yu Yongding, "China 1999 – 2000: Macroeconomic Situation and Financial Reform", *China and World Economy*, No. 3 – 4, 2000.

投资增速急剧下跌的原因可以从供给曲线的移动中找到。自20世纪90年代中期开始，中国企业的劳动生产率和利润率不断下降。例如，中国上市公司的利润率从1994年的13%下降到1997年的9%。[1] 为了抵消利润率下降造成的利润损失，一些企业的反应就是扩大生产规模。另外一些亏损企业则因为体制原因而无法倒闭。这样就造成了产品的供大于求，而这种供大于求，反过来又使本来还未亏损的企业陷入亏损。在普遍亏损的情况下，企业自然也就没有了投资意愿。投资增速下降的另一个原因是金融体系脆弱性导致的信贷紧缩。中国政府希望政府投资可以通过乘数效应刺激经济增长、带动私人投资。但由于缺少企业的退出机制，这种政策效果在1999年是令人失望的。[2]

我还特别指出，"根据其他国家的经验，结构改革在短期内必将会对经济增长造成不利影响，为了对冲这种影响，在2000年中国政府除了继续执行扩张性宏观经济政策外别无选择"[3]。其实，我当时的观点同最近这几年的"供给侧改革"论者在"结构改革"问题上的观点非常接近，不同点大概主要是我强调进行结构改革并不排斥执行扩张性的财政政策。其次，我对1998—2002年通缩的分析是以企业生产成本上升为起点，而对2012年以后的通缩是以产能过剩为分析起点的，因而两个时期的政策的着力点略有不同。例如，在当时我强调的是关闭亏损企业，在现在我更强调扩大总需要。如何处理扩张性宏观经济政策和结构改革关系必须具体问题具体分析，必须处理好两者之间的平衡。

一些统计数字显示，由于政府的扩张性宏观经济政策和结构调整，企业盈利能力在1999年有了明显改进。因此我在这篇文章中贸

---

[1] "State Bureau of Statistics: China Statistics Abstract", 1998.
[2] Yu Yongding, "China 1999 - 2000: Macroeconomic Situation and Financial Reform", *China and World Economy*, No. 3 - 4, 2000.
[3] 余永定：《中国1999—2000：宏观经济形势与金融改革》，为2000年1月8日CIDA研讨会提供，徐子晗译。

然做出"预测":"如果这些数字属实,可能期待2000年企业投资增速会高于1999年。"①我和大多数中国经济学家一样,相信2000年中国GDP增速会高于1999年,会在7%—8%(允许误差太大!)。

2000年前三个季度,GDP实现了超过8%的增速。而投资增长又是GDP增速反弹的最重要原因。但是,进入第四季度之后,固定资产投资增速明显回落。究其原因,此前固定资产投资增速的回升主要是由政府公共投资带动的,固定资产投资增长还没有形成内在的可持续的动力。提高企业的盈利能力是克服通货收缩的关键,但还必须辅之以扩张性的宏观经济政策。尽管2000年政府在采取了帮助企业提高盈利能力的一系列措施的同时继续执行了扩张性的宏观经济政策,但当时的宏观经济政策力度可能还可以加强一些。

对于2001年的中国经济前景,我的看法是:"中国在2000年的经济表现似乎已经表明,中国经济已经走出了始于1997年的经济周期的底部。然而,到2001年,那些促使经济比预期表现更好的一次性因素有可能不复存在。例如,世界经济的增长可能会减速。此外,由于政府对通胀的谨慎态度,中国的货币政策和财政政策可能会收缩。因此,中国2001年的增长率将会低于2000年。2001年中国经济的增长率可能为7.5%。"②

事实上,主要由于出口增速的下降,2001年不仅GDP增速确实下降到7.5%,而且CPI在2001年第四季度也重新回到负增长区间。③

2002年中国GDP和CPI增长情况将会如何?许多权威机构对2002年经济增长形势并不看好。理由是:第一,出口形势可能进一

---

① 余永定:《中国1999—2000:宏观经济形势与金融改革》,为2000年1月8日CIDA研讨会提供,徐子晗译。
② 余永定:《中国宏观经济展望:2000—2001》,《中国与世界经济》2001年第1期,"China's Macroeconomic Outlook: 2000 - 2001", *CWE*, No.1, 2001。
③ 按照2009年以前公布的数字,1999年、2000年和2001年GDP的增长为7.1%、8%和7.5%。按最新的修正数字这些年中国GDP增速分别为7.7%、8.5%和8.3%。

步恶化；第二，由于金融机构强化了风险控制，中国人民银行提高了再贴现率，直接融资市场发展缓慢，固定资产投资虽然会比 2001 年有所增长但增幅会下降；第三，居民消费增长也将比较缓慢。① 然而，出乎意料的是，2002 年中国出口和投资（特别是房地产投资和民间投资）都大幅度增长；企业经济利润因产品销售收入的快速增长而大幅度提高。2002 年全年 GDP 增速为 8% 左右。②

2002 年经济形势全面好转既是国际经济形势好转也是政府继续执行积极的财政和稳健的货币政策的结果。正如权威机构人士指出的，2002 年经济形势的好转"政策因素仍起主要作用"③。2002 年政府发债 1500 亿元支持基础设施投资，虽然数量同 2001 年持平，但由于 2001 年的 300 亿元国债资金转到 2002 年使用，财政刺激的力度明显加强。与此同时，货币政策也实现了进一步宽松。2002 年信贷、M2 和 M1 的增速都比 2001 年有明显提高。④ 但另一方面，2002 年依然存在严重的下岗就业问题，直到 2002 年第四季度 CPI 增速依然为负值。2003 年 9 月 21 日中国人民银行宣布提高准备金率 1 个百分点。这是亚洲金融危机之后中国人民银行首次升准，标志着政府最终确认：自 1997 年开始的经济增长下滑和通货收缩阶段已在 2002 年第四季度结束。

在从 1997 年 10 月到 2002 年底的宏观经济调控过程中产生了三个非常有意思的问题。第一个是中国国债的可持续性。第二个是如何克服通缩。第三个是如何解释中国超高的 M2/GDP 比。

---

① 参见张立群《2001 年宏观经济形势评述和今年展望》，《中国货币市场》2002 年第 1 期。

② 《2002 年中国 GDP 增长真实吗？地方比中央高出 2%》，国家计委政策法规司司长曹玉书接受专访 21 世纪经济报道，2003—02—19，谭爱玲。按以后调整过的统计，2002 年 GDP 增速为 9.1%。

③ 何晓明：《2002 年中国经济形势分析及 2003 年前景展望》，中国网，2002 年 12 月 20 日。

④ 徐仲连：《2002 年我国经济运行 10 大特点》，2017 年 3 月 29 日，https://max.book118.com/html/201/0329/97826299.shtm。

在1997年到2002年稳定增长克服通缩期间，扩张性的货币政策对于刺激经济增长已经变得越来越无效。在这种情况下，政府是否可以更多依靠扩张性的财政政策？中国政府是否还有继续实施扩张性财政政策的空间？在1998年到2001年，关于中国财政状况的可持续性问题变成当时的政策争论的一个重要焦点。在1999年到2000年间撰写的几篇有关扩张性财政政策的文章中，我对执行扩张性财政政策表示了强烈支持。

自1998年以来，为了刺激有效需求，中国政府采取了扩张性财政政策。在不到两年的时间中，中国的许多财政状况指标，如财政赤字（对GDP之比）、国债余额对GDP之比（国债负担率）、债务依存度、偿债率（debt service ratio）迅速恶化。此外，许多经济学家和国际经济组织还指出，如果考虑到所谓的"或然（或有）债务"，中国的实际国债余额对GDP之比要比官方统计所显示的高得多。有鉴于此，人们难免对中国的财政稳定产生担忧。

世界银行认为，中国政府的财政状况不像表面上看起来的那样健康，因为中国政府的预算外债务（或然债务）非常巨大，中国政府的或然债务包括：（1）银行坏账和银行的注资需求（占GDP的18%—27%）；（2）政府应补足的养老金（占GDP的46%—69%）；（3）政府担保的外债（占GDP的8.1%）；（4）粮食收购和分配的累积挂账（占GDP的1.5%）；（5）与基础设施项目相关的或然债务。因而，中国政府的或然债务余额占GDP的比例高达74%—106%。[①]基于类似的理由，国内也有不少学者对中国政府继续采取扩张性财政政策心存疑虑。

事有凑巧，1996年至1998年，为调研日本的财政政策，我和中国社会科学院同事多次拜访日本大藏省，见证了日本"财政重建"

---

① 世界银行内部报告："A Techonical Note on Contingent Liabilities"，1998年11月。

政策的失败。① 受日本经验的影响，我对扩张性财政政策的认识逐渐发生变化，越来越倾向于支持在通缩期间实施扩张性财政政策。对于国内是否应该采取扩张性财政政策之争，我提出这样一个问题：如果政府继续实行扩张性的财政政策，政府是否能维持财政的稳定状态（fiscal stability）？财政稳定这一概念可以包含三重含义：首先，如果政府能够长期保持财政收支平衡，则政府财政处于稳定状态；其次，尽管在相当长时期内不能实现财政收支平衡，但政府却能够通过发行国债为财政赤字融资，则政府财政依然可以说处于稳定状态；最后，如果在经济中存在这样一种机制，当财政脱离稳定状态之后，经济变量之间的相互作用可以使财政状况恢复或趋于恢复稳定状态，则政府的财政状况也可以说是稳定的。从上述第二重意义上考察财政稳定问题，其关键是看在未来政府有没有能力或公众认为在未来政府有没有能力偿还到期的债务。如果随着债务的累积，到未来的某一天，政府既无法利用财政收入偿还债务，又不能通过发行新国债偿还旧国债（即无论债券的名义收益率有多高，也没人愿意购买新国债），政府就只剩下两个选择：使国债货币化（印钞票）或宣布废除旧的债务。前者意味着恶性通货膨胀，后者意味着国家信用的破产。而这两者都意味着经济的崩溃。或者，尽管实际情况还没有糟糕到政府将没有能力偿还到期债务的地步，但如果公众认为事情已糟糕到了那种地步，公众所做出的反应将使事情实际发展到那种地步，从而导致经济的崩溃。

国际上通用的衡量政府偿债能力的最重要指标是国债余额对 GDP 之比。在其他条件不变的情况下，政府的国债余额对 GDP 之比越高意味着偿债能力越差。不难设想，如果随着时间的推移，国债余额对 GDP 之比不断提高，那么，国债余额对 GDP 之比迟早将达到某一数值，对应于这一数值，政府将无力偿还债务从而导致经济的崩溃。因

---

① 参看余永定、李薇《日本的财政重建》，《世界经济》1997 年第 10 期；收入氏著《我看世界经济》，生活·读书·新知三联书店 2004 年版。

而，如果一国政府不能保证国债余额对 GDP 之比不会超过某一给定的数值，该国的财政就是不稳定的[①]。显然，对于中国政府继续实行扩张性财政政策的余地的讨论，可以归结为对中国国债余额对 GDP 之比增长路径、性质以及扩张性财政政策对该路径影响的讨论。基于这种想法，我设立了一个关于中国国债余额对 GDP 之比增长路径的线性微分方程。对方程解的分析可以得出两个重要结论：第一，只要中国能维持一个较高的 GDP 增速且财政赤字对 GDP 之比能够保持恒定，中国国债余额对 GDP 之比就可以趋于某个可以接受的稳定值。例如，如果在财政赤字对 GDP 之比能维持在 3% 的同时，GDP 增速维持在 8%，中国国债余额对 GDP 之比的极限值就等于 38%。在这里，一个关键因素是国债利息率必须相当低，而当时中国的国债收益率确实能维持在一个很低的水平上。第二，当期财政状况对财政稳定不起决定作用。例如，当时反对使用扩张性财政政策的主要论据是中国的或然债务（不良债权等）很高，在这种情况下再实行扩张性财政政策，中国就会陷入财政危机。但从我的模型中可以看出，当期的财政状况只不过是微分方程解的初始条件。只要中国能把经济增速维持在较高水平（如 8% 左右），财政赤字对 GDP 之比能够维持在较低水平（如 3% 左右），即便中国的不良债权问题可能比官方承认的要严重很多，中国的财政状况也不会因实行扩张性财政政策而恶化。相反，如果中国因为不敢实行扩张性财政政策而使经济增长速度下滑，中国倒是可能会陷入财政危机。正是基于从这个模型推出的结论，我 1998 年之后对执行扩张性财政政策以克服通货收缩的支持变得越来越坚定。[②] 从 2000 年到 2005 年，我和合作者在社会科学文献出版社出版的《中国经济前景分析——春季报告》蓝皮书中，结合当时的中国经

---

① 这里对于稳定的定义与经济增长理论中的定义略有不同。
② 参见余永定《财政稳定问题研究的一个理论框架》，《世界经济》2000 年第 6 期；已收入氏著《一个学者的思想轨迹》，中信出版社 2005 年版。模型推出的时间是 1997 年前后。后来我发现，这个模型实际上可以看作登布什 20 世纪 90 年代提出的著名财政平衡模型的变种。

济形势，连续 6 年发表了 6 篇关于中国财政政策的文章。在 2001 年为蓝皮书合写的文章中，我们强调了继续执行扩张性财政政策的可能性和必要性，还特别讨论了所谓的"拉弗曲线"。许多经济学家支持扩张性财政政策，但对增加政府财政支出持保留态度，认为扩张性财政政策应该主要体现在减税上。我们指出，拉弗曲线在理论上根本站不住脚，在实践中也是失败的。在里根当政后几年内，美国经济出现了"四高"，即高赤字、高利率、高汇率和高贸易逆差，企业投资减少，出口竞争力下降，经济增长减慢。结果是里根政府走向了减税的反面，提出了增税和平衡预算的主张。因此可以认为，单纯的减税并没有解决美国存在的问题。美国主流经济学家，如克鲁格曼等则更是对供给学派及其政策冷嘲热讽，其鄙夷不屑之情跃然于纸上。[①] 当年有关扩张性财政政策的可持续性讨论应该也完全适用于 19 年后的今天吧？还是那句话，"太阳之下无新事！"

为了分析当时中国的通货收缩问题，1999 年我撰写了一篇题为《打破通货收缩的恶性循环——中国经济发展的新挑战》的文章，试图说明造成中国当时的通货收缩之所以迟迟未能克服的根本原因是没有令低效率企业破产的退出机制。

文章试图通过构建一个有微观基础的宏观模型说明：由于亏损企业可以依赖银行贷款和政府补贴苟延残喘，总供给曲线不能因生产成本的上升而向左上方移动并把低效率企业淘汰出局。[②] 许多劳动生产率较高本可以避免亏损的企业也变成了亏损企业。与此同时，企业持续亏损所直接或间接导致的消费和投资需求的减少意味着总需求曲线的左移和物价水平的下降。这样，企业亏损状况将进一步恶化，从而

[①] 参见余永定、李军、丛亮《论中国当前的积极财政政策》，《中国经济前景分析——2001 年春季报告》，社会科学文献出版社 2001 年版；P. Krugman, *Peddling Prosperity*, WW. Norton Company, 1994。

[②] 我这里的总供给曲线同经济学教科书中的总供给曲线的理论基础完全不同。在一般教科书中，总供给曲线是由劳动力市场供求均衡加上货币幻觉之类的附加假设推导出来的。在另外一些教科书中则利用合理预期理论或直接从货币市场均衡推出（如曼昆的教科书）。

形成通货收缩的恶性循环。

这一模型的政策含义是：仅靠扩张性宏观经济政策无法最终打破通货收缩的恶性循环。宏观经济政策的扩张力度一旦减少，物价一旦回落，企业赢利状况必将继续恶化，原来的通货收缩过程就会死灰复燃。[①] 不难发现，我1999年的这篇文章所强调的"退出机制"同当前"供给侧改革"论者所强调的关闭"僵尸企业"的观点是完全一致的。这是"太阳之下无新事"的另一个例证。有所不同的是，虽然在这篇文章中我强调了关闭亏损企业（今天所说的"僵尸企业"）的必要性，但仍然强调执行扩张性财政、货币政策的必要性。其实，从我的模型中可以看出，关闭僵尸企业可以暂时克服通货收缩，但不一定能增加需求。在经济没有产生出内在的需求之前，必须维持扩张性的财政和货币政策，否则通货收缩可能会卷土重来。

由于货币供应量的增长速度持续高于GDP的增长速度，在2000年，中国的M2/GDP比已经超过146%[②]。中国的M2/GDP比不仅大大高于与中国发展水平相近的发展中国家，而且显著高于大多数发达国家。按照传统的货币数量公式，为了保证物价稳定，货币供应量的增长速度应该等于产出的增长速度，因而，M2/GDP比应该是稳定的。但是，中国的M2/GDP比却一直在高速增长，而且还看不到趋于稳定的明显迹象。基于以往通货膨胀的教训，我们难免会对中国M2/GDP比高速增长的后果心存疑虑。当时，中国经济所面临的主要问题依然是有效需求不足和（在较小程度上的）物价的持续下降，在这种情况下，继续执行扩张性的货币政策无疑是正确的。但是，中国货币当局还有多大继续执行这种政策的空间？自20世纪80年代以来，世界各国普遍发生了货币增长速度明显高于经济增长速度，但通货膨

[①] 参见余永定《打破通货收缩的恶性循环——中国经济发展的新挑战》，《经济研究》1999年第7期；另见氏著《一个学者的思想轨迹》，中信出版社2005年版。

[②] 我文章里的M2/GDP比是指M2对名义GDP之比。在通胀率较低时用名义或实际GDP作分母区别不大。但在分析潜在通胀危险时，则使用实际GDP的概念比较好。

胀却未发生的现象。90年代在许多国家甚至发生了尽管货币供给量增长速度持续超过实际经济增长速度，但物价水平却不断下降的现象。许多经济学家用货币流通速度下降来解释上述现象。但是，除非货币流通速度下降这一事实本身得到解释，用货币流通速度下降来解释货币增长速度明显高于经济增长速度而并未导致通货膨胀的现象只不过是同义反复。我试图通过研究货币在居民、企业（又分为流动企业和生产企业两部分）和银行三大部门之间流动说明：广义货币中所包含的数量巨大的居民储蓄存款，吸收了货币增速高于GDP所形成的通货膨胀压力。在传统货币理论中，货币的功能是交易媒介（流通手段），货币的价值贮存功能完全被忽视，因而无法解释为什么M2增速高于GDP增速并不一定会导致通胀。在考虑到货币的价值贮存功能后，我通过一个线性微分方程研究了M2/GDP比的动态路径，进一步说明，工资率、居民储蓄率、不良债权对GDP比、股市融资对GDP比、流动资金—产出比等因素都会影响M2/GDP比。简言之，中国M2/GDP比高并不意味着中国经济的"潜在"通货膨胀压力高。因而，货币当局在决定货币政策时，无需过于担心中国M2/GDP比超高这一事实。[①]

2002年，由于健康原因，我暂时停止了对宏观经济形势的跟踪研究。

2003—2008年：寻找增长与通胀的平衡

2003年到2008年是中国经济增长的一个新阶段。在这个时期，中国宏观经济调控必须处理的矛盾主要有两个。第一，一方面要保持足够高的经济增长速度，另一方面又要防止由于经济过热导致通货膨胀失控。第二，由于固定资产投资是经济增长的主要动力，一方面要

[①] 参见余永定《M2—GDP比的动态路径》，载《一个学者的思想轨迹》，中信出版社2005年版。

保证固定资产投资有足够高的增速,另一方面又要防止因为固定资产投资增速过高导致在未来因产能过剩而出现通货收缩。这两个矛盾互相交织,常常搞得决策者顾此失彼。

2002年12月的中央经济工作会议决定在2003年坚持扩大内需的方针,实施积极的财政政策和稳健的货币政策。对2003年的中国经济前景,权威机构人士当时并不十分看好。他们认为2003年经济增速将仅有7.6%,差于2002年。[1]但新年伊始,中国经济就显示了非常强劲的增长势头。此时决策者必须要做出的判断是:中国经济是否真正走出了通缩?并由此而决定是否应该调整宏观经济政策方向。毕竟,中国经济在2000年恢复了增长势头之后,在2001年又重新陷入通货收缩。2003年3月初,国务院领导召集经济学家讨论经济形势,个别参会者认为中国经济已经过热,但大多数人认为做出这种判断还为时过早。会后不久"非典"危机袭来,"非典"把对经济的乐观情绪一扫而空,自然再也没有人讨论"过热"问题了。没想到的是,2003年经济的增长势头非但并未受到"非典"影响而且保持了少见的强劲增长势头。统计数字显示,2003年前半年信贷和货币增速都超过了20%,固定资产投资增速则超过30%。固定资产投资中钢铁工业完成投资同比增长133.8%。投资热并非仅仅发生在个别行业。统计局的权威人士透露,冶金、纺织工业、化工、机械等加工工业的投资增长速度分别达到了120%、86.7%、70.6%和67.2%;房地产开发投资的增长速度高达37.2%。[2]与此同时,经济在某些部门出现了"瓶颈"现象。2003年以来的投资热似乎主要是一种周期现象,是对通缩时期投资不足的过度纠正。而房地产开发投资热则同住房的市场化改革和住房抵押贷款的推出有关。

---

[1] 参见何晓明《2002年中国经济形势分析及2003年前景展望》,中国网,2002年12月20日。

[2] 参见余永定《警惕投资过热造成生产过剩和经济效益下降》,《中国证券报》2004年1月2日。

"非典"过后,中国的宏观经济政策的方向,特别是货币政策,是否应该改变的问题便被再次提上议事日程。① 对于 2003 年经济形势,我的观点是:"超常的贷款增长速度和货币增长速度,超常的投资增长速度,都可能是中国经济出现过热的信号。尽管目前的投资热可能并不导致严重通货膨胀在中国的再次发生,但由于目前投资的迅速增长并不完全是前几年经济调整所导致的经济效益提高的结果,现期投资增长所带来的生产能力的增加并不能保证未来有效需求的相应增加。投资过热的结果可能是今后企业效益的重新下降、经济结构的重新恶化,并由于生产过剩导致通货收缩的加剧。在看到投资过热的危害性的同时,我们也应该对克服通货收缩的长期性和复杂性有足够估计。中国经济刚刚走出或正在走出通货收缩,对经济不能采取急刹车的方式。"② 这种观点恐怕也是当时经济学界的共识。基于上述看法,我主张中国人民银行逐渐收紧货币政策。

2003 年 4 月中国人民银行开始发行中国人民银行票据,"对冲"由于外汇储备急剧增加导致的基础货币增长过快。9 月 21 日中国人民银行将存款准备金率由 6% 调高至 7%,以减轻发行中国人民银行票据回收流动性的压力。12 月进一步扩大了金融机构贷款利率浮动幅度。2003 年年末,广义货币 M2 余额同比增长 19.6%;全部金融机构本外币贷款余额比年初增加 3 万亿元。基础货币余额同比增长 16.7%。金融机构超额准备金率升至 5.38%。③

尽管中国人民银行实行稳健货币政策,企业投资热潮仍不断高涨,2003 年 GDP 逐季上升,第四季度为 9.9%;CPI 增速也逐季上升,第四季度为 2.7%。全年 GDP 增速为 10.3%,CPI 增速为 1.2%。

2003 年年末,我对 2003 年投资过热可能导致产能过剩再次表

---

① 2003 年以美国为首的西方国家开始向中国施加压力,要求人民币对美元升值。在 2003 年人民币是否应该升值成为当年学界最有争议的问题。关于这个问题我在《见证失衡》(生活·读书·新知三联书店 2010 年版)一书中有详尽讨论,这里无需赘述。
② 余永定:《警惕投资过热导致结构效益恶化》,《宁波经济》2003 年第 11 期。
③ 2003 年第四季度货币政策执行报告。

示了担心:"投资是否过热,不仅要看投资增长率,而且应该分析投资增长背后的推动力。中国经济的这轮投资热潮似乎有三个重要推动力:第一是汽车产业的高速发展;第二是房地产开发的迅速增长;第三是各种经济开发区等政绩工程的遍地开花(银行贷款的较快增长,则为投资热的形成提供了资金条件)。以汽车工业为例,汽车产量的急剧增加,导致了对汽车用钢材需求量的急剧增加,对钢材需求的急剧增加导致了对电力需求的急剧增加等等。短缺、价格上升和利润的增加导致了对汽车、钢铁等行业投资的迅速增加,并使原已处于'关停并转'状态的企业(如小煤窑)重新投入生产。房地产开发和政绩工程对投资需求的拉动作用也大抵如此。""在若干年后,中国又如何消化由于本轮的过热投资而形成的过剩生产能力呢?"①

经济学界对2004年普遍持乐观态度。不少经济学家(如宋国青)对2004年中国GDP和CPI增速做出了相当准确的预测。我没有模型,不敢预测,只是基于对2003年经济增长的观察,对2004年中国形势和政策提出了几点看法:第一,"从短期来看,由于(由投资到产出的)投产期较长以及需求缺口增长对通货膨胀率影响的滞后效应,即便在本期总需求和总供给的增长速度实现了平衡,2004年通货膨胀率可能还会继续上升"②。事实上2004年CPI由2003年的1.2%上升到3.9%。第二,"从中期来看,由于在2003年总需求增长的主要推动因素是投资需求的增长,在以后数年内(如2005年、2006年)中国生产能力(总供给的另一种说法)的增长速度可能会有较大提高。因而……中国通货膨胀形势在未来数年内严重恶化的可能性不大"③。事实上,2005年和2006年通货膨胀率分别为1.8%和

---

① 写于2003年年末,发布于世界经济政治研究所网站,部分内容刊登于2004年1月2日《中国证券报》。
② 余永定:《宏观调控财政该打什么牌》,《中国证券报》2004年4月9日。
③ 同上。

1.5%。第三,"从长期来看,如果部门结构失衡、企业生产效率低下、资源枯竭、环境恶化等问题长期得不到解决,中国经济增长的黄金时期就将归于终结。"① 在另一篇文章中我提出:"(把)通货膨胀率控制在 3%(的同时),实现 8%—9% 的经济增长速度应该是没有问题的。从必要性的角度来看,中国的经济增长速度应该保持在 9% 左右。……中国每年新增就业人口 1000 万人,下岗失业工人数百万人,农村富余劳动力数千万人,多年累积起来,需要找工作的人口又何止数千万人。面对这样严重的就业形势,经济增长不达到 8%—9% 甚至更高,又谈何社会稳定。而且,经济增长速度一旦降低,中国的不良债权问题、财政问题等都会迅速恶化。经济增长可能会带来环境污染、资源枯竭和社会关系失调等问题。但经济增长并不必然产生这些问题,经济停滞也并不必然会避免这些问题。"② 10 年后,2014 年政府宣布中国经济增长进入了一个新阶段,从而确认了中国经济增长的黄金时期的结束。但没人知道"黄金时期"结束之后,中国能维持多高的经济增长速度。

2004 年中国政府声称继续执行积极的财政政策,但实际开始了向偏紧的财政政策过渡。2004 年全国财政收入增速为 21.4%,全国财政支出增速为 15.1%;全国财政赤字为 2004.91 亿元,全国财政赤字率仅为 1.2%。中央财政赤字为 3192.85 亿元,中央财政赤字率为 2%。③ 如果不考虑已作冲减收入处理的项目,2004 年中国财政收入实际增收 5916 亿元,比 2003 年增长 27.2%。2004 年成为改革开放以来财政收入增收最多、增幅最高的年份。2004 年原本要增发 1400 亿元长期建设国债,但在年初的年度财政预算安排中,将 1400

---

① 余永定:《宏观调控财政该打什么牌》,《中国证券报》2004 年 4 月 9 日。
② 余永定:《如何认识当前的宏观经济形势》,《国际经济评论》2004 年第 5—6 期。
③ 关于 2004 年中央和地方预算执行情况及 2005 年中央和地方预算草案的报告。

亿元规模调减到了 1100 亿元。①

2004 年中国人民银行明显收紧货币政策。2004 年年末各种范畴的货币供应量和信贷量增速都显著低于 2003 年。针对投资需求过旺、货币信贷增长偏快、通货膨胀压力加大等问题，中国人民银行在 2003 年 9 月提高存款准备金率 1 个百分点基础之上，于 2004 年 4 月 25 日再次提高金融机构存款准备金率 0.5 个百分点。2004 年 10 月 29 日起上调人民币存、贷款基准利率。一年期存、贷款利率上调 0.27 个百分点，其他各档次存、贷款利率也相应调整。这是中国人民银行 9 年来首次升息。2003 年下半年以来，关于中国加息的传闻不断，但始终没有实现。10 月的这次升息成为中国人民银行货币政策开始以抑制经济过热为主要目标的重要标志。

除运用宏观经济政策外，政府还诉诸行政手段来抑制投资过热。2004 年的"铁本"事件是一个典型例证。2003 年，全国钢铁行业完成固定资产投资 1453 亿元，同比增长 106.4%；② 2004 年第一季度又完成投资 334.9 亿元，同比增长 107.2%。③ 国务院于 2004 年 2 月 4 日召开严格控制部分行业过度投资电视电话会议，会议要求各地要对钢铁、电解铝、水泥投资建设项目进行认真清理，并派出联合检查组赴重点地区进行督促检查。违规投资建厂的铁本撞到了"枪口"上。2004 年 4 月 29 日，《人民日报》发表社论，称严厉处置铁本"是严格依法行政、维护宏观调控政令畅通的重要举措"。

2003—2008 年高速增长时期，中国宏观经济调控的基本问题是如何平衡增长和通货膨胀之间的关系。2004 年我发表了数篇文章专

---

① 时任财政部财科所所长贾康在接受记者采访时说，2004 年原本要增发 1400 亿元长期建设国债，但在年初的本年度财政预算安排中，将 1400 亿元规模调减到了 1100 亿元。这可以看作积极财政政策逐渐淡出的信号之一。参见苏盈《金人庆解读 2005 财政政策八大重点》，2004 年 12 月 22 日，和讯网（http://bond.hexun.com/2004—12—22/101281245.html）。
② 《2008 年钢铁行业投融资情况分析》，2017 年 4 月 12 日，选矿技术网（https://www.mining120.com/tech/show-htm-itemid—13662.html）。
③ 《对我国钢铁行业目前的状况及未来走势分析》，2004 年 5 月 20 日，中国统计信息网（http://www.stats.gov.cn/ztjc/ztfx/fxbg/200405/20040519_14621.html）。

门讨论增长和通货膨胀之间关系问题。针对2004年的宏观经济形势，我提出："中国经济刚刚走出通货紧缩，进入快速增长阶段。中国的经济增长速度并未严重背离历史趋势，中国的通货膨胀率仍处于较低水平，目前中国政府经济政策的主要目标不是把经济的总体增长速度降下来，而是进一步深化经济结构调整，改善经济结构，包括需求结构，特别是投资结构。如何一方面维持良好的增长势头，另一方面缓解结构性问题，使中国的低通货膨胀下的经济增长长期保持下去，是中国政府所面临的重大挑战。"①

有感于在过去对经济形势的预判缺乏准确性，有时甚至南辕北辙，我产生建立一个分析框架以尽可能系统地分析宏观经济形势并严格推出相应政策建议的想法。2004年7月我撰写了《分析当前的宏观经济形势的一些思路》一文。该文根据过去20多年中国宏观经济的发展轨迹，得出了一些"拇指法则"；然后试图从总供给和总需求两个方面建立一个分析宏观经济形势的范式。文章总结的"拇指法则"包括：

第一，菲利普斯曲线适用于中国。中国经济增长速度的上升和下降往往先行于通货膨胀率的上升和下降。通货膨胀变化对经济增长变化的滞后大致有4—5个季度。

第二，中国经济增长和通货膨胀都有强烈的波动性（在一两年内急剧上升或急剧下跌），而通货膨胀率的波动性似乎明显大于经济增长速度的波动性。

第三，当经济增长处于上升阶段时，只要经济增长速度超过10%，通货膨胀率在第二年就会超过10%。如果经济增长速度不超过9.5%，通货膨胀率就不会超过5%。

第四，在过去25年中，中国经济的平均增长速度在9.4%左右，但中国政府从未能够成功地将经济增长速度连续两年以上维持在9%

---

① 余永定：《如何认识当前的宏观经济形势》，《国际经济评论》2004年第5—6期。

左右的水平。9%只是通向通货膨胀或通货收缩的桥梁。

文章援引萨金特"物价之所以会发生变化是因为在总供给和总需求存在缺口"的假设。通货膨胀率的增长率等于供不应求缺口的增长率。当供需缺口的增长速度为零时，通货膨胀率的增长率为零（但通货膨胀率一般不为零）。①

从这篇文章可以看出，我当时最关注的问题是把握经济增长和通货膨胀之间的关系：如何在不引起加速通货膨胀的情况下，获得尽可能高的经济增长速度；同时又不因经济增长速度过高而导致未来通货膨胀的失控。2003—2008年，增长和通胀之间的关系大概也是其他宏观经济学家最关心的问题。以后的经验证明，当时所总结的"拇指法"对分析后来经济增长趋势的帮助十分有限。而自己当时也没有时间和精力建立一个分析宏观经济发展趋势的一般均衡模型。现在想来，即便建立了这样一个模型，它对预测经济增长趋势恐怕也没有多大用处。

2004年12月3—5日召开的中央经济工作会议确定，2005年将开始实行稳健的财政政策和货币政策。同2004年相比，政府收紧了财政政策。

2005年全国财政收入计划"实现较大幅度增长"②，比上年增长19.8%。全国财政支出比上年增长18.3%。2005年全国财政赤字为2080.14亿元，赤字率仅为1.1%；中央财政赤字率则由2004年的2%降到1.6%。③

2005年货币政策比较宽松。货币供应量增速基本呈现前低后高的态势。广义货币供应量M2增速于3月达到全年最低水平14%，之后稳步上升。2005年年末，广义货币供应量M2余额同比增长17.6%，狭义货币供应量M1余额同比增长11.8%。中国人民银行对M2增长较快的解释是

---

① 参见余永定《分析当前的宏观经济形势的一些思路》，载余永定、何帆主编《中国经济的夏天：当前宏观经济形势和宏观政策分析》，中国青年出版社2005年版。
② 关于2005年中央和地方预算执行情况与2006年中央和地方预算草案的报告。
③ 2005年第四季度货币政策报告。

国际收支不平衡加剧，外汇占款快速增加，居民和企业通过结汇获得大量人民币资金转化为银行存款。① 货币政策的宽松在一定程度上是中国人民银行对外汇占款增多的对冲力度不够，而不是有意执行宽松货币政策造成的。

2005年年中的统计数据显示，第二季度的GDP增速由第一季度的11.2%下降到了10.1%；CPI增速也由第一季度的2.8%下降到第二季度的1.7%，环比甚至小幅下降。企业利润增幅放缓，亏损额增长。② 7月13日，国家发展和改革委员会宏观经济研究院发布报告称，下半年中国经济增速将放缓，第三、第四季度同比分别增长8.6%和8.2%，全年经济同比增长8.8%，比上一年回落0.7个百分点。③ 市场出现放松货币政策的呼声。关于"中国经济是否变冷"的辩论日趋升温。"变冷说"的支持者认为，4—5月各项价格指数连续下跌、投资增长速度逐渐放缓、企业利润总额增速明显下降，说明中国经济已经"变冷"。而反对者则认为，GDP、固定资产投资、进出口贸易、房地产投资与价格及PPI等增长率仍处于高位，仅根据GDP和企业利润增速下降就断言中国经济"变冷"缺乏依据。我当时也认为："如果轻易改变货币政策的方向，将在市场上造成混乱，甚至会使前一段宏观调控的成果毁于一旦。""人民币基准利率目前没有调整的必要，也没有必要进一步增加货币市场的流动性，虽然前5个月各大金融机构存、贷款规模连续下滑，但不是由货币政策引起的，也无法通过货币政策来解决。"④ 对于中国经济是否会趋冷的问题，我的看法是："只要政府执行松紧适度的宏观经济政策，2005年中国经济将在实现9%以上的经济增长的同时把通货膨胀率控制在2%左

---

① 2005年第四季度货币政策报告。
② 参见冉学东《通货紧缩警钟再响：1—5月企业利润增长率下挫》，《第一财经日报》2005年6月24日。
③ 吴雨珊：《发改委与央行的拐点共识 下半年经济增速将放缓》，《21世纪经济报道》2005年7月16日。
④ 同上。

右。我们也没有理由认为2006年中国经济不能实现平稳的增长。"①

尽管中国人民银行并未对货币政策进行重大调整,2005年第四季度经济增速最终稳定了下来。全社会固定资产投资增长25.7%(实际23.7%);社会消费品零售额为58483亿元,增长12.8%;出口增长28.4%,全年累计顺差达1019亿美元,创历史新高;②全年规模以上工业企业利润总额在上一年增长38.1%的基础上再增22.6%。③ 2005年GDP增速为11.4%。

似乎可以认为,预期在2005年出现的过剩产能已暂时被投资和出口的高速增长所吸收,而地方政府的投资热在2005年的经济增长中起到重要作用。由于粮食价格大幅回落,2005年CPI增速为1.8%,PPI也从高位回落。

值得注意的是,2005年政府在3月和5月相继推出旨在抑制房价过快上涨的"国八条""新八条"。这是政府首次推出房地产调控政策。在2005年货币政策委员会的例会上已有委员提出热钱流入推高上海等大城市房价的问题,但这种声音并未得到重视。

2005年宏观经济中的最重要事件无疑是7月21日人民币和美元脱钩并升值2.1个百分点。在2005年我的研究重点也是人民币汇率问题。④

在2005年我对财政问题也发表了一些看法。其中包括:第一,政府应该进一步提高全国财政收入(支出)、特别是中央政府财政收入(支出)在GDP中的比重。1994年中国政府财政收入在GDP中的比重一度沦为仅仅比尼泊尔之类的最不发达国家略高的可怜地位。虽然目前这种情况已有很大好转,但同发达国家和大多数重要发展中国

---

① 余永定:《中国经济的稳定、平衡增长呼唤积极财政》,《国际经济评论》2005年第7—8期。
② 2005年第四季度货币政策执行报告。
③ 同上书,第35页。
④ 关于人民币汇率的有关讨论可以参见我的另一本文集《见证失衡》(生活·读书·新知三联书店2010年版),这里不再赘述。

家相比，这一比重（15%）仍然太低。第二，政府应该通过财政手段，特别是税收手段，更为积极地进行收入再分配。中国基尼系数在2003年达到了0.461，已经十分逼近拉丁美洲0.522的平均基尼系数。中国贫富差距发展得如此之快实在是世所罕见。政府必须通过财政手段，缩小贫富差距，否则，中国的改革开放成果就会因社会矛盾激化而毁于一旦。第三，中国仍然面临着严重的失业问题。因此，在货币政策偏紧的同时，财政政策应该具有足够的扩张性以便抵消偏紧的货币政策对经济增长的抑制作用。第四，2003年以来中国出现严重瓶颈制约。煤炭、电力乃至钢铁等部门之所以成为瓶颈产业主要是过去数年来投资不足而不是2003年以来需求过旺所造成的。为了打破基础行业瓶颈对整个国民经济增长的制约，政府必须继续积极参与基础设施投资。第五，政府应该加速税制改革，提高财政政策作为经济"自动稳定器"的作用。第六，应该充分利用各种税收手段，防止和限制房地产泡沫的发生和发展。财产税应该作为一种调节房地产开发结构的重要手段加以利用。例如，为了限制过多高档豪华住宅的建造，可以对高端住宅征收高额累进财产税。仅仅凭借货币政策的力量，还不足以抑制对房产过度的需求。财政政策的配合是必不可少的。不动产税的引入和税率的提高将导致房地产需求的减少。给定房地产供给，房地产需求的减少将导致房地产价格的下降。第七，取消对外资的税收优惠也应该尽早提到议事日程上来。中国目前外商投资企业的名义税负是15%，实际税负是11%。内资企业的名义税负是33%，实际税负为22%。在目前国内储蓄资金过剩，外资源源不断流入中国给人民币造成巨大升值压力的同时，继续维持对外资的税收优惠、继续对外资实行"超国民待遇"是难以理解的。[①]

中央制定的2006年宏观调控总基调是"继续实施稳健的财政政

[①] 参见余永定、郑秉文《2004—2005年中国宏观经济形势和财政》，载刘国光、王洛林、李京文主编《中国经济前景分析——2005年春季报告》，社会科学文献出版社2005年版，第99—104页。文中增加了"六"和"七"两个分隔号。

策和货币政策"①。在财政政策方面，政府的指导思想是增收节支，中央财政赤字占 GDP 的比重预计下降到 1.5%。② 实际执行情况是中央财政赤字占 GDP 的比重下降为 1.3%。2006 年的货币政策则是针对信贷投放过多等问题，大力回收银行体系流动性。事实上，中国人民银行在 2006 年除加大公开市场操作力度外，分三次上调金融机构存款准备金率共 1.5 个百分点，两次上调金融机构存贷款基准利率。③ 由于这些政策措施，2006 年下半年货币信贷增速逐月放缓。截至 12 月末，M2 增长速度由年度最高点的 19.2% 降至 16.9%，金融机构人民币贷款增速由最高点的 16.3% 降至 15.1%。④

在 2005 年年末，包括我自己在内的许多经济学家认为：在宏观经济政策不变的条件下，2006 年中国经济增长速度将会有所下降。理由是：第一，2006 年中国将难于维持 2005 年的出口增长速度；2005 年出口增长的一些一次性有利因素（如纺织品配额的取消）将不复存在；第二，由于产能过剩和企业利润增长速度下降，再加上出口增长前景不明朗，企业固定资产投资增长速度可能会回落；第三，按现有的计划，2006 年政府将会进一步减少财政赤字，减少国债发行量。

但令大家吃惊的是，2006 年第一季度中国经济增长势头仍然十分强劲：固定资产投资增长速度和在建、新开工项目数目都超过 2005 年同期。净出口增长速度高达 41.4%。经济增长速度为 10.1%。

为什么在利润率增长速度下降、产能过剩比较严重的情况下，固定资产投资增长速度依然如此强劲？对此，我的解释和其他学者基本相同。首先，2006 年是"十一五"规划的第一年，这是一个争项目、

---

① 2005 年 12 月中央经济工作会议。
② 财政部：关于 2005 年中央地方财政预算执行情况和 2006 年展望。
③ 2006 年第四季度货币政策执行报告。
④ 同上。

争投资、先斩后奏、大干快上的关键年。同时，2006年是省级政府面临换届的一年，抓紧最后时机造福一方或为后任打下好基础是十分自然的事。其次，……由于流动性增长导致放款压力增加以及在改制、处理不良债权和资本充足率等问题上取得重要进展，进入2006年，"'总把新桃换旧符'，商业银行迅速释放被压抑的贷款意愿，造成贷款和货币增长速度的急剧增高"。2005年政府一直担心产能过剩，现在一些生产资料出厂价格回升、企业盈利状况有所好转，又是怎么一回事呢？"在短期内，过剩的产能是可以通过更多的投资来吸收的。……旨在提高钢铁生产能力的新增投资必然导致对钢铁需求的增加，并进而导致钢铁价格的回升和钢铁生产企业盈利性的好转。"当然，这种好转只能是暂时的。①

在2006年7月的一次会议上，我表示："10%的经济增长速度可能是高了一些，但如果通货膨胀率仅仅是3%左右，并且并未出现明显上涨的趋势，我们就不必过于担心。""当前中国经济所面临的不是总量问题，而是结构问题。""在过去几年中，中国的结构失衡不但没有得到扭转反而在继续恶化（但恶化的速度可能有所下降）：中国的各项结构指标，如投资率、对外依存度、外汇储备、基尼系数、城镇收入/农村收入比等几乎无一不在向进一步失衡的方向发展。中国的各项效率指标并无明显改善。中国的局部房地产泡沫并未得到根本控制。……中国的结构失衡的最突出表现目前是固定资产投资增长速度过快。目前中国的投资率（固定资产投资/GDP）高达48.6%，固定资产投资增长速度在30%左右。"我特别强调了不能长期依靠固定资产投资推动经济增长。投资率迟早是要下调的，下调的越晚对经济的冲击就越大。

2006年上半年固定资产投资增速基本呈逐月上升趋势，1—6月累计增速达到31.3%的高点。下半年随着从严控制新开工项目等投

---

① 参见余永定《组合拳调理宏观经济》，《21世纪经济报道》2006年6月5日。

资调控政策措施的出台，投资增速出现较明显的回落趋势。① 2006年全年固定资产投资增速为24%。2006年制造业投资因需求旺盛、利润增加而继续快速增长。但在制造业内部，钢铁行业投资增长终于得到有效控制，1—11月仅增长0.1%，大大低于2005年同期的21.1%。② 2006年全年制造业和房地产开发投资增速分别为29.4%和21.8%。③ 2006年出口增速为27.2%，保持了良好的增长势头。与此同时，全年社会消费品零售总额平稳增长，增速为13.7%。④ 2006年GDP增速为12.7%。CPI增速为1.5%。⑤

值得注意的是，2006年，全国规模以上实现利润增长31.0%，增幅比上年高8.4个百分点；企业销售收入利润率6.09%，比上年提高0.27个百分点，处于多年来较高水平。⑥

在2006年年初的一篇文章中，我在全面介绍中国宏观经济管理的同时，对中国人民银行的对冲操作做了比较全面的讨论，对长期维持双顺差情况下坚持人民币钉住美元是否能有效对冲流动性过剩，从而维持中国货币政策的独立性表示了疑虑。中国人民银行对冲外汇占款增加创造流动性的主要方法有三。一是发行央票；二是提高准备金率；三是提高基准利息率。当年中国人民银行主要运用的是第一种方法。对于央票对冲，我的看法是："央票大部分是三个月的短期票据。对中国人民银行来说，这些央票展期的压力非常之大。因此中国人民银行不得不放弃了对外汇占款的完全冲销。一般情况下，中国人民银行只进行部分冲销。结果是，基础货币增速经常远超中国人民银行的

---

① 参见国家发展改革委投资研究所投资形势分析课题组《2006—2007固定资产投资形势回顾与展望》，《中国投资》2007年1月，第114页。

② 参见国家发展改革委投资研究所投资形势分析课题组《2006—2007固定资产投资形势回顾与展望》，《中国投资》2007年1月，第117页。

③ 《中华人民共和国2006年国民经济和社会发展统计公报》，2007年2月28日，国家统计局网（www.gov.cn/gongbao/content/2007/content_571573.html）。

④ 同上。

⑤ 2006年第四季度货币政策报告。

⑥ 同上。

合意目标。……完全冲销的操作面临以下三个障碍。第一，给定其他条件不变，中国人民银行出售票据将推高货币市场利率，而这将吸引更多资本流入，人民币将面临更多升值，结果会引致更多的冲销。第二，如果整体金融环境偏紧、市场收益率上升，商业银行会因为其他更好的选择，而拒绝购买低收益的央票。此时，央票的收益率将被推升，从而使中国人民银行遭受损失（尤其是如果美联储的基准利率过低）。第三，目前银行体系仍较为脆弱，在中国人民银行最近几轮注资之后形势刚刚好转。如果商业银行不得不购买低收益的央票，则其盈利能力将会下降。这将给脆弱的银行体系带来长期负面影响。简言之，冲销政策的实施有诸多限制，所以想通过冲销政策来有效控制基础货币，虽然并非不可能，但政策成本高昂。"对于其他两种对冲方式的问题和局限我也进行了讨论。隐含的结论是：放弃固定汇率可省去诸多叠床架屋的麻烦。[①]

根据中央经济工作会议精神，2007年政府继续实施稳健的财政政策和货币政策。重点要解决的问题是扩大国内消费需求；控制投资增长、优化投资结构。

2007年计划全国财政收支比上年分别增长13.8%和15.7%。计划中央财政总收支比上年分别增长15.0%和14.4%，中央财政赤字2450亿元，财政赤字率为1.1%。显然，2007年政府财政预算的目标是进一步削减财政赤字。实际执行结果是全国财政收支比上年分别增长了32.4%和22.6%；中央财政赤字2000亿元，赤字率仅为0.74%（当时公布数据是0.8%）。

针对银行体系流动性偏多、货币信贷扩张压力较大、价格涨幅上升的形势，2007年中国人民银行十次上调存款准备金率共5.5个百

---

① 《中国宏观经济管理：问题与展望》，2006年5月13—14日在首尔召开的国际研讨会上提交的论文，China, Asia, and the New World Economy, ed by Barry Eichengree, Charles Wyplosz, and Yung Chul Park, Oxford University Press, 2007, Oxford, and New York, pp. 254-273。

分点，6次上调金融机构人民币存贷款基准利率。2007年年末，M2同比增长16.7%，增速比上年低0.2个百分点。但人民币贷款余额同比增长16.1%，增速比上年高1个百分点，比年初增加3.6万亿元。

尽管有宏观经济政策的调整，2007年中国的资产价格和物价突然出现失控迹象。首先，经过多年低迷之后，中国的股价指数在2006年开始逐渐上涨，之后是呈几何级数上涨。上证综合股价指数用了18个月从2000上升到3000点，然后只用了31个工作日就从3000上升到4000点。股票价格指数在2007年10月飙升至6200多点。其次，CPI逐季快速上升。2006年第四季度通货膨胀率只有2.0%，但至2007年第三季度就上升到6.1%。

对于股票价格的飙升，我深感不安，于5月10日撰文指出：中央有关部门应该及早采取综合措施抑制流动性过剩问题，尽早消除股市泡沫。否则股价一旦暴跌，广大中小股民将遭受惨重损失。[1] 5月29日我又指出，形成股市泡沫的重要原因是流动性过剩，而这种过剩又同不愿意让人民币升值有关。[2] 2007年5月30日凌晨，财政部在对上调证券印花税的传言刚刚辟谣后4个工作日内，突然将证券交易印花税税率由1‰上调至3‰，股市随之暴跌。随即我和同事又撰文呼吁政府借鉴香港地区经验，采取紧急措施稳定股市。[3] 自从那次股灾之后，我不再谈论股市问题。

2007年CPI增长最初几乎完全是因为食品价格，尤其是猪肉价格上涨所致。2007年7月，CPI增速突然上升为5.6%。学界出现"通货膨胀不可避免"和中国经济进入"通货膨胀周期"的声音。我虽然对这样的说法并不赞成，但也认为："我们绝不应该低估当前通货膨胀形势的严重性。第一，居民对通货膨胀严重程度的直观感觉似乎

---

[1] 参见《余永定认为当前股市存在泡沫急需干预》，内部报告。
[2] 参见余永定《光靠货币政策不能抑制股市泡沫》，《21世纪经济报道》2007年6月29日。
[3] 参见余永定、何帆《1998年香港政府稳定股市的经验》，《中国经营报》2007年6月9日。

与持乐观态度的政府官员和经济学家有相当的距离。尽管感觉不等于科学的尺度，但在现实中十分重要。第二，按照中国的历史经验，经济增长速度连续两年超过10%，就会导致通货膨胀的明显恶化。中国的经济增长速度和通货膨胀率有着至少是中等程度的相关性。中国经济增长速度的上升和下降往往先行于通货膨胀率的上升和下降。通货膨胀变化对经济增长变化的滞后大致有4—5个季度。在20世纪80年代，经济增长有两次高峰：1984年和1987年。相应的通货膨胀高峰出现于1985年和1988年。在90年代，经济增长高峰出现于1992年，通货膨胀在1994年达到最高峰。在本次周期中，经济增长速度接近和超过10%的时间已经超过4年。第三，在过去数年中，铁矿石、许多初级产品的价格持续上涨。中国企业通过各种方式层层消化了投入品价格的上涨，并未使这种价格的上涨传导到最终产品，特别是最终消费品。但是，如果铁矿石和其他初级产品的价格进一步上升，中国企业通过加价以外的方式维持必要盈利水平的空间将越来越小。第四，中国的资产泡沫本来已经相当严重。如何控制资产价格的过快上升仍然是一个有待解决的问题。通货膨胀将导致实际利息率的下降，推动'存款搬家'，从而导致资产价格的上涨。而资产价格的上涨通过财富效应，反过来又会加剧通货膨胀形势的恶化。如果两者相互作用、形成恶性循环，中国宏观经济的稳定就会毁于一旦。最后，国际经济形势动荡也正在加入中国宏观调控的难度。所有这些都告诉我们对通货膨胀绝对不能掉以轻心。"[1]

2007年无论是物价上涨还是资产泡沫膨胀都与银行体系流动性过多有关。如何理解流动性过剩和如何衡量流动性过剩是学界十分关注的问题。我撰文表达了自己的一孔之见。[2]

在9月撰写的一篇长文中，我强调在制定反通货膨胀政策时首先

---

[1] 余永定：《宏观调控与价格改革》，《21世纪经济报道》2007年8月18日。
[2] 参见余永定《理解流动性过剩》，《国际经济评论》2007年第4期。

要对通货膨胀的类型做出判断，即首先要看通货膨胀是成本推起型抑或是需求拉动型。中国通胀既有由结构原因导致的成本推起因素也有由总量原因导致的需求拉动因素。2007年的通货膨胀是2003年以来通货膨胀的继续。2003年以来对于通货膨胀的讨论基本上依然适用于2007年。但2007年通货膨胀的恶化似乎具有更大的需求拉动的色彩。而需求拉动的通货膨胀一般都同货币政策紧缩程度不够有关。面对通货膨胀率上升和资产价格疯狂上涨并存，通货膨胀同资产泡沫开始形成相互作用、相互推动、竞相攀升的局面，除了进一步紧缩之外，宏观管理当局没有其他选择。①

2007年11月底在对马丁·沃尔夫一篇文章的评论中，我指出："中国同时面临经济过热和产能过剩：当下的经济过热与未来的产能过剩。但不管怎么说，目前的通货膨胀已经对经济稳定形成巨大威胁。"②

2007年消费增长强劲，社会消费品零售总额比上年增长16.8%。全年全社会固定资产投资比上年增长24.8%，其中制造业和房地产开发投资比上年分别增长39.8%和30.2%。2007年出口额增长25.7%，贸易顺差增长47.7%。2007年GDP增速为14.2%，创下有记录以来除1992年恢复性增长外的GDP增速的历史最高纪录。2007年CPI全年上涨4.8%。70个大中城市房屋销售价格上涨7.6%。③

2007年12月我发表文章讨论了当时存在不少争议的十个问题：第一，潜在经济增速是否已升至10%—11%？第二，当前通胀是孤立、一次性的还是普遍的？第三，为实现相对价格调整，通胀可容忍度是多少？第四，资本市场是否存在严重泡沫，对资本市场价格大起大落是否不应干预？第五，固定资产投资增速是否过快？第六，通胀

---

① 参见余永定《当前中国宏观经济的新挑战》，《国际经济评论》2007年第5期。
② 余永定：《通货膨胀严重威胁稳定》，《理论参考》2008年第3期。
③ 《2007年国民经济和社会发展统计公报》，2009年2月26日，中国政府网（www.gov.cn/test/2009-02/26/content_1243894.htm）。

和汇率升值间是否存在替代关系？第七，中国是否还有提高利率的余地？第八，中国是否应加快资本自由化步伐，通过鼓励资本流出来减轻升值压力？第九，中国资本管制是否依然有效，应加强资本跨境流动管理还是尽快解除管制？第十，中国流动性过剩根源何在？① 不难看出，10多年前讨论的问题同我们最近讨论的问题依然十分相似，只不过当时要解决的这些问题中有相当大部分的变动方向同现在基本相反。

关于通货膨胀与汇率之间关系问题，我在12月的一篇文章中指出："在经济过热时期，政府不应靠汇率升值来抑制由经济过热所导致的通货膨胀。正确的政策反应，应是采取紧缩性财政、货币政策。"但是，"在目前情况下，汇率升值的贸易政策目标与抑制通货膨胀的宏观经济政策目标正好并行不悖，……现在可以加快升值步伐"。②

我在接受《证券时报》记者采访中，再次讨论流动性过剩问题，把"过剩流动性"定义为货币供给和货币需求之间的差额，并把当时中国的流动性过剩归结于两个源头：来自供给方的由于中国国际收支不平衡和人民币汇率缺乏灵活性（中国人民银行干预外汇市场）所产生、但未被对冲政策吸干的流动性；从需求方看是中国居民持有货币的意愿下降，释放出来的流动性。从供给和需求两个方面区分流动性过剩的来源，有助于认识中国人民银行三大货币政策工具（提高准备金率、发行央票和提高银行存贷款利息率）的不同作用。提高准备金率和发行央票可以吸干由货币供给增加导致的流动性过剩。为了吸干由于货币需求减少所导致的流动性过剩，最有效的货币政策应该是提高利息率，这可以增加储蓄存款的吸引力，从而增加公众对货币（储蓄存款）的需求。③

---

① 参见余永定《关于当前中国宏观经济的十问十答》，《21世纪经济报道》2007年12月8日。
② 余永定：《通胀与汇率升值有替代关系吗？》，《财经》双周刊2007年第24期。
③ 参见余永定《人民币汇率升值可以作为治理通胀的一种选择》，《证券时报》2007年12月15日。

2007年12月5日的中央经济工作会议提出，2008年要把防止经济增长由偏快转为过热、防止价格由结构性上涨演变为明显通货膨胀（"双防"），作为当前宏观调控的首要任务。后来随形势的变化在2008年政府又两次调整了宏观经济政策。

根据中央经济工作会议精神，2008年政府计划的全国财政收、支增速分别为14.0%和22.6%。政府打算在2008年减少财政赤字和国债资金规模。财政赤字率预计下降到0.6%。与此同时，根据"双防"方针，中国人民银行针对"双顺差"继续扩大、外汇大量流入的态势，采取了提高存款准备金率的措施对冲多余流动性，上半年5次上调存款准备金率、冻结新增外汇占款的大约70%。

正当中国经济学者在讨论如何抑制经济过热的时候，一场前所未有的金融风暴已经在太平洋彼岸酝酿、生成。2007年4月，美国第二大次贷供应商新世纪金融公司（New Century Financial Corporation）申请破产保护。此后，贝尔斯登公司（Bear Stearns Cos.）旗下的两家对冲基金被迫关闭。2007年8月16日，美国最大的住房抵押贷款公司康特里怀特金融公司（Countrywide Financial Corporation）资金周转发生困难（更有分析家认为该公司已面临破产）引起市场恐慌。对于美国房地产泡沫破灭导致严重金融危机，我们不是没有思想准备的。我曾在2004年撰文指出："在美国，在泡沫经济（指IT泡沫）破灭之后，其金融体系似乎并未受到严重打击，这确实可能是因为美国的金融体系，特别是其银行体系十分健全的缘故，但直到最近美国的金融机构仍频频爆出丑闻。因而这也可能是美国银行机构在90年代通过种种技术手段分散风险的结果。如通过把债权打包出售给其他金融机构，特别是保险公司。即使泡沫破灭确实产生了大量坏账，由于这些坏账已被转移到保险机构，因而它们便被隐藏起来（保险机构不必遵守银行机构所必须遵守的一系列透明性原则）和被分散化了。这种情况下，美国房地产泡沫对其整个金融体系最终将产生什么后果，还有待进一步观察。日本的经验和教训说明，泡沫经济破灭后的经济调整过程是漫长而曲折的。美国是一个高负债国家,金融危机一旦发生(尽管目前并无明显迹象),其后果是难以设想的,对此我们应该保持清醒的估计。"① 但我对美国金融市场的认识非常粗浅,对细节缺乏了解。因此,对后来次贷危机转化为全球金融危机并对中国造成巨大冲击缺乏认识。在2007年12月的一次采访中,《中国证券报》记者问:"你2008年最担心什么?"我的回答是:"原来比较担心资产泡沫和通货膨胀。"但有了中央"双防"方针,"相信在2008年资产泡沫和通货膨胀都能得到较好控制。我现在比较担心出口。中国的各行业协会都应该对2008年出口作出预测,在此基础上,政府应该制定出预案。宏观部门,如国家发展改革委、中国人民银行、财政部和商务部等,必须加强协调,考虑如何刺激内需来弥补外需不足;以及如何让出口企业和失业工人平稳转型,避免产生经济、政治的不稳定。在这一过程中,财政政策应该发挥重要作用。既要防通胀,又要防经济增长速度大幅下滑,这就要求我们运用多种政策手段,例如,运用货币政策抑制通胀,用财政政策防止经济增长速度大幅下滑。执行从紧的货币政策又有很多手段可用,如提高准备金率、发行中国人民银行票据、提高存贷款利息率等"。我提出的政策建议是让人民币升值和逐渐提高利息率。②

2008年年初各种经济指标显示中国经济处于过热状态。第一、第二季度CPI增速分别为8.0%和7.8%,2月CPI增速高达8.7%,为12年间所仅见。③ GDP在第一和第二季度的增速则分别为11.3%和10.8%。

在2008年4月奥地利中央银行的演讲中我讨论了美国次贷危机

---

① 余永定:《2004年世界经济将保持良好增长势头》,《国际经济评论》2004年第1期。
② 参见余永定《面对风险,坚定贯彻"双防"方针》,《中国证券报》2007年12月28日。
③ 2008年2月上涨8.7%,刷新近11年的新高,其中主要上涨因素仍然来自食品尤其是肉禽,当月猪肉价格涨幅更是高达63.4%。中国所表现出来的通胀,与其说和货币相关,不如说由猪肉价格决定。

对中国的影响:"美国 GDP 增长速度下降不仅会直接影响中国的出口,而且会影响其他国家的经济增长,并进而影响中国对这些国家的出口。同时,中国出口增长速度的下降会直接导致 GDP、投资、进口(加工贸易所需的进口)增长速度的下降,并通过这些变化,反过来进一步导致中国 GDP 增长速度的下降。"问题是:既然如此,紧缩性货币政策是否应该调整?如果需要调整,又应该如何调整?我当时认为,出口增长速度的下降并不能代替紧缩货币的政策。因而,尽管可能需要进行某种调整,中国实行紧缩政策的重要性不会因美国经济增长速度的下降而降低。[①] 事后来看,我当时的观点存在严重错误。第一,低估了美国次贷危机的广度和深度。第二,忽略了有效需求对通货膨胀(通货收缩)的直接作用。其实,在考虑由于出口下降导致对通货膨胀的影响时,并不一定需要更多考虑货币供应这一环节。换句话说,通货膨胀并非无论何时何地都是货币现象。事实证明,一旦经济增速急剧下滑,过剩的货币供给会迅速退出流通(例如变成存放在中央银行的准备金),或货币流通速度急剧下降;两者都会导致通货膨胀的迅速消失。2008 年第一季度,通货膨胀率还高达 8.0%,到第四季度就跌到 2.5%。通货膨胀率下跌如此之快是我没有想到的。

囿于以往的经验,直到 7 月我依然主张应把抑制通货膨胀作为宏观经济政策的首要目标,主张应继续坚持年初中央所制定的"双防"方针。在某次会议上,我强调:抑制经济过热所造成的通货膨胀,必须付出经济增长速度下降的代价,"鱼与熊掌不可兼得"。中央政府关于"双防"的方针是绝对正确的,"在通货膨胀回落到可接受的水平之前,切不可以改变。投资增长速度和出口增长速度的下降符合中国经济结构调整和宏观调控的方向,我们没有必要对两者增长速度的

---

① 参见余永定《2008 年中国经济:应对三大挑战》,奥地利中央银行的演讲记录,2008 年 4 月 17 日。

下降，特别是对出口增长速度的下降过于担忧。目前速度降一点，是正常的，不必紧张。没有增长速度的适度回落，就不能有增长质量的提高，也不可能有产业结构的升级。防止经济过度下滑可以做些预案，但还远没有到需要立即实施的程度"。①

针对宏观经济和国际金融形势的变化，2008年7月25日，中央政治局会议提出"保持经济的平稳快速发展和控制物价过快增长"是下半年宏观经济调控的首要任务。2007年年末提出的"双防"方针被调整为"一保一控"。2008年下半年，受全球金融危机影响，经济增长放缓，企业利润增幅下降导致企业所得税收入减少，政府还是出台了一系列税、费减免政策，从而导致全国财政收入增幅回落。下半年全国财政收入仅增长5.2%，其中中央本级收入下降0.9%。由于2008年5月汶川地震和为应对全球金融危机的影响，2008年第四季度中央政府新增公共投资1040亿元。但是就2008年全年来说，财政政策对经济增长并未发挥很大刺激作用，全年中央财政赤字率仅为0.56%。

2008年第三季度中国人民银行开始改变货币政策方向：一是调减公开市场对冲力度；二是连续三次下调基准利率，两次下调存款准备金率；三是取消商业银行信贷规划约束；四是鼓励金融机构增加对灾区重建、"三农"、中小企业等贷款；五是扩大商业性个人住房贷款利率下浮幅度，支持居民首次购买普通自住房和改善型普通住房。事后看来，当时政府推出的政策调整是完全正确的。

2008年10月雷曼兄弟倒闭后，次贷危机迅速转化为全球金融危机。自2008年7月开始增速不断下降的出口额以及进出口总额增速自11月变为负增长（-9%）；其中出口下降2.2%，是2001年7月以来首次下降。12月，中国出口下降2.8%。2008年全年中

---

① 余永定：《中国内外部经济形势及宏观经济前瞻》，《国际经济评论》2008年第9—10期，原为2008年7月内部会议发言。

国出口额为14285.5亿美元，增长17.2%，比上年回落8.6个百分点。

2008年是自2000年之后9年内中国固定资产投资增速下降最大的一年。固定资产投资累计实际增速从2007年12月的21.68%下降到2008年6月的14.67%。即便7月货币政策调整，10月财政政策转向，由于此前的政策惯性，2008年全年固定资产投资增速并无明显提高，到2008年12月底固定资产投资累计名义增速为25.90%，实际增速为16.52%。

2008年固定资产投资增速之所以创下2000年以来的最差记录，是房地产投资增速和制造业投资增速同步急剧下跌造成的。2008年9月之前，在执行实质上的紧缩性财政、货币政策的同时，政府延续了2007年开始的房地产调控。2008年全年房地产开发投资增速由2008年1月的32.4%下降到12月的11.9%。

在调整宏观经济政策的同时，政府放松了房地产调控。10月27日中国人民银行将商业性个人住房贷款利率的下限扩大为贷款基准利率的0.7倍，最低首付款比例调整为20%；财政部11月下调了契税税率。尽管如此，房地产开发投资增速的下降一直持续到2009年4月。

2008年制造业投资增速也持续下降，由1月的35.55%下降到12月的27%，这个下降过程一直持续到2010年10月。

2008年固定资产投资增速是靠基础投资的快速增长所支撑的。同房地产开发投资和制造业投资增速下降相反，2008年基础设施投资增速一直处于上升状态。在引入财政刺激计划后，基础设施投资增速更是迅速提高，由10月的23.66%上升到12月的30.70%。

2008年消费需求增长一直处于逐渐下降状态，全球金融危机爆发之后消费需求增速下降加速，社会消费品零售总额同比增速从2008年10月的22.0%下降至2009年2月的11.6%。

2008年最终消费、固定资本形成和净出口的增速分别为16.0%、23.0%和3.4%。GDP增速为9.65%。CPI季度的增速则分别为8.0%、7.8%、5.3%和2.5%。70个大中城市房价指数从8月起开始环比下跌，12月同比下降，为10年间首次出现年度房价下跌。深圳、北京、上海一些地区，房价一度比2007年最高点下跌了30%以上。

2009—2010年：克服全球金融危机的冲击

2008年11月5日，时任国务院总理温家宝在国务院常务会议上提出：要"实行积极的财政政策和适度宽松的货币政策，出台更加有力的扩大国内需求措施"。会议确定了进一步扩大内需、促进经济增长的十项措施。初步匡算，实施这些措施到2010年需投资4万亿元。

2008年年底推出的"四万亿财政刺激计划"无疑是决定2009年经济走势的最重大事件。4万亿元投资计划的重点投向有七个方面，包括：加快保障性住房建设；加快农村民生工程和基础设施建设；加快铁路、公路、机场、水利等重大基础设施建设和城市电网改造；加快医疗卫生、教育、文化等社会事业发展；加快节能减排和生态工程建设；加快自主创新和结构调整；加快灾后恢复重建。[1] 4万亿元的投资要在两年零两个月（2008年11月至2010年12月底）的时间内陆续完成。项目和资金分配则由国家发展和改革委员会决定。[2]

关于4万亿元的融资，中央政府通过一般性公共预算和中央政府性基金预算[3]列支的投资是11800亿元，分批下拨，按年度为：2008

---

[1] 国家发展改革委有关负责人就4万亿元投资计划执行情况答记者问，2009年10月27日。

[2] 2008年中央政府性基金支出的资料阙如。

[3] 例如，2009年的4875亿元投资中就有来自中央政府性基金中的1651亿元。

年四季度为1040亿元；2009年4875亿元；① 2010年为5885亿元。比较2008年和2009年财政支出决算可以发现，政府按"四万亿财政刺激计划"在2009年多增的4875亿元支出是通过增加预算项目的支出实现的。

从4万亿元中除去由中央提供的11800亿元后，剩下的28200亿元要由地方政府提供配套资金。地方政府的融资方式包括：财政部代地方政府发行地方债（"地方公债""地方政府债"）2000亿元②；地方财政和地方政府性基金提供投资项目的资本金，剩余部分由银行提供贷款；地方政府融资平台（城投公司等）向银行等金融机构发行以企业债和中期票据③为主要形式的城投债（"准市政债"）④；向政策银行（如国开行）借款，后者则向储蓄银行等金融机构出售金融债；采用"委托代建和回购"模式建设公益性或准公益性项目等⑤。

2008年年底开始，地方政府投融资平台的数量和融资规模急剧

---

① 谢旭人："为了应对全球金融危机，保持我国经济平稳较快的发展，中央果断决策，对宏观调控政策做了重大调整。从去年（2008年）四季度开始，明确决定要实施积极的财政政策和适度宽松的货币政策。实施积极的财政政策，内容主要体现在这五个方面：第一，扩大政府公共投资，着力加强重点建设；我们将在去年（2008年）四季度增加安排保障性住房、灾后恢复重建等中央政府公共投资1040亿元的基础上，今年（2009年）中央政府公共投资安排9080亿元，比去年的预算增加4875亿元。"国家发展改革委财政部中国人民银行负责人答记者问，2009年3月6日。

② 以当地政府的税收能力作为还本付息的担保。2015年3月财政部在交人大的报告中指出：除严格授权举借的短期债务外，地方政府举借债务只能用于城市建设等公益性资本支出或置换存量债务，不得用于经常性支出。对没有收益的公益性事业发展举借的一般债务，由地方政府发行一般债券融资，主要以公共财政收入和举借新债偿还；对有一定收益的公益性事业发展举借的专项债务，主要由地方政府通过发行市政债券等专项债券融资，以对应的政府性基金或专项收入偿还。

③ 中期票据和银行贷款的区别：对银行而言，买票据看公开评级，做贷款要调查企业状况，调查成本高，但收益相对也高。

④ 城投债，又称"准市政债"，是地方投融资平台作为发行主体，公开发行企业债和中期票据。城投债实际是一种公司债。公司债包括城投债、产业债。

⑤ 政府以股权回购的方式分期分批支付投资人的投资额及合理收益。采用模式建设的一般为公益性或准公益性项目，所有权是政府或政府授权单位；政府将项目的融资和建设特许权转让给投资人；投资人是依法注册的国有企业或私人企业；金融机构根据项目的未来收益情况及投资人经济实力等情况为项目提供融资贷款。

膨胀。2009年年初中国人民银行与中国银行业监督管理委员会联合发布《关于进一步加强信贷结构调整 促进国民经济平稳较快发展的指导意见》，提出"支持有条件的地方政府组建投融资平台，发行企业债、中期票据等融资工具，拓宽中央政府投资项目的配套资金融资渠道"[①]。

截至2009年8月，全国共有3000家以上的各级政府投融资平台，其中70%以上为县区级平台公司。2008年年初，全国各级地方政府的投融资平台的负债总计1万多亿元；到2009年5月末，总资产近9万亿元，负债已上升至5.26万亿元（绝大部分为银行贷款），平均资产负债率约60%，平均资产利润率不到1.3%[②]。2010年年底地方政府融资平台债务余额达4.97万亿元，占地方政府债务总额的46.4%。其资金来源以银行贷款为主，其次是城投债。据审计署统计，截至2010年年底，全国地方政府债务余额10.7万亿元。

2008年11月14日，在中国银行国际金融研究所和中国社会科学院世界经济与政治研究所联合举办的国际研讨会上，我检讨了自己对2008年宏观经济形势判断的失误。在随后发表的文章中，我一方面对"四万亿财政刺激计划"表示了强烈支持，另一方面也指出"需求的主体是居民、企业、外国和政府。在中国，地方政府始终具有强烈的投资冲动。如果刺激方案并未导致居民、企业（特别是民营企业）需求的增加，而仅仅或主要是唤起了地方政府的投资冲动，刺激方案就不能说是成功的。我们应该对可能出现的各种后果有充分的估计"。对于经济增长速度和结构调整，我的看法是"过去11%、12%的增速肯定是太高了，是不可持续的……9%是一个好事情，是一个正常的经济发展速度。8%也是可以接受的。在这个增长速度之下可以从容

[①] 中国人民银行、银监会：《关于进一步加强信贷结构调整 促进国民经济平稳较快发展的指导意见》（银发〔2009〕92号），2009年3月18日，中央人民教育网（www.gov.cn/gongbao/content/2009/content_1336375.htm）。

[②] 《全国地方政府性债务余额10.7万亿元 未超偿债能力》，2011年6月28日，来源：人民日报，金融界网（finance.jri.com.cn/2011/06/28114910313953.shtml）。

不迫地进行各种各样的调整"。从宏观上来讲，这种调整主要包括两个方面：一是降低对出口的依存度；二是降低对房地产开发投资的依赖。①

2008年12月10日，中央经济工作会议强调必须将保持经济平稳较快发展作为2009年工作的首要任务，并首次提出把扩大内需作为保增长的根本途径。2008年12月的中央经济工作会议提出2009年经济工作主要任务：加强和改善宏观调控，实施积极的财政政策和适度宽松的货币政策。保持经济平稳较快发展成为经济工作的首要任务。

2009年预算计划全国财政支出比2008年增长22.1%。全国财政收支赤字10005亿元，其中的9500亿元通过发国债弥补。② 中央财政收支相抵，赤字7500亿元。③ 2009年预算中的全国财政赤字规模（9500亿元）是2008年（1110.1亿元）的6.7倍。2009年中央政府安排公共投资9080亿元④（包括了作为"四万亿财政刺激计划"一部分的4875亿元）。⑤

2008年11月10日，中央发布十六字方针："出手要快、出拳要重、措施要准、工作要实"后，各地闻风而动。11月12日，北京宣布未来两年共安排政府投资1200亿—1500亿元，当时预计带动社会投资10000亿。同日，广东提出在2009年完成1.3万亿元的全社

---

① 参见余永定《2009年中国宏观经济的挑战》，《国际经济评论》2009年第1期。
② 全国财政赤字＝（中央财政收入－中央财政支出）＋（地方财政收入－地方财政支出）＝中央财政收入－（税收返还和转移支付＋中央本级支出）＋（地方本级收入＋税收返还和转移支付－地方财政支出）＝中央财政收入－中央本级支出＋地方本级收入－地方财政支出。
③ 中央财政支出中包含了税收返还和转移支付。这部分支出不代表对商品和劳务的需求。只有中央本级支出才代表对商品和劳务的需求。如果不考虑转移支付，中央财政赤字要小于7500亿元，同时地方财政赤字就会大于2000亿元。但是否考虑转移支付，不影响全国财政赤字规模。中央多算、地方少算，相互抵消。但地方多花的钱应该算作中央的钱，是地方替中央花钱。
④ 《财政部：2009年中央公共投资总额或超9080亿元》，2009年12月24日，中国新闻网。
⑤ 同上。

会投资。17日,上海计划到2010年拉动全社会投资超过1.1万亿元。18日,四川决定2009年力争完成投资1.2万亿元左右。截至11月21日,国务院提出两年"四万亿财政刺激计划"后的两周内,地方政府提出的投资计划总额已经超过18万亿元。① 地方政府的融资要求大大超过了为4875亿元公共投资配套的需要。

不只是地方政府,不少中央政府部门也纷纷提出自己的刺激计划。例如,铁路投资大幅攀升:全国铁路计划总投资在2008年、2009年和2010年分别达到4168.47亿元、7045.27亿元和8426.52亿元。②

2009年财政预算的执行情况为:全国财政收入、支出增速分别为11.7%和21.2%③;全国赤字9500亿元④。相对于2008年的1110.1亿元,2009年全国财政赤字规模增加了756%,赤字率则由2008年的0.3%上升到2.7%。不难看出,2009年财政政策的扩张程度是前所未有的。

2009年3月,周小川表示:"国务院这次特别强调了应对金融危机出手要快、出拳要重。本轮全球金融危机是多年不遇的,不太容易事先测算得很准确,但是我们特别要防止如果出手慢了、如果出拳不够重,很有可能会出现我们所观察到的世界上一些其他国家曾经出现的现象,就是信心下滑了以后,出手晚了以后,就遏制不住……所以,我们宁可出手快一点,出拳重一点。"事实上,中国货币政策的扩张程度也达到了前所未有的水平。2009年年末,全部金融机构本、外币贷款余额同比增长33.0%,增速比上年同期高15.1个百分点,比年初增加10.5万亿元。人民币贷款年末余额同比增长31.7%,增

---

① 公培佳、李爱明:《2009:激荡四万亿》,《华夏时报》2012年7月3日。
② 《重返8000亿元 2018年铁路投资将超原计划》,《中国经营报》2018年8月7日。
③ 加上地方财政结转资金2608亿元,支出总量为78482亿元。
④ 赤字=(全国财政支出+地方财政结转资金)-(全国财政收入+调入中央预算稳定调节基金)=(75874+2608)-(68477+505)=9500。

速比上年高 13.0 个百分点，比年初增加 9.6 万亿元。2009 年年末，广义货币供应量 M2 余额为同比增长 27.7%，增速比上年高 10.0 个百分点；狭义货币供应量 M1 余额同比增长 32.4%，增速比上年高 23.3 个百分点。货币市场利息率水平从 2008 年年底开始急速下降，在 2009 年全年都处于有记录以来历史最低水平。2009 年前三季度，非金融性公司及其他部门贷款利率水平回落后保持低位平稳运行。[①]

在扩张性财政和货币政策引导和支持下，基础设施投资增速在 2009 年迅速上升，在 5 月达到 50% 的历史峰值。2009 年全年基础设施投资和制造业投资增速分别比 2008 年增长了 42.2% 和 26.8%。直到 2010 年下半年制造业投资增速一直保持在 25%—28%。房地产开发投资增速在 2009 年 4 月降到 4.8% 的最低点后也迅速回升；7 月房价恢复正增长。2009 年全国完成房地产开发投资比上年增长 16.1%。

2009 年全社会固定资产投资增长 30%，[②] 增速比上年加快 4.6 个百分点；扣除价格因素，实际增长 35.2%，比上年高 17.1 个百分点。房地产开发投资增速虽然从 2009 年 4 月开始回升，但在 2009 年年底之前的大部分时间都大大低于固定资产投资增速。2009 年制造业投资增速相对平稳，但除在年初和年底之外也明显低于固定资产投资增速。显然，2009 年固定资产投资增速的显著提高，主要应归功于基础设施投资的高速增长。

2009 年全年累计出口 1.2 万亿美元，下降 16.0%，比上年低 33.2 个百分点；贸易顺差 1961 亿美元，比上年减少 1020 亿美元。净出口对 GDP 的拉动作用是 -4 个百分点，对 GDP 增速下降的贡献率是 -42.6%。毫无疑问，出口增速的大滑坡是影响 2009 年中国经济增长的主要原因。

---

① 2009 年第四季度中国货币政策执行报告。
② 中国统计年鉴，2010。

由于固定资产投资的高增长抵消了出口的负增长，中国经济增速由 2009 年第一季度的 6.4%（危机爆发后的最低点）迅速反弹，并于第四季度达到 11.9%，全年 GDP 增速为 9.4%，实现了全球金融危机后的 V 型反弹。

2009 年，工业生产增速逐季加快，工业利润从第二季度起持续改善。但是在这种好转的背后，也酝酿着未来的危机。随着基础设施项目的上马、开工，许多不久前还是减产、限产的企业纷纷乘势而上。以工信部认为产能严重过剩的钢铁行业为例，2008 年 12 月，津安钢铁恢复生产，河北各地也陆续有中小钢铁企业恢复生产，其中，唐山市宝业、德龙、纵横、燕钢、粤丰、港陆等钢厂集中复产。

2009 年 6 月 18 日，国家发展改革委发布《关于加强中央预算内投资项目概算调整管理的通知》，要求凡概算调增幅度超过原批复概算 10% 及以上的，国家发展改革委原则上先请审计机关进行审计，待审计结束后，再视具体情况进行概算调整。中央投资资金总额骤降，也直接影响了后续发放的额度和节奏，11 月之后，中央已不再按批次下发中央资金，而将资金留作下年陆续发放。[①]

2009 年中国 GDP 四个季度的增长速度分别为 6.6%、8.2%、9.7%、11.4%，GDP 全年增速为 9.4%。2009 年中国价格形势经历了从下跌到回升的过程。2008 年 9 月以来，受全球金融危机冲击影响，主要价格指标急剧回落。2009 年四个季度 CPI 增速分别为 -0.5%、-1.5%、-1.3% 和 0.07%。PPI 也于 2009 年 12 月结束了连续 12 个月的同比负增长，同比上涨 1.7%。

对"四万亿财政刺激计划"的大方向我是支持的，但感到一些政策的推出过于匆忙，力度过大，因而对由此可能产生的产能过剩和不良债权表示了担心。[②] 2009 年 11 月 25 日我在澳大利亚竞争委员会所

[①] 公培佳、李爱明：《2009：激荡四万亿》，《华夏时报》2012 年 7 月 3 日。
[②] 路透社：《货币政策已过度宽松，应防止产能过剩》，2009 年 9 月 7 日，援引《上海证券报》2009 年 9 月 5 日报道。

做的题为"中国的全球金融危机应对之策"的演讲中,讨论了中国经济增长过程中的"冷热"交替现象,并分析了"四万亿财政刺激计划"可能对中国经济增长前景造成的消极影响。现在来看,我当时的许多担心是有道理的。但对实行扩张性财政、货币政策的一些批评,特别是对货币政策的一些批评(如认为利息率压得过低)大概是不正确的。① 在后来的一篇文章中,我提到刺激计划的"退出"问题:政府可能希望避免政策调整对资本市场等造成不利影响,或把消极影响降到最低。迪拜危机的出现也给了大家一个警示,国际经济还存在问题。这个时候世界各国政府都不敢贸然提出超常刺激性政策的"退出"问题,也是可以理解的。但值得注意的是,"现在退出得越慢,以后结构性问题积累得就会越严重"。② 现在看来,我当时更应该担心的是"退出"过快而不是慢。

在 2009 年 12 月的一篇文章中,我讨论了"四万亿财政刺激计划"可能产生的问题:"第一,投资率的提高往往意味着投资效率(不是劳动生产率)的下降。如果今年的 GDP 增速是 8%,投资率是 50%,那么增量资本—产出率就是 6.25,但发达国家的增量资本—产出率一般为 2 到 3 之间,1991 年到 2003 年中国的增量资本—产出率是 4.1,这意味着我们原本就不高的投资效率进一步下降了。第二,由于在短期内大量工程同时上马,工程建设质量也是一个值得高度关注的问题。'百年大计,质量第一',我们能够做到吗?第三,基础设施建设和制造业以及其他产业的发展也是相互联系的。如果仅仅有公路,但没有交通流量,公路建设投资又如何取得收益?第四,基础设施建设的主要资金来源是银行贷款。低效率、低收益的基础设施投资将转化为银行的不良债权。此外,还存在银行资金来源(短期存

---

① 参见余永定《经济增长过程中"过度需求"和"产能过剩"的交替以及"四万亿财政刺激计划"》,2009 年 11 月 25 日,澳大利亚竞争委员会,snaple 讲座,演讲稿后收入 Daigee Shaw and Bih Jane Liu(ed.),*The Impact of the Economic Crisis on East Asia*,Edward Elgar Publishing Limited,Chaltenham UK,2011,pp. 149 – 162.

② 余永定:《中国经济结构调整方向不能改变》,《上海证券报》2009 年 12 月 21 日。

款）和资金使用（长期投资）的期限结构问题。第五，由于政府财政在刺激计划中担负着提供资金的重担。基础设施投资的效率还直接关系到未来中国的财政状况。总之，以基础设施投资为着力点的财政刺激计划，可以缓解产能过剩的问题，但又带来了投资效率低下、为不良债权埋下隐患的问题。所以，一方面，我们可能为经济增长恢复感到高兴；另一方面，我们也必须看到危机过后，我们将面临更大的困难。中国的经济增速已经反弹，政府现在没必要再过于担心经济增长问题，应重新把结构调整的问题提到非常重要的位置上来。"①

在"四万亿财政刺激计划"推出之际，政府和大多数经济学家对"四万亿"可能产生的后果并不是没有思想准备，问题是当时并没有更好的选择。回头来看，当年的刺激计划可以做得更好一些，特别是应该对地方政府的过度热情严加控制，但对"四万亿财政刺激计划"的污名化是错误的。中国是否应该尽快退出刺激计划呢？当初我是主张尽快"退出"的。现在看来这种急于"退出"的想法是错误的。2009年政府推出"四万亿财政刺激计划"确实有过急过快、准备不足之嫌，但2010年政府退出"四万亿财政刺激计划"也同样有过急过快、谨慎过度之嫌。"四万亿财政刺激计划"的后遗症既有"四万亿"本身造成的也有"四万亿"退出过快造成的。2009年为了完成放贷任务，商业银行和商业银行的分支机构竭尽全力给地方企业，包括民营企业发放贷款。其中有些企业本来并不需要贷款，在接受了贷款之后把资金投入房地产市场，催生了房地产泡沫。2010年收紧货币政策，许多已经铺开摊子的企业出现流动性短缺，而银行又不续贷，这就为后来影子银行业务的兴起创造了条件。事实上，美国、日本和欧盟在全球金融危机期间都实行了急剧扩张性的财政、货币政策，特别是货币政策。金融危机爆发已经过去10年，许多国家和地

---

① 余永定：《中国应考虑结构调整问题而非经济增长》，《21世纪经济报道》2009年12月17日。

区的扩张政策退出过程至今还未完成,日本则依然在执行"数量和质量"宽松政策。此外,我当时就担心生产过剩问题在时序上是不对的:应该首先担心财政刺激政策是否会造成通货膨胀,然后才是担心产能过剩和不良债权。

2009年12月22日,我应邀在团中央干部学习班上做了一个题为《中国的经济增长与结构调整》的报告。在回顾中国20世纪90年代以来的宏观调控的同时,讨论了总供给—总需求、总量—结构、经济增长—通货膨胀、内需和外需等问题。文章反映了当时对2009年形势的一些看法,在今天,这些看法大概依然是学界的共识。[①]

2009年12月7日的中央经济工作会议提出在2010年要"保持宏观经济政策的连续性和稳定性,继续实施积极的财政政策和适度宽松的货币政策"。

按年初计划,2010年全国财政收、支分别增长8%和11.4%。全国财政收支差额为10500亿元[②],比上年增加1000亿元。中央财政收入、支出分别增长6.3%和5%;中央财政收支相抵,赤字8500亿元,比上年增加1000亿元。2010年全国财政收支差额预计占GDP的2.8%。2010年预算实际执行情况为:全国财政收支分别增长21.3%和17.4%(2009年为21.2%)。[③]全国财政收支总量相抵,差额为10000亿元(2009年为9500),赤字率为2.4%(10000/412119),低于2009年。2010年的财政预算和预算的执行情况反映了政府使财政政策回归常态的意愿。

同财政政策相配合,"基于对通胀压力有上升苗头的预判",2010年中国人民银行决定"继续实施适度宽松的货币政策。逐步引

---

① 参见余永定《中国的经济增长与结构调整》(演讲稿),2009年12月22日。该文系2009年12月22日团中央干部学习班上报告记录。2010年1月29日,笔者对记录稿做了审阅和修改。
② 加上从中央预算稳定调节基金调入100亿元,可安排的收入为74030亿元。
③ 加上补充中央预算稳定调节基金2248亿元和地方财政结转下年支出1356.94亿元。

导货币条件从反危机状态向常态水平回归"。① 在第四季度的货币政策报告中，货币政策的基本方针表述为：处理好保持经济平稳较快发展、调整经济结构和管理通胀预期的关系，逐步引导货币条件从反危机状态向常态水平回归。"加强通货膨胀预期管理"成为2010年中国人民银行货币政策报告中的常见语句。

为引导货币信贷增长向常态回归，稳定通胀预期，在开展公开市场操作（出售央票、正回购）的同时，中国人民银行分别于1月18日、2月25日、5月10日、11月16日、11月29日和12月20日6次上调存款类金融机构人民币存款准备金率各0.5个百分点，累计上调3个百分点。其中，2010年1月的升准是全球金融危机爆发后的首次。信贷和各范畴货币增速在2009年达到高峰之后，在2010年都转而急剧下降。直至2011年年初信贷和广义货币增速才稳定下来，狭义货币才从低位回升。2010年年末，广义货币供应量M2同比增长19.7%，增速比上年低8.0个百分点；狭义货币供应量M1同比增长21.2%，增速比上年低11.2个百分点。2010年第四季度，为稳定通货膨胀预期，抑制货币信贷快速增长，中国人民银行于10月20日、12月26日两次上调金融机构人民币存贷款基准利率。2010年金融机构贷款利率总体小幅上升，第四季度受两次上调存贷款基准利率等因素影响，利率上升速度有所加快。2010年银行间市场利率波动中呈明显上升态势。其中，R007在12月急剧攀升，12月30日达到6.368%，大大高于年初平均不到2%的水平。②

由于财政刺激政策的退出和货币政策的从紧，GDP在2010年第一季度增速达到12.1%后逐季下降（第四季度稍有回升）。但是在GDP增速逐季下降的同时，CPI却逐季上升。中国人民银行认为：除货币供给偏多外，美元贬值导致进口价格上升、劳动成本的

---

① 2011年第四季度货币政策报告。
② 2010年第四季度货币政策报告。

上升、基数效应、国际大宗商品（如原油期货）价格上涨等的共同作用导致了物价的上涨。① 应该说，2010年的通货膨胀主要是由供给曲线左移，并非刺激政策导致的过度需求引起的。2010年CPI同比上涨3.3%，比上年高4个百分点。各季度同比涨幅分别为2.2%、2.9%、3.5%和4.7%。但是，主流观点认为，CPI增速反弹是货币发行过多、需求过于旺盛造成的。经济增长和通胀的四种组合：一是经济增长加速—通货膨胀加速；二是经济增长加速—通货膨胀减速；三是经济增长减速—通货膨胀加速；四是经济增长减速—通货膨胀减速。对于第一种情况，应采取紧缩性政策；第二种情况，静观其变，警惕经济是否过热；第三种情况，可能是通货膨胀率下降滞后于经济增速下降，也可能是出现滞涨形势，需要具体问题具体分析以确定应对之策；第四种情况，通货紧缩，应采取扩张性政策。此外，采取何种政策还应看通胀是成本推起还是需求拉动。现在看来，政府在2010年对通胀的担忧可能有些过度，对GDP增速下滑和下滑惯性估计不足。

虽然通过颁布"国四条"，早在2009年12月政府就已拉开了房地产调控的序幕，但2009年7月由负转正的房价仍继续飙升，并在2010年4月创下70个大中城市新建住宅价格指数增速15.4%的历史纪录。2010年政府对房地产调控的力度空前。从1月的"国十一条"，到4月17日的"国十条"，再到"9.29新政"，限贷、限购等措施相继出台。房价增速在2010年5月开始回落，年底增速降到7.6%。

2010年9月长达两年的"四万亿财政刺激计划"行至收官阶段，1.18万亿中央资金绝大部分已经下达完毕。2010年全社会固定资产投资为27.8万亿元，同比增长23.8%，比上年回落6.2个百分点；扣除价格因素后，实际增长19.5%，比上年低14.3个百

---

① 2010年第四季度货币政策报告。

分点。

2010年经济增长的主要推动力是固定资产投资，而其中房地产开发投资又发挥了关键作用。例如，2010年6月房地产开发投资增速为38.4%，而同月制造业和基础设施投资增速则分别为25.0%和20.6%。基础设施投资增速在2009年5月达到50%的峰值，之后便急剧下降。2010年第四季度基础设施投资增速降到16.0%。制造业投资增速虽然在2009年年中以后便持续下降，但在2010年下半年开始逐渐回升。这种回升应该同前期的基础设施投资增速有关。房地产开发投资增速虽然在2010年下半年回落，但到2010年12月依然维持在31.0%的高位。这样，2010年房地产开发投资的高速增长以及制造业投资增速的恢复在很大程度上抵消了基础设施投资增速急剧下降对固定资产投资增长的不利影响，固定资产投资得以维持23.8%的相当高的年增速。

2010年最终消费（名义）增速15%，资本形成名义增速21.0%，净出口0.1%。[①]

影子银行活动自2010年以后的爆炸性增长，正好发生在中国开始退出刺激政策之时不能说仅仅是一种巧合。一年前，企业被动接受贷款后，增加了投资。现在又要面对信贷紧缩。不仅如此，大量信贷资金已进入了房地产市场。面对显著收紧的货币环境，为了不使资金链条中断，企业只能在传统渠道之外寻求资金。银行则一方面积极发放低风险（有抵押）高回报的住房抵押贷款和房地产开发贷款；另一方面积极发展表外业务。由于传统的银行信贷概念已经不足以反映中国信贷的松紧状况，中国人民银行在《2010年第四季度货币政策执行报告》中开始使用"社会融资总量"的概念。

自2009年开始，我的主要研究方向是美国次贷危机、国际货币

---

① 根据国家统计局，2010年全年出口15779亿美元，增长31.3%；进口13948亿美元，增长38.7%，顺差1831亿美元，比上年下降6.4%。

体系改革、国际收支平衡、人民币国际化和资本项目自由化等①。关于2010年的宏观经济政策，我的观点是：首先，在保增长的同时，中国还必须完成经济发展方式的转变和相应的经济结构调整。其次，中国仍将面对一个具有很大不确定性的国际环境。最后，中国政府需要有效管理通货膨胀预期、抑制资产泡沫。②

2011年到现在：后危机和"新常态"

2010年9月"四万亿财政刺激计划"收官。2011年至今，中国经济可以说一直处于后危机期间。截至目前，依然很难说中国经济已经摆脱2008年全球金融危机的阴影。中国学界普遍认为，中国经济在2010年"四万亿财政刺激计划"收官之时走出危机。如果说此后中国经济依然在危机的阴影笼罩之下，那么这个阴影也仅仅是"四万亿财政刺激计划"的后遗症。自2011年到现在中国经济是处于"后危机"时期还是已经进入"新常态"，仍是一个值得探讨的问题。

在2003年到2008年全球金融危机爆发前，经济学界最关注的宏观问题是如何在保持经济较高速度增长的同时不使通胀失控；另外一个问题是如何降低投资增长速度从而降低投资在GDP中的比重，以避免投资过度导致的产能过剩。2011年之后，宏观经济政策领域最重要的话题转为如何创造一切必要条件推进"供给侧结构性改革"。

2011年年初政府宏观经济政策目标似乎有三。一是抑制通货膨胀；二是制止房价上升；三是维持较高经济增速。尽管政府的经济增速目标是7%，但市场普遍预期增速将达到9%。由于增速维持在高位，政府并不担心增速有所回落，因而财政和货币政策都将紧于2010年。2010年12月12日中央经济工作会议决议似乎证实了这种

---

① 参见余永定《见证失衡：双顺差、人民币汇率和美元陷阱》，生活·读书·新知三联书店2010年版；余永定：《最后的屏障》，东方出版社2016年版。

② 余永定：《中国经济面临的挑战》，《新金融评论》2016年第4期。

猜想。会议提出：2011年宏观经济政策的重点是稳增长、调结构和防通胀。为此，要继续实施积极的财政政策和稳健的货币政策。所谓积极的财政政策不是增加财政支出，刺激经济增长，而是指"保持财政收入稳定增长"，"压缩一般性支出，厉行节约"。而稳健的货币政策则是指"把好流动性总闸门，把信贷资金更多投向实体经济"。这是一个面面俱到、没有明确方向的指导方针。2011年的宏观经济政策同2010年的主要区别是"适度宽松的货币政策"被改为"稳健的货币政策"，货币政策退出刺激计划的色彩进一步加强。

2011年年初公共财政预算的主要安排是：全国财政收、支分别增长8.0%和11.9%。全国财政收支差额9000亿元，占GDP的比重由2010年的2.5%下降到2%左右。实际执行情况是：全国财政收、支分别增长24.8%和21.2%。全国财政收支总量相抵，差额为8500亿元，① 赤字率为1.7%左右（与此相对照，2010年全国财政赤字率为2.4%）。

2011年年初，中国人民银行"宏观调控的首要任务"是"保持物价总水平基本稳定"②。2011年信贷和货币供应增速继续了2010年以来的下降趋势，信贷、广义货币和M1的增速下降趋势都比较明显。2011年中国人民银行6次上调人民币存款准备金率，累计上调3个百分点（2010年以来共12次），3次上调存贷款基准利率共0.75个百分点。一年期存款利率提高到3.5%，大型金融机构存款准备金率达到21.5%的历史高点。2011年年末，全部金融机构本外币贷款余额同比增长15.7%，增速比上年末低4.0个百分点。人民币贷款余额同比增长15.8%，增速比上年末低4.1个百分点，比年初增加7.47万亿元。2011年年末，广义货币供应量M2余额同比增长13.6%，增速比上年末回落6.1个百分点。狭义货币供应量M1余额

---

① 加上补充中央预算稳定调节基金2892.00亿元和地方财政结转下年支出1918.34亿元，支出总量为113740.01亿元。

② 2011年第一季度货币政策报告。

同比增长7.9%,增速比上年末低13.3个百分点。

2011年在广义货币增速下降的同时,基础货币增速上升,同比增长23.2%。中国人民银行12次升准,提高准备金率共6个百分点。升准降低了货币乘数,货币乘数下降则抵消了基础货币增速上升对广义货币的提速作用,使广义货币增速维持了稳中有降的趋势。2011年金融机构超额准备金率为2.3%(2008年为5.1%,2009年为3.13%,2010年为2.0%)。同2010年相比,2011年R007也有明显提高。

2011年前三个季度通货膨胀率连续上升,第三季度的CPI增长率为6.3%,为全球金融危机爆发后峰值。因而,尽管GDP增速下降,中国人民银行不愿冒险过早放松货币政策。进入10月,由于欧洲主权债务危机继续蔓延、国内经济增速放缓、CPI和房价增速逐步回落,稳定经济增长变成首要任务,中国人民银行对货币政策进行了微调:先是暂停发行三年期央票,后是下调存款准备金率。11月中国人民银行宣布下调准备金率。

由于执行了实际上偏紧的财政和货币政策,2011年成为中国多年来经济增长速度下降最快的一年,其直接原因则是固定资产投资增速在2010年4月由35.0%左右的高点下降到2011年12月的22.3%(如果按固定资本形成计算,增长速度则几乎下降了一半)[①]。2011年全年固定资产投资比上年增长23.8%,扣除价格因素后,实际增长16.1%。

值得注意的是,三类投资的增速在2011年4月开始同步急剧下降,其中基础设施投资、制造业投资和房地产开发投资分别由4月的15.9%、50.0%和34.7%下降到12月的0.76%、31.7%和22.3%。

基础设施投资增速在2011年年初跌到0以下,标志着2009年推出的财政刺激政策已经全面退出。2011年"限购""限价""限贷"等房地产调控政策全面升级,进一步强化了房价的下降趋势。

---

① 按固定资本形成计算,由2010年的增速18.6%下降到2011年的9.4%。

2011年房价增速由1月的6.5%跌到12月的1.6%。2011年全年房地产开发投资增速为27.9%，比上年回落5.3个百分点。比较令人意外的是，在基础设施投资增速急剧下跌和房地产开发投资增速下跌的同时，制造业投资却从2010年第三季度开始急剧增长，在2011年4月达到50.0%的峰值。制造业投资异乎寻常快速增长时期（2010年7月—2012年3月）基本上处于货币紧缩和财政刺激退出时期。一种解释是这种增长是"四万亿财政刺激计划"后基础设施投资和房地产开发投资增速先后急剧上升的滞后效应。另一种解释是当时政府的特定产业政策使制造业企业对投资前景产生了十分乐观的预期。2011年4月之后，制造业投资增速便开始直线下跌。这一下跌过程持续了整整五年，直至2016年9月增速跌到1.96%后才止跌回升。

2011年，社会消费品零售总额增长17.1%；扣除价格因素，实际增长11.6%，比上年低3.2个百分点。2011年出口增长20.3%，比上年低11.0个百分点，贸易顺差继续收窄。

由于固定资产投资的急剧下跌，出口增长不尽如人意，2011年GDP第四季度增速仅为8.9%，在实现V型反弹后首次跌破9%的季度增速。虽然2011年全年GDP增速仍高达9.54%，但由于全年增速的逐季下降，市场对中国经济可能硬着陆的担忧突然加重。中国维持持续高速增长势头的能力开始受到怀疑。

2011年前半年，尽管执行偏紧的货币政策，由于食品和大宗商品价格的上升，CPI涨势不减。2011年7月增速上涨到6.5%，但此后CPI增速逐步回落。2011年12月的CPI增速为4.1%，年度增速为5.4%。2011年前三季度生产价格涨幅在高位运行，第四季度明显回落。2011年，PPI同比上涨6.0%，比上年高0.5个百分点。

2011年引起忧虑的一个现象是工业利润的下降。工业企业总利润增长从2011年年初开始减速，到下半年大幅滑坡，并于2012年第一季度跌入负增长区间（但跌幅小于2009年）。

由于资本市场的发展,直接融资在融资中的作用不断增大,为了更好地反映金融条件的松紧以正确评估通胀和资产泡沫压力,中国人民银行在2010年引入"社会融资总额"的概念以补充广义货币的概念。针对当时中国人民银行将使用社会融资总额的概念作为货币政策中间目标的传言(实际上是误传),我撰写了《社会融资总量与货币政策的中间目标》一文。该文是我关于货币性质的第二篇文章(第一篇题为《M2的动态增长路径》)。文章试图阐明的观点包括以下几点:第一,决定物价水平的货币总量是M1。广义货币中的其他货币总量不能充当流通手段,因而对物价水平没有直接影响。第二,银行融资和资本市场融资量即社会融资总量,是购买力在储蓄者和投资者之间、债权人和债务人之间转移的量度。在储蓄需求等于投资需求的条件下,社会融资总量的变化对物价水平没有直接影响。第三,社会融资总量、M2都是内生变量。M1在很大程度上也是内生。随着金融市场的不断发展,对各种货币总量的控制将变得越来越困难,更遑论控制社会融资总量。结论是"M2和社会融资总量都与通货膨胀没有直接关系,且两者都是内生变量。同时,尽管同通胀关系密切,M1也不具有必要的外生性。因此,与其尝试控制某种货币总量或社会融资总量,以实现对通货膨胀的有效控制,中国货币当局不如加快实现利息率的自由化,建立以调节银行间拆借利息率为中心的货币、金融条件调控体系"。[①]

2012年伊始,海外市场看空中国经济的情绪开始弥漫,主要是因为三个猜测:首先,中国房地产市场下跌会演变成崩盘(房价2010年4月以后节节下跌,2012年1月已经接近零增长)[②];其次,地方政府债务危机爆发;最后,温州等地的地下信用网络崩溃导致席卷全国的大规模金融危机。我在《中国证券报》的答记者问中,

---

[①] 参见余永定《社会融资总量与货币政策的中间目标》,《国际金融研究》2011年第9期。

[②] 房地产开发投资自2011年4月以后也节节下跌。

对上述三种危机的可能性进行了分析，指出中国经济远未出现触礁危险：第一，房价下跌不会演变成崩盘。第二，地方政府债务目前仍处于可控范围，也不必认为它们全部是不良贷款。第三，温州地下信用危机对地方银行体系的影响有限，对整个国家基本无影响。①

根据2011年12月15日中央经济工作会议的精神，2012年中国政府继续实施积极的财政政策和稳健的货币政策。其目标是保持经济平稳较快发展、调整经济结构、管理通胀预期。2012年政府对宏观经济政策的提法同2011年并无很大区别。

2012年公共财政预算反映了年初政府进一步收紧财政政策的意图。根据预算，2012年全国财政收、支分别增长9.5%②和14.1%。收支差额为8000亿元，比上年减少500亿元，占国内生产总值的比重下降1.5%左右。2012年预算的实际执行情况为：全国财政收、支分别增长12.8%和15.1%。全国财政收支总量相抵，差额为8000亿元，赤字率不到1.5%。从预算的执行情况来看，同2011年相比，财政政策又有了进一步的收紧。由于经济增速下跌超出预期，2012年5月以后，国家发展改革委批准了价值7万亿元人民币的基础设施建设项目，市场一度猜测政府要引入2008年后的第二个"刺激计划"。但事实上并不存在所谓的第二个"刺激计划"。

2012年中国人民银行继续实施稳健的货币政策。上半年，根据国内经济增长放缓、物价涨幅有所回落等变化，中国人民银行于2012年2月24日和5月18日两次下调存款准备金率各0.5个百分点；分别于6月8日、7月6日两次下调金融机构人民币存贷款基准利率。此外，中国人民银行还调低了商业银行贷一存比要求。下半年以来，连续开展逆回购操作。在前三个季度，基础货币增速和货币乘数是反方向变化的。由于基础货币增速的下降被货币乘数的

---

① 参见余永定《中国经济远未出现触礁危险》，《中国证券报》2011年12月5日。
② 加上从中央预算稳定调节基金调入的2700亿元，可安排的收入总量为116300亿元。

上升所抵消，2012年信贷和广义货币的增速相当稳定，仅有幅度很小的上升。2012年年末，广义货币供应量M2余额同比增长13.8%，比2011年高0.2个百分点，狭义货币供应量M1余额同比增长6.5%。年末，基础货币同比增长12.3%。金融机构超额准备金率为3.3%，比上年末高1.0个百分点。全部金融机构本外币贷款余额同比增长15.6%，增速比上年末略低0.1个百分点；人民币贷款余额同比增长15.0%，比年初增加8.2万亿元。由于外汇流入减少，2012年下半年以来逆回购操作成为中国人民银行流动性供给的主要渠道。尽管中国人民银行两次下调准备金率，从广义货币增速来看，2012年的货币政策虽然有所放松，但同2011年相比并无很大变化。

2012年2月制造业、房地产和基础设施投资的增速分别为23.3%、19.6%和-2.0%。结果当月固定资产投资增速仅为18.5%。[①] 这一增速甚至低于全球金融危机期间的月度增速最低（2009年2月，25%）。

2012年第一季度伴随GDP增速的下降，CPI增速降到3.8%。在以后各季度CPI增速基本都低于3%。PPI增速则从2012年3月进入负增长状态，并在此后的54个月中一直处于这种状态。应该说自2012年3月起，中国进入低通胀和半通缩状态。[②]

2012年政府对房地产调控政策也进行了调整。《经济观察报》

[①] 2012年第一季度中国GDP同比增速仅8.1%，是2009年6月以后的最低。4月部分弱于预期的经济数据进一步使得对国内经济放缓的担忧上升。当时，欧债危机的新一轮影响显现，并会持续影响全球经济复苏。

高层领导人在中央经济工作会议上强调，2012年扩大内需，推进结构性减税，保证在建项目建设。因此，自2011年年底市场应已预期中国政府会推出一些刺激措施，尤其在消费领域，以在投资和出口贡献减小的背景下稳定经济。中国政府2012年增速目标到7.5%，表明政策意图是支持一个更持续和稳定的经济增长水平。

国内经济放缓和欧洲经济前景恶化促使中国政府近期推出更多刺激措施。考虑到刺激引起的潜在通胀隐忧、国内银行更为严格的监管环境以及政府换届对政策推行带来的不确定性，我们预计不太可能像2008年年底的"四万亿"一样又推出新一轮大规模刺激。

[②] 政府内部对宏观调控的首要目标似乎还有些不确定。例如，盛来运在2012年7月13日指出，"还必须继续把稳定物价放在宏观调控的首位"。

2012年7月9日称,"限价"已不再是房价调控的主要手段。由于多次降准、降息,以及公积金和"限贷"政策的松动,个人住房贷款增速回升。只有"限购"政策并未改变。

2012年年初,市场共识是2012年中国GDP增速将达到8.5%。但2012年第二季度GDP增速跌破"保8"底线,降至7.6%。自2010年以来,中国增速季度数已经连续破12%、11%、10%、9%、8%。"为什么出台了那么多政策增速还不到8%"①,仍继续下跌?在增速破8%之后,中国经济官员和经济学者开始相信,中国的潜在经济增长速度小于8%,而且应该欣然接受低于8%的增长速度。②事实上,2010年年底"四万亿财政刺激计划"结束,政府退出了扩张性财政、货币政策。此后,政府并未采取什么刺激内需的措施。在外需不足的同时抑制房地产开发热,经济增长速度下跌是必然的。

中国经济在2012年第二季度令人失望的表现可以归结为三个因素。第一,房地产开发投资增速的下降对整个经济的直接和间接影响超过预期。③第二,欧洲主权债务危机对中国出口产生了超过预期的影响。第三,为了推进发展模式的转变,政府并未推出更强有力的新措施以扭转经济增速的下降。

基础设施投资增速在2009年5月达到50%的峰值,此后便一路下降。2012年2月基础设施投资增速降到-2%的最低点,4月恢复正增长后,增速在12月达到22.2%的较正常水平。房地产开发投资增速在2011年4月达到34.7%后便一路下降,2012年6月跌到

---

① 2011年11月降准后,货币政策从信贷M2增速等指标来看并没有明显放松。相反,M1则延续了2010年第一季度货币政策从紧之后的大幅度下跌。2012年1月的增速只有3.1%。

② 参见盛来运《7%—8%左右的速度,应该说有利于我们在结构转型期调结构、转方式,有利于处理资源配置效率低,有利于我们淘汰落后产能》。2012年7月13日,《财经》微博。

③ 时任国家统计局新闻发言人盛来运在回答有关房地产调控以及房地产投资的回落对"破8"有多大"拖累"时承认:"房地产的主动调控在短期来讲确实是一定程度上今年增长速度下滑的一个重要原因。"新浪财经,2012年7月13日。

13.7%，2012年12月恢复到18.5%。2012年全年制造业投资增速延续了自2011年4月以来的下跌态势，2012年6月制造业投资增速为24.8%，12月增速进一步下降到17.2%。由于基础设施投资、房地产开发投资和制造业投资增速的同时下跌，2011年4月到2012年3月，固定资产投资增速由34.7%大幅度下滑到19.6%。此后，由于基础设施投资的回升，以及房地产开发投资自9月以来的回升，2012年全年固定资产投资增速达到20.6%。2012年全年最终消费、资本形成和净出口的名义增速分别为9.0%、12.0%和25.2%。GDP在连续11个季度下跌后，2012年第四季度实现回升，增速达到7.9%（全年为7.7%），CPI增速为2.6%。2012年PPI在3月后一直处于负增长区间。

中国人民银行在2012年第四季度的货币政策报告中仍然对通货膨胀表现出十分谨慎的态度。报告称："物价形势相对稳定，但不确定因素也在增加。物价短期可能受到供给冲击等影响，中长期看则主要取决于总需求、产出缺口和经济的结构性变化……经济中仍存在多方面导致物价上行的因素，值得关注……在经济转轨发展阶段，金融宏观调控需要始终强调防范通胀风险。"对于PPI已经持续数月负增长这一新情况，报告未置一词。

PPI增速下降是产能过剩的反映。钢铁行业是产能过剩产业的典型。2012年粗钢的产能为10亿吨，但产量只有7.2亿吨。2012年钢铁行业的利润率只有0.04%，2吨钢铁的利润仅仅够买1根冰棍。2012年钢铁行业出现严重产能过剩同基础设施投资和房地产开发投资增速下跌密切相关（2012年大部分时间制造业投资增速高于固定资产投资增速）。特别值得提出的是，房地产已经成了中国的支柱产业，许多产业都以房地产为中心发展。钢铁产量的增长，与房地产投资的增长高度相关。随着房地产开发投资的加速，与其相关的其他产业，像钢铁、水泥、玻璃等产量也都在上升。一旦政府对房地产开发投资进行控制，整个经济就会随之出现产能过剩。不仅如此，制造业投资和房地产投资也有很强的相关关系。在房地产开发投资增速显著下降、固定资产投资增速在数个月内大幅度下跌的情况下，钢铁行业不出现严重产能过剩也难。

2012年第四季度，由于基础设施投资和房地产投资增速同时回升，经济增速小幅反弹，市场一度恢复了对中国经济增长的信心。2013年年初，各个主要的投行、金融机构、国际组织对中国经济做了普遍偏于乐观的预测。绝大多数机构认为2013年中国GDP增速将超过8%。增速预测的最低值是7.7%，最高值是8.6%。

在2012年，我应邹至庄先生邀请为《中国经济手册》一书撰写了题为"1990年代以来中国的宏观经济管理"作为其中一章[①]。该文基本上是作为经济学教科书参考资料撰写的，对中国自1990年到2012年的宏观经济政策、政策目标、政策工具和实际操作过程做了比较完整的阐释。

2012年12月，中央经济工作会议精神是：继续实施积极的财政政策和稳健的货币政策。前者是要结合税制改革完善结构性减税政策。后者是要保持贷款适度增加，保持人民币汇率基本稳定，降低实体经济发展的融资成本。要继续坚持房地产市场调控政策不动摇。要高度重视财政金融领域存在的风险隐患，坚决守住不发生系统性和区域性金融风险的底线。

2013年伊始，除实体经济方面的产能过剩外，大多2012年已引起关注的诸多金融风险继续引起关注，但关注度的排序有所变化。这些风险包括影子银行业务、地方政府融资平台债务、房地产泡沫、企业杠杆率和不良债权等。

2013年计划全国财政收支分别增长8.0%和10.0%，收支差额为12000亿元，赤字率为2%左右；中央财政收支分别增长7.0%和

[①] Gregory C. Chow, Dwight H. Perkins, *Handbook of the Chinese Economy* (1st Edition), Routledge, 2012.

8.4%,中央财政赤字为8500亿元。实际执行情况为:全国公共财政收支分别增长10.1%和10.9%,财政支大于收10601亿元,赤字率为1.8%,低于年初计划的赤字率。

中国人民银行为2013年确定的广义货币增长目标是13.0%,是历史最低增长速度之一。实际情况是,2013年年末,广义货币供应量M2同比增长13.6%,狭义货币供应量M1增长9.3%。2013年年末,基础货币余额同比增长7.4%,金融机构超额准备金率为2.3%。年末人民币贷款余额同比增长14.1%,比年初增加8.89万亿元。12月非金融企业及其他部门贷款加权平均利率为7.20%,比年初上升0.42个百分点。

2013年的货币政策,特别是从第二季度开始是偏紧的。在准备金率未变的同时,基础货币增速从6月的13.0%下降到12月的7.4%。而2013年M1增速比2012年有明显提高则可能同2013年房屋销售面积增加以及房价上涨有关。2013年货币政策偏紧主要表现为银行间货币市场利息率明显高于全球金融危机之后的任何时期。2013年货币市场两次发生流动性紧缩、货币市场利息率飙升的事件。其中一次,2013年6月20日隔夜利率创下13.4%的历史最高值,R007创下11.6%的最高值。不仅如此,在收紧货币政策的同时,银监会还强化了审慎管理以抑制影子银行活动。

2013年1月,房价结束负增长并开始迅速上升[①],抑制房价的上升很快成为2013年政府的头等大事。2013年2月20日,国务院出台楼市调控"新国五条",要求"严格执行商品住房限购措施"。10月一线城市新建住房指数增速达到21.0%之后,房价增速开始下降。

2013年基础设施投资增速从1月的21.7%微降到12月的20.2%;制造业投资增速由1月的19.0%下降到12月的18.0%;房地产开发投资相

---

① 上个周期性房价加速上升阶段始于2009年6月终于2010年4月,房价下降则始于2012年3月终于2013年1月。此轮房价上升一直持续到2014年第三季度。

应由19.0%上升到20.0%。2013年固定资产投资（名义）增速为19.6%，比2012年低1个百分点；以资本形成计算，增速为11.0%。此外，最终消费和净出口的（名义）增长速度为11.0%和-0.6%，其中消费增速高于2012年，但净出口则大大低于2012年。

2013年GDP各季增速分别为7.7%、7.5%、7.8%、7.7%；全年增速为7.7%，同2012年持平。最终消费增速的提升抵消了固定资产投资增速下降和净出口负增长对GDP增速的消极影响。但不管怎么说，2013年年初市场普遍预期的返8%并未实现。2013年CPI同比上涨2.6%。总的来说，2013年GDP和CPI增速都比较稳定，同2012年相比变化不大。2013年PPI降幅略有扩大，同比下降了1.9%，降幅比上年扩大0.2个百分点。

2013年3月，在答《南都评论》记者问时，我对当时大家关心的几个重要经济问题，如中国人民银行货币是否超发发表了自己的看法。我认为许多人指责中国人民银行货币超发，是基于对M2性质的错误理解。货币具有计价单位、流通媒介、存储手段三个基本职能。M2中的相当大部分是储蓄存款（M2—M1这部分）。这部分货币是价值储存手段，是储蓄的金融载体，并不直接造成通货膨胀压力。[①]

在同年的另一篇文章中我讨论了投资增速和GDP增速关系、投资和产能过剩的关系，特别提出经济增长应该摆脱对房地产开发投资的依赖。文章提出："中国目前的人均收入只有5000多美元，中国应该把更多资金用于可包容性发展，用于医疗、教育、养老、科学技术、安居工程，并继续维持对基础设施和制造业的合理投资。但是，房地产投资的持续、急剧增长却挤占了本应用于上述领域的资源，形成了以房地产投资为主要支柱的经济结构，从而使中国经济偏离了可持续增长的道路。""房地产投资驱动的经济增长方式必须改变。遗

---

① 参见余永定《中国金融有风险尚稳定 必先深化改革再言全面开放》，《南都评论》2013年3月10日。

憾的是，一切可能已经太晚。中国经济在很大程度上已经成为房地产投资的人质。降低房地产投资的增长速度可能导致经济的硬着陆，维持房地产投资的增长速度将会导致未来经济更严重的硬着陆。"

2013年12月召开的中央经济工作会议确定2014年继续实施积极的财政政策和稳健的货币政策。与以往不同的是，会议明确把着力防控债务风险作为2014年的重要工作提了出来。

2014年中国经济面临的主要宏观问题包括：产能过剩、地方政府债务、影子银行、企业债务、资本项目自由化。此外，企业融资难、融资贵问题也引起公众和决策层的高度关注。

2014年计划全国一般公共预算收、支增长分别为8.0%和9.5%；中央财政收支分别增长7.0%[①]和9.3%[②]。计划全国财政赤字为13500亿元。2014年财政预算执行情况为：全国一般公共预算收支分别比2013年（下同）增长8.6%[③]和8.2%；[④] 赤字为13500亿元，赤字率为2.1%。

自2009年引入"四万亿财政刺激计划"以来，政府性基金收支在政府财政收支中的作用越来越重要。2014年全国政府性基金收入对全国财政收入（不含政府性基金收入）占比超过38%。[⑤] 但是，由于政府性基金必须是以入量出、专款专用的。在一般情况下，其收支的变化应该不属于教科书意义上的刺激性或收缩性财政[⑥]。2014年政

[①] 从中央预算稳定调节基金调入1000亿元，合计收入总量预计为65380亿元。
[②] 其中，中央本级支出为22506亿元，中央对地方税收返还和转移支付51874亿元，中央预备费为500亿元。
[③] 加上从中央预算稳定调节基金调入1000亿元，使用的收入总量为141349.74亿元。
[④] 加上补充中央和地方预算稳定调节基金及地方财政结转下年支出2195.2亿元、地方政府债券还本支出993亿元。
[⑤] 由于地方政府基金以收定支、专款专用的性质，在讨论财政策扩张程度时，可暂不考虑政府性基金的收支状况。
[⑥] 积极财政政策一般应该导致财政赤字的增加。在不增加政府财政赤字情况下，财政政策是否具有扩张性还要看居民可支配收入因税收减少的部分原来是否计划用于消费。如果原本不是计划用于消费而是用于储蓄，则增加政府财政支出即便不产生财政赤字也具有扩张性。就税收对企业的影响而言也是如此。

府宣布要继续实行积极的财政政策，适当扩大财政赤字和国债规模，但市场的感觉是财政政策并不积极①。如果扣除补充中央和地方预算稳定调节基金及地方财政结转下年支出的 2195.2 亿元，2014 年实际财政赤字为 1.13 万亿元，实际赤字率为 1.8%，低于 2013 年。

2014 年中国人民银行继续实行稳健的货币政策。按官方的说法，货币政策主要在"稳增长""防风险"和"降杠杆"之间进行权衡，偏向宽松；在总体稳健的前提下，政策操作呈现结构性支持、定向调整的特点。2014 年年末，广义货币供应量 M2 余额同比增长 12.2%，狭义货币供应量 M1 同比增长 3.2%，两者增速都低于 2013 年。金融机构超额准备金率为 2.7%。2014 年本外币贷款余额同比增长 13.3%；人民币贷款同比增长 13.6%，全年新增人民币贷款 9.78 万亿元。

2014 年基础货币供给渠道发生了变化，中国人民银行货币政策工具（包括公开市场操作、再贷款再贴现和其他流动性支持工具）取代外汇占款成为基础货币供给的主渠道。2014 年年末基础货币同比增长 8.5%，增速比上年年末高 1.1 个百分点。同 2013 年一样，2014 年中国人民银行并未普遍调整准备金率。2014 年年末，银行间市场和非金融企业及其他部门贷款利率比年初均有所下降。

2014 年的货币政策从宏观上看同 2013 年相比没有很大变化，多数新政策是"结构性的"。例如，中国人民银行从 6 月 16 日起对符合要求且对"三农"和小微企业贷款达到一定比例的商业银行下调了人民币存款准备金率。11 月 22 日又采取非对称方式下调金融机构人民币贷款和存款基准利率。

2014 年年初政府沿袭了 2013 年的房地产调控政策。2014 年 1 月房价增速开始逐月下降，9 月房价再现负增长，12 月房价增速为

---

① 《中金：2014 年财政政策很不积极》，2015 年 2 月 1 日，来源：华尔街见闻，和讯网（news.hexun.com/2015-02-01/172955922.html）。

−4.3%。9月30日，中国人民银行和银监会发布《关于进一步做好住房金融服务工作的通知》，要求各级政府加大对保障性安居工程建设的金融支持，积极支持居民家庭合理的住房贷款需求，增强金融机构个人住房贷款投放能力。尽管政府推出了一系列房地产开发松绑政策，房价和房地产开发投资增速下降的过程并未马上结束。有意思的是，这次房价增速的下降和房地产开发投资增速的下降几乎是同时发生的，但房地产投资增速下降持续的时间更长一些，直到2015年年底才结束。而各类新建住房价格指数从2015年下半年就开始先后由负转正了。

2014年基础设施投资增速保持在17%—23%。① 制造业投资则延续了2013年年底以来的下降趋势。由于房地产开发投资和制造业投资的下降与房地产开发投资增速的急剧下降，2014年固定资产投资增速由年初的17.5%降到年底的13.0%。全年固定资产投资增速为15.7%，比2013年下降4个百分点。扣除价格因素实际增长15.1%，较上年低4.1个百分点。房价增速与房地产开发投资增速基本同步的持续下降（特别是9月后房价的下跌）是2014年引人关注的经济现象。

2014年GDP四个季度同比分别增长7.4%、7.5%、7.3%和7.3%，全年比上年增长7.3%，未能实现政府原定的7.5%的意向性指标。2014年全年居民消费价格（CPI）比上年上涨2.0%，PPI同比下降1.9%。2014年GDP增速下降进一步强化了关于中国潜在经济增长明显下降的观点。但从具体原因来看，2014年GDP增速下降的直接原因是固定资产投资，特别是房地产投资增速下降。2013年以后，我也接受了中国经济增长速度在7.5%至8%的观点。在2014年的文章中我也不再注重推测GDP增速的问题。

2014年年初，中国将会出现金融危机的说法甚嚣尘上。我对这种看法不以为然：强调尽管中国存在严重金融风险，但中国不会爆发

---

① 基础设施投资自2012年开始回升，并于2012年年底增速超过固定资产投资的增速。

金融危机。[①] 2014年5月15日,《国际经济评论》编辑部举办一场研讨会,邀请学者和业内人士讨论"中国经济危机的可能触发点"。研讨会取得的共识是,短期(2014—2015年)内,中国发生金融危机的概率非常小。但是即便如此,许多问题已经浮出水面,不能排除"黑天鹅事件"的发生。我在会上提出:应该首先对现阶段中国可能面临的危机性质和类型进行划分。在本次全球金融危机中,经济学家所犯的重大错误就是错误预判了正在逼近的危机性质。大家认为美国将会发生一场国际收支危机。但实际发生的却是一场次贷危机。由于误判了可能发生的危机的性质,结果找错了危机的触发点。大家把注意力放在美国外债对GDP比的临界值上,而未预料到危机的爆发是从次贷违约开始。由于对危机性质的误判,危机爆发后主要经济变量的变化方向同大部分经济学家的预料完全相反。中国经济学家应该接受此次全球经济学家误判的教训,对中国经济危机(如果发生)的性质和走向做出正确判断。经济危机大致可分为实体经济危机和金融危机。过去中国经济的问题一般都是实体经济的问题,但最近一两年,关于中国有可能发生金融危机的说法多了起来。金融危机又可分为主权债务危机、银行危机和国际收支危机几类。就中国现在的情况而言,应该担心的是银行危机。如果是银行危机,引爆中国银行危机的触发点是什么呢?根据日本和美国的经验,寻找触发点大致可以从银行资产负债表的三个组成部分来考虑。一是资产方,资产价格下跌,可能引爆银行危机;二是债务方面,资金的来源枯竭;三是资本金突然不足。日本的银行危机,主要发生在资产方面,两类资产的问题比较大。一类是股票,另一类是房地产开发贷款。后者问题又出自商业地产中的休闲项目。触发点是日本央行的货币政策:日本银行主动刺破资产泡沫,由此银行股市大跌和房地产价格大跌。美国危机最

[①] 参见余永定《中国近期发生金融危机可能性不大》,《中国证券报》2014年5月7日。

早也是从资产方开始的,但触发点是住房抵押贷款违约率上升。违约率上升导致以住房抵押贷款为基础的抵押贷款证券(MBS)、债务担保证券(CDO)的资产价格下跌。由于资产价格下跌,投资者停止提供短期融资[不再购买资产支持商业票据(ABCP)],短期货币市场融资困难,借短投长难以为继,银行不得不抛售MBS、CDO之类的长期债券,使得资产价格进一步下降,最终酿成金融危机。中国的情况与日本更加类似。中国若发生金融危机,可能以房价下跌为触发点。同住房抵押贷款相比,房地产开发贷款出现问题的可能性较大。房地产开发商从银行贷款,但是由于房价出现下跌趋势,潜在购房者"买涨不买跌"(也要看跌到什么程度),开发商无法销售新建住宅,就无法偿还银行借款。房价下跌导致金融危机的另一个通道是土地价格下跌,而这又对地方政府的财政收入造成影响,并进而对地方政府融资平台造成影响。房地产贷款、影子银行贷款和地方融资平台贷款可能有个交集,这个交集就是中国经济最薄弱的环节。

其他与会者提出的可能触发金融危机的薄弱环节包括:土地价格下跌导致地方债务违约,信托产品大规模违约,货币基金风险转嫁银行,等等。一些与会者认为政府不计成本救助会带来道德危机。这一危机的直接结果是"资金黑洞"和"僵尸企业",会给社会福利和国民经济带来更深的损害。[1]

2014年,并未发生许多观察家所预期的金融危机。房地产市场并未崩溃;影子银行业务不良也未集中爆发;地方政府债务依然可控;产能过剩虽然严重但也并未把中国经济拖入硬着陆。但是发生危机的危险并未消除。事实上,2015年中国经济就险些陷入因股市暴跌和资本外逃引起的危机。而发生这两种危机的可能性在2014年5月的讨论会上谁都不曾提到。

---

[1] 参见余永定、马骏、哈继铭《也论危机的可能触发点》,《国际经济评论》2014年第4期。

2014年企业融资难融资贵的问题成为经济政策领域中的一个热点问题。2013年，中国贷款的加权平均利息率超过7%。国家统计局调查发现，2014年第二季度小微工业企业民间借款的年化利率约为25.1%。低经济增长和高融资成本的共存已成为当前中国宏观经济稳定的最严重挑战之一。2014年8月14日，《国务院办公厅关于多措并举着力缓解企业融资成本高问题的指导意见》指出，当前企业融资成本高的成因是多方面的，既有宏观经济因素又有微观运行问题，既有实体经济因素又有金融问题，既有长期因素又有短期因素，解决这一问题的根本出路在于全面深化改革，多措并举，标本兼治，重在治本。指导意见无疑是正确的。但作为进一步的研究，我们是否可以将企业融资成本上升且居高不下问题纳入一个规范的理论框架，在这个框架内确定导致企业融资过高的原因，并提出相应的政策建议？我于2014年发表的文章中试图厘清可贷资金供求、自然利息率、凯恩斯利息率和政策利率等关键概念及其相互间关系，进而以此理论框架为基础，分析中国企业目前面临的融资成本过高问题。文章的结论是中国企业融资成本过高是中国融资中介成本过高以及从紧的货币政策的结果。因此仅仅放松货币政策不仅无法解决这一问题，而且还会造成其他方面的扭曲。应通过加速银行体系的市场化改革，尽快消除各种市场扭曲，同时货币当局应考虑放松货币政策以降低企业的融资成本。①

由于已经接受了增速下跌是趋势性的，GDP增速的下跌似乎不再引起舆论界的不安。由于GDP增速有进一步下跌的趋势，通货膨胀看来也不是一个问题，2015年公众关注的中国经济主要问题转到金融领域：第一，房地产泡沫会不会崩溃？房价会否下跌50%以上？第二，股市会不会再跌下去500点？第三，理财产品是否会出现大量的违约？第四，地方政府债务危机是否会突然爆发？第五，由于高债务、低利润并存，企业债务危机是否会爆发？

---

① 参见余永定《中国企业融资成本为何高企？》，《国际经济评论》2014年第6期。

2015年宏观经济政策的官方提法是:"努力保持经济稳定增长……继续实施积极的财政政策和稳健的货币政策。积极的财政政策要有力度,货币政策要更加注重松紧适度。要促进'三驾马车'更均衡地拉动增长。要切实把经济工作的着力点放到转方式调结构上来……"①

2015年政府继续实施积极的财政政策。其目标是:"适度扩大总需求,支持去产能、去库存、去杠杆、降成本、补短板,推动产业结构调整和培育发展新动力。"2015年计划全国一般公共预算收支增长7.3%和10.6%;赤字为16200亿元,赤字率为2.36%。2015年财政预算的执行情况为:全国一般公共预算收支与2014年同口径相比分别增长5.8%②和13.2%。③ 全年财政赤字为16200亿元,赤字率为2.4%。

2015年中国人民银行"继续实施稳健的货币政策……保持中性适度的货币金融条件,注重优化流动性和信贷的投向和结构","保持银行体系流动性合理充裕"。2015年全年5次降低准备金率,5次降低银行存贷款基础利息率。中国人民银行在短期内如此密集的降准是历史上从未有过的。2015年基础货币,增速由3月的7.7%下降到12月的-6%。这种情况可能是中国人民银行干预外汇市场出售美元回收人民币造成的。而降低准备金率大概是为了冲销基础货币,减少对广义货币增速的影响。2015年广义货币供应量M2增速前低后高,上半年基本在11%—12%,在连续出台的稳增长措施推动下,信贷和广义货币增速分别由5月的14.0%(低点)上升到12月的15.2%和4月的10.0%(低点)上升到12月的13.3%。人民币贷款余额同比增长14.3%,比年初增加11.7万亿元。2015

---

① 《中央经济工作会议:继续实施积极财政政策和稳健货币政策》,2014年12月11日,人民网。
② 加上使用结转结余及调入资金8055.12亿元,收入总量为160271.77亿元。
③ 加上补充中央预算稳定调节基金703.99亿元,支出总量为176471.77亿元。

年12月以后，信贷和广义货币增速的缺口出现逐渐扩大的趋势。M1增速从2015年3月的2.9%开始回升，12月回升到15.2%。M1增速的回升显然与房地产市场升温有关。

2015年第一季度由于中国人民银行多渠道提供流动性以及下调存贷款基准利率，货币市场利率明显回落。4月R007利率降至2.94%。2015年下半年货币市场利息率一直稳定在较低的水平。2015年中国人民银行执行扩张性货币政策不仅是为了稳定经济增长，也是为了稳定金融。例如，中国人民银行6月27日降息、定向降准就是为了稳定股市。

由于房价和房地产开发投资的快速下跌，财政部和国家税务总局联合发布消息，宣布从3月1日起，个人住房转让免征营业税的期限由购房超过5年下调到超过2年。2015年3月30日，中国人民银行、住建部、银监会联合发布《关于个人住房贷款政策有关问题的通知》，将2套房首付比例调整为不低于40%。9月政府又推出一系列放松房地产调控的措施。不仅如此，在已经多次降息的基础上，2015年10月24日中国人民银行将5年期贷款利息率由5.15%下调到4.90%，同年初的6.15%相比，下降幅度高达25.5%。2015年12月9日，中央喊话：要化解房地产库存，稳定房地产市场。由于住房调控的放松，2015年下半年各类房价指数增速先后由负转正，[①] 但房地产投资增速直到2016年年初才开始由负转正。

2015年以来，消费增长保持10%左右的平稳增速，最终消费对GDP增长的贡献超过60%；2015年净出口增速大幅度提高，从2014年的11.0%飙升到48.6%。但固定资产投资增速却持续下跌。2015年1月固定资产投资增速为13.58%，12月跌到9.12%，累积同比增长10%，为

---

① 2015年"330"新政、持续降息降准及6月股灾以后，一二线房价、销量开始加速上涨。2016年2月税费减免政策以后，一二线房价启动暴涨模式，部分区域房价甚至接近翻倍。同时，2015—2016年房地产市场出现明显分化，在一二线房价暴涨的同时，三四线房价稳定并持续去库存。

2000—2015 年的最低水平。资本形成（名义）增速则只有 3%。

2015 年导致固定资产投资增速进一步降低的主要原因则是房地产开发投资的持续下跌。2015 年 1 月，房地产开发投资增速为 7.7%，但到 9 月增速就下降到 -0.1%，在 12 月更是下降到 -1.9%。制造业投资增速则保持了多年的持续下跌趋势，继续拉低固定资产投资的增速。2015 年基础设施投资虽然已经显现颓势，但增速保持在 19% 左右，依然是维持固定资产投资增长的主要支撑。

2015 年国内生产总值（GDP）四个季度的增长速度分别为 7.0%、7.0%、6.9% 和 6.8%；全年同比增长 6.9%，同 2014 年的 7.3% 相比，2015 年 GDP 增速可以说是又下一层楼。而投资增速的下降则是导致 2015 年 GDP 增速下滑的主要原因。2015 年全年月度 CPI 涨幅均低于 2.0%，个别月低于 1.0%，年度涨幅 1.4%。PPI 则继续下跌，年度降幅为 5.9%。

除经济增速进一步下滑、通货收缩趋势进一步恶化外，2015 年最引人注目的事件无疑是从 2014 年 7 月到 2015 年 7 月之间股市的暴涨和暴跌，以及"811 汇改"后的人民币汇率贬值和汇率保卫战。上证股票交易所综合股指从 2014 年 11 月开始上升。11 月底从 2505 点上升到 2015 年 6 月 12 日的 5178.19 点。在不到 7 个月的时间内上升了 100% 不止。2014 年 11 月开始的股价飙升并无实体经济的支撑。股票的暴涨是股市乐观情绪和融资渠道创新导致的。杠杆机制成为市场剧烈波动的放大器。总的来看，杠杆资金入市主要有券商渠道的融资融券及股票质押业务、银行信托渠道的伞形信托等结构化配资业务和民间配资三大通道。股市此后的暴跌虽未直接对经济造成严重冲击，但许多股民遭受惨重损失，中国股市的发展遭到重挫。此外，"811 汇改"亦因时间选择有误，汇改出台 3 天即告夭折。人民币贬值预期、对中国经济的悲观情绪再加上一系列非经济因素，2015 年中国资本外逃规模急剧增加。严重的资本外逃迫使中国人民银行不得不放弃在 2015 年基本实现、2020

年完全实现资本项目下人民币自由兑换的计划，重新加强资本管制，人民币国际化进程也遭受重挫。[①]

2015年我关注的中心问题是汇率政策和资本外逃问题，但也对宏观经济形势、货币政策和企业债务问题发表了自己的看法。我对中国人民银行的"结构性"货币政策表示了疑虑。[②] 我在2015年的最主要的宏观经济理论文章应该是同陆婷博士合著的《中国企业债对GDP比的动态路径》一文。中国非金融企业债务对GDP比急剧上升，引发学界和业界对中国金融和经济稳定的共同担忧。我们首先从基本恒等式出发，推出企业债务对GDP比同经济增长速度、资本使用效率（用资本产出率衡量）、企业利润率、非债务融资占比、利息率和通货膨胀率相关。通过建立描绘企业债对GDP比随时间变化的微分方程，在假定不同经济增长潜力的前提下，对非金融企业债对GDP比的几种可能路径进行了动态模拟，给出未来非金融企业债对GDP比的几组具体数值。一般对企业债务对GDP比的研究采用的是线性外推，并未从理论上推导出这一比例的动态路径。这个模型的主要创新之处是在假定决定企业债务对GDP比的几个重要参数都是变量的情况下，用递归方法求解n个微分方程。[③] 首先，用回归方法求出这些参数的动态路径。其次，在已经独立求出本期参数值和已知初始条件下，求出微分方程特解。再次，把特解中第一期的具体数值作为初始值代入独立求出下期参数值的第二个微分方程，求出新的特解……以此方法不断重复最后确定出企业债务对GDP比的动态路径。这一

[①] 关于人民币国际化和资本管制问题的争论可参见余永定《最后的屏障》，东方出版社2016年版。

[②] "央行在改变货币政策中间目标和发展新货币政策工具的过程中，担负了过多的结构调整的任务……PSL可能是参考欧洲中央银行推出的TLTRO而设计的。TLTRO是欧洲中央银行为商业银行提供的有条件的再贷款，为了取得再贷款，商业银行必须参与投标，信息是公开的。而且，TLTRO并不成功。事实上，商业银行参与投标的积极性并不高。"余永定：《"宽货币"难助资金"脱虚向实"》，《21世纪经济报道》2015年4月23日。

[③] 在《财政稳定问题研究的一个理论框架》一文中，有关参数是给定常数；在现在的模型中主要参数是变量。这是两个模型在方法论上的主要不同。

动态路径的求出，为进一步分析企业债务动态提供了有用的分析框架。在传统模型中，企业债务对 GDP 比的动态路径是收敛的，且 GDP 增速越高，收敛值越小。但在此模型中，情况发生了变化。其政策含义是：如果对参数的变化失去控制（如投资效率急剧恶化），则尽管 GDP 增速较快，债务形势的恶化也难以避免。进一步的推理是，GDP 增速的提高不能以效率的恶化为代价。上述模型还有不少问题需要解决。例如，模型中的经济增速是企业的计划增速，并未考虑计划和实际增速的区别。我们并未打算将模型作为政策建议的基础。国际金融机构对中国企业杠杆率的研究并无坚实的理论基础，充其量只是一些主观判断。中国企业的问题严重，但到底已经严重到什么程度，其发展趋势是什么等诸多问题还需进一步研究。降杠杆可能并非解决企业问题的关键，甚至并非当务之急。

多年来，在经济增速和经济结构调整这对矛盾中，我一直比较强调结构调整的重要性。当经济增速保持在 10%、9%、8% 和 7% 之上时正确的政策主张，在经济增速跌到 7% 以下，且还在继续下跌时就不一定正确了。2015 年经济形势的恶化，促使我对这一观点进行反思。强调结构调整的重要性是正确的，中国确实不应该片面追求高速度。但是，凡事都有个"度"，一切要具体问题具体分析。就 2015 年的形势来看，如果我们不采取有力措施，制止经济增速的持续下滑，各种矛盾就会激化，中国经济增长就可能陷入停滞。

尽管在"四万亿财政刺激计划"之后，中国经济出现了种种问题，对于各种危机的担忧此消彼长。但中国经济的体量毕竟从 2008 年的 32 万亿元（4.6 万亿美元）上升到 90 万亿元（约 13.5 万亿美元）。在 2008 年中国的 GDP 是美国的 31%，到 2018 年变成了美国的 66%。这种极为惊人的变化，已经引起美国一些政客恐慌。我们自己（包括我本人）经常谈论中国经济增长模式不可持续。确实，从长期来看，这种模式是不可持续的，没有任何一种模式是可以永远持续下去的——但这种不可持续的模式已经持续了 40 年。谁能断言它不可能再持续5年或10年？中国经济结构调整缓慢、金融脆弱、资产泡沫严重等诸多问题必须解决，但我们也应该实事求是地看一下，中国是否有可能把经济增长速度再提高一点？不要8.0%，7.5%可以不可以？7.0%可以不可以？难道中国已经没有把经济增长速度维持在7.0%的空间了吗？由于中国目前的经济体量，1个百分点甚至0.1个百分点的增速变化，对中国的国民福利都会产生巨大影响。

对于2016年的经济形势我是比较悲观的。虽然我不认为中国经济会硬着陆，但认为2016年GDP增速可能会低于6.5%，而这种估计又是基于我对2016年房地产开发投资增速的悲观假设。据当时有关方面提供的数据，房地产投资占中国GDP的10%以上，自2013年年底就一路下跌，2015年第四季度开始负增长。2015年住宅库存量为7.12亿平方米，销售面积近13亿平方米（当时的数据）。在库存出清前，正常情况下房地产开发商是不会增加投资的。如果少建住宅7亿平方米，意味着2016年房地产投资将大幅下跌。如果下降10%，GDP增速就会下降1个百分点。此外，2015年出口增速为－1.8%，2016年恐怕还会负增长；除非消费有较大幅度增加，否则GDP增速就可能跌到6.5%以下。[①] 当然，我的这种判断是有错误的。当时我不仅低估了房地产开发投资的韧性，也没有注意到一线城市的房价在2015年6月就已经开始回升。

到2016年1月，PPI已经连续46个月负增长，超过1997年亚洲金融危机时期的时间长度。如果房地产开发投资增速继续下降，PPI负增长局面将难以改变，通货收缩—债务的恶性循环可能进一步恶化。基于这种判断，我主张应执行扩张性财政政策，辅之以宽松的货币政策，刺激经济增长。[②]

[①] 《2016两会专访余永定》，"凤凰财经"第108期，2016年3月4日。
[②] 国家发展改革委提出2016年积极的财政政策更加有力度，加大中央国债发行规模，并适当提高地方政府债券发行额度，继续适时推进债务置换工作。稳健的货币政策更加松紧适度。

针对2010年后虽然称之为"积极"但实际上非常谨慎的财政政策，在2016年1月T20前海国际金融论坛上我建议"再一次采取大规模的刺激措施"，当然不是重复2009—2010年那样的大规模财政刺激。"这一次刺激措施要比2008年谨慎一些，慎重考虑一些"。一方面，需要"采取扩张性的财政政策，不要害怕财政赤字"；另一方面，"不应该像2008年那样（依赖地方政府融资平台），而（应该）是通过政府发行国债为基础设施投资融资"。[①] 在2月答财新传媒记者问时，我讨论了有效需求不足和有效供给不足两个概念。如果中国面对的只是"有效供给不足"[②] 而不是有效需求不足，扩张性财政政策就可能不仅无用而且有害。但什么是"有效供给"不足呢？首先，顾名思义，它似乎是指"产销不对路"。生产出来的东西没人买（"无效供给过度"），有人买的东西却没有被生产出来（"有效供给不足"）。如果确实如此，则"有效供给不足"就不是一个宏观经济学概念，也就不是宏观经济管理的对象。其次，供给是对应于需求而言，那无论它是"有效"还是"无效"，既然供给不足，物价就应该上升。[③] 但是，我们看到的是PPI连续46个月负增长，GDP减缩指数也由正转负。这种现象很难用"有效供给不足"来解释。再次，如果某种产品存在"有效供给"不足，这种产品的价格应该上升才是。其他产能过剩行业的情况也大抵如此。最后，市场经济条件下，有效需求不足是政府干预经济的重要理由。"有效供给不足"的问题应该尽量由市场解决。当然，我并不否认，一些企业生产了并无需求（或

[①] 余永定：《不要害怕财政赤字 建议再次大规模财政刺激》，无界新闻，2016年01月28日

[②] "有效供给不足"和"有效需求不足"中的两个"有效"的含义完全不同。严格说，两者的"对立"是概念不清的结果。

[③] 可以将供给分为"有效"和"无效"两部分。"有效"部分的不足将导致产品价格上升。"无效"部分的过度供给又可分为两种情况：一是无论如何降价也没有人买；二是降价之后就有了买家。前者没有交易不应该影响物价指数；后者降价后有需求则不能称作无效供给。还有一种情况是环境污染或非法产品，这些产品的生产自然不能成为"有效"供给。

并无国内需求）的产品。我想强调的是，从宏观上来看，PPI 连续负增长，说明有效需求不足。而"去"无销路或污染环境产品产能的实现则应该主要依靠市场机制和监管政策。① 总而言之，产能过剩和有效需求不足是宏观经济概念，特定行业的产能过剩是经济结构问题。前者要靠扩张性宏观经济政策来调整，后者靠市场政策来解决。污染之类的有害产出则需要通过监管来解决。

2016 年 2 月 29 日，国际经济评论编辑部组织了一场我同黄益平教授之间"关于中国宏观经济政策"的对话。在对话中，我阐述了中国为什么应采取财政刺激政策。黄益平教授则说明了他"不太赞同再用刺激政策"的理由。我认为已经进入通缩，投资过度—生产过剩和产能过剩—PPI 下跌—企业利润的下跌—企业减少投资—生产过剩和产能过剩。这是产能过剩—通缩循环。与此同时，PPI 的下降—实际债务上升—企业惜借、银行惜贷—企业减少投资—生产过剩和产能过剩。两个循环都作用于企业利润。企业利润的逐渐下降和实际债务的上升最终将导致违约增加、不良债权上升，从而引发金融危机。我当时认为，房地产投资增速会继续大幅下降，从而使通货收缩形势进一步恶化，因而需要通过财政刺激制止经济的进一步下跌。

黄益平教授认为我对形势判断过于悲观，我们"既要看到已经形成硬着陆的旧的产业，也应该看到正在蓬勃兴起的新的产业"；黄益平教授建议是"把重点放在改革上，同时辅之以适当的稳增长措施"。② 其实我们的观点并无根本分歧，扩张性宏观经济政策和结构性改革是两个层面上的不同问题，两者之间并不存在必须有所取舍的矛盾。但黄益平教授对 2016 年中国经济形势的判断显然比我正确。2016 年和 2017 年中国经济并未明显恶化，但从更长期来看，情况如何还很难说。

---

① 参见余永定《我为什么主张出台新刺激政策》，《财新传媒》2016 年 2 月 9 日。
② 参见余永定《中国的宏观经济形势和政策》，《国际经济评论》2016 年第 2 期。

2016年3月《上海证券报》记者问:"您过去一直强调中国经济结构调整和增长方式转变的重要性,为什么最近提出再次引入经济刺激的主张,这种主张与您对当期中国经济形势的判断有什么关系?"我的回答是:中国经济现在处于通缩的状态,存在硬着陆危险。结构改革要继续推进;但通过需求管理打破通缩,保住经济增长底线也十分必要。[①] 在2016年3月4日接受凤凰财经采访时,我对此前建议采取的刺激政策做了进一步说明,强调"这不是个最好的选择,但在没有其他更好的选择下,这是不得不面对的选择"[②]。我主张财政刺激固然同我对2016年经济增长的悲观估计有关,但更主要的是我对2010年后的中国宏观经济政策的想法发生了一些变化。

2015年12月18—21日,在北京举行中央经济工作会议提出的2016年宏观经济政策与2015年基本相同:依然是继续执行积极的财政政策和稳健的货币政策;依然是强调保持稳增长和调结构之间平衡。会议提出了2016年经济工作的五大任务:去产能、去库存、去杠杆、降成本、补短板。在我看来,这五大任务基本上是微观的企业问题,主要应该通过充分发挥市场的调节机制实现。

2016年积极的财政政策主要体现在:一是进一步减税降费;二是扩大财政赤字规模。全国财政赤字拟安排21800亿元,比2015年增加5600亿元;赤字率为3%,比2015年提高0.6个百分点。扩大的赤字主要用于弥补减税降费带来的财政减收,保障政府应该承担的支出责任。2016年预算的实际执行情况是:全国一般公共财政收、支分别增长4.5%和6.4%;赤字为21800亿元,赤字率为2.95%。

2016年中国人民银行实施"稳健中性的货币政策",其目标是"平衡稳增长、调结构、抑泡沫和防风险之间的关系,为供给侧结构性改革营造适宜的货币金融环境"。从这种表述中可以看出,我们所

[①] 参见余永定《我为什么主张出台新刺激政策》,《上海证券报》2016年3月24日。

[②] 参见余永定《中国"大规模刺激"是没有更好选择的选择》,凤凰财经,2016年3月10日。

说的货币政策目标已经不是传统宏观经济学意义上的货币政策目标了。2016年政府并未进一步放松货币政策，全年中国人民银行仅降准一次。2016年年末，广义货币供应量M2同比增长11.3%；狭义货币供应量M1余额同比增长21.4%。8月M1的增长速度达到25.3%的峰值。到2016年年末，M1增速才有所回落。

2016年年末基础货币余额同比增长10.2%，增速比上年年末高16.2个百分点。2016年基础货币增速逐月加快同中国人民银行供给流动性方式变化有关。[①] 2016年金融机构超额准备金率为2.4%。2016年年末，金融机构本外币各项贷款余额同比增长12.8%。人民币各项贷款余额同比增长13.5%，比年初增加12.65万亿元。

2016年金融机构一般贷款加权平均利率小幅下行。12月，非金融企业及其他部门贷款加权平均利率为5.27%，与上年12月持平。2016年前三季度，货币市场利率窄幅震荡，10月下旬开始货币市场利率加快上行。2016年12月，银行间货币市场质押式回购月加权平均利率为2.56%，较上年同期上升61个基点。[②]

2016年1月房地产开发投资增速为-0.7%。2016年2月17日，财政部、国家税务总局、住房和城乡建设部三部门联合发布《关于调整房地产交易环节契税、营业税优惠政策的通知》，放松房地产调控。房地产调控新政策甫一推出，一二线房价立即暴涨，部分区域房价甚至接近翻倍。2016年1月，70个大中城市新建住宅价格指数增速为1.0%，12月增速达到10.5%。房地产开发投资增速则迅速由2月的-0.7%上升到12月的9.4%。

2016年基础设施投资增速虽然呈下降趋势，但到12月依然高达14.2%。2016年下半年，原来处于加速下降状态的制造业投资增速自2016年9月以后有所回升，2016年增长4.2%。

---

① 在此期间，由于货币乘数下降更为明显，广义货币增速有所下降。
② 2016年货币市场利率中枢上行债券市场波动加大。参见《2016年金融市场运行情况发布货币市场利率中枢有所上行》，2017年1月22日，中国网。

这样，在2016年前半年逐步下降的固定资产投资增速，到下半年开始趋稳，小幅回升；但总体而言，2016年固定资产投资增速维持了下降的走势，全年实际增速为8.8%，较上年低3.2个百分点。[①] 基础设施投资是固定资产投资增长的主要支撑，而房地产开发投资增速的反弹则是2016年增长前景好于预期的最重要因素。

2016年中国出口同比下降7.7%，贸易顺差为3.4万元美元（低于2015年的3.7万亿美元），2016年，GDP增速为6.7%，低于2015年的6.9%；2016年四个季度的增速分别为6.7%、6.7%、6.7%和6.8%。增速如此平缓，确实有些奇怪。

2016年CPI同比上涨2.0%。PPI增速自2016年9月同比上涨0.1%，从而结束了连续54个月负增长。而后，PPI涨幅逐月增大，12月达到5.5%。

2016年我最关注的问题是资本外逃和外汇储备的急速消耗。进入2017年后，由于美元汇率指数下跌等原因，人民币汇率实现了稳定和小幅回升。2015—2016年中国是否应该以消耗上万亿美元为代价稳定人民币汇率？2015—2016年中国是否发生了大规模资本外逃？在2015—2017年我和中国社会科学院世界经济与政治研究所的同事合作就这些问题发表不少文章，将收入另一本文集。

2016年的另一个重要现象是M1先升后降的剧烈波动，以及M1和M2增速差距扩大。M1增速从2015年5月的最低点4.7%急速上升到2016年7月的峰值25.4%。M1增速的急剧上升应该同房地产市场热度再次升高有关。2015年5月恰好是一线城市房价恢复正增长的时刻。M1增速从2016年7月开始回落，而2016年6月又恰好是一线城市房价开始回落的时刻。M1和M2增速差距扩大大概是房屋销售活跃期大量储蓄存款转为活期存款所致。

《"供给侧结构性改革"不是大杂烩》是我在2016年发表的最重

---

① 2016年第四季度货币政策报告。

要的文章。在文章中我对自己2015年以来形成的一些看法做了比较全面的阐述,强调了中国在推进结构改革的同时,加强需求管理的重要性。我担心经济学界和媒体对"供给侧结构性改革"政策的混乱解读,可能既会影响党的十八届三中全会和"十三五"规划改革蓝图的全面落实,又会延误运用必要的宏观经济政策工具克服通缩、稳定经济增长的战机。我感到只有避免机械地理解"去库存、去产能、去杠杆、降成本和补短板"与"供给侧结构性改革"的关系,才能防止各级政府为了完成层层分解下来的任务,越俎代庖,用行政命令手段解决本应由市场和企业根据具体情况自行解决的问题。文章指出:与主要着眼于未来、内容繁复、手段多样的结构改革不同,宏观需求管理的目的是通过宏观经济政策影响需求总量,使现实经济增速同潜在经济增速保持一致。结构改革和宏观需求管理要解决两个不同层面的问题——前者见效慢但效果持久,主要解决长期潜在经济增长速度下降的问题;后者见效快但效果一般短暂,主要解决当期经济增长速度下降、产能过剩问题。因此,如何权衡拿捏两者的关系至关重要。①

在2016年7月的一篇文章中我比较详细地说明了债务—通缩恶性循环的观点。在微观经济中,在供给大于需求的时候,价格的下降将导致供给减少、需求增加,价格的一次性下降将导致供求均衡的实现。这种推理不适用于宏观经济问题。仅仅去产能,不一定能使经济增长速度实现稳定,更遑论经济增长速度的上升。中国现在存在着严重的通货紧缩,实际上已经出现了一个通货紧缩的恶性循环。在这种情况下,经济难以自行稳定。中国的债务—通缩过程大致可以描述为:前期投资过度出现了产能过剩,产能过剩导致了PPI的下降,PPI的下降又导致了企业利润被侵蚀、实际债务增加。在这种情况

---

① 参见余永定《"供给侧结构性改革"不是大杂烩》,《财经》2016年6月6日。

下，企业就要压缩投资。而投资减少进而又造成了产能过剩进一步恶化。①

2016年9月，PPI在连续54个月负增长之后，首次实现正增长。这标志着中国经济在2016年避免了陷入债务—通货收缩的恶性循环。一方面，这是"去产能"政策的重大成果；另一方面，"房地产、基建拉动的重化工业回暖可能是推升PPI回升的重要原因"②。应该承认，我没有估计到通货收缩消失得如此之快。但是，中国是否已彻底摆脱通缩威胁还难说。"去产能"导致的物价上涨本身不一定能导致经济增速的提高。如果有效需求不相应增加，随着时间的推移，经济有可能重新陷入通缩。中国曾在1998年陷入通货紧缩，2000年摆脱通缩后，在2001年再次陷入通缩。由于政府坚持实行扩张性财政和货币政策，同时也由于周期性原因，2002年年底至2003年年初有效需求（特别是投资需求）强烈反弹，中国最终走出通缩。2016年9月之后，中国经济并未出现强烈反弹；CPI始终保持低位。在这种情况下，PPI是否会重归负增长是值得担心的。在通缩威胁暂时退却之后，中国仍有必要采取扩张性宏观经济政策，以获得较高的经济增长速度或至少制止经济增速的进一步下滑。

从实体经济的角度来看，2017年最令人担心的问题是：在抑制了房地产投资之后，经济增长动力可能会受到严重削弱；同时，基础设施投资速度难以进一步提高；由于特朗普的贸易保护主义和美国经济增长提速并存，出口增长前景不明。在这种情况下，增速是否会进一步下滑，增速是否会再次转负？此外，2017年中国将面临什么金融风险？如何协调长期结构改革和短期宏观调控？这些都是2016年年底和2017年年初令人忧心的问题。

---

① 参见余永定《中国经济面临的挑战》，第六次"CF40-NRI中日金融圆桌闭门研讨会"主题演讲，中国金融四十人论坛秘书处整理，2016年6月24日。
② 2016年第四季度货币政策报告，第50页。

2016年12月中央经济工作会议提出：2017年要继续执行积极的财政政策和稳健的货币政策，财政政策要更加积极有效，货币政策要稳健中性。在增强汇率弹性的同时，保持人民币汇率在合理均衡水平上的基本稳定。要把防控金融风险放在更加重要的位置，确保不发生系统性风险。

2017年计划全国一般公共预算收、支分别增长5%和6.5%。赤字为23800亿元，比2016年增加2000亿元。2017年预算执行情况是：全国一般公共预算收、支分别增长7.4%[①]和7.7%；赤字为23800亿元，赤字率为2.9%。

2017年，中国人民银行继续执行稳健中性的货币政策。2017年年末，广义货币供应量M2余额同比增长8.2%，增速比上年年末低3.1个百分点。狭义货币供应量M1余额同比增长11.8%，增速比上年年末低9.6个百分点。金融机构超额准备金率为2.1%。2017年年末，金融机构本外币贷款余额同比增长12.1%。人民币贷款余额同比增长12.7%，比年初增加13.5万亿元。2017年信贷增速维持在13%左右。但广义货币增速则呈逐月下降的趋势，由1月的14.0%下降到12月的8.1%。信贷和广义货币增速差的喇叭口从2017年开始明显扩大。中国人民银行在2017年9月宣布降准一次，但生效期要到2018年。同2016年相比，R007和DR007都略有上升。金融机构贷款利率小幅上升，下半年以来利率走势较为平稳。各种指标显示，2017年的货币政策比2016年略有紧缩。

2016年10月，全国超过70个城市先后出台或多轮出台以限购、限售、限贷和限价为主要内容的调控政策。房价自2016年9月开始缓慢回调。其中一线城市房价指数增速下降速度最快。2017年政府又陆续出台了一些调控措施。楼市调控逐步由一线城市向二、三、四

[①] 加上使用结转结余及调入资金10138.85亿元（包括中央和地方财政从预算稳定调节基金、政府性基金预算、国有资本经营预算调入资金，以及地方财政使用结转结余资金），收入总量为182705.42亿元。

线城市延伸。2017年1月70个大中城市新建住宅价格指数同比上升明显，到2017年12月，该指数同比增速明显下跌。

伴随金融监管的强化和住房调控政策的再次强化，进入2017年后房地产开发投资增速开始平缓下降，从1—4月的累积增速9.3%下降到1—12月的7.0%，增速较上年高0.1个百分点。但12月房地产开发投资的增速仅有1.9%。[①]

2017年基础设施投资增速延续了2013年8月以来的波动中逐步下跌的趋势，从2013年8月的24.45%下跌到2017年10月的13.6%。此后，基础设施投资增速加速下跌，2017年12月基础设施投资增速进一步回落至6.8%。不过全年基础设施建设投资增长依然高达19.0%[②]，比上年高1.6个百分点。[③]

2017年1—10月，制造业投资增速持续下降，10月增速降至1.75%的低点，全年同比增速为4.8%。但制造业投资的结构有所改善，特别是高端制造业和装备制造业投资增速较快，高耗能行业投资增长放缓。

尽管基础设施投资的较高增速一定程度上抵消了制造业投资的低增速，2017年全年固定资产投资（名义）增速较上年回落0.9个百分点，仅仅达到7.2%，创下1999年以来的历史新低。

2017年社会商品零售总额增速保持在10%左右。最终消费支出的增长率为9%。根据海关统计，2017年中国出口同比增长10.8%，顺差2.87万亿元，同比收窄14.2%。按美元计价，出口同比增长7.9%，贸易顺差4225亿美元，同比收窄17.1%。

根据统计年鉴，在2017年最终消费、固定资产形成、净出口对

---

① 颜色：《2017年宏观数据解读：制造业投资和民间投资增长回升》，澎湃新闻2018年1月18日。

② 统计局的说法是"第三产业基础设施投资"为19%，中国人民银行货币政策执行报告则仅仅说"基础设施投资"增速为19%。

③ 2017年第四季度货币政策报告。第48页。

GDP 的贡献率分别是：53.6%、44.4%、2%。① 2017 年 GDP 四个季度的增速分别为 6.9%、6.9%、6.8% 和 6.8%，全年增速为 6.9%。国家统计局数据显示，2017 年全年 CPI 同比上涨 1.6%，其中各季度涨幅分别为 1.4%、1.4%、1.6% 和 1.8%。PPI 增速在 2017 年 2 月达到 7.8% 的峰值后开始下降，其增速在未来几年会不会重新回到负增长区间值得关注。

2017 年是金融市场相对稳定的一年。经过 2015 年的调整，中国的股市基本稳定。从总体上看中国的债券市场也是相当平稳的，违约件数和金额都不大。在 2017 年企业债务是受关注度最高的问题，人人都在谈论如何降低企业杠杆率。此外，与企业杠杆率过高相联系，银行不良债权问题也被放到比较突出的位置。最后，资本外流和外逃、汇率贬值、外储急剧损耗等问题也引起不少讨论。2017 年我的主要关注点是汇率和资本外逃问题，在宏观经济政策方面，我主要担心的是政府会有意无意地收缩扩张性财政和货币政策。

1—3 月，中国人民银行总资产从 34.8 万亿元下降到 33.7 万亿元，减少了 1.1 万亿元。市场有声音认为，在美联储缩表、中国外汇占款减速的同时，中国人民银行缩表一定程度反映了货币政策的取向变化。中美央行"缩表"反映的货币政策有何不同？中国人民银行高达 34.8 万亿元的资产负债表是否有必要缩减？中国货币政策应该如何抉择？在接受《财经》记者专访时我表示：用"缩表"一词来描绘当前中国货币当局货币政策的执行情况并不准确。与美国不同，不应该简单就"缩表"讨论中国的货币政策，而更应关注中国人民银行是否收紧"银根"。我特别强调：在"金融监管风暴"骤起的时刻，货币紧缩的叠加效应不可低估。避免货币紧缩对实体经济造成连带伤害确实是对中国人民银行和金融监管机构的重要挑战，货币政策

---

① 国家统计局：《2018 年统计年鉴》，3—11 支出法国内生产总值，按当年价格计。

暂时还不宜从紧。[1]

考虑到中国企业的高杠杆率，以及房地产价格暴跌和影子银行风险集中爆发的可能性，在2017年10月，周小川行长提出中国要重点防止"明斯基瞬间（时刻）"出现所引发的剧烈调整。[2] 一时间，媒体开始热炒"明斯基时刻"问题。对此，我的看法是：从金融机构的资产、负债和资本金三个方面来看，中国并未面临明斯基时刻。即便其中任何一方出现问题，我们也有足够的手段和空间，防止三方面的问题相互影响形成恶性循环并最终导致金融和经济危机。我指出：同金融体系向"明斯基时刻"演进的典型过程相比较，中国也不像是正在以某种不可阻挡之势滑向"明斯基时刻"。"明斯基时刻"到来之前，美国先经历了一个持续降息然后升息的过程，在不远的将来，中国的基准利率水平应该是下降而不是上升，或至少是基本稳定。另外，中国杠杆率上升的性质更接近发达国家在金融危机后的经济刺激措施，而不是金融危机前私人部门的加杠杆进程。最后，庞氏融资（类似高息揽储之类的融资方式）是进入明斯基时刻的前奏。在影子银行活动猖獗、理财产品爆炸性增长的时期，特别是在2015年，中国确实有逼近明斯基时刻的势头。近年来通过缩短同业链条、减少多层嵌套等整顿措施，庞氏融资形势已经明显好转。如果说中国一度逼近"明斯基时刻"，现在则可以说正在从危机的边缘后退。[3]

周小川行长发出警告之后并没有发生什么系统性金融事件，关于"明斯基时刻"的热议也很快归于平静。尽管如此，此时未发生不意味着以后不会发生。对可能发生的金融风险中国确实应该始终保持高度警惕。

可能由于政府对经济增长问题的理念发生变化，也可能由于政府

---

[1] 参见余永定《央行是否应收紧银根》，《财经》2017年5月28日。
[2] 《周小川谈系统性金融风险：重点防止"明斯基时刻"》，2017年10月19日，中国新闻网（www.ch.hanews.com/cj/2017/10-19/8356266.shtml）。
[3] 参见余永定《中国是否正在逼近明斯基时刻?》，《财经》2017年12月4日。

对 2018 年经济增长前景的判断比较乐观，同 2017 年相比，2018 年财政、货币政策的扩张力度不但没有加强反而有所减弱。

关于财政政策，官方表述是：2018 年，积极的财政政策取向不变。更具体地说，"一是继续实施减税降费。二是调整优化支出结构。三是深化财税体制改革。四是促进区域协调发展。五是全面实施绩效管理。六是增强财政可持续性"。从上述表述中可以看出，所谓扩张性财政政策所要达到的目标，除减税一项外，基本都是结构性的，不会立即增加总量需求。不仅如此，历年的减税降费是同加强征管如影随形的。"减税降费"不一定会导致企业和居民部门利润和可支配收入的增加。简言之，2018 年的"积极的财政政策"到底具有多大扩张性难以判断。

2018 年全国一般公共预算收、支分别增长 6.1%[①]和 7.6%[②]。赤字 23800 亿元，与 2017 年预算持平。2017 年中国一般公共预算收支的实际差额是 30763 万亿元。可见，政府在 2018 年不但不打算增加反而要减少财政赤字，进一步降低财政赤字率。

2018 年，中央一般公共预算收、支分别增长 5.2%[③]和 8.5%。收支总量相抵，中央财政赤字为 15500 亿元，与 2017 年持平。这意味着 2018 年政府要进一步降低中央政府财政赤字率。

2018 年全国政府性基金收、支分别增长 4.3%[④]和 28.5%。中央政府性基金收、支分别增长 0.2%[⑤]和 15.0%。地方政府性基金本级收入增长 4.6%，地方政府性基金相关支出增长 28.9%。政府性基金收支状况的变化显示，中央政府更愿意让地方政府想办法保持财政政

---

① 加上调入资金 2853 亿元，收入总量为 186030 亿元。
② 扣除上年地方使用结转结余及调入资金后。
③ 加上从中央预算稳定调节基金调入 2130 亿元，从中央政府性基金预算、中央国有资本经营预算调入 323 亿元，收入总量为 87810 亿元。
④ 加上上年结转收入 385.59 亿元和地方政府专项债务收入 13500 亿元，全国政府性基金相关收入总量为 78050.44 亿元。
⑤ 加上上年结转收入 385.59 亿元，中央政府性基金收入总量为 4248.63 亿元。

策的一定扩张性。

中国人民银行在2018年2月的工作会议上提出了2018年要实施稳健中性的货币政策，保持银行体系流动性合理稳定（后改为"合理充裕"），促进货币信贷和社会融资规模合理增长；防范化解金融风险，完善宏观审慎政策框架，加强影子银行、房地产金融等的宏观审慎管理；稳妥推进重要领域和关键环节金融改革。

为了保证流动性"合理充裕"，2018年中国人民银行分别于1月、4月、7月、10月4次降准，释放流动性。2018年中国人民银行还开展中期借贷便利操作，增加银行体系的中长期流动性。2018年，中国人民银行通过4次降准和开展中期借贷便利（MLF）操作等措施加大中长期流动性投放力度，同时开展公开市场逆回购操作，保持银行体系流动性"合理充裕"。2018年年末，金融机构超额准备金率为2.4%，较上年同期高0.3个百分点。

2018年广义货币供应量增速始终保持在8%左右，与名义GDP增速大体相当。2018年年末，广义货币供应量M2余额同比增长8.1%。狭义货币供应量M1余额则从年初的15%急剧下跌到年底的1.5%。2018年人民币贷款增速比较平稳，年初增长速度为15%，年末降到13.5%，比年初增加16.2万亿元。值得注意的是，自2016年以来，信贷增长速度和广义货币增长速度之间的喇叭口逐渐扩大。中国人民银行对广义货币增速下降的解释是，由于资金使用效率的提高，"相对慢一点的货币增速仍可以支持经济实现平稳较快增长"。

2018年（特别是下半年）的货币市场利息率呈下降趋势。例如，R007在2017年年末为2.9%，到2018年7月末降到2.6%左右。受贷款需求稳定和表外融资向表内融资转移等影响，金融机构贷款利率总体稳定、略有上升。企业贷款和小微企业贷款利率分别连续4个月和5个月下降。12月，非金融企业及其他部门贷款加权平均利率为5.63%，同比下降0.11个百分点，比9月下降0.31个百分点。货币市场基准性的DR007中枢从年初的2.9%左右下降至2.6%左右，第四季度以来至 2019 年春节前保持平稳。

2018 年前三季度，制造业投资增速小幅度上升，房地产开发投资基本稳定，2018 年全年全国房地产开发投资同比增长 9.5%，增速较上年提升 2.5 个百分点。与此同时，基建投资增速却从 2017 年同期的 19.8% 下滑到 3.3%。2018 年全年制造业投资增速为 9.5%，比 2017 年加快 4.7 个百分点。2018 年的前三季度，固定资产投资增速从 2017 年同一时期的 7.5% 降至 5.4%，而固定资产投资实际增速仅仅勉强大于零。不难看出，基础设施投资增速急剧下滑，是导致固定资产投资增速下滑，并进而拖累 2018 年整个经济增长的主要原因。导致基础设施投资增速急剧下降的原因是什么呢？中国人民银行认为这与"经济结构调整后，经济增长对基建投资依赖下降、地方政府投融资行为更加规范等有关"①。我以为，基础设施投资增速下降也同中央政府对基础设施投资的政策变化、资金可获得性和资金成本、地方政府政治生态等因素有关。

2018 年 GDP 增速为 6.6%，其中第四季度增速为 6.4%，为 2009 年以来最低。2018 年 CPI 累计同比四个季度分别为：2.1%、2.0%、2.1%、2.1%，PPI 累计同比四个季度分别为：3.7%、3.9%、4.0%、3.5%。值得注意的是 PPI 在 2018 年 12 月跌到 0.9%。2019 年 PPI 是否会重回负增长值得担心。

2018 年，我的研究开始集中于美国税改问题，而后转到中美贸易争端。对宏观经济形势与政策问题仅在 2017 年年末 2018 年年初做过一些预测性分析。由于 2017 年 GDP 增速略高于 2016 年，市场对 2018 年经济增长前景出现少有的乐观情绪。许多人相信中国终于结束了自 2010 年开始的持续下跌（2015 年例外），终于把增长稳定在与其潜力相符的水平上。2018 年前两个月经济的不俗表现更是增强了市场的这种乐观情绪。

我对 2018 年中国经济形势的预期并不乐观，其主要根据是 2017

---

① 中国货币政策执行报告，2018 年第二季度，中国人民银行。

年第三季度以来固定资产投资增速明显下降。几十年来，中国经济增长的主要推动力是固定资产投资，它几乎占了总需求的半壁江山。目前，如果按固定资产投资概念统计，投资对 GDP 的占比超过 50%，按资本形成概念统计，占比为 45% 左右①。自 2013 年年末以来，投资增速基本都是在稳步下降，但 2017 年下半年出现加速下降现象。前三个季度，固定资产投资同比平均增速仅为 2.19%。2017 年全年固定资产投资的名义增速仅为 7.2%，为 20 世纪 90 年代以来的第二最低速度。如果扣除物价因素，2017 年固定资产投资实际增速可能是有可靠统计记录以来的最低值。从结构调整的角度看，中国减少对固定资产投资的依赖应当被视作一种进步。但凡事都有一个度，在投资增速如此放缓的情况下，如此之低的投资增速使中国很难保证总需求的必要增长。②

从固定资产投资的三个主要构成部分来看，房地产开发投资在过去 20 年中呈现出周期模式，2016 年年初强劲复苏，但一进入 2017 年后就逐步下降。2018 年政府遏制房价上升的决心不会改变，房地产调控政策不会改变。在这种情况下，似乎没有理由认为房地产开发投资能够迅速反弹。

制造业投资在固定资产投资中所占比重最大，对固定资产投资增速具有最大影响。但是，自 2011 年 4 月以来制造业投资增速基本处于稳步下降的过程中。③ 中国的制造业投资增长似乎主要受三

---

① 如果采用固定资产投资的概念，2018 年前四个季度投资对 GDP 增长的贡献率则高达 74.3%。但如此之高的贡献率是难以置信的。一般认为，固定资产投资的概念因为包含了土地购置费等项目，会高估投资额，从而高估投资对 GDP 增长的贡献。不仅如此，采信这个数据，又会和其他统计数字发生矛盾。但是，固定资产投资的统计数字是固定资本形成统计的基础。理论上，后者是对前者加以某种调整而得到的。实际情况则可能更糟糕，有时我们不得不怀疑，固定资本形成的统计数字并无统计基础，而是在统计出最终消费和净出口后，通过减去最终消费再减去净出口而得出的。其目的确保 GDP = 最终消费 + 固定资本形成 + 净出口。

② 参见 Yu Yongding, "Has China's Economic Growth Finally Stabilized?", *Project Syndicate*, Jan. 2, 2018。

③ 同上。

个因素影响。首先是受产业发展自身规律（技术革命、设备更新改造、折旧等）。其次是政府产业政策和财政刺激政策。最后是房地产开发投资，房地产开发投资会通过其外溢效应对制造业投资产生重要影响。2011 年的制造业投资高潮同 2009 年的基础设施投资高潮和 2010 年的房地产投资高潮应该是密不可分的。由于制造业投资决策的复杂性，除非已经出现明显预兆，否则很难对制造业投资的年度增速做出预判。

如果判定 2018 年房地产开发投资增速将会进一步下降并根据趋势外推得出制造业投资增速下降是大概率的结论，2018 年固定资产投资是否能够回升就只能看基础设施投资了。由于自 2012 年年底开始基础设施投资增速始终高于固定资产投资增速，其在固定资产投资中的比重不断上升，到 2017 年年底这一比重可能已经超过 27%。首先，继续依靠基础设施投资拉动固定资产投资可能会恶化资源配置——这与政府目标相背。其次，由于中央政府不允许财政赤字率超过 3%，而地方政府又受制于债务负担过重和取缔地方政府融资平台等政策，其基础设施投资融资将面临严重困难。在这种情况下，难以设想 2018 年基础设施投资会有较高增速。

最终消费始终是中国总需求的稳定力量，而最终消费的最大特点是稳定。没有理由相信，在 2018 年最终消费会突然提速。2017 年净出口负增长，较低的基数有利于中国在 2018 年做出比较好的净出口增长数据。但是由于美国总统特朗普的保护主义政策，2018 年净出口的增长恐怕无法抵消投资下降对 GDP 增长的消极影响。因此，根据 2017 年的经济形势外推，不难得出 2018 年中国经济增长不容乐观的结论。[①]

2018 年 3 月公布的统计数字显示中国经济增长势头相当良好。有

---

① 参见 Yu Yongding, "Has China's Economic Growth Finally Stabilized?", *Project Syndicate*, Jan. 2, 2018。

记者问:"年初时您曾提到,2018年中国经济可能没想象得那么乐观。刚刚公布的1月、2月经济数据却一反市场悲观预期,各项指标均超预期。您如何看待中国经济开年成绩单?这是否预示着2018年中国经济下行压力较小?1月、2月数据中房地产开发投资增速同比名义增长9.9%。我们应该如何看待这种现象?"我的回答是:"今年1月、2月的数据好于预期,在一定程度上使我对今年经济增长的一些忧虑得到缓解。但我觉得,我们现在还需要继续观察,还需要等待进一步的数据。中国长期以来是一个投资驱动国家,虽然现在消费起的作用已经越来越大了,但投资对经济增长的推动作用依然十分巨大。而房地产投资对中国的固定资产投资增长的直接和间接作用都非常大,因而房地产投资增速值得格外关注。鉴于中央目前的房地产政策,中国房地产投资增速应该是下降的,而这种下降又会给中国投资增长造成重要下行压力。如果中国固定资产投资增长速度出现明显下滑,GDP的增长速度就一定会受到严重的影响。"①

2018年中国经济增速在第二季度即开始走弱。事实证明,我当初的担心是有根据的。我在2017年年底讨论2018年经济增长趋势时认为房地产投资增长速度可能会有急剧的下降,但是实际上,房地产投资韧性很强,下降幅度最大的是基础设施投资增速。②

2018年是令人失望的一年,由于经济增速的下跌,市场普遍蔓延悲观情绪。改变市场悲观情绪对于2019年经济增长前景至关重要。

2019年中国经济增长将会怎样呢?各界的共识是中国经济将继续面临下行压力。在经历了40年的高速增长后,经济放缓是不可避免的,但2019年保持6%以上的经济增长速度应该是没有问题的。2018年经济增长速度之所以低于2017年年底、2018年年初的预期,

---

① 余永定:《把脉2018中国经济和中美贸易》,李策"第一财经·首席对策"专访,《第一财经》2018年3月25日。

② 在2018中国银行保险业国际高峰论坛上的发言,中国网财经2018年9月28日讯。

同 2016 年以来宏观经济政策，特别是财政政策缺乏必要的扩张力度有关。而这也意味着，在 2019 年我们还有政策空间。通过调整宏观经济政策立场，我们可以在 2019 年取得令人较为满意的经济增速。具体说，在 2019 年中国应推行真正扩张性的财政政策，并辅之以适度宽松的货币政策。扩张性财政政策包括增加财政赤字，提高发行国债为基建投资融资。宽松的货币政策应该有助于压低国债融资成本。汇率政策则应该是增加汇率弹性，最好实行浮动，不行也可以采取钉住宽幅货币篮的汇率制度。

当然，仅有扩张性财政和货币政策是远远不够的。在 2019 年有众多短期、中长期任务有待处理，例如稳增长、经济体制改革、经济结构调整、金融危机的防范（房地产泡沫、影子银行、地方融资平台）。此时，抓住关键问题则显得至关重要。而在当期，关键问题是如何制止经济增速的进一步下滑。

关于 2019 年的宏观经济政策，2018 年 12 月的中央经济工作会议提供的信息是：中国经济运行主要矛盾仍然是供给侧结构性的，必须坚持以供给侧结构性改革为主线不动摇……巩固"三去一降一补"成果……要"实施好积极的财政政策和稳健的货币政策，推动更大规模减税、更明显降费，进一步稳就业、稳金融、稳外贸、稳外资、稳投资、稳预期，确保经济运行在合理区间……"坦率说，上述表述是难以根据传统宏观经济学理论的框架和基本概念加以理解的。"主要矛盾仍然是供给侧结构性的"是什么意思？六个"稳定"的数量目标是什么？六个"稳定"能够同时实现吗？"经济运行在合理区间"，这个区间是什么呢？2019 年 3 月两会上的总理《政府工作报告》对 2019 年政府的宏观经济政策做了进一步解释。总的来看，2019 年政府将继续执行自 2011 年以来的宏观经济政策。换言之，中国经济到目前为止依然处在自 2010 年以来逐步下跌的过程中，仍然在寻求 L 型的水平线。

对过去 20 多年宏观调控政策的几点思考

通过梳理过去 20 多年中国宏观经济调控历程以及我本人对中国宏观经济政策认识的演变，可以提出以下几点不成熟的看法，供读者批评、指正。

第一，中国经济增长的意向性目标不应该建立在对"潜在经济增长速度"推算的基础之上。

所谓"潜在经济增长速度"或潜在产出增长速度，按教科书定义，是指经济（或产出）在不导致物价加速上涨情况下在中长期可以获得的最高增长速度。OECD 对潜在产出增长速度的定义是：在中期可以维持物价上涨率稳定（rate of inflation）的实际 GDP 增长速度。[1] 美联储达拉斯分行前主席 F. 米什金指出，中国人民银行估算潜在产出的基本方法有三类：总量法（Aggregate Approaches）、生产函数法（Production Function Approaches）和动态或然一般均衡法（DSGE）。他在对估算潜在产出的不同方法进行深入讨论后指出，对潜在产出的度量存在相当大的不确定性（considerable uncertainty）。首先，我们并不总是能够得到我们希望得到的用于估算潜在产出的数据。其次，可观测数据的估算值往往在事后会被调整。此外，由于奈特氏不确定性问题（Knightian Uncertainty）[2]，我们甚至不能肯定我们的估算方法（modeling approach）是否是适当的。米什金认为，尽管不应该放弃对潜在产出的估算，但是由于对潜在产出估计的不确定性，我们应该充分认识到潜在产出估算可能使我们误判通货膨胀（当

---

[1] Giorno, C., P. Richardson, D. Roseveare, and P. van den Noord, "Potential Output, Output Gaps and Structural Budget Balances", *OECD Economic Studies*, No. 24, 1995. 转引自 The Output Gap and the Potential Growth Rate: Issues and Applications as an Indicator for the Pressure on Price Change, Bank of Japan Quarterly Bulletin, May, 2003。

[2] 在经济学中，奈特氏不确定性（英语：Knightian uncertainty）指无法被衡量期望值、不能被计算或然率、无法被预知的风险。

然也包括 GDP——余永定注）的未来变化过程，从而选错政策方向。①

在发达国家，对潜在经济增速做出正确估计尚且困难重重，政府尚且需高度警惕不被错误的估算误导，在中国情况就更是如此了。首先，中国学者对中国潜在经济增长速度的估算五花八门，估算值从5%到8%。我们到底应该相信哪个估算值？同发达国家不同，中国政府权威部门（中国人民银行、财政部、国家发展改革委、国务院政策研究室等）并未发表过它们对中国潜在产出或潜在经济增速的估算值。事实上，20世纪90年代经济学家就普遍认为8%是中国潜在增长率水平。②但在此后的十多年中，中国经济的平均增速超过10%。谁又能保证，这次中国经济学家没有再次普遍低估了中国的经济增长潜力？其次，中国学者对潜在经济增长率的估算普遍存在一些方法论上的问题。这些问题也同特定估算方法本身存在的固有缺陷有关。例如，潜在经济增速的概念本应包含产能已得到充分利用这一前提。但是，在采取生产函数法估算潜在经济增速时，许多学者并未充分考虑这一问题。他们所估算的潜在产出实际上只是需求约束条件下的产出。换言之，不少潜在经济增速的估算并未充分剔除有效需求不足的影响；全要素生产率计算中的"顺周期性"问题未得到彻底解决。再次，发达国家的数据存在获得性（availability）和可靠性问题。中国统计数据在这两个方面的问题可能比发达国家更为严重。这样，由于数据问题，即使方法正确，估算结果也是不可靠的。在20世纪70年代，美国就因为数据的准确性问题，对潜在产出的估计出现严重偏差。

中国的潜在经济增速到底是多少呢？很难给出确切答案。尽管如

---

① Frederic S. Mishkin, *Estimating Potential Output*, May 24, 2007, https://www.bis.org/review/r070525j.pdf.

② 参见 Yu Yongding, "China's Current Macroeconomic Situation and Future Prospect", *China and World Economy*, No. 3–4, 1999。

此，我们应该依然能够大致判断实际的经济增速是在潜在经济增速之上还是之下。在潜在经济增速的定义中，一个要素是：不引起加速的物价上涨。一般认为，如果一国的物价上涨率（用哪种尺度衡量是另外一个问题）在相当长时期维持在3%左右，就可以认为该国的经济增速大致同潜在经济增速一致。国际货币基金组织首席经济学家布兰查德还曾提出应把这个稳定的物价上涨率定在5%。事实上，中国的CPI增速自2012年9月以来基本保持在2%以下，PPI则自2012年3月以后维持了54个月的负增长。2019年第一季度末CPI增速为2%，而PPI增速已经再次接近零。① 另外，从设备利用率和就业等指标来看，中国经济总的来说是处于偏冷而不是过热状态。

总结过去20多年观察宏观经济和宏观经济政策变动的经验，我以为：在确定经济增长意向性目标时，最好采取"试错"的办法：如果上年经济的物价上涨率、设备利用率和就业等指标偏低，且不难通过发行国债的方式筹集资金，政府就应该实施更具有扩张性的财政政策，增加基础设施投资，力争使经济增速有所上升。中国经济的体量已经接近14万亿美元，增加0.1个百分点的增速，就意味着多创造1400亿美元左右（或9000亿元左右）的社会财富。我们应该强调增长的质量，但经济增长的数量也是万万不可忽视的。

第二，长期因素会通过许多中间环节影响近期经济表现，但长期因素不能用来解释近期经济表现。

我在已收入本文集的1998年撰写的文章中提到了大家当时普遍认同的观点：随制度变迁和结构调整对经济增长的贡献减少、老龄社会和劳动力供给增速下降、环境污染恶化等原因，中国将无法保持过去那样高的经济增速。换言之，中国经济增长将进入一个增速明显下

---

① 鉴于非洲猪瘟和其他一些外部因素（如对伊朗的石油禁运），不排除CPI会上升的可能性。但这些变化同潜在经济增速无关。

降的新时期。但是，这类分析对当时的政策制定并无帮助。这种情况在今天仍然如此。例如，人口老龄化对中国经济增长的影响肯定比20多年前大得多，但是我们依然无法从人口老龄化的事实出发直接推出中国经济增速必然是6.5%以下而不是6.5%以上，或者更高。再如，人口老龄化并不能解释为什么中国GDP增速会由2010年第一季度的12.0%陡降到2013年第一季度的7.7%。而宏观经济分析要做的事恰恰是要解释这种短期变化，并据此决定政府所应采取的宏观经济政策。又如，即便人口老龄化决定了每年适龄劳动人口数量的减少，我们仍然无法确定当期会导致物价上涨率超过3%的最高经济增速到底是多少。长期因素决定了经济发展的长期趋势，对长期因素的正确判断是制订长期经济发展规划、预测经济长期发展趋势的基础。但是从长期因素到当期经济增速之间还存在许多中间环节；同时，还有许多其他的长期因素也会通过一系列中间环节影响当期经济增速。简言之，长期分析不能代替短期分析，为了制定正确的宏观经济政策，必须尽可能无遗漏地把握直接决定当期经济增速的具体因素，掌握这些因素的变化趋势。决定下期增长目标时，应该首先考虑当前的通货膨胀形势是否允许政府提高经济增速目标。如果通货膨胀率偏低，而政府的财政状况良好，市场对政府发行的国债有很强需求（国债收益率较低），政府就应该制定一个尽可能高一些的经济增长意向性目标。总之，我们无法确知未来，从未来到现实之间有许多中间环节，在各个环节中又都充满了不确定性。况且，我们也不知道未来到底有多遥远。未来可能是明天，也可能是10年、20年或30年之后。诚然，"不谋万世者，不足以谋一时"。但在制定宏观经济政策时，还是要从眼前的制约条件出发，争取最好的结果，否则我们就可能会平白丧失发展的机会。[1]

---

[1] 参见《中国宏观经济管理的新阶段》，《改革》1998年第5期；另见氏著《一个学者的思想轨迹》，中信出版社2005年版，第307—316页。

第三，宏观经济调控和结构改革并不相互排斥，在大多数情况下不存在非此即彼的问题。

中国面对的经济问题错综复杂。宏观经济调控是指在给定经济制度和经济结构下，为实现短期宏观经济目标（GDP 增速、就业率、通胀率等），政府运用宏观经济政策工具（财政收支、隔夜拆借利息率、准备金率、信贷控制等），对短期（通常为 1 年）经济增长过程进行的控制。宏观经济目标受制于经济增长潜力，宏观经济调控无法使经济增速持续高于潜在经济增速。为了获得可持续的较高经济增速，政府就必须对给定经济制度、经济结构进行改革。在某些特定条件下，经济体制改革和经济结构调整可以取得立竿见影的效果。例如，改革初期的联产承包责任制对农业产出的增加就起到了立竿见影的作用。但在一般情况下，制度和结构是作为宏观调控前提出现的，制度改革和结构调整影响的是经济增长潜力，对短期经济增长难以发挥作用。

在西方国家，结构改革的内容包括深化资本市场，发展更富有竞争性和灵活性的产品和劳动市场，培养熟练工人队伍，增加研发和新技术投资，降低准入门槛，简化审批制度，鼓励企业家精神，等等。西方国家所说的结构改革的内涵同我们所理解的结构改革是一致的，但中国式结构改革包含更多体制改革内容。经济学家和国际经济组织也常使用结构调整（structural adjustment）的概念。结构调整和结构改革两者在国际上是经常混用的，但两者的外延似乎略有不同，例如，国际货币基金组织的结构改革计划（SAP）开出了发展中国家获得贷款的条件。其具体内容包括贸易自由化、资本项目自由化、竞争政策、私有化、放松管制和宏观经济政策体系的方向性调整（如要求受援国提高利息率、减少财政赤字和汇率浮动等）。结构调整概念往往还包含经济中某些比例关系的变化，如第三产业、投资和消费在 GDP 中比例的调整等。中国现在所说的"供给侧结构性改革"似乎不仅指国际上所理解的结构改革和结构调整

（两者基本上是同义词），而且也包括中国意义上的（经济）结构调整。

与主要着眼于未来、内容繁复的结构改革不同，宏观需求管理的目的是通过宏观经济政策影响需求总量，实现充分就业和产能的充分利用（"保增长"）。宏观需求管理的目标比较单一，手段也比较规范。在中国的特定条件下，为了使产能得到充分利用，且有利于未来经济的可持续、较高速增长，宏观经济管理在增加总需求的同时，还要兼顾改善需求结构。例如，中国的投资增速长期高于GDP增速，投资率一度接近50%高。为了提高资本效率，中国宏观经济管理也要考虑适度降低投资增速，使投资率下降到一个更为合理的水平。但是，现在的问题已经不是投资增长速度过高而是过低。

结构改革和宏观需求管理要解决的是不同层面的问题——前者见效慢但效果持久，主要解决长期潜在经济增长速度（可持续增长）下降问题；后者见效快但效果一般短暂，主要解决当期经济增长速度下降、产能过剩问题。我们当然可以说：解决中长期经济问题，传统的凯恩斯主义药方有局限性，根本之道在于结构性改革。凯恩斯主义的宏观需求管理从来就不是解决中长期问题的药方。

结构改革和宏观需求管理是针对不同层面问题而言的，两者相辅相成，并不相互排斥。例如，为了增加消费需求，除运用宏观经济政策手段如减税，还需完善社保体系——后者正是结构改革的重要内容之一。另外，全面贯彻党的十八届三中全会关于市场化改革的决议，并不妨碍执行扩张性财政货币政策，以刺激经济增长。

结构改革和宏观需求管理在理论上无矛盾。但在实践中，在某些具体问题上，可能存在一个短期和长期之间的利弊取舍问题。如何取舍则需具体问题具体分析。例如，我们希望提高消费在GDP中的比例，但消费增长速度过于缓慢，为了维持经济增长，我们可能就不得不提高投资增长速度。进一步提高投资增长速度可能会导致投资效率的进一步下降，但为了保住增长底线，在某些情况下，我们仍然可能不得不进一步增加投资。此外，尽管不利于短期经济增长，为了治理污染，我们可能不得不关闭一些污染企业。经济学家有责任说明相关抉择的利弊，至于如何取舍，在相当大程度上是经济学家难以置喙的政治决定。

中国宏观经济调控的经验告诉我们，不应仅强调增长和结构调整之间可能存在冲突的一面，而忽视两者相辅相成的另一面。20世纪90年代末21世纪初，中国一方面不良债权问题严重，另一方面面临经济增速持续下跌，政府并没有因为银行不良债权居高不下而放弃使用扩张性财政政策。1998年本打算压缩财政赤字100亿元。但是由于亚洲金融危机，中央决定实施积极的财政政策。财政部向国有商业银行增发1000亿元国债，同时银行配套发放1000亿元贷款，重点用于基础设施建设。扩张性财政政策有力地拉动了经济增长，对1998年国民经济增长基本达到预定目标起了关键作用。[①] 扩张性财政政策使经济增速由1998年的7.7%上升到2000年的8.5%，而经济增速的上升则为处理银行不良债权创造了有利条件。

2015年11月，中央正式提出"供给侧结构性改革"，毋庸置疑，这一概念的提出具有重要意义。但是贯彻落实2013年11月党的十八届三中全会所提出的全面深化各项改革措施同执行旨在稳定经济增速的扩张性财政政策和宽松货币政策并无矛盾。例如，如果去杠杆操之过急可能会导致经济增速进一步下滑，从而使杠杆率不降反升。目前（2019年6月），中国经济增速下行压力不断增大。在继续推进各项经济改革和结构调整的同时，中国必须充分利用现有的宏观经济政策工具抑制经济增速的下降，否则各项改革和结构调整任务的完成将面临更大困难。

---

① 参见项怀诚《关于1998年中央和地方预算执行情况及1999年中央和地方预算草案的报告——1999年3月6日在第九届全国人民代表大会第二次会议上》。

第四，是"四万亿财政刺激计划"后遗症，还是"四万亿财政刺激计划"退出过快后遗症？

相当长一段时间以来，2008年11月出台的"四万亿财政刺激计划"成为众矢之的。许多经济学家把全球金融危机之后中国经济增速的持续下跌、全要素生产率的下降和种种金融乱象归结为当年推出的"四万亿财政刺激计划"。我以为更为客观的评价应该是，尽管存在过急过快，造成不少浪费等问题，"四万亿财政刺激计划"的大方向是正确的。没有"四万亿财政刺激计划"，中国经济很可能会同其他许多国家一样长期在原地徘徊。2008年中国GDP为4.5万亿美元，2018年之后中国GDP已经达到13.5万亿美元；2008年中国经济的体量是日本的94%，2018年是日本的2.65倍。有理由怀疑，如果没有"四万亿财政刺激计划"，中国是否能够取得如此惊人的成就。

中国经济自2010年第一季度开始下滑，由当时的12.1%下降到2019年第一季度的6.4%，而且还有继续恶化的趋势。这些难道应该归咎于"四万亿财政刺激计划"吗？2012年以来出现的金融乱象，例如影子银行兴起，企业杠杆率的提高，同"四万亿财政刺激计划"的关系到底是什么？这些问题都需要具体问题具体分析，而不应从某种经济学教条出发妄下结论。

"四万亿财政刺激计划"的基本内容是中央政府通过一般性公共预算提供11800亿元，地方政府通过融资平台向银行发债、借贷筹集28200亿元配套资金，进行基础设施投资。具体投资项目由国家发展改革委确定和分配。"四万亿财政刺激计划"的推出，使中国的财政赤字对GDP比由2008年的0.8%上升到2009年的2.7%和2010年的2.8%。为了配合扩张性财政政策，中国人民银行在2009年的年度新增贷款由2008年的4.8万亿元，飙升到9.6万亿元。基础设施投资增速在2009年5月高达50%。显然，2009—2010年中国财政和货币政策的扩张力度是空前的，在成功对冲了外部冲击影响的同时，肯定也会造成资源配置扭曲；而地方政府的投资冲动则进一步恶化了这种扭曲。

政府对扩张性财政、货币政策的负面影响是有充分认识的，因而从一开始就希望尽快退出扩张性财政、货币政策。事实上，政府也是这样做的：在2011年和2012年，财政赤字率分别降到1.7%和1.5%。在2010年和2011年，新增贷款分别下降到7.95万亿元和7.47万亿元，信贷增长速度从2008年第四季度的426%直线下降到2012年第一季度的-73%。自2009年5月后基础设施投资增速便急剧下降，到2012年2月，下降到-2%。自2011年年底固定资产投资增速便一直低于金融危机爆发前水平，而且是越来越低。我以为，"四万亿财政刺激计划"的问题不是政府引入了刺激计划，而是在实现经济的V型反弹后，政府过快退出了刺激计划。

宏观经济政策的大起大落对经济增长和金融稳定造成了另类冲击。2009年企业被动接受贷款后增加了投资，但仅仅两年之后又要面对信贷紧缩。不仅如此，此前企业获得的大量信贷资金已进入房地产市场，面对显著收紧的货币环境，为了不使资金链条中断，企业只能在传统渠道之外寻求资金。银行则一方面积极发放低风险（有抵押）高回报的住房抵押贷款和房地产开发贷款；另一方面积极发展表外业务。在这种情况下影子银行业务不应运而生也难。

同西方国家在全球金融危机之后的漫长"退出"过程相对照，可以更清楚地看到中国的"退出"确有过急、过快之嫌。以美国为例，2007年次贷危机爆发时美国财政赤字对GDP比为1.1%。2008年推出QE，财政赤字对GDP比上升为3.1%。2009年推出刺激法案，财政赤字对GDP比飙升到9.8%。2010年到2013年四年间财政赤字对GDP比分别为8.6%、8.3%、6.7%和4.0%。在美联储宣布退出QE之后，美国财政赤字对GDP比又重新开始上升，从2014年到2018年，分别为2.7%、2.4%、3.1%、3.4%和4.0%（2018年是估计数）。2008年，美联储把联邦基金利息率目标降到0.25%。零利息率政策一直维持到2015年年底。2019年在特朗普的压力之下，美联储又开始暗示降息的可能性。

为了通过财富效应刺激经济增长，美联储迅速扩大自身的资产负债表。2008年9月美联储的资产为9052亿美元；2012年上升到2.9万亿美元；2015年10月进一步上升到4.5万亿美元；尽管伯南克在2013年就开始谈论QE的退出，但美联储的缩表速度异常缓慢，直到2018年年初美联储资产依然高达4.4万亿美元。欧洲中央银行和日本银行从扩张性货币政策的退出更是异常缓慢，甚至根本没有退出，这里不再赘述。

第五，通货膨胀并非"无论何时何地都是货币现象"。

中国经济决策者和经济学家几乎清一色的都是米尔顿·弗利德曼的信徒，笃信"通货膨胀无论何时何地都是货币现象"。事实上，我自己也一直深受货币主义影响，十分担心通货膨胀。正是出于这种根深蒂固的担心，当中国经济受到2008年全球金融危机严重冲击之时，我依然不主张放松货币政策。如果不是出于对货币主义的盲信，我当初恐怕不会对形势做出严重误判。我们一直深信通货膨胀率与货币供应增长速度高度相关，如果两者方向似乎出现背离，也只不过是前者对后者存在滞后而已。现实情况如何呢？2008年12月CPI增速为7.2%，M2增速为16.7%。2009年12月M2增速为27.7%，但CPI增速却降为-0.88%。全球金融危机之后货币供应增速急剧上升但通货膨胀率却急剧下降，这种反常关系是难以用滞后来解释的。从现实出发，货币供给和CPI之间的这种关系并不难解释：外部冲击导致有效需求不足，而后者则直接导致CPI指数下跌。在这里，通货膨胀率的变化是实体经济供求失衡而不是货币供应量变化引起的，因而不是货币现象。2011年前半年，尽管执行偏紧的货币政策，由于食品和大宗商品价格的上升，2011年7月CPI增速上涨到6.5%，但也很难说当时的通货膨胀是货币现象。此外，值得一提的是：中国经济学家在判断通货膨胀形势时往往不注意区分标题通胀率和核心通胀率。

自2008年第四季度开始执行扩张性货币政策之后，除在2011年前后的一段时间之外，中国信贷和广义货币，特别是信贷增长速度始终高于名义 GDP 的增长速度（2017 年后 M2 增长速度低于名义 GDP 增速）。但 2012 年以来 CPI 增速一直低于 3%；2012 年 3 月之后，PPI 更是连续 54 个月负增长。在过去 6 年中，一方面是信贷和广义货币增速明显高于 GDP 增速，另一方面是持续走低的通货膨胀率。我们已经很难说"通货膨胀无论何时何地都是货币现象"了。

自全球金融危机爆发之后，世界各发达国家都执行了非常态的超宽松货币政策。尽管超宽松货币政策的效果在这些国家中各有不同，但并未在其中任何一个国家引起通货膨胀。相反，如何使通货膨胀率上升使这些国家的央行大伤脑筋。货币政策在过去十余年的实践迫使经济学家对货币的性质重新进行思考。

全球金融危机爆发后，中国的货币供应增长速度是否过快了？从货币数量公式"物价增长速度 = 货币供应量的增长速度 – 收入增长速度"出发，我们习惯于认为如果货币供应增长速度超过收入增长速度就会导致通货膨胀。以此为依据，我们把 M2/GDP 高低和变化趋势作为衡量一个国家通货膨胀压力大小的尺度。但是，M2/GDP 并非衡量通货膨胀压力的适当尺度。对 M2/GDP 的国际比较显示：M2/GDP 高的国家如日本、中国、英国和美国等通货膨胀率并不高。世界上 M2/GDP 最高的国家日本长期受通货收缩的煎熬，希望实现 2% 的通胀目标而不得。相反，M2/GDP 低的国家往往都是高通胀国家。

决定 M2/GDP 高低的因素很多。首先，在其他因素相同的条件下，一国储蓄率越高，该国的 M2/GDP 就越高。应该看到：货币不仅仅是流通手段而且是价值贮存手段。在货币数量公式中，货币仅是便利商品和劳务交换的流通手段、交易媒介。但是作为价值贮存手段，以定期存款形式出现的货币实际上是银行分别同储蓄者（存款者）和实体经济投资者（借款者）签订的让渡购买力的长期合同。储蓄存款仅仅是购买力的让渡契约，并不直接构成对商品和劳务的需求，并不会产生通货膨胀压力。广而言之，对于给定的 GDP，一国的储蓄越多（假设投资受储蓄约束），该国广义货币对 GDP 的比例就越大。

其次，国民需要积累财富。在资本市场不发达国家，储蓄存款是财富积累的最主要形式。在中国，各类存款总量远远超过股票和债券。在这种情况下，中国 M2/GDP 高于一般发达资本主义国家是十分自然的。

另外，资产价格的上升也肯定会减轻给定货币供应量所能产生的通货膨胀压力。导致 M2/GDP 居高不下的原因还有很多。例如，货币供应量是存量，GDP 是流量，即便新增货币供应量对 GDP 比不变，随着时间推移，M2 对 GDP 之比也会越来越高，甚至不良债权的增加都会推高 M2/GDP。

流行观念认为，过度宽松的货币政策是导致中国出现资产泡沫的原因。因而，为了抑制资产泡沫，必须降低货币供给量的增长速度。中国的实践证明：这种看法在很多情况下是正确的，但在有些情况下，特别是全球金融危机爆发之后，则可能是不正确的。事实上，在一些情况下，货币供给的增加、货币供给增速的上升是资产价格上升的结果而不是原因。

资产价格的上升导致消费者和银行存款持有者转而进入资本市场。这样，在资产市场上形成一个自成一体的独立于实体经济的环流，也就是我们平时说的"资金池"。金融资产（已有的股票、债券和房产）的持续、反复交易意味银行账户上存款持有者不断变换，货币在充当资产交易的媒介而不是一般商品和劳务的媒介。在货币供给给定的情况下，金融资产价格的持续上升，意味着越来越多的货币离开实体经济，不再充当商品和劳务的流通媒介。在这种情况下，资本市场交易量的扩大，必然导致实体经济流通手段的短缺。为了弥补实体经济的流动性短缺，央行必须采取宽松的货币政策，以鼓励商业银行增加信贷。因而，在相当程度上，与其说是货币超发导致资产泡沫，不如说是资产泡沫导致了货币"超发"。各国经验，包括中国经验说明，紧缩货币不一定是抑制资产泡沫的好办法。过度紧缩不仅会刺破泡沫导致金融体系崩溃，而且会因为造成实体经济流动性短缺而直接导致经济衰退。

第六，宏观经济政策，特别是货币政策受房地产调控政策影响过大。

自2010年第一季度以来，中国GDP一直保持着持续下跌的态势，在下跌过程中几乎没有出现过哪怕小幅度的反弹。与此同时，自2012年第二季度以后，CPI基本保持在3%以下的水平，PPI则自2012年3月后持续54个月负增长。在2019年第二季度CPI指数虽由于猪肉价格（因非洲猪瘟）而上升，但核心CPI指数依然保持在低水平，而PPI则可能重新滑落到负增长区间。既然经济增长速度在持续下降，而通货膨胀始终保持在相当低的水平，如果货币政策的最终目标是维持经济增长和物价稳定，在这个时期内，中国人民银行就应该始终保持宽松的货币政策。但是，自全球金融危机爆发以来，中国人民银行货币政策却有过数次松紧程度的变化。货币政策松紧程度变化的时期划分存在一定的模糊性，如果以准备金率的调整来看，自全球金融危机爆发以来，中国货币政策经历过5次松紧程度的变化。2008年10月到2010年1月是货币政策放松期；2010年1月到2011年12月是货币政策收紧期；2011年12月到2013年2月是货币政策放松期；2013年2月到2014年下半年是货币政策从紧期；从2015年2月到目前为止，货币政策基本上是从宽的。在2013年和2014年中国人民银行并没有调整准备金率。但从其他指标来看，2013年2月到2014年下半年，货币政策是偏向抽紧的。

不难发现，货币政策的这5次松紧程度的变化同房价的变化有相当强的相关性。换句话说，中国货币政策的重要目标之一是稳定房地产价格。货币政策是否也应该有资产价格目标，在国际经济学界一直存在争议。至少就中国的情况而言，把资产价格稳定作为货币政策目标有时候会同稳定经济增长和物价的目标相冲突。为了使货币政策可以实现传统目标，应该考虑使用货币政策之外的政策手段，如税收政策，抑制房价过快上涨。

标准经济学教科书告诉我们，货币政策目标受制于货币政策手段，有多少货币政策手段决定了能够有多少货币政策目标。目前中国货币政策目标已经明显超过了中国人民银行所拥有的货币政策手段。除传统目标，如经济增长（就业）、物价稳定、汇率稳定外，中国目前的货币政策还有一些结构性目标，如解决中小企业融资难、融资贵等问题。目标多了，手段不够就难免出现顾此失彼的现象。最近"结构性货币政策"的说法已经变得十分流行，中国人民银行又担负起了"精准滴灌"的重任。货币政策是一种宏观经济政策，中国人民银行可以通过各种手段引导商业银行为实体经济提供贷款，但很难通过差异性政策引导商业银行为特定产业、特定规模和特定所有制形式的企业贷款。中国人民银行只能负责控制信贷的闸门，决定是大水漫灌、中水中灌，抑或是小水小灌。"精准滴灌"不是中国人民银行的任务。把钱借给谁、借多少、利息率定多高应该是商业银行和政策银行决定的事情。中小企业融资难、融资贵的问题，除需要中国人民银行保持较低利息率之外，主要应该依靠金融机构的改革和创新来解决。

回顾过去20余年中国宏观调控的历程，我们可以抽象出许多具有理论价值的经验教训。我认为，所有这些经验教训可以归结为一句话：增长是硬道理。

无论我们能够就宏观调控政策对中国政府摆出什么批评，一个最基本的事实是，中国维持了40年的高速经济增长，这是人类历史上从未有过的奇迹。而这一事实最雄辩地说明，中国政府的宏观经济调控政策是非常成功的。

中国经济学家在中国政府宏观经济政策制定过程中发挥了什么作用？我没有资格做出评价。我过去曾经开玩笑："中国经济之所以成就斐然，是因为中国经济决策者不懂经济学。"当然，我这里所说的经济学是指西方教科书式的经济学。作为一个长期研究西方经济学，受过尚属严格的西方经济学训练的经济学家，我现在所能做的也仅限于认真回顾以往的思想历程，看看哪些地方想对了,哪些地方想错了,并找到其中的原因。

青年学者一方面需要系统地掌握作为一个自洽的概念体系的西方宏观经济学,另一方面又应能批判地对待传统宏观经济学中的概念、逻辑、理论和方法。只有不断发现实践同理论之间的矛盾,并不断修正对理论的认识乃至对理论本身加以修正,经济学家才能最终在一定程度上实现理论和实践的一致性,从而形成自己的思想。希望本书对青年学者在这方面有所帮助。

第一篇

从治理通胀到克服通缩的转向

1996年中国宏观经济回顾与1997年展望[*]

中国经济在1996年的表现

1996年世界经济持续复苏、保持稳定增长，同时通胀率有所下降；区域合作更加活跃，新的国际贸易格局正在形成；主要工业化国家，尤其是美国，在高增长和低通胀方面表现良好。在降息背景下，大多数欧洲国家的经济处于复苏回暖状态，发展中国家也保持着增长势头。在亚洲，尽管一些发展中国家的经济增速有所下降，但这里仍是世界上最具活力的地区。

世界经济的整体向好，尤其是亚洲地区的经济增长，是中国经济发展的有利因素。1996年中国实现了较高的增长目标，同时通胀率显著降温，宏观经济形势明显改善，总供求基本平衡。中国的农业基础得到加强，工业生产增长平稳，对外贸易稳步发展，政府收入增加，金融系统运行令人满意，城镇居民收入增速超过物价涨幅。所有这些成就都表明，自1993年开始加强和改善宏观调控之后，中国已经步入稳定增长和低通胀的新阶段。

1995年控制通胀取得初步成果，在此基础上，1996年宏观经济管理的首要目标是通过适度从紧的财政政策和货币政策，进一步降低通胀率。为了实现总供求平衡，决策者高度重视紧缩的宏观经济政

---

[*] 原文为英文"China Economic Outlook in 1997"，写作时间不详。

策。在各种货币政策工具的调控下，货币供给增速已经得到了控制。总之，政府各个部门共同努力，实现了1996年经济和社会发展的主要目标，尤其是在保持适度高增长的同时降低通胀率。1996年宏观经济管理所取得的成绩，为"九五"计划的实施提供了良好的开端。

经济稳定增长

据初步估算，1996年中国GDP达到6.78万亿元，实际增长率为9.7%。三次产业的产出分别为1.36万亿、3.31万亿和2.11万亿元，三次产业的增速分别为5.1%、12.3%和8%。产业结构变得更加合理。

1996年宏观经济管理得到了加强与改善，这有助于实现经济增长的稳定性，主要体现在三个方面。第一，经济增速在微调中实现了稳定。在当前经济周期中，经济增速的上升始于1991年，随后在1992年达到峰值14.2%。1993年开始增速出现放缓，平均每年下降1个百分点。本轮周期中，年度增速的极大极小值差异为4.5个百分点，这是改革开放以来最为平稳的一个周期。第二，尽管本轮周期中出现了增速下降，但总体来说平均增速仍高达11.5%，高于改革开放以来9.8%的平均增速。本轮周期成功避免了过去经济周期中出现过的大起大落。第三，在本轮周期中，通胀率下降速度快于经济增速。换言之，在持续高增长的同时通胀率显著下降，这在中国历史上是前所未有的，也是对一个转型国家来说难得的成就。去年经济稳定性的增强，为中国政府提供了宝贵的经验，为进一步加强和完善经济管理体制奠定了坚实基础。

促进经济稳定增长的基本因素

中国之所以能够在降低通胀率的同时保持较高的增速，主要归功于农业等基础产业的结构优化、固定资产投资增长过热得到了有效控制，以及适度从紧的宏观经济政策。实现经济稳定增长的一揽子政策，具体包括以下内容：第一，为了降低通胀率，控制财政支出、收紧货币供给量，以及限制固定资产投资。第二，为调整经济结构，对农业、能源、运输和交通等基础产业给予优先支持。同时，对于生产、管理高效、产品适销对路的企业，提供政策支持。1996年的新增信贷总额当中，农业部门的占比上升至10%。近年来对农业的财政支持也在不断增加，所有紧迫优先的项目资金都如期到位，面向大中型国有企业的金融服务得到了改善，同时企业的支付能力也得到了提高。工业结构的调整增强了经济的稳定性。第三，在政策的时机和松紧度把握方面，宏观经济调控工具的使用变得更加灵活。信贷温和增长、利率调降，两者在增加流动性的同时减少了企业的利息负担。所有这些，都为1996年的稳定增长做出了显著贡献。

经济稳定增长的总需求视角观察

（1）1994年到1996年，固定资产投资呈下降趋势，年均增速为22%，与改革开放以来的平均增速相当。固定资产投资的GDP占比约为35%。一方面过度扩张的投资需求得到了有效控制，另一方面投资增速仍稳定在适度水平，从而成为经济稳定增长的重要动力。（2）过去几年，消费需求呈现稳中有升的状态。1994年到1996年，社会消费的实际年均增速接近11%，与改革开放以来大致相当。社会消费的稳定增长是1996年经济保持稳定增长的另一重要因素。（3）1994年到1996年，中国的年均出口增速高达40%，这也是中国经济稳定增长的重要因素。在1996年，出口的重要性有所下降。但是，中国政府鼓励出口的政策变得更加稳定，外贸企业的管理更加完善，所以1996年后期出口增长动能开始强劲回升。

保持对通货膨胀的有效控制

1996年，社会消费品零售价格指数、消费者物价指数分别增长6.1%和8.3%，比1995年分别降低8.7%和8.8%。

1996年，月度通胀率呈现出稳定的下降趋势。剔除基期效应，则上述两个指数在1996年的增速分别为3.7%和5.2%。推动整体物价水平上升的最重要因素来自服务业，食品价格对物价指数也有较大影响。1996年，食品价格上涨了7.6%，其中谷物价格上涨了6.5%，农村地区的价格增幅稍高于城镇。1996年，农业生产价格指数维持在较高水平，不过仍是过去三年来最低数值。

1996年，宏观经济政策的优先目标是控制通胀。1994年，通胀达到改革开放以来的最高水平。通胀形势恶化的根本原因在于总需求过热。1992年到1994年，固定资产投资的平均增速高达42.6%，同期家庭货币收入年均增速是35%，均大大超过了劳动生产率增速。到1996年年底，流通中的货币总额当中，有56.7%是在1992年至1994年期间投放的。此外，经济结构不平衡和基础建设薄弱，尤其是农业部门的瓶颈，都是导致通胀恶化的重要因素。图1数据显示，在1991年到1996年，通胀率、固定资产投资增速和流通中的货币量，三者具有很强的相关性。

过去三年来，稳定通胀率的目标主要是通过经济手段来实现的。一些行政手段，比如行政价格管制、财政补贴等措施的干预大幅减少。不过，在条件适合的情况下，决策部门也对一些基础产业的产品价格进行了干预，比如食品、原油、电力、铁路交通、邮政服务以及通信等行业。

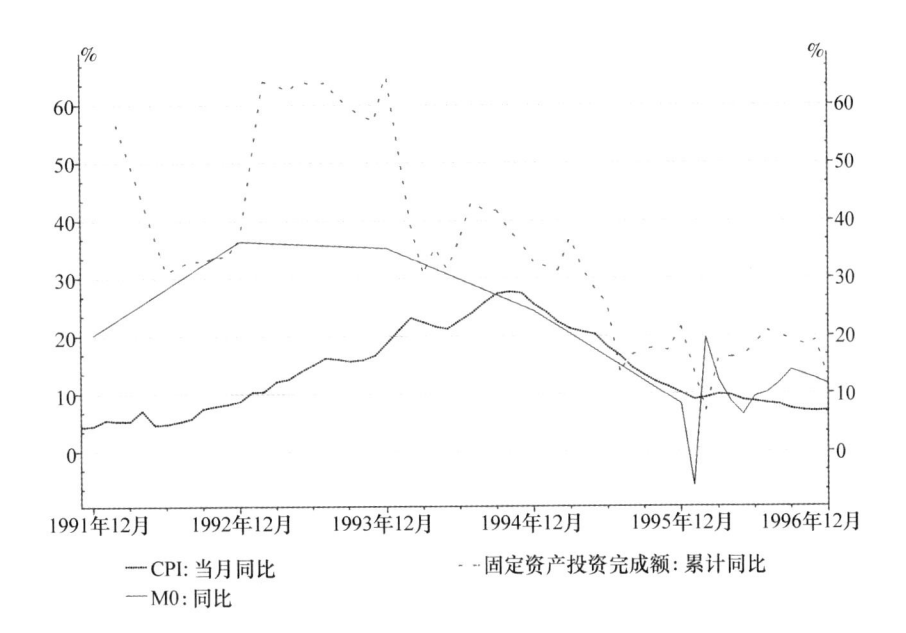

图 1　通胀率、固定资产投资累计同比增速、流通中的货币量同比增速

资料来源：国家统计局；中国人民银行，1997 年。

增强和稳定农业生产能力

在中国，食品对于整体物价水平波动的贡献率超过50%，因此稳定食品价格是稳定总体物价水平的关键。在加强和完善宏观调控的过程中，政府始终高度重视增加粮食供给和夯实农业基础，价格是这一政策的关键所在。第一，1996年两次大幅上调粮食收购价，政府为粮食收购提供了充足的资金支持。第二，中国连续两年取得粮食丰收，但仍然充分利用国际粮价处于低位的机会，进口了更多的粮食。第三，为促进粮食生产、提高农业抵御自然灾害的能力，以及增强农业产量的稳定性，政府加大了对农业部门的投入。第四，通过健全和规范农产品市场，使市场价格机制在稳定粮价方面发挥更大作用。通过以上举措，1996年粮食价格实现稳定，这对整体物价水平稳定起到了重要作用。

控制过热的投资需求

经验表明，导致通胀的最重要因素在于投资需求过热。1993年下半年，政府开始着力加强、完善宏观经济调控体系，在抑制投资过热方面采取了一系列举措，例如限制新开工项目，整合重大、优先项目资源，优化筹资体系等措施。因此，投资增速从1993年的61.8%逐渐下降到1995年的17.5%，过度投资由此得到了控制，并在1996年趋于稳定。与过去经济周期有所不同，这回政府成功地降低了通胀，同时还保持了相对较高的经济增速，避免了以往那样增速大起大落的波动。

适度从紧的财政政策和货币政策

为控制通胀，政府在1996年采取了适度从紧的财政政策和货币政策。1993年下半年以来，政府实施了税制改革、预算外资金清查以及其他一些措施，财政状况逐步获得改善。到1996年，预算收入的增长已经超过了预算支出，同时预算赤字也被控制在预设范围内。1993年下半年开始，中国人民银行采用各种金融调控工具，使货币供给增速逐渐放缓，并改变了不合理的货币结构。中国人民银行的第一项举措，便是回笼对商业银行的再贷款，以冲销外汇储备的增加，从而控制基础货币的增加。中国人民银行采取的第二个重要措施，是1996年两次降息，以增加企业的流动性，促使货币结构合理化。第三项政策是遏制固定资产投资和消费的过快增长。其结果是，尽管用于购买农业生产资料的资金大幅增加，货币供给的增长仍控制在目标范围内。这些政策举措，为稳定通胀率创造了重要条件。

经济结构持续优化

近三年来，中国政府加强和完善了宏观经济管理体系，尤其是着力调整了经济结构，这主要体现在以下领域：首先，农业部门的基础地位得到加强。1991年到1996年，农、林、牧、渔业以及水利工程方面，国有部门的投资年均增速高达45%，这一增速远超所有行业的平均增速。银行部门的信贷、财政部门的补贴，也为农业部门提供了充足的支持。过去连续两年，农村人均收入增长快于城镇地区。1996年农村人口平均净收入为1900元，实际增长率为8%，比1991—1995年的平均增速高出了3.5个百分点，这主要是由于农村人均收入快速增长，农民的生产积极性也提高了。1996年粮食种植面积增加了3200万亩，粮食产量增长仅次于1990年的历史纪录。其次，能源、交通、邮政、通信等基础产业的瓶颈制约，得到了极大的缓解。1996年，上述基础产业的增速都高于其他产业，这些行业的发展获得了充足的资金支持。1996年，包括京九铁路在内的125个重大优先项目落成竣工，这一竣工数量也是近年来最高的。早在1996年年初，当时计划的完工数量仅为97个。毫无疑问，这些项目的完工将极大增强中国的发展动力。最后，投资的区域结构也得到了改善。过去两年，中西部地区的固定资产投资增速超过了东南和沿海地区。鼓励外商投资流向中西部地区的优惠政策，在这些区域的发展中开始扮演重要角色。

总之，1996年中国经济领域，甚至更多领域呈现出良好的发展势头。政府收入增速有所回升，金融市场保持稳定，国有企业改革加速，体制改革进一步深化，出口动能保持强劲，利用外资规模有所扩大。除此之外，科技、教育及其他一些领域也取得了新的成就。农村和城市人口的生活水平进一步得到提升，社会主义精神文明和物质文明建设成果得到了极大的巩固。

1996年中国经济也存在一些问题,其中主要问题如下:经济中的总量问题在逐步得到解决,但是结构性问题在变得更加突出。因为追求产业结构的全面性,同时忽视规模效应,所以重复建设、盲目投资之风盛行,这些问题阻碍了经济效率的整体提升。作为基础产业的农业部门仍显薄弱,水利建设依然滞后,农业容易受到自然灾害的影响。区域间经济发展不平衡的现象依旧存在。政府预算赤字相对较大,且正在威胁到金融稳定。由于效率低下,一些国有企业在管理和生产环节困难重重。在很大程度上,这些困难反映了市场机制与国企传统管理体制的不兼容性。因此,在继续加强和改善宏观经济调控体系的同时,深化改革、培育企业竞争力等释放微观经济基础活力的措施也至关重要。

1997年中国经济展望

1997年中国经济运行的基本背景是:1996年中国经济取得的进展,为新一年的经济发展奠定了坚实基础。如前文所述,1996年宏观经济取得的主要成就可概括如下:总供求实现平衡,经济增长稳定,通货膨胀明显降温,农业的基础地位得到加强,财政和货币形势稳定。此外,中国外汇储备已达到1050亿美元,国家综合实力大大增强。所有这些成就,为1997年实现宏观调控目标提供了非常有利的条件。

1997年的主要宏观经济目标如下:GDP增速达到8%;通胀率低于1996年的水平;固定资产投资增速保持在18%—20%,投资率为32%左右;进一步理顺投资结构;消费的实际增速应当略高于经济增速。

为实现1997年的宏观经济目标,政府必须妥善处理许多问题。第一,通胀压力犹存;第二,一些企业还不能适应多变的市场形势;第三,调整经济结构的任务仍然艰巨;第四,农业的基础地位需要进一步加强;第五,需找到和培育新的增长点。上述问题是相互联系的，关键是要理顺和优化经济结构。这意味着增长战略应强调增长质量的改善，同时在新的增长点形成过程中，应该高度重视经济结构优化所能起到的基础作用。

1997年宏观经济管理的重点：保持适度从紧的宏观经济政策

低效率、收入分配不平衡、预算软约束等这些问题，是中国经济持续面临的挑战，而且这些问题尚未从根本上得以解决。在投资需求方面，未完成的固定资产投资达到6000亿元。为保持当前的建设规模，需要维持相当高的投资增速。在消费方面，多年来居民部门的货币收入增速超过劳动生产率增速，但是如何稳定居民的货币收入增速却仍然缺乏有效措施。近年来，粮食、棉花、能源、原材料，以及交通等基础产业的产品价格飙升，结果使得企业生产成本增加。然而很多企业无法通过提升效率来抵消成本的上升，相反，这些企业反而提高产品价格、试图将负担转嫁到消费者身上。因此，需求拉动和成本推动，这两种通胀率的驱动因素同时存在，使得货币供给增速的压力较大。因此，1997年必须维持适度从紧的宏观经济政策。

深化经济结构调整

继续加强农业的基础地位

（1）在农村，保持和完善以家庭联产承包责任制为基础的双层经营制度。该制度的特点是，将收入与产出挂钩，统一经营与分散经营相结合。当前还需要继续改善为农业提供的公共服务，以促进农业生产。（2）需要动员社会资源，为西部和少数民族地区的发展做出贡献，同时还需要在土地保护、水利建设方面做出巨大努力。（3）依法保护耕地，保持耕地总量动态平稳。（4）继续鼓励农民种粮的积极性,保证粮食收购资金到位,对农民出售的农产品全额收购,确保农民在丰年增产增收。(5)对农产品采购制度进行改革,减少不必要的中间环节,完善对粮食、棉花、食用油等重要农产品的价格保护体系。(6)加大对农业生产的资金和技术投入,严禁对农民的乱收费行为,努力减轻农民经济负担。(7)以科学为基础推动农业生产发展,通过推广普及农业技术来增加单位面积粮食产量。(8)加大扶贫工作力度,为农村脱贫提供帮助。

继续调整投资结构

投资结构的调整和优化,应基于以下三方面考虑。第一个考虑是投资项目的选择和空间分布。1997年,应该根据政府制定的相关政策,进一步完善投资项目的选择和空间分布,进一步提高农业和其他基础产业、基础设施的投资比重,提高西部地区的投资比重。根据市场情况,大力培育和支持产业联系广泛、科技含量高和经济效益好的经济增长点。尤其要推动发展住宅建筑产业、电子信息产业和高附加值的出口企业。第二个考虑是,优化投资项目管理。在1997年,投融资体系、招投标体系,以及相关的监督制度将陆续到位。对于投资预算编制和项目的准备期,将进行更为严格的控制,以使投资取得更好的成效。第三个考虑是,投资制度本身的改革。在1997年,中国将加速推进投资者风险防控机制的建立,进一步推进建立法人制度,对审查和批准投资项目的权力机构进行适度集中。

促进公共部门的经济结构改革

公共部门的资本结构调整,是整体经济结构调整的关键。这一调整涉及复杂的经济和社会问题。其中一个突出的问题是,如何整合大量的重复建设项目(这些重复建设的项目,恰恰是因为各地追求产业结构的全面性,而忽视了规模效应),尤其是通过公共部门企业的资产重组以实现递增的规模收益?1996年部分国有企业改革的经验表明，国有企业改革的基本路线应该是：一方面提高大型国企的管理水平，另一方面放松对小型国企的控制。

提高国企效率的根本途径，是在改革、重组、转型的基础上加强企业管理。优化公共部门企业结构的基本手段，是通过鼓励收购和兼并、强化市场竞争，为破产提供法律依据。同时健全市场竞争机制，使企业的生存取决于优胜劣汰的竞争原则。努力减少企业承担的社会职能，并为失业人员提供新的就业机会。为使企业有能力参与市场竞争，需适度注入资本、减轻企业的债务负担。为进一步推进企业改革和发展，需要有更加全面的改革方案。1997 年，政府将把国有企业改革的试点城市增至 110 个。在这些城市，将推进国有企业存量资本的结构优化试点，政府将为这些国有企业提供优惠的信贷支持，以帮助其调整资本结构。企业改革的基本思路可概括为：裁撤冗员、提高效率，同时为失业人员提供新的就业机会，规范破产流程，鼓励兼并和增强市场竞争等。在此过程中，银行提供信贷支持的覆盖范围将扩大到 500 家企业和 100 家企业集团。在这种情况下，这些企业所需的运营资金能够得到保障。为了使政府能够有效控制和监管国有资产，需要建立一套新的体制机制。为此，将在三个行业对国有控股公司进行试点。通过跨地区和跨行业的投资建立新的企业，有选择性的注资、支持具有国际竞争力的企业。通过竞争性的兼并和淘汰，优化国有企业的存量资本结构。

同时另一个重要的任务是，建立不同类型的成套设备生产企业。这样做，就可以使分散在不同行业和地区的专业化企业重新组织起来，从而取得更好的经济效益，使成套设备生产企业得以提升整体研发能力。

加快建立社会保障体系

结构调整过程也是劳动力再分配、再就业的过程。中国拥有丰富的劳动力资源，同时就业压力也大。伴随着经济结构调整，就业问题将越发尖锐。在 1997 年，鼓励兼并、规范破产的一系列改革措施，将会陆续制定、实施和同步完善。同时，需要寻找更多的就业渠道，从而将失业人员转移到新的工作岗位。在此过程中，要减轻裁员、退休给企业带来的成本，要通过社会公共体系承担更多这方面的成本。政府应该积极推动社会安全网管理方式的改革，消除该管理体系内部存在的差异。总之，要加快将企业的社会功能与生产功能分离，实现社会保障制度的正常化。

90年代后半期的"冲销政策"和货币政策的无效性*

开放经济的宏观管理

在一个封闭经济中,中央银行可以独立决定其货币政策。但是在一个实行固定汇率(或准固定汇率)政策和资本可以自由流动(或部分自由流动)的开放经济中,中央银行是难以独立控制基础货币量的。中国在1994年选择了有管理的浮动汇率制度。但事实上人民币是钉住美元的,且人民币兑美元的浮动范围很狭小。1995年人民币实现了经常项目下的自由兑换。1994年以来外资开始大量涌入中国,连续四年来中国成为发展中国家中的第一大引资国和世界上的第二大引资国(表1)。

表1　　　　　　　　中国的国际收支平衡表　　　　　　单位:亿美元

年份	出口	进口	贸易平衡	资本项目	外债	外汇储备
1991	718.4	637.9	80.5	2.2	605.1	217.1
1992	849.4	905.9	43.5	-2.5	693.2	194.4
1993	917.4	1039.6	-122.2	234.7	835.7	212.0
1994	1210.4	1156.9	53.5	326.4	928.1	516.2

* 原文题为《当前中国货币政策的某些问题》,1997年8月广西北海国际研讨会会议论文。

续表

年份	出口	进口	贸易平衡	资本项目	外债	外汇储备
1995	1488.0	1321.0	167.0	386.7	1065.9	736.0
1996	1510.7	1388.3	122.4	423.5	1162.0	1050.0

注：1996年资本项目数为FDI数字。

资料来源：中国人民银行季报（1997年），中国人民银行《金融展望》1997年。

国际资本的源源流入给中国货币当局提出了一系列重要问题。首先，面对外资的不断流入，中国政府（货币当局）是应该干预外汇市场以维持人民币汇率的稳定还是不干预外汇市场听任人民币升值？从事实来看，中国政府认为人民币汇率的稳定对于中国的出口十分重要，因而中国政府一直在积极干预外汇市场。为了避免人民币的升值，中国人民银行每年从外汇市场上大量买进美元，中国人民银行所持有的外汇储备一直在不断增加。

中国的基础货币是由中国人民银行的四项资产创造的：对专业银行的贷款（再贷款）、政策贷款、财政透支和外汇储备。自1995年，根据新颁布的法律，政府不得通过向中国人民银行透支的方式从银行系统借款。因而，其余的三项中国人民银行资产创造了中国人民银行负债：流通中的现金、准备金和超额准备金。由于中国人民银行大量买进外汇储备，外汇储备在基础货币中的比重急剧增加。目前外汇储备已取代再贷款成为基础货币中的最重要来源和货币创造的最重要源泉。到1996年年底，中国人民银行所持有的外汇储备已经达到1050亿美元，比上年增加了300亿美元。在废除双重汇率的1993年年底，外汇储备在中国人民银行总资产中的比重仅为5.5%，到1996年8月底，这一比重已急剧上升到38.6%。

外汇储备在中国人民银行资产中比重的急剧增加给中国货币当局提出了又一问题：实行或不实行冲销政策（sterilization policy）？由于通货膨胀形势在1994年下半年的突然恶化，中国政府加紧了抑制通货膨胀的努力。作为其中的最重要措施之一，中国人民银行开始收回再贷款以实行冲销。其他的措施是：要求专业银行在中国人民银行开设特别存款账户、发售中国人民银行金融债券、严格对资本账户的管制以及停止借入高息的中长期外债。通过这些措施，外汇储备增加对通货膨胀的推动作用基本被冲销了。直到前不久，回收再贷款依然是中国人民银行的主要冲销工具。造成这种状况的原因主要有两个：在开始实施冲销政策的时候，再贷款在中国人民银行资产中所占比重最高；同其他资产（财政透支、政策贷款等）相比，再贷款灵活性较大、较易于调整。

但是，中国货币当局已不能继续把回收再贷款作为执行冲销政策的主要工具了。首先，再贷款余额已经迅速下降，中国人民银行利用回收再贷款作为冲销工具的余地已经缩小。1993 年一般再贷款余额为 9562 亿元人民币，占中国人民银行总资产的 72%，到 1996 年 9 月这一比重已经下降到 26%。其次，中国人民银行把由专业银行回流的准备金再贷给专业银行，其目的是使专业银行能够支持产业结构调整。因此，再贷款并不是真正有灵活性的。从资源配置的角度来看，通过回收再贷款执行冲销政策的成本是很高的。再次，经验证明，回收再贷款往往并不能充分冲销外汇储备增加的影响。最后，为了维持人民币汇率稳定，中国人民银行必须不断及时买入外汇。然而外汇储备的变动是一个外生变量，中国人民银行无法控制。冲销政策的实行难以同外汇储备的增加在时间上相匹配。因而，冲销可能引起货币供应的剧烈变动从而破坏经济的稳定性。在实行了三年多的冲销政策之后，冲销政策的成本越来越高，可用于冲销的政策工具也越来越少。对于中国政府来说，一个更为根本性的问题是：政府是否愿意让资本流入转化为经常项目逆差，从而为国内投资和消费提供资金。中国政府面对的是下述几种选择：

（1）建立更为灵活的汇率机制；（2）维持目前的准固定汇率制度，但允许货币供应量增加，并准备接受其相应后果；（3）不鼓励外资流入；（4）实行更具紧缩性的财政政策。

中国当前货币政策的无效性

到目前为止，中国货币当局的冲销政策是成功的。自1994年下半年以来，通货膨胀率已经开始下降。然而，需求不足的现象却开始变得越来越明显。面对新的形势，在继续执行适度从紧的货币政策的同时，中国政府已经采取措施刺激经济。自1996年以来，中国政府的货币政策目标有两个：防止通货膨胀死灰复燃；刺激经济增长。为了实现第一个目标，中国人民银行对货币供应继续保持适度从紧的控制。为了实现第二个目标，中国人民银行在1996年已两次降息并扩大了存贷款之间的利差。

由于实行了上述政策，在广义货币增长速度下降的同时，货币存量的结构发生了显著变化。1996年M2逐季下降但M1却开始增加，1997年前半年这种格局变得更为明显。这种变化说明中国人民银行对广义货币的控制取得了成功，而银行体系的流动性也增加了。

由于执行了适度从紧的货币政策，1996年消费品零售物价指数逐月下降，在同年最后三个月生产品物价指数也开始下降。可以说，物价稳定的目标在1996年已经实现。1997年物价形势进一步改善，预期1997年的通货膨胀率将在5%以下。然而，利息率的下降却并未达到刺激实际部门的预期目标。特别是，按照历史标准，投资的增长是低速度的。与实际部门物价水平的下跌相对比，资产价格，包括政府债券和股票价格，特别是股票价格却在急剧上升。据统计，1997年5月，在深圳和上海上市的595个公司的市盈率分别高达47.74和51.62。在1996年同期，这两个数字分别为18.20和23.75。两个证券交易所的股票价格指数的增长速度分别达到162.14%和117.25%。显然，利息率的下降导致了居民资产结构的变化，但新增加的资金仅仅流入了证券交易所而并未流入实际部门。

过去两年的经验说明，由于中国金融体系的深化，货币政策的传递机制已经发生了变化。这种变化的主要体现是：货币供应量和利息率的变化对诸如投资和消费这样的实际变量的影响削弱了。直到1993年，只要放松对货币供应量增长的控制，投资需求就会增加。因此，为了抑制通货膨胀，中国人民银行必须加强信贷控制。这种办法应对抑制通货膨胀是非常有效的。然而，由于经济中所发生的一系列变化，扩张性货币政策对投资和消费需求的影响已是今非昔比了。首先，由于银行商业化程度的提高，今天的银行开始关心贷款的安全性。由于风险太高，银行非常不愿意向企业提供贷款。其次，许多企业也不愿意向银行借款。由于企业负债率过高，资信等级高的企业不愿因进一步借债而使负债率进一步上升，资信等级低的企业反正也是借不到贷款。在这种情况下，企业投资需求对利息率变动的敏感性大大降低。最后，居民资产结构的变化也削弱了货币供应和利息率变化对消费的影响。直到1993年利息率的变化主要导致居民储蓄偏好的变化。当实际利息率由于物价水平的上升而下降的时候，居民往往会提前消费。反之则反。但是近年来，货币供应量和利息率的变化与其说导致了居民消费倾向的变化，不如说导致了居民资产组合的调整：在减少储蓄存款的同时增加股票和债券的持有。

货币政策的放松并未导致投资需求的明显增加，增加的流动性主要被资本市场所吸收。金融资产价格由于货币政策的放松而急剧增加，而前者的上升又主要体现为股票价格的急剧上升。受到较高回报率的吸引，商业银行通过债券回购市场把资金借给证券公司，而证券公司则把资金用于股票市场的投机。投机的结果是股票市场上出现了危险的泡沫。为了制止资金从银行部门流入证券交易所，从而抑制泡沫经济的发展，政府决定禁止商业银行参与债券回购市场的交易。由于不再能够向股市输入资金，许多商业银行不再接受中国人民银行的再贷款，一些银行甚至开始提前偿还中国人民银行的再贷款。

在一个市场经济中，如果货币供应增多，利息率就会下降，而对货币的需求就会相应上升，因而货币市场上的失衡状态将会被自动消除。但是在中国，利息率依然是受到管制的。当出现过度货币供给的时候，利息率并不会下降以恢复货币市场均衡。拒绝接受再贷款或提前偿还再贷款是中国目前条件下实现货币市场均衡的一种特殊方式。由于实物经济对利息率变动的不敏感性，为了刺激经济，政府似乎应该进一步降低利息率。然而，出于担心进一步降息将会导致股票价格的另一轮暴涨，中国政府对于是否进一步降息还处于犹豫状态。

中国货币政策的短期前景

自 1996 年，中国在出口保持了原来的增长势头的同时，进口增长速度由于国内需求不振而下降。贸易顺差的增加再加上外资的大量流入，中国的外汇储备比 1995 年又出现了大幅度增加。在 1997 年，到目前为止，上述趋势依然没有改变。我们前面已经指出，面对不断增加的外汇储备，中国政府继续实行冲销政策正在变得越来越困难。一个选择是允许人民币根据外汇的供求状况升值。在这种情况下，净出口可能会减少。为了弥补升值对经济增长的消极影响，投资需求必须增加。为了刺激投资需求，似乎需要进一步降低利息率。除此之外，利息率的下降还有利于完成销售政府债券这一艰巨任务。降低利息率对经济的消极影响，如导致股票市场过热等，是可以用其他措施加以控制的。由于软着陆的成功，在最近的将来，看来中国政府将会采取较为宽松的货币政策。中国经济正在进入一个新的增长周期。

过去 3 年的经验说明，在一个开放经济中，为了实现既定的货币政策目标，中国人民银行必须更多地依靠间接的政策工具。在目前的有管理的浮动汇率制度下（实际上是钉住美元），中国的基础货币量在很大程度上是由国际收支平衡状况决定的，而后者至少在短期内是中国人民银行所无法控制的。恢复信贷计划是行不通的。从货币政策工具的角度来看，中国人民银行未来工作的要点应该是强化银行体系的流动性管理，特别是用好以公开市场操作为核心的政策组合，并把出售政府债券作为冲销政策的主要工具。

1998年中国宏观经济政策转向所面临的问题[*]

近年来中国经济发展的回顾

1978年改革开放以来，中国经济运行呈现出两大特征：持续的高增长和间或爆发的通胀。1978年到1993年，年均经济增速为9.3%，1993年至1994年，增速还分别超过了13%、11%。政府在1995年采取了紧缩的宏观经济政策，但增速仍然高达10.8%。随后1996年增速再次达到了9.6%。

1985年，中国的通货膨胀开始升温。1988年和1989年，通胀率达到两位数。此后两年，伴随着持续紧缩的宏观政策，经济增速和通胀率均处于低位。但在1993年年初，一些大城市的通胀率再次攀升，甚至超过了20%。1993年年中，政府再度实施紧缩的宏观经济政策，尤其是紧缩的货币政策。尽管如此，1993年和1994年的通胀率还是分别达到了13.2%和21.7%。1995年，情况有了显著改善，通胀率降至14.8%。1996年则进一步降至6.1%。

1997年，中国经济增速和通胀率同时快速下降，不过，当时政

---

[*] 原文为英文，撰写于1998年11月，"China's Current Macroeconomic Situation and Future Prospect", *China and World Economy*, No. 3–4, 1999。

府并不十分确定通胀降温是趋势变化还是暂时变化,因此采取了"适度从紧的宏观经济政策"。1997年10月,零售价格水平开始转向下降,有效需求疲软的看法开始流行起来。许多调查都表明,几乎所有产品都存在产能过剩问题。为应对市场疲软,企业通过减产压低库存。1997年第四季度开始,GDP增速显著下滑(图1)。

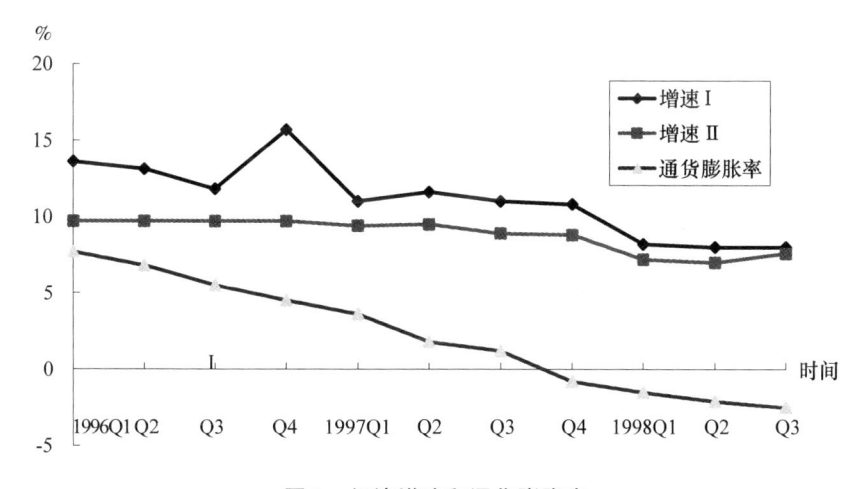

图1 经济增速和通货膨胀率

注:增速Ⅰ=工业增加值增速;增长Ⅱ=GDP增速;1998年第三季度数据用1998年9月数据作为替代。

资料来源:国家统计局,1998年。

中国为何确定8%为增长目标

1997年年末,中国政府将8%定为1998年的增长目标(同时通胀率低于3%)。为何选择8%作为目标?

首先,多年以来中国的经济学家认为,8%是中国经济的自然增长率。也就是说,在不引发高通胀的情况下,这是能够实现的最高增速。而且传统意义上,这一目标看起来也是适度且符合实际情况的。

其次,从就业目标来说,维持8%的增长目标也是必要的。这一增速水平,可以为冗员、农民工和新增就业人口提供足够的工作岗位。根据1996年的一项调查,近35%的国有企业有超过30%的隐性冗员比率,也就是说减少这些冗员之后,企业产量仍可维持不变。[①] 1993年开始,政府允许国有企业对工人进行下岗分流,以此来提高效率。1997年,在党的十五大之后,国有企业加快了改制和下岗分流的步伐,于是下岗工人数量迅速增加(图2)。大城市下岗职工的数量非常之多。在一些城市,国企下岗职工占其员工总数的比例高达20%。

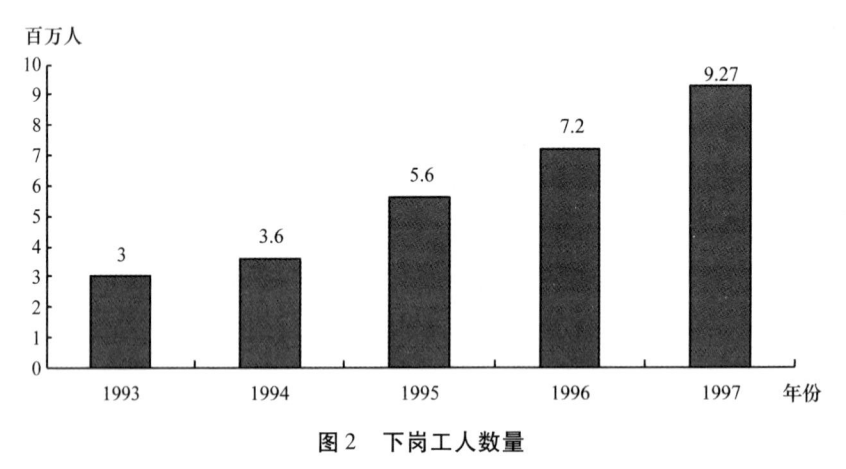

图2 下岗工人数量

资料来源:中国劳动和社会保障部。樊纲:《中国宏观经济分析》,1997年9月。

另一个重要的就业压力,来自农村劳动力向城市的转移。中国的总劳动人口约有7亿,其中70%居住在农村。乡镇企业已经吸纳了大量的农村劳动力,但仍然有相当规模的农村劳动力流向城市。这个数量每年约有2000万人。对人口数据的研究显示,中国劳动力的年净增长超过1000万人。一些研究表明,中国只有维持8%的经济增速,才能提供足够的就业机会。

---

① 1996年,中国社会科学院基于792家国有企业的调查。

最后，从国内外的经济形势来看，8%的增长目标也是稳定预期的一条防线。

如何达到8%的增长目标

1997年下半年开始，有效需求疲软、物价水平持续下行，而且当前物价水平仍处于下行之中。这些都表明，中国经济已经摆脱了短缺经济，目前的主要问题是需求不足。由此，1998年的宏观经济政策转向刺激、而不是抑制有效需求。在需求不足的制约下，GDP增速取决于总需求的表现。从1997年的GDP增速来看，总需求各部门对GDP增速的贡献可以分解为（表1）：

表1　　　　　　　　　　1997年GDP增长

	GDP	消费	投资	政府支出	净出口
规模：万亿元	7.6077	3.6118	2.8564	0.98650	0.2745
GDP和各部门增速：%	10.1%	8.8%	6.3%	10.3%	88%
对GDP增速的拉动：百分点		4.2	2.4	1.6	1.9

注：以上数据均为当年价格水平。如果按不变价格，1997年GDP为7.477万亿元人民币，实际增速为8.8%。1997年通胀率较低，所以各部门对GDP增速的拉动所受到通胀的扭曲也不严重。

资料来源：国家统计局，1998年。

假设（1）1998年消费的实际增速为8%，也就是与GDP增速相当，（2）政府支出的实际增速为10%[①]，同时假设（3）受亚洲金融危机的影响，贸易顺差（净出口）将呈现下降。下面，根据净出口表现的三种假设情形，我们可以推导出维持目标增速所需要的投资增速，并在表2中给出相应结果。

---

① 政府在1997年年底制定了该增长目标。

26　第一篇　从治理通胀到克服通缩的转向

表2　　　　　　　　　1998年GDP增长的三种假设情景

	GDP	消费	政府支出	净出口	投资
增长情景Ⅰ	8%	8%	10%	-63%	14%
增长情景Ⅱ	8%	8%	10%	-38%	12.6%
增长情景Ⅲ	8%	8%	10%	0	10%

注：1997年的净出口是403亿美元，假设净出口增速分别为-63%，-38%和0，也就是说净出口分别为150亿美元、250亿美元、403亿美元。另外已知1997年总需求各部门的权重。

总之，1998年最终消费可拉动GDP增长4个百分点，另外4个百分点就需要由投资或净出口拉动来实现。由于外部经济环境的恶化和1997年净出口的异常高增长，我们预计1998年净出口增长为负。因此，维持增速的重点就是刺激投资。

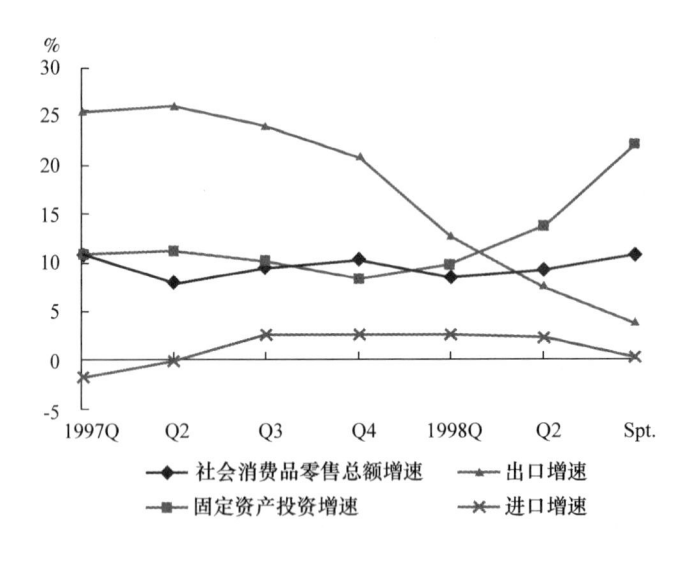

图3　总需求各部门的增长情况

资料来源：国家统计局。

由于最终消费支出（居民消费和政府消费）的季度数据尚未公布，我们使用了可得数据作为近似。尽管可能存在误差和不足，但以上数据（图3）能够帮助我们了解总需求变化的大致情况。从图3可以清楚地看到，主要是新增投资对有效需求起到了支持作用，而且投资需求的动能在1998年第二季度后显著增强。由于中国的出口远超预期，而进口出乎意料的疲软，1998年净出口对GDP的贡献必将为正。只要居民消费不出现急剧下滑，一般都认为，政府将能够实现比较接近于8%的增速目标。

值得一提的是，投资增加主要来自政府支出，而非政府部门的投资仍然表现疲弱。这是非常重要的一点，后文还会关注。

货币政策的无效性

1993年年中，政府采取了紧缩的货币政策，但直到1995年货币供给增速才有所下降（图4）。这是由于1994年起中国人民银行持有的外储迅速增加，而政府从1995年才开始使用冲销手段来抵消外汇占款的增加。

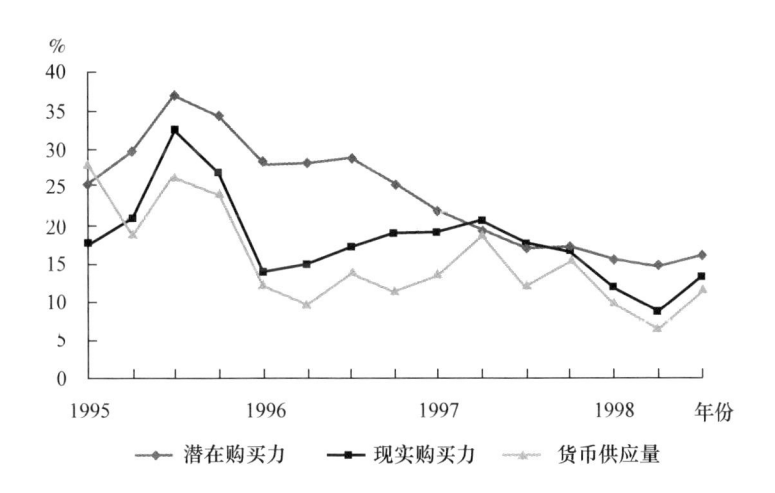

图4 货币供给增速

注：增速是同比口径。除特别说明外，本文中的所有增速均为同比；1998年第三季度数据是1998年9月数据。

资料来源：《金融展望》，1997年；中国人民银行：《中国人民银行季度统计公报》，1997第2期。

28　第一篇　从治理通胀到克服通缩的转向

从紧的货币政策非常成功地抑制了通货膨胀。1996年实现了物价水平稳定，1997年通胀率则降至-0.8%。然而，在1997年后期和1998年年初，政府采取了扩张性的货币政策来刺激总需求，但这时候的货币政策却非常无效。

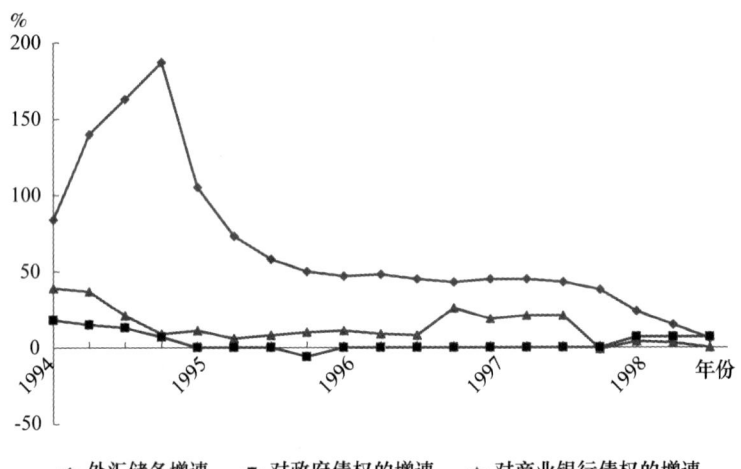

图5　中国人民银行资产的变化情况

注：1998年第三季度数据使用1998年7月数据近似替代。
资料来源：中国银行季度统计公报等。

货币供应量增长不及政府预期。1995年到1997年，中国广义货币年增速分别达到31%、25.3%和17.1%。1998年1月到8月，M2同比增速分别为17.4%、16.7%、15.4%、14.6%、15.5%、14.6%、15.5%和15.0%。1997年之前的货币供给增速下降是政策收缩的结果，因此也属正常。而在1997年下半年以后，政府采取了以下宽松性质的货币政策：（1）取消信贷额度，（2）多次降息，（3）取消超额准备金，（4）存款准备金率从13%降至8%，（5）允许商业银行使用存款准备金进行结算，（6）存款准备金利率从7.8%

下调至 3.5%。在货币政策从适度从紧转向事实上的宽松之后，货币供给增速继续下降，或者至多保持停滞，这种现象实在令人惊讶。

导致货币供应量下降的直接原因是基础货币数量下降。目前，中国基础货币主要构成是：商业银行在中国人民银行的存款准备金、金融机构在中国人民银行的特别存款以及流通中的货币。可以看出，1998年存款准备金增速呈下降状态，甚至大多时间为负，流通中的现金增速虽然为正，但增速缓慢（图6）。由于特别存款的所占权重很小，虽然其波动率很大，但对于基础货币的影响可忽略不计（图7）。

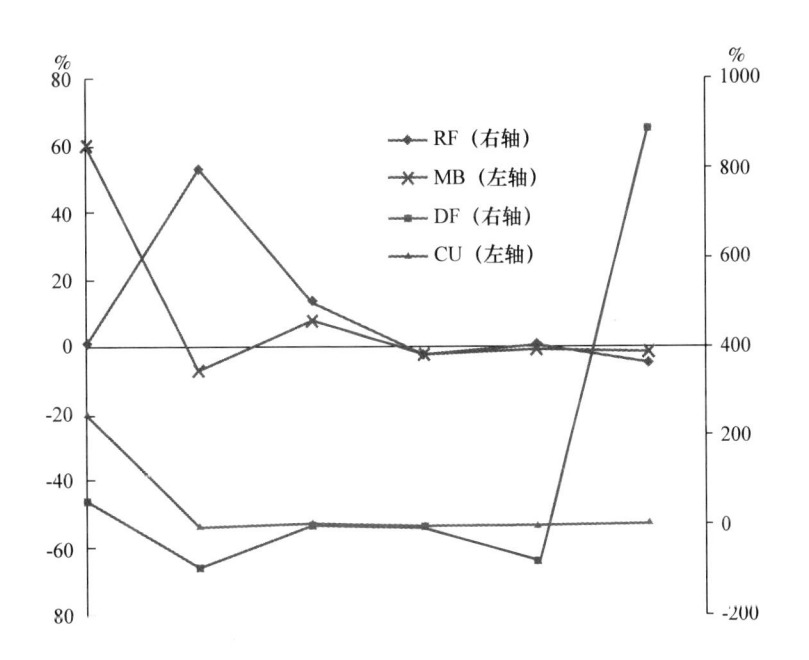

图 6　中国人民银行负债的变化

注：以上是1998年1月至7月的数据。RF = 中国人民银行的存款准备金；DF = 金融机构的特别存款，这部分存款取代了之前的强制超额准备金；CU = 流通中的现金；MB = RF + DF + CU = 基础货币。值得注意的是，这里的增速并非同比，而是月度环比数据。

资料来源：笔者自制。

从中国人民银行的资产负债表可以看到（图8），H（基础货币）=

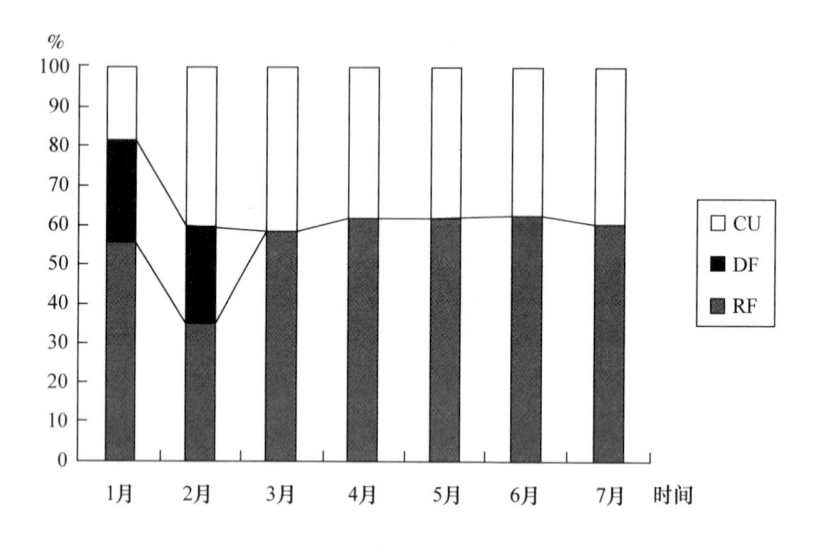

图7 基础货币结构

注：以上是1998年1月到7月的数据。RF=中国人民银行的存款准备金；DF=金融机构的特别存款；CU=流通中的现金。

资料来源：中国人民银行。

中国人民银行的资产—政府存款等负债项目。1998年基础货币扩张停滞，可以归因于中国人民银行持有的资产扩张停滞。

中国人民银行资产包括：给专业银行提供的贷款（再贷款或一般再贷款）、政策贷款（政策性再贷款）、财政透支和外汇储备。1995年开始，根据当时新颁布的法律，中国人民银行不得对政府提供贷款。因此，只有其余三类资产能够继续创造出中国人民银行的负债。这些负债主要包括流通中的货币、法定准备金和超额准备金。由于中国人民银行在外汇市场持续购汇，其结果是外汇储备占中国人民银行总资产的比例大幅上升。在此过程中，外汇储备的增加已经取代了再贷款，成为基础货币增长的最重要推动力，同时也成为近年来货币创造的最重要来源。当前，中国人民银行持有的主要资产是其对商业银行的再贷款，以及外汇储备（图9）。

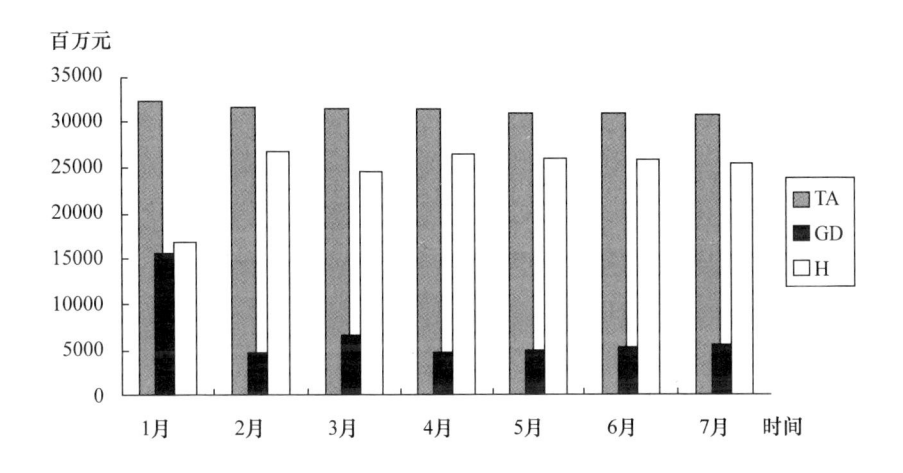

图8 中国人民银行资产和基础货币的关系

注：TA代表中国人民银行资产。GD代表政府存款及其他负债项（但不包含流通中的现金、金融机构在中国人民银行的存款和特别存款）。正如预期的那样，政府在中国人民银行的存款（以及一些其他形式的负债）仅仅占到总负债的一小部分，同时也只是总资产的一小部分。因此H的低增长主要是由于中国人民银行资产的增速极低（有时候为负数）。

资料来源：中国人民银行。

外汇储备、对金融机构的再贷款，这两者在中国人民银行的总资产中占比超过80%。由此可认为，中国人民银行的总资产增长停滞甚至出现轻微下降，主要是由于其对金融机构（主要是商业银行）的贷款减少。与前些年不同，尽管中国仍然保持了巨大的贸易顺差，但外汇储备增幅甚小，远无法抵消中国人民银行对金融机构贷款的下降（图10）。

中国人民银行对商业银行的贷款，也被称之为中国人民银行再贷款。中国人民银行本想通过调节存款准备金、对商业银行的再贷款来影响商业银行的流动性及其贷款行为，从而间接调控总体信贷和货币供应量。1997年再贷款的减少，就是冲销政策的表现。然而，1998年的再贷款下降，则是由于商业银行不愿意从中国人民银行借钱。具体原因如下：第一，银行商业化程度显著上升。现如今的银行把信贷

图 9　中国人民银行的资产构成

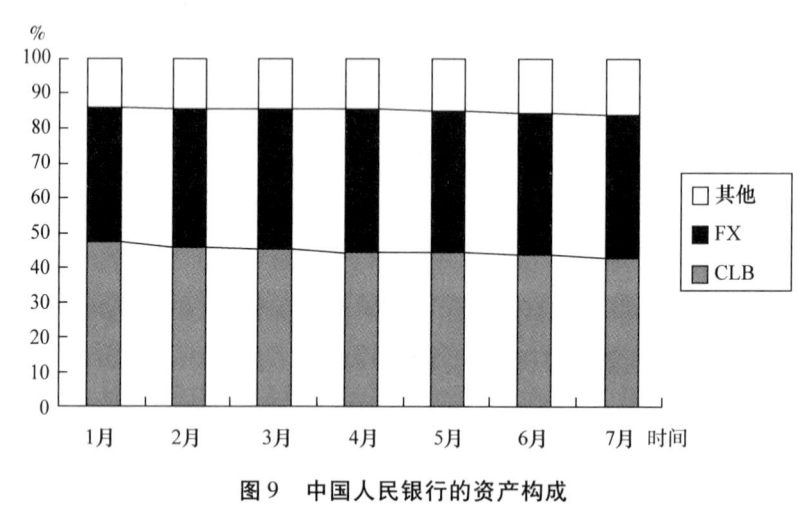

注：FX = 外汇储备；CLB = 中国人民银行对商业银行贷款；Others = 其他资产。

资料来源：中国人民银行。

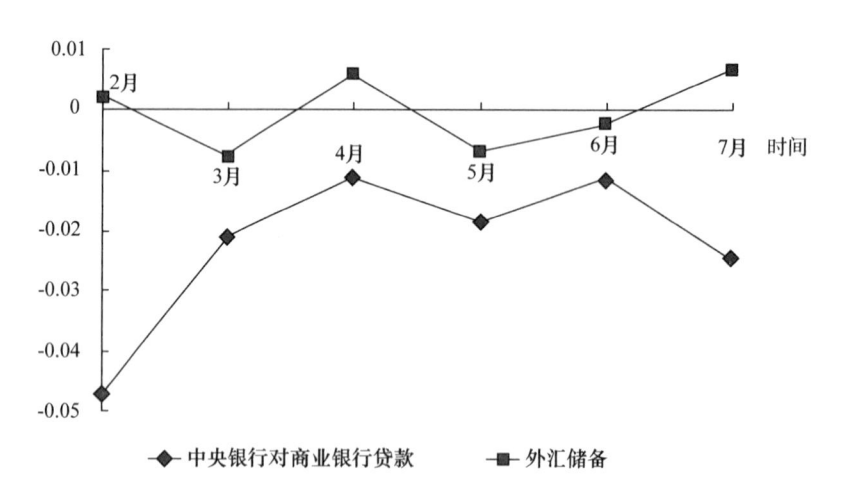

图 10　中国人民银行资产的分项变化：贷款和外汇储备

资料来源：中国人民银行，1998 年。

安全性的考虑置于首位。因为市场风险太高，银行存在惜贷行为。第二，即使银行愿意贷款给企业，许多企业没有贷款意愿。高负债率和暗淡的利润前景，使得高信用等级企业的经营如履薄冰，不希望再提高其债务比率（而同时，低信用等级的企业则干脆无法获得贷款）。这时候，尽管货币当局竭力通过取消超额准备金、降低存款准备金利率等措施来鼓励商业银行放贷，但商业银行要么没有意愿、要么没有能力增加贷款。而且，商业银行不但不愿意从中国人民银行借钱，反而加速向中国人民银行偿还旧账。结果是事与愿违，尽管中国人民银行确定了政策方向，但是也难以增加对商业银行和其他金融机构的贷款。

中国持续获得巨额贸易顺差，同时资本项下资金大量流入，但中国人民银行持有的外汇储备增幅却非常有限。这意味着，中国人民银行无法再通过外汇占款渠道向市场注入流动性。

在一个典型的市场经济体，中国人民银行可在公开市场买卖政府债券，从而改变基础货币量。在中国，中国人民银行从1996年开始启动公开市场业务。公开市场操作的主要目标，是为了调控银行体系的流动性。然而，商业银行可用于买卖的资产非常有限，政府债券的市场深度很浅。正是由于缺乏公开市场操作的资产标的，中国人民银行无法通过公开市场操作来有效调控货币供应量。

1997年10月以来，中国人民银行三次降息（1年期的存款利率已经从1997年10月的5.67%降至1998年6月的4.77%）。然而，降息对于投资和消费的促进效果似乎非常有限。一些研究表明，近年来企业投资需求对于利率的敏感性非常低，同时，通过降息来促进消费的效果也在减弱。1993年以前，利率变化主要影响住户部门储蓄倾向的变化。近年来，也许是深化改革带来的不确定性预期上升，住户部门的储蓄倾向有所增强，这可能会抵消降息对消费的刺激作用。

为了刺激经济，政府当然可以进一步降息。然而中美利率水平已经比较接近，企业和居民开始具有较强的动机将人民币存款转为美元资产。在此过程中，外逃的资本伪装成经常项目的交易流出中国，对人民币汇率稳定形成了很大的威胁。也就是说,在人民币钉住美元的情况下,中国人民银行无法自由调节利率,进一步降息的空间确实非常有限。

财政政策的重要性凸显

1998年上半年货币政策表现欠佳,政府将注意力转向了财政政策。多年来政府采用了相对从紧和消极的财政政策,中央政府的预算赤字一直很低。中国的赤字/GDP之比在20世纪90年代一直保持在1%以下(图11)。

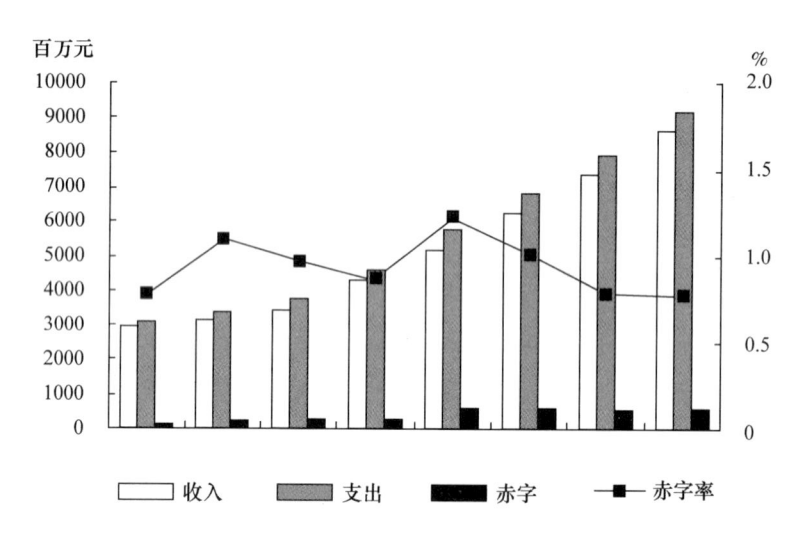

图11 政府的财政状况

注:预算赤字占GDP的比例对应于右上,左轴单位为百万元人民币。
资料来源:国家统计局。

由于赤字率低和经济增速高,中国的债务余额规模相对较低。根据财政部官员的说法,目前中国债务余额占GDP比率低于10%。当然,如果将中国准预算赤字、不良贷款(假设政府接管国有银行的坏账）和外债（假设政府有责任偿还外债）① 考虑其中，那么预算赤字占 GDP 的比例和债务余额占 GDP 的比例，两者都将会高出不少。但是与许多其他国家相比，中国的财政状况还不算太差（表3）。

表3　　　　　　　　中国 1996—1997 年财政状况

占 GDP 比率（％）	1996 年	1997 年
预算赤字	0.78	0.74
政府债务余额*	7.28	8.07
广义政府债务余额**	29.82	33.12
全口径政府债务余额***	43.26	47.07

注：* 包含国内外借款。** 包含不良贷款，假设（1）金融机构总体信贷的 25% 为不良贷款；（2）不良贷款主体来自国有企业。*** 包含中国所有的外债，假设主要是政府机构或国有企业借了外债。

资料来源：樊纲：《中国宏观经济分析》，1998 年 8 月。

中国目前财政政策空间相对较大，但并不意味着可以感到自满。我认为，当货币政策相对失效时，中国政府可以利用扩张性财政政策来刺激经济。

事实上，大约在 1998 年年中，财政政策的相对保守态度发生了改变。1998 年年初以来，中国公开发行了 960 亿元国债。由于中国的国债市场发展滞后、容量有限，所以在 8 月政府向商业银行定向发行了 1000 亿元长期国债，筹集的资金将用于为公共项目的建设提供融资。这一做法具有开创性。过去，由于担心通货膨胀，政府只向公众发行国债。

政府的扩张性财政政策似乎收效明显。1998 年第三季度，由于政府公共项目支出的增加，投资需求重归强势。投资增速从第一季度的 9.8%

---

① 中国目前的债务余额是 1379 亿美元，其中约 80% 是长期债务。

和第二季度的 13.7% 上升至 9 月的 22.2%。今年整体的增长前景良好。

中国宏观经济展望

基于 1998 年前三季度的经济表现，政府对于达到 8% 的增速目标较为乐观。我认为 1998 年增速可能会略低于 8%，可能是 7.8%。无论如何，这仅仅是个微小差距，并无大碍。

许多经济学家预测，1999 年中国会保持相对较高的增速。根据中国社会科学院的预测，1999 年增速将达到 8.6%。短期来看中国经济前景无虞。

然而，我对于中国的中期经济前景持谨慎态度（1999 年至 2001 年期间）。第一，政府不能长期依赖公共支出刺激经济。中国的财政依赖率已经很高（1998 年是 27.91%），债务的还本付息比率也是如此。中国的预算赤字和债务余额已经在增加，且 1998 年两者的增速都相当高。如果将准预算赤字和不良贷款考虑在内，财政状况会更糟糕。政府不能无限地发行债券为其赤字进行融资，否则财政政策的空间将会很快耗尽，中国的财政状况可能快速恶化。

第二，值得一提的是中国 M2/GDP 高达 130%，远高于其他人均收入水平相近的国家。在中国，M2/GDP 高意味着潜在通胀的威胁较大。任何信心的动摇都可能引发大的灾难。

第三，中国政府迄今尚未制订出处理不良贷款的综合计划。政府仍然希望通过经济增长来解决此问题，这样痛苦程度会比较轻。这个愿望或许能够实现，但或许也可能相反。总之，日本在这方面的经验是一个警示。

第四，随着以下问题的涌现：人口增长、人口老龄化、环境恶化、边际生产力下降、伴随收入增长而来的储蓄率降低等，在不太遥远的将来，中国潜在经济增速可能会显著下降。长期增速的下降，将会使得维持中国宏观经济稳定的难度上升。

从表面上看，中国面临的问题来自有效需求不足：企业不愿增加投资，居民不愿增加消费。如果归根溯源，中国宏观经济的问题根源于微观经济基础。由于经济体制处于改革的半途之中，一方面企业和金融部门开始以逐利为导向，另一方面又缺乏足够的手段和必要的支持以实现利润最大化。改革过程引发的一定程度的不稳定性、不安全性，以及低增速导致居民收入增长缓慢，也同时阻碍了住户部门的消费增长。从更长期的视角来看，若无进一步改革，宏观经济稳定将难以持续。目前我们仍有时间去推动改革，但时间正在快速流逝。

中国宏观经济管理的新阶段[*]

改革开放20年以来，中国的宏观经济管理体系和政策日趋完善。首先，作为宏观调控基础的社会主义市场经济体系已大体形成；其次，随着银行体制改革的顺利完成和国内金融市场的建立，各种可供选择的货币政策工具逐渐齐备，货币政策传递机制日臻完善；再次，随着财政税收体系改革的顺利实施以及国债市场的迅速发展，财政政策重新成为重要宏观调控手段；最后，经过20余年的实践中国已形成了一批有能力的宏观经济决策者和一支高素质的实施宏观调控的公务员队伍。可以说，中国政府对国民经济的管理（management）已经基本完成了由计划管理到宏观总量管理（调控）的根本性转变。由于中国政府在宏观经济政策目标的制定、宏观经济政策手段的选择以及宏观经济政策的协调等方面的成功，在过去20年中，在不断深化改革的基础上，中国宏观经济基本保持了稳定快速的增长。20世纪90年代中期以来，特别是在1997年亚洲金融危机发生之后，中国面临着更为复杂的宏观经济形势，中国的宏观经济管理正在进入到一个更为成熟的新阶段。

有效需求不足成为中国经济增长的重要制约因素

长期以来，中国经济的主要特征是"短缺"，或供不应求。由于

---

[*] 原文刊于《改革》1998年第5期。

这一特征，中国宏观经济稳定的主要威胁是通货膨胀。但是，自1997年下半年以来，中国总需求不足的迹象越来越明显，其主要表现为：（1）通货膨胀率急剧下降，到目前为止，零售物价指数已连续9个月下降；（2）能源、交通等基础产业的增长速度明显低于正常水平；（3）进口增长疲软，大大低于正常水平；（4）对工业产品市场的大规模调查显示绝大多数市场都是供大于求。

当前，总需求严重不足已是一个不争的事实。值得进一步讨论的是，当前中国经济的总需求不足是一种结构性、体制性问题抑或是一种周期性、一次性（如因外部冲击而形成）问题。马克思主义政治经济学和凯恩斯主义经济学都认为，总需求不足或有效需求不足是资本主义经济的常态。战后西方国家的经济实践证明，尽管有效需求不足是资本主义经济的常态，但是西方国家政府为克服有效需求不足所采取的扩张性财政、货币政策往往会导致一段时间内的需求大于供给和通货膨胀。同资本主义经济相对照，计划经济的基本特征则是短缺。长期以来人们已习惯于把短缺看作中国经济的基本特征。但是，1997年下半年逐渐形成和发展的有效需求不足的问题，再次说明中国经济已不再是"短缺"经济，中国经济已具备了市场经济国家的宏观经济特征。认识到中国宏观经济的这一根本性变化的主要政策含义是，通货膨胀并不是中国宏观经济稳定的唯一敌人，通货收缩和失业与通货膨胀同样可怕，如果不是更可怕的话。

当前的总需求不足和通货收缩是如何形成的呢？就中国目前的情况来看，这似乎主要是一个宏观经济政策周期问题。市场经济国家的主要经济政策目标有两个：物价稳定和充分就业。就业状况是同经济增长状况相联系的。因而宏观经济政策目标也可以表达为实现物价稳定和保持一定的经济增长速度。经济理论和实践表明，在物价稳定和经济增长这两个目标中存在相当复杂的取舍关系（trade-off）。在20世纪70年代后期和20世纪80年代前期，由于滞胀的出现，经济学家一度认为这种取舍关系是不存在的。但是，后来的经济实践证明，滞胀在很大程度上是一种过渡现象，尽管这种过渡时期可能要维持相当长时间。换言之，一种紧缩政策只要足够紧，其维持的时间足够长，通货膨胀最终是可以抑制下去的。反之，一种扩张政策只要足够松，其维持的时间足够长，经济增长速度是可以达到生产能力所能允许达到的水平的。问题是，为了实现物价稳定，一国政府打算在多大程度上牺牲经济增长（容忍失业），或为了实现经济增长（减少失业），一国政府打算在多大程度上容忍物价上涨。因而一国政府只能在通货膨胀和经济增长目标之间确定一种比较令人满意的组合。[①] 在实践中，由于种种不确定性的存在，实现通货膨胀和经济增长目标的最优组合是很困难的。因而，在一定时期必然有一个更为优先的目标。当这个目标实现之后，决策者往往会发现另一个目标已偏离了轨道。于是，后一目标变成了优先目标。而当后一个目标实现之时，前一个目标可能又离开了理想水平。宏观经济的周期性在很大程度上是政府对宏观经济进行微调时的优先目标转换造成的。[②]

自1993年以来中国政府执行了紧缩性的宏观经济政策，特别是紧缩性的货币政策。以经济增长速度的下降为代价，自1995年起中国的通货膨胀率开始逐步下降。在1998年，自1993年开始的以治理通货膨胀为首要目标的宏观经济政策周期正式结束，中国经济进入了以确保8%的经济增长率为首要目标的新一轮宏观经济政策周期。现在回过头来看（with benefit of hindsight），中国的首要宏观经济政策目标的转变应该实施得早一些。但是，在实践中正确把握政策转换的时机十分困难，出现"过调"几乎是不可避免的。现在我们可以总结的一条重要经验是：许多重要经济变量的变动具有巨大惯性，而政策变量效用的发挥又具有极大滞后性，因而，在运用经济政策调控经济

---

① 从长期来看政府还可以通过经济结构调整等方法使菲利普斯曲线左移，使为实现增长目标而必须在通货膨胀目标上所做的牺牲较小；或使为实现物价稳定目标而必须在增长目标上所做的牺牲较小。

② 1998年7月9日美国著名经济学家登布什到中国社会科学院座谈，当问及美国经济前景时，他说，美国经济不会陷入衰退，原因是"我们不需要衰退"。

变量时，应考虑"提前量"。就当前的形势而言，更重要的问题似乎是：不要因急于追回已失去的时间而采取一些最终将会证明是"欲速则不达"的措施。例如，一些具有行政命令色彩的措施，虽有"立竿见影"之功效，还是不用为好。

需要强调的是，作为一个资源贫乏、人口众多的发展中国家，从长期增长的观点来看，中国所面临的更为严重的问题仍然是总供给不足而不是总需求不足。换言之，中国经济的最大难题还是如何维持可持续的增长。必须看到，一系列使中国在过去20年中得以保持高速增长的长期因素正在或将要消失。首先，随着时间的推移，制度变迁、结构调整对经济增长的贡献将会消失和大大减少。在1978—1995年的17年中，中国GDP的平均增长速度是9.4%。根据世界银行的计算，在这9.4%的增长率中4.3个百分点是由资本和劳动投入增长之外的因素决定的。可以设想，在这4.3个百分点亦即近一半的经济增长率中，制度变迁和结构调整所占的比重是很高的。其次，中国正以极高的速度进入老龄社会，劳动力的增长速度将显著下降，到2020年在职工人与养老金领取者的比例将由现在的10∶1下降到6∶1。由于老龄化和其他原因，中国的储蓄率也将随之下降，而近40%的高储蓄率是过去20年间中国经济高速增长的主要推动力。再次，由于在过去的高速发展时期，中国的环境遭到巨大污染，生态环境遭到巨大破坏，为了治理环境污染、恢复生态平衡，中国将不得不相应付出牺牲经济增长的巨大代价。复次，随着中国经济的发展，中国利用后发（later comer）效应所取得的技术进步速度可能会明显下降。又次，随着印度等南亚次大陆国家和非洲国家更多地进入国际市场，中国低劳动成本的比较优势将逐步丧失，国际资本流入的势头也会逐步减弱。最后，由于边际效用递减规律的作用，中国人均GDP的增长速度也很可能会明显下降。总之，随着时间的推移，从供给方面来看，中国经济维持较高经济增长速度将会变得越来越困难。有鉴于此，我们在刺激短期有效需求时，有关的刺激政策应以有利于（或尽可能不损坏）中国经济的增长潜力为前提。例如，尽管存在消费需求不足的问题，盲目刺激高消费的做法必须避免。再如，必须加大公共工程投资的力度，但必须讲究效益。

财政政策在宏观经济政策中的地位得到加强

在相当一段时间中，货币政策是中国政府的主要政策工具。特别是在1993年以来的以治理通货膨胀为主要目标的这一经济周期中，货币政策发挥了关键作用。然而在1998年，当政府希望利用货币政策工具刺激经济增长时，货币政策的有效性却大大降低了。政府开始越来越多地把财政政策作为重要的宏观经济调控工具。

货币政策的失效

1995年至1997年中国货币供应量（M2）的增长速度分别为31.6%、25.3%、17.1%，呈逐年明显下降的趋势。在1998年1—6月中国货币供应量的增长速度分别为17.4%、16.7%、15.4%、14.6%、15.5%、14.6%，呈下降趋势。在1997年以前（含1997年的相当一段时间），政府的首要政策目标是抑制通货膨胀，货币供应量增长速度下降是正常的。但是，在1997年下半年中国人民银行降息之后，特别是在1998年，当中国宏观经济政策的首要目标已转变为确保8%的经济增长之后，中国货币供应量增长速度的这种下降趋势应该说是不正常的。

造成货币供应量增长速度下降的首要原因是基础货币增长速度的下降。尽管中国人民银行降低了利息率，并采取了其他一些鼓励商业银行增加贷款的措施，今年中国基础货币（即金融机构缴存准备金存款加上货币流通量）的增长速度却仍然很低，同去年同期相比，今年第一季度的增长速度明显低于去年。基础货币量增速下降的首要原因是今年以来中国人民银行新增外汇占款急剧下降；其次是中国人民银行对商业银行的贷款余额在去年持续下降的基础上继续下降。外汇占款和对金融机构贷款占中国人民银行资金运用（资产）的85%以上。正是因为对金融机构贷款大量减少，外汇储备占款增量不大，故同年初相比，中国人民银行的资产运用未增反减。① 显然，中国人民银行基础货币增速下降并不是中国人民银行有意控制基础货币增长速度。外汇占款增长缓慢并不是中国人民银行所能直接控制的，如果金融机构不想从中国人民银行借款，中国人民银行也不能够强行贷款给它们。看来，问题的关键是金融机构缺乏从中国人民银行借款的欲望。另一个值得注意的现象是，尽管法定准备金率下降，尽管中国人民银行对银行的贷款减少，但截至4月末，金融机构在中国人民银行存放的准备金同年初相比却增加了。这似乎可以从另一个侧面说明金融机构资金需求不高。

造成金融机构贷款增长速度相对缓慢的原因大概是所谓的银行"惜贷"和企业的"惜借"。而银行和企业行为的这种变化又同体制改革、不良债权的处理、经济的结构性变化和对宏观经济发展前景的预期有关。在正常情况下，金融机构的"惜贷"和企业的"惜借"现象在一定程度上是一件好事。成问题的仅仅是，金融机构和企业不应从根本不考虑风险的一个极端走向连正常风险都不愿冒的另一个极端。

尽管中国人民银行可能希望金融机构增加对企业的贷款、增加货币供应量，但却难以通过间接政策手段影响金融机构贷款行为。在这种情况下，为了推动金融机构增加贷款，人们很容易把希望转向行政手段。特别应该指出，应当建立鼓励银行按商业原则积极发放贷款的激励机制，但对银行发放贷款规定下限之类的做法则是十分有害的。一方面，在对增长预期不好的时候，在申请贷款的企业中，根本不打

---

① 另一方面，尽管中国人民银行资金运用减少，中国人民银行资金来源也比去年减少，而且其减少的幅度大于中国人民银行资金运用。故尽管增速下降，中国人民银行基础货币还是增加了。

算还款的企业的比重必然高于正常时期。另一方面，银行迫于完成放款任务的压力，很可能放松对借款人资信的审查，其结果必然是不良债权的增加。行政手段有违金融改革的方向，非到万不得已是不应采用的。如果中国人民银行希望通过增加基础货币的办法增加货币供应量从而刺激经济增长，在难以通过市场机制促使普通银行增加贷款从而创造货币的情况下，中国人民银行还不如（1）减少出口企业外汇留成的比例，从而增加中国人民银行的新增外汇持有量；（2）从国债市场大量买进国债，从而增加中国人民银行的国债持有量。实施这些措施完全是在中国人民银行的控制范围之内的事，而这些措施的实施可能更容易导致货币供应量的增加。

由于物价水平的下降，实际利息率在名义利息率下降后似乎仍然较高。降息是一种可以考虑的选择，但是，降息的利弊必须非常小心地加以权衡。首先，在1997年降息之后中国的实际利息率到底有多高不一定是一个十分容易回答的问题。由于借款是要在未来偿还的，对于正在考虑是否借款的企业来说，实际利息率等于名义利息率减预期物价上涨率。预期物价上涨率是一个不可直接观测的量，不能用简单外推的方法，根据最近的物价变动来推断未来的物价上涨率。此外选择什么物价指数（消费物价指数、零售物价指数、工业产品指数还是其他什么指数）也是一个难于解决的问题。日本在20世纪90年代初就曾因这个问题大伤脑筋。其次，在中国目前的条件下，实际利息率在金融机构的信贷供应决策和企业的投资决策中到底起着什么作用也是值得进一步研究的。所能想到的反对进一步降息的主要理由有两个：（1）在目前条件下企业投资的利息率弹性可能很低，因而利息率政策的效果是不大的；（2）目前中国内地的利息率水平已经与美国的利息率水平相差不多（并明显高于中国香港的利息率水平），进一步降息可能引起资本外流或外逃，从而造成金融动荡。总之，降息可以作为一种选择，但必须十分慎重，最好在其他政策措施都实验过但都不起作用时再考虑。

财政政策尚有相当的余地

相当长时期以来，由于国民收入格局的变化，财政在国民经济中的作用被大大削弱。由于种种原因，财政政策作为一种宏观经济手段的功能更是被大大削弱。由于长期的通货膨胀威胁，财政赤字很自然地被认为是宏观经济稳定的头号敌人。无论在何时何地，削减财政赤字都被认为是理所当然的。然而在目前，由于通货膨胀已达到极低水平（在相当一段时间物价水平已呈下降趋势），以及货币政策的效用已大大降低，政府大大加强财政政策的作用是完全正确的。在这方面日本的经验很有参考价值。

自泡沫经济崩溃后，由于货币政策失效，为了刺激经济，日本政府六度采取减税和增加公共工程支出的财政刺激措施。到1997年年底日本的国债余额对GDP之比高达110%，以至时任日本首相桥本龙太郎在1997年6月26日称：如果继续目前的赤字财政，"日本经济毫无疑问将在下一个世纪中崩溃"。在这种思想指导下，日本在1997年实行了财政紧缩政策。事实证明，这种政策的后果是灾难性的。1997年虽然日本的财政赤字对GDP之比有所下降，日本经济却大大恶化了。由于1997年日本经济形势的急剧恶化，尽管日本的财政形势在发达国家中是最糟糕的，日本政府还是宣布了一项日本历史上规模最大的价值16.65万亿日元（1281亿美元）的"综合经济对策"。

日本是在表1所反映的极为严峻的财政形势下转向扩张性财政政策的。

表1　　　　　　　　　财政形势国际比较

	财政赤字/GDP（%）	国债依存度（%）	长债余额/GDP（%）	利息/财政支出（%）
日本	5.8（1997财年）	21.6（1997财年）	66.7（1997财年）	15.1（1997财年）
美国	1.1（1996财年）	7.7（1997财年）	60.9（1995财年）	14.7（1997财年）
英国	4.6（1996财年）	17.9（1994财年）	45.4（1994财年）	6.9（1994财年）

续表

	财政赤字/GDP（%）	国债依存度（%）	长债余额/GDP（%）	利息/财政支出（%）
德国	3.4（1996 财年）	13.3（1996 财年）	21.6（1994 财年）	12.3（1996 财年）
法国	4.1（1996 财年）	18.0（1996 财年）	22.5（1996 财年）	14.7（1996 财年）

注：国债依存度＝债务收入/财政收入。

资料来源：日本大藏省主计局，1996、1997 财年日本预算概要。

同日本相比，尽管中国的国债依存度大大高于日本，中国的财政形势总的来讲比日本好得多（见表2）。特别是，中国的国债负担率（国债余额/GDP）远远低于日本。这说明中国经济承受国债规模的进一步的余地比日本大得多。中国的国债依存度过高是事实，中国应大力增加政府财政收入以降低国债依存度。但中国目前似乎还不必因为害怕国债负担增加而不敢通过增加政府支出来刺激经济。需要强调指出的是，我们这里所说的增加政府支出主要是指增加财政支出中用于基础设施的投资支出。中国目前情况下政府中的行政开支等非生产性支出，还是应该尽量压缩的。

表2　　　　　　　　　中国的国债债务状况

	财政赤字/GDP（%）	国债依存度（%）	国债余额/GDP（%）	偿债率（%）
中国	0.74（1997 年）	57.7（1997 年）	4.56（1997 年）	23.3（1997 年）

注：偿债率＝还本付息额/财政支出；1997 年政府收入为 8642 亿元，支出 9197 亿元，赤字 550 亿元。

资料来源：樊纲：《上海证券报》，1998 年。

增加政府支出特别是投资支出，资金从何而来呢？当然首先是增加税收[①]。在税收进一步增加已经十分困难的情况下则只好增发国债。在国债发行增长速度很高，国债市场容量有限的情况下，政府必须考

[①] 经济学原理告诉我们，即使在平衡财政条件下，财政政策依然是扩张性的。

虑增加金融机构国债的持有量。中国目前60%以上国债由公众持有，商业银行持有债券仅占其资产的6%。中国商业银行持有政府债券的比例远远低于一般发达国家的水平。以日本1994年的国债销售情况为例，在长期政府债券（long-term interest bearing government bonds）中，49.7%是由金融机构购买的，只有2.4%是由个人购买的；在政府贴现债券（discount government bonds）中，31%是由金融机构购买的，个人购买占41.8%；在政府担保债券中，62.1%是由金融机构购买的，个人购买占0.1%；在地方政府债券中，金融机构购买占48.9%，个人购买占5.1%。[1]

在当前，就整个经济来说，相对于需求而言中国有足够的实际资源，一方面目前中国的金融机构也不缺乏资金；另一方面，金融机构为了改善资产质量不愿向企业贷款，许多企业因为债务沉重也不愿向银行借款。政府向银行借贷，不但可以解决政府资金不足的问题，还可以解决金融机构无法扩大高质量资产的问题。一举两得，何乐而不为呢！应该指出的是，政府向金融机构借钱（发债）将导致货币供应量的增加，因而确实可能导致通货膨胀。但在目前情况下，中国所面对的主要危险是通货收缩而不是通货膨胀。

如果政府决心运用财政手段刺激有效需求，如果政府通过增加从金融机构借款的方式取得增加政府支出（主要是投资支出）所需资金，那么剩下的一个重要问题就是如何进行投资。在这方面，日本1998年的刺激经济"综合经济对策"的内容是有一定参考价值的。"综合经济对策"所涉及资金可分三大类：在1988—1999年度减少4.6万亿日元的所得税和其他税收；增加各类公共工程开支7.7万亿日元；增加其他各种政府开支4.35万亿日元。用于公共工程的7.7万亿日元资金的具体分配为：1.6万亿日元将用于改善环境和开发新能源；1万亿日元用于科学、技术、信息、通信领域更新改造的特别

---

[1] Japan Securities Research Institute, "Securities Market in Japan", 1996, p. 89.

项目；1万亿日元用于旨在改善社会福利、医疗保健和教育的特别项目；8000亿日元用于改善分配服务系统；8000亿日元用于灾害预防；8000亿日元用于城市繁华区的再开发以吸引私人投资；2000亿日元立即用于灾害重建；地方政府自行筹集资金1.5亿日元，根据地方需要从事公共工程建设。新的财政政策出台后，一些人认为，由于综合对策出台匆忙，将造成巨大浪费。但学术界则普遍支持实施综合对策，其理由是：在货币政策失效的条件下，增加公共事业投资是刺激经济景气的最好办法。至于浪费问题，他们则强调：可以通过对公共工程进行成果效益分析，慎重决定投资项目来加以解决。①

可以确信，在中国不会造成浪费的工程项目应该说比日本多得多。例如，在环保、教育、社会福利保障、信息产业、文教卫生、医疗保健等领域，中国应该进行的投资项目真是太多了。

但是，应该强调的是，从政府决定开始实施公共工程建设到工程真正全面展开、到形成最终投资需求并使GDP的增长速度得以增加，是需要花费相当一段时间的。希望一蹴而就、立见功效是不现实的。公共工程是"百年大计"，必须坚决避免任何仓促上阵的做法。与其通过浪费来刺激经济，还不如通过"用直升机撒钱"的办法更直接一些。

各种宏观经济政策协调的重要性日益增加

1998年中国的宏观经济政策目标主要有两个：8%的经济增长速度和人民币汇率的稳定。为了实现这两个目标，中国的各项宏观经济政策必须加以协调。一方面，面对物价普遍下降、总需求不旺的宏观经济形势，政府无疑应采取扩张性的财政政策和扩张性的货币政策。

---

① 《财政改革与经济对策》打印稿（日本大使馆提供）。

在今年的前半年,当中国人民银行采取了扩张性的货币政策的时候,中国政府财政政策的方向似乎并不十分明朗。例如,年初所确定的进一步削减财政赤字的政策目标就不能说是同刺激总需求的总目标相一致。在当前,政府应增加财政支出而不是削减财政支出。政府除了应为支持公共工程建设而增加支出外,还应在改善社会福利保障体系、医疗卫生体系和"高薪养廉"等方面适当增加经常性支出。当然我们在这里并不是主张政府放手花钱、更不是提倡浪费。我们所说的是,当前中国政府的财政政策应是适度扩张的。至于中国政府是否也应实行减税呢?根据中国的国情政府似乎不应考虑减税,而是应继续推进正在实施的各种税制改革。

关于宏观经济政策协调问题的另一个重要方面是货币政策与汇率政策的协调问题。中国实行的是有管理的浮动汇率制度,但是,由于我们已做出不使人民币贬值的郑重承诺,中国暂时已退回到固定汇率制度。在固定汇率制度下,如果资本可以自由流动,一国是无法执行独立的货币政策的。中国目前的情况是,虽然未实现资本项目下的自由兑换,但是通过各种漏洞,资本具有一定流动性。使问题进一步复杂化的是,国际货币市场普遍预期在明年人民币会贬值。在此情况下,中国政府在决定自己的货币政策(特别是利息率)时就必须认真考虑这种政策对汇率的可能影响。在 1998 年前半年,中国的外贸顺差为 225 亿美元,外资的流入依然保持着较好的势头。然而,外汇储备的增加量却只有 6 亿美元。这说明今年第一季度资本项目下的流出必然比以往有很大的增加。在前几年由于国内的高息和各种优惠政策,外资大量流入,其中肯定掺杂着相当数量的套利资金。现在,由于利息率的下降,同样会有相当数量的国内外资金流出。人民币汇率的稳定要由国际收支的平衡来维持,但仅有外贸顺差和大量外汇储备并不足以保证人民币汇率的稳定(日本有外贸顺差和大量外汇储备,但却不能避免日元的贬值),我们必须对资本外流的动向予以极大的注意。因而,我们不仅应对可能采取的降息举措十分谨慎,还应大大加强对资本流动的管理，制止资金的不正当流出。此外，中国引资政策的目标也是有些模糊的。例如，中国需要继续大力引入外国直接投资（FDI）。但是，为了刺激有效需求而主张引入外国直接投资就多少有点问题了。外国机器设备的进入意味着进口的增加，其结果可能是减少而不是增加国内的总需求①。

健康的金融体系是实现宏观经济稳定的基础

20世纪90年代许多国家的经验证明，一个国家要想维持宏观经济稳定并在国际金融的风云变幻中岿然不动，就必须维持国内金融体系的健康。国际上衡量一国金融体系是否健康的一个重要指标是看该国银行体系中是否存在严重的不良债权。不良债权对银行总资产或GDP的比率过高，迟早引发金融危机，并进而造成实物经济的衰退。据日本1997年的官方统计，日本的不良债权大致有77万亿日元。换言之，日本不良债权占GDP的比率大约为13%。日本20世纪90年代以来长期处于不景气状态的根本原因就是不良债权问题长期得不到解决。② 从防范国际金融风险的角度来说，不良债权过高将因外国投资者丧失信心而导致资本外逃并进而导致国际收支危机。对于实行固定汇率制度的国家，当外国投机者对该国货币进行投机时，货币当局将无法利用利息率武器，保卫本国货币不受投机性抛售的攻击。各国的经验还证明，一方面，消除不良债权是不能拖延的，拖延的时间越长，不良债权问题就越难解决。另一方面，解决不良债权的措施的实施，又可能因金融机构"惜贷"而引起信贷紧缩（credit crunch），从

---

① 我们可以设想三种情况：（1）FDI伴随外国机器设备的进口，而这种进口对国内投资品没有替代作用；（2）FDI伴随外国机器设备的进口，但这种进口对国内投资品具有替代作用；（3）外国投资者注入资金，但购买中国产品进行投资。在第一种情况下，FDI对国内需求的作用是中性的。在第二种情况下，FDI将对国内需求起抑制作用。在第三种情况下，FDI将增加国内需求。

② 王洛林等：《日本宏观经济政策的重要转变》，《国际经济评论》1998年第7—8期。

而导致经济衰退。现在，国外越来越多的经济学家主张动用财政力量尽快解决不良债权问题，而不是拖延不良债权的解决。中国的国情不同，处理不良债权的方法也应有所不同。但是，从中长期来看，严重的不良债权已对中国宏观经济稳定构成了最严重威胁，在强调使用扩张性财政货币政策刺激经济的时候，这是我们所不应忘记的。

总之，1998年是改革开放20周年，也是中国宏观经济管理进入新阶段的关键一年。我们相信，在1998年中国经济必将克服暂时的困难，满怀信心地步入21世纪。

中国 1999—2000 年的宏观
经济形势与金融改革[*]

1999 年中国经济概况

1997 年下半年开始，中国经济持续面临有效需求不足的困境。结果是 GDP 增长率连续三年呈下降趋势，到 1999 年，中国的经济增速仅为 7.1%，为 20 世纪 90 年代初以来最低水平（图1）。

由图1可见，在 1999 年，通货紧缩是困扰中国经济的另一重要问题。1997 年第四季度以来，我国居民消费价格指数等重要物价指数持续下降。不过 1999 年下半年以来，总体价格水平的下降速度已趋于平缓。为进一步了解当前的中国经济形势，我们需要研究总需求中各个组成部分的增速。

从图2中不难看出，1999 年最令人担忧的问题，是中国经济的投资需求增速持续下降。1999 年的四个季度，固定资产投资增速分别为 23.8%、16.2%、8.5% 和 6%。业界普遍的感受是，1999 年非国有企业的投资增速较国有企业更低。考虑到中国在 1999 年已经采取了非常具有扩张性的货币和财政政策，当前的固定资产投资形势更加

---

* 原文为英文，"China 1999–2000: Macroeconomic Situation and Financial Reform"，*China and World Economy*，No. 3–4，2000，中文为 CIDA 于 2000 年 1 月 8 日举行的国际研讨会提供的论文。

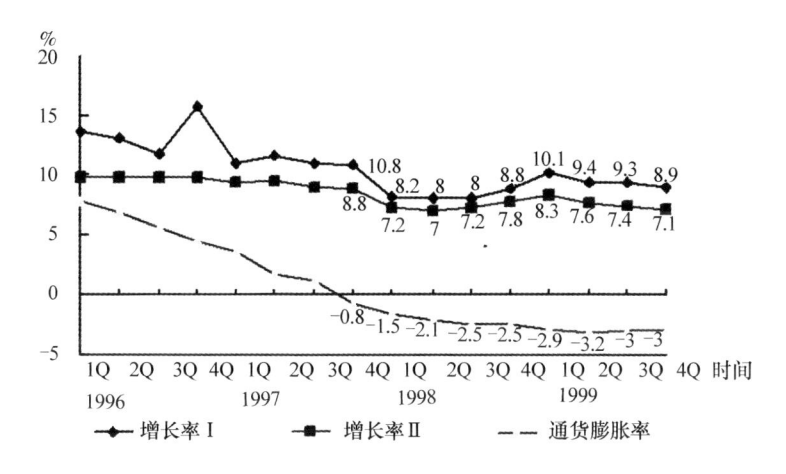

图 1 中国经济增长与通胀水平

注：增长率 I = 工业增加值总额增长率；增长率 II = 国内生产总值增长率；通货膨胀（或通货紧缩）以零售物价指数的变化来衡量。

资料来源：国家统计局。

不容乐观。相较之下，前一年的扩张性货币政策与财政政策，则成功地推动了投资增速的上行，特别是后者更是发挥了显著作用。

消费方面，1999 年社会消费品零售额增速在 10% 上下。中国的历史数据表明，最终消费支出、家庭消费和社会消费品零售总额的变化趋势相当稳定，因而我们可以推测 1999 年的消费增速与 1998 年基本持平。需要注意的是，社保体系的改革、医疗改革、住房改革、教育改革等多项政策引发的不确定性，使中国消费者的消费行为趋于保守，避免过高的消费性支出。在此情况下，消费增长中的一部分可能是政府支出增加导致的[1]。

贸易方面，1999 年中国进口大幅增加。然而，进口增长在很大程度上与政府打击走私活动有关，有相当数量现在才被纳入海关备案中。因此，进口增长并非由内需拉动，其与经济增长之间并不构

---

[1] 家庭消费占最终消费的比重在 80% 以上。换言之，政府支出每增加 1% 会使得最终消费增长 0.2%。

54　第一篇　从治理通胀到克服通缩的转向

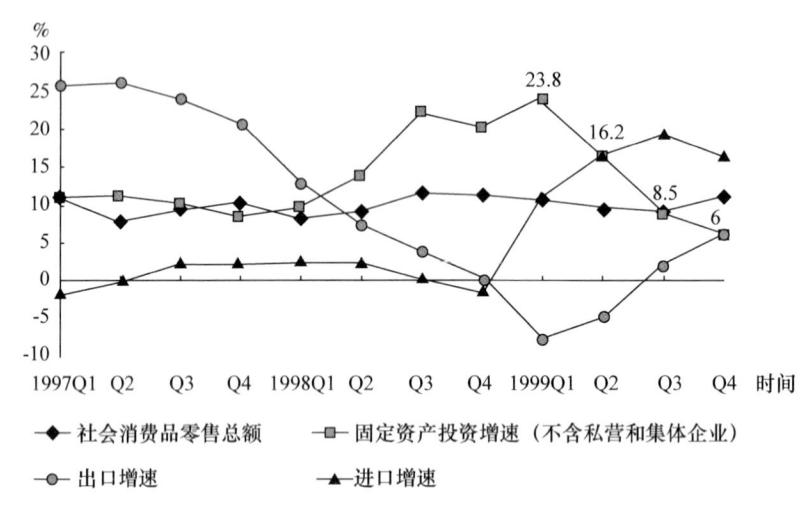

图 2　总需求中的三部门增速

注：社会消费品零售总额的数据为当季同比增速（YoY），其他数据均为所在年度的累计增速（YTD）。由于缺乏最终消费与资本形成的季度数据，本文对社会消费品零售总额和固定资产投资的数据做近似处理，社会消费品零售总额和固定资产投资增速均为实际值。

资料来源：国家统计局。

成函数关系。1999 年上半年中国的出口表现不佳，但到了下半年，包括亚洲在内的世界经济复苏促使中国出口增速大幅反弹。中国最终在 1999 年实现了 292 亿美元的贸易顺差，规模相当可观。不过，全年贸易顺差仍较上年减少了 144 亿美元（降幅 33%）。

1998 年以来，中国政府开始推行扩张性货币与财政政策，但是在 1998 年，扩张性的货币政策未能有效地刺激经济增长。导致政策失效的原因有三方面：第一，中国人民银行未能增加基础货币的供给；第二，商业银行没有增加信贷供给；第三，总需求未能对货币刺激作出反应。在 1999 年，中国人民银行新增投放的基础货币为 3800 亿元，其中公开市场业务投放 1907 亿元，银行间外汇市场购汇投放 803 亿元。尽管如此，今年的 M2 增长率却低于 15%。而相比之下，1996 年到 1998 年这三年的 M2 增长率分别为 25.3%、17.1% 和

15.3%。这可能和银行的惜贷行为有关,其结果自然是货币乘数的下降。然而在1999年,M0和M1的增长率分别为20.1%和17.7%,远高于过去两年。M0和M1增长率的上升,应该是居民存款利率下降,以及金融脱媒的结果。1999年的利率下调没有达到预期效果,未能显著地刺激投资和消费需求。不过这一政策成功地减轻了企业的财务负担,有助于提高中国企业的经济效益。

反之,财政政策则颇见成效。一方面,1999年,政府将税收水平大幅提高,全年税收约10312亿元,比1998年增长13.4%。另一方面,1999年政府支出为13136亿元,预算赤字为1760亿元。财政赤字占GDP的比重从1998年的1.2%上升到1999年的2.1%;债务余额占GDP的比重从1998年的10%上升到1999年的12%;1999年政府债券发行总额为4015亿元。事实证明,扩张性的财政政策是有效的。从1998年下半年到1999年上半年,政府公共项目支出的增加使同期投资增速迅速加快。然而,扩张性财政政策未能促成经济实现自我的可持续增长,即政府对基础设施的投资未能显著地带动企业投资。

由于缺乏完整的全国层面的数据,我们很难准确估计1999年总需求的各组成部分对GDP增长的贡献。1998年,消费(包括政府消费)、投资和净出口占国内生产总值的比重分别约为60%、36%和4%。参照1999年的消费、投资和净出口的增长率(图2),我们可以大胆猜测:消费、投资和净出口,三者对GDP增速分别拉动了约6.2个百分点、2.2个百分点和负1.3个百分点。从历史数据来看,虽然投资的GDP占比低于消费,但是由于投资增速一般远高于消费增速,投资对GDP增速的拉动大致等于消费。另外,从历史数据来看,过去几年净出口对GDP增长的贡献也主要是正向的。由此可见:从统计核算角度来看,1999年中国GDP增速放缓的主要原因是投资增速放缓和净出口的负增长。

2000年中国经济展望

中国经济当前主要特征仍是有效需求不足，因此2000年的中国经济将取决于总需求各组成部分的变化。为了对中国经济增长前景有更为具体的认识，我们需要分别研究消费、投资和净出口的增长前景。在分析2000年消费需求增长前景之前，首先来回顾其历史长期趋势（图3）。

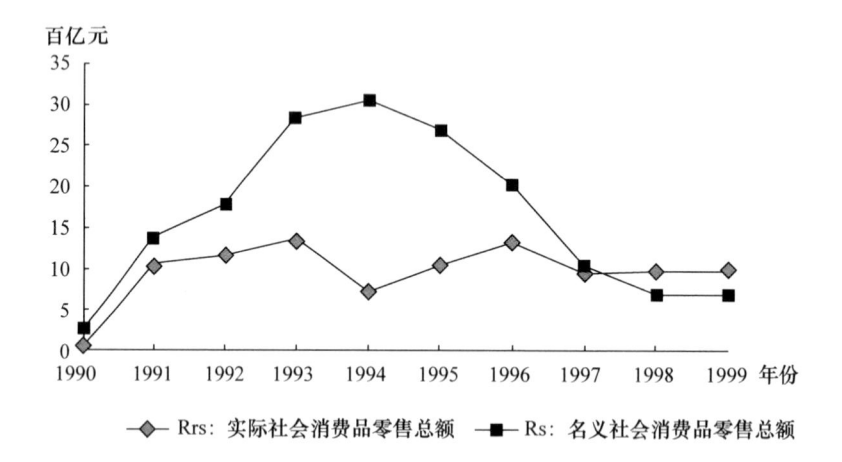

图3 社会消费品零售总额的名义值与实际值变化情况

注：当价格水平上涨时，名义增长率会低估实际增长率，反之亦然。通货膨胀率越高，高估越大，反之亦然。

资料来源：国家统计局。

社会消费品零售额的实际增速，是消费增速的近似指标。通过这一指标来进行观察，图3显示消费增速相当稳定。同时图3也显示，1999年社会消费品零售额的实际增长率（10%），并没有远离过去十年的趋势水平。事实上，在1991年至1997年，社会消费品零售额实际增速的平均值仅为11%。根据经验研究，中国的消费需求受实际收入、实际财富、价格水平①、通胀预期和利率的影响。其中，实际收入和价格水平是两个最重要的决定因素。图4描述了消费需求、实际收入和价格指数的走势，三者分别使用以下近似指标来进行观察：社会消费品零售总额、城镇居民人均实际收入和零售价格指数。

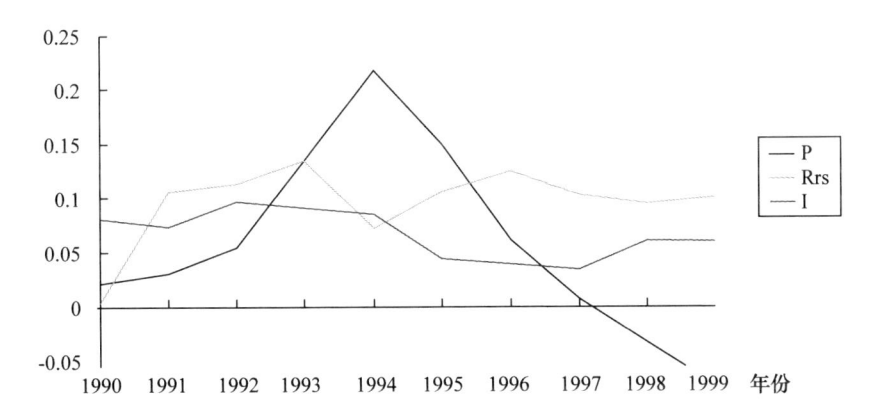

图4 社会消费品零售总额、城镇居民人均实际收入和零售价格指数的实际增速

注：P＝社会消费品零售价格指数变动；Rrs＝社会消费品零售总额实际增长率；I＝城市居民人均实际收入增长率。

资料来源：国家统计局。

根据图4，我们有三点观察：第一，社会消费品零售总额的实际增长率在20世纪90年代相当稳定（1990年是例外）；第二，社会消费品零售总额实际增速持续高于收入增速；第二，价格水平的变化对消费有重要影响，但是通货膨胀和通货紧缩对消费的影响并不对称。

1993年到1994年期间，通胀率快速上涨使名义消费支出增速被打了折扣，最终使社会消费品零售增速明显放缓。换句话说，消费者可能没有意识到，他们的实际支出比想象中的要少。

---

① 价格水平作为中国消费函数的解释变量之一，可以代表大量的实际收入，这些收入并未纳入官方统计数据或是作为通胀预期的一部分来计算。参见余永定、李军《中国居民消费函数的理论与验证》，《中国社会科学》2000年第1期。

1994年年底以来，零售总额的实际增长率连续两年回升，而实际人均收入的增速则持续下降。消费需求的增长可以归因于高通胀和进一步的通胀预期。1995年至1996年，由于政府紧缩的宏观经济政策，通胀率开始下降，但是居民部门并没有认识到这一现象，因此他们的消费支出继续高于应有水平。这一时期，社会消费品零售总额增速与人均收入增速之间的缺口有所扩大。

1997年和1998年国内和国际经济形势发生变化，中国家庭的储蓄意愿普遍增强，结果是收入增长与消费增长间的差距开始缩小。到了1999年，两个指标之间的差距没有再进一步缩小。这或许意味着中国家庭对经济形势比较乐观，不再提高储蓄率。业界的普遍感受是，1999年下半年，许多主要消费品的支出显著增加。与上年同期相比，1999年前8个月，服装、食品、彩电、电子音像产品、通信设备、汽车等产品的零售额分别增长16.4%、18.2%、47.3%、111.8%、246.1%和264.6%。[①] 从这些数据中难以得出中国居民生活节俭的结论。在2000年，中国居民很可能将继续这样的消费方式，2000年的消费需求增速至少将与1999年持平。但必须指出，社会消费品零售总额的实际增速持续高于收入增速，这种情况是不可持续的。政府应该避免因采取刺激政策而使得这一缺口继续放大。

投资增速是GDP增速高低的关键。在过去的1999年，投资增速较低。实际上，1991年至1998年期间，固定资产投资的平均增速为16%。为什么1999年的投资增速会急剧下降？供给面的疲软至少提供了部分解释。企业盈利能力是投资增速的先行指标，而统计数据表明，20世纪90年代中期以来，企业盈利能力和生产率都在持续下降。例如，中国上市公司的利润率从1994年的13%下降到1997年的9%，而这些公司本应是效率最高的。[②] 据官方统计，自1993年以来，无论从

---

① 刘国光等：《2000年中国：经济形势分析与预测》，社会科学文献出版社2001年版，第21页。

② 国家统计局：《中国统计摘要1998》。

什么指标来看，企业效率都呈现出了下降趋势。由于利润下降，微观企业的最初反应一般是扩大生产来挽回利润下滑。而亏损企业，其由于制度僵化而无法关停。结果便是价格水平持续下降，并造成更多企业陷入亏损。因此，企业也不得不减少投资。大量的情况表明，1999 年，很多财务状况良好的企业也难以找到好项目，甚至有一些原先处于投资饥渴状态的省级地方政府，也处于相似处境。另一个导致投资下降的重要因素是金融体系脆弱性导致的信贷紧缩，后文将会继续探讨这个话题。中国政府预计，政府的公共投资增加，将对经济产生乘数效应，而且改善效果将足以弥补企业投资需求的疲软。但 1999 年的结果令人失望。然而，这并不能阻止政府在 2000 年进一步增加公共项目支出。

不过，根据最新公布的统计数据，1999 年企业的经济效益显著提高。与 1998 年同期相比，1999 年前 11 个月工业企业实现利润增长 61.51%，企业缴纳税款增长 10.54%，同期企业亏损减少 12.8%。如果数据可靠，我们可以预计，由于盈利能力和效率的提高，2000 年企业的投资需求将显著增加。但是，也有大量的例子表明事实是相反的。不过，预测 2000 年的投资增速上升仍然是比较有把握的。

大多数中国经济学家对 2000 年的出口估计相当乐观，这种乐观是基于 2000 年全球经济前景向好的主流判断。大部分中国经济学家认为：2000 年美国经济将成功实现软着陆，日本和其他东亚国家在 2000 年也会有良好的表现。假设外部环境向好，那么中国出口在 2000 年也将表现得更好。另外，由于反走私等因素的消退，2000 年中国的进口增长率可能会下降（中国加入世贸组织这一因素将在更晚才会产生影响）。此外，考虑到 1999 年净出口增长率为负的事实，2000 年净出口转向正增速应该不难。可以预计，2000 年净出口对中国经济增长的贡献率至少会是正向的。

同时考虑到积极与消极因素，我们保守预测，2000 年中国经济应该能够实现 7% 至 8% 的增长率，即 2000 年中国经济的表现将会好于 1999 年。通货紧缩时期货币政策失效，2000 年政府还将继续更多地依赖财政政策。尽管中国的财政状况迅速恶化，但仍有不少政策空间。2000年，政府可能会出现2000亿元以上的预算赤字，这种情况可能仍会持续几年。为了实现经济的持续增长，中国还需要加快结构改革，包括改善国有企业的治理，清理不良贷款，让各个行业的企业做好入世准备等。其他亚洲经济体的经验表明，结构转型在短期内必然会对经济增长产生负面影响。为了抵消结构改革对经济的短期负面影响，同时为结构性改革提供有利的环境，中国政府别无选择，只有在2000年继续实施扩张性的宏观经济政策。

2000年人民币汇率稳定问题分析

自亚洲金融危机爆发以来，人民币是否会贬值已经成为世界各国，特别是亚洲国家最为关切的问题。正如我在过去两年半里一再强调的，人民币不会贬值。根据一般的常识，当一国出现国际收支逆差时该国货币才会贬值。

表1　　　　　1993—1999年中国国际收支平衡　　　　单位：十亿美元

	1993	1994	1995	1996	1997	1998	1999
经常账户	-11.9	7.7	1.6	7.2	30.0	29.3	
资本账户	23.5	32.6	38.7	34	23	-6.3	
储备资产	1.8	30.5	22.5	31.6	35.7	6.4	9.7
误差项	-9.8	-9.7	-17.8	-15.6	-17.0	-16.6	

资料来源：外汇管理局：中国各年国际收支平衡表。

1999年，中国国际收支有所改善，外汇储备增加97亿美元。相较之下，尽管在1998年中国的经常账户盈余有29.3亿美元，但同年资本账户有63亿美元的赤字，同期外汇储备也只增加了64亿美元。展望中国在2000年的国际收支状况，人民币贬值的可能性变得微乎其微。

判断人民币是否会贬值,必须要考虑两个因素:一是,人民币在资本项目下不可兑换,居民用人民币兑换美元受到严格限制。1998年,伪装成经常项目交易的资本外逃现象十分严重。但到了1999年,资本管制力度加大并迅速见效。这表明,只要政府想做,就能够成功地对资本流动进行管制。只要资本管制有效,即使投资者对中国经济丧失信心,也不太可能出现大规模的资本外逃。由于资本管制,政府可以确保资本账户不会对人民币产生压力。因此我们认为,人民币汇率主要由贸易账户决定。

二是,即使中国政府希望通过贬值来刺激出口,这样做的成本也显然过高。中国银行间外汇市场的作用,是轧平各银行所需的外汇头寸。外汇头寸不足的银行,可以向外汇头寸过剩的银行借入外汇。在给定的汇率水平下,如果所有银行外汇头寸的净余额为正,则中国人民银行将买入净余额。1999年,由于国际收支顺差,中国银行间外汇市场存在美元的超额供给。为防止人民币升值,中国人民银行被动向市场注入800多亿元人民币,从而买进97亿美元。2000年,中国外汇市场的净余额不会发生很大变化或是剧烈变化。预计在2000年,中国将实现经常账户、资本账户双顺差。如果要使人民币贬值,那么中国政府必须购买更多数量的美元,并进一步增加外汇储备。我看不出有什么理由,让中国政府这么做。现在中国政府正努力向外界传递这样的信息:中国的汇率制度是管理浮动而非钉住。外汇供求的实际情况决定了2000年人民币不会贬值。

2000年中国金融改革展望

改革开放以来,银行体系逐步取代政府的计划性预算,成为中国经济活动的主要资金来源。但是由于银行商业化不足、政府干预不当、裙带关系、透明度不足和会计业务流程不健全等原因,几十年来银行积累了大量高风险的贷款,尤其是国有企业贷款。结果是,中国的银行体系变得越来越脆弱。

日本金融危机和亚洲金融危机，都凸显了金融体系稳定的重要性。基于前述经验，中国政府开始加倍努力来改善中国的金融体系，特别是银行体系。近年来采取的措施包括：

加强中国人民银行（PBC）的独立性：1996年中国颁布了《中国人民银行法》，规定中国人民银行的活动不应受到政府的不正当干预。

为保护中国人民银行地方分支机构不受省级政府干预，加强中国人民银行总部对各省分支机构的领导，1998年，中国对中国人民银行的行政机构进行了重组：中国人民银行各省级分行被撤销，同时设立8家大区银行，每个地区银行下辖之前的几个省级分行。大区行的行长由中国人民银行总行直接领导。由于大区行跨省管理，省级政府对央行分行决策的影响力明显削弱，同时其对地方商业银行的影响也明显减弱。

为了将经营战略由增长导向转变为效率导向，国有商业银行加大了结构改革的力度。这样一来，商业银行的地方分支机构减少了5300家。同时，一些新的专业银行成立了，比如一些地方的城市商业银行。

大力改革商业银行股权结构：1997年，中国光大银行和中国投资银行实施了重组计划，成为股份制商业银行。浦发银行、兴业银行和广发银行通过发行新股来增加资本。

为降低银行体系风险，中国人民银行加强了监管能力。例如，商业银行、信托、证券的业务分离，实施更为严格的银行机构许可程序和高级管理人员资格考试，提高了中国人民银行发现银行潜在风险和提供早期预警的技术能力。此外，基于国际标准，中国还对贷款损失准备制度、审慎的会计业务原则、资本补充要求等进行了改革。中国应建立起严格、一致的会计及其报告制度。

此外，对银行活动更具现实意义和直接影响的措施还有：(1) 对四大银行进行资本重组；(2) 增加坏账准备；(3) 注销不良贷款

(NPL);(4)设立四大资产管理公司(AMC)。

资产重组

据中国人民银行测算,资产重组前,四大银行(中国银行、中国建设银行、中国工商银行和中国农业银行)的资本充足率约为3.5%,四大银行风险加权资产总额超过30000亿元。为提高资本充足率,需要新增资本2700亿元。为此,财政部向四家商业银行出售了2700亿元特别债券,并将2700亿元注入四家银行作为资本金。1998年,银行的法定存款准备金率从13%左右降至8%左右。该政策举措为四大银行释放了约2400亿元的准备金。有了这些钱,再加上银行本来就有的300亿元的超额准备金,四家银行得以购买这些特别债券。

四家银行资产负债表的新变化如图5。

资产	负债
储备资产 (−270)	
政府债券 (+270)	
注入现金 (+270)	
	所有者权益
	政府股份 (+270)

图5　银行注入新资本后的资产负债表(单位:十亿元)

政府特别债券的操作有以下要点:(1)政府特别债券期限为30年,中短期内政府不存在赎回债券的问题;(2)特殊债券可在银行间债券市场交易,特别债券的流动性良好;(3)债券利率为7.2%。这意味着政府每年必须支付利息194亿元。理论上,如果银行的资本重组提高了盈利能力,政府可以通过对银行利润征收更多税收来获得补偿。

由于这次资本重组,四大银行的资本充足率已达到8%。中国人民银行官员确信,在未来的 4 年到 7 年,四大银行的资本充足率可以维持在这一水平。

注销不良贷款(NPL)

据称,中国的不良贷款率为 25%,甚至一些人认为实际情况还要更高。1995 年以来,中国已经注销 1900 亿元不良贷款。为了核销不良贷款,银行必须计提相应的贷款损失准备。根据国际标准,贷款损失准备金应为银行贷款总额的 1.25%。1987 年以前,中国没有贷款损失准备金的要求。1992 年以来该比率为 0.5%,在此基础上,每年应提高 0.1 个百分点,直至该比率增加到 1%。

不良贷款的资产证券化

1999 年,中国成立了四家资产管理公司(AMC),将银行不良贷款进行证券化处理。资产管理公司的运作遵循以下程序:(1)资产管理公司以 1∶1 的账面价值来购买商业银行的不良贷款;(2)银行的资产方增加了资产管理公司注入的现金,并减少了等额的不良贷款;(3)对于那些从银行贷款、但无力偿还债务的企业,资产管理公司将获得这些企业的控股权。资产管理公司将对这些企业进行重组,使其在 4 年内实现盈利;(4)资产管理公司的持股期限仅为 4 年,之后他们必须在市场上出售股份,他们必须努力实现尽可能高的回收率(至少为 30%);(5)最终,资产管理公司的损失将由财政部承担。

资产管理公司的资金主要来自:(1)财政部(初始资本、后续资本);(2)发行财政部担保的特别债券;(3)从银行获得的贷款。

根据这一设计,这些资产管理公司的预期经营年限为 10 年。资产管理公司应在其生命周期结束前,将持有的不良贷款折价出售。资产管理公司资产的潜在买家是:

参与债转股项目的企业(如果在未来能够改善盈利状况);

债务被资产管理公司接管的企业控股公司;

当地的地方政府与其他地方企业；

股票市场（若公司重组后能上市并且股票可以自由流通）；

国外买家和投资者。

中国的债转股计划仍处于起步阶段。国家经济贸易委员会负责举荐参与债转股的企业，然后，资产管理公司将与这些企业进行谈判。然而，尽管国家经贸委推荐了2000家企业进行债转股，但目前为止，四大资产管理公司只与600家企业达成了协议，所涉及金额仅为1000亿元。而且，尚未有一家企业与资产管理公司落实了债转股协议。由于存在道德风险，许多经济学家对该计划持怀疑态度。并且因为缺乏有效的资本市场，坏账和抵押物难以获得客观的估值，这些已经成为债转股顺利实施的主要障碍。

资产	负债
不良贷款（约4000亿元）	从银行获得贷款出售给银行的特别债券（4000亿元）
	所有者权益
	400亿元财政部注资

图6 国有资产管理公司（预期的）的资产负债表

总之，2000年中国经济形势将有所改善。当亚洲金融危机席卷全球时，一些外国观察家预言中国经济很快就会崩溃。两年过去了，人民币没有贬值，中国也没有发生金融危机。我们完全有理由相信，尽管中国必须面对种种考验，但是就像过去20年那样，中国将再次渡过难关。甚至可以说，中国经济已然渡过了最困难的时期，并将迎来下一个充满希望的发展阶段。

亚洲金融危机背景下中国的通缩及国际金融体系改革[*]

中国在亚洲金融危机期间的经验，对于国际金融体系改革具有一定的参考价值，这方面的讨论可分为两个角度，分别是中国在亚洲金融危机期间的经验和中国对改革国际金融体系的看法。亚洲金融危机以来，中国的经济学家讨论的重点一直是如何在日益恶化的国际环境之下保持增长势头，以及如何将国际上不利变化带来的损失降到最低限度。很少有中国经济学家讨论国际金融体系改革问题，直到最近这个问题才受到关注。本文讨论了中国在亚洲金融危机期间的经验以及中国对改革国际金融体系的看法。

中国经济在亚洲金融危机中的表现

中国并没有完全摆脱所谓的危机传染效应。亚洲金融危机至少通过五种渠道对中国经济产生了影响。

1. 收入效应的冲击

在危机的冲击下，一些经济体内需下降，从而导致其进口减少。在一定程度上，亚洲金融危机导致了日本和一些亚洲经济体的衰退，甚至是世界经济增长的放缓，而这也对中国的出口增速产生了显著的

---

[*] 本文撰写于1998年8月。

负面影响。

2. 替代效应的影响

亚洲货币贬值，尤其是日元贬值给中国出口带来了巨大压力，其他亚洲国家货币竞相贬值也大大削弱了中国的出口竞争力。中国为抵制贬值的诱惑付出了巨大代价（不过看起来收入效应对中国出口的影响还是大于替代效应）。

3. 竞争对手的倾销

危机期间，中国的一些行业抱怨：在一些陷入危机的国家，一些企业采取了倾销的做法，这使中国的相应行业遭受了巨大损失。

4. 国际投资者信心受到打击

亚洲经济体之间具有相似性，其中某个经济体的崩溃，将迅速导致国际投资者对其他类似经济体也失去信心。即使某个经济体自身的基本面完全没有问题，羊群效应也会导致资本恐慌式的外流，进而导致经济崩溃。而当时中央银行系统也确实存在一些问题，如不良贷款率高、资本充足率低、管理不善、缺乏透明度。广东国际信托投资公司（GITIC）于1998年年底破产，更是沉重打击了国际投资者对中国金融体系的信心。结果是，国际资本向中国流入的速度明显放缓。在国际资本市场上，中国金融机构和企业的融资成本大幅上升。

5. 贬值预期上升

由于整体外部环境的恶化，以及出口竞争力的削弱，国际市场对人民币贬值的预期极为强烈。这种贬值预期阻碍了资本流入、增加了资本流出。1998年，尽管中国对资本账户进行了严格的管理，且同一年经常项目盈余约为300亿美元，但中国的外汇储备仅增加了60亿美元。

中国抗击通货紧缩

1997年第二季度之后，中国的经济增速明显放缓。然而，亚洲金融危机只是中国经济增速放缓的部分原因。在更大程度上，这种放缓是由于国内因素。实际上，1993年中期以来，政府实施了从紧的宏观经济政策。结果是，到了1997年年中，经济增速开始放缓，同时通胀率持续走低。亚洲金融危机期间，中国政府在宏观经济调控方面非常成功。但是事后看来，当时的宏观经济政策可以表现得更好，尤其是以下三个值得商榷的失误：

（1）第一个失误是在1997年年中。由于担心通胀反弹，决策者拒绝宽松的货币政策。直到1998年年初，经济增速降至多年来的最低点，中国政府才改变紧缩的宏观经济政策。

（2）接下来的第二个失误是政府一直采取紧缩的财政政策、过于依赖宽松的货币政策，直到1998年年中，中国经济陷入了通缩，并且货币政策扩张效果不及预期，情况才有所改变。

（3）决策者高度重视防止出现新的不良贷款，这是正确的，但是当时未能建立起相应的制度和管理方式，以鼓励银行通过信用扩张来追求盈利，结果反而是信贷紧缩、通货紧缩双双恶化。这是第三个失误。

必须说明的是，此后上述政策问题都已在不同程度上得到了纠正。目前，大多数中国经济学家认为，当前的中国宏观经济政策基本上处于正确的轨道之上。

四个突出问题

但是，中国政府仍然需要认真思考四个重要的问题：

问题1：政府是否应采取更为扩张性的货币政策，从而实现2%—3%的通胀率目标，并使得实际利率降至零以下？

我的回答是不行，这点是明确的。主要有以下五个原因：

（1）价格稳定是货币政策的两大法定目标之一。为了权宜之计而改变中国人民银行的目标，将使其政策声誉受到损害。

（2）负利率将进一步恶化资源配置，中国目前的情况已经不允许这样做。负利率可能对短期增长有效，但是对长期增长的损害是无法估量的。此外，中国的经验事实表明，消费对利率变化的敏感度并不高。

（3）在缺乏弹性的汇率制度下，即使实行资本管制，任何降息的政策都可能加剧资本外流，这种资本外流往往掩藏于经常账户之下，并对经济稳定造成破坏性影响。

（4）中国的货币供给量越来越具有内生性。如果面临压力要向可疑项目增加贷款，很多商业银行都会坚决拒绝。除非恢复旧的行政命令方式，来要求银行放贷（但这又会增加不良贷款），否则中国人民银行对商业银行放贷的影响相当有限。而一旦使用行政命令要求银行放贷，又会使银行商业化方面的改革走向倒退。

（5）从长远来看，通货膨胀是中国经济更需要关注的根本威胁。人们对于未来的信心，对中国经济的稳定至关重要，政府应避免去破坏这种信心。从我个人观点来看，中国不应再降息，中国人民银行应避免货币供给量增速的上升。

问题2：中国是否应该增加预算赤字？中国在实施扩张性财政政策方面还有多大空间？

1998年以来，中国的赤字率（预算赤字/GDP）和债务占GDP比率，两者均有显著增长。不过从官方数据来看，两者仍然处于很低的水平，分别为1.2%、11%—12%。与日本和许多其他国家相比，中国的财政政策看起来仍有扩张的空间。但是，中国的财政状况并不像看上去的那么健康。中国的债务还本付息金额超过新发债收入的70%，这意味着每发行1元债券，其中有0.7元要用于偿付旧债的本息。中国的债务依赖率约为60%，这意味着每1元政府支出，有0.6元来自政府债务，而不是税收。更糟糕的是，有一些债项，在大多数国家都是政府预算的重要组成部分，但并未包含在中国的政府预算中，例如未支付的养老金、国有银行的不良贷款、外国借款等。换句话说，如果我们使用或有负债的概念，中国的债务余额占GDP比例可能高达50%—70%。此外，中国政府收入占GDP比例低至17%的水平，这意味着中国政府的债务偿还能力很低。从动态的视角来看，这种趋势为我们敲响了警钟。过去几年，中国的预算赤字上升非常迅速。1998年预算赤字增速约为60%。总体上，中国的扩张性财政政策仍然有其空间，而且也应该采取这种政策，但扩张的空间确实有限。

问题3：在保持改革势头的同时，如何使用扩张性的宏观经济政策？

1998年下半年之后，扩张性财政政策带动了固定资产投资重回增长。然而增长仍然乏力，尚不足以使中国经济摆脱通缩。近几个月，固定资产投资增速再次下滑。政府对公共项目的投资，尚未重建企业投资的信心，投资缺乏内生增长动力。许多中国经济学家担心，如果政府削减预算赤字，中国经济将难以维持较高增速。

我认为，在一定程度上，中国的通货紧缩不仅是宏观经济波动造成的，实际上也是改革陷入困境后的必然结果。中国现在的通货紧缩，不仅是一个需求问题，还是一个供给问题。由于生产成本上升、经营效率低下，越来越多的企业面临亏损。这些企业一直依靠银行贷款来维持经营，结果便是，企业负债和银行不良贷款持续上升，这个过程越来越难以持续。银行被迫削减对企业的贷款，企业则被迫降低工资、减少投资，这反过来又会导致消费需求和投资需求的下降。许多经验研究表明，企业利润的下降，可以很好地解释中国总需求的疲软。因此，要扭转经济颓势、实现持续增长，关键是要提高企业的生产效率和盈利能力。也许更重要的是，提高企业对未来的盈利预期。要达到这一目标，深化企业改革，尤其是国有企业改革是唯一选择。

基于上述认识，我认为短期宏观经济稳定政策应与中长期改革相结合。更具体来说，财政支出政策的重点应该从增加基础设施投资逐步转向建立更好的社会安全网及其他领域，这将促进企业深化改革。过去由于担心造成社会动荡，政府选择了慢慢来的做法。而建立了更好的社会安全网，就可以关闭亏损企业，冗余的工人下岗之后也可以获得保障。投资于社会安全网的基础设施以及其他有形的基础设施，将实现"一石二鸟"的效果。

除了宏观经济因素本身，以及宏观和微观因素的互动效应，当前中国面临的通缩也有其结构性因素的背景。前些年的过度投资，造成了现在的供给过剩。统计数据显示，几乎所有主要行业都存在供给过剩。只有消除过剩的产能，扩张性宏观经济政策才可能带来持续的增长。而产业结构的调整尚需时日，所以在相当长一段时间，我们可能要面对较低的增速。

问题4：中国是否应放手让人民币贬值，如果是的话，什么时间、如何进行贬值？

危机国家的经验表明，固定汇率制度可能导致资本过度流入，从而引发泡沫经济。固定汇率制度还可能导致该国的竞争力恶化，进而导致国际收支危机。亚洲金融危机也表明，政府倾向于保持汇率的稳定，除非是被迫进行改变，而此时的损失已经无可挽回。因此，在需要变革的时候，政府必须要有勇气采取行动。然而中国的经验也表明，具体问题需要具体分析。在亚洲金融危机期间中国政府的想法是，人民币钉住美元的安排，比人民币浮动或人民币贬值要好得多。当时，维持人民币钉住美元的主要依据如下：

（1）中国迫切需要实现金融稳定。港币钉住美元的安排，也需要获得中央政府的支持。而人民币贬值及其贬值预期，将引发金融恐慌。如果任其发展，会导致经济崩溃。

（2）人民币贬值会导致亚洲其他货币的竞争性贬值，这将加剧亚洲危机并使中国再受其害。

（3）日本和亚洲其他经济体的衰退，其伴随的收入效应导致中国出口的减少，这无法通过人民币贬值获得抵消。简言之，贬值无法有效刺激中国的出口。

（4）中国出口产品中，57%的价值来自国外。因此，贬值虽然能获得竞争优势，但是出口产品中所包含的进口成本也将相应上涨，贬值的一大块好处将被这一机制所抵消。

（5）中国可通过其他政策措施维持贸易顺差、经常账户盈余和资本账户盈余。例如，中国可以利用出口退税来鼓励企业增加出口。这一政策虽然在财政方面存在问题，但目前为止一直非常有效。

（6）中国的资本项目管制严厉而且有效，只要能够保持经常账户盈余，就能维持住人民币与美元挂钩。换句话说，中国受到大规模资本外逃的影响相对较小。事实上，由于经常账户盈余和持续的资本流入，中国的外汇市场上存在美元的超额供给。也就是说，如果现在的贬值预期结束，人民币将承受的是升值压力，而非贬值压力。尽管人民币的黑市价格比官方汇率更弱，但黑市的交易量很小，对官方汇率的影响也较小。

（7）人民币并没有被严重高估。将人民币汇率维持在现有水平，可以迫使中国出口企业进一步改善生产效率，从而提高竞争能力。保持人民币汇率稳定，事实已经证明了这一政策是正确的。到现在，上述分析看起来也仍然成立。因此人民币在未来仍将保持稳定。

总结来说，在过去 20 年（1979—1999 年）当中，渐进主义改革让中国经济保持了稳定增长，避免了剧烈的动荡。不过，中国必须推进经济体制的根本性变革，特别是国有企业改革，否则中国的经济增长将无法持续。因为居民储蓄存款保持高增长，银行不用担心流动性问题，从而可以为亏损企业提供足够的贷款。但是，高储蓄率只能推迟风险的爆发而不能化解之。从 M2/GDP 之比的过高水平（超过 100%）可以看出经济增长的脆弱性。一方面，高储蓄率支撑了中国过去 20 年的增长，另一方面，在企业盈利能力低、资本回报率低的状态下，已经浪费了大量资源。只要家庭部门愿意继续增加储蓄存款，银行即便面临不良贷款的问题，也将继续保持充足的流动性，从而亏损企业也能不断从银行获得资金。不过，这在本质上是庞氏骗局，无法永远持续下去。现阶段中国正面临通货紧缩的挑战。但是，无论采取何种宏观调控手段，如果不设法提高企业效率，我们总有一天要面对恶性通胀的爆发。

国际金融体系改革

亚洲金融危机期间中国的经历表明，在任何重大的亚洲经济危机背景下，中国都难以独善其身。中国对国际金融体系改革持有自己的立场，这和其他亚洲经济体的大部分观点都有交集。中国的相关立场可概述如下：

（1）中国和其他发展中国家一样，关注国际金融体系的有效性，但是中国仍对当前的国际金融体系改革持有务实和渐进主义的态度。中国希望维持国际金融体系的相对稳定，避免当前体系受到突发的重大冲击。

（2）对于国际货币基金组织、世界银行在建立国际标准方面所做出的努力，中国表示支持。例如，加强审慎监管、增加银行业的透明度等措施。这些努力的目的，是为了各个经济体实现金融市场的稳定，从而在此基础上实现整个国际金融体系的稳定。

（3）中国坚决支持发展中国家改革国际金融体系的呼吁。中国认为其自身利益与其他发展中国家的利益紧密地联系在一起。中国主张，现有的国际金融协调机制应该倾听发展中国家的诉求，更加重视发展中国家的利益。

（4）中国支持加强区域金融合作。近些年来，中国对参与亚洲区域合作表现出了更大的热情。

亚洲金融危机期间，国际货币基金组织和美国政府对危机的反应相当令人失望。对一些亚洲经济体而言，国际货币基金组织的一揽子救助计划不仅是姗姗来迟、杯水车薪，而且条件过于苛刻。亚洲金融危机的教训说明，亚洲经济体确实需要加强区域合作，具体的合作内容可以包括多个领域。尽管各国之间缺乏政治互信、经济一体化程度不足，货币联盟的设想并不现实，但是区域内的货币合作不仅可能而且必要。比如，亚洲各国政府可以承诺，为陷入困境的国家提供资金支持，从而在面临投机性攻击之前先发制人，稳定金融市场。亚洲各国政府可以相互协助，不允许投机者在本国境内对邻国货币发动攻击；亚洲各国政府可共同建立清算系统等软、硬件基础设施，从而降低结算风险。在风险管理以及中央银行使用金融市场工具的组合来应对投机行为攻击方面，有经验的国家可以提供技术援助。事前，各国政府应制定出共同的行为准则，当投机性攻击发生时，各国银行就可以协调一致地干预外汇市场。在投机攻击发生之后，双边或多边机制应提供紧急救援资金，以减少危机国家的调整痛苦。

为落实合作，亚洲各国政府第一步是应定期举行磋商，例如每季度或每年会议。第二步是建立专门的研究机构，这个机构的人员由来自亚洲主要经济体的代表组成，均为具有高专业素养的学者和官员。该研究机构应密切关注亚洲主要国家的经济状况，对形势变化发布评估。针对可能爆发的风险，该研究机构还应提前制订应急计划。对于基于不同双边协议的救援计划，该机构还可以起到协调作用。随着时间的推移，该研究机构的性质可能会发生改变。条件成熟时，可在此基础上成立亚洲货币基金组织（AMF）。

附 录

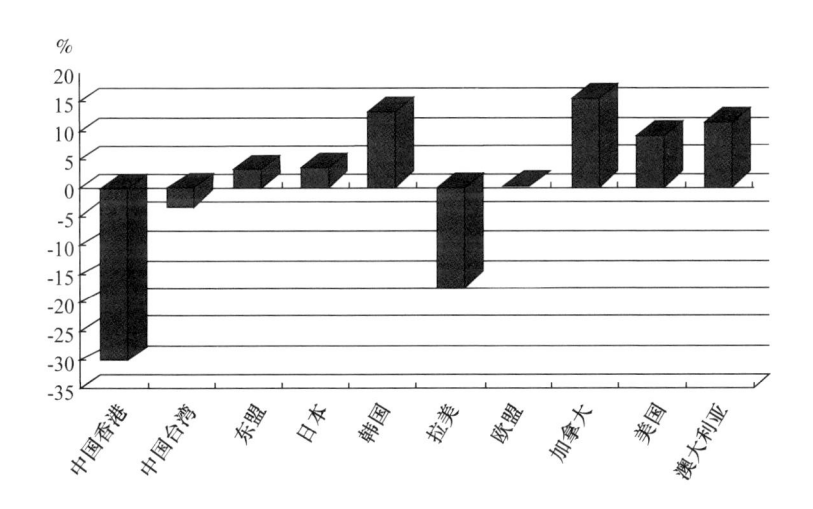

图1 对主要贸易伙伴的出口增速（1999年1至5月累计同比）

资料来源：中国海关，1999年7月。

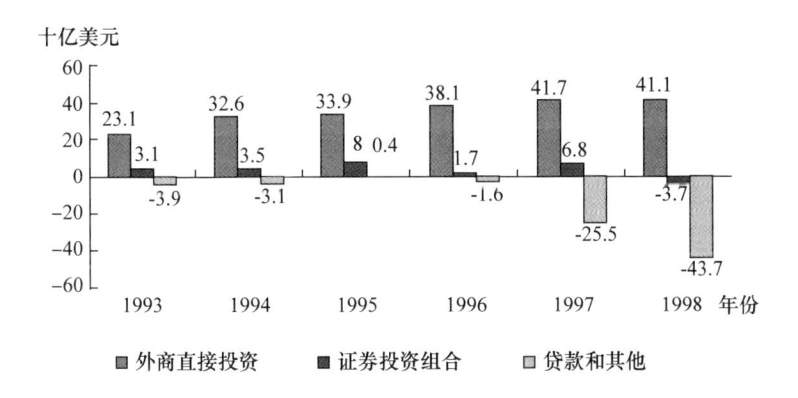

图2 资本账户的变化趋势

资料来源：《宏观经济分析》，国民经济研究所（NERI），1999年5月。

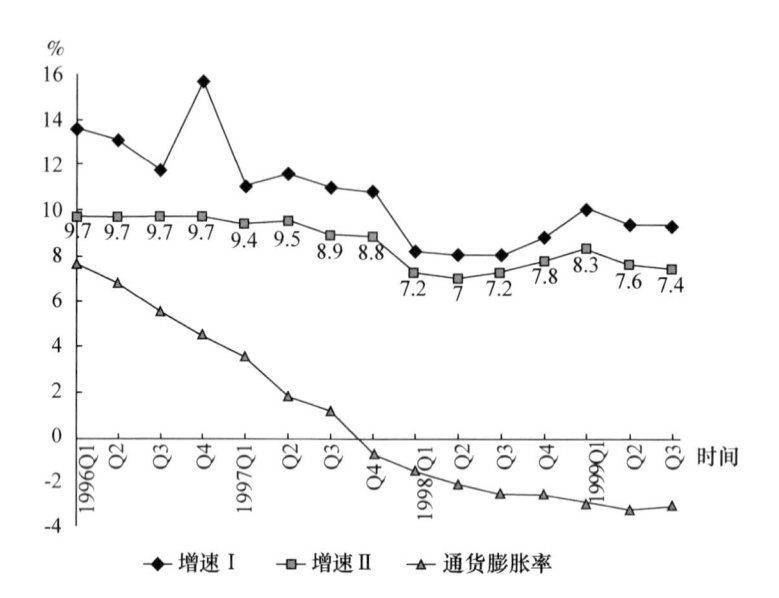

图 3　经济增长与通货膨胀率

注：(1) 增速Ⅰ = 工业增加值增速；(2) 增速Ⅱ = GDP 增速；(3) 1999 年第三季度数据使用了 1999 年 7 月数据；(4) 用社会消费品零售价格指数来衡量通胀率；(5) 所有数据均为累计同比数。

资料来源：国家统计局：《宏观经济分析》；国民经济研究所（NERI）各期。

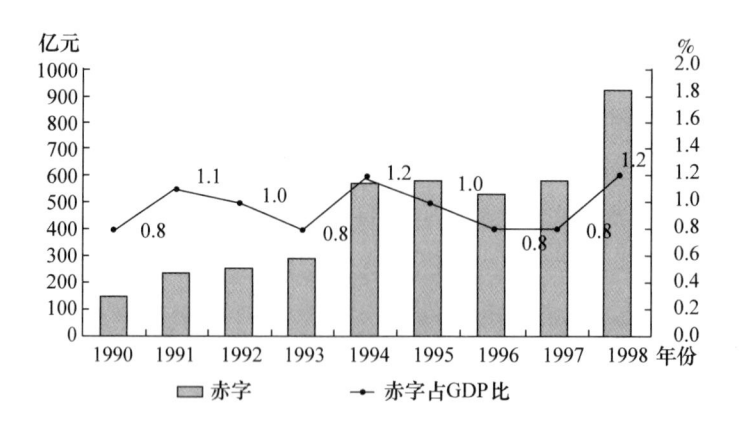

图 4　预算赤字及其 GDP 占比

注：左轴的单位是亿元人民币。

资料来源：国家统计局：《统计摘要》，1999 年。

90年代中国经济发展与政策演进回顾[*]

过去20年,中国成功地取得了年均10%的经济增长率,并将年均通胀率控制在3%以下。在亚洲金融危机爆发之后,中国仍然保持了稳定增长的势头,并加强了金融稳定。不管未来怎么样,没有人可以否认过去20年间中国经济的成功,这确实是真正的经济奇迹。促成这一奇迹的最重要因素之一,是中国政府成功地实施了宏观调控政策。总结20世纪90年代中国宏观调控政策的主要经验、教训有助于我们更好地制定今后的宏观经济政策,以实现低通胀率下的高速经济增长。

90年代以来中国经济发展的简要回顾

1978年改革开放以来,中国的经济发展日新月异。过去20多年,中国的年均GDP增速大约为10%。从1991年到2000年,中国的GDP年均增速达到了10.1%。

然而,中国的经济增长道路并非总是坦途。中国经济经历了多次

---

[*] 原文为英文,Yongding Y., "A Review of China's Macroeconomic Development and Policies in 1990s", *China and World Economy*, Vol. 9, No. 6, November-December 2001。

周期，最近一次始于20世纪90年代初期，当时中国的经济增长从1990年的4.1%（1978年以来的最低增速）快速提升至第二年的9.5%。1992年春天，邓小平发表了著名的南方谈话，要求加快改革的步伐，扩大开放的领域，当年中国经济增速快速跃升至14.2%，并很快出现了过热迹象。1993年，中国经济继续快速增长，增速达到13.5%，同时通胀率突然升至14.7%（前三年的通胀率分别为3.1%、3.4%、6.4%）（图1）。

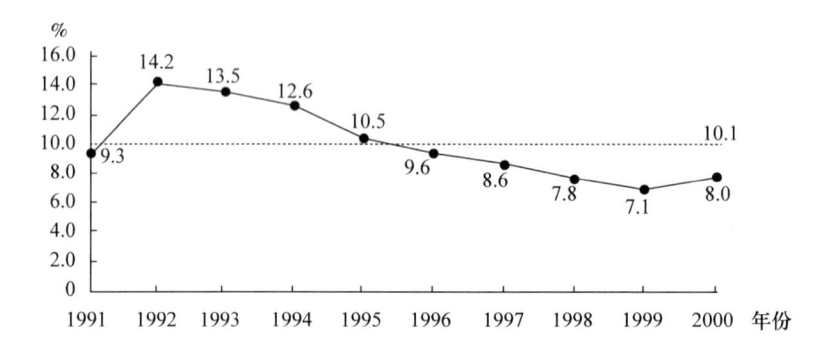

图1　20世纪90年代中国经济增速

资料来源：国家统计局，2001年。

1993年年中，政府开始收紧宏观经济政策，遏制通货膨胀。然而，通胀率继续上升。1994年，通胀率升至24.1%，创改革开放以来的新高。

1995年，从紧的宏观经济政策使通胀率降至14.8%。同时，中国成功保持了经济增速，当年增速仍然高达10.8%。

1996年，中国的宏观经济形势继续改善，当年经济增速为9.6%，同时通胀率降至6.1%。所有指标似乎都预示着，始于1993年下半年的紧缩政策将使中国经济成功实现软着陆。到了1997年，人们还在期待着经济形势的继续改善。

而在1997年，中国经济增长明显放缓。事后来看，1996年产能过剩的迹象已经非常明显了。然而在当时，政府并不确定产能过剩是产业结构调整的结果，还是此前宏观经济过度紧缩导致有效需求不足造成的。由于不确定增长放缓的根本原因，在1997年的大部分时间，政府仍然将控制通胀视为头号大敌，拒绝采取诸如降息之类的措施以解决经济放缓问题。①

1997年10月，零售价格水平开始下降，有效需求不足的迹象已经非常明显。许多调查显示，几乎各个领域都面临着产能过剩的问题。同年11月，受国内经济迅速恶化和全球经济增长前景不佳的影响，政府将一年期存款利率降低了1.8个百分点，这标志着宏观政策开始转向。

对中国来说，1998年是90年代最艰难的年份之一。那一年的亚洲金融危机，虽然略有迟滞，但最终还是对中国经济造成了很大影响。世界经济形势的恶化，致使中国的出口从1997年年末开始下滑，并于1998年进一步恶化。物价水平的持续下降、经济增速的显著回落都在表明，中国遭遇了从未经历过的挑战——通货紧缩。政府担心1998年的经济增速可能会掉到8%以下，而且也意识到货币政策效果越来越弱，于是在1998年年中开始转向扩张性的财政政策（积极的财政政策）。

经济增速明显下滑、通货紧缩、不良贷款率上升、人民币贬值压力不断加大——这些因素让一些国外的"中国专家"认为，中国将很快发生金融危机。

1999年，中国的经济增长率为7.1%，为20世纪90年代初以来的最低增速。最令人担心的是投资增速的持续走低。在1999年的四个季度里，中国的固定资产投资增速分别为23.8%、16.2%、8.5%和6%，非国有企业投资增速甚至更低。

---

① 1996年年末，通胀率的下降推高了实际利率，同时1996年上半年国有工业企业的财务指标迅速恶化，这促使中国人民银行从1996年第二季度开始多次降息。参见《世界银行驻中国代表处经济报告》，1997年，第9页。

然而，一些重要的积极因素也在 1999 年开始显现。从 1999 年下半年开始，通缩逐渐缓解。这一年中国的进口增速快速提高（尽管在很大程度上，进口增速改善源于对走私活动的打击和由此带来的海关数据改善）。这些变化显示经济开始复苏了。1999 年年初，中国的外贸出口形势非常严峻。到了下半年，由于世界经济包括亚洲经济的复苏，以及中国政府鼓励出口政策的实施，中国出口显著增长。当年，中国的贸易顺差基本令人满意，达到了 292 亿美元（上一年相比下降 144 亿美元，或者减少 33%）。

由于税收监管水平的提高，政府的税收收入增长显著。1999 年，税收额增长了 1.0312 万亿元，比上年增长 13.4%。更重要的是，过去几年里中国一直进行的结构调整开始显现成效。通过合并、破产、重组、债转股、管理增效等措施，1999 年企业利润率大幅提高，亏损的大中型国有企业数量显著减少。根据时任国务院总理朱镕基[①]提供的数据，工业企业 1999 年利润额达到了 2202 亿元，同比增长 52%。国企和国有控股企业利润总额达到 967 亿元，同比增长 77.7%，为过去五年最高水平。中国经济基本面的改善和扩张性的宏观政策，为经济的复苏奠定了基础。尽管投资需求仍然较弱，整体经济增速从 1999 年第三季度已经开始走出低谷。

到了 2000 年，中国的 GDP 增速在四个季度分别达到了 8.1%、8.2%、8.2% 和 8%。抵押贷款的扩张推动了房地产投资增速的提高，使之成为推动经济增长前景改善的重要因素之一。由于社保体系建设的推进、居民收入的增加（城镇居民收入 2000 年第一季度实际增长 6.9%，农村居民收入增长 1%），以及全球经济前景的改善，消费需求也实现了稳定增长。2000 年第一季度外贸出口增速达到了惊人的 39%。从 2000 年第一季度开始，中国的物价水平（以 CPI 来衡量）就不再继续下滑，就业问题似乎也有所改善。2000 年，经济的

---

① 朱镕基：第九届全国人民代表大会政府工作报告，2000 年 3 月 5 日。

持续增长和通缩的结束可能表明，中国宏观经济已经到达了经济周期的转折点。

中国经济的主要问题是投资增速不稳。1998年下半年以来，政府公共设施投资支出的增加，成功地抑制了投资需求的快速下滑。然而，扩张性的财政政策并没有带来经济自主性的持续增长。如何建立起一种机制，使经济摆脱政府的深度介入并能实现持续稳定增长，仍然是我们面临的巨大挑战。

中国的货币政策

改革开放以来，宏观经济政策组合已经逐渐成为中国政府实现低通胀、稳增长的最重要的工具。从20世纪80年代到90年代中期，财政预算在宏观经济调控当中的作用非常有限，这是由于同一时期的财政预算GDP占比大幅下降，同时还面临其他一些体制约束。比如，20世纪80年代的企业承包责任制的实施，导致政府几乎丧失了利用财政支出、税收调节宏观经济的主动性。在这种情况下，这一时期的货币政策在宏观调控中起到了主导作用。然而，从1998年中期开始，由于货币政策的失效，财政政策取代了货币政策成为消除通缩压力更加重要的调控工具。

货币政策

中国在90年代货币政策的实施可以分为两个阶段：从1993年下半年开始，由于通胀率快速上升，中国政府实施了紧缩的货币政策给经济降温；从1997年后期开始直到现在，中国实施了扩张性的货币政策以克服。

从1993年中期开始，中国采取了如下控制通胀的重要政策措施：（1）清理、回收非法信贷。根据时任国务院副总理朱镕基的要求，在实施货币紧缩政策之后四个月以内，商业银行给企业和非银行金融机构的810亿元的非法信贷被收回。

(2) 提高利率，根据通胀率调整长期存款利率水平，鼓励公众持有低流动性的储蓄存款。

(3) 为进一步控制银行信贷增长（对应于货币供应量），政府动用行政命令限制工程设施建设和房地产开发投资。

这些措施导致 M1 增速从 1993 年上半年的 39%，下降到 1995 年年末的大约 16.8%，不过同期 M2 增速一直保持在 30% 左右。

利率指数化是具有胆识的政策试验。拉丁美洲国家的经验表明，指数化可能会带来成本推动的恶性循环，恶化通货膨胀。然而，中国的指数化政策，成功地使消费者以长期储蓄存款的形式持有货币。换句话说，尽管广义货币增长率居高不下，利率指数化却已经使得可用于购买商品的现金增速显著下降。

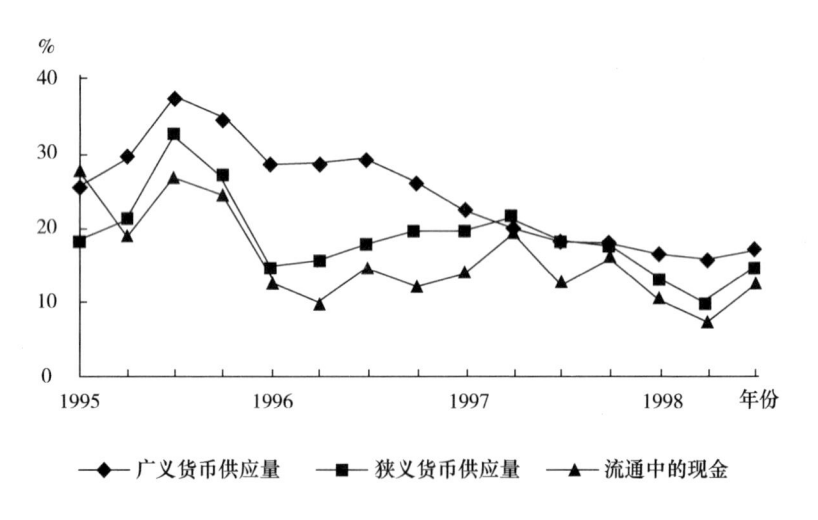

图 2　货币供给量增速

资料来源：中国人民银行，2001 年。

1994 年，中国人民银行宣布从第三季度开始，计划将货币供给量（而不是银行信贷）增速作为货币政策的中介目标。然而，外汇激增导致储备货币快速增加，叠加国内信贷规模继续扩张的因素，到 1994 年年底，中国的 M2 增速快速跃升至近 35%，这导致此前宣布的政策目标被搁置。

1995年，政府继续实施紧缩的宏观经济政策。虽然中国实施市场经济改革的决心没有改变，但由于面临持续通胀的挑战，出于实用主义的考虑，中国暂时搁置了一些改革承诺和计划，甚至采取行政手段遏制银行和其他金融机构的过度放贷。当年采取的主要政策措施包括：

（4）进一步收紧银行信贷，控制企业和非银行金融机构贷款，减缓货币供应增速。

（5）继续推进利率指数化政策。

（6）在城镇地区重新实行行政价格管制。

（7）两次提高中国人民银行对银行的借贷利率，并令银行向企业贷款的利率也相应提高。

1995年，货币供应增速终于出现同比下降。例如，1995年的M2增速为29.5%，比1994年降低了5个百分点。

到1996年，货币政策紧缩已经实施了两年多，通胀率终于出现显著下降。由于经济增速明显下降，一种共识是当局在继续对通胀保持警惕的同时，应该给经济注入活力。新的货币政策被称为"适度紧缩"的政策。为了传递货币政策调整的信号，中国人民银行两次下调银行对企业的贷款利率，并扩大了存贷款利差。1996年，M2增速继续下降，但同时M1增速开始上升。到1997年的上半年，这种趋势越发明显。M1增速的上升，意味着银行系统的流动性已经明显缓解。

1997年上半年，经济增长放缓愈加严重，同时通胀率进一步下降。在此背景下，关于政府是否应该进一步降息的讨论开始升温。开始，政府并没有采纳放松货币政策的意见。但是在1997年后期和1998年年初，随着中国经济从软着陆变成灾难性硬着陆的可能性越发明显，中国政府最终决定将货币政策由紧缩调整为扩张。

有趣的是，1998年人们发现，货币政策虽然总体上在降低通胀率方面非常有效，却完全无法解决通缩的问题、也无力刺激经济增长。1998年以来，中国采取了如下刺激经济的措施：

（1）取消商业银行贷款规模限制，商业银行只需要遵从指导性计划。事实上在新的做法之下，商业银行只要遵循审慎性原则就可以自主决定贷款总规模。

（2）取消超额准备金要求，允许商业银行使用中国人民银行储备货币用于支付和结算。

（3）下调存款准备金率，同时下调准备金率利率和超额准备金率利率。

（4）下调中国人民银行对商业银行的再贷款利率，并下调商业银行存、贷款利率。

尽管中国人民银行竭尽全力试图增加货币供给、提振经济增长，货币供应量却并没有像中国人民银行预想的那样增加，扩张的货币政策并未有效刺激经济增长。

货币政策失效原因

货币政策失效可以归咎于以下原因：货币供给量产生过程中两个关键环节的失效，以及货币政策传导机制的失灵。首先，在通缩状态下，基础货币成为内生变量，中国人民银行无法操控基础货币。1998年年底，基础货币同比下降4.7%，而这恰恰是中国人民银行不愿意看到并试图竭力避免的。与此形成鲜明对比的是，1997年货币政策处于相对紧缩的状态，基础货币却同比增加14%。基础货币的反常变化，可以用中国人民银行资产的变化来进行解释。中国人民银行资产主要包括外汇储备和中国人民银行发放给商业银行的贷款。中国人民银行资产在1998年的变化如表1所示。

表1　**基础货币和中国人民银行资产：1998年的季度变化**

	Q1	Q2	Q3	Q4
基础货币	7.0	9.2	-4.7	-4.7
货币	3.86	2.41	4.16	1.09

续表

	Q1	Q2	Q3	Q4
储备	3.11	6.75	-8.92	-5.53
中国人民银行资产				
净外汇资产	10.5	7.11	3.03	1.32
对银行债权等	1.6	1.08	-8.6	-6.78

注：基础货币数据为增长率。其他指标是对基础货币增长的拉动点数（百分点）。

资料来源：中国人民银行，2000年。

从表1中可以看出，在1998年的前两个季度，基础货币增长的主要来源是净外汇资产（外汇储备）。在该年的第三、第四季度，新增外汇储备对基础货币增长的贡献显著下降，同时中国人民银行对商业银行贷款的贡献甚至为负。因此，基础货币在1998年第三、第四季度出现收缩。正常情况下，存款准备金率下调会导致商业银行从中国人民银行获得贷款的需求增加，[①] 然后商业银行将增加对企业的贷款。然而由于经济条件发生了一些重要变化，货币供应过程的第一个环节（中国人民银行确定某些储备资产数量的能力[②]）失效了，这里主要是两个重要原因导致的。一是，中国的银行业积累了庞大规模的不良贷款，政府也收紧了对银行贷款行为的监管，并严厉惩处对于新

[①] 在20世纪90年代，中国人民银行对货币供应的控制机制与现在不同。自1985年实行的方法是：通过中国人民银行对专业银行的信贷和准备金要求间接控制专业银行的信贷总量。根据全国信贷计划，中国人民银行确定专业银行应该在中国人民银行账户上存放准备金。以准备金为资金来源，中国人民银行对专业银行发放贷款。因为中国人民银行给专业银行发放贷款的资金来源是专业银行在中国人民银行账户上存放的准备金，也就是专业银行自有资金的回流。中国人民银行的这种贷款被称之为再贷款。准备金率下降，意味着专业银行可以贷给企业的贷款增加。这样，专业银行就可能希望得到更多的中国人民银行再贷款。反之，如果准备金率很高，如100%，专业银行无法向企业贷款，因而也就不会有从中国人民银行获得再贷款的需求。从现在中国人民银行对货币供应量调控的角度来看，准备金率下降，商业银行就可以向企业和居民发放更多贷款，从而创造更多货币供给。准备金率下降，在其他情况不变条件下，货币供给增加。在不考虑外汇占款情况下，同中国人民银行负债（专业银行准备金）相对应的中国人民银行资产是中国人民银行向专业银行提供的再贷款。

[②] Allsopp C. J.、Vines D.：《宏观政策评估》，《牛津政策评论》2000年第4期。

增不良贷款负有责任的银行管理人员。这些措施使得商业银行更注重贷款安全，而不是贷款的盈利性。出于这种风险考虑，对大多数企业银行都不愿意放贷。第二个因素是，许多企业也没有意愿从银行借钱。

有些企业的信用评级较高，但由于高资产负债率，其对借贷非常谨慎，不想继续增加自己的债务负担；而对于信用评级较低的企业来说，它们根本就无法得到贷款。一项涵盖170家大中型国企的调查显示，118家企业根本就不向银行申请贷款。在这些企业中，27.4%的企业已经库存过多、债务负担过重，45.3%的企业预计银行将拒绝其贷款申请，10.6%的企业通过其他渠道获得融资。① 如果商业银行不愿意而且（或者）不能增加其对企业和个人的贷款，从而不愿意从中国人民银行借款，那么中国人民银行怎么可能增加对商业银行的再贷款？1998年，尽管中国人民银行将商业银行存款准备金率从13%降低到8%，同时取消了超额准备金，但该年的第四季度所有主要银行的准备金率都超过了15%。这表明商业银行根本就不需要资金，它们宁可让自己的富余资金闲置在中国人民银行的账户上，即使利息很低也不在意。

1997年，准备金增加的主要原因是外汇储备的增加。为了对冲超额外汇供给对汇率形成的压力，中国人民银行向货币市场注入了大量的人民币，以吸收多余的外汇资金。1998年，由于亚洲金融危机的影响，中国的外汇储备增长非常少，政府只得主要依靠公开市场操作（调节资金）来提供流动性。然而，中国人民银行能够出售的债券的绝对规模有限。到了1999年，随着货币和债券市场的发展，情况才有所改善，中国人民银行和金融机构在公开市场上完成的国债交易额达到了7076亿元，是上年的3倍。通过公开市场操作增加的基础货币净额达到了1920亿元，占新增基础货币的52%。②

---

① 《资本市场杂志》1998年第9期。
② 戴根有：《中国的货币政策：回顾与展望》，《世界经济与中国》2001年第3期。

根据教科书的描述，货币供给数量产生过程的第二个环节，应该有一个稳定的货币乘数。该乘数和准备金的数量，就决定了银行贷款数量，并进而决定银行存款数量。① 但是这一环节在中国也同样失效了。货币乘数在中国从来就不稳定。1998 年，货币乘数季度数据显示该乘数在稍微大于 3 和超过 4 之间波动。② 这种波动性，使得货币乘数概念在中国缺乏意义。

1999 年，中国人民银行最终成功地将基础货币扩张了 3800 亿元，这其中 1907 亿元来自公开市场操作，803 亿元来自银行间外汇市场中国人民银行购汇带来的外汇占款。然而，尽管基础货币增加了，1999 年 M2 的增速仍然低于 15%。与此形成鲜明对比的是，M2 在 1996 年、1997 年和 1998 年的增长率分别达到了 25.3%、17.1% 和 15.3%，这意味着 1999 年货币乘数下降了，主要原因在于银行的惜贷。另外，1999 年，M0 和 M1 的增长率分别达到了 20.1% 和 17.7%，比之前两年高出很多。M0 和 M1 增速的提高，可能是储蓄利率降低和金融脱媒造成的。

在 1997 年年末开始的通缩时期，货币供应和利率的变化对实际变量（如投资和消费）的影响是比较弱的。在通胀时期，中国人民银行可以通过收紧商业银行的信贷规模，来有效地控制通胀率。由于通胀率和经济增速两个目标之间的权衡关系，信贷可得性和其他传导机制会在稳定了通胀率的同时，导致增长率走低。然而，在过去一些年的通缩期当中，由于结构性问题的存在，虽然银行信贷更加宽松、利率也更低，但企业贷款对此并不敏感。这些结构性问题有很多表现，比如生产效率低和利润率低、缺乏退出机制、高债务率，以及一直以来的产能过剩。在一些领域，货币政策的宽松并没有带来投资需求的增加。相反，新增流动性更多地流向了资本市场。例如，1997

---

① Allsopp C. J.、Vines D.：《宏观政策评估》，《牛津政策评论》2000 年第 4 期。
② 此为季度数据。见《货币政策分析和前言》，载《中国经济展望》，社会科学文献出版社 1999 年版，第 40—62 页。

年，中国还沉浸在香港回归的喜悦当中，虽然实体经济面临下行压力，但资产价格、特别是股票价格却出现了快速上涨。到 1997 年 5 月，深圳和上海市场的 595 家公司平均市盈率分别达到了 47.74 和 51.62。1996 年同期，对应的市盈率分别为 18.20 和 23.75。两市股指的涨幅分别达到 162.44% 和 117.25%。显然，新增流动性流入了股市，而不是实体经济领域。

为了防止泡沫经济的出现，政府禁止了商业银行的债券回购业务，以切断资金从银行系统流入股市的通道。1998 年到 1999 年，尽管中国人民银行尽力使货币供应量增速维持在了 15% 左右，但实体经济并没有获得同步的增长，这一时期中国的 GDP 增速持续下滑。

2000 年，中国人民银行继续实行扩张性的货币政策。然而，尽管政府想办法增加货币供给量，M2 增速最后约为 13%，甚至低于此前几年的水平。而同时，M0 和 M1 增速则保持着 20% 的高增长态势，这一势头从 1999 年第四季度开始就得以一直延续。由于货币供给量和经济增长之间的关系变弱，中国人民银行实际上不再以 M2 增速为目标。不过，从货币增速目标制转向通胀目标制，这个问题还没有成为公开讨论的焦点。鉴于当前通胀率仍处于非常低的水平，政府最大的政策关切是使经济增速超过 7%，其重要性超过其他所有问题。

利率政策

发达国家"银行最重要的调控工具是短期利率，它通过决定商业银行的贷款价格来影响商业银行的行为"。[①] 利率政策也是中国重要的货币政策工具。1999 年以来，银行间货币市场在影响经济体中的流动性和利率结构方面，发挥了比以往更加重要的作用。然而在中国，除了少数几种利率外，比如银行间货币市场利率，大多数利率仍然是由中国人民银行来决定的。因此，中国没有等同于美国联

---

① Allsopp C. J.、Vines D.：《宏观政策评估》，《牛津政策评论》2000 年第 4 期。

邦基金利率、英格兰银行利率以及日本的官方贴现率和隔夜拆借利率的基准利率。尽管市场力量决定着几个关键的短期银行间利率,但这些利率无法自发通过某种扩散效应来影响整体的利率结构。对实体经济产生直接影响的重要利率,还是居民存款利率和银行对企业的贷款利率。针对个人的银行贷款业务(如房屋抵押贷款),还是一种新兴业务。1996年5月,为防止经济下滑,中国人民银行开始降息。从1996年到1999年,中国人民银行降息7次(表2)。特别是,从1997年7月到1998年11月,中国人民银行4次降低一年期再贷款利率。在第一次降息(1996年5月1日)之前,一年期存款利率是9.18%。7次降息之后,该利率变成了2.25%。

表2　　　　　　　　　1995年以来的利率变化　　　　　　　　单位:%

时间	1996年5月	1996年8月	1997年10月	1998年3月	1998年7月	1998年12月	1999年6月
准备金	8.82	8.28	7.56	5.22	3.51	3.24	2.07
超额准备金	8.82	7.92	7.02	5.22	3.51	3.24	
再贷款	10.98	10.62	9.36	7.92	5.67	5.13	3.78
再贴现	6.03	4.32	3.96	2.16			
一年期存款	9.18	7.47	5.67	5.22	4.77	3.78	2.25
一年期资本形成贷款利率	10.98	10.08	8.64	7.92	6.93	6.39	5.85

资料来源:中国人民银行:《中国金融展望2000》。

但是连续降息并没有显著地刺激投资和消费需求。根据笔者的研究,因为特殊的体制环境,中国消费需求的利率弹性很低。[1] 近年来,由于货币供给量和利率发生了一些变化,中国家庭调整了自身的资产组合结构,持有了更多的股票和债券,但这并没有改变其消费倾向。

---

[1] 余永定、李军:《中国居民消费函数的理论与验证》,《中国社会科学》2000年第1期。

由于实体经济对利率变化并不敏感，为了刺激经济，中国似乎应该进一步降低利率。特别是考虑到中国经济正面临通缩，实际利率并没有像看上去那么低。然而，进一步降低利率可能会导致股票价格再次暴涨，并引发恶化资本外逃形势，因此中国政府对进一步降息非常谨慎。

降息对经济增长的刺激作用并不十分明显，但在总体上，降息仍然有助于提高经济活力。第一，降息极大地减轻了企业债务负担，帮助企业改善了财务状况和盈利水平，反过来又激励企业增加投资。第二，降息为利率结构调整提供了机会。1998年以来，商业银行对企业的贷款利率与再贷款利率或存款利率之间的利差在提高。利差的提高使商业银行受益，有助于提高它们的经营水平，并鼓励它们增加贷款。第三，降息推动资金流入政府债券和国有企业债券市场。事实上，中国居民部门对政府债券的需求很高。近年来，中国居民排队购买政府债券是一种常态。因此，降息降低了政府使用扩张性财政政策的成本。当然，政府债券和国有企业债券收益率低的一个根本原因，还是在于中国的高储蓄率。不管怎么说，扩张性的货币政策，尤其是低利息政策，和扩张性财政政策配合得当将会相得益彰。鉴于无法保证货币供应过程的稳定性，同时也无法实现可靠的货币传导机制，中国迟早会正式放弃货币供给量的政策目标，从而让利率成为更加重要的货币工具。基于这样的考虑，在不远的将来，利率市场化是政策的必然选择。

中国的财政政策

1998年下半年以来，中国虽然继续实行宽松的货币政策，但由于货币政策刺激经济乏力，政府已经把宏观政策的重点由货币政策转向财政政策。表3显示，由于扩张性财政政策的实施，中国的预算赤字占GDP比例从1997年年底的0.78%，上升到了1998年年底的1.16%。

表3　　　　　　　　　　中国政府的财政状况　　　　　　单位：十亿元人民币

年份	政府支出	政府收入	赤字	赤字率（赤字/GDP）
1996	740.8	793.8	53.0	0.78
1997	865.1	923.4	58.2	0.78
1998	987.6	1079.8	92.2	1.16
1999	1137.7	1313.6	175.9	2.14
2000	1338.0	1587.9	249.9	2.80

资料来源：国家统计局：《中国统计年鉴2000》；《中国统计公报2001》。

1999年，由于财政政策的持续扩张，中国的预算赤字迅速从1998年的922亿元增长到1999年的1760亿元，增长了91%。同时，预算赤字占GDP的比重从1998年的1.16%进一步增长到了1999年的2.14%。

2000年，政府继续实行扩张性的财政政策，与此同时出现了一个新的现象：中国的税收收入增长迅猛。政府收入同比增长17.6%，达到了13380亿元。税收收入快速增长的原因包括：宏观经济形势改善、税收征缴工作的加强、进出口增长，以及股票交易印花税的增加。

过去两年半的经验表明，扩张性的财政政策是有效的。1998年下半年开始政府公共建设支出的增加，成功地带来了总体投资增速的上升。然而，扩张性的财政政策并没有带来经济的自主性增长。实际上，只要政府减少对公共建设的财政支出，投资增速就掉下来了。

中国经济学家的一个共识是，中国必须加速结构性改革：包括建立比较完备的社保体系、提高国有企业的公司治理能力、清除不良贷款，并使各个行业的企业都为入世做好准备，只有这样才能实现经济的自主、可持续增长。然而，其他亚洲经济体的经验表明，结构调整会不可避免地在短期内降低经济增速，这是一个稳增长和调结构之间的取舍问题。就财政政策而言，中国政府做得相当成功，已经把稳增长和调结构有机结合起来，使两者形成了互补的关系。中国的政府支出主要用于基础设施建设、社保体系改革，以及最近提出的西部大开发战略。这意味着，政府支出的增长不但形成了额外的有效需求，而且为结构调整直接提供了资金支持。例如，一方面，中国政府已经非常明确地表示，公共资金不会用于救助问题企业，帮助其避免破产。另一方面，结合发达国家经验和中国自身实际情况，中国加速了社保体系的建设步伐。社保体系的改革为将来深化国企改革奠定了基础。中国政府着力于发挥市场机制的作用，以确保公共资金的使用更具效率。如果政府决定支持某个项目，其只会出一部分资金。不管承包商有什么背景，他们都要去资本市场进行融资，以负担大部分项目支出，这样政府就可以借助市场力量来监督项目的实施。

外国经济学家对中国财政的可持续性是存在争议的。例如，摩根斯坦利的首席经济学家史蒂芬·罗奇说："中国的不良贷款问题应该被归为政府偿债能力问题——而（中国）政府总负债占 GDP 的比例，在未来 5 年之内不可能超过 50%，所以这几乎没有一点儿问题。"① 但美国的中国经济问题专家尼克拉斯·拉迪则认为，"这种乐观的分析没有考虑以下四个因素：政府收入占 GDP 比例出现长期下降；近年来国债增长规模可观；国债之外其他债务的巨大存量及其不断增长的情况；以及不良贷款的规模（不论是四大国有银行，还是整个金融体系的不良贷款）"。②

笔者基本同意罗奇先生的判断。拉迪先生的观点夸大了中国财政状况的脆弱性。1978 年到 1995 年政府收入占 GDP 比例出现下降，很大程度上是经济改革的结果，是转型期的暂时现象。只要 GDP 增速能够保持在较高水平，这一比例的下降趋势到一定时间是可以逆转的，而中国经济的增速恰好能够满足这样的条件。实际上，从表 3 中可以推算出，从 1996 年到 2000 年，政府收入的平均年增长速度是

---

① ［美］史蒂芬·罗奇：《龙腾之国》，《金融时报》1998 年 3 月 4 日。
② ［美］尼古拉斯·R. 拉迪：《中国未完成的经济改革》，隆国强等译，中国发展出版社 1999 年版。拉迪先生做了许多关于中国经济有价值的研究，该书是关于中国经济最详尽的一部著作。亚洲金融危机后，拉迪先生似乎相信中国将会很快遭受金融危机的打击。目前他似乎将其关注的焦点从"中国金融的脆弱性"转到了"中国财政的不可持续性"。他将中国人民银行的偿债能力简化理解为政府的偿债能力。

19%，明显高于 GDP 增速。1999 年和 2000 年，政府收入增长更快，分别达到了 21.6% 和 20.8%。①

所以我们看到，政府收入对 GDP 占比，已经从 1995 年的 10.7% 上升到了 2000 年的 15%。这种增长已经持续了 4 年，而且还在加速，所以不能被视为偶然现象。政府收入对 GDP 占比一直在稳定增长的趋势是很明显的。（图3）

在考察中国财政的可持续性问题时，必须考虑到一个重要因素，也就是中国居民的储蓄行为。到目前为止，中国经济最重要的一个特征就是居民的高储蓄率。只要这种储蓄行为不发生大的变化，政府出售债券时就不会遇到滞销的问题。尽管现在政府债券的利率很低，中国居民仍然在排队购买，这是拉迪先生应该注意的事实。在日本，尽管实行零利率政策，而且政府债务余额占 GDP 的比例非常高，达到 140%，但人们仍然在购买政府债券，日本的十年期政府债券收益率甚至已经低至 2%。因此，还没有令人信服的证据或者严谨的经济理论表明，中国在未来一段时间（比如 5 年）内将面临财政危机。

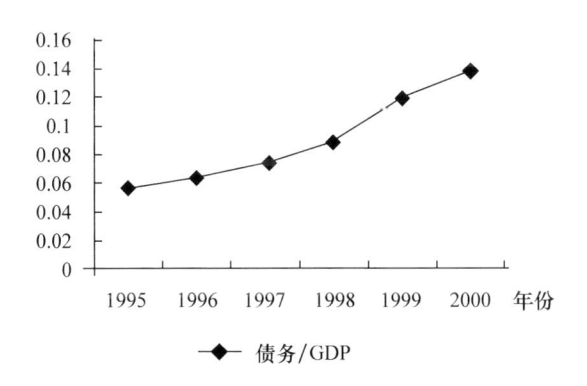

图3　中国的政府债务占 GDP 比例

资料来源："十五"计划财政问题研究课题组、国家计划发展委员会：《经济研究参考》，1999 年 7 月 16 日。

---

① 如果考虑到这一时期通胀率为 0 的背景，这一成就就更加突出了。

结　语

自改革开放以来，中国在经济领域取得了卓越的成就。尽管还有这样那样的问题，中国的宏观经济调控仍然是成功的，中国的高增长已经持续了20多年。当前，中国必须直面金融和财政领域可能出现的风险和挑战，但这些困难是可以克服的。只要中国能够建立起比较完备的社会保障体系，遏制收入分配不平等继续恶化，就可以保持社会稳定。中国经济的前途是光明的。

2000 年中国经济形势回顾与 2001 年展望^{*}

2000 年 1 月我撰写了一篇文章，文中写道："根据最新公布的统计数据，1999 年企业的经济效益显著提高。与 1998 年同期相比，1999 年前 11 个月工业企业实现利润增长 61.51%，企业纳税增长 10.54%，同期企业亏损减少 12.8%。如果数据可靠，则可以预计，由于盈利能力和效率的提高，2000 年企业的投资需求将显著增加。"[1]

该篇文章还指出："2000 年美国经济将成功实现软着陆，日本和其他东亚国家在 2000 年也会有良好的表现。假设外部环境向好，那么中国出口在 2000 年也将表现更好。"在此基础上，我当时预测，"综合考虑各种积极和消极因素，从保守的角度我们预计，2000 年中国经济应该能够实现 7%—8% 的增速。"

中国经济在 2000 年的表现

2000 年中国宏观经济形势明显改善。GDP 增速在前三个季度分别达到 8.1%、8.2%、8.2%；CPI 指数在第一季度已止跌；第一季

---

* 原文为英文，Yongding Y.，"China's Macroeconomic Outlook: 2000 – 2001"，*China and World Economy*，No. 1，2001。

[1] 余永定：《中国1999—2000：宏观经济形势与金融改革》，为 2000 年 1 月 8 日 CIDA 研讨会会议论文。

度城镇失业人口总数为700万,略高于1999年,同时登记失业率为3.1%。就业形势虽未发生明显好转,但是失业增速开始放缓,所以就业问题的关注度有所下降。可以说目前中国的宏观经济形势还相当乐观。前三季度增速稳定和通紧结束,这可能标志着:1997年起始的新一轮经济周期已经开始转向。几乎可以确定,2000年中国一定会实现略高于8%的经济增速。

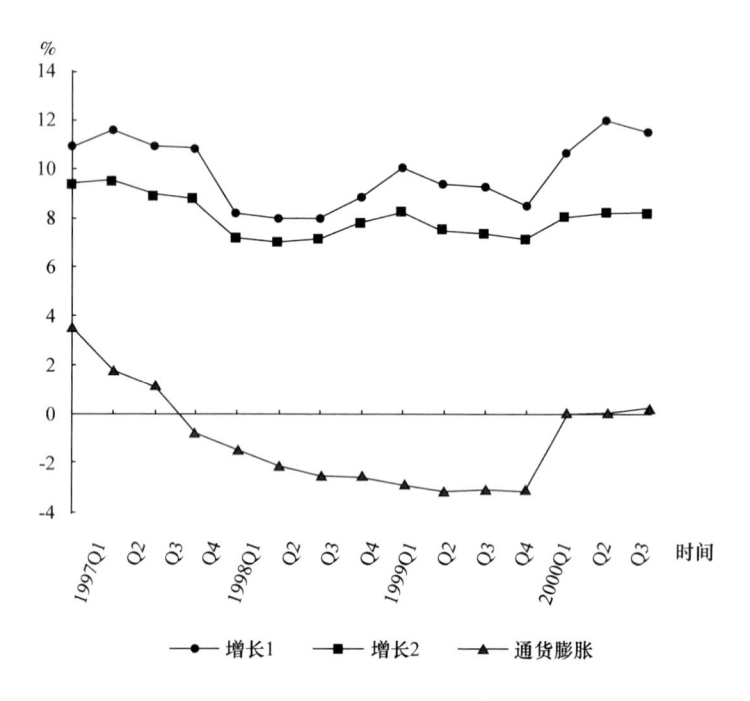

图1 中国宏观经济主要指标

注:增速1是工业增加值同比增速;增速2是GDP同比增速;通货膨胀,2000年之前采用的是零售价格数据,2000年前三季度采用了CPI口径。

资料来源:国民经济研究所(NERI);《中国宏观经济分析报告》,2000年。

总需求的表现

2000年第一季度的投资增速①为7.2%,较上年同期有所下降,

---

① 由于缺少私营和集体企业的季度投资数据,故本文涉及的投资数据都不含上述两项。

但是较上季度有所上升。第二、第三季度的投资增速提高到了10.8%，明显快于上年第四季度。2000年前三季度，投资需求的增长主要来自房地产开发、技术改造、基础设施三个方面。不过，10月固定资产投资增速有明显回落，这表明中国经济的投资需求仍不够稳定，投资的自主可持续增长模式还尚未实现。目前，投资增长仍高度依赖于政府的公共支出。2000年，财政部发行的国债规模，在上年基础上又增加了500亿元。同时，虽然缺少非国企的投资增速数据①，但是大量证据表明，非国企的投资增长势头比较强劲。

在总需求的增长当中，消费因素最为重要。前三季度的消费增速分别为12.5%、11.9%、11.2%，目前消费需求走势强于上年同期。迅速扩大的消费需求，主要源自居民的服务业、家电和IT产品需求的增加。消费需求的走强，得益于社会安全体系的建立、城市居民收入增长、全球经济增长前景向好，以及在此基础上的经济预期改善。但也要看到，城乡之间的消费增长是不平衡的，农村地区的收入增速缓慢（1%—3%），因此前三季度的农村消费增速也十分缓慢，仅为2%左右。

2000年第一季度的出口增速，达到了令人惊叹的38.1%，第二、第三季度的出口增速同样超过了30%。2000年全年，中国出口将超过2500亿美元。外部经济环境的改善是出口表现强劲的主要原因。例如，1999年第一季度中国内地对中国香港和欧盟的出口增速分别为−36.7%、−2%。而在2000年第一季度，中国内地对上述两地的出口增速分别达到了48.3%和39.3%。此外，15%的出口退税政策对刺激出口也起到了重要作用。但是也正是因为高出口退税政策，2000年出现了严重的虚报出口的问题（为了骗取额外的出口退税）。

再看进口方面，前三季度的进口增速攀升至35.7%，非常强劲，甚至高于同期出口增速。进口需求的走强，主要是国内需求改善的

---

① 官方统计的季度投资数据不含非国有企业投资。

98　第一篇　从治理通胀到克服通缩的转向

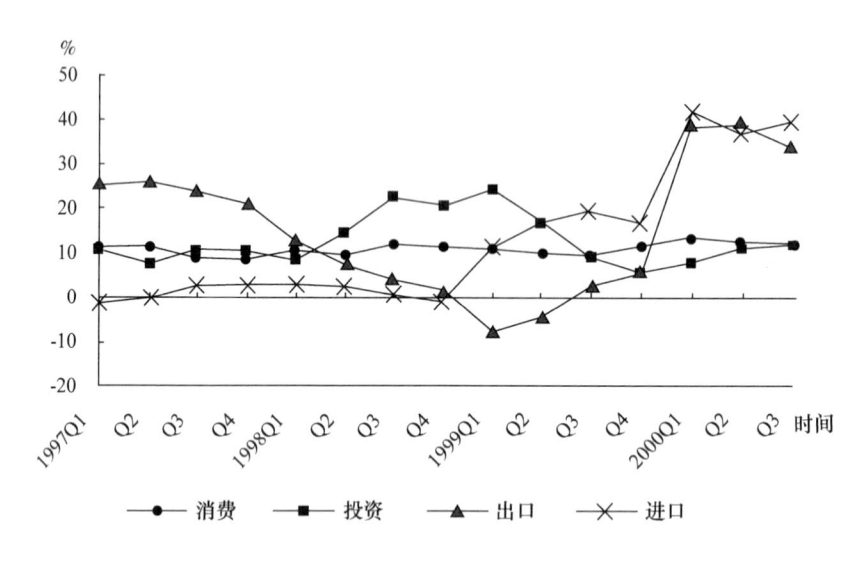

图2　总需求的各部分增速

资料来源：国民经济研究所（NERI）；《中国宏观经济分析报告》，2000年。

结果。

表1和图3显示，消费需求增加（包括公共消费支出）仍是经济增长的最重要动力来源。同时，在2000年，投资需求在经济增长中的作用和地位已经超过了1999年。尽管2000年出口增速很快，但是由于进口增速更快，净出口有所下降。因此，净出口对GDP增速略有负向贡献。

表1　　　　　　　总需求各部分对GDP增速的贡献率　　　　　单位:%

年/季度	GDP	最终消费	固定资产投资	净出口
1998/4	100	62.16	24.90	12.94
1999/1	100	86.55	23.14	-9.68
1999/2	100	84.47	30.23	-14.70
1999/3	100	81.86	29.15	-11.01
1999/4	100	81.28	22.70	-3.99
2000/1	100	72.31	13.51	14.18
2000/2	100	58.02	29.53	12.46

续表

年/季度	GDP	最终消费	固定资产投资	净出口
2000/3	100	60.16	34.74	5.10
2000/4	100	70.59	30.85	-1.44

资料来源：由国家发展计划委员会丛亮对数据收集和处理。

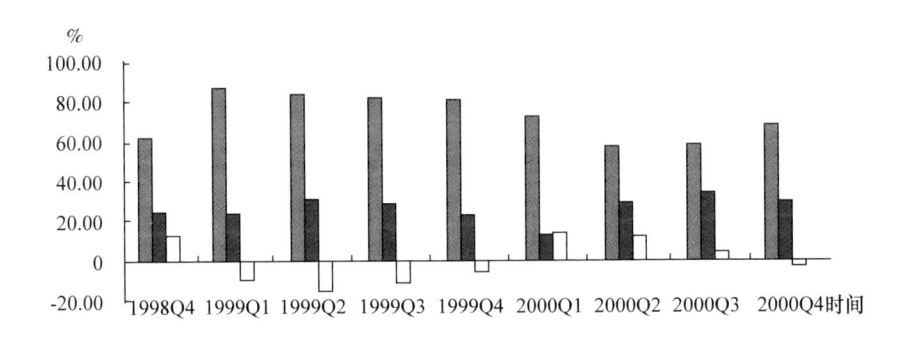

图3　总需求各部分对GDP增速的贡献率

注：各季度数据均为累计同比口径。

资料来源：国民经济研究所（NERI）；《中国宏观经济分析报告》，2000年。

供给面的情况

改善企业的盈利能力，是打破通紧恶性循环的关键。2000年，企业的盈利能力有了进一步提升，这主要得益于政府对企业进行的资产重组，以及扩张性的宏观经济政策。主要措施有六方面：一是消除过剩供给。一些产能过剩行业的企业被关停，例如制糖、造纸、建材等行业。产量的减少，使得产品价格有所回升，并进一步改善了这些行业企业的盈利能力；二是促进高科技产业发展，例如手机、光纤电缆等；三是目前，中国原油行业的发展得益于国际原油价格的拉升（不过经过一段时间，油价上涨总体上会对中国经济产生消极影响）；四是在2000年，中国人民银行进一步降息，当前利率已处于数十年来的最低水平；五是继续改革所有制结构，完善公司治理水平，这些也产生了积极的效果；六是最后同样重要的是，债转股政策使商业银行摆脱了大量坏账的困扰，同时也使得企业债务负担明显下降，这些都改善了企业盈利水平。

外部平衡情况

截至1999年年末，中国的总体外债余额为1518.3亿美元，较上年增加57.9亿美元，同比增长4%。其中，中长期外债余额为1366.5亿美元，比1998年增加了79.5亿美元。同样在1999年年末，中国的短期外债余额为151.8亿美元，比1998年减少了21.6亿美元。外债余额中，短期外债占比为10%（1998年为11.9%），远低于国际公认的20%警戒线。另外，外汇储备是短期外债的102%，也远远高于国际公认的100%的安全线。外债偿付比率（利息和本金偿付总额/经常账户收入）为10%，显著低于国际公认的20%的安全线。债务率（债务/经常账户收入）为70%，显著低于国际公认的安全线（100%）。外债/GDP为15%，明显低于国际公认的安全线（20%）。所有这些主要指标都显示，目前中国的外部债务情况十分健康。

表2　　　　　　　　　　中国的国际收支平衡表　　　　　　　单位：十亿美元

	1993	1994	1995	1996	1997	1998	1999
经常账户	-11.9	7.7	1.6	7.2	30.0	29.3	15.6
资本账户	23.5	32.6	38.7	34	23	-6.3	7.6
储备资产	-1.8	-30.5	-22.5	-31.6	-35.7	-6.4	-8.5
误差和遗漏	-9.8	-9.7	-17.8	-15.6	-17.0	-16.6	-14

资料来源：国家外汇管理局：《中国外汇》2000年第7期。

目前，2000年的国际收支官方数据暂未公布。但是可以确定，2000年中国将进一步积累外部头寸。2000年，中国的国际收支还会延续经常项目和资本项目的双顺差，外汇储备也将持续增长。

由于中国的外部头寸表现强劲，人民币汇率的短期稳定无忧。现在，中国经济学家在讨论的问题是，改革人民币的汇率形成机制。中国最有可能采取的方案是，在人民币钉住的一篮子货币中，增加非美元货币的权重，并放宽人民币汇率的波动幅度。但是不管最后中国政府如何改革汇率制度，短期内人民币可能还会保持走强趋势。

中国经济政策的分析和展望

2000年，中国政府继续实行积极的货币政策。由于通紧时期货币政策无效，所以在2000年政府更多地依赖财政政策。为抵消结构改革带来的短期负面冲击，为结构改革提供有利的经济环境，中国政府还需要继续实施扩张性的宏观经济政策。

财政政策

在过去两年，财政政策对中国经济保持增长发挥了重要作用。2000年，政府的财政支出主要集中在基础设施建设、国企改革、完善社会保障体系、科学技术发展、教育支出、农业和西部开发等方面。2000年前11个月，财政税收达到11913亿元，同比增长21.2%；不过同一时期，政府支出达到11909亿元，增长了20.6%。预计2000年全年，中国财政赤字将达到约1500亿元，比1999年减少200亿元。2000年，中国的财政赤字率将下降至低于2%的水平。宏观经济环境回暖，以及伴随的增值税、个税收入稳步提升，都推动了整体税收的快速增长。另外，关税和证券交易印花税的增长，税收管理制度的改进，也都促进了税收的迅速增长。然而，关于中国是否应该实行积极的财政政策，目前仍存争议。我的个人观点是，基于日本在1997年的经验教训，我强烈支持继续实施积极的财政政策。中国仍然应该把经济增长放首位，应该继续实施扩张性的宏观政策，直到经济进入稳定增长的轨道之上。2001年，政府应该继续加大财政支出力度，尤其是在工资和社会保障体系方面要加大投入。同时，政府应更加关注财政支出政策的协调问题，从而重塑经济结构和刺激经济增长。

货币政策

1998年以来，中国一直实行扩张的货币政策。1999年中国人民银行成功增加了3800亿元基础货币的投放，其中通过公开市场操作投放1907亿元，通过银行间外汇市场买入外汇投放803亿元，其余为中国人民银行对商业银行的再贷款。M2在1996年、1997年、1998年的增速分别为25.3%、17.1%、15.3%，而1999年的M2增速进一步低于15%，其原因在于银行的放贷意愿不强，企业融资面临困难。2000年，中国人民银行继续实施扩张性的货币政策。2000年年初，中国人民银行再次调低了存贷款利率（1996年下半年以来的第7次降息）。目前，1年期的居民存款利率为2.5%，显著低于美国相应的利率水平。此外，由于企业财务状况和市场预期不断好转，2000年的信贷扩张速度相比1999年明显加快。但13%左右的M2增速仍低于1999年的水平。与M2增速下滑的趋势相反，1999年第四季度以来，M0和M1一直保持20%的高速增长。2001年，中国人民银行采取扩张性货币政策的基调不会改变。但是由于中国人民银行对于通胀持有谨慎态度，因此和2000年相比，货币政策立场可能会更加倾向于中性。

结构改革提速

为了实现自主的、可持续的增长，2000年中国的结构改革提速。这主要体现在：改进国有企业的公司治理水平，清理处置不良贷款，以及各个行业在入世前做一系列的准备。

金融体系改革

金融体系的主要改革措施包括：（1）对四大银行进行资本重组；

（2）增加坏账拨备；（3）处置不良贷款；（4）设立资产管理公司。这些举措自1997年开始实施，2000年得到了进一步加速推进。

资本重组。据中国人民银行测算，资本重组之前，四大国有银行资本充足率仅为3.5%，风险加权资产总额超过了3万亿元。为了将资本充足率提高到合意水平，需要为其补充资本金2700亿元。此外，银行的存款准备金率过高，扭曲了资金配置。为解决这两大问题，1998年财政部向四大行定向发行2700亿元特别国债，然后又将这笔款项作为资本金对四大银行进行注资。四大行购买特别国债的资金，来源于自己账上闲置的准备金。而中国人民银行的存款准备金制度改革，释放出了这些闲置的准备金。具体地，在1998年，中国人民银行将存款准备金率从13%左右下调到8%左右。降准为四大银行释放了2400亿元存款准备金和300亿元超额准备金。使用上述两个渠道释放的2700亿元，四大银行认购了这笔特别国债。

处置不良贷款。据称中国的不良贷款率为25%，但是也有人认为真实比例可能更高。1995年以来，已处置的坏账达到了1990亿元。原则上，银行必须计提相应的贷款损失准备用来核销不良贷款。根据国际准则，贷款损失准备应占到银行贷款总额的1.25%。但在中国，1987年之前并没有贷款损失准备的要求。1992年以来，该比例一直维持在0.5%。按中国当前实际情况，贷款损失准备计提比例应该每年增加0.1%，直至达到1%的水平。

不良贷款的证券化。1999年国务院决定设立四大资产管理公司，收购国有银行不良贷款，并推动不良贷款的证券化。资产管理公司采取了一系列措施：（1）按账面价值收购商业银行的不良贷款。（2）银行增持由四大资产管理公司发行的特别债券，这些债券同时获得了财政部的隐性担保，同时银行剥离等额的不良资产。（3）资产管理公司对逾期无法偿还贷款的公司进行控股，并对其进行资产重组，以使其经营状况在4年内扭亏为盈。（4）资产管理公司阶段性持股4年，到期后必须在市场上出售所持股份。资产管理公司应努力实现尽可能高的回收率（30%的回收率是可以接受的）。（5）资产管理公司运营最终产生的任何损失，均由财政部来承担。

理论上来说，资产管理公司主要由以下渠道筹措资金：（1）财政部（初始资本和追加资本）；（2）对相关银行出售由财政部担保的特别债券；（3）从银行获得贷款；（4）中国人民银行提供的贷款。

债转股的具体实施步骤是：先由国家经济贸易委员会负责举荐有资格参加债转股计划的企业，再由资产管理公司同这些企业就债转股计划进行谈判。

根据计划，资产管理公司的预期经营年限为10年，到期时将折价卖出全部坏账。潜在的买入方包括：（1）参加债转股计划的公司（假设在未来能够盈利）；（2）由资产管理公司接管债务的股份制公司；（3）当地的地方政府及企业；（4）股票市场（若公司重组之后能上市并且股票可以流通）；（5）外国买方。

自实施以来，债转股计划进展很快。2000年，债转股的签约规模已经超过1.4万亿元。现在债转股计划进入了第二阶段：贷款回收。不过预计的资产回收率会较低，大概在30%—40%，剩余缺口由财政部门承担。考虑到过去两年中，在扩张性财政政策的背景下，政府发行的国债规模也只有2680亿元，所以1.4万亿元确实是一笔大数目。债转股计划引发的巨大财务成本，会对政府的财政状况、中国人民银行的资产负债表质量，以及中国宏观经济的稳定性产生影响，这方面还有待更加完整的分析。

企业改革

自改革开放以来，企业改革一直是中国经济改革需要突破的关键环节。企业改革的成败决定了中国金融体制改革的结果。只有中国的企业改革成功，中国才能顺利完成经济转型。为此，政府采取了渐进式方法来推动企业改革。过去2年（1999—2000年）以来的主要措施可以概括为：（1）在利润留存、经营自主权方面给企业更大的授权；(2) 经济的计划性质从强制性转为指导性，并完成价格放开；(3) 鼓励非国有企业的快速发展，尤其是乡镇企业；(4) 允许亏损的国有企业破产，并且把一些中小型国有企业出售给私人所有者；(5) 将大型国企改制为混合所有制的股份公司；(6) 通过外商直接投资，创建中外合资企业和外商独资企业。

尽管中国没有进行大规模的私有化，但是非国有企业的GDP占比已经超过50%。近几年，政府改革国有企业的重点是，改进公司治理结构从而减少亏损国有企业的数量。

通过兼并、破产、重组、债转股、改善经营管理等各种政策，亏损的大型、中型国有企业数量出现了减少。根据朱镕基总理发布的数据，1999年工业企业利润达到了2202亿元，比上年增长52%。其中国有及国有控股企业的总利润达到967亿元，比上年增长77.7%，创下了过去五年的最高纪录。[1] 正如前文所述，企业改革对企业的效益产生了重要影响，2000年中国企业的经营状况获得了进一步改善。20个政府部门的联合调查表明：81.6%（1999年为75.9%）的企业表示其经营状况良好。

尽管2000年的企业改革取得了成绩，但是必须认识到，中国企业改革还将是一个缓慢而艰难的过程。很多人对中国加入WTO寄予厚望，希望通过引入外部竞争倒逼国有企业加速改革，从而提供更好的产品和服务。这一愿望能否实现，只有时间才能告诉我们答案。

中国经济的长期前景

本轮经济周期开始于1997年。2000年中国经济的表现似乎表明：中国已经走出了本轮经济周期的底部。不过，2000年经济形势

---

[1] 2000年3月5日，朱镕基在第九届全国人民代表大会上的讲话。

好于预期得益于很多暂时性因素，这些因素在 2001 年可能不复存在。比如，世界经济增速可能下行，而且，出于对通胀风险的谨慎态度，中国政府财政政策和货币政策的宽松力度会变小。因此，2001 年中国的经济增速可能低于 2000 年，达到 7.5% 的水平。

过去几年，很多重要学者和经济类刊物曾经预言，脆弱的金融体制和其他因素可能会导致中国经济走下坡路。尼古拉斯·拉迪（Nicholas R. Lardy）就预言说："中国宏观经济稳定的最大威胁，就是其国内银行爆发危机的可能性……一个庞大的资不抵债的银行体系，这正是发生危机核心的前提条件，而这个条件在中国已经具备了。"尽管我们并不同意这种对中国经济前景的悲观看法，但我们也必须仔细研究其关于中国经济脆弱环节的分析，不能让它们成为未来经济增长的绊脚石。

不良贷款率高

拉迪认为，在中国金融机构资产质量恶化的同时，不良贷款率持续攀升，目前已经远高于 1997 年亚洲金融危机爆发前夕泰国和韩国金融机构的水平。20 世纪 80 年代危机对中国最大的警示就是，如果不良率达到 15%，局部的财务危机有可能会演化成为系统性危机。而在中国，银行的不良率已经达到了 25% 以上的水平。

除了不良率高之外，资本充足率偏低是中国银行体系的另一个脆弱点[①]。此外，大部分信托投资公司，包括很多国有企业，已经积累了大量没有进行风险对冲的外币债务。一旦本币突然发生贬值，本币计值的债务也将突然增加，这将是毁灭性的，会导致许多金融机构和企业破产。

基于上述观察，拉迪预设了中国可能发生金融危机的情境：

---

① 据中国人民银行测算，中国四大银行资本重组前的资本充足率约为 3.5%，1998 年四大银行的资本充足率达到 8%。有中国人民银行官员确认，未来 4—7 年，四大银行的充足率水平能够保持在这一水平。

第一阶段：居民对政府提供隐性担保的银行存款丧失信心。国内经济增速放缓，进而银行的经营状况恶化，这可能成为一个触发因素。或者是，经常账户出现巨额赤字、外国直接投资急剧下滑，两者引发汇率大幅贬值，这也可能成为一个导火索。

第二阶段：居民开始将储蓄变现，大型国有银行面临流动性问题。

第三阶段：作为最后贷款人，中央银行向商业银行提供流动性，而这将进一步导致高通胀。

第四阶段：居民从银行取出存款，引发支付系统、信用系统的崩溃，最后造成大的衰退。

不过，拉迪设定的情形缺乏足够说服力。首先，即便中国真的出现经济增长放缓，或是经常性账户出现巨额赤字、外商直接投资急剧下降的情况，也不会造成银行挤兑，只要中国的储户相信中国人民银行作为最后贷款人会确保其存款的安全性。因为中国的公众确实是这么想的，所以中国的银行体系不会发生流动性问题。在中国，更加现实的情况是，居民会出于通胀预期将银行存款提现，而不是因为其对银行系统失去信心。也就是说，中国政府面临的问题是宏观经济的稳定性，而不是银行系统的危机问题。其次，假如储户对银行系统失去信心，会选择哪种投资方式来转移手中的存款？他们也许会买房、买股票，或是购入其他金融资产。这时候钱又变成新的存款流回银行。只要居民不能购买外国资产，就不会发生货币危机或是金融危机。简而言之，只要存在政府对存款的隐性担保，居民不能将其存款转化为外国资产，中国就不会发生银行危机。

不过，我们也不应该轻易否定拉迪所描述的极端情形。不可否认，目前中国的银行体系还远远谈不上健康。金融体系的脆弱，也正是过去几年中国经济表现欠佳的重要原因。拉迪对中国银行系统脆弱性的评价，基本上是正确的。如果没有资本管制，中国的经济或许还不如泰国这些金融危机的受害国。

M2/GDP 比率高

拉迪还犀利地指出：过去 20 年中国的贷款急速增长，但资产质量却严重下滑，所有金融机构提供的未偿还贷款余额也随之快速攀升，相应的，中国的 M2/GDP 比例已经超过了 120%，是全球最高的国家之一（表3）。如果从该比例的增速角度来看，拿中国和其他国家作对比，结果将更加惊人。

中国的 M2/GDP 比值极高，这是一个非常严重的问题。其原因和可能产生的影响，我将另作详细的分析。这里仅说明一个事实：存款是 M2 的主要组成部分。银行存款对应的是银行贷款及其他银行资产。不良贷款率高，意味着较大比例的存款对应着不良贷款。这一事实的含义，值得我们去关注。

表3　　　　　　　　1999 年各国货币供给量和 GDP

发展中国家	单位	货币与准货币	GDP	货币供给/GDP
中国	十亿元	11990（M2）	8191	146
印度	十亿卢比	8636	15157	49
马来西亚	百万林吉特	316852	299193	106
泰国	十亿泰铢	5019	4941	102
墨西哥	十亿比索	2108（M4）	4623	46
捷克	十亿克朗	1355	1836	74
发达国家	单位	货币与准货币	GDP	货币供给/GDP
美国	十亿美元	6512（M3）	9256	70
日本	万亿日元	622800	495375	126
欧元区	十亿欧元	4777（M3）	6108	78
英国	十亿英镑	813（M4）	890	91
澳大利亚	十亿澳大利亚元	431	611	71

资料来源：《IMF 国际金融统计年鉴》，2000 年。

财政状况相对健康

不良贷款率高、资本充足率低,是否会真的引发银行危机、恶性通胀,以及经济衰退,我们并不能确定。但是,高企的不良率的确会引发信贷紧缩、经济增速放缓。在过去三年,我们已经目睹了这一点。亚洲国家的经验表明,最终政府不得不担负起处置不良贷款的责任。因此问题的关键是,中国政府能否负担得起,为这些不良贷款买单,并同时推动其他改革措施?幸运的是,答案是肯定的。

表4　　　　　　　　　　中国的财政状况

年份	财政赤字(亿元)	财政赤字/GDP(%)
1980	-68.90	1.53
1990	-146.49	0.79
1994	-574.52	1.22
1995	-581.52	0.99
1996	-529.56	0.78
1997	-582.42	0.78
1998	-922.23	1.16
1999	-1759.05	2.14

资料来源:"十五"计划财政问题研究课题组、国家发展计划委员会:《经济研究参考》1999年7月16日。

1998年年中以来,中国政府一直采取积极的财政政策。1998年政府债券的净发行量为1000亿元,1999年为1760亿元,2000年是不到2000亿元。

根据官方的统计数据,政府债务余额占GDP比例仍低于12%。许多经济学家认为,倘若把或有负债考虑在内,该比例会飙升至100%。我认为这种说法未免夸大了中国财政状况的脆弱性。首先,或有负债和显

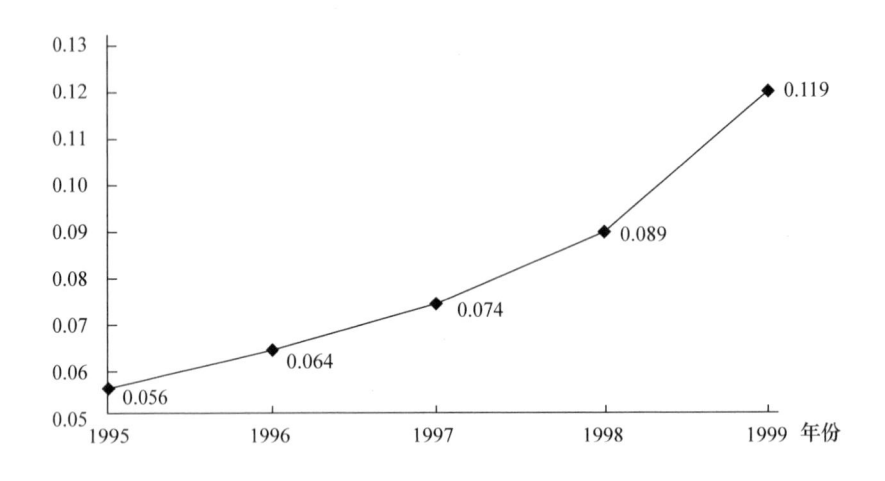

图 4　中国政府的债务/GDP 比率

资料来源：国民经济研究所（NERI）：《中国宏观经济分析报告》，2000 年。

性负债、直接债务是不同的负债类型，不应被混为一谈；其次，若算上政府的预算外收入等，那么政府的偿债能力也将远高于表面现象；最后也是最重要的一点，财政的可持续性取决于债务/GDP 比例的动态路径变化。这一动态路径，由经济增速、预算赤字/GDP 两个指标共同决定。只要中国能保持 7%—8% 这一相对较高的经济增速，以及低于 3% 的预算赤字率，那么债务对 GDP 比例将随着时间变化收敛到低于 40% 的极限水平。就算把或有债务也并入债务总额，也只是对初始条件产生影响，并不会改变债务/GDP 比例将收敛到的极限值水平。有一些外国学者，曾经下注中国经济将会崩盘，但最近他们将关注点从中国金融体系的脆弱性，转向到了中国的财政的可持续性问题。笔者认为，他们的新论据和过去一样是无效的。只要中国政府在宏观经济政策协调和经济结构调整中不犯致命性错误，保持合意的经济增速和较低的预算赤字，那么中国的财政状况就会是可持续的。在未来 10 年，中国经济的前路依然是一片光明。

克服通缩主要靠积极的财政政策*

中国当前的财政政策

自1998年以来,为了扭转经济增长率持续多年下降的局面(图1),中国政府采取了积极的财政政策。积极的财政政策首先表现为大量发行长期建设债券,大力进行公共工程建设。财政部在1998年、1999年和2000年这三年分别发行长期建设国债1000亿元、1100亿元和1500亿元。三年累计共发行国债3600亿元。

这些国债主要用于基础设施的投资项目,以加快农林水利、交通、城市基础设施和环保、城乡电网建设与改造、中央直属储备粮库、经济适用住房以及重点行业技术改造、重大项目装备国产化和高技术产业化、环保与生态建设、教育基础设施等方面的建设。事实表明,这种积极的财政政策对拉动中国经济增长发挥了重要的作用。2000年中国经济增长能够实现回升,在很大程度上与连续多年的积极财政政策有重要的关系。有统计表明,实施积极的财政政策三年间,国家发行的3600亿元长期建设国债,直接带动各种投入配套资金和银行贷款约7500亿元。根据有关部门测算,1998年、1999年和

---

* 本文原题为《论中国当前的积极财政政策》,作者是余永定、李军、丛亮,收入《中国经济前景分析——2001年春季报告》,社会科学文献出版社2001年版。

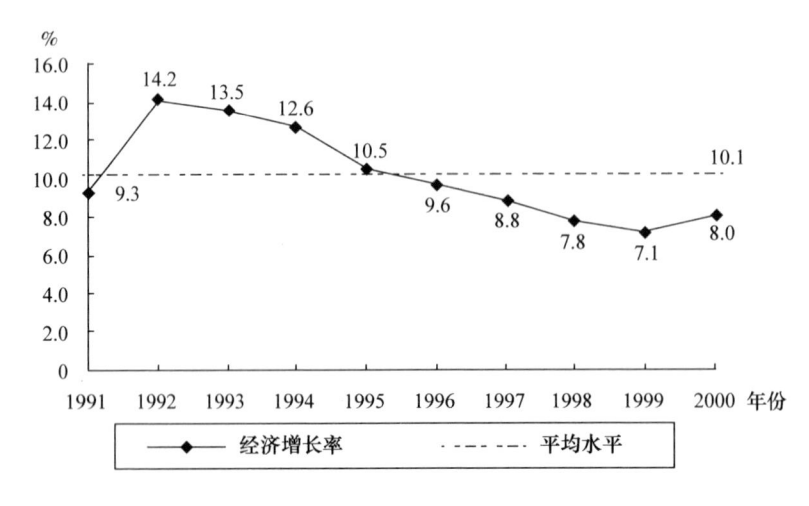

图1　20世纪90年代中国经济增长率曲线

2000年分别带动经济增长1.5个、2个和1.7个百分点。①

1998年年初，国债投资方向以基础设施为主，重点投向大江大河堤防整治、重点地区生态环境整治、铁路公路民航交通、城市基础设施建设、农村电网改造、中央直属储备粮库建设等基础设施建设方面，资金配套是以地方政府和银行配套为主。这种直接投向基础设施的做法减少了水泥、钢材等投资类产品的存货积压，缓解了这些产品严重供大于求的矛盾，促进了这些产品的生产。但是，这种做法也存在产业链条较短，投资乘数较小，对经济增长拉动作用不够的弱点，对于非投资类的一般加工工业和制造业生产没有明显的拉动作用。随着对扩张性财政政策认识的不断深化，扩张性的财政投资范围和方式也不断拓展。为提高对加工工业投资的积极性和生产水平，政府采取了财政贴息政策，带动重点行业和重点企业投入资金进行技术改造，使得钢铁、石化、有色金属、电子信息、造纸等行业生产技术水平都

---

① 项怀诚：《关于2000年中央和地方预算执行情况及2001年中央和地方预算草案的报告——2001年3月6日在第九届全国人民代表大会第三次会议上》，《中国财政》2001年4月8日。

得到了提高，有效供给能力有所增强，市场竞争力得到加强，也在一定程度上缓解了基础设施投资产业链条过短的矛盾。同时，为刺激消费增长，中国政府增加了教育、旅游等方面的基础设施投资，促进了教育和旅游消费的快速增长。

积极财政政策的又一重要体现是增加政府财政支出，建立和完善社会保障体系，提高中低收入居民收入水平和社会保障水平，扩大社会消费。针对居民收入分配差距越来越大、居民消费倾向下降而导致居民消费不振的局面，国家财政一方面大幅度提高行政事业单位职工的基本工资水平，另一方面采取保障国有企业下岗职工基本生活费和企业离退休人员养老金按时足额发放的措施，实行城市居民最低生活保障等各项社会保障制度，并提高了社会保障三条线水平，以改善居民心理预期，增强即期消费能力。同时，国家财政坚持按照保护价收购农民余粮的政策，力图保证农民收入在粮价持续下跌的情况下，收入不至于过度减少，也在一定程度上减缓了农村居民消费下滑的势头。

积极财政政策的最后一项内容是实行各种减税政策，鼓励增加投资、消费和扩大出口。为鼓励增加投资，1999年下半年开始减半征收固定资产投资方向调节税，并于2000年暂停征收。对于符合国家产业政策的企业技术改造项目购置国产设备，准许按照40%抵免企业所得税。为鼓励房地产投资，从1999年8月1日起对涉及房地产的营业税、契税和土地增值税等给予一定的减免。为鼓励软件和信息技术等高新技术产业的发展，大幅度调低其增值税实际征收率，鼓励企业进行科研开发。为促使居民增加消费，减少储蓄，国家恢复将利息所得纳入所得税的征收范围，促进了储蓄资金流向消费市场和证券市场。为增强出口产品的价格竞争力，鼓励扩大出口，先后两次调高了出口产品退税率，使出口商品综合退税率水平达到15%以上，提高了5.5个百分点，避免了1999年出口的进一步下滑，并更加有效地利用了国际市场迅速回升的有利环境，实现了2000年出口的超高速增长。

可以看到，中国扩张性财政政策的运用从扩大财政支出、增加财政赤字到加大转移支付力度，从减免税收到增加退税，几乎涉及了所有的财政政策工具，范围之宽、力度之大也是改革开放以来绝无仅有的。这些扩张性的财政政策，为促进经济增长做出了重要贡献。

在2000年，中国的财政状况比1999年有明显改善。2000年全国财政收入13380亿元，比上年增长16.9%；财政支出15879亿元，增长20.4%。全国财政收支相抵，财政赤字为2499亿元（表1）。财政赤字对GDP之比由1999年的2.14%上升到2000年的2.80%。

表1 "九五"期间中国的财政收支状况

年份	财政收入（亿元）	财政支出（亿元）	财政赤字（亿元）	财政赤字与GDP之比（%）
1996	7408	7938	-530	0.78
1997	8651	9234	-582	0.78
1998	9876	10798	-922	1.16
1999	11377	13136	-1759	2.14
2000	13380	15879	-2499	2.80

资料来源：1996—1999年数据来自《中国统计年鉴2000》；2000年数据来自《中国统计公报2001》。

继续实行积极财政政策的必要性

中国经济目前正逐步走出有效需求不足，物价水平持续下降的经济疲软时期。但是，中国经济增长势头的恢复是不稳固的，中国经济不仅仍然存在着严重的结构性问题，还仍然存在着令人担忧的有效需求不足问题。为了巩固和加强经济的增长势头，中国政府显然有必要继续执行积极的财政和货币政策。在确立了继续实行积极的财政和货币政策的必要性之后，我们必须进一步考虑继续实行积极的财政和货币政策的余地的问题。在中国，执行扩张性货币政策受到多重限制。首先，中国经济的流动性水平非常高。具体来说，中国的 M2/GDP 比已高达146%，是世界上流动性最高的国家。在流动性水平很高的情况下，政府实行扩张性货币政策很容易引发通货膨胀。其次，由于中国经济的结构性问题，如中国金融机构不良债权的比重很高，中国企业的公司治理结构问题重重等等，货币供给在相当程度上内生化。换言之，即便中国人民银行主观上希望增加货币供应量，由于商业银行惜贷、企业惜借，货币供应量无法增加。在一些情况下，甚至增加基础货币都有困难。再次，中国目前的利息率水平已处于非常低的水平，进一步降低可能对金融稳定造成严重不良影响，如可能导致资产价格膨胀和资本外逃等。

在目前情况下，扩张性的货币政策难以进一步发挥作用并非偶然。首先，完善的货币市场是货币政策充分发挥作用的先决条件。中国经济正处在从传统的计划经济向社会主义市场经济转变的过程中，市场经济的机制尚不完备是制约货币政策发挥效应的一个重要因素。货币政策的传导机制在很大程度上需要借助于市场机制来完成。货币只是交换媒介，并不构成对商品或服务的需求因素。因此，货币政策并不具有对总需求的直接作用效应。例如，只有当利率实现自由化，基准利率的变动通过涟漪作用引发货币市场和资本市场的各种利息率（收益率）的相应变动并进而引发投资的变动时，利率政策的效应才能得以体现。否则，利息率政策就不会正常发挥作用。其次，当前中国经济发展中的一些具有长期性和深层次性的问题，不是简单的货币政策就能解决得了的，这些问题的存在也是制约货币政策效应发挥的重要原因。当前中国的企业创新能力普遍不强，区域发展不平衡，总体人力资源素质水平不高，各种体制与制度上仍存在许多难以克服的问题。换句话说，即使当前中国有较为完善的货币市场和资本市场，仍然难以依靠货币政策启动投资需求。现实的情况是，目前众多的企业并不是已经有好项目或好产品只是缺钱无法生产，问题在于众多的企业不知该上什么项目，也不知道自己的产品市场在哪里。在这种情况下，即使利率再低也是无法刺激企业投资需求的。除非给企业不需要归还的、无风险的资金，从而回到过去的财政拨款制度。目前的降息为众多企业，特别是国有企业所带来的好处主要是，企业可以借低息贷款偿还原有的高息贷款，以此达到降低企业利息负担的作用。总之，即便中国人民银行愿意而且可以进一步增加货币供应量和降低利息率，面对中国目前的制度性和结构性问题，不但私人投资需求和社会消费需求的增加有限，而且将破坏经济结构调整和经济体制改革的成果。

鉴于上述情况，中国人民银行在2001年采取的是"稳健的货币政策"。由于中国人民银行所执行的这种趋于"中性"或"被动"的政策取向，在2001年，中国人民银行在推行政府积极的宏观经济政策的过程中将只能起到第二小提琴手的作用，刺激有效需求的主要负担将落在财政政策上。

同货币政策相比，财政政策是弥补有效需求不足的更为有效的政策工具。首先，财政政策对有效需求的刺激作用比货币政策更直接。这一点可通过国民经济核算式 GDP = C + I + G + NX 来说明，其中 C 为消费，I 为投资，G 为政府支出，NX 为净出口。由该核算式可以看出，政府支出 G 的增加是提高总需求水平的一个直接要素，即在税收水平给定的条件下，政府支出增加，将直接导致总需求水平的提高。其次，政府支出的增加导致收入的增加，而收入的增加导致消费需求的增加，进而引发总需求的进一步提高，即积极财政政策具有所谓的财政乘数效应。再次，如果积极财政政策的执行结果是扩大了公共投资，将有助于改善经济的长期增长潜力，这是积极财政政策的一个长期性效应。自1998年以来的三年，发行的国债主要用于基础设施方面的建设，中国经济的增长潜力将因此而提高。增加用于基础设施的公共开支，具有拉动短期需求和长期增长速度的双重作用。这种双重作用是其他宏观政策所不具有的。最后，财政支出还可用于完善社会福利保险制度，冲销不良债权等方面。因而，积极的财政政策还具有进行宏观经济调控和推动结构改革的双重作用。

反对（或主张尽量少用）扩张性财政政策，特别是增加财政支出的政策的主要论点有三：第一，如果考虑到中国的所谓或有债务，中国债务余额对GDP之比已经超过100%。因而，中国政府继续执行扩张性财政政策的余地已经不大，继续实行扩张性财政政策将导致经济因债务负担过重而陷入崩溃。第二，扩大财政支出的财政政策是低效率的。一方面，这种低效率表现为有政府提供资金的项目的边际投资效益日益下降。另一方面，这种低效率表现为财政扩张对经济的拉动作用日趋下降。第三，与财政支出低效率论相联系，中国扩张性财政政策的重点应是减税而不是扩大财政支出。

中国有无继续实行扩张性财政政策的余地

自1998年以来，为了刺激有效需求，中国政府采取了扩张性的财政政策。在不到两年的时间中，中国的许多财政状况指标，如财政赤字（对GDP之比）、国债余额对GDP之比（国债负担率）、债务依存度、偿债率（debt service ratio）呈现迅速恶化趋势。

表2　　　　　　　　　　　中国的财政赤字

年份	财政赤字绝对量（亿元）	财政赤字与GDP之比（%）
1980	69	1.53
1990	146	0.79
1994	575	1.23
1995	582	0.99
1996	530	0.78
1997	582	0.78
1998	922	1.16

续表

年份	财政赤字绝对量（亿元）	财政赤字与GDP之比（%）
1999	1759	2.14
2000	2499	2.80

资料来源：1996—1999年数据来自《中国统计年鉴2000》；2000年数据来自《中国统计公报2001》。

但就目前而言，由于长期以来在经济保持高速增长的同时，财政赤字在GDP中所占的比重始终保持在很低的水平上。尽管债务余额迅速增加（图2），中国的国债余额对GDP之比（国债负担率）仍处于相当低的水平上（图3）。

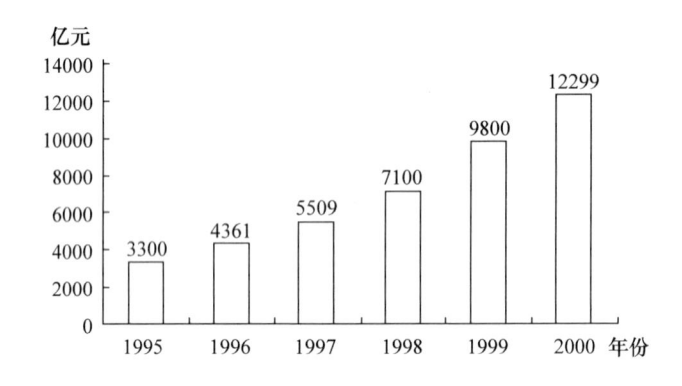

图2　中国国债余额

资料来源：1999年以前数据来自国家计委"十五"时期财政问题研究课题组《经济研究参考》，1999年7月16日，第28页；2000年数据由我按1999年债务余额＋2000年财政赤字估算。

但是，必须指出的是，同国际上通行的做法不同，在中国的财政收支表中，许多开支项目并未包含在政府预算开支之中。如果把所有这些应支出而未支出或将来可能必须支出的项目包括进去，政府所累积的国债余额将会大大增加。

许多经济学家和国际经济组织指出，如果考虑到所谓的"或然

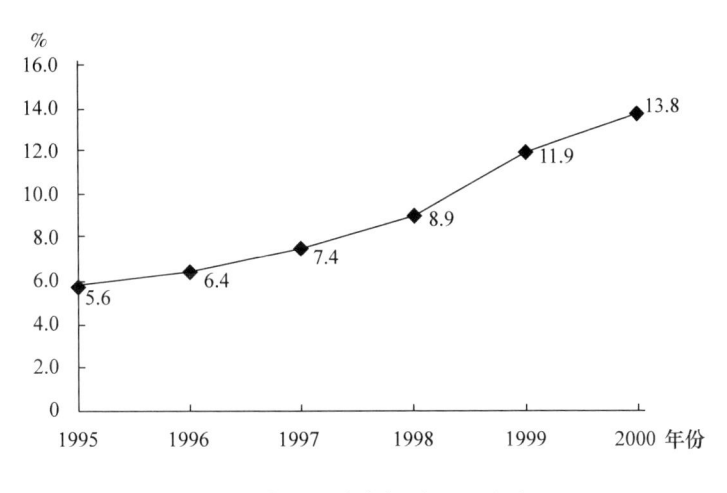

图 3 中国国债余额对 GDP 之比

（或有）债务"，中国的实际国债余额对 GDP 之比要比官方统计所显示的高得多。有鉴于此，人们难免对中国的财政稳定产生担忧。然而，我们研究发现，目前中国还有相当大的继续执行扩张性财政政策的余地。另外，我们的研究还发现，在继续执行扩张性财政政策的同时，政府必须密切注意这种政策对利息率水平所产生的压力，以避免进入财政状况可能突然急剧恶化的危险区。

所谓中国是否还有继续实行扩张性财政政策余地的问题，实质上是政府财政的可持续性问题。财政的可持续性这一概念可以包含三重含义：首先，如果政府能够长期保持财政收支平衡，则政府财政是可持续的；其次，尽管在相当长时期内不能实现财政收支平衡，但政府能够通过发行国债为财政赤字融资，则政府财政依然可以说是可持续的；最后，如果在经济中存在这样一种机制，当财政脱离平衡状态之后，经济变量之间的相互作用可以使财政恢复或趋于恢复平衡，则政府的财政状态可定义为是稳定可持续的。

就中国当前的财政状况来看，更有意义的是从上述第二重意义上考察财政的可持续性问题①。财政是否可持续的关键是：在未来政府有没有能力或公众认为在未来政府有没有能力偿还到期的债务。如果随着债务的累积，到未来的某一天，政府既无法利用财政节余偿还债务，又不能通过发行新国债偿还旧国债（即无论债券的名义收益率有多高，也没人愿意购买新国债），政府就只剩下两个选择：使国债货币化（印钞票）或宣布废除旧的债务。前者意味着恶性通货膨胀，后者意味着国家信用的破产，而这两者都意味着经济的崩溃。或者，尽管实际情况并没有糟糕到政府将没有能力偿还到期债务的地步，但如果公众认为事情已糟糕到了那种地步，公众所做出的反应将使事情实际发展到那种地步，从而导致经济的崩溃。

国际上通用的衡量政府偿债能力的最重要指标是国债余额对 GDP 之比。在其他条件不变的情况下，政府的国债余额对 GDP 之比越高意味着偿债能力越差。不难设想，如果随着时间的推移，国债余额对 GDP 之比不断提高，那么，国债余额对 GDP 之比迟早将达到某一数值，对应于这一数值，政府将无力偿还债务从而导致经济的崩溃。如果一国政府不能保证国债余额对 GDP 之比不会超过某一给定的数值，该国的财政就是不可持续的（不稳定的）②。因而，对于中国政府继续实行扩张性财政政策的余地的讨论，可以归结为对中国国债余额对 GDP 之比增长路径、性质以及扩张性财政政策对该路径影响的讨论。

我们的研究发现，国债余额对 GDP 之比的变化过程，主要取决于两个量：财政赤字对 GDP 之比和 GDP 增长速度。不管当前的国债余额对 GDP 之比到底有多高，在假定财政赤字对 GDP 之比和经济增长速度为常数的情况下（如假定财政赤字对 GDP 之比为 2%，GDP 增长速度为 7%），国债余额对 GDP 之比将趋于一个常数（2/7 = 28%）。关于国债余额对 GDP 之比变化的动态路径可以用图 4 来表示。

---

① 在过去的一些文章中我们使用了财政状况的稳定性的概念，在这里的可持续性概念与我们过去所用的稳定性概念等价。

② 这里对于稳定的定义与经济增长理论中的定义略有不同。

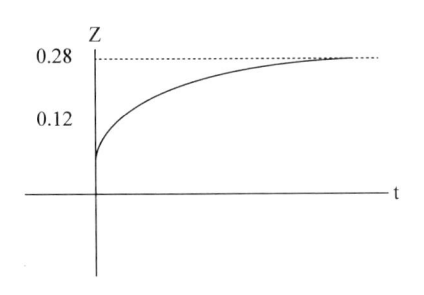

图 4　国债余额对 GDP 之比的增长路径

设作为研究出发点的当期债务余额对 GDP 之比为 12%，未来各年的经济增长率为 7%，未来各年财政赤字对 GDP 之比为 2%。则债务余额对 GDP 之比将随时间（t）的推移而上升，并逐渐接近 28%。只要经济增长速度和财政赤字对 GDP 之比不变，债务余额对 GDP 之比就不会超过 28%。从图 4 中可以看出，在其他因素不变的条件下，债务余额对 GDP 之比的增长速度是趋缓的。我们不难算出，经过多少时间，债务余额对 GDP 之比将十分接近 28%。如果考虑到或然债务，例如，假设在考虑到或然债务的条件下，中国的国债余额对 GDP 之比为 100%，那么中国的国债余额对 GDP 之比的增长路径会发生什么变化呢？应用同样的方法不难推出，在国债余额对 GDP 之比的初始值大于由渐进线所定义的极限值的情况下，随时间的推移，国债余额对 GDP 之比将会下降，并逐渐逼近 28%。从以上分析可以看出，从动态的观点来看，当前中国的实际债务余额对 GDP 之比到底有多大并不具有决定意义，真正具有决定性意义的参数是财政赤字对 GDP 之比和经济增长速度。如果中国政府能够确保财政赤字对 GDP 之比不超过 3%，经济增长速度不低于 7%，中国的财政状况就不会恶化到因债务负担过重而出现危机的地步。我们可以看出，保持一定的增长速度对于财政的稳定是起关键作用的。如果经济增长速度过低，债务余额对 GDP 之比就会急剧上升。日本目前的财政危机，在很大程度上是过去十年来经济增长速度过低造成的。美国财政状况迅速好转，在很大程度上应归功于美国过去十年来较高的经济增长速度。此外，中国居民有着很高的储蓄率。高储蓄率意味着政府在出售国债时将不会遇到很大困难，国债收益率（利息率）将不会因缺少国债买主而被过度推高。尽管在这里我着重指出了中国依然有继续实行扩张性财政政策的余地，但是，也要看到，执行扩张性财政政策只是一剂强心针，是不得已而为之。扩张性财政政策只是为进行结构改革争取到时间，如不能积极推行结构改革，错失时机，再大的财政扩张余地也会在相对短的时间内用尽。到2000年，中国财政赤字与GDP之比为2.8%，已接近设定的3%的界限，这表明继续实行扩张性财政政策的施展空间开始愈来愈小，对此必须要给予充分的注意。

如何认识当前财政政策的效率问题

所谓财政政策的效率问题可以从三个方面来理解。首先，我们可以问，政府在制定财政政策时，效率的考虑应占何种地位。其次，对于那些应该或可以考虑效率问题的财政支出项目，如公共工程建设，我们可以问，国家作为投资主体，其对于投资项目的决策（如是否在某地建造一座发电站）是否一定（或一般）比私人投资主体的效率低。最后，我们可以问，对于给定的公共工程建设项目，是否由于政府的参与，该项目的建设效率一定（或一般）比完全没有政府参与的项目的建设效率低。由这三方面的问题说明必须要重视财政政策的效率问题。

关于第一个问题，财政政策的一些目标是非经济的，因而效率的考虑只占次要地位。在这个意义上说，财政政策天生就有低效率的特征。财政政策的许多目标，如增加就业和进行收入再分配等是经济的，但这些经济问题属于宏观经济领域。但宏观经济目标的实现与微观经济的效率有时是不一致的，牺牲效率有时不得不付出代价。在有效需求不足、就业形势恶化、经济增长速度低于潜在经济增长速度的时候，扩张性财政政策的主要任务是刺激经济增长。按照凯恩斯的说法，在这种情况下雇用工人挖坑再填埋也不失为一种办法。应该强调的是，财政性资金的拥有主体是政府，政府本身缺乏追求利润的内在动力，自然也缺乏追求效率的内在动力。因此，我们强烈支持政府尽量避免介入应该由市场组织的经济活动的主张。但是，当市场失效，特别是当宏观经济进入或可能进入通货收缩的恶性循环时，政府干预是不可避免的。在这种情况下，效率问题不应成为政府制定财政政策的首要考虑。

关于第二个问题，首先应该看到，中国是一个发展中国家，中国仍然存在大量的可以获得非常好的投资效益的基础设施项目。中国不是日本，在日本，进一步进行公共工程建设的余地可能已经很小了。因而在日本出现了许多永远不可能收回投资成本的投资项目（在同一条河流的相距不远的地方建造两座桥梁、高标准的公路修进人口稀少的小村落等）。在中国，选择肯定会有收益的重大基础项目是相对容易的。其次，中国正处于市场经济的初级阶段，缺乏有实力的大公司。如果政府无力选择有效益的公共工程项目，私人部门就更无此种能力了。应该看到，在中国目前的体制环境下，地方利益、腐败等因素都会对政府的投资决策过程造成影响。但如何排除这类因素的干扰的问题，则已超出本文的讨论范围。

关于第三个问题，在很大程度上，效率低下是中国广泛存在的现象。目前的财政资金使用效率偏低的问题只不过是上述问题的一个部分。公共工程建设效率问题的根本解决有待于中国经济体制、政治体制改革问题的顺利解决。但是，在一定程度上，由财政支持的项目建设本身的效率是可以通过加强和完善相关体制而提高的。例如，通过严格执行国际通行的招投标程序，强化竞争机制是可以解决工程承包方面的问题的。中国加入WTO也将有助于这类问题的解决。

反对积极财政政策的一个重要论点是，财政政策乘数过小，财政支出对经济的拉动作用过小。从理论上讲，政府支出的增加具有乘数效应，即政府支出增加1个单位所引发的最终收入增加应大于1。但由于存在着"挤出效应"（crowding out），因此不能简单地套用财政支出的乘数计算公式，而要对实际经济进行具体分析。

所谓财政政策的挤出效应在经济学理论中指的是这样一种现象：政府支出的增加可能导致（私人）投资的下降，因此，最终的结果可能是总支出并没有增加多少。即政府支出的增加把一定量（甚至全部）的私人投资挤掉了。但事实上，挤出效应并非是一种必然的现象，挤出效应的发生需要一定的条件。用 IS—LM 模型对挤出效应的解释是：政府支出的增加导致 IS 曲线上移，在 LM 曲线不变的情况下导致利率上升，而利率上升将导致投资减少。实际上总收入水平的最后结果取决于政府支出的增加程度、货币需求对利息率的弹性和投资需求的利息率弹性的综合结果。

有两个极端的情况是值得注意的。首先，当利率被固定在一个水平上，此时 LM 曲线为水平的直线，政府支出增加的乘数效果将全部发挥而没有挤出效应；其次，当货币需求对利息率的变动毫无弹性时（此时 LM 曲线是一条垂线），政府支出增加的结果将全部被挤出而没有任何乘数效应。在第二种情况下，无论怎样增加政府支出，总收入水平都将保持不变。货币需求对利息率的变动无弹性的政策含义是，由于流动性需求的任何增加都将导致利息率的急剧上升，政府增加支出带来的流动性需求的增加所导致的利息率的上升将使私人投资需求减少，从而使乘数减少甚至为0。在中国，资本市场和货币市场仍然处于不完善状态，上文所描述的货币市场和资本市场的运行机制在中国是不适用的。由于利息率的自由化还未实现，政府对重要的利息率（如贷款利息率和存款利息率）还在实行管制。在中国，如果由于政府财政支出的增加，经济对流动性的需求增加，货币市场将出现供不应求的现象。但这种供不应求将主要表现为货币市场上的"信贷配额"（credit rationing）现象。私人投资将由于实行信贷配额而受到排挤。中国目前的情况是，由于中国人民银行执行了宽松的货币政策，对于为满足交易动机的货币需求的增加（这是由于政府财政支出增加所导致的）不会产生利息率上升的压力或形成通过"信贷配额"来维持货币市场均衡的局面。因而，财政支出增加不会产生很大的挤出效应。换言之，非国有投资者将不会因利息率上升或因无法取得流动资金而无法正常投资。

挤出效应也可以从另一个角度来理解，即当经济是处在生产能力发挥的上限状态时，财政支出的增加将导致物价水平的上升，总产出水平则不会上升。而这种状况是与供不应求相对应的。当经济处在生产能力闲置、需求不足状态时，则不容易发生挤出效应。因为在需求不足的情况下，需求水平的提高可以启动闲置的生产能力，从而提高总体产出水平。从中国当前的现实情况来看，中国经济显然是处在总体需求水平相对不足的阶段上，未受到供给方的制约，因此，在中国现实经济中发生较大挤出效应的可能性并不大。

与挤出效应概念相对应，在经济学理论中还有一个"挤入效应"的概念。所谓挤入效应是指在考虑投资组合（portfolio）时政府支出的增加可以导致投资增加的一种情况。当货币（money）、债券（bonds）和实际资本（real capital）或股权（equity）可以充分替代，并且私有部门的投资决定是由股权收益率来决定时，如果政府债券与货币、而不是与股权具有高度的可替换性，由于债券的增加，在投资组合中相对于货币，股权的份额就会变大。因此，债券增加将哄降（bid down）股权的收益率，从而使私有部门进行投资。当前中国的货币市场与资本市场发展得还不是很充分，因此这种挤入效应估计也不是很显著。但挤入效应具有不断增大的趋势，这表现为越来越多的居民已经开始注意到如何将手中的有价资产进行组合。事实上，很多居民是将存款转为买股票的。

公共工程投资具有一种更为直接的挤入效应：基础设施的建立，往往能带动一系列的相关投资。

综上分析表明，忽略挤出效应和挤入效应而进行财政乘数的测算，仍具有一定参考价值。参照我们的计算方法所得出的计算结果是，当前中国的财政乘数大约为1.23，由此可以推算2000年1500亿元的国债可带动当年经济增长2.2个百分点。测算方法请参阅本文附录。

总之，我们的看法是：中国在执行积极财政政策的同时，必须高度重视效率问题。但是，效率的考虑不应影响我们继续执行积极财政政策的决心与力度。

积极的财政政策与减税

许多经济学家一方面支持继续执行积极的财政政策，另一方面却对于增加政府开支持保留态度。这些经济学家认为，执行积极的财政政策应着力于减税而不是增加政府开支。他们的主要论据之一是美国在20世纪80年代的减税和解除管制促成了90年代美国经济的繁荣。那么，80年代里根政府减税政策的效果究竟如何呢？

1979年，里根在总统竞选中接受了所谓"供应学派"的观点，并使之成为其经济政策的基本出发点。供应学派认为，普遍地大量削减所得税率，不仅不会减少财政收入，还会增加财政收入。因为降低税率将增加纳税后的收入和储蓄，从而增加劳动力和资本的供给，进而提高国民生产总值。税收收入大量增加，足以弥补由于降低税率而减少的税收收入，总的财政收入仍然会有增长。并可由此压缩联邦开支，减少财政赤字和放松管制，以加速经济增长和提高价格的稳定性。对于这种观点较为典型的解释就是南加利福尼亚大学的经济学教授阿瑟·拉弗设计的拉弗曲线。

拉弗用一条曲线说明降低税率能够扩大财政收入。他认为，当税率为0时，不会有任何财政收入；当税率为100%时也不会有任何财政收入；但是当税率在0—100%时，就会有财政收入。所以，如果把税率降低到100%以下，财政收入肯定会增加。但是，如果税率降到某一点以下，趋向 0 时，财政收入肯定会减少。该曲线如图 5 所示。

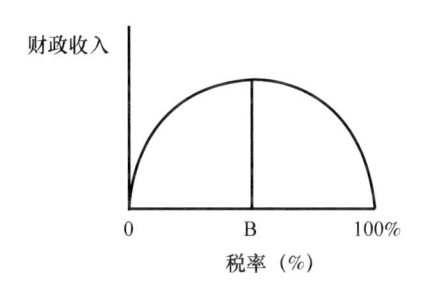

图 5　拉弗曲线

拉弗认为，当税率处于 B—100% 时，税率越低，财政收入就越高。

拉弗曲线能否在现实政策中起作用，关键在于这条曲线的形状，以及 B 所处的位置。许多经济学家指出，当且仅当现行税率高于 B 并且曲线严格对称的情况下，拉弗的观点是成立的。但这只是一种赌博。拉弗曲线究竟是什么形状，没有人知道，总体税率是不是介于 B 和 100% 之间，同样是无法确定。事实上，在里根当政后的几年内，财政收入并没有像原先设计的那样显著增加，由于国防开支的扩大，压缩非国防财政开支（主要是转移支付）和减少财政赤字的目标也就无从实现。政府对经济的管制不是放松了，而是强化了。财政赤字空前扩大，政府所占用的资源比重不是下降了，而是上升了，整体资源的利用效率也在下降。与此同时，劳动生产率的增长在 20 世纪 80 年代不是提高了，而是下降了。因此，至少可以这样认为，当时美国的税率不在 B 和 100% 之间，拉弗所描绘的蓝图并不存在。在财政赤字无法实现货币化的情况下，美国政府只好采取赤字债务化的方式，其后果是美国经济出现了"四高"，即高赤字、高利率、高汇率和高贸易逆差，企业投资减少，出口竞争力下降，经济增长减慢。结果是里根走向了减税的反面，提出了增税和平衡预算的主张。因此可以认为，单纯的减税并没有解决美国存在的问题。美国主流经济学家，如克鲁格曼等则更是对供给学派及其政策冷嘲热讽，其鄙夷不屑之情跃然于纸上。①

那么，又如何解释20世纪90年代美国经济的繁荣呢？我们认为，关键在于美国经济的微观基础发生了质的变化，电子信息等新兴产业得到了有效发展。这部分得益于里根吸取了所谓"自由主义者"提出的"产业政策"，当然更多的是企业对这些观点的认同和不断的努力以及各项制度环境的逐步完善。这些"自由主义者"注意到，当时美国的夕阳工业——如钢铁业和汽车制造业的产值和就业停滞不前，每况愈下，但是一些朝阳工业——主要是与电子技术有关的工业部门的产值和就业在不断上升，在世界各地也是如此。② 因此，他们得出以下结论：

（1）美国经济也许会从将更多资源转移到高技术工业中得到好处，这样可以减少失业，提高单位工作小时收入和降低通货膨胀。

（2）这种转移不会在现行政策的情况下实现。

（3）这种转移应该受到下述政策的推动，即这些政策要促进投资和振兴企业，例如削减预算赤字和减少企业税等，以便通过市场作用，引导投资和企业转向那些私人收益最多、也将是社会收益最多的工业。

（4）资源向高技术工业的转移应当受到政策鼓励。这些政策要能够促进整个高技术的发展——如政府应对研究或技术教育进行资助，而不是让政府选择具体工业或具体企业来加以资助。

（5）私人市场不会有效地选择会对国民经济发展有重大贡献的工业。因此，政府应该出面选择这些工业，并通过补贴、贷款、反对进口竞争的贸易保护措施以及其他方式来促进这些工业的发展。

---

① Paul R. Krugman, *Peddling Prosperity*, New York: WW. Norton Company, 1994.

② ［美］赫伯特·斯坦：《美国总统经济史——从罗斯福到克林顿》，金清等译，吉林人民出版社1997年版。

在这些结论中，里根吸收了上述观点中的前四点。但从美国近十几年来的实际情况看，无论里根政府在产业政策方面的措施力度如何，美国经济增长的轨迹与这些自由主义者所预见的十分吻合。从美国经济的运行情况看，主要是企业和政府对高新技术产业的重视得到了回报，微观基础、宏观调控和经济体制形成了良性循环的互动关系，并形成了所谓的"新经济"。按照国外主流经济学家的说法，美国新经济的形成可以主要归结为以下几个原因。

1. 对高技术的高投入和劳动生产率的不断提高

经济增长的根本在于提高劳动生产率，而提高劳动生产率的根本则在于人力资本的积累和科技的进步。可以认为美国新经济的起点是对高技术的高投入。

20世纪80年代末以来，美国政府和企业对高技术尤其是信息技术的投入不断增加。政府和企业通过多种渠道加大对信息技术等技术创新的投入，每年的研究与开发支出高达2000亿美元。通信、保险、投资经济等一些行业的信息技术设备投资甚至超过2/3。正是这种高投入带来了信息部门的高增长，反过来又刺激了这种投入的增加。以计算机、电信技术为基础发展的网络经济已经成为美国经济的主导，并支持着经济的持续稳定增长。

在高技术方面的投入不断加大的情况下，劳动生产率不断提高，并呈现出加快的趋势。根据美国商务部调整后的数据，过去5年中，劳动生产率年平均增长幅度为2.25%，远远高于1974—1995年平均增长1%的速度。企业用廉价的计算机代替了昂贵的劳动力，从而提高了劳动生产率。此外，计算机网络的连接使经济全球化的步伐加快，信息流成为物资流和资金流的控制器，信息生产和消费成为社会生产的最关键环节，在国家和全球经济整合的过程中，大大降低了中介费用，提高了经济运行的整体效率。因此，无论是在微观领域还是在宏观层面，高技术的投入都将提高生产力水平，促进经济的发展。同时，也要注意到，美国在其他高技术领域，如新材料、新能源、空间技术、海洋技术和生物技术等方面也占据了绝对优势，为之后网络时代的经济发展奠定了良好的基础。

2. 稳定有效的宏观经济政策

20世纪70年代后期，美国出现了通货膨胀和经济停滞并存的"滞胀"，到1979年消费物价指数为13.3%，生产者价格指数达到12.8%，经济增长也出现下滑的态势。为扭转通货膨胀的局面，美联储决心以治理通货膨胀为首要目标，实行严格控制货币总供应量的战略，解决了赤字货币化的恶果。但是，此后里根政府所奉行的是供给学派理论，实行大规模减税和增加军费开支的策略，积累了大量的财政赤字。

为摆脱困境，1985年美国国会通过了《平衡预算法》，该法案在平衡预算方面发挥了重大作用。冷战结束后，美国的军费开支大大减少，政府财政赤字由最高为国内生产总值的6%，到1999年实现了盈余。平衡预算为货币政策充分发挥调节作用提供了广阔的空间。在格林斯潘的领导下，美联储坚持稳健的货币政策，注重延长经济扩张并强调银行体系的规范性，随时关注经济中可能出现的通货膨胀或经济衰退的苗头，及时采取措施调整利率和再贴现率，保持经济的稳定健康发展，为经济持续增长奠定了基础。

同时，美国注重扩大对外贸易的发展，积极参与国际分工，利用美元的强势地位，大量占用外部资源。美国的贸易逆差已连创历史最高水平，1999年达到2700亿美元，2000年将超过3400亿美元。

3. 良好的微观运行机制

20世纪90年代前期，美国很多大的公司通过重组、缩减和退出等方式放弃了盈利水平较低的部分，提高了企业在主体业务方面的竞争能力。虽然在短期内对企业本身造成了冲击，而且从宏观上并没有增加就业，但为新兴产业的发展奠定了良好的基础。

随着新兴产业的发展和经济总量的扩张，中小企业蓬勃发展，总体上的就业机会增加很多。20世纪90年代以来，美国共有200多万家企业开业，创造了历史最高记录。中小企业能够迅速适应环境变化,具有高度的创新精神和灵活的就业政策。大量涌现的中小企业为美国创造了更多的就业机会,也为美国经济注入了更多的创新活力。过去的5年中,美国净增加了1600万的就业机会,而且2/3的就业机会的收入在平均水平之上。随着收入不断增加,消费者信心不断攀升,为宏观经济的持续增长提供了有力的支撑。

可以说,在坚实的微观基础的支持下,美国经济目前不但是总量扩大了,而且增长的质量也提高了。

4. 完善的社会经济制度

科技进步、自由竞争和制度创新已经成为美国社会经济生活中不可动摇的根本信条,无论是政府、学术界,还是产业界和民众,都把科技当作头等大事。在历年的《总统经济报告》中,研究与开发始终被认为是提高劳动生产率、竞争力和增长的基本支柱之一,属于国家利益的范畴。近年来,美国政府和企业界投入的研究与开发支出占国内生产总值的比重稳定在2.5%左右的水平,超过了日本、德国、法国、英国和意大利对研究和开发支出的总和。

同时,美国以强有力的专利制度对科技进步进行保障,专利的申请数量急剧增加。近年来,专利的颁发数量年均超过10万个,比20世纪80年代初几乎翻了一番。鉴于自由竞争是创新的源泉,美国政府在保护良好的竞争环境和反垄断方面也是不遗余力。1998年以来,美国司法部和20个州的司法部部长联合控告微软公司垄断一案就是非常典型的案例。正是良好的竞争环境使美国企业,尤其是中小企业的优势能够充分发挥,充满了创新的活力。

再者,美国通过立法的方式建立起了较为完善的养老保险制度,鼓励在金融领域的制度创新,使养老金等居民储蓄以基金投资的形式进入金融市场,实现了投资主体的转变和投资方式的多样化。风险基金和公开招标启动基金等金融创新,对那些具有长期性、高风险、高技术和高增长潜力的企业投资,也起到了巨大的支持作用。

此外,美国在贸易制度、劳工制度等方面都形成了完善的法制体系。在这些法律制度框架下,美国经济的宏观调控和微观行为都有了一个规范的标准,不至于有较大的偏离。

5. 不断提高的劳动者素质

从上述分析可以看到,目前美国所谓的"新经济"是建立在技术进步、体制创新基础上的,制度上的完备性是新经济发挥作用的前提。在这样的大环境下,劳动力的主动性和创造性得到充分发挥,并且对劳动力素质的不断提高提出了内在的要求,进一步促进了制度的完善和劳动生产率的提高。归根到底,所谓"新经济"带来的生产力发展,决定性因素还是在劳动力素质的提高上,信息技术、网络经济等不过是一种外在的表象,是技术水平和劳动力素质发展到一定水平的必然结果。

目前,美国劳动者素质与20世纪七八十年代相比,有了质的飞跃和提高,知识的价值更加充分地体现出来,劳动生产率和美国的国际竞争力不断提高,美国成为世界上最有竞争力的经济体。

如果可以认为是上述五个方面因素良性循环的互动,造就了美国的新经济,那么也可以这样认为,上述五个方面任何一个环节出现了严重问题,美国新经济的神话也随时都会有破灭的可能。

中国扩张性财政政策的方向选择

从对美国经济的分析可以看出,新经济良性循环的出现并不是某一个因素作用的结果,与供应学派的减税政策更是毫不相干。目前中国经济也处于结构调整和结构升级的过渡时期,在外部需求萎缩,内部需求相对不足的情况下,扩张性财政政策的选择,就有必要借鉴美国的经验,认真分析其政策的实际效果,以免重蹈覆辙。

进一步扩大财政支出是必然的选择

2001年,随着世界经济特别是美国经济增长明显放缓,中国外部需求增长也会大大缩减,扩大内需将成为必然选择,否则经济增长会再度出现下滑的局面。

基于此,第一,有必要进一步加大长期建设国债的发行规模,以扩大投资需求。从近三年国债发行规模看,1998年为1000亿元,1999年为1100亿元,2000年为1500亿元,发债规模呈逐年扩大的趋势。由于仍有较大的发债空间,因此进一步扩大国债发行规模也是可行的。但是从目前国债资金使用情况看,存在项目储备不足,对其他资金的带动作用减弱的问题。由于国债资金仍主要投向基础设施建设,这就存在一个基础设施建设究竟超前多少的问题。如果以目前需求状况来看待中国一些重要基础设施,那么可以说是完全能够满足需求,甚至已经有点超前了。但是如果以发展的眼光来看,可能是不到其设计使用寿命1/3的时间就需要重新建设,这将造成巨大的浪费。因此,国债项目投资一些重大基础设施建设时,一定要改变可丁可卯的观念,真正做到长远规划,充分利用现有的富余资金,发挥更大的效益。

第二,增加政府购买和转移支付,进一步提高中低收入居民尤其是农民的收入水平。可以通过提高工职人员工资和社会保障三条线的办法进一步提高城镇中低收入者的收入,刺激消费增长。但是,对农民收入的增长,采取保护价收购政策和减轻农民负担的办法并没有真正解决问题,应当在乡镇机构改革的基础上,努力减少中间环节,实现对农民的直接补贴。此外,可由政府注入资金,逐步建立和完善社会保障体系,以维护经济稳定。

减免税政策空间较小,税制改革势在必行

由于中国目前税制以流转税为主,所得税仍然是比重较小的部分。2000年,中国增值税、消费税和营业税占财政收入的比重超过了55%,而企业所得税和个人所得税占财政收入的比重在15%左右,占GDP的比重不到3%,因此提出减免个人所得税的办法并不会起到刺激经济增长的作用。目前中国已经实行了一系列的税收减免政策,进一步进行减免的空间很小。因此已经不是税收减免，而是如何适应经济发展的需要，改革税制、公平税负的问题，因此，政策建议如下。

第一，生产型增值税制应当逐步向消费型转变。1994年出台的税法中关于生产型增值税的设计实际上是在对投资课以重税的前提下设计的，目前税率为17%的生产型增值税相当于25%的消费型增长税。① 在企业投资预算约束逐步硬化的情况下，这种投资前先征税的办法实际上已经成为投资进一步增长的严重障碍。

第二，提高个人所得税的起征点。个人所得税的起征点还是20世纪90年代初期定的，目前已经不适合很多地区和个人的收入增长情况，很多必要的扣除项目也纳入了征税范围。因此，有必要根据不同的地区，适当提高个人所得税的免征额，增强居民消费的信心。

第三，合并中外企业所得税。目前中资和外资企业所得税负担严重不平等的状况已经成为限制民族产业发展的桎梏，沉重的税负像历史包袱一样窒息了国有企业和其他中资企业的发展，因此统一中资和外资企业所得税已刻不容缓。

在2001年，由于美国经济增长的急剧减速，中国的对外经济环境可能严重恶化。在这种情况下，中国更有必要加速经济结构调整，强化经济体制改革，并继续执行积极的财政政策和稳健的货币政策。中国应进一步强化和完善积极的财政政策，在尽可能保证经济效益的前提下，扩大公共工程投资建设，加速社会保障体系建设。

附录一

国债余额对 GDP 之比的增长路径的确定

按定义，财政赤字与国债余额之间存在下述关系：

---

① ［美］罗伊·鲍尔：《中国的财政政策：税制与中央地方的财政关系》，中国税务出版社2000年版。

$$\frac{dZ}{dt} = G \tag{1}$$

即国债余额的变化率等于财政赤字,其中 Z 为国债余额,G 为财政赤字。国债余额与财政赤字的关系类似于资本存量与投资的关系($\dot{K} = \frac{dK}{dt} = I$)。

基于式(1),国债余额与 GDP 之比的变化率可写成:

$$\frac{\frac{dz}{dt}}{z} = \frac{d\left(\frac{Z}{GDP}\right)}{\frac{Z}{GDP}} = \frac{dZ}{Z} - \frac{dGDP}{GDP} \tag{2}$$

其中 z 是国债余额对 GDP 之比(偿债率)。上式的经济意义为:国债余额对 GDP 之比的变化率等于国债余额增长速度减去 GDP 增长速度。

根据财政赤字与国债余额的关系,上式可改写为:

$$\frac{\frac{d\left(\frac{Z}{GDP}\right)}{dt}}{\frac{Z}{GDP}} = \frac{dZ}{Z} - \frac{dGDP}{GDP} = \frac{\frac{G}{GDP}}{\frac{Z}{GDP}} - \frac{dGDP}{GDP} = \frac{g}{z} - n \tag{3}$$

即

$$\frac{\frac{dz}{dt}}{z} = \frac{g}{z} - n \tag{4}$$

其中 g 为财政赤字对 GDP 之比,n 为经济增长率。式(4)是一个线性微分方程,其解为:

$$z = \frac{g}{n} + C_1 e^{-nt} \tag{5}$$

设初始条件为 $t(0) = 0$ 时,$z = 0.12$;$g = 0.02$ 和 $n = 0.071$。则 C_1 为 -0.16。上述微分方程的相应特解为:

$$z = 0.28 - 0.16 e^{-0.07t}$$

如果考虑到或然债务，例如，如果假设在考虑到或然债务的条件下，中国的国债余额对 GDP 之比为 0.5，中国的国债余额对 GDP 之比的增长路径会发生什么变化呢？把新的初始条件代入式（4），可解出 $C_1 = 0.22$，因而有：

$$z = 0.28 + 0.22e^{-0.07t}$$

从上式可以看出，在国债余额对 GDP 之比的初始值大于由渐进线所定义的极限值的情况下，随时间的推移，国债余额对 GDP 之比将会下降，并逐渐逼近 0.28。从系统的稳定性的角度来看，初始值的大小并不具有决定意义。具有决定性意义的参数是财政赤字对 GDP 之比和经济增长速度。同时还应注意到，如果经济增长速度小于或等于零，则国债余额对 GDP 之比将趋于无穷大。

从式（4）可以看出，当 $g = nz$ 时，$\frac{dz}{dt} = 0$。换言之，如果财政赤字对 GDP 之比等于经济增长速度与国债余额对 GDP 之比的乘积之时，国债余额对 GDP 之比的变化率为零，即国债余额对 GDP 之比处于均衡状态。例如，当 $g = 0.02$，$n = 0.071$ 时，如果 $z = 0.28$，国债余额对 GDP 之比就将继续维持在 0.28 的水平上。可见，g/n 同时给出了国债余额对 GDP 之比的极限值（当 $g \neq nz$ 时）和均衡值（当 $g = nz$ 时）。

附录二　对中国财政乘数的估计

从宏观经济学理论上讲，在其他条件如利率等不变的情况下，财政乘数的计算公式是：1/（1—MPC），其中 MPC 是边际消费倾向。设消费函数为 C = C（Y），其中 Y = GDP – T（税收），则

$$\text{MPC} = \frac{dC}{dY} = \frac{dLnC}{dLnY} \cdot \frac{C}{Y}$$

其中上式中 C/Y 是消费在可支配收入中的比例，而该项前的系数项就是消费收入弹性。在中国 C/Y 大体为 0.6。

根据余永定等学者对中国消费函数的研究成果,[①] 在考虑居民收入、价格、储蓄、通货膨胀预期和利息率等变量的消费函数中,估计出中国城镇居民的消费收入弹性为 0.316。利用此结果容易计算出 MPC = 0.316 × 0.6 ≈ 0.1896,因此财政乘数为 1/(1 − 0.1896) ≈ 1.23。在实际应用时需结合对财政政策的传导机制、"挤出效应"等情况的分析与判断。

[①] 参见余永定《一个学者的思想轨迹》,中信出版社 2005 年版,第 191—206 页。

第二篇

在物价稳定和经济增长之间寻找平衡

2003年中国宏观经济政策的天平应向防止过热一端倾斜*

2003年的宏观经济特征

今年以来中国宏观经济的首要特征是：金融机构贷款余额和货币供应量增长速度迅速提高。2003年1月至6月底，贷款余额、M2、M1、M0增速仍然高达22.9%、20.8%、20.2%和12.3%。金融机构贷款余额从2001年的11.6%、2002年的15.4%迅速上升到2003年前两个季度的19.9%和22.9%。为什么原来的银行惜贷现象现在突然被银行贷款的超常扩张所代替？可能的原因是：

（1）经过自20世纪90年代后期的经济调整，企业的经营状况有所好转，银行贷款的风险有所减少，银行本身的不良债权处理取得进展，银行增加贷款的商业意愿增强。

（2）两会胜利召开，政府实现顺利换届，各级政府大干快上的政治意图加强。许多地方政府（特别是省级地方政府）通过其直接领导的"金融工作"机构对中国人民银行地方分支机构和商业银行施加影响，从外部推动了银行体系的信贷扩张。另外，由于金融体系改革（中国人民银行的独立性、银行的商业化等）仍有待进一步深化，

---

* 原文为2003年8月15日某宏观经济形势讨论会发言提纲。

银行体系内部，特别是各级商业银行，通过增发贷款为经济增长作贡献的政治意图加强。

（3）由于银行改制（如为了上市，商业银行必须满足对不良债权比率的给定要求）和应对后WTO时期外国银行竞争等因素的影响，各商业银行尽快降低银行不良资产比率的意愿加强。各商业银行希望通过增发贷款，加大不良债权比率的"分母"这一"捷径"，降低不良资产比率。

货币供应量超常增长首先是商业银行贷款超常增长的结果；其次也可能与中国人民银行对外汇储备急剧增长的对冲不充分有关（中国人民银行对外汇储备增加所导致的基础货币增加的对冲能力是有限的）。

今年以来中国宏观经济的第二个特征是：固定资产投资增长速度以更为惊人的速度增加。固定资产投资增长速度从2001年的13.7%、2002年的16.1%迅速上升到2003年前两个季度的31.6%和32.8%。前半年国有、集体、个体和外资的投资增长速度分别为32.8%、17.8%、14.1%和34.3%。这种增长速度显然是超常的。造成这种超常增长的原因可能有：

（1）经过在通货收缩时期的结构调整，企业经营状况有所好转，利润前景有所改善，企业投资意愿增强。

（2）过去几年来实行的积极的宏观经济政策取得成效。积极的财政政策直接导致了公共投资的增加（但国家预算内资金在投资增量中的比重已经明显下降），并通过"挤入效应"带动了一般企业的投资。宽松的货币政策增加了企业的投资意愿，并使企业的投资意图得以实现。

（3）某些地方政府为加速本地经济的发展，通过各种方式直接或间接地制造了投资热潮。在以政府投资为主导的投资热潮中，即便经营情况不好，利润前景不确定，一些企业还是增加了投资。

（4）一些企业（如家电、汽车行业中的许多企业）明知本行业已经或即将出现生产过剩，但为通过占领市场份额，从而在恶性竞争中最终胜出，这些企业还是进一步增加了投资，以扩大生产能力。

（5）外资为争夺中国市场，增加了在中国的投资。例如，美国汽车制造业的过剩生产能力为20%，欧洲、日本等国家情况也类似，所以，是否能够占领中国市场成为决定外国汽车巨头今后生死存亡的大问题。

超常的贷款增长速度和货币增长速度、超常的投资增长速度，都可能是中国经济出现过热的信号。但是，如果把经济过热的最终表现定义为通货膨胀的发生，目前似乎还不能断言中国经济从总体上已经出现全面过热。理由是：中国的各种主要价格指数的增长率仍然处于低水平。前半年商品零售价格指数依然是负数；同时，资产市场价格也不能说出现了十分异常的上升。当然，房地产市场确实出现了一些过热，但中国人民银行已经采取了必要措施；最后，在全球普遍通货收缩的形势下，贸易依存度和自由化程度很高的中国，是难于独此一家出现通货膨胀的。当然，这不排除因石油价格上涨或中国一次性大宗购买某种初级产品（如粮食）而导致价格水平一次性上涨的可能性。

尽管目前的投资热可能并不会导致严重通货膨胀在中国的再次发生，但由于目前投资的迅速增长并不完全是前几年经济调整带来的经济效益提高的结果，现期投资增长所带来的生产能力的增加并不能保证未来有效需求的相应增加。投资过热的结果可能是今后企业效率的重新下降、经济结构的重新恶化，并由于生产过剩导致通货收缩的加剧。在看到投资过热的危害性的同时，我们也应该对克服通货收缩的长期性和复杂性有足够估计。中国经济刚刚走出通货收缩，对经济不能采取急刹车的方式。因此，一方面，中国人民银行的货币政策应该有所收紧，以诱导商业银行降低贷款的增长速度，改善贷款结构。中央政府还应该采取包括行政措施在内的各种措施，坚决制止地方政府为追求政绩而盲目搞开发、引资等。另一方面，积极的财政政策的总方向还不能改变，但要更加注重效率，注重通过财政手段，达到改善经济结构和收入分配结构的目的。

经济政策中的人民币汇率问题

早在3月初，有关领导同志就曾提出，对中国总的经济形势要冷静观察、稳定政策、适度调控。在实行积极的财政政策时要控制节奏、调控结构、留有余地和提高效率。这种概括是非常正确的。从"非典"后的形势发展来看，我们似乎应该在宏观经济政策的天平上向防止过热的一端进一步倾斜。

目前，人民币汇率问题成为舆论的焦点。事实上，对于中国宏观经济形势来说，汇率问题远不如1997年亚洲金融危机之后的一段时间中那样紧迫和重要。在目前，无论人民币升值与否，除非升值幅度很大，对中国经济的影响都将是有限的。但是，目前媒体和经济学家几乎一边倒的反对人民币升值的观点，是值得商榷的。

温家宝总理在最近指出："人民币应该保持基本稳定，中国的汇率制度是有管理的浮动汇率制度。"

温总理的观点是完全正确的。人民币保持基本稳定并不意味着人民币汇率不变。如果人民币升值1%、2%甚至3%，或贬值同样的幅度是否就意味着人民币没有保持基本稳定呢？答案显然是否定的。即使是在布雷顿森林会议体系的固定汇率制度下，各国汇率也是允许有小幅波动（1%）的，更何况中国所实行的是以市场为基础的、单一的、有管理的浮动汇率制度。在有管理的浮动汇率下，围绕中心汇率，在一个给定区间内汇率是可以有一定波动的。中心汇率也可以根据一定规则进行设定和调整。媒体的一个很大误解是认为中国的汇率制度是钉住美元的固定汇率制度。实际上中国在1994年以后就已实行了有管理的浮动汇率制度。只是在1997年亚洲金融危机期间，人民币暂时实行了钉住美元的政策。在当初，中国经济学家的共识是，一旦人民币不再处于贬值的巨大压力之下，人民币汇率就应该与美元脱钩。现在为什么大家都不谈同美元脱钩了呢？原因很简单：一旦真正实行有管理的浮动，人民币就会升值。害怕升值的原因又不外有二：其一，升值之后，中国出口顺差将会减少，甚至会出现逆差。贸易顺差对经济增长的贡献度减少，并对就业增长相应造成不利影响；其二，一旦升值就会形成升值预期，升值预期将导致投机资本的流入，从而对金融稳定造成冲击（如形成资产泡沫等）。以上两个论点都有道理，但却不是反对有限升值的充分理由。

首先，由于中国对外贸易是以出口加工工业为主导的，在价值增值链条中所占比重有限。以本币计算，升值导致的来料价格的下降将抵消销售收入的下降，出口加工企业的盈利性不会受到人民币小幅升值的严重影响。事实上，无论是亚洲金融危机期间的经验（其他亚洲国家货币相对人民币大幅度贬值，中国出口在主要出口对象国所占份额没有明显变化），还是有关部门（包括世界经济与政治小组）使用不同方法计算的结果都显示：在升值幅度不大的情况下，中国贸易状况不会受到很大影响。反对升值的经济学家（包括麦金农教授）所最常用的一个论据是：贸易顺差主要是因为一国储蓄率高于投资率，而不是因为该国贸易品相对价格较低。这种逻辑难道不正好能用来推出即便升值贸易差额也不会发生什么变化的结论？

其次，国外投资者普遍对人民币高估20%—30%。除非中国的国际收支平衡发生逆转，否则无论中国做出何种不会升值的宣言，这种宣言都是缺乏可信性的，投资者不会因此而改变人民币的升值预期。反过来说，人民币的小幅升值也不会在很大程度上加强这种早已存在的升值预期。退一步讲，除此之外，还有许多可供选择的抑制投机资本流入的办法，如：（1）进一步加强资本管制，严格禁止与经常项目无关的外汇和外汇期货、期权交易；（2）通过实施托宾税等手段，提高短期资本流动的交易成本；（3）降低国内利息率，减少人民币资产的吸引力；（4）人民币一次性大幅度升值，以消除投资者的升值预期等。通过加强资本管制的方法遏制资本流入，尽管有种种困难，但依然是可行的。资本管制是维护中国金融稳定的最后一道防线，绝不能轻言放弃。提高银行间拆借利息率在香港货币当局的港币保卫战中发挥了重要作用。但我们目前所面对的形势与1998年的香港有很大不同。利息率工具的运用要考虑到整个宏观经济形势，不能仅仅为抑制短期资本流入而实行。人民币一次性大幅度升值，对经济的冲击过大，故难于实行。但人民币小幅升值，逐步释放升值压力则应该是可以尝试的一种方法。认为人民币小幅升值将大大强化升值预期，使短期投机资本进一步大量流入，以及我们对这种流入无能为力的观点是缺乏理论和实际根据的。

面对巨大的升值压力，为了维护人民币汇率不变，中国人民银行不得不持续大量地买入美国国库券和其他美元资产。同时，为防止货币供给量增速过快，中国人民银行又不得不对迅速增加的基础货币进行对冲。正如许多文献明确阐述的，对冲操作是一项成本很高的行为，因为中国人民银行在增加对境外资产投资的同时，将不得不减少其持有的国内资产（国债和其他形式的债务），而前者所提供的回报要低于后者。购买数百亿美元的美国国库券，中国人民银行究竟能得到多少收益？出售等额的国内资产，中国人民银行又会损失多少收益？局外人无从判断。我只能猜想，在中国，对冲操作带来的损失，可能要比大多数人想象的还要严重。这种损失恐怕最终还是要由财政承担。不仅如此，在经过多年的对冲操作之后，中国人民银行已面临"无（债）券可用"的局面。在这种情况下，中国人民银行推出了"央行票据"这一新的金融工具。据中国人民银行有关负责人介绍，中国人民银行向商业银行发行央行票据，将商业银行原来存在中国人民银行的超额准备金转换为存在中国人民银行的央行票据。由于部分超额准备金存款变成了央行票据，尽管商业银行的资产总量未发生变化，但商业银行发放贷款的能力相应下降了。到目前为止，央行票据在对冲基础货币的增加方面十分成功。但是，这种方法是否可持续则值得进一步研究。为了吸引商业银行用央行票据置换超额准备金存款，中国人民银行必须提供比持有超额准备金存款更为优惠的条件，这意味着中国人民银行要么无法实现有效对冲，要么会遭受操作损失。历史上，似乎没有哪个国家能够把对冲操作长期进行下去而不对本国货币体系正常运转造成严重负面影响。这也许就是老谋深算的格林斯潘认为中国的央行最终将无法通过对外汇市场的干预维持人民币汇率不变的原因。

面对人民币承受升值压力和中国人民银行对冲能力有限这一现实，许多经济学家提出了减轻人民币升值压力的种种办法。其中最为流行的一种建议是动用外汇储备，增加中国战略物资的储备。为了国家安全，中国确实有必要建立石油、粮食等战略物资的储备。这样做确实会减少中国的贸易顺差，从而减轻人民币升值压力。但是，建立战略物资储备同稳定汇率是完全不同的两回事，各有各的目标，并且各有各的时间表。把增加战略物资储备作为稳定人民币汇率的一种手段，很可能会恶化中国的资源配置，使中国遭受不必要的重大经济损失。例如，目前的石油价格是30美元1桶。假设石油价格在未来的一两年会降到20美元1桶，由于目前人民币升值压力很大，难道应该在现在超量购入石油以减轻人民币升值压力吗？反之，如果人民币面临贬值压力，而中国亟须进口粮食，难道就可以为避免增加人民币贬值压力，而放弃进口粮食吗？

另一种观点认为，为了减轻人民币的升值压力，中国应该大大放松资本管制，鼓励各种资本的流出。在国内市场机制不完善、产权关系仍然模糊不清、金融体系问题成堆、向海外转移非法所得的活动仍然十分猖獗的情况下，这种做法完全是本末倒置，为避小"害"而趋大害。我本人支持渐进式地实现资本项目下的自由化，主张在实现资本项目下自由化的同时（或之前），渐进式地增加人民币汇率制度的灵活性。但在目前形势下，中国仍应严格禁止与经常项目无关的外汇和外汇期货、期权交易，对于企业海外投资的审批仍应从严掌握。有海外人士主张中国应该一方面继续采取钉住美元的汇率制度，一方面立即实现资本项目下的自由化。毫不夸张地说，这种主张是一切主张中最坏的一种主张。实行这种主张的必然结果是：中国完全丧失经济上的独立性，并很快成为外国投机者的自动提款机。

有一些经济学家提出，与其让人民币升值，不如取消出口退税政策或降低出口退税率，这样一方面可以减轻人民币升值压力（出口减少），另一方面可以减轻政府财政负担。对于片面鼓励出口的一些政策确实有取消的必要（这可以成为另一个专门的话题），但是，增值税退税是一种普遍实施的税收政策，取消对出口商品的退税政策是对出口的一种歧视，不利于资源的合理配置。至于何种退税率更为合理，以及相关的许多问题确实是应该一并认真讨论的。但现在的问题是：既然减少退税率和汇率升值都会导致出口减少，而汇率升值更容易操作，对资源配置扭曲更少，为什么非要舍易求难，非要通过改变退税政策（不是不可以改）而不是调整汇率来释放升值压力呢？

许多经济学家同意中国的汇率制度应该有一定灵活性的看法，甚至认为人民币升值从长期来看是不可避免的。但是，他们认为，目前还不是人民币升值的最好时机。我过去曾经说过，"人民币汇率是否升值在当前还不是一个十分紧迫的问题。升值或不升值，天都不会塌下来。比人民币汇率变动更为重要的问题是汇率制度问题"。既然重要的是汇率制度问题，早几个月或晚几个月解决就不是什么大问题（但从政治和外交上看，情况可能有所不同）。但对"时机不成熟"论的逻辑与理由，我不能苟同。首先，从逻辑上看，最好时机只能在事后判断。在"历史终结"之前，谁能保证未来的某一个时点是最好时机呢？在我们的汇率制度是有管理的浮动已经得到肯定的前提下，只要能够断定，现在增加人民币汇率的灵活性（允许人民币有效幅度升值），不会对经济带来比较严重的负面影响，就可以认为当前是一个可以采取行动的好时机。一味等待必然错失良机。其次，"时机不成熟论"的常见理由主要有二：中国的金融体系十分脆弱以及中国国际收支顺差主要是外国直接投资流入而不是贸易顺差所致。对于第一个理由，我的回答是：由于大量不良债权的存在，中国金融体系确实是脆弱的（到底有多脆弱可以另作讨论）。如果人民币大幅度贬值，很可能导致金融危机。这也是1997—1998年人民币坚持不贬值的主要原因。但是，如果人民币升值（且升值幅度有限），则应该不至于对金融体系产生严重冲击。升值预期和升值压力反倒可能会为金融改革提供比较宽松的条件。"贸易顺差不大论"所隐含的前提是，中国的汇率必须保证中国能够获得持续大量的贸易顺差。世界各国为什么都主张发展对外贸易，最为普遍接受的理由是：通过贸易可以使各国按比较利益进行生产，从而实现资源的最优配置。从全球来看，各国顺差值之和只能为0，此顺差必然为彼逆差，不可能所有国家都同时保持贸易顺差。按照大多数经济学家（包括麦金农教授）所接受的理论，贸易差额是国内储蓄对国内投资的差额所决定的。发展中国家收入水平较低，与此同时，由于希望赶超发达国家，因而投资率较高，表现为投资大于储蓄的内部经济必然表现为出口小于进口（贸易逆差）的外部不平衡。由于发展中国家的经济增长处于起步或起飞阶段，投资回报率高于发达国家，发达国家向发展中国家输出资本（直接或间接投资），发展中国家的经常项目（和贸易）逆差被资本项目的顺差所平衡。发展中国家借助外国资本加快了经济发展速度，同时也保持了国际收支平衡和汇率稳定。日本、韩国、中国台湾地区、新加坡和东南亚"四小虎"（印度尼西亚、菲律宾、马来西亚、泰国）都经历了这样的发展过程。从经济增长的角度来看，发展中国家应该有贸易逆差（和经常项目逆差）和资本项目顺差，发达国家应该有贸易顺差（和经常项目顺差）和资本项目逆差。从资源配置的角度来看，一国应该依次出口具有比较优势的产品，进口具有比较劣势的产品。进行贸易的目的是通过参与国际分工，提高本国福利水平。而参与国际分工的深度将受到贸易收支平衡的制约。一个国家可以进口多少产品受制于该国可以出口多少产品，一个国家出口多少产品又取决于该国打算进口多少产品。但是，无论如何，获得贸易顺差绝对不应该是一个国家从事国际贸易的目的，把从事国际贸易作为获得顺差和增加积累外汇的手段是回到了古老的重商主义。压低人民币汇率可以增加贸易顺差（至于多少则是另一个问题），但是，在贸易顺差增加的同时，中国的贸易条件却恶化了（以实物计换汇成本在上升）。从社会福利和资源配置的角度来看，以汇率贬值（或实际汇率贬值）为代价维持长期贸易顺差很可能是一件得不偿失的事情。事实上，真正有效率的企业是不怕升值的。人民币的升值，可能迫使一些低效率的企业退出出口市场，减少中国企业在国际市场上的恶性竞争，其结果可能是在贸易条件改善的同时，中国的贸易顺差非但没有减少，反而增加。从长远的角度来看，人民币的适度升值还有助于促进企业加快技术进步的步伐，而不是仅仅靠廉价劳动力来维持自己的竞争优势。

同中国必须保持贸易顺差的观点相联系的另一个重要观点是：中国必须维持一个大量的外汇储备，而且外汇储备必须年年有所增加。如果在改革开放初期，由于外汇短缺，把取得贸易顺差作为对外贸易的目标是一种自然的事情。但是到现在，当中国已经拥有 3500 亿美元的外汇储备，成为世界第二外汇储备大国之时，依然把取得贸易顺差作为对外贸易的指导方针就是一件难于理解的事情了。

警惕投资过热造成生产过剩和经济效益下降[*]

在中国经济增长历程中，2003年将作为中国经济增长的一个转折年而载入史册。在中央的正确领导下，2003年中国走出了自1997年以来的以有效需求不足、价格水平持续下跌为特征的时期，进入到了需求旺盛、物价水平逐步回升的新阶段。2003年中国经济的最重要特点首先是投资的高速增长；其次是贷款和货币供应量的高速增长；再次是居民消费价格（1%）、工业品出厂价格（2.4%）和生产资料价格（7.8%）的不同程度的回升；最后是一系列"瓶颈"产业（电力、煤炭等）的出现。

一些经济学家认为，由于投资、贷款和货币供应量的高速增长，以及某些工业原材料和产品价格的迅速上升，中国经济已经过热。另一些经济学家则认为，由于中国刚刚走出通货紧缩，大部分行业依然处于供过于求的状态，物价上涨幅度不大（资产泡沫也不明显），中国经济并未过热。9月在《中国证券报》上的一篇短文中，我曾表示过这样的担忧："尽管目前的投资热可能并不会导致严重通货膨胀在中国的再次发生，但由于目前投资的迅速增长并不完全是前几年经济调整所导致的经济效益提高的结果，现期投资增长所带来的生产能力的增加并不能保证未来有效需求的相应增加。投资过热的结果可能是

---

[*] 本文部分内容发表于2004年1月2日《中国证券报》。

今后企业效益的重新下降、经济结构的重新恶化,并由于生产过剩导致通货收缩的加剧。"最近看到的各种材料增加了我的这种担忧。

我认为,投资是否过热,不仅要看投资增长率,还应该分析投资增长背后的推动力。但由于缺乏必要的统计数字,我们只好在很大程度上依赖直觉来推想。中国经济的这轮投资热潮似乎有三个重要推动力:第一是汽车产业的高速发展;第二是房地产开发的迅速增长;第三是各种经济开发区等政绩工程的遍地开花(银行贷款的较快增长,为投资热的形成提供了货币条件)。以汽车工业为例,汽车产量的急剧增加,导致了对汽车用钢材需求量的急剧增加,并进一步导致了对电力需求的急剧增加等。供应短缺、价格上升和利润的增加带来了对汽车、钢铁等行业投资的迅速增加,并使原已处于"关停并转"状态的企业(如小煤窑)重新投入生产。房地产开发和政绩工程对投资需求的拉动作用也大抵如此。当然,一个或几个产业的急剧增长带动整个经济增长的相互作用过程要复杂得多,例如,对汽车、钢铁等行业投资的迅速增加又会导致对汽车、钢铁、电力和其他原材料需求的进一步增加等。这一复杂过程大概只有国家发展改革委有能力用"投入产出分析"加以准确描述。

中国的问题是,投资所创造的供给在将来是否会有相应的需求。据中汽车工业协会最新统计,2003 年前 11 个月,全国共生产汽车400.53 万辆,同比增长 35.04%;共销售汽车 391.75 万辆,同比增长 31.25%。2004 年汽车业仍将保持较快增长,汽车产量突破 500 万辆问题不大。[①] 一方面,国内出现了汽车投资热和跨国汽车集团在华扩张热,汽车行业投资增长速度惊人。但是,另一方面,据《中国汽车工业综合分析》提供的资料,到 2003 年 10 月底,国内汽车库存就已超过 24 万辆,比上年同期增加近 1 倍,而经销商手中有多少积压

[①] 中国经济时报网站,2003 年 12 月 22 日中国经济时报记者采访国家信息中心预测部副主任张学颖。

车则难以统计。① 高盛警告说，未来中国汽车市场最大的风险将是产能过剩和价格大幅下降，产能过剩必将导致竞争加剧和利润下降。事实上，从 2003 年年初到年底，汽车降价潮几乎波及国内所有汽车厂家。暂时抛开中国居民的实际购买力到底如何和银行汽车贷款所存在的问题不谈，目前中国大城市中的交通堵塞已经严重到令人难以忍受的地步，没有公路、停车场等相关条件，汽车销售何以能维持近年来的增长速度。中国的汽车行业仰仗高关税和其他优惠政策成为国内不多的高利润行业，在未来若干年内，大概仍将是一个吸引人的行业。在全球范围内，汽车的过剩生产能力达到 20% 以上。对于外国汽车制造商来说，中国市场是最后的疆界，无论如何也要占领一席之地。但是，在若干年后，中国又如何消化由于本轮的过热投资而形成的过剩生产能力呢？有经济学家会说，中国的家电行业就是这样走过来的，中国的家电行业不是已经成为世界上最有竞争力的行业吗？对于这个问题笔者没有深入研究，但对汽车行业的投资热难免有惴惴不安之感。

在汽车、房地产和开发区热等因素的带动下，作为中间产品的钢铁需求急剧增长。据报道，2003 年前三季度全国累计产钢 15958.5 万吨，同比增长 21.64%；1—9 月中国累计进口钢材 2820 万吨，比上年同期增加 923 万吨，增长 48.7%。对应需求的迅猛增长，对钢铁业投资的增长速度更加迅猛。2003 年以来，钢铁工业新一轮投资已成燎原之势。2002 年，钢铁工业固定资产投资 704 亿元，比上年增长 45.9%；2003 年上半年，钢铁工业完成投资同比增长 133.8%，那么未来的供需关系又将如何呢？国家发展改革委在调查中得出数字，到 2005 年全国形成总的生产能力将分别为：铁 3.1 亿吨，钢 3.3 亿吨，分别比 2003 年增长 0.9 亿吨和 0.8 亿吨。如没有大的波动，

---

① 中国经济时报网站，2003 年 12 月 22 日中国经济时报记者采访国家信息中心预测部副主任张学颖。

我国钢产量增加第三个 1 亿吨将只用 3 年时间。而根据调查预测，2005 年钢材实际需求量 2.5 亿吨（扣除重复材），折合钢需求量为 2.7 亿吨；2010 年钢材实际需求量 3.1 吨，折合钢需求量 3.3 亿吨。正如有专家所指出的，相对于钢铁产能的大幅度扩充，市场饱和的风险不容忽视。一旦市场环境发生变化，投产之日可能就是阶段性供给过剩之时。我们似乎可以看到这样一种现象：最终产品（如汽车）的增长速度高于有效需求的增长速度，中间产品的增长速度又高于最终产品的增长速度。

应该看到，投资热并非仅仅发生在个别行业。根据统计局的权威人士提供的数据，冶金、纺织工业、化工、机械等加工工业的投资增长速度分别达到了 120%、86.7%、70.6% 和 67.2%；房地产开发投资的增长速度高达 37.2%。正如一再强调的，如果当前投资的增长是生产效率提高的结果，是在并未受到扭曲的市场价格信号指引下实现的，就大可不必为较高的投资增长速度感到担忧。但是，中国目前的形势显然并非完全如此。在各行业迅猛增长的投资热中，我们都可以看到地方政府干预的影子，有些干脆就是由地方政府主导的。在这种形势下，投资的增长必然会导致效率的下降、经济结构的扭曲和增长的不可持续性。

在是否"过热"的讨论成为舆论关注的焦点之前，人民币汇率问题是经济学界的热点问题。在这里我不打算重复自己的看法，而只想指出一点：即一些经济学家所提出的为人民币升值减压的主张是本末倒置的。目前，坚持人民币汇率不变，但要加速资本自由化步伐的主张似乎越来越占据上风。我以为这种主张也是本末倒置的。资本管制是中国剩下的最后一张王牌。只要多少能够维持有效的资本管制，假以时日，中国的经济问题都是可以解决的（例如不良债权的处理问题）。在中国完成社会主义市场经济体制改革、理顺各种经济关系（如中央和地方的关系）、解决中国金融体制的脆弱性等问题之前放弃资本管制，中国将成为国际投机者的自动提款机，不再能够控制自己的发展进程。

尽管存在种种问题，2003年中国经济的成绩仍然是值得我们庆贺的。只要贯彻实事求是的方针、坚持改革与开放，中国经济增长的步伐是不可阻挡的。

如何认识 2003 年以来的宏观经济形势[*]

寻找增长速度和通货膨胀率之间的最佳选择

现代经济的最重要特点是 GDP 的增长和人均 GDP 的增长，GDP 增长的累积便构成财富的增长。GDP 不是衡量财富增长的完善尺度。在许多情况下，GDP 增长所伴随的是人类福利的损失和财富的减少。然而，到目前为止，GDP 仍然是衡量经济进步的最重要尺度，是各国政府宏观经济政策的最主要目标之一。政府追求的宏观经济目标是多重的，除 GDP 增长速度之外，物价稳定、汇率稳定、就业充分等都是政府的重要宏观经济目标。在这些目标中，有些目标之间的关系是相辅相成的，有些则是相互矛盾的。例如，在经济增长和物价稳定之间往往存在"鱼与熊掌不可兼得"的关系。这样，政府就必须确定诸多目标的最优组合。在一段时间内，许多经济学家认为，即便在短期内，在经济增长（就业）和通货膨胀之间也不存在取舍（trade-off）关系。但是，20 世纪 80 年代后期以来世界各国的经济实践证明，在经济增长和通货膨胀之间仍然存在某种取舍关系。因而，政府宏观经

---

[*] 本文原题为《如何认识当前的宏观经济形势》，刊于《国际经济评论》2004 年第 5—6 期。

济政策的主要困难之一仍然是如何在增长和通货膨胀之间寻找最佳组合。

中国经济增长速度目标应该如何确定呢？首先要考虑的是可能性，其次是必要性。可能性可以分为两个层次。第一个层次是，不考虑通货膨胀率有多高，经济所能达到的最大增长速度是多少。这个问题难以精确回答，但10%应该是没有问题的。第二个层次是，在所能容忍的最高通货膨胀率下，经济所能够达到的最高增长速度是多少。中国容忍3%—5%的通货膨胀率应该是没有问题的，欧洲通货膨胀率目标是2%。假设中国的通货膨胀率控制在3%，实现8%—9%的经济增长速度应该是没有问题的。

从必要性的角度来看，中国的经济增长速度应该保持在9%左右。原因很简单，在相当一段时间内，中国宏观经济政策的首要目标应该是增加就业，中国决策者去年一再强调，中国的宏观经济政策是"就业优先"的政策。尽管经济增长和就业的关系越来越复杂，但没有经济增长就没有就业的增加这一命题应该还是成立的。而且，为创造同样的就业量，随经济的发展和人均收入的提高，所需的经济增长速度可能会越来越高。美国出现了所谓的无就业增长，中国也有类似问题。2003年中国经济增长速度为9.1%，创造新就业机会800万人，今年计划创造就业900万。即便大力发展第三产业，7%的经济增长速度恐怕仍难保证这一就业目标的实现（而且就业的增加不应该以人均收入下降为条件）。中国每年新增就业人口1000万人，下岗失业工人数百万，农村富余劳动力数千万，多年累积起来，需要找工作的人口又何止数千万。面对这样严重的就业形势，经济增长不达到8%—9%甚至更高，又谈何社会稳定。而且，经济增长速度一旦降低，中国的不良债权问题、财政问题等都会迅速恶化。经济增长可能会带来环境污染、资源枯竭和社会关系失调等问题。但经济增长并不必然产生这些问题，并且经济停滞也并不必然会避免这些问题。

在强调维持较高经济增长速度的同时，也必须看到，自2002年年底2003年年初以来，中国经济也出现了一些令人担忧的现象：首先是投资的超常高速增长；其次是贷款和货币供应量的高速增长；再次是一些生产资料价格的急剧上升；最后是一系列"瓶颈"产业（电力、煤炭等）的出现。面对这种形势，中国经济学界出现了经济是否"过热"的讨论。但是，争论各方对经济形势的判断似乎并无实质性分歧。例如，几乎没有什么人认为在短期内中国会出现严重通货膨胀；几乎所有人都认为在本轮增长中中国投资结构问题严重。许多争论实际上是由对"过热"一词的不同理解而导致的。"过热"是一种媒体用语，决策者回避使用"过热"这样的用语来描述当前中国经济的总体运行状况是明智的。我以为，中国经济所面临的第一个问题是：在2004年和今后若干年中，中国经济是否能够在保持较高增长速度（8%—9%）的同时，维持一个为正值但较低的通货膨胀率（3%—5%）。如果我们的判断是：以目前的经济增长速度，中国将无法保持相对低的通货膨胀率；那么，就应该采取紧缩性的宏观经济政策，把抑制通货膨胀确定为宏观经济政策的主要目标；否则，就不应该改变"就业优先"的指导方针。政府政策必须给市场提供稳定的预期，否则稳定政策不但不能稳定经济，反而会加剧经济波动。第二个问题则是：在当前的投资增长中，哪些地区和行业的投资增长是不合理的，如何在不影响经济增长势头的前提下，遏制这些不合理的投资增长。严格来说，第二个问题不属于宏观经济的范围，但是，在中国的特定条件下，这是宏观经济学家所不得不考虑的重要问题。

利用标准的宏观经济学分析框架，2003年的经济形势可以简单地描述为：给定总供给曲线，总需求曲线右移导致产出增加、物价上涨。在正常情况下，在原有均衡水平被打破之后，经济会自动稳定在一个新的均衡水平上。物价水平的一次性上升不足虑，物价水平的持续上升也不足虑，令人担忧的仅仅是物价水平的加速上升——出现加速的通货膨胀。在什么情况下，会出现加速的通货膨胀呢？作为我们分析出发点的基本命题是：通货膨胀率的增长率等于供不应求缺口的增长率(更严格的表述应是两者成正比)。当过度需求(供不应求)缺口的增长速度为 0 时,通货膨胀率的增长率为 0(但通货膨胀率一般不为 0)。

下面我们将利用上述分析框架分别考虑总需求和总供给的增长速度,以及两者的相对增长速度,以给出回答第一个问题的基本思路。从需求方来看,所需考虑的最重要的因素是 2004 年投资的增长趋势。2003 年投资高速增长是由多方面原因造成的,需要具体问题具体分析。第一,自改革开放以来,中国经济增长已形成明显的周期性[①]。尽管触发(trigger)因素可能各不相同,但经济的周期性波动,特别是投资的周期性波动是不可避免的。第二,在过去数年中,由于对未来经济发展将会对一些经济部门,如电力、煤炭、运输等部门所造成的需求压力估计不足,导致对这些部门的投资不足。2003 年以来,一些部门投资的高速增长是对此前这些部门投资增长速度缓慢的一种纠正。第三,由于 WTO 效应以及世界范围内的生产过剩,为了占领中国市场、利用中国的廉价劳动力以及被形形色色的优惠政策所吸引,大量外资涌入中国。外资的进入又进一步带动了相关投资的增加。第四,许多地方政府大搞形象工程、盲目发展经济开发区,部分地方政府带起了一股投资热潮。第五,伴随收入水平的提高,居民对汽车、住房等耐用消费品(或西方所称的投资品)的需求迅速增加,企业大大增加了在相应行业的投资,这些投资的增长又进一步带动了在相关上游产业(如钢铁和有色金属行业)的投资。在对住房的需求中往往存在投机成分,对住宅投资的增长,政府必须始终予以密切关注。可以看出,2003 年以来的投资增长中,有些增长是一次性的,有些增长虽然不是一次性的但增长速度会自动下降(以同比记)。当然,也有一些增长,如果政府不加以控制,可能会持续发展或进一步

---

① 这种周期性同标准教科书定义的周期性不同。严格说是波动的"周期性",例如,中国 GDP 增速是变化的,但从未为负。

加速，从而导致供不应求缺口的扩大和通货膨胀压力的增加。由于经济政策与政策对实际经济产生作用的非同步性，急刹车将对资源造成进一步浪费并对经济的稳定造成严重损害。

从供给方和供求关系的角度来看，在暂时不考虑政府宏观经济政策作用的前提下，有三种最基本的可能性需要进一步分析：（1）本期总需求的增长速度不变，总供给的增长速度等于总需求的增长速度。在这种情况下，通货膨胀率将不变，经济增长速度将维持在与上期相同的较高水平上。（2）本期总需求的增长速度不变，总供给的增长速度低于总需求的增长速度。在这种情况下，通货膨胀率将上升，经济增长速度将下降（由总供给的增长速度决定）。（3）本期总需求的增长速度下降（这可能是经济周期发展的自然结果也可能是政府实行紧缩政策的结果），总供给的增长速度高于总需求的增长速度。在这种情况下，通货膨胀率下降，经济增长速度下降（由总需求的增长速度决定）。

容易看出，对应于上述三种情况，我们可分别得到：稳定增长、通货膨胀率上升但经济增长速度下降（其极端情况是滞胀）、通货膨胀率和经济增长速度同时下降（其极端情况是通缩）三种宏观经济状态。换言之，当上期出现过度需求缺口、通货膨胀率上升的时候，在本期（在没有政府干预和外部冲击的情况下）经济可能出现通货膨胀率和增长速度的各种组合。其中的一个决定性因素是由上期投资所决定的本期总供给的增长速度。

消费的增长只代表需求的增长。如果上期总需求增长速度提高是消费需求增长速度提高的结果，一般来说，本期总供给的增长速度将不会提高。如果本期总需求增长速度仍然居高不下，则通货膨胀率将因总需求增长速度高于总供给增长速度而上升。投资增长与消费增长不同，上期投资速度的增长不仅造成上期总需求增长速度的提高，还将导致本期总供给增长速度的提高。总供给增长速度的上升则将导致本期通货膨胀率趋稳甚至下降（在极端情况下是负增长—通货收缩)。可以看出,除非我们不但知道本期总需求的增长速度同上期相比有什么变化,而且对本期总供给的增长速度有一个明确的判断,否则将无法回答关于本期政府宏观经济政策是否应该以防止通货膨胀率上升为主的问题。

使分析进一步复杂化的另一个因素是:除受上期投资增长速度的影响之外,本期总供给的增长速度还受(增量)资本—产出率变化的影响。资源在行业间的配置、企业的生产效率等因素都将导致资本—产出率的变化。资本—产出率的上升将抵消投资增长速度上升对总供给增长速度的推动作用。

要确定中国在本期的通货膨胀形势,就必须对上述相关因素进行详细计算。由于数据不全,这很难做到。根据经验,我们可以做出如下的粗略判断:(1)从短期来看,由于(由投资到产出的)投产期较长以及需求缺口增长对通货膨胀率影响的滞后效应,即便在本期总需求和总供给的增长速度实现了平衡,2004 年(或到 2004 年的下半年)通货膨胀率可能还会继续上升。事实上,2004 年第一季度的统计数字显示:中国 GDP 增长速度为 9.7%;固定资产投资的增长速度为 48%;私人消费增长速度为 10.7%。与此同时,2004 年 3 月 CPI 增长速度按年率计为 3%;PPI 的相应增长速度为 3.9%。在中央采取调控措施之后,固定资产投资增长速度不降反升,这确实是令人担忧的。这种现象很可能是一些地方政府和企业,预期中央政府将加强宏观调控,为了不失去"坐上末班车"的机会,有意加快投资步伐的结果。如果不发生意外,2004 年第二季度或晚些时候,固定资产投资的增长速度应该有所回落。(2)从中期来看,由于在 2003 年总需求增长的主要推动因素是投资需求的增长,在以后数年内(如 2005年、2006 年)中国生产能力(总供给的另一种说法)的增长速度可能会有较大提高。因而,除非总需求的增长速度进一步提高或出现供给方的外部冲击,中国通货膨胀形势在未来数年内严重恶化的可能性不大。20 世纪 90 年代各国的经验证明,投资过热导致的是生产过剩、通货收缩而不是通货膨胀。(3) 从长期来看,如果部门结构失衡、企业生产效率低下、资源枯竭、环境恶化等问题长期得不到解决,中国经济增长的黄金时期就将归于终结(总供给增长停滞)。与此相关,由于金融体系不健全、M2/GDP 比过高,一旦由于某种冲击,如不良债权急剧增加、地方政府财政状况突然恶化、石油价格飙升和其他外部冲击等,中央财政状况将严重恶化。此时,政府就将不得不通过铸币税和通货膨胀税解决财政危机,中国就将真正出现严重通货膨胀。如果居民可以自由地把本币兑换为外币,中国就将陷入恶性通货膨胀、货币危机和金融危机。顺便指出,资本管制是中国经济稳定的最后屏障,在金融体系得到根本改善之前,为减轻人民币升值压力而放松资本管制是一种本末倒置的危险政策。可惜的是,中国似乎已经在这一方向走上了不归之路。

通货膨胀一旦出现,就可能产生通货膨胀预期。通货膨胀形势是否会独立于供不应求缺口的变化并因通货膨胀预期的出现而进一步恶化呢?从目前形势来看,较轻微的通货膨胀通过通货膨胀预期(或其他变量)而被固定化,并通过工资提高、囤积、提前购买、总供给曲线左移等一系列环节形成物价加速盘旋上升的路径尚未形成。尽管需要警惕,但就目前的情况来看,以原材料价格上升为主要特点的物价上涨还不会完全传递到最终产品,并通过工资的上涨发展成难以控制的加速通货膨胀。

那么中国目前所面临的结构性问题又应如何解决呢?在理想条件下,如果投资决策是由追求利润最大化为目标的企业做出的,那么这种投资决策就是合理的(至少政府的决策不会更为高明)。在经济增长过程中,经济各部门原有的比例关系必然会遭到破坏。比例关系的变化,必然导致相对价格的变化,相对价格的变化反过来又会导致投资者对自己的投资计划进行调整。如此循环反复,直至相对价格重归稳定,经济实现新的平衡。经济增长过程是一个从不平衡到平衡,再到新的不平衡的无限发展的过程。一些价格上升一些价格下降,甚至物价总体水平上涨都是自然的事情。但是，在中国目前的这场投资热中，追求政绩的地方政府扮演了重要角色，房地产泡沫也起到一定作用。同时，由于市场机制的不完善，企业决策中也存在不少问题。例如，一些企业（包括民营企业）大举投资原材料行业。难道这些企业不知道对这些原材料形成需求的相关行业在不久的将来可能会出现生产过剩吗？这些企业肯定对自己的投资进行过成本效益分析，这些企业之所以会过度投资恐怕与市场价格扭曲有关。例如，一些地方政府为吸引投资（外资或内资），对投资企业实行如零地价、低电价等优惠政策，严重扭曲了价格信号。在这种价格信号的指引下，企业投资的增长将导致以全国为单位的资源配置的恶化和资本生产效率的下降。由于各种优惠政策造成的价格（特别是生产要素价格）扭曲，外资（如众多汽车制造商）为争夺市场份额的大举进入也并不一定符合中国的长期利益和当前的宏观经济稳定。这样，市场失败和政府失败的双重失败将导致资源配置恶化、生产效率下降、环境污染等。结构问题一般不会对中国经济的短期增长造成严重影响，但是对中国经济增长的可持续性的影响则是致命的。从中期来看，2003年的投资热将使相当一批企业因生产过剩而面临亏损（或一批在建项目因政府的紧缩政策而半途而废），大批开发区因无人问津而荒废。2003年新增人民币贷款中基建贷款增加6373亿元，个人住房贷款增加3528亿元，其中的相当一批贷款恐怕将成为新的不良债权。从根本上来说，结构性问题只能通过结构改革加以解决，宏观经济政策不能解决结构性问题，但适度宏观经济政策可以为结构问题的解决提供必要的条件。

总之，中国经济刚刚走出通货收缩，进入快速增长阶段。中国的经济增长速度并未严重背离历史趋势，中国的通货膨胀率仍处于较低水平，目前中国政府经济政策的主要目标不是让经济的总体增长速度降下来，而是进一步深化经济结构调整，改善经济结构，包括需求结构，特别是投资结构。如何一方面维持良好的增长势头，另一方面缓解结构性问题，使中国的低通货膨胀下的经济增长长期保持下去，是中国政府所面临的重大挑战。

货币政策的空间和有效性受到严重制约

尽管还不能说目前中国宏观经济政策的主要目标是抑制通货膨胀，尽管中国目前所面临的主要问题是结构问题、效率问题，尽管货币政策不能直接解决效率问题，但适当收紧货币政策有助于结构问题的解决。非常令人遗憾的是，在2002年下半年以后的一段时间里，商业银行为了降低不良债权比率而大量增加贷款发放的错误做法未能得到有力制止，信贷和货币的盲目扩张，为投资结构的恶化提供了货币支持。2003年下半年以来，中国人民银行"亡羊补牢"适度收紧货币政策并加速市场化改革的做法是正确的。

但是，在新的形势下，货币政策的使用空间和有效性已受到严重损害。从宏观开放经济的角度来看，在"蒙代尔不可能三角"中，中国政府选择了固定汇率制度和资本自由流动（或加速放松资本管制）的某种结合。这种结合在很大程度上已经影响到中国货币政策的独立性。在浮动汇率制度下，一国如果出现经常项目顺差和资本项目顺差（或两者之和为顺差），本币汇率将会升值并导致经常项目逆差减少和国际收支平衡的恢复。在固定汇率制度下，为消除经常项目顺差和资本项目顺差带来的本币升值压力，中央银行必须买入外币卖出本币。流通中本币数量的增加必然导致通货膨胀压力的增加。如果经济处于通货收缩时期，央行可以不必对增加的货币供应进行对冲。央行维持汇率稳定的目标与克服通货收缩的目标是一致的。但是，对于一个存在结构性国际收支顺差的国家来说，当经济处于通货膨胀（或出现通货膨胀危险）时期，中央银行维持汇率稳定的目标与央行克服通货膨胀的目标往往发生矛盾。为了防止（或抑制）通货膨胀，央行必须提高利息率和（或）降低货币供应量的增长速度。如果要控制货币供应量的增长速度,央行就必须对因干预外汇市场而释放出的货币增量进行对冲。但是,任何国家中央银行的对冲能力都是有限的。最终要么放弃对货币供应量增长速度的控制,要么放弃固定汇率制度。事实上,早在中国经济走出通货收缩之前,为了控制货币供应的增长速度,中国人民银行就一直在从事对冲操作。经过多年的对冲操作之后,中国人民银行已面临"无(国债)券可用"的局面。在这种情况下,中国人民银行推出了"央行票据"这一金融工具。但是,由于商业银行对中国人民银行票据的需求是有限的,因而这种方法也无法无限使用。在最近一段时间,商业银行对央行票据的认购积极性已经下降,而商业银行的超额准备金率则处于相当高的水平。在实行货币紧缩之后,超额准备金率居高不下甚至上升这一事实说明:中国人民银行并未能成功地控制基础货币的发放。可以说,只要坚持固定汇率,中国人民银行就无法有效执行适度从紧的货币政策。当然,基础货币数量的变化、银行信贷的变化和广义货币数量的关系是复杂的。基础货币的增加并不一定导致货币供应量的相应增加。但是,由于存在大量超额准备金,商业银行随时都可以相应增加信贷发放,从而导致通货膨胀形势恶化。一旦这种情况发生,除非恢复信贷控制和采取行政干预手段,否则信贷扩张将是难以控制的。事实上,这种情况正在发生。

  基础货币和银行信贷、广义货币之间的数量关系已变得极其不稳定。自20世纪90年代,在主要发达国家,货币供应量的增长速度最多只是一个参考目标。货币政策的实施主要不是通过基础货币的变动控制货币供应量的变动,而是通过基准利息率的变动影响整个利息率水平和结构的变动。美联储的加息或减息,决定了美国经济的收缩或扩张。反之,每当经济的主要危险是衰退时,美联储便实行减息政策,每当经济出现通货膨胀危险时,美联储便实行加息政策。至于货币供应量的变化速度,货币当局只将其当作一个参考目标。

  由于中国企业对于间接融资的高度依赖,结构失衡带来的效益恶化必然导致不良债权的增加，并通过银行危机和金融危机影响中国的宏观经济稳定。虽然从理论上说，结构失衡问题是不能通过宏观货币政策解决的。但是，较高的利息率在一定条件下可以抑制低效率企业的投资需求，迫使低效率企业退出市场，从而有助于纠正中国投资结构的失调。2003年以来中国的许多资本密集型产业生产增长和投资增长速度过快，这一事实说明，中国稀缺资源的定价过低，特别是土地和资本使用成本过低。在理想的市场经济中，自由浮动的利息率是决定企业投资还是不投资、以及投资多少的重要"筛选器"。对于中国而言，加速利息率自由化的步伐，让利息率充分发挥"筛选器"的作用应该是纠正当前经济失调最紧迫的任务之一。目前中国的通货膨胀率达到3%，利息率水平只有2%左右，因而中国的实际利息率已经为负。如果中国人民银行希望防止通货膨胀并改善资金的使用效率，提高名义利息率应该说是不可避免的。

但是，在中国利息率政策的运用和利息率自由化的步伐受到极大制约。首先，在固定汇率和资本自由流动的条件下，利息率的提高必将增加一国经济对资本流入的吸引力。资本的进一步流入必将进一步导致货币供应量的增加，抵消利息率上升的紧缩作用，并迫使国内利息率水平回归国际利息率水平。目前中国的利息率水平高于美国，抛开人民币升值预期不谈，为套利，外资也会源源不断流入中国，从而造成人民币升值压力和通货膨胀压力。如果在不远的将来，美国联邦储备委员会提高利息率，人民币升值压力将会减少。届时中国也可以根据通货膨胀形势，提高利息率（如果需要的话）。但是，如果美国利息率水平不发生变化，中国人民银行就难于提高利息率。本来，中国政府还可以通过限制资本的自由流动来维持货币政策（包括利息率政策）的独立性，但是，资本管制在中国已经成为一种不受欢迎的政策。其次，地方政府和国有企业借贷需求对利息率的弹性过低，也是导致利息率政策失效的一个重要因素。

中国经济目前所面临的主要问题是结构问题，由于维持事实上的固定汇率制度是当前货币政策的主要目标之一，由于中国地方政府对银行体系的严重影响和中国企业的非市场化目标和行为，使中国货币政策的独立性受到严重限制、有效性受到严重削弱。为了防止通货膨胀、改善投资和生产结构，搞得不好，中国可能不得不回到窗口指导、信贷控制和行政干预的老路上去。

财政政策仍应继续发挥重要作用

中国政府的财政预算除履行提供公共物品和进行收入再分配的职能外，还应该通过增加和减少财政赤字，继续在实行宏观调控方面发挥作用（尽管财政政策缺乏必要的灵活性，因而不是进行"相机行事"的微调的有效手段）。此外，中央政府应该通过制度设计，充分发挥税收政策作为经济活动的"自动稳定器"的作用。如果说，为了预防通货膨胀形势恶化和改善投资结构，货币政策应该有所紧缩，那么财政政策是否也应该有所紧缩呢？2004年中国政府继续执行了扩张性的财政政策，但扩张力度明显小于2003年。如果同2003年相比，政府同时执行偏紧的货币政策和财政政策，2004年中国经济的增长速度很可能会明显下降。在这种情况下，中国的就业形势很可能将明显恶化。正如前面所提到的，在通货膨胀形势不会明显恶化的情况下，中国应该努力维持8%—9%的经济增长速度。因此，在货币政策偏紧的同时，财政政策应该具有足够的扩张性以便抵消偏紧的货币政策对经济增长的抑制作用。

财政政策在促使中国经济走出通货收缩方面发挥了重要的甚至是决定性的作用。尽管中国经济已经摆脱通货收缩，但中国的结构性问题十分严重。中国经济的发展在能源、铁路、港口等方面仍受到严重的瓶颈制约，因而中国的公共工程建设还需要有步骤的继续进行。在过去几年中，有关部门低估了基础设施（如电力）对中国经济发展的制约作用，在通货收缩时期没有进一步扩大某些方面的基础设施建设是令人遗憾的。

中国政府决定通过调整财政的支出结构，为解决"三农"问题（特别是农民收入问题）、社会保障体系问题、教育问题、医疗保健设施等问题而增加财政支出是完全正确的。但是，在调整支出结构时，中国政府不应该急于追求财政平衡而过早、过快地减少公共工程投资。事实上，中国政府的财政潜力仍是巨大的，更何况经济增长速度的提高和通货膨胀的出现（政府可以"征收"通货膨胀税）将减少或抵消政府的债务负担。

中国投资和消费增长速度的失调比较严重，投资在 GDP 中的比重偏高。在保证投资的必要增长速度的同时，应该进一步提高消费需求的增长速度。而提高消费需求的增长速度重点应该是农民、城市中低收入阶层。对于浪费资源、破坏环境、脱离中国经济社会发展实际的高消费则应通过提高征税等办法加以限制。盲目鼓励消费，到处寻找"消费热点"的做法不可取。

中国必须进一步改善税收体制，处理好中央和地方财政之间的关系，从财政制度上消除地方政府大搞政绩工程、大搞经济开发区、不顾国家整体利益和长期效益而大搞招商引资的动机。

中国在继续推动对外贸易的健康发展的同时，也应该更加注重效益，应该逐渐取消鼓励出口的特殊政策，应该在均衡汇率的基础上决定人民币汇率，实行有管理的浮动。

最后，尽管我们一再强调不应该因担心增加债务负担增长过快而过度追求财政平衡，但这绝不意味我们可以对中国的隐形债务掉以轻心。特别是，中国银行体系的问题最终都将转化为财政问题。如果我们在处理不良债权、清理破产倒闭金融机构、为银行注入资本金等问题时，不从改善公司治理结构、加强管理入手而是一次次地大量浪费公共资源，中国财政的活动余地将日益减小，中国未来的财政稳定将受到严重威胁。

深化政府行政管理体制改革，
建立完善的宏观调控体系

2003年以来所发生的一系列经济事件，中央政府在实行宏观调控过程中所遇到的一系列困难充分说明了一个事实：尽管中国的市场化改革已取得长足进步，但中国还远未能建立起一个有效的宏观经济调控体系，其中最突出的一个问题是地方政府与中央政府博弈，对中央政府宏观调控的破坏作用。从理论上说，在完善的市场经济条件下，各个经济行为主体在争取自身利益最大化的同时将导致全国经济利益的最大化。在中国，地方政府是经济活动中的最重要行为主体之一，"为官一任，造福一方"，是各级地方政府领导的愿望。但是，在现行制度安排下，地方政府行为的目标函数与中央政府行为的目标函数是不同的。某一地区福利的最大化可能是要以另一地区福利的减少或全国福利的减少为代价的。地方政府追求GDP的高速增长、念念不忘"无工不富"、通过提供优惠条件的恶性竞争吸引外来资金、干预银行的运营、不计后果地大搞开发区等，从根本上说不是政绩观问题而是制度安排问题。这里所说的制度安排包括国家治理体制、行政体制、经济体制、财政体制和宏观调控体制等各个方面。存在决定意识，不进一步深化体制改革，"铁本"现象是不会杜绝的。

在本轮经济调控中出现的一个新现象是"利益集团"的崛起。在以往，中国的"老总（板）们"是低调的，某一"老总"作为某一利益集团的代表而公开批评政府宏观调控部门的事情则更是闻所未闻。这种现象是中国政府越来越开明、中国社会日趋多元化的表现。但是，在更多地听取各种"利益集团"的声音的同时，政府必须排除"利益集团"的干扰，坚持正确的各项既定政策。中央调控部门的权威是不容挑战的，而中国人民银行的独立性是建立完善的宏观调控体系的关键。

宏观经济部门之间的分工与协调的建立也十分重要。例如，中国人民银行和银监会之间似乎有必要进一步明确分工和加强协调。中国人民银行是制定和执行货币政策的唯一机构，银监会在履行其对银行系统的监管职责的同时，必须注意避免干预货币政策的执行。

2002年下半年以来，中国经济结构、特别是投资结构所出现的一系列问题，说明中国仍然未能建立起来一个有效的现代化银行体系。长期以来，中国人民银行十分重视银行的不良债权问题和资本金不足问题。为解决这两个问题，1998年中国人民银行为四大银行注资2700亿元，2000—2001年通过资产管理公司剥离不良资产14000亿元。但是几年之后，国有商业银行的不良资产不但没有降低，反而增加了近10000亿元（但不良债权率下降了）。资本充足率则再次下降到极低水平。为了推动国有商业银行的财务重组、改制、改善公司治理结构、提高效率和争取在2005年实现上市，2003年中国人民银行动用外汇储备450亿美元对中国人民银行和中国建设银行实行注资。中国人民银行希望，从此之后，商业银行将再无借口为新不良债权的出现而逃避责任。把注资作为推动银行完善公司治理结构，改善经营管理的前提条件是具有巨大风险的。先行对银行进行注资，而不是首先追究银行有关责任人管理不善之责，将减少银行完善公司治理结构和改善经营管理的动力。换言之，注资所创造的道德风险有可能导致银行业绩恶化、不良债权增加和资本充足率下降。建立一个健康的银行体系，更为根本的改革将是必不可少的。

小　结

经过6年的努力，中国经济终于摆脱了通货收缩的阴影，走上快速增长的轨道。尽管仍然存在种种问题，我们有理由对自己所取得的成绩感到自豪。只要不忘记发展这个"硬道理"，在寻找短期宏观经济问题的解决办法的同时，不忘记处理好协调发展、经济结构、产业发展和体制改革等长期问题，中国经济稳定、持续增长的前景就是光明的。

分析当前宏观经济形势的一些思路[*]

在谈论中国宏观经济形势时,"过热"是人们使用最多的一个词,但"过热"并不是一个严格的经济学术语。翻遍经济学教科书,我们几乎找不到关于经济"过热"的说法,在权威的经济学词典中,也查不到经济"过热"这一词条。在没有给出确切定义之前,就为中国经济是否"过热"(或"整体过热"还是"局部过热")争论不休,只能使我们的讨论成为非科学的词句之争,并误导出一些似是而非的政策结论。

为了正确认识中国当前的宏观经济形势,推出有用的政策建议,我们必须有一个科学的、因而也是严格的分析框架。本文的目的是从一个相对严格的分析框架出发,尽可能系统地、合乎逻辑地分析当前的宏观经济形势,并尽可能使由此演绎出的政策结论具有可操作性。这种努力的初衷自然难于实现,但希望本文能够提供一个供批评的靶子,以便使当前关于中国宏观经济形势的讨论能够更好地沿拉卡托斯式的科学研究纲领向前迈进。

首先,本文回顾了中国宏观经济在过去 20 多年来的发展轨迹,并得出了一些"拇指法则"。然后,本文从总供给和总需求的角度分析了中国宏观经济的发展趋势。最后,本文就未来中国货币政策和财

---

[*] 原文于 2004 年 8 月在网上发表,后收入余永定、何帆主编的《中国经济的夏天:当前宏观经济形势和宏观政策分析》,中国青年出版社 2005 年版。

政政策的走向提出了一些原则上的建议。

历史的经验

过去 20 多年中，在宏观经济层面，中国政府所追求的目标始终是在维持较高经济增长速度的同时把通货膨胀率控制在较低的水平上。中国的经济增长和通货膨胀之间的关系是怎样的呢？下面先对历史做一个简单的回顾。

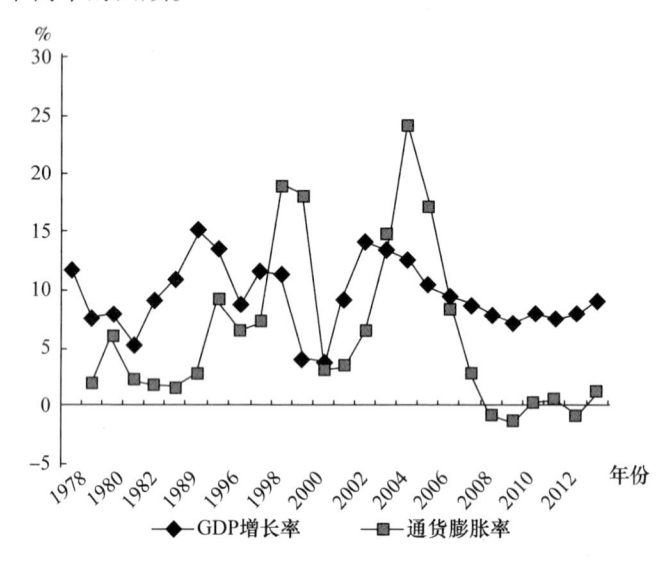

图 1 中国改革开放后的经济增长速度和通货膨胀率

从图 1 我们可以得出以下几项结论：

（1）中国的经济增长速度和通货膨胀率有着至少是中等程度的相关性[①]。中国经济增长速度的上升和下降往往先行于通货膨胀率的上升和下降。通货膨胀变化对经济增长变化的滞后大致有 4—5 个季度（在 20 世纪 80 年代，经济增长有两次高峰：1984 年和 1987 年，相

---

① 感谢刘仕国先生的指正。

应的通货膨胀高峰出现于1985年和1988年。在20世纪90年代，经济增长高峰出现于1992年，通货膨胀在1994年达到最高峰。另外，当经济增长速度达到谷底时，通货膨胀率往往同时或一年后达到谷底）。经济增长速度和通货膨胀率之间的取舍关系大致是存在的（图2）。

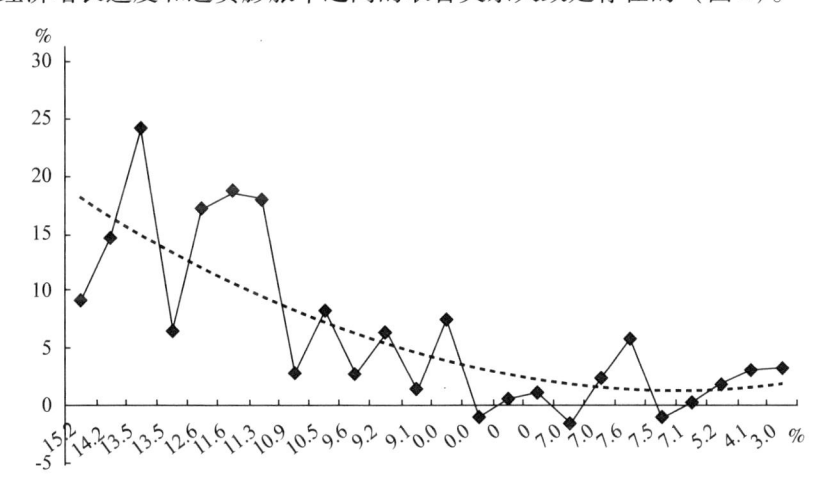

图2　经济增长—通货膨胀的替代关系

注：横轴为经济增长速度，纵轴为通货膨胀率，虚线是趋势线；1989年、1990年是两个特殊年份，如去掉此两年，替代关系将会进一步加强。

（2）中国经济增长和通货膨胀都有强烈的波动性（在一两年内急剧上升或急剧下跌），而通货膨胀率的波动性似乎明显大于经济增长速度的波动性。

（3）当经济增长处于上升阶段时，只要经济增长速度超过10%，通货膨胀率在第二年就会超过10%。如果经济增长速度不超过9.5%，通货膨胀率就不会超过5%。

（4）在过去25年中，中国经济的平均增长速度在9.4%左右，但中国政府从未能够成功地将经济增长速度连续维持在9%左右的水平（哪怕是仅仅维持2年）。9%只是通向通货膨胀或通货紧缩的桥梁。因而，面对9.1%的经济增长速度，政府对经济"过热"表示担心是理所当然的。

与图 1 相对应的历史是：1986 年物价开始上涨，1987 年中国通货膨胀率（零售物价指数）达到 8%，[1] 居民抢购之风愈演愈烈。但直到 1988 年 8 月通货膨胀率折合年率超过 20% 之后，[2] 政府才下决心开始全面治理整顿[3]。当时中央确定的经济增长速度目标是 5%—6%。通过压缩基建、压缩社会集团购买力、控制信贷、开展保值储蓄，半年后经济即开始降温。1989 年 10 月通货膨胀率下降到 8.7%，[4] 中国经济增长速度则由 1988 年的 11.3% 分别急剧下降到 1989 年和 1990 年的 4.1% 和 3.8%。现在看来，如果在 1987 年就开始治理整顿，且所采取的紧缩措施温和一些，硬着陆大概是可以避免的。

1991 年经济出现恢复性增长。1992 年邓小平南方谈话后，经济急剧升温，全年增长速度达到 14.2%。通货膨胀率同时开始回升，全年通货膨胀率为 6.4%。进入 1993 年通货膨胀明显加速，1993 年 6 月通货膨胀率上升到 13.9%。在此期间，经济"过热"的主要表现是：

——自 1991 年出现了约 4000 个房地产公司，1992 年房地产投资增长速度为 117%。

——建材价格，特别是钢铁、水泥价格暴涨（达到两位数），1993 年前半年的钢材进口同比增长 360%，22 种原材料进口同比增长 120%。

——1992 年投资增长速度达到 44.4%，1993 年投资增长速度超过 60%。

——贷款和货币增长速度急剧增长，1992 年全年分别为 25%、

---

[1] World Bank, *The Chinese Economy*, Washington D. C., 1995, p. 104.
[2] The Economist, July 1993, p. 59.
[3] 1988 年 9 月 26 日十三届三中全会决定开始治理经济环境。
[4] World Bank, *The Chinese Economy*, Washington D. C., 1995, p. 104.

31%。1993年6月两者分别为22.5%、26.6%。

——基础设施超负荷运转,电力、运力紧张。电力增长速度仅为工业产值增长速度的1/4。铁路货运正点率只有60%。

——城市零售物价指数上涨了20%。

——国际收支状况恶化,1993年出现经常项目逆差。

——由于贬值预期,人民币在外汇调剂市场上下跌了20%。

1993年6月政府再次实行全面紧缩以治理经济"过热"。由于担心企业破产,中国人民银行没有大幅提高利息率而是采取了紧缩信贷的政策和行政手段。① 具体措施是:

——命令商业银行取消和回收违规贷款。在货币紧缩实行开始的4个月内,根据时任副总理朱镕基的指示,由专业银行贷给企业和非银行金融机构的810亿元违规贷款被收回。

——提高利率。1993年5月首次小幅升息(但上升后的1年期存款利息率仍仅为官方宣布的通货膨胀率的一半),同年7月再次升息,并引入保值储蓄。经过数次升息,1年期存款和贷款利息率最后分别达到9.18%和10.08%(1996年6月开始降息时的利息率)。

——采取措施控制银行贷款的增加(这是货币供应量的主要来源)。

——颁布相关规定,限制建筑工程上马和房地产业投资。

——派遣巡视组检查地方银行执行中国人民银行指示的情况,并严惩违规者。②

宏观调控的主要结果是:

——狭义货币M1的增长率从1993年6月的54%降低到了1994年6月的19.1%,但广义货币M2的增长率仍然很高。③ 1993年6月M2的增长率为26.6%,1994年6月为30.1%,1995年年底依然为

---

① 此时,信托投资公司等非金融机构是融资的重要渠道,其借贷利息率高达20%—40%。The Economist, July 1993, p.60.

② The Economist, August 1993, p.55.

③ YongDing Y., "A Review of China's Macroeconomic Development and Policies in 1990s", *China and World Economy*, No.6, 2001.

29.9%（这同外汇储备增加有关）。① 奇怪的是，在整个紧缩期间，国内信贷增长速度始终没有减少，1993年6月信贷增长速度为22.5%，1994年6月为31.6%，直到1995年信贷增长速度依然保持在22.9%。②

——1993年房地产价格开始大幅度下降。1993年、1994年房地产投资增长速度分别为81%、42%。1995年降到25%较为正常的速度。

——钢材价格在1993年上半年也开始下降。

——1993年投资增长速度达到61.8%的顶峰，1994年急剧下跌到31.4%。1995年进一步降到15.8%。

——同投资增长速度的下降相比，经济增长速度的下降较慢，仅仅由1993年的13.5%降到12.6%。

——同经济增长速度的下降相比，通货膨胀率的下降明显滞后，双位数通货膨胀一直维持到1995年第四季度。1996年通货膨胀率下降到8.6%。1997年中国经济进入通货紧缩时期。

事后看来，1996年生产过剩的迹象就已经相当普遍。政府当时并不能确认这到底是工业结构调整的结果，还是由于紧缩所造成的有效需求不足的后果。由于这种经济下滑的不确定性，在1997年的大部分时间里政府仍然将治理通货膨胀作为首要任务来抓，而没有更早地采取诸如进一步降低利率等措施以阻止经济的下滑。

宏观经济政策在通货膨胀和产出目标间的抉择

政府追求的宏观经济目标是多重的，除GDP增长速度之外，物价稳定、汇率稳定、就业充分、贸易平衡、金融稳定等都是政府的重

---

① World Bank, *The Chinese Economy*, 1996, p. 85.
② Ibid.

要宏观经济目标。在这些目标中，有些是相辅相成的、有些则是相互矛盾的。这样，政府就必须确定诸多目标的最优组合。宏观经济政策目标的个数必须等于实现这些目标的政策手段的个数。[1] 例如，如果财政政策和货币政策被用来实现内部平衡（在 IS—LM 模型中意味着利息率和产出处于平衡状态），此时，如果还需要实现外部平衡（国际收支平衡），就必须有一个支出转移政策（expenditure-switch policy），以同时获得内、外部平衡。中国宏观管理当局诉诸行政手段往往就是因为间接调控手段个数小于政策目标个数。在西方国家，最重要的一对目标关系是就业与通货膨胀目标之间的关系。对于凯恩斯主义经济学家来说，就业和通货膨胀率之间的取舍关系（trade-off）是不言而喻的。这种确信的理论表达即是菲利普斯曲线。[2] 根据奥肯定律，[3] 在美国，产出每增长 3% 失业率将下降至少 1%。而通过奥肯定律，经济增长速度和通货膨胀率之间建立了取舍关系。货币主义经济学家认为，就业和通货膨胀之间的取舍关系仅存在于短期。由于预期的逐步调整（adaptive expectations），这种关系在长期是不存在的。[4] 新古典主义经济学家认为，由于合理预期的作用，即便在短期，在经济增长（就业）和通货膨胀之间也不存在取舍关系。[5] 到目前为止，在西方经济理论界，主流经济学家似乎仅限于否认产出和通货膨胀在长期存在取舍关系。对于持这种观点的经济学家来说，中央银行应该实行消极的货币政策，而不应该试图利用积极的货币政策来影响实际变量。

20 世纪 80 年代后期以来许多国家的经济实践证明，在经济增长

---

[1] Tinbergen, J., *On the Theory of Economic Policy*, North-Holland, Amsterdam, 952.

[2] Phillips, A. W., The Relationship between Unemployment and the Rate of Change of Money Wages in the United Kingdom, 1861—1957, 1958.

[3] Okun, A., *Economics for Policymaking*, Cambridge, Mass, MIT Press, 1983.

[4] Friedman, M., Inflation and Unemployment-Lecture to the Memor of Alfred Nobel, December 13, 1976, In Nobel Lectures, Economics, 1969—1980, ed Lindbeck, A, World Scientific Publishing Co., Singapore, 1992.

[5] Lucas, R. E., Some International Evidence on Output-Inflation Tradeoffs, *Journal of Politic Economics*, Vol. 83, 1973, pp. 1113 – 1144.

和通货膨胀之间仍然存在某种取舍关系。美国国会预算办公室的研究发现，失业缺口与通货膨胀率的变化有相当强的稳定的关系。[①] 日本银行的研究证明，在过去20年之中，产出缺口（output gap）同通货膨胀存在弱相关关系。[②] 在美国，每当经济增长速度明显上升时，联邦储备委员就会开始谈论通货膨胀恶化和加息的可能性。即便是在德国、瑞士这样中央银行有着高度信誉的国家，通货膨胀的下降也是以产出和就业的巨大损失为代价的。当然也有例外，如在20世纪90年代以来的相当长一段时间内，英国在经济增长速度提高（以中国的标准，这种增长速度实际上是很低的）的同时通货膨胀率不但没有上升反而下降了。但是，这种取舍关系的消失在很大程度上可能是结构变化的结果。因而，在实践中，世界各国政府宏观经济政策的主要困难之一仍然是如何在增长和通货膨胀之间寻找最佳选择。换言之，政府面临的挑战依然是如何实现损失函数 L 的最小化：

$$L = E\left[\sum_{0}^{\infty}(1+\theta)^{-t}(w_p(\pi_t - \bar{\pi}_t)^2 + w_y(y_t - \bar{y}_t)^2)\right] \quad (1)$$

其中 E 为预期算符；θ 为时间折现因子；w_p 和 w_y 为权重；π_t 和 y_t 为通货膨胀率和产出；$\bar{y}_t$ 和 $\bar{\pi}_t$ 为通货膨胀率和产出的目标值。

中国学者的经验研究则普遍得出中国经济增长速度和通货膨胀率之间存在相关关系的结论。自20世纪80年代中期以来，中国两次治理经济"过热"的经验告诉我们：对于中国政府来说，真正的挑战并不在于能否控制通货膨胀，而在于能否在控制通货膨胀的同时维持经济的高速增长。当然，通货膨胀和产出目标以及相应的权数的确定不仅是经济问题，还是政治问题，需要由决策者做出政治决定。

[①] CBO, CBO's Method for Estimating Potential Output: an Up-date, August 2001.

[②] Hirose, Yasuo and Kamada, Koichiro: New Technique for Simultaneous Estimation of the Output Gap and Phillips Curve, Working Papr Series, Research and Statistics Department; Bank of Japan, Tokyo, October 2001.

中国维持高经济增长速度的必要性

中国需要高速经济增长。只有持续高速的经济增长速度,才能保证中国最终实现现代化,才能解决或缓解严重的就业问题。在今后(2004年)20年内,全国人口将以年均800万—1000万人的速度增长。[①]"2010年前适龄劳动人口年均增长0.6%至0.7%,每年新增1000万人。"[②] 2003年年初"城镇失业率,包括登记失业、下岗职工和其他类型的失业,总计大约在8%至10%"。[③] 假设2003年城镇失业率为7%,不难算出,城镇失业人口应为2000万人(表1)。[④] 而在经济增长速度达到9.1%的2003年,新增就业岗位仅为800万。换言之,2004年除了需要为本年新增加的1000万城镇劳动力创造就业的同时,还要为上年遗留下来的1200万失业人口创造就业机会。更糟糕的是,此时还有1.5亿农村富余劳动力需要被吸收。创造就业机会有两条基本途径:经济增长、改变经济和就业结构。在20世纪80年代,中国GDP每增长1个百分点,平均能拉动增加就业岗位240万个。到了20世纪90年代,GDP每增长1个百分点,只能拉动增加70万个就业岗位。[⑤] 随经济的发展和人均收入的提高,为创造同样的就业量所需的经济增长速度可能会越来越高。2000年以后,中国就业弹性的减少似有加速的趋势。中国政府计划在2004年(城镇)增加就业900万,即增加3.6%。以前二年的平均就业弹性为0.42计算,2004年的经济增长速度应该达到8.6%。如果以2003年的就业弹性计算,则2004年

---

① 蔡昉:《中国人口与劳动问题报告》,社会科学文献出版社2003年版,第14、46页。
② 王梦奎在2003年3月"中国发展高层论坛"的讲话,http://www.295.com.cn。
③ 同上。
④ 根据官方统计,2003年城镇登记失业率为4.3%——作者补注。
⑤ 2003年9月13日劳动和社会保障部副部长张小建答《财经》杂志记者问。www.fponline.gov.cn/qk/4/xy/4252.htm。

的经济增长速度至少应该与 2003 年持平（表 1）。自 1979 年到 2000 年，第一、二、三产业的平均就业弹性分别为 0.6、0.34 和 0.57。① 因而在经济增长速度给定的条件下，可以通过改变产业结构（发展劳动密集型产业）、就业结构来增加就业量。但是在短期内，这种改变难于实现且对于解决就业问题的作用有限。更重要的是，如果没有经济增长速度的增加，就业增长速度的上升意味着就业者人均收入增长速度的下降（劳动生产率的下降）。这大概也非我们所希望看到的结果。

表 1　　　　城镇就业、就业增长速度和就业弹性

年份	2000	2001	2002	2003
城镇从业人员（万人）	23151	23940	24780	25639
城镇就业增长速度（%）		3.4	3.38	3.35
GDP 增长速度（%）		7.3	8	9.1
就业弹性		0.466	0.423	0.368

资料来源：樊纲：《中国宏观经济变量跟踪分析》，2004 年第一季度。

为了回答中国能否在保持较高经济增长速度的同时避免通货膨胀恶化的问题，我们可以在古典主义的理论框架下考察通货膨胀与总供给和总需求关系的动态路径：②

$$\frac{dp}{dt} = \alpha(Y^d - Y^s) \qquad (2)$$

其中 p, t, Y^d, Y^s 分别代表物价、时间、总需求和总供给，α 为一正常数。从式（1）可推出：

$$\frac{d^2p}{dt^2} = \alpha\frac{d(Y^d - Y^s)}{dt} \qquad (3)$$

式（3）的含义是，通货膨胀率的增长率等于供不应求缺口的增长率。当过度需求缺口的增长速度为 0 时，通货膨胀率的增长率为 0（但通货膨胀率一般不为 0）。

---

① 蔡昉：《中国人口与劳动问题报告》，社会科学文献出版社 2003 年版，第 14、46 页。
② Sargent, *Macroeconomic Theory*, New York: Academic Press, 1979.

由于 Y^d 与 Y^s 两者包含共同的解释变量且互为解释变量，如果给出 (2) 和 (3) 的具体函数形式，Y^d 与 Y^s 的动态路径将十分复杂。事实上，我们很可能要对一个微分方程组求解。为了简化分析，这里我们仅仅分别对总需求和总供给的动态路径做独立分析，并将 Y^s 当作潜在产出 (potential output) 或总供给能力 (aggregate supply capacity) 来处理。

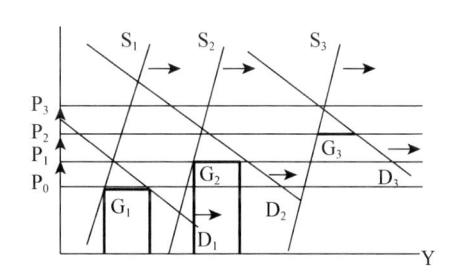

图3 总供给和总需求的增长速度和物价上涨

从图3可以看出，由于总供给曲线的移动速度和总需求曲线的移动速度相同（图中总供给和总需求曲线每次移动的速度可以是不相同的），供不应求缺口未发生变化（$G_1 = G_2 = G_3$），物价的上升速度[1]保持不变（由 P_0 匀速上升到 P_3），因而通货膨胀率不变。物价水平的一次性上升不足虑，物价水平的持续上升也不足虑，令人担忧的仅仅是物价水平的加速上升，而通货膨胀率的加速则是总需求的增长速度持续高于总供给的增长速度造成的。能否在2004—2005年将增长速度稳定在9%左右的同时使通货膨胀率保持在适当水平上（5%左右）取决于：（1）2004—2005年和今后的一段时间内总供给能否实现9%的增长（这种能力在很大程度是前定的，决策者已无法影响）；（2）决策者是否能够将总需求的增长速度稳定在9%左右的水平。

当然，我们也可以选择其他的理论框架，如各种周期理论，来讨

---

[1] 物价上升速度与通货膨胀率还不是同一个概念，前者是 ΔP，后者是 $\Delta P/P$。

论中国未来经济增长和通货膨胀的动态过程。找到一个适合分析中国宏观经济进程的理论框架,并以此作为宏观经济政策分析的基础,是中国宏观经济理论研究的最具有挑战性的课题之一。

经济的供给方

由于总供给和总供给增长速度是无法直接观测到的,在实际统计中,它们被潜在产出和潜在产出增长速度的概念所取代。所谓潜在产出是指在给定经济结构下,当劳动和资本的潜力得到最充分利用时的经济活动水平。显然,如此定义的潜在产出也是无法直接观测的。经济学家往往把某个不会引起通货膨胀率加速的产出水平定义为潜在产出水平。经济学家假设,实际产出(可以观察到的产出)是由两个部分构成的:潜在产出和周期性扰动(或某种外部冲击造成的扰动)。宏观经济学的主要课题之一就是把产出中的趋势(trend)和扰动分离出来。

增长趋势的分离可以作为一个纯粹的统计问题来处理。其基本方法是以取对数后的 GDP 时间序列为基础,分时段(piecewise)回归,得出作为时间函数的 GDP 趋势。而相应的周期性成分则用一个 ARMA 过程表示。估计潜在产出的最常用方法是生产函数法,其他主要方法包括 HP 滤波法、卡尔曼滤波法和综合评估法等。例如,CBO（Congressional Budget Office,美国国会预算办公室）是以 Cobb-Douglas 函数为基础的:

$$Q_{nfb} = A_{nfb} L_{nfb}^{(1-\alpha)} K_{nfb}^{\alpha} \qquad (4)$$

其中

Q_{nfb} = 非农部门实际 GDP（1996 年美元[①]）

[①] 用 Fisher 指数表示,1996 年为基年。详见 CBO,CBO's Method for Estimating Potential Output: an Update,August 2001。

A_{nfb} = 全要素生产率（1992 = 1.0）
L_{nfb} = 劳动时数（以十亿为单位）
K_{nfb} = 滞后一年的资本投入指数（1992 = 1.0）

对（3）取对数和求全微分后，可得

%ΔQ_{nfb} = %Δ(A_{nfb}) + (1 - α)·
%Δ(L_{nfb}) + α·%Δ(K_{nfb})   (4')

式（4'）表示，（非农）实际 GDP 的增长速度等于相应劳动、资本和全要素生产率（TFP，技术进步）的加权平均数。1 - α 和 α 代表劳动和资本对经济增长的贡献。在美国它们被假设等于两要素收入在总收入中的比重。CBO 估算中的关键步骤是在菲利普斯曲线基础上建立基准方程以消除周期性波动对劳动投入趋势和全要素生产率的影响。把消除了周期性影响的劳动投入（潜在的劳动投入）和全要素生产率代入式（4'）便可得出潜在的产出增长速度。[①] 许多中国经济学家和国际经济组织曾应用各种方法，特别是生产函数法对中国的潜在产出进行过计算。关于中国的资本存量、劳动力供给、全要素生产率增长速度等变量的估算也有十分丰富的研究成果。

在中国的条件下，由于劳动力供给的充裕性，似乎可以用固定系数生产函数（其微分形式是哈罗德多马模型）代替 Cobb-Douglas 函数，这种替代，可以减少许多限制性假设并大大简化计算。对资本存量的估算虽然十分困难，但在理论上则相对简单。对资本－产出率或资本生产效率（前者的倒数）的计算则需要剔除周期性波动和其他冲击的影响。

$$Q^* = \frac{K}{v^*} \qquad (5)$$

其中 Q^* 为潜在产出；v^* 是资本产出率。

根据丛亮的计算，中国的平均资本产出率仅为 2.09，效率最低的

[①] CBO, CBO's Method for Estimating Potential Output: an Update, August 2001; ECB Monthly Bulletin, October 2000.

煤炭行业的资本产出率也不超过 4。但是，根据世界银行（2003 年）的计算，中国的 ICOR 已经上升到 5。如果事实果真如此，中国的增长潜力将受到严重制约。世界银行的这一结果似乎与中外学者普遍得出的中国全要素生产率在过去 20 余年来有明显提高的结论相矛盾。

在现实中，一旦产出缺口（the output gap，实际产出和潜在产出之差）已确定，政府就可以确定宏观经济政策的方向，因而不必再按照我们式（1）确定的框架做进一步的分析后再决定政策取向。例如，在现实中，西方宏观决策机构在很大程度上是根据产出缺口的正负和大小来确定宏观经济政策方向的。中国学者也做了同类的研究，例如章奇的结论是，"从绝对水平上来看，生产函数法所估计的 2003 年产出缺口为负，这说明经济还未出现真正的'过热'。而 HP 滤波估计的结果却正好相反，说明 2003 年经济已经开始'过热'"。

无论各种计算结果有何不同，中国经济学家大概都不会反对这样一个结论：中国经济的潜在经济增长速度应该在 8%—9%。事实上，正如我们已经指出的：中国经济在其升温阶段，如果增长速度不超过 9.5%，通货膨胀率就不会超过 5%（图 2）。

经济的需求方

在经济学文献中，一般情况下，所观测到的实际产出即被当作总需求。为了研究今后总需求变化的趋势和可能发生的波动，应该从对总需求的各个构成部分分别进行分析。在 2003 年，虽然消费增长强劲，但同历年相比，基本趋势并未发生重要变化；政府支出的增长率则明显下降；贸易顺差也有所下降。消费对经济增长的贡献不大，政府开支和对外贸易的贡献则为负值。从需求方来看，2003 年中国经济最突出的特点是投资增长速度的急剧增加。投资增长速度（名义值）达到 26.7%，而 2002 年投资在 GDP 中所占比重为 41%，故其对 2003 年 GDP 增长的贡献为 11 个百分点。

从历史上看，中国经济增长率的变动一直主要是由投资增长率变动导致的（图4）①。在20世纪90年代初的经济"过热"中，相对于经济增长波动的幅度，投资波动的幅度大大超过20世纪80年代后期的投资波动。这个事实似乎说明在20世纪90年代经济"过热"中，相对于其他总需求的构成部分（特别是消费需求），投资波动对经济波动的影响越来越重要。因而，我们当前对未来总需求变化趋势的研究首先应该集中于对投资需求变化趋势的研究（以后我们还将对消费等因素进行分析）。

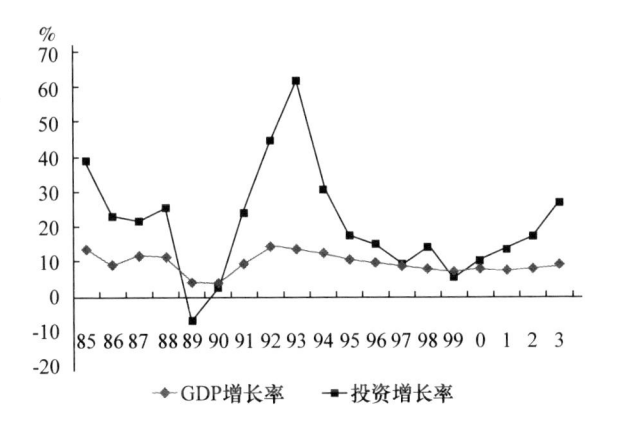

图4 经济增长率与投资增长率

中国宏观经济分析的经验表明，标准的总量分析是远远不够的。对投资增长动态路径的分析要求我们首先对各主要行业的投资动态进行分析。换言之，中国的宏观经济分析应该以产业分析为基础。这大概是中国宏观经济理论的一大特点。理想的情况是，总投资可以被分为四大构成部分：最终产品生产部门（房地产部门除外）的投资、投入品生产部门（包括原材料、中间产品等）的投资、房地产开发投资和基础设施投资。之所以做这种划分是基于以下假设：最终产品

---

① 1993年例外，需进一步考察为什么其他需求的增长速度已经下降。

需求的增加导致对最终产品生产部门投资的增加,后者又导致对原材料、中间产品部门产品需求的增加,并进而导致在这些部门投资的增加。所有这些部门产品和相关投资的增加(或这种增加的预期)导致对基础设施投资的增加,当然基础设施投资的增加又同国家计划有关。之所以把房地产同其他最终产品生产部门分开是因为房地产在历次投资热潮中都扮演了十分特殊的角色。当然,还有一种可能性:投入品生产部门(包括原材料、中间产品等)投资的增加是由最终产品需求增加之外的因素引起的。最终结果如何,还需通过实证研究加以确定。

从行业的角度来看,2003年投资增长速度最高的前6个行业为:水泥、钢铁、电解铝、汽车、纺织和煤炭(图5)。然而,由于这些部门投资在总投资中所占比重都不是很高,因而无法解释2003年投资的高速增长。为了解释2003年的投资增长,尽管上述6个行业外的其他行业增长速度较低,但其中投资在总投资中所占比重较高的行业也应该被纳入视野。

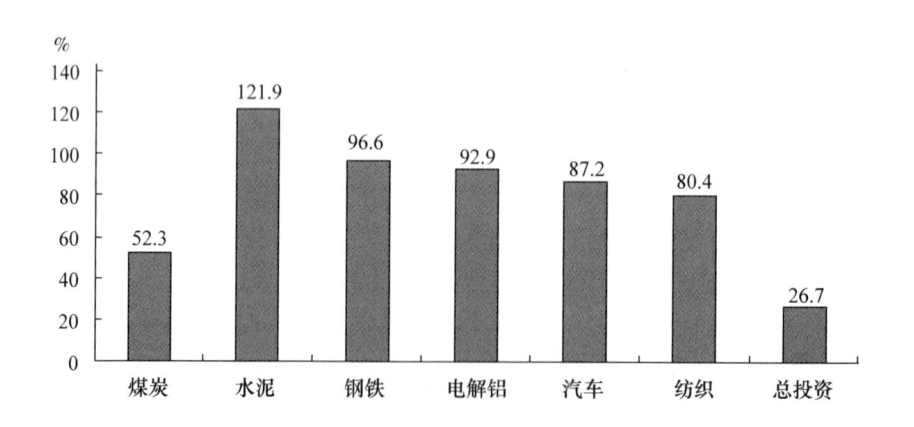

图5 投资增长率最高的六大行业

注:根据国家统计局资料推算。一些数字是通过由相关产业数据替代的。
资料来源:国家统计局。

图6给出了对2003年投资增长速度贡献最大的十个行业。这十

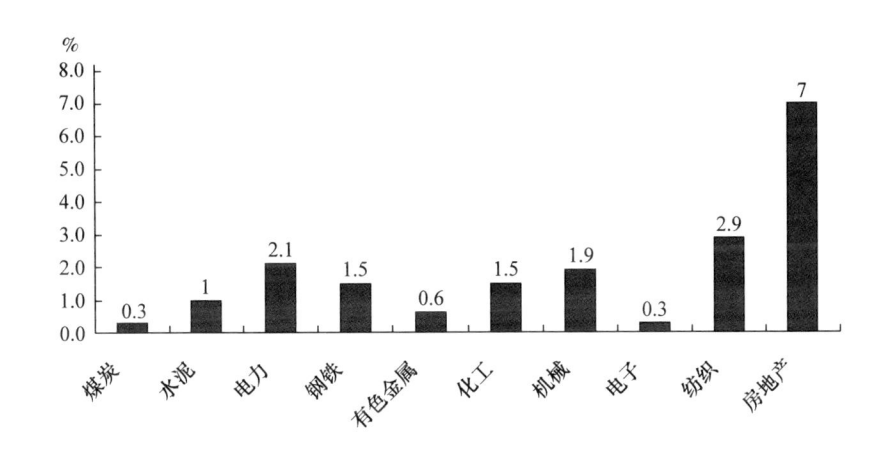

个行业投资的增长可以解释 2003 年 70% 以上的投资增长。

图 6　对投资增长速度贡献最大的 10 个行业

从图 6 中可以最清楚不过地看出，房地产业的增长是 2003 年投资增长的最重要推动者。在 29.7% 的总投资增长中，有 7%，即 1/4 强的增长是房地产投资增长的结果。按照更为传统的行业分类方法，对总投资增长贡献最大的十个行业是：第三产业中的房地产公用服务咨询业（20.7%）、轻纺工业中的轻工（9.4%）、第三产业中的文教卫生广播福利业（8.7%）、原材料工业中的冶金（8.6%）、能源工业中的电力（8.4%）、机械电子工业机械中的机械（8.2%）、原材料工业中的化工（7.0%）、第三产业中的运输邮电通信业（5.3%）、轻纺工业中的纺织（3.2%）、原材料工业中的有色金属（2.8%）。[①]

这里还有一系列需要进一步研究的问题。例如：

（1）无法找到关于中央政府和地方政府主导的基础设施投资的可靠资料，因而无法判断以经济开发区为主要形式的基础设施投资对总投资的贡献到底有多大。有证据证明，地方政府在公共投资方面所起

---

① 丛亮博士计算。

的作用已经超过中央政府的作用。①

（2）瓶颈产业的出现是中央政府最忧虑的问题。瓶颈出现，按定义就是各行业生产出现比例失衡：某个（或某些）行业的产出过小，限制了以其为投入的其他行业生产能力的充分发挥。造成瓶颈的原因可能是多方面的。例如，以该行业产出为投入的少数行业或众多行业的最终需求增长速度过高，或该行业产出的增长速度过低（由于前期投资过低造成），都可能导致瓶颈的出现。除非做进一步的分析，否则，无法根据瓶颈行业的出现而断定经济的总体增长速度是否过高。

（3）不同部门投资增长的波动幅度是十分不同的，上游部门（原材料、半成品）投资波动的幅度似乎明显大于最终产品部门投资波动的幅度。而这似乎同部门投入—产出表所隐含的结论存在矛盾，造成上游部门投资急速上升的机理还需进一步分析。从理论上说，越是上游部门，作为投入所进入的其他部门就越多，同下游部门产品最终需求的增长速度相比，其增长速度就应该越小。例如，如果住房需求增加了20%（实际上就是住房投资增加了20%），钢铁产量所对应的增长速度应该小于20%（假设原来没有剩余生产能力），而电力供给的增长速度则应该更低（因为电力是更为基础的部门）。如果上游部门投资的增长速度高于最终需求增长速度（如住房的增长速度），这很可能意味着上游部门以往投资的不足（因而当前的生产能力不足），而不是最终需求增长速度过快②。当然，这也可能仅仅是因为上游部门的盲目投资。真正原因是什么只有经过实证研究才能确定。

在本轮经济增长中，出现瓶颈产业至少在一定程度上是因为在过去数年中，由于对未来经济发展将会对一些经济部门，如煤炭（图7）、钢铁（图8）和电力（图9）等所造成的需求压力估计不足，因

---

① Zhu Baoliang, *Money China*, June 2004, p. 23.
② 应该能够通过投入系数矩阵不同行的0的个数的不同来证明上述结论。

而对这些部门的投资不足。从政府方面来看，出现判断错误恐怕是对财政状况恶化的可能性过于担心。关于瓶颈对当前经济增长会产生什么不利影响以及为避免加剧经济的波动，在解决瓶颈问题时应该注意什么是值得我们进一步研究的问题。

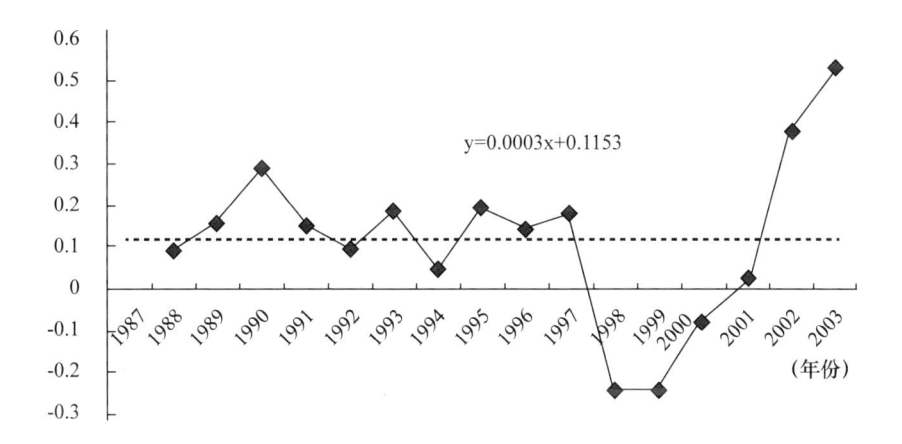

图7　煤炭投资增长速度

资料来源：汪同三，中国社会科学院数量经济与技术经济研究所。

1988年至1997年，煤炭的年均增长率为15%，1998年到2003年，煤炭投资的年均增长速度为6%，同1988—1995年的平均生产速度相比，煤炭投资的年均增长速度下降了一半以上。

1988年至1995年钢铁投资的年均增长率为24%，1996年到2003年，即便考虑到2003年钢铁投资的急剧增加（97%），在这一时段钢铁投资年均增长速度为18%，明显低于1988年至1995年。如果不考虑2003年，这一时期钢铁投资的年均增长率仅为6%。

在1988—1997年电力投资的年均增长速度是25%，但在1998—2003年电力投资的年均增长速度仅为11%，远低于经济进入通货紧缩时期之前的年均增长速度。如果不考虑2003年的急剧增长，电力投资的增长速度在通货紧缩时期的年均增长速度不足7%。正是由于

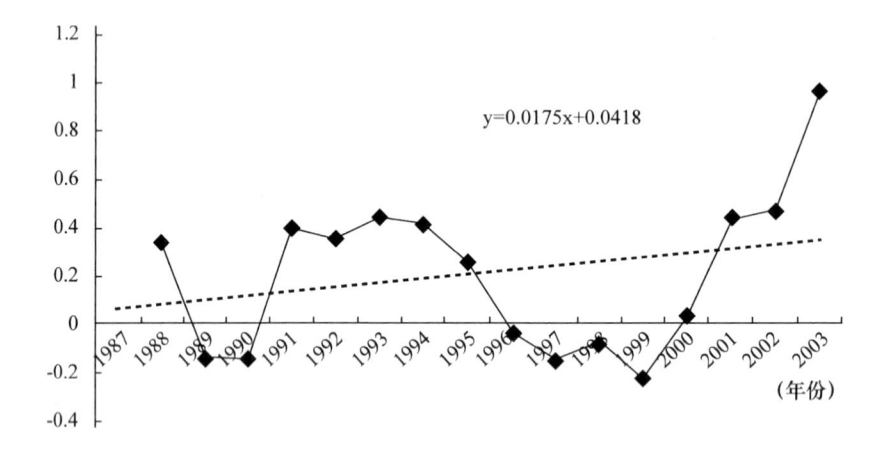

图 8　钢铁投资增长速度

资料来源：汪同三，中国社会科学院数量经济与技术经济研究所。

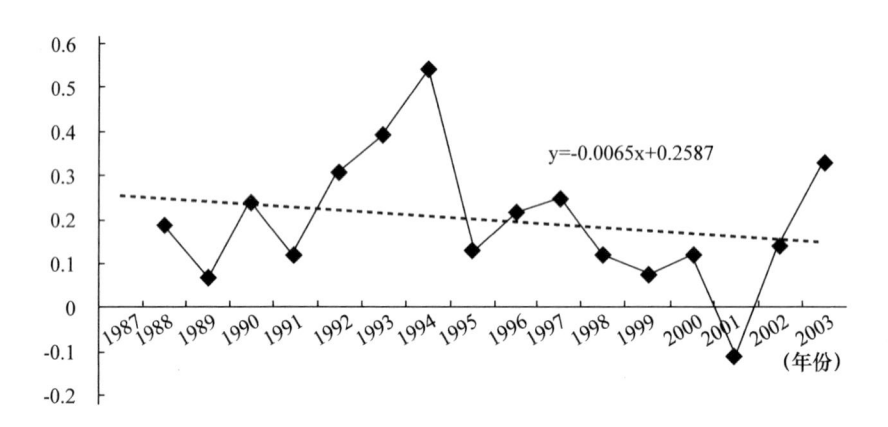

图 9　电力投资增长速度

资料来源：汪同三，中国社会科学院数量经济与技术经济研究所。

在此期间中国电力投资的增长速度缓慢，某些外国经济学家认为中国的经济增长速度统计是不可靠的。

中国目前一些产业的增长速度是否过快，必须根据中国本身的国情加以判断，但是，外国的一些历史资料也有一定参考价值。

表2 中日经济增长高速增长时期的钢、电、水泥、
新建住房、汽车行业年增长率比较

国家	钢	电力	水泥	新建住房面积	汽车	同期真实经济增长率
中国（1990—2000年）	6.8%	8.1%	11.0%	8.8%	15.0%	10.1%
日本（1960—1970年）	11.0%	12.0%	9.7%	12.8%	27.1%	9.3%

资料来源：中国统计年鉴、IFS、国外经济统计资料等，张斌整理。年平均增长率由张斌计算得到。

总之，2002—2003年以来，一些部门投资的高速增长是对此前这些部门投资增长速度缓慢的一种纠正。那么，在进行纠正的时候，是否出现了投资过度呢？答案是肯定的。这种过度投资可能是由于投资者，特别是民企投资者对投资过度缺乏认识。而这种行为模式大概可以用"蛛网模型"和"合成推理"的错误加以解释。

似乎可以断言，房地产开发、地方政府主导的基础设施建设、出口部门（特别是轻工、纺织、机械部门）和汽车的投资增长是2003年投资增长的主要推动力量。而在所有这些部门之中，房地产开发投资的增长是最重要的推动力量。房地产开发、基础设施投资的增加带动了冶金、电力和机械工业等部门投资的增加①。显然，如果认为出现投资"过热"，就应该从抑制最终产品和基础设施投资着手，否则，由于原材料、能源和其他投入品供不应求，原材料、能源和其他投入品的价格必然进一步飙升。

为了判断中国投资未来的变动趋势，无疑必须对房地产、基础设施等领域投资的变动趋势做出判断。一些经济学家认为，房地产热是中国城市化进程的必然结果，这种观点不无道理。城市居民人口的增加必然导致对住房需求的增加，但这似乎只是房地产发展的

---

① 根据"财经界"（2004年5月），中国房地产用钢量占钢材消费量的55%，机械占15%，汽车占3%。

必要条件而不是充分条件，甚至连必要条件可能都不是。日本和其他一些西方国家房地产泡沫都发生在城市化进程早已完成之后。中国房地产投资增长速度从1992年的117%暴跌到1997年的-1.2%只能认为是（局部）房地产泡沫和泡沫崩溃的结果。1998年以后，房地产增长速度持续超过总投资的增长速度，2002年后更是急剧增加。这些变化是无法用一直存在的城市化这样的长期因素加以解释的。

由于在过去5—6年中房地产业的持续高速发展，房地产也已经成为中国的支柱产业之一，房地产投资在总投资中所占的比重也不断增加。现在的问题是：在最近的将来房地产发展应该保持一种什么样的增长速度。与此相对应，政府对房地产发展应该采取什么政策？

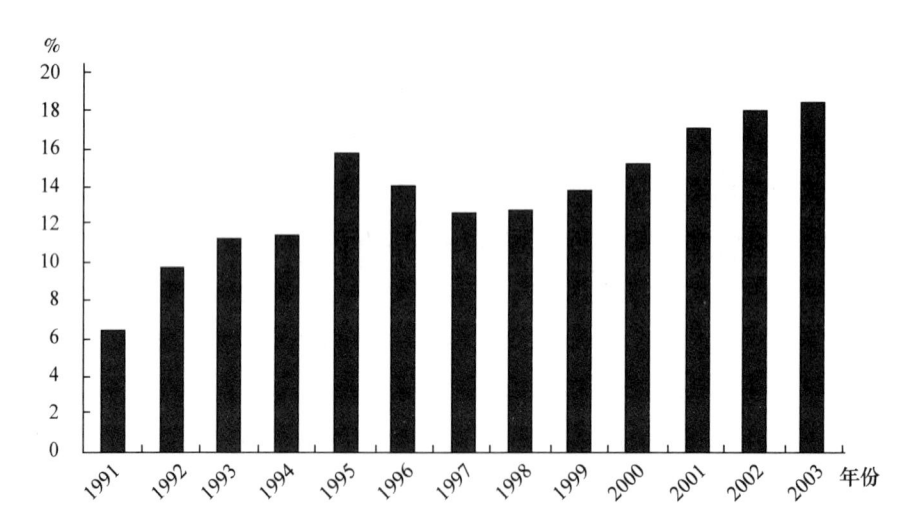

图10 房地产投资在总投资中所占的比重

根据最基本的经济理论，住房需求可以用下式表达：

$$D_f = f(P_f, W, R, R_f) \tag{6}$$

其中P_f, W, R, R_f分别代表住房价格、财产总量、其他资产的实际收益、拥有住房的净实际收益。

式中各项的含义不言自明。尚需说明的是"住房净实际收益",该项由房租(如房屋出租)或愉快"价值"(如自用)加房产升值的潜在收益扣除按揭利息、不动产税、折旧等费用构成。在多年的房地产萧条之后,20世纪90年代末期,房屋价格相对低廉,城市居民收入水平不断提高,股市和债市投资回报微薄。在中国人民银行鼓励和支持下,商业银行大力推行住房贷款和各项优惠政策。所有因素都是推动住房需求增加的。在这种情况下,住房需求大幅度增加是再自然不过的事了。住房需求的增加并不自动导致住房投资(从供给方来看的投资)增加。与其他产品不同,房地产供应商的住房投资就是新住房供给的增加。住房投资的实现是由住房的需求(居民)与供给(房地产开发商)共同决定的。

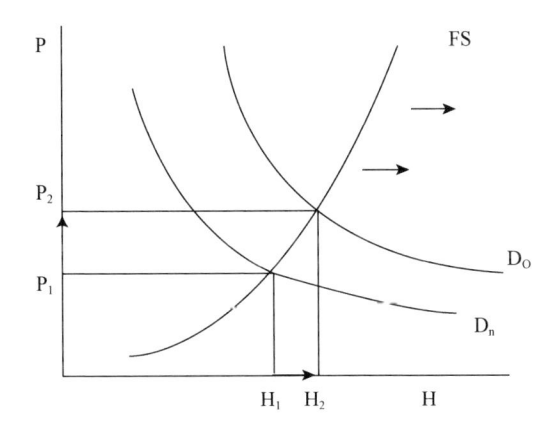

图 11 住房的供求关系

图 11 中 P、H 分别代表住房价格和新房供给;D_{on}是住房需求曲线,FS 是新住房供给曲线。[1] 住房需求的增加将导致新住房价格的上升和新住房供给单位的增加。而住房供给曲线的右移则导致新住房价格的下降和新住房单位的增加。在中国的特定条件下,由于开发商和建筑商在

---

[1] Dornbusch, R. and Fischer S., *Macro Economics*, sixth edition, MaCraw-Hill, 1994.

资金上都严重依赖银行贷款,银行长期贷款可获得性和利息率高低对住房投资(住房需求和住房供给)起决定性作用。

相信不难证明,中国最近几年来房地产开发热主要是政府政策引导的结果。在近期内,房地产投资的增长速度也将基本上取决于政府政策。在短期不存在什么房地产发展的"必然趋势"问题。在通货收缩时期为房地产开发提供比较廉价的贷款支持,大方向是正确的。但是,在实际操作过程中可能有过急、过快之嫌。对失误之处加以纠正无可厚非,防止矫枉过正也是势所必然。学界目前在讨论房地产发展是否存在泡沫的问题,但是对房地产"泡沫"却缺乏公认的定义。衡量房地产发展是否健康的尺度通常包括:房价的增长速度、房价对可支配收入之比、房价增长速度对人均可支配收入增长速度之比、买房人月供对收入之比、住房抵押债务对收入之比、房地产开发自有资本金比例、住房投资在 GDP 中的比重、空置率等。由于缺乏统一的理论,以上述尺度衡量的中国房地产发展状况并不能对前述问题给出十分肯定的答案。我们只能利用这些尺度进行国际比较,以期得到一些启发。目前学界讨论较多的问题是房地产价格上升是否过快。自 20 世纪 90 年代中期以来,美国的房地产价格上升了近 20%,现房的平均售价上涨了 39%。根据英国《经济学家》的报道,自 1997 年以来,美国住房价格的年均上升率为 7%—9%。根据高盛最近的一项研究报告:[①] 1995 年以来,美国的房价上涨了 1/3,英国的房价翻了一番,西班牙上涨了 73%,法国上涨 37%,意大利上涨 14%,德国下降了 12%,澳大利亚上涨了 82%,日本下降了 22%。高盛的研究报告认为:居民的实际收入、实际和名义利息率、利息率的波动性、其他投资的预期收益、人口和人口构成、财富拥有量和就业状况是影响住房价格的主要因素。除房地产价格增长速度之外,可支配收入对房屋价格之比是衡量房地产发展有无泡沫的另一个重要指标。根据高

---

① Goldman Sachs: Global Paper, No. 114, July 2004.

盛的同一研究报告，在主要发达国家，自1975年以来，美国住房价格对可支配收入之比不超过120%，日本的这一比例在泡沫经济最为严重的20世纪80年代末不超过100%，英国最高时为150%左右。在20世纪80年代，当英国人在考虑是否买房时，一个经验法则是：房价不应超过总收入的2.5倍。根据光大证券的一项研究报告，2003年北京住宅的平均销售价格为4688元/平方米，[①] 房价一年收入比为11倍。尽管中、外数据有许多不可比性，但是，如此之高的房价一年收入比所蕴含的金融危险是不言自明的。

从宏观经济稳定的角度来看，中国住房价格上升的快慢并非问题的关键。从图11中可以看出，只要供应和需求曲线的移动速度相同，住房价格就不会上升。但是，对应于同样的住房价格水平，房地产投资的增长速度可以是十分不同的。而对中国宏观经济造成最直接影响的恰恰是房地产投资增长速度本身。不管从总体上房地产开发有无泡沫（在某些城市，特别是少数经济发达的大城市，泡沫肯定是存在的），鉴于中国目前所出现的一些瓶颈现象和房地产投资在形成这些瓶颈中的作用，以及房地产发展对于银行信贷的高度依赖和由此可能形成的金融风险，对房地产投资增长的适当降温是完全必要的。

有房地产开发商断言，由于政府对土地使用的限制，房地产价格一定上涨。又云：无论建筑成本发生什么变化，房价也不会受到影响，"因为房价是市场供求决定的"。开发商不是经济学家，对其在概念和逻辑上所犯的初级错误不必苛求。但这一说法提醒我们，为了避免房价飙升必须在抑制住房供应增长速度的同时，抑制住房需求增长速度。在这种情况下，如果不希望使一般民众无力购房，就必须对居民购房的需求结构进行调解，并进而对房地产建设结构进行调整。前一段时间，申请住房贷款的条件可能过于宽松。有些地区竟然对购置豪华住宅实行税收减免。这种政策不但不利于宏观经济稳定，而且

[①] 《新民周刊》2004年第30期。

加剧了社会的不平等，必须坚决制止。应该充分利用各种税收手段，防止和限制房地产泡沫的发生和发展。财产税应该作为一种调节房地产开发结构的重要手段加以利用。例如，为了限制过多高档豪华住宅的建造，可以对于这类住宅征收高额累进财产税。由于篇幅所限，这里对房地产问题不做进一步讨论。但可以肯定：房地产投资的增长速度应该降低，完全可以通过同时调控住房供给与需求，使住房价格保持稳定，或稳中有升。必须打破住房价格只涨不跌的预期，事实上，日本和中国香港的房价已经下跌多年。

地方政府主导的基础设施投资对投资增长的贡献无疑是十分巨大的。地方政府主导的基础设施投资有其合理性，但是也存在许多问题，地方政府在投资热潮中也起了重要的推动作用。由于缺乏必要的数据，并且这一问题在很大程度上是非经济的，本文不拟详加讨论。不过，应该指出，由于地方政府主导的投资也主要是政策驱动的，在中央实行宏观调控之后，地方政府的投资动机是可以抑制的。

总之，把供给方和需求方结合起来看，存在三种最基本的可能性：①本期总需求的增长速度不变，总供给的增长速度等于总需求的增长速度。在这种情况下，通货膨胀率将不变，经济增长速度将维持在与上期相同的较高水平上。②本期总需求的增长速度增加，总供给的增长速度低于总需求的增长速度。在这种情况下，通货膨胀率将上升，经济增长速度将下降（由总供给的增长速度决定）。③本期总需求的增长速度下降（这可能是经济周期发展的自然结果，也可能是政府实行紧缩政策的结果），总供给的增长速度高于总需求的增长速度。在这种情况下，通货膨胀率下降，经济增长速度下降（由总需求的增长速度决定）。容易看出，对应于上述三种情况，我们可分别得到：稳定增长、通货膨胀率上升但经济增长速度下降（其极端情况是滞胀）、通货膨胀率和经济增长速度同时下降（其极端情况是通缩）三种宏观经济状态。换言之，当上期出现过度需求缺口、通货膨胀率上升的时候，在本期（在没有政府干预和外部冲击的情况下）经济可能出现通货膨胀率和增长速度的各种组合。

需要指出：消费的增长只代表需求的增长。如果上期总需求增长速度提高是消费需求增长速度提高的结果，一般来说，本期总供给的增长速度将不会提高。如果本期总需求增长速度仍然居高不下，则通货膨胀率将因总需求增长速度高于总供给增长速度而上升。投资增长与消费增长不同，上期投资速度的增长不仅造成上期总需求增长速度的提高，而且还将导致本期总供给增长速度的提高。总供给增长速度的上升将导致本期通货膨胀率趋稳甚至下降（在极端情况下是负增长——通货收缩）。

通过对"经济的供给方"的讨论，我们可以得出结论，中国的潜在产出增长率应该在8%—9%。这意味着只要中国经济的增长速度能大致维持在这一水平上（特别是不要超过10%），中国的通货膨胀率是可以维持在一个可以接受的水平上的（例如5%左右）。由于2003年以来投资的急剧增加，在未来一段时间内，潜在产出的增长速度还可能会有所提高（当然，由于房地产投资在总投资中所占据的重要地位，2003年投资对未来供给能力的贡献也不应估计过高）。通过对"经济的需求方"的分析，我们可以看出，本次需求的增长主要是投资需求的增长。而在投资需求增长中最重要的推动因素是房地产投资的增长，其次（可能）是地方政府主导的基础设施投资的增长。这两种增长在很大程度上是政策导致的，因而，只要对在通货收缩期间所制定的鼓励房地产发展的政策（包括土地使用政策）进行适当的调整，对地方政府的投资严加控制，中国决策者就能够将总需求的增长速度稳定在9%左右的水平上。

要正确预测中国在2004年的宏观经济形势，特别是通货膨胀形势，就必须对总供给和总需求的相关因素进行详细计算。由于数据不全，这是很难做到的。对于中国在2004年的宏观经济形势，我们在以前曾做过这样的判断：(1)从短期来看，由于（由投资到产出的）投产期较长以及需求缺口增长对通货膨胀率影响的滞后效应，即便在本期总需求和总供给的增长速度实现了平衡，2004年（或到2004年的下半年）通货膨胀率可能还会继续上升。事实上，2004年第一季度的统计数字显示：中国GDP增长速度为9.7%；固定资产投资的增长速度为48%；私人消费增长速度为10.7%。与此同时，在3月，CPI增长速度按年率计为3%；PPI的相应增长速度为3.9%。在中央采取调控措施之后，固定资产投资增长速度不降反升，确实是令人担忧的。这种现象很可能是一些地方政府和企业，预期中央政府将加强宏观调控，为了不失去"坐上末班车"的机会，有意加快投资步伐的结果。如果不发生意外，2004年第二季度或在晚些时候，固定资产投资的增长速度应该有所回落。（2）从中期来看，由于在2003年总需求增长的主要推动因素是投资需求的增长，在以后数年内（如2005年、2006年）中国生产能力（总供给的另一种说法）的增长速度可能会有较大提高。因而，除非总需求的增长速度进一步提高或出现供给方的外部冲击，中国通货膨胀形势在未来数年内严重恶化的可能性不大。

前文我们假定通货膨胀率的变化是由总供给和总需求变化的对比决定的。为了简化分析，我们假定总供给和总需求的变化速度是独立的。但是，两者的变化速度实际上是不独立的。例如，如果总需求的变化速度由于某种原因（如货币供应增加）突然增加，导致产出增加和通货膨胀率上升。通货膨胀预期的出现和潜在产出缺口的增大对总供给的增长速度产生影响，而总供给增长速度的变化反过来又会对总需求的增长速度发生影响。只有在经过相当一段时间的调整之后，总供给和总需求的增长速度才有可能重新恢复均衡。因此在分析中国通货膨胀的变化趋势时，除了应首先分析总供给和总需求变化比的基本趋势外，还应分析通货膨胀在中国的具体形成机制，以便确定通货膨胀是否会因通货膨胀预期的出现而进一步恶化。从目前情况来看，较轻微的通货膨胀通过通货膨胀预期（或其他变量）而被固定化，并通过囤积、提前购买、工资提高、加价等一系列环节形成物价加速盘旋上升的路径尚未形成。尽管需要警惕，目前的以原材料价格上升为主要特点的物价上涨看来还不会完全传递到最终产品，并通过预期、工资、加价三个环节发展成难以控制的加速通货膨胀。但是，由于超高 M2/GDP 比的存在，中国出现恶性通货膨胀的可能性等问题应该成为理论界加强研究的重要问题。[①] 同时，诸如石油价格上涨之类的冲击的影响也不可低估。

在坚持中国的宏观经济形势基本上是健康的同时，必须承认中国经济所面临的结构性问题是非常严重的。结构性问题可以有广义和狭义的不同内涵。广义的结构性问题往往是指宏观问题之外不能用传统宏观经济政策手段解决的所有问题，包括经济体制问题、公司治理结构问题、银行体系健全性问题、资本市场发展问题、竞争政策问题等。狭义结构性问题是指同宏观经济政策有关的资源合理配置问题。目前中国的狭义结构问题主要体现在三个方面：瓶颈产业的出现、稀缺资源的严重浪费（各种经济开发区的盲目发展等）、对外需的过度依赖（对此问题争议较大）。而导致资源配置的无效或低效的最根本原因是生产要素价格的扭曲。值得注意的是，一般人认为，中国的结构失衡主要体现在消费和投资的比例失调。这种看法是值得商榷的。由于房地产投资被计入投资统计中，因而 2003 年中国投资率显得格外高。但是，居民对住房的需求同对汽车、高级耐用消费品的需求有何本质不同呢？房屋投资就是房屋供给。在中国的条件下，房屋投资实际属于消费而不是投资的范畴。中国的储蓄率和投资率绝不像我们自己以为的那么高，中国的城市居民也绝不像我们自认为的那样节俭。到处创造消费热点的做法是不值得提倡的，过度消费永远是制造通货膨胀的最佳途径。

在理想条件下，如果投资决策是由追求利润最大化为目标的企业做出的，那么这种投资决策就是合理的（至少政府的决策不会更为高明）。在经济增长过程中，经济各部门原有的比例关系必然会遭到破

---

① 余永定：《M2/GDP 的动态增长路径》，《世界经济》2002 年第 12 期。

坏。比例关系的变化，必然导致相对价格的变化，在价格信号的引导下，投资者对自己的投资计划进行调整。如此循环反复，直至相对价格重归稳定，经济实现新的平衡、资源得到合理配置。但是，在中国导致价格扭曲的最主要原因恐怕是政府部门，特别是地方政府出于部门利益和地方利益对市场过度干预。价格扭曲的最主要表现是生产要素价格过低，完全不能反映这些要素的稀缺性。而这又表现为土地价格过低和资金成本过低。不仅如此，某些稀缺产品的价格也过低。例如，一些地方政府为吸引投资（外资或内资），对投资企业实行低电价，或在电价不变的情况下保证供电等优惠政策。在严重扭曲了的价格信号的指引下，企业投资的增长导致以全国为单位的资源配置的恶化和资本生产效率的下降。同对中国经济的短期增长所造成的影响相比，结构问题对中国经济增长的可持续性的影响是更为致命的。从中期来看，2003年的投资热将使相当一批企业将来因生产过剩而面临亏损（或一批在建项目因政府的紧缩政策而半途而废），一大批开发区因无人问津而荒废。2003年新增人民币贷款中基建贷款增加6373亿元，个人住房贷款增加3528亿元，其中的相当一批贷款恐怕将成为新的不良债权。从根本上来说，结构性问题只能通过结构改革加以解决，宏观经济政策不能解决结构性问题，但适度的宏观经济政策可以为解决结构问题提供必要的条件。

总之，中国经济刚刚走出通货收缩，进入快速增长阶段。中国的经济增长速度并未严重背离历史趋势，中国的通货膨胀率仍处于较低水平，目前也没有严重恶化的趋势。2003年以来投资的"超常"增长（特别是在房地产、基础设施、汽车、某些出口部门的投资增长）在很大程度上是1997年以来政府实行扩张性财政、货币政策的结果。2003年以来的投资增长中，特别是在投入品生产部门的投资，有些增长是一次性的，有些虽然不是一次性的但增长速度会自动下降（以同比计）。2003年在经济恢复强劲增长势头的同时，结构问题凸显出来。在这种情况下，政府对过去6年多以来所执行的扩张性宏观经济政策进行调整是必要的。目前中国政府经济政策的主要目标应该是稳定经济增长速度（而不是降低经济增长速度），进一步深化经济改革，改善经济结构，包括需求结构，特别是投资结构。由于经济发展中的诸多不确定性，以及经济政策与政策对实际经济产生作用的非同步性，这种调整必须是非常谨慎的。在对经济结构进行调整的同时，应该尽量采用间接调控的方式，以避免在纠正经济失衡的同时制造新的失衡。

新形势下的货币政策

在大多数西方经济学家看来，1981—1982年美国的经济衰退是货币紧缩的结果。西方国家政府对主动的、酌情使用的货币政策越来越持怀疑态度。根据弗里德曼的货币需求理论，货币政策对经济发生作用要经过相当长时间的滞后，而滞后时间的长短又是变化不定的。因而，在弗里德曼看来，货币政策虽然是一种强大的武器，但却不是一种精确的武器。20世纪90年代以来，一种越来越流行的观点是：经济的波动是可以自我校正的，政府的干预往往不能减少反而会加大经济的波动。当政府感觉到经济"过热"而开始点刹车的时候，汽车实际早已开始减速。刹车的结果不是使车速减慢而是使汽车停止运行。同样，当政府感到经济仍然过冷时，经济可能已经开始升温，踩油门的结果不是使经济恢复正常增长而是使之出现"过热"。或者，虽然政府的判断并未出现错误，但政策工具的时滞也会产生同样的结果。因而政府采取"密切关注"的态度，而不急于采取行动也是一种选择。

货币政策目标分为最终目标和中间目标。中央银行无法直接控制最终目标，但可以直接控制中间目标。最终目标的实现是通过中间目标的实现而实现的。自20世纪90年代以来，一些西方国家央行开始实行被动的（passive）建立在规则基础上的货币政策。这种政策强调透明性、政府和公众间的对话。钉住通货膨胀率的货币政策就是建立在这种思想基础上的一种政策。例如，欧洲央行（ECB）采取了钉住通货膨胀率（inflation targeting）的政策，经济增长率、汇率等都不是它的目标。广义货币年增长速度不是货币政策的间接目标而仅仅是根据通货膨胀目标推出的参考值。根据货币数量恒等式：GDP 增长速度 + 物价上涨速度 = 货币流通速度的变化率 + 货币供应量增长速度，ECB 是按下属步骤确定货币供应量的增长速度的：

（1）计算出（潜在）GDP 年增长速度（trend）为 2%；

（2）货币流通速度（velocity）的变化率为 -0.5%（根据历史数据计算出）；

（3）给定通货膨胀率目标为 2%；

（4）根据货币数量公式，M3 的增长速度的参考值将被定为 4.5%。

$$i = \bar{i} + \beta(\pi_t - \pi_t^*) + \gamma(y_t + y_t^*) \tag{7}$$

而基准利息率（main refinancing rate）也是根据通货膨胀目标的需要确定的。央行不能同时把货币供应量的增长速度和利息率作为直接控制的中间目标：[①] 要么以货币供应量增长速度为目标，让利息率水平由信贷市场的供求关系决定。要么以利息率为目标，让货币供应量增长速度进行调整[②]，并最终实现信贷市场的均衡。由于其中 i 是目标名义利息率，$\bar{i}$ 是长期均衡利息率；π_t、π_t^*、y_t、y_t^*、β、γ 分别是通货膨胀率、通货膨胀率目标、产出缺口、产出缺口目标和相应

[①] Poole, W., Optimal Choice of Monetary Policy Instrument in a Stochastic Macro Model, *Quarterly Journal of Economics*, Vol. 84, 1970.

[②] ECB 通过公开市场操作每周在货币市场向商业银行提供为期两周的信贷，这种业务活动称为主再融资操作（main refinancing operations），商业银行通过竞标方式获得这种贷款。主再融资利息率是由 ECB 事先决定的。ECB 通过改变主再融资贷款的供应确保事先确定的主再融资利息率的实现（此利息率一旦给定就不会波动，类似于日本、美国的贴现率）。ECB 操纵主再融资利息率的目的是影响货币市场隔夜拆借利息率（后者围绕主融资利息率上下波动）。隔夜拆借利息率的变动将通过货币市场上的各种利息率影响到整个金融市场的利息率水平（各种信贷的供求也相应发生变化），进而影响实际经济变量。

离差的权数。如果把公式中的最后一项理解为对未来通货膨胀的预期，泰勒法则可以理解为中央银行对当前和未来通货膨胀的反应方式。①

由于金融市场的不完善和利息率尚未完全实行自由化，中国并未把利息率作为中间目标，而是把广义货币供应量 M2 作为中间目标。中国人民银行对货币供应量的调控主要是通过调节基础货币供应量，然后再通过货币乘数的作用来实现的。在货币乘数给定的情况下，基础货币的增长速度决定了广义货币的增长速度。而中国人民银行对基础货币的调节又是通过在公开市场进行国债回购、中国人民银行票据买卖等方式实现的。为了更为有效地控制货币增长速度的上升，中国人民银行还将准备金率由 6% 提高到 7.5%，从而冻结了数以千亿计的流动性（降低了货币乘数）。但是由于乘数的不稳定性和"基础货币—货币供应量"这种货币政策传递机制的时滞，中国人民银行货币政策的中间目标实际逐步转向了通过"道德规劝"对银行信贷实行某种控制。

根据银行体系的资产负债平衡表我们知道下述关系成立：

$$\Delta M2 = PSDR - \Delta Bond + \Delta BLP + \Delta F \tag{8}$$

其中：ΔM 为货币供给（M2）的增量；PSDR 为政府的财政赤字；$\Delta Bond$ 为政府对公众发行的国债；$PSDR - \Delta Bond$ 为银行系统对政府信贷的增量，用 ΔBLG 表示；ΔF 为国家外汇储备的增量；ΔBLP 为银行系统对公众贷款的增量。

式（8）表示，货币供给的增量等于政府财政赤字与对公众发行国债的增量之差，再加上国家外汇储备的增量以及金融机构对公众贷款的增量。为了控制货币供应量的增长速度，中央银行必须控制银行对公众贷款的增长速度，并根据需要对外汇储备增加导致的货币供应

---

① Okina, K. and Shiratsuka, S., Asset Price Bubbles, Price Stability, and Monetary Policy: Japan's Experience, *Monetary and Economics Studies*, October 2002.

量的增加实行对冲。

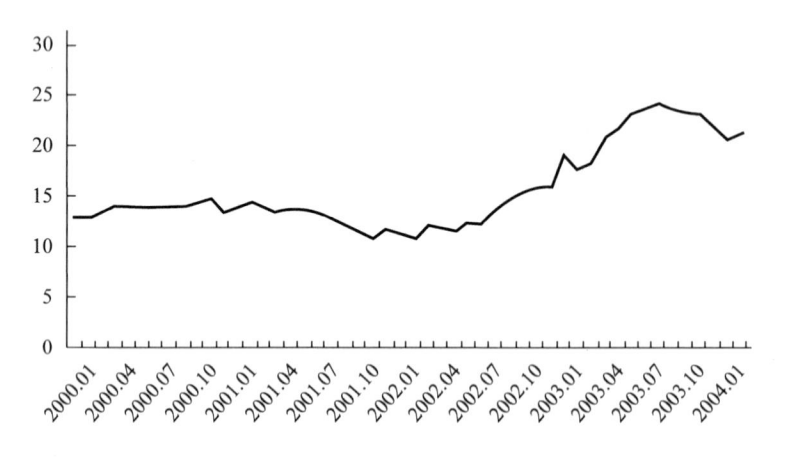

图 12　金融机构人民币贷款增长状况

从图 12 中不难看出，自 2002 年年末到 2003 年年初，金融机构贷款增长速度有了明显提高。这种状况一方面反映了经济的好转，另一方面可能同银行希望通过增加贷款以降低不良债权率的思想有关。2003 年第四季度以后，贷款的增长速度得到较好控制。

到目前为止，中国人民银行的对冲是相当成功的（财政状况的好转也减轻了中国人民银行的对冲压力）。由于信贷增长速度的下降和对冲操作的成功，货币供应量的增长速度也开始回落（图 13）。事实说明，只要有决心，中国人民银行依然是有能力对信贷和货币供应量的增长速度实行有效控制的。但是，使用具有行政控制色彩的政策手段的成本必然是很高的，而对冲操作还能持续多久也是问题。

适度收紧银根的另一种方法是提高利息率。1997 年 10 月中国人民银行的降息标志着中国的货币政策发生了方向性变化。然而，尽管中国的货币政策方向已经进行了调整，中国的基准利息仍然保持在为克服通货收缩所设定的水平上（表 3）。

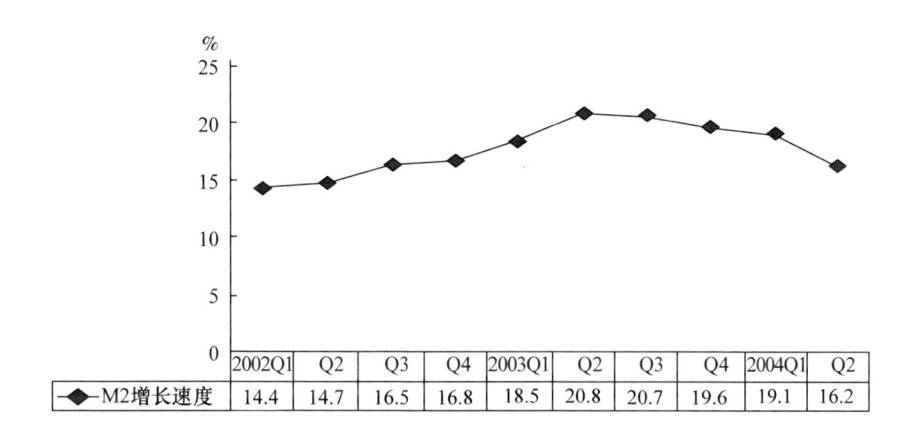

%
	2002Q1	Q2	Q3	Q4	2003Q1	Q2	Q3	Q4	2004Q1	Q2
◆ M2增长速度	14.4	14.7	16.5	16.8	18.5	20.8	20.7	19.6	19.1	16.2

图13　M2的增长速度

表3　　　　　　　　　　各主要利息率的变化情况

项目/日期	1996年5月1日	1996年8月23日	1997年10月23日	1998年3月25日	1998年7月1日	1998年12月7日	1999年6月10日	2002年2月21日
法定准备金	8.82	8.28	7.56	5.22	3.51	3.24	2.07	1.89
超额储备	8.82	7.92	7.02	—	—	—	—	—
对金融机构贷款	—	—	—	—	—	—	—	—
一年期	10.98	10.62	9.36	7.92	5.67	5.13	3.78	3.24
六个月以内	10.17	10.17	9.09	7.02	5.58	5.04	3.69	3.15
三个月以内	10.08	9.72	8.82	6.84	5.49	4.86	3.51	2.97
二十天以内	9	9	8.55	6.39	5.22	4.59	3.24	2.7
再贴现	**	**	**	6.03	4.32	3.96	2.16	**

鉴于2004年上半年中国的通货膨胀率仍然只有3.5%，一般认为，目前中国人民银行似乎并无升息的必要。我认为，在实行适度紧缩的一开始就应该提高利息率。现在中国人民银行仍有必要提高利息率，理由如下。

第一，名义利率不变不利于中国的宏观经济稳定。由于中国目前的通货膨胀率是3.5%，预期通货膨胀率可能还要高一些（但不会超过5%），中国目前的实际利息率在货币紧缩期间一直处于下降状态，目前已经为（或接近）负值。根据高盛的一份研究报告，[①] 货币供应量增长速度不是经济增长的准确指示计，而一年期贷款的实际利息率却是经济活动水平的有效指示计。较低的实际利息率往往伴随着较高的经济活动水平。尽管中国经济的利息率弹性较低，在其他情况不变的条件下，实际利息率的下降将刺激政府所希望控制的房地产和长期基础设施的投资需求。经济增长加速将导致通货膨胀率上升，通货膨胀率上升将导致实际利息率下降，实际利息率下降反过来又会推动投资的增加和经济增长速度的进一步加速。名义利息率不变显然不利于宏观经济的稳定。当然，许多企业尽管投资需求增加，但因为得不到信贷而无法真正进行投资。但是，投资需求增加导致的信贷需求增加将加剧信贷市场的不平衡。

第二，提高利息率有助于提高信贷市场上资金的分配效益。信贷和货币增长速度有利于抑制投资热和通货膨胀，但借贷市场上也会出现资金紧张的状况。这种状况可以用图14描述。

从图14可以看出，当信贷供应量减少（或增长速度下降）之后，对应于给定的信贷需求量（或增长速度），均衡利息率水平应该相应上升（由 i_0 上升到 i_1），否则，就会出现信贷缺口 $M_0 - M_1$。在这种情况下，套利的外国资金就会流入，各种非法的和地下的借贷活动就会应运而生。总之，利息率政策与信贷政策（货币供应量目标）的不一致性提高了交易成本、降低了分配效率，不利于正规金融机构和本国金融机构的发展。允许利息率有所上升的同时，如果有必要，我们可以对信贷控制有相应的放松。

第三，长期的低利息率和负利息率不利于资源的优化配置和经济

[①] Liang Hong: China April Activity Indicators: Stable Growth, Economic Flash, Asia-Pacific Economics Research, April 20, 2004. 报告的作者认为，鉴于目前中国的实际利息率一直在下降，尽管中国人民银行在实行货币紧缩，中国货币条件（monetary condition）实际上依然宽松。

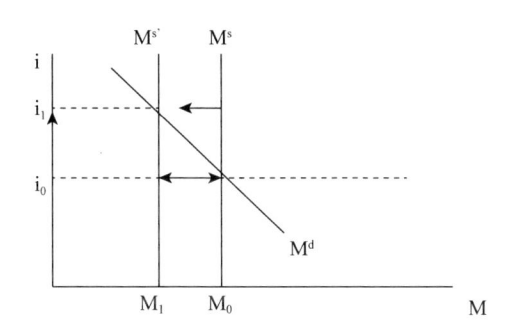

图 14　信贷市场的均衡

效益的提高。许多发展中国家在一定时期内实行了金融抑制政策（使实际利息率低于0或使之低于均衡水平）。对于这种政策的后果，在经济学文献中是有争议的。① 在中国由于居民储蓄倾向高，资金供给充分，利息率低似乎是自然的事情。但是，中国的投资需求也很高，因而利息率低并非理所当然。利息率低是造成企业过度投资和投资效益低下的重要原因。

但是，也有充分的理由反对提高利息率。第一，如前文所述，提高利息率会使中国面临资本管制问题，并带来人民币升值压力和通胀压力。第二，商业银行目前持有巨额国债，利息率的上升必然导致国债价格的下跌从而对商业银行资产的质量造成严重不良影响，延误商业银行改制的进程。第三，提高利息率必然对早已风声鹤唳、草木皆兵的股市造成进一步的严重打击。第四，利息率的提高将加重政府债务的利息支付负担，对政府的财政状况造成不利影响。第五，中国企业的一大特点就是负债率高，升息必将导致企业财务状况的恶化，甚至导致一些企业倒闭。第六，由于市场化改革还有很长的路要走，地方政府和国有企业借贷需求对利息率的弹性过低，除非大幅度升息，

---

① World Bank, *The East Asian Miracle: Economic Growth and Public Policy*, Oxford Press, New York, 1993.

否则提高利息率将不会产生什么实际作用。

对于上述反对升息的论点，似乎可以提出下述进一步协商的理由。第一，维持对美元汇率不变并不是我们必须坚持的前提条件。[①]由于维持事实上的固定汇率，中国货币政策的独立性受到严重限制、有效性受到严重削弱。经济学家反对人民币有限浮动的主要理由之一是：升值预期将导致套汇资金的流入。现在，货币市场上对人民币的升值预期已经减弱。但是，正如前面已经指出的，借贷市场上的资金短缺为外资套利创造了新的机会。固定汇率已经严重束缚了中国人民银行的手脚：由于汇率不能动，因而利率不能动。由于汇率和利率都不能动，套利、套汇外资将继续通过各种方式流入中国。投机性资金的源源流入，正在为中国未来的金融不稳定奠定基础。第二，由于汇率和利率都不能动，我们不得不越来越多地使用窗口指导、信贷控制、行政干预的老办法，其长期副作用将是巨大的。第三，利息率上升对国债价格的影响可能是暂时的，随着经济形势的变化债券价格将会回升。第四，对国债价格影响的评论同样适用于对股市影响的评论。第五，对政府财政的影响是可以准确计算的，由于经济走出了通货收缩、恢复了高增长，财政状况从总体上应该能够得到改善。第六，如果企业可以忍受1997年以前的高名义利息率和1997年以后的高实际利息率，现在对于稍高于0的实际利息率也应该是能够承受的。第七，升息对企业投资需求和借贷需求没有作用的说法难以令人信服。对于当前的主要调控对象房地产开发商来说，调高利息率对他们的行为不发生作用是不可想象的。对于购房者，特别是目的在于投机的购房者来说，调高利息率对他们的行为不发生作用则更是不可想象的。"价格调节"多一些，"数量调节"少一些，对被调解者来说也是更为有利的。当前投资增长速度已经明显下降，适当提高利息率

[①] 余永定：《消除人民币升值恐惧症，实现向经济平衡发展的过渡》，《国际经济评论》2003年第5期。

是否会导致货币政策的进一步紧缩呢？从理论上说应该不会，在中国人民银行放松对信贷增长速度的控制不变的情况下（图14中右移后的信贷供应曲线），利息率的上升只会缩小信贷缺口，从而改变资金分配结构，提高资金分配效率，而不会影响信贷增长速度（和货币增长速度）。另一种选择是：在适当放松信贷的同时适当提高利息率。总之，适度增加汇率、利息率的灵活性不但有助于宏观经济的稳定而且有助于经济结构的改善。而利息率政策的调整应该和信贷政策、汇率政策的调整同步进行。耐心可能为我们等来更好的时机，但也可能使我们失去时机。

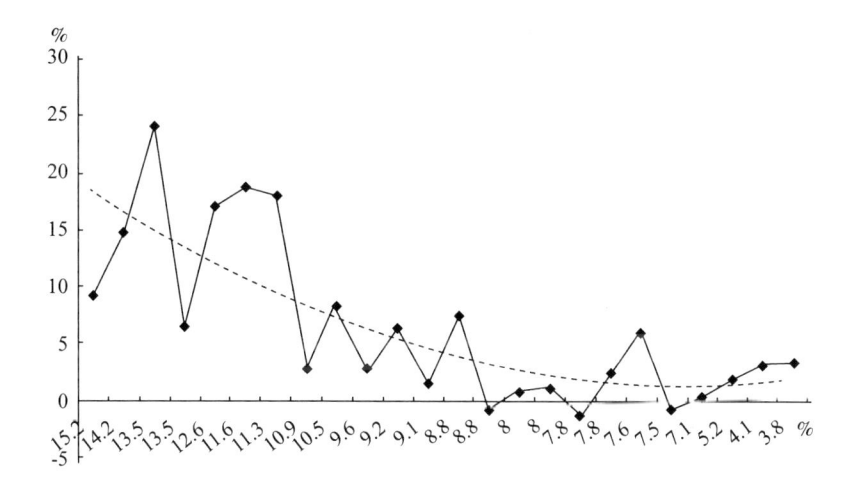

附图：经济增长—通货膨胀的替代关系（通货膨胀率滞后一年）

关于 2005 年财政政策的几个重要问题[*]

中国政府在 2004 年对财政支出的结构做了较大调整。金人庆在第十届全国人大二次会议上表示,2004 年中央财政支出安排有六大重点:一是增加对"三农"的投入;二是增加就业和社会保障投入;三是增加教育、卫生、科技、文化、体育等事业投入;四是增加对地方的转移支付;五是积极支持投资体制改革及电力、电信、民航和铁路、邮政、城市等公用事业改革;六是保障各级政权的正常运转。财政部在 2004 年所制定的基本方针是完全正确的。2004 年中国政府的财政执行情况也令人满意(表1)。

表1 中国财政主要指标变动情况

单位:%

项目	2001 年	2002 年	2003 年	2004 年
全国财政收入	22.4	15.5	14.8	21.4
其中:各项税收	20.6	12.2	17.6	25.5
印花税	-39.0	-61.6	14.0	32.4
关税	11.2	3.9	43.0	27.8
中央财政收入	22.8	10.0	14.1	22.2
全国财政收入占 GDP 的比例	17.1	18.5	19.5	19.3
全国财政支出	18.7	17.0	11.8	15.7
其中:基建支出	17.5	23.6	10.2	11.1

[*] 本文摘自同郑秉文教授合作撰写的《2004—2005 年中国宏观经济形势和财政政策》,是《中国经济前景分析:2005 年春季报告》中的一章,社会科学文献出版社 2005 年版。

续表

项目	2001年	2002年	2003年	2004年
社会保障支出	33.8	35.0	25.1	20.4
利息支出	7.3	-12.6	40.9	-23.0
基建支出占全国财政支出的比例	13.4	14.1	13.9	13.4
社会保障支出占全国财政支出的比例	4.0	4.6	5.1	5.4
利息支出占全国财政支出的比例	4.1	3.1	3.9	2.6
利息支出占中央财政支出的比例	13.6	10.6	13.1	9.4
财政赤字占GDP的比例	2.6	3.1	2.9	2.3
债务收入	10.1	23.3	8.4	12.5
债务收入占GDP的比例	4.8	5.5	5.5	5.1
债务收入占中央财政收入的比例	53.7	54.7	51.9	47.8
债务支出	26.4	28.2	15.2	16.2
债务支出占债务收入的比例	43.4	45.1	48.0	48.7
债务余额	17.7	20.0	17.1	16.2
债务余额占GDP的比例	16.3	18.3	19.7	18.7

资料来源：国民经济研究所：《中国宏观经济变量跟踪分析》，2004年第四季度。

表1充分显示了2004年中国财政状况的明显好转。首先，财政收入，特别是中央财政收入的增长速度远高于前两年，而这又主要是由于经济增长速度提高的结果。其次，财政赤字和债务余额占GDP的比重进一步下降，这为今后实行扩张性财政政策或为经济改革支付成本预留了更大空间。最后，2004年的财政收入和支出结构似乎都在向更为合理的方向发展。多年以来我们一直强调：扩张性的财政政策有助于经济增长，而后者反过来又会推动财政状况的改善。对于财政赤字的增长和债务的累积，应保持高度警惕，但不应夸大中国的财政风险，以至在必要时也不敢使用扩张性的财政政策。自1998年实行扩张性财政政策以来，中央政府共发行9100亿元长期建设国债，带动了数万亿元的固定资产投资，直接拉动GDP每年增长1.5—2个百分点，对克服通货收缩居功至伟。在连续7年实行扩张性的财政政策之后，中国的财政状况非但未像某些外国经济学家所预言的那样一路恶化，而是开始明显改善。事实证明，1998年以来政府实行扩张性财政政策是完全正确的。考虑到自2004年以来的宏观经济形势和

其他因素，中国政府决定从2005年开始把扩张性的财政政策转变为"稳健的"，即中性的财政政策。稳健的财政政策主要体现在四个方面：一是控制赤字。二是调整结构。把更多的钱用到需要加强的农业、科教文卫、社会保障等薄弱环节。三是推进改革。进一步推进农村税费改革，完善出口退税机制，推行增值税转型和内外资企业所得税合并的改革。四是增收节支。严格依法征税，确保财政收入的稳定增长。同时严格支出管理，提高资金使用效率。[①]

在经济学文献中，所谓中性财政政策的最简单理解是财政支出等于财政收入，即财政赤字为零。2005年中国财政依然保持赤字，中国财政政策实际上还是扩张性的，只不过扩张性将会减弱。事实上2005年财政预算的最主要变化是：预计2005年中央财政总收入（含债务收入）将达到16662.8亿元，比2004年增长10.5%，中央财政总支出16662.8亿元，比2004年增长7.6%。其中中央财政赤字3000亿元，比上年减少198.3亿元，预算赤字占GDP比重将由2004年的2.5%下降到2%。安排长期建设国债800亿元（其中100亿元是代地方发行），比上年减少300亿元；但中央预算内经常建设投资将增加100亿元。2005年中央财政发债供给6923.4亿元（归还到期内外债本金3923.4亿元加弥补当年赤字3000亿元）。汇总中央和地方财政收支安排，2005年全国财政收入29255.03亿元，比上年增长11%，全国财政支出32255.03亿元，比上年增长13.7%。

政府预算应该具有至少三项功能：为全社会提供公共物品、进行收入的再分配和在实行宏观调控方面发挥作用。而作为宏观经济政策的财政政策，除通过政府预算增加和减少财政赤字（而财政赤字又是财政收入和支出增加或减少的结果）影响经济的总需求之外，还可通过已有税收和支出的制度安排，发挥经济活动"自动稳定器"的作用。对于2005年的财政政策，我有以下几点看法。

---

① 金人庆在十届全国人大三次会议记者招待会上答记者问，2005年3月9日。

第一,政府应该进一步提高全国财政收入(支出),特别是中央政府财政收入(支出)在 GDP 中的比重。在 1994 年,中国政府财政收入在 GDP 中的比重一度沦为仅仅比尼泊尔之类的最不发达国家略高的可怜地位。虽然目前这种情况已有很大好转,但同发达国家和大多数重要发展中国家相比,这一比重仍然太低(表2)。财政收入占GDP 的比重过低,不利于国家建设"和谐社会"的目标,大大削弱了政府的宏观调控能力。政府有必要制定一个中期目标,确保中国财政收入对 GDP 的比在不久的将来达到足够高的水平。

表2　　　　2000 年部分国家财政收支占 GDP 的比重　　　　单位:%

	中国	美国	日本	德国	法国	英国	印度	印度尼西亚	俄罗斯	巴西
收入	15	28	27	38	45	37	17	17	28	33
支出	25	39	23	52	40	47	30	20	38	32

注:收入指政府税收收入,支出亦同。
资料来源:余天心等:《财政研究简报》,财政科学研究所,2004 年第 10 期。

第二,政府应该通过财政手段,特别是税收手段,更为积极地进行收入再分配。中国目前面临的主要问题之一是在现代化和城市化进程中出现的两极分化。中国最低与最高收入的差距超过了俄罗斯,基尼系数早在 10 年前的 1994 年就超过了国际公认的 0.4 的警戒线,达到了 0.434,2003 年达到了 0.461,已经十分逼近拉美 0.522 的平均基尼系数。而在 20 世纪 80 年代初我国基尼系数只有 0.28,在短短不到 20 多年时间里,贫富差距发展得如此之快实在是世所罕见。政府必须通过财政手段,缩小贫富差距,否则,中国的改革开放成果就会因社会矛盾激化而毁于一旦。为了实现建立和谐社会的目标,政府必须尽快提高政府收支在 GDP 中的比重,改革税收制度,改革社会保障体系,加强对社会收入进行再分配的能力。

第三,鉴于中国仍然面临着严重的失业问题,而且随着历年失业人数的不断累积,中国的就业创造问题将会越来越严重。由于我们认为中国经济目前的根本问题是结构问题，过快的投资增长速度应该抑制，但经济总体的增长速度却不应有明显下降。为了解决结构问题，执行适当从紧的货币政策是完全必要的。但是，财政政策是否也应该有所紧缩呢？2004年年初我曾提出："2004年中国经济的增长速度很可能会明显下降。在这种情况下，中国的就业形势很可能将明显恶化。因此，在货币政策偏紧的同时，财政政策应该具有足够的扩张性以便抵消偏紧的货币政策对经济增长的抑制作用。"① 时至2005年，我的上述看法并未改变。

第四，2003年以来中国经济的一个重要特点就是煤炭、电力和交通运输等方面出现的严重瓶颈制约。瓶颈的出现与经济增长速度迅速提高有关，但其本身却不是经济过热的必然表现。瓶颈是各部门产出增长不平衡造成的。在经济增长速度并未超过潜在经济增长速度的条件下，通货膨胀也会因这种不平衡的存在而发生。例如石油短缺导致的通货膨胀就是一例。事实已经非常清楚，煤炭、电力乃至钢铁等部门之所以成为瓶颈产业主要是过去数年来投资不足而不是2003年以来需求过旺所造成的。例如，据估算，我国煤炭建设投资年均应该在500亿元以上，而2000年、2001年和2002年的相应投资只有94亿元、96亿元和108亿元。经济开始"过热"的2003年，煤炭基本建设投资也仍只有190亿元，远远小于煤炭新增能力投资需求。② 煤炭供应的不足又成为电力生产的严重制约因素，而电力生产的不足又制约了全国经济的增长。为了打破基础行业瓶颈对整个国民经济增长的制约，政府必须继续积极参与基础设施投资。需要注意的是，政府的公共工程投资将增加政府的净资产，从而将加强而不是削弱政府的财政地位。

第五，政府应该加速税制改革，提高财政政策作为经济"自动稳

---

① 余永定：《宏观调控财政打什么牌》，《中国证券报》2004年4月9日。
② 潘伟尔：《谁来对我国上万亿元的煤炭基本建设需求进行投资》，《经济研究参考》2005年第17期。

定器"的作用。在当前的情况下，政府为稳定经济所进行的税制改革与政府为缩小贫富差距所进行的努力是并行不悖的。在税制改革方面，有两项改革十分值得注意。2003 年以来中国经济严重失衡的主要表现是投资增长速度过快，而造成投资增长过快的主要原因是房地产投资增长速度过快。我曾经指出，"从宏观经济稳定的角度来看，中国住房价格上升的快慢并非问题的关键。只要供应和需求曲线的移动速度相同，住房价格就不会上升。但是，对应于同样的住房价格水平，房地产投资的增长速度可以是十分不同的。而对中国宏观经济造成最直接影响的恰恰是房地产投资增长速度本身。不管从总体上房地产开发有无泡沫（在某些城市，特别是少数经济发达的大城市，泡沫肯定是存在的），鉴于中国目前所出现的一些瓶颈现象以及房地产投资在形成这些瓶颈中的作用，以及房地产发展对于银行信贷的高度依赖和由此可能形成的金融风险，对房地产投资增长的适当降温是完全必要的……为了避免房价飙升必须在抑制住房供应增长速度的同时，抑制住房需求增长速度。在这种情况下，如果不希望使一般民众无力购房，那么必须对居民购房的需求结构进行调整，并进而对房地产建设结构进行调整。前一段时间，申请住房贷款的条件可能过于宽松，有些地区竟然对购置豪华住宅实行税收减免。这种政策不但不利于宏观经济稳定，而且加剧了社会的不平等，必须坚决制止。应该充分利用各种税收手段，防止和限制房地产泡沫的发生和发展。财产税应该作为一种调节房地产开发结构的重要手段加以利用。例如，为了限制过多高档豪华住宅的建造，可以对于高端住宅征收高额累进财产税。[①]
2004 年以来的经验说明，加息虽然增加了还款成本的压力，但目前不少地方房价的上涨幅度大于利率的上涨幅度，仅仅凭借货币政策的力量，恐怕还不足以抑制对房产的需求，财政政策的配合是必不可少

[①] 余永定：《如何认识当前的宏观经济形势》，《国际经济评论》2004 年第 5—6 期。

的。一种观点认为，开征不动产税对房屋供求关系影响难于确定。不动产税将过去一次性征收的各种税费在房产保有期内分批征收，购房人前期置业费用降低，购房需求可能会增加。这种分析值得商榷。不动产税是影响需求的一个变量。在其他条件不变的情况下，不动产税的引入和税率的提高将导致房地产需求的减少。给定房地产供给，房地产需求的减少将导致房地产需求量和房地产价格的下降。此外，取消对外资的税收优惠也应该尽早提到议事日程上来。中国目前外商投资企业的名义税负是15%，实际税负是11%。内资企业的名义税负是33%，实际税负为22%左右。在目前国内储蓄资金过剩，外资源源不断流入中国给人民币造成巨大升值压力的情况下，继续维持对外资的税收优惠、继续对外资实行"超国民待遇"是难于理解的。

中国金融体系及其所面临的挑战[*]

中国金融体系的基本特征

在经过十几年的改革之后,中国的金融体系得到了很大发展,一个完整的现代金融体系已经基本建立。尽管存在种种问题,这一金融体系为中国经济的持续、高速增长提供了有力支持。中国金融体系有三大组成部分:银行体系、货币市场和资本市场。中国金融体系的结构特征是:(1)间接融资占据绝对支配地位,存在典型的银行业过度发展现象;(2)在资本市场上"重股权融资、轻债权融资"。在企业融资顺序中,债券也被放到次要位置。这种情况与国际上资本市场日益取代银行借贷市场、债权融资兴起、股权融资衰落的局面形成了鲜明对照;(3)在债券市场中"重国债、轻公司债"现象明显。

2002年年末中国人民银行资产16万亿元(相当于GDP的154%);股票市值4.8万亿元(相当于GDP的46%)。但目前股票市值一下跌到不足1万亿元;债券市值2.8万亿元(相当于GDP的27%),其中包括银行间市场、交易所市场托管的债券和凭证式国债。

---

[*] 本文原题为《大陆金融体系及其所面临的挑战》,刊于2005年5月13日《中国时报》。

中国股票市场在很大程度上已经变成一个投机场所，公信力已丧失殆尽。中国债券市场不但规模小且品种结构单一。由于银行的绝对支配作用，本文对中国金融体系的讨论将集中于对银行体系的讨论。

银行体系

中国银行体系的最主要特征是国有独资商业银行在中国银行体系内处于事实垄断地位——四大行资产占银行业资产总量的60%左右。

中国银行体系是由中国人民银行、四大国有商业银行、政策性银行、股份制商业银行、城市商业银行和农村信用社组成的。

中国的资本市场则主要包括国债市场、公司债市场和股票市场。

货币市场

中国商业银行的资金来源严重依赖中国人民银行。一方面，当商业银行资金缺乏的时候，它们往往要从中国人民银行借贷。中国人民银行增加对商业银行的贷款意味着基础货币的增加，可能不利于宏观经济稳定。另一方面，当它们有剩余资金的时候就要把剩余资金存放在中国人民银行。由于中国人民银行存款利息率较低，商业银行将遭受损失。因而，发展货币市场，使短期资金能够在银行之间以及银行和非银行金融机构之间横向流动，对于维持宏观经济稳定和提高资金配置效益都是大有好处的。中国的货币市场主要包括银行同业拆借市场、国债回购市场和票据贴现市场。

1. 银行同业拆借市场

中国的同业拆借市场是在1986年建立的。同业拆借市场的参与者为银行和非银行金融机构。在银行同业拆借市场中，少数几个大型银行是净借出者，而众多的非银行机构如信托投资公司则是净借入者。证券公司（基金）不得参与银行同业拆借市场。同业拆借的贷款期限由隔夜到4个月不等。在同业市场的贷款是没有担保的。1996

年1月3日，一个全国统一的电子计算机化的同业拆借交易网投入使用。

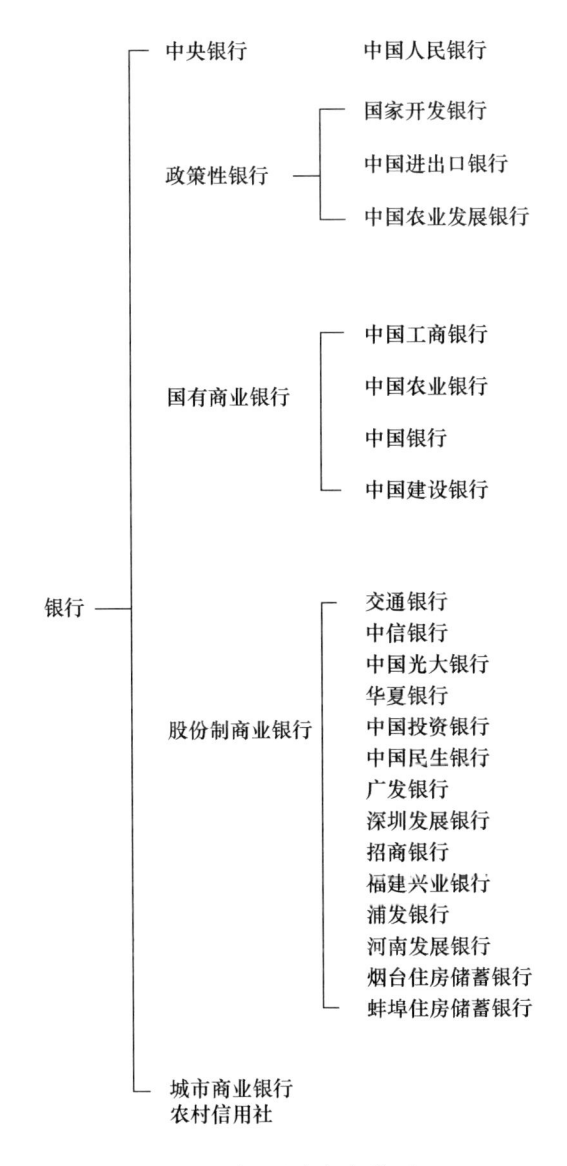

```
银行 ─┬─ 中央银行 ── 中国人民银行
      │
      ├─ 政策性银行 ─┬─ 国家开发银行
      │              ├─ 中国进出口银行
      │              └─ 中国农业发展银行
      │
      ├─ 国有商业银行 ─┬─ 中国工商银行
      │                ├─ 中国农业银行
      │                ├─ 中国银行
      │                └─ 中国建设银行
      │
      ├─ 股份制商业银行 ─┬─ 交通银行
      │                  ├─ 中信银行
      │                  ├─ 中国光大银行
      │                  ├─ 华夏银行
      │                  ├─ 中国投资银行
      │                  ├─ 中国民生银行
      │                  ├─ 广发银行
      │                  ├─ 深圳发展银行
      │                  ├─ 招商银行
      │                  ├─ 福建兴业银行
      │                  ├─ 浦发银行
      │                  ├─ 河南发展银行
      │                  ├─ 烟台住房储蓄银行
      │                  └─ 蚌埠住房储蓄银行
      │
      └─ 城市商业银行
         农村信用社
```

图1 中国现行银行体系

同业拆借网络分两极。第一级网络是全国性网络。网络的参加者是各商业银行总行和全国金融中心成员（它们由各地区金融中心构成）。第二级网络的参加者是各地金融中心的成员，其中包括200家经授权的省级商业银行和省级以下地区支行以及非银行金融机构，如信托投资公司等。在全国性的一级网络中，交易主要是在全国金融中心的成员之间进行，商业银行的参与并不十分活跃。在二级网络中，交易的主要参加者是非银行金融机构。资金可以从一级网络流向二级网络。通常的情况是，各金融中心在一级网络上向商业银行借款。在二级网络上，商业银行支行和非银行金融机构向金融中心借款。值得注意的是，由于管理体制上的原因，各商业银行可能无法从其总行获得贷款，于是只好从金融中心借款，尽管金融中心提供的贷款可能来自该商业银行自己的总行。自从交易网络开通以来，银行内部拆借交易进行得一直比较平稳。但是交易过于集中在期限较长的贷款，例如60天贷款。

银行同业拆借市场的利息率是由资金的供求关系决定的。在开始时贷款利息率有一个上限，即在同类型贷款的中国人民银行再贷款利息率上再加2.88个百分点。1996年6月利息率上限被取消。这样，银行同业拆借利息率便完全实现了自由化。同业拆借市场也变成中国内地当前最自由化的金融市场。市场管理机构每天都要提供同业市场各种贷款利息率的加权平均数。这一利息率称为CHIBOR（China Inter Bank Loan Offered Rate）。根据其宏观经济调控目标，中国人民银行有一个CHIBOR的调控目标。中国人民银行力图通过贷款、再贷款利息率、贴现率和公开市场业务等政策工具间接地影响CHIBOR的决定。一般来说，CHIBOR高于商业银行在中国人民银行存款的利息率、低于商业银行短期贷款的利息率。尽管已实现了利息率自由化，为了确保同业市场的平稳运行，中国人民银行根据不同金融机构的资产负债率等指标，确定了不同机构的最高拆借额。到目前为止，CHIBOR是相当稳定的，同业拆借市场的运行也是令人满意的。

中国政府希望同业拆借市场在将来成为商业银行维持头寸的主要资金来源，并使 CHIBOR 成为货币政策的主要中间目标。

2. 国债回购市场

中国债券回购市场历史较短，其发展同国债市场的发展是紧密联系的。回购市场的参与者为商业银行、包括证券公司在内的非银行金融机构。

国债回购市场利息率——REPOR（Repurchase Offered Rate），是由资金的供求关系决定的。一般来说，回购利息率低于拆借利息率而且比后者对期限的不同更为敏感。造成回购利息率与拆借利息率不同的主要原因是风险的不同。对于投资者来说，同业拆借贷款的风险远大于有债券作为抵押的回购贷款的风险。另外，同业拆借市场是由几个巨型银行垄断的市场，回购市场则是一个完全竞争市场。数目巨大的规模较小的证券公司不能参加同业拆借市场，但却活跃于回购市场。REPOR 的波动要比 CHIBOR 大得多，这主要是因为回购市场与股票市场有着十分密切的联系。由于证券公司的积极参与，回购市场成为资金在投资者和证券公司之间流动的重要渠道。当股票价格下跌的时候，资金往往从股市流出，进入债券回购市场，并进而导致回购利息率的下降。反之则反。中国的股市有极强的投机性，价格波动很剧烈，因而回购市场的利息率的变动也较大。

长期以来，缺乏资金是许多金融机构无法参与承销国债的重要原因。在回购市场上购买或出售未到期的公债大大增加了公债的流动性，而流动性的增强则大大促进了国债市场的发展。

3. 票据贴现市场

中国票据贴现市场上交易的金融工具是汇票和本票，其中主要是汇票。在中国，汇票根据汇票的承兑者是银行还是非金融机构又进一步划分为银行承兑汇票和商业承兑汇票。根据承兑期限，汇票又分为1—3周汇票和1—6个月汇票等。期限最长的汇票为9个月。在票据市场上，商业银行是最重要的贷款者，而企业则是最重要的借款者。

中国的票据市场是在1982年建立的。2005年，在停止使用数十年后，汇票重新被允许使用。上海是第一个重新使用汇票的城市。在1986年至1988年间，汇票的使用相当普遍。但是，后来票据贴现市场一度被用来作为非法发放或取得贷款的途径。签发假票据和票据的拒收与拒付事件也大量发生。在这种情况下，政府一度被迫关闭票据贴现市场。1994年，中国票据法生效，中国的票据市场终于重获生机。

资本市场

中国的资本市场虽然发展迅速，但却问题重重。特别是股票市场目前已经陷入严重危机之中。

1. 债券市场

在中国的债券市场中，公债市场占据绝对支配地位。中国的公债市场是在1981年起步的，但是当时只发行了5年期的公债。现在的公债品种则包括：10年期、5年期、3年期、1年期、6月期和3月期公债。

公债的发行主要有四种：（1）行政分配；（2）银团承销；（3）柜台交易；（4）公开招标。行政分配是改革前的旧办法，现在已不再使用。通过银团包销的办法始于1991年。1993年建立了一个由主要银行和重要非银行金融机构组成的负责包销国债的银团，目前银团的成员已增加到50个。

尽管公债是在公债一级市场上由银团包销，但公债价格是由政府而不是市场力量决定的。政府和银团成员就公债价格进行谈判只是一种形式。银团成员把包销的公债卖给在其机构中开户的客户。客户购买的国债是不记名的，这类公债可以在二级市场上转卖。国债在二级市场上的交易是在上海和深圳证券交易所进行的。如果采取公开招标的方式，银团成员可以对部分公债竞价购买，因而公开招标是一种更有竞争性的公债销售方式。个人可以通过柜台交易的方式在银行和出售公债的金融机构的公债营业点购买不记名公债。当个人购买公债之后，他们将得到公债凭证。但这种凭证不可以在债券市场出售。投资者只能在规定的时期在同一发售点取得公债的本金和利息。

除公债外，公司债券的发行也已达到一定数量。但同国债相比，公司债市的规模很小，且发展速度很慢。

2. 股票市场

在中国股票分为三类：A股（国内发行的股票）、B股（卖给外国人的股票）和H股（在中国香港上市的股票）。通过这种分类，中国可以使国内股票市场免受国外的冲击。B股市场只有30多家公司的股票上市。在中国的股票市场上，主要投资者是证券公司、非金融机构、个人和个人集团。银行是不许参与股市的。但有一段时间银行通过其下属机构参与了股市买卖。近年来，股市连续暴跌。2004年尽管经济增长率达到近10%，但上证综指跌去15%，使之成为全球各大股市中表现最差的股市。最近跌破1200点创下6年来的最低值。

关于中国股市惨不忍睹的原因，一般认为是由于股权分置所造成的。由于历史原因，中国股市上有2/3的股权不能流通。同股不同权、同股不同利等"股权分置"存在的弊端，严重影响着股市的发展。另一些人认为是由于上市公司质量低劣所导致的。这些公司根本不在乎经营业绩，仅仅把股票上市作为"圈钱"的工具。

中国金融体系的脆弱性

在最近几年，不少有影响力的学者和经济学刊物预言，由于脆弱的金融体系和其他许多因素，中国有可能陷入金融危机。例如，拉迪认为："对中国宏观经济稳定的最大威胁来自国内银行业危机的可能性……危机的前提条件——大面积银行体系支付问题业已存在。"尽管不应附和一些外国学者对中国经济前景的悲观观点，我们仍必须认真对待中国金融中的薄弱环节,以确保这些问题不会影响未来大陆经济增长。由于银行体系在大陆金融体系中处于支配地位,下面仅就银行体系的脆弱性来讨论金融体系的脆弱性。

银行系统的低资本充足率和高不良资产比率

国际上流行源自美国的评价银行好坏的"CAMEL"原则,即通过银行的资本充足率、资产质量、管理、收益状况和资产流动性来判别银行的经营水平及风险大小。

1. 提高资本充足率

1998年,根据中国人民银行计算,四大国有银行的资本充足率约为3.5%。在1998年重新注资后,四大国有银行的资本充足率达到8%。当时,中国人民银行官员认为,在此后的4—7年间,四大国有银行的资本充足率将保持在这一水平。但是到了2003年,由于四大国有银行资本充足率再次下降到很低水平,中国人民银行不得不动用外汇储备,再次为中行和建行注资。前不久中国人民银行又对其他两个银行进行了注资。

1998年开始注资之前,中国人民银行降低了法定准备金率,四大银行从先前不能动用的法定准备金中释放出可使用的储备资金,总额超过2400亿元。除此之外,当时各家银行的超额储备金也是比较宽裕的。借此机会,中国人民银行要求四大银行在自己的储备资金中预留出了2700亿元,存到了在中国人民银行开的专门户头上,准备作为实施增资行动的垫付资金。

进行第一步操作时,四大银行用这些预留出的资金认购特别国债。根据会计原理,这时在银行资产负债表的资产方发生结构调整,储备资金减少2700亿元(贷记),相应增加了2700亿元优良债券资产(借记)。此时负债方尚未发生变动,资产总额和负债总额也均无变动。第二步操作为注资操作,中央财政用这2700亿元资金为四大银行注入资本金。这时在银行资产负债表上,负债方的实收资本金增加2700亿元（贷记），资产方的储备资金也同时增加2700亿元（借记）。两步操作完成之后，与第一步操作之前相比，四大银行的资产负债表扩张了：负债一方增加了2700亿元实收资本金，资产一方增加了2700亿元国债资产。在整个操作过程中，四大银行的2700亿元储备资金只是垫付，进行了一圈周转，又回到了银行手中。①

表1　　　　　　　银行的资产—负债表（亿元）　　　　单位：亿元

资产	负债
预留资金（-2700）	
特别国债（+2700）	
准备金（+2700）	
	资本金
	财政部所有的资本金（+2700）

2. 注资后的商业银行

2700亿元这个数字是根据1997年年底四大银行真实的资本充足率和风险资产余额计算出的，是四大银行的资本充足率达到8%所需要补充的资本金数量。2700亿元特别国债的第一个特征是期限长达30年，第二个特征是可流动性。特别国债为记账式附息债券，年利率7.2%。当时认为，保守地估计，至少5至8年之内，四大银行可以把资本充足率保持在8%以上。有了比较充足的清偿能力，四大银行的安全性有了基本保障，中国的银行体系将有能力保持安定，这使我们争取到了推进金融系统体制改革和制度变迁所必需的宝贵时间。

然而，令人失望的是，到2003年，四大银行的资本充足率又降到比1997年实行注资时更低的水平，中国人民银行再次为四大银行注资。这次中国人民银行采用罕见的以外汇储备，而非发行次级债、特别国债或者财政直接拨款的注资方式。中国人民银行为建设银行和

---

① 王大用：《2700亿特别国债解决了什么问题?》，《国际经济评论》1998年第6期。

中国银行注资 450 亿美元——折合人民币 3800 亿元，每家银行获得 225 亿美元的注资。中国人民银行资产负债平衡表上的资产方减少 450 亿美元的外汇资产，同时增加 450 亿美元的投资。与 1998 年的注资不同，此次注资并非免费，两家银行必须向新成立的作为出资人的中央汇金投资有限责任公司支付利息。一旦建设银行和大陆银行成为股份公司，汇金公司就可以将这些注资转为股权，从而成为两家银行的股东。而汇金公司的既定职责，按照外管局负责人的描述，是"督促银行落实各项改革措施，完善公司治理结构，力争股权资产获得有竞争力的投资回报和分红收益"。①

450 亿美元的外汇注资，将使建设银行和中国银行的资本充足率提高到 8% 以上。但由于这些注资不被允许用来核销不良资产，在短期内，两家银行的不良资产率都难以迅速大幅下降。显然，资本金的补充，仅仅是完成两家国有商业银行改制的第一步。国有商业银行的不良资产问题必须尽快解决。根据 20 世纪 80 年代的经验，一旦不良资产净值达到贷款总额的 15%，就有可能出现系统性金融危机。尽管人们对内地不良债权比率到底有多高莫衷一是，但是不良债权比例很高是不争的事实。

3. 不良债权的核销

按照常规，核销坏账的资金来源于原有拨备、银行利润和资本金。银行对所有授信资产如贷款、银行承兑汇票和银行卡透支等计提损失准备金。以贷款为例，将贷款按风险分为正常、关注、次级、可疑和损失 5 类计提准备金，每类要求的计提比例不一样，汇总后以呆账准备金科目放在资产负债表的资产方抵扣资产（具体放在逾期贷款下方，减：呆账准备金）。利润表中在计算利润时，先算出利润总额，再减去资产损失准备，得到当年扣除资产损失准备后的利润总额。资

---

① 《450 亿美元外汇注资背后：中央政府改革思路转变》，《南方周末》2004 年 1 月 15 日。

产损失准备是为应对将来可能发生的损失而预先提取的准备金,将来实际发生的损失可能大于也可能小于已提取的准备金。例如,2004年的资产损失准备是2004年年底呆账准备金与2003年底呆账准备金之差。若此差为负数,表明2003年提取的准备金过多,原以为可能造成损失的某些资产实际已安全回收而未造成损失,2003年扣除资产损失后利润被少算了,2004年计算时应加回[①]。

事实上,四大银行根本无法依靠上述手段把不良债权率降低到国际上可以接受的水平。在1998年中国人民银行为四大银行注资2700亿元人民币之后,1999年,中央政府开始通过建立资产管理公司的方式剥离不良资产。资产管理公司的操作可以简述如下:(1)AMCs按1∶1的表面价值购买商业银行的不良债权。商业银行因此相应增加AMCs发行的金融债券并相应减少等价的不良债权(NPLs);(2)AMCs获得对不能偿还银行贷款的企业的控股权。AMCs将对这些企业进行重组,在4年内使之转亏为赢;(3)AMCs必须在4年内在市场上出售所持企业股份,并取得30%以上的回收率;(4)AMCs的最终损失将由财政部负担。

到2004年年底,四大资产管理公司通过债转股为商业银行剥离了2.65万亿元不良债权。资产管理公司已售出的不良债权为6750亿元左右,其中卖给外国人的不良债权为400亿元,回收的现金为1370亿元,不良债权回收率为25.48%。但是从1999年到现在的5年内,留在四大行体内的未剥离不良资产和新增不良资产的累计又已经达到2万亿元。此外,资产管理公司的经营成本极高,换言之,为核销银行不良债权,财政必须最终付出极高代价。这种情况对宏观经济稳定的影响是十分值得关注的。

值得注意的是,从2000年至2003年,由于经济的高速增长,银

[①] 2004年年底,中行、建行不良债权比率为5.12%和3.7%,不良贷款拨备覆盖率为71.7%和69.9%,资本充足率为8.62%和9.93%(2004年9月底)。参见《中国金融》2005年第3期。

行经营利润连续大幅度增长，并因此勾销了大笔坏账。但是，由于银行贷款发放速度过快，许多新贷款进入了带有很大泡沫的行业，比如房地产和汽车行业，一旦经济增长放慢，中国商业银行极有可能产生大量新的不良债权。事实上，到 2005 年 6 月，中国商业银行的不良债权总额为 1.2579 万亿元人民币，比年初减少 5550.7 亿人民币。但考虑到在这一时期，仅数家大商业银行所剥离的不良债权明显超过此数额，同年初相比，2005 年前半年不良债权是增加而不是减少了。[①]

4. 中国国有独资商业银行的改革思路

尽管通过核销不良债权、建立资产管理公司接收不良债权、为银行注资提高资本充足率等措施，银行的经营状况有所改善，但并未得到根本改善。最近一段时期，大量大案要案被揭发出来（许多是多年以前发生的），公众对银行的信心严重下降，而银行的不良债权在本次经济周期中可能还会回升。如何改善中国银行和其他金融机构的公司治理结构依然是中国未能妥善解决的一个严重问题。如果此问题不解决，无论如何处理不良债权和注资，中国的金融脆弱问题将无法根本解决。

中国银监会主席刘明康曾表示，实现中行和建行所有权变化的改革程序包括：第一是处理不良贷款；第二是重组这两家银行使之成为非国有独资的股份有限公司；第三是吸引国内外的战略投资者投资入股；第四是公开上市；第五是改变激励机制；第六，政府收回投资，逐步让出股份。

银监会对中行和建行提出的业绩要求是：到 2005 年，中行和建行的资产回报率必须达到 0.6%，到 2007 年接近 1%；到 2005 年股本回报率必须达到 11%，2007 年至少达到 13%；从 2005 年开始，每年的费用收入比将控制在 35%—45% 范围内；从 2004 年开始，不良

---

① 巴曙松：《银行不良债权的波动的金融体制因素》，2005 年 8 月 13 日中国金融市场论坛。

贷款比率将控制在3%—5%；2004年之后，资产充足率要始终保持在8%水平以上；从2005年开始，风险暴露、单个顾客的贷款不能超过银行净资产10%；到2005年年底，中行的不良贷款拨备覆盖率要提高到60%，建行要提高到80%，2007年年底还要继续提高。中国银行改革任重而道远，中国政府的改革方略是否能够成功还需时间检验。

M2/GDP 比率奇高

除了银行不良债权和资本充足率问题外，中国广义货币增长速度的问题也是十分值得关注的。自改革开放以来，中国的信贷快速增长，大大超过国民总产值的增长速度。中国广义货币的增长更是迅速。目前中国 M2/GDP 比超过160%，成为世界各国中该比率最高的国家之一。

关于中国高 M2/GDP 比的成因与后果，我已经在另文[1]加以探讨。在此我们必须指出这样一个事实：M2 的主体是储蓄存款，而储蓄存款所对应的是贷款和其他银行资产。巨额储蓄存款所对应的是同样数量巨大的不良资产。这一现象足以引起我们的关注和忧虑。

中国是否会发生金融危机

拉迪对中国的金融危机的发展提出过如下预测：第一阶段，国内储蓄者丧失对政府为其银行存款提供的隐性担保的信心。这种信心的丧失可能由以下两种情况引发：经济增长率放慢对银行体系的打击；巨额经常账户赤字或外商直接投资大幅回落导致的本币大幅度贬值。第二阶段，居民挤兑。部分大银行的支付问题演变为全局性的流动性危机。第三阶段，中国人民银行履行最后贷款人职能，向银行注入流

---

[1] 余永定：《M2/GDP 的动态路径》，《世界经济》2002年第12期。

动性，由此造成高通货膨胀。第四阶段，居民减少以银行存款形式保有的储蓄，导致支付体系崩溃和信贷萎缩，并最终形成经济全面衰退。拉迪对中国银行体系脆弱性的许多评价是正确的。但拉迪对中国金融体系发生危机的预案分析并不令人信服。

公众信心

首先，即使出现某种程度的增长率下降、巨额经常账户赤字或外商直接投资下跌，银行挤兑现象却不一定会发生，原因在于储蓄者相信中国人民银行会承担最后贷款人角色，因而其存款不会发生损失。换句话说，由于存款人相信中国人民银行会在流动性问题发生时履行最后贷款人职能，在现实中将不需要中国人民银行真的去行使最后贷款人义务以拯救银行，因为没有银行需要拯救。因此，银行体系的流动性问题在全国范围来看，不构成全局性问题。在中国，存款人挤提存款更为现实的可能性不是他们是否对银行体系失去信心，而在于通货膨胀预期。换句话说，政府所面对的问题主要不是银行危机，而是宏观经济稳定。

资本管制

即便存款人对银行体系丧失信心，他们又能以何种形式转移他们的资产？他们可以购买房地产、股票或其他金融资产，但购买资金又回流到银行并形成新的存款。只要他们不能把存款转化为境外资产，货币危机和（或）金融危机就不大可能发生。简言之，只要存在政府对存款的隐性担保，只要资本管制使储蓄人不能把存款自由转化为境外资产，银行危机就不会发生。

财政状况

亚洲的经验证明，核销不良资产的成本最终还是要由政府来承担。因此，关键在于中国政府是否具备足够的财力以核销坏账并推行其他相关改革。答案是肯定的。自从改革开放以来，中国政府对财政政策一直持审慎态度。从最近 20 年的情况看，中国在保持非常高的经济增长率（GDP 的年度增长都在 8% 以上）的同时，预算赤字/GDP 比率始终保持在较低水平。因此，中国的债务余额/GDP 比率也很低。在 1999 年年末，该比率为 12%。即使把广义债务（如不良资产、应付未付养老金等）考虑在内，中国的总体财政状况依然可称得上健康。在低预算赤字/GDP 比率和高经济增长率背景下，在可预见的相当长一段时间内，中国的债务余额/GDP 比率将保持在 30% 以下。[①]

研究证明，不同债务余额对 GDP 之比的初始值对财政状况长期前景的影响是会逐渐削弱的。

基本假定：财政赤字与 GDP 之比为 3%，中国未来年均经济增长速度 n = 7%，年均通货膨胀率为 3%。

方案 1：债务余额对 GDP 之比的初始值 B0/Y0 = 12%；

方案 2：债务余额对 GDP 之比的初始值 B0/Y0 = 20%；

方案 3：债务余额对 GDP 之比的初始值 B0/Y0 = 25%。

模拟测算：测算结果如图 2 所示。从图 2 的数据不难发现，在其他条件不变的情况下，债务余额对 GDP 之比的初始值对未来的影响并不是很重要。如在取定债务余额对 GDP 之比的初始值为 12% 时，与取为 20% 和 25%，大体都是到 2020 年前后到达债务余额对 GDP 之比为 30% 左右的规模。上述结果对估价中国发生金融危机的可能性是十分重要的。可以算出，即便把不良债权等或然债务考虑在内，假设目前中国的债务余额占 GDP 的比重很高，只要维持较高的经济增长速度并把财政赤字控制在较低的水平上，债务余额占 GDP 的比将会逐步降低，并最终稳定在一个可以接受的比例上。

---

① 余永定：《财政稳定问题研究的一个理论框架》，《世界经济》2000 年第 6 期。

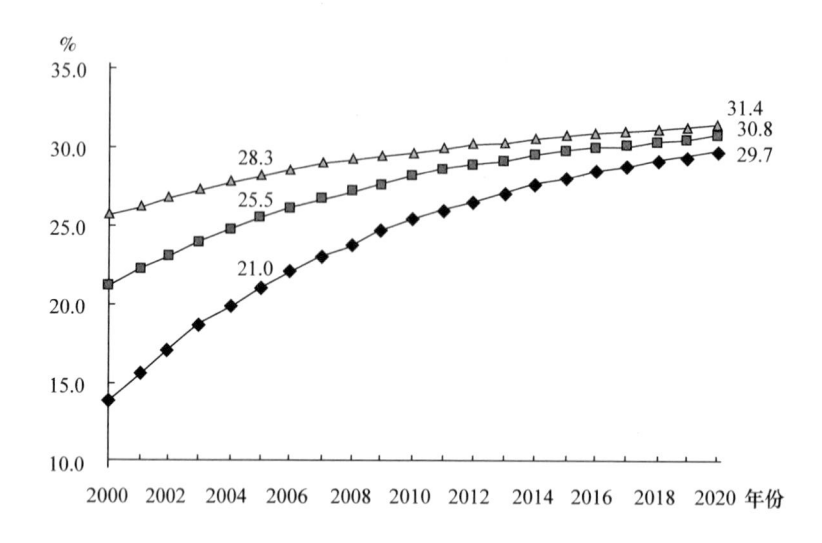

图 2　债务余额，GDP 模拟测算

国际收支状况

自改革开放以来，中国的对外部门始终运行良好。在最近 15 年中，中国几乎每年都能保持经常账户和资本账户双顺差。因此，中国已经积累了 6000 亿美元以上的外汇储备，人民币将在可预见的未来保持坚挺。

结　论

尽管中国的金融体系非常脆弱、中国经济的长期稳定面临着严重挑战，但是，在良好的财政状况和强有力的对外部门的支持下，中国有望在不经历大的经济波动的情况下完成金融改革。我们应该对中国的经济前景抱乐观态度。

然而，我们必须认识到，良好的财政状况和强有力的对外部门状况只能替我们"购买"时间。如果我们错过当前时机，未来的改革成本将比现在要高得多。机不可失，失不再来。

中国经济的稳定、平衡增长呼唤积极财政[*]

2005年上半年，经济增长速度达到9.5%，通货膨胀率只有1.8%，实现了我们求之不得的经济增长与通货膨胀率的最佳组合。不仅如此，经济的结构性失衡也得到一定改善。其主要表现是：固定资产投资增速继续回落；居民消费增速有所上升；房地产投资过热得到一定抑制；瓶颈现象明显缓解。事实说明，中国政府的宏观调控已经取得阶段性成功。

经济增长是经济变量和政府政策相互作用的结果。在制度安排和政府宏观经济政策给定的条件下，经济增长有其内在规律可循。经济在增长过程中发生周期性波动是不可避免的。政府所能做的就是根据经济发展的客观形势，运用反周期的宏观经济政策，尽可能熨平波动，使高增长与低通胀的组合维持尽可能长的时间。中国经济在过去26年中从未能在连续3年保持9%以上的增长速度并且把通货膨胀率控制在3%以下。2005年将成为创造历史的一年。

最近一段时间以来，关于"中国经济是否变冷"的辩论日趋升温。"变冷说"的支持者认为，2015年4—5月各项价格指数连续下跌、投资增长速度逐渐放缓、企业利润总额增长速度明显下降，这说明中国经济已经"变冷"。而反对者则认为，GDP、固定资产投资、

---

[*] 本文刊于《国际经济评论》2005年第7—8期。

进出口贸易、房地产投资与价格及 PPI 等增长率仍处于高位运行，仅从 CPI、固定资产投资等增长率指标降低出发，判断我国经济放缓缺乏依据。

中国的经济增长作为一种客观过程是否出现方向性变化，应该主要根据哪些数据做出判断，如何把看似相互矛盾的数据放在一个统一的框架内进行分析，以得出合乎逻辑的结论。这是我们对经济发展趋势做出正确判断的理论前提。我以为，在 2005 年的前 5 个月中，中国经济有三个重要特征值得特别关注：第一，净出口增长速度急剧上升，净出口成为经济增长的最重要动力之一；第二，CPI 和 GDP 减缩指数增速下降；第三，工业企业利润总额增速下降。这三点都说明，2002 年年底以来的本轮经济周期的转折点可能已经出现。

2004 年固定资产投资对 GDP 增长的贡献超过 50%；最终消费增长对 GDP 增长的贡献在 40% 以上；净出口对 GDP 增长的贡献约为 6%。2005 年前半年总需求各构成部分的增长速度发生了改变。相应地，它们对 GDP 增长的贡献也发生了很大变化。最突出的变化是固定资产投资的贡献有所下降（但时有反复），而净出口的贡献大大增加。2005 年前半年固定资产投资、最终消费和净出口对 GDP 增长的贡献各占约 1/3。中国的出口贸易由两部分构成：加工贸易和一般贸易。加工贸易的增长速度主要受国际市场的影响。加工贸易净出口的增长速度一般波动不大，而一般贸易的净出口则与国内经济的周期变化密切相关。当国内需求不振时，一般贸易品进口增长速度一定减少，出口增长速度则很可能增加。2005 年前半年的进出口贸易状况是：一般贸易由以往的逆差变成了顺差，成为净出口高速增长的最重要原因。净出口的高速增长通常是国内需求不振造成的。事实上，在中国经济增长轨迹发生转折的年份，几乎无例外地都出现了净出口增长成为经济增长主要动力之一的现象。[①] 当然，在经济过热的时候也曾出

[①] Liang Hong, Charting China, *Goldman Sachs Economics Research*, June 28, 2005.

现过净出口成为当时经济增长主要动力的情况。但这类情况是可以作为特例加以解释的。例如，在经济过热的1994年，净出口增长对当年经济增长的贡献很大。但1994年是一个特殊年份，在这一年由于人民币并轨和贬值，出口增长势头格外强劲。又如，在经济紧缩的1998—2001年，净出口对中国经济增长的贡献却很小（甚至是负值）。但这种情况可以用亚洲金融危机和全球经济衰退来解释。

理论上说，通货膨胀率的变化是由"过度需求缺口"的变化所决定的。在经济的下行过程中，由于企业会尽可能维持原有价格水平，通货膨胀率的下降速度往往滞后于过度需求缺口的缩小速度。因而，当过度需求缺口已经消失时，通货膨胀率依然可能大于零。换言之，当通货膨胀率下降到零之前，"需求不足"的缺口可能早已出现。以CPI为尺度来衡量，当前中国的通货膨胀压力不大。但如果PPI向CPI的传递完全由市场决定，CPI的增长速度肯定会高于目前的水平。考虑到石油价格等外部因素的不确定性，对通货膨胀保持警惕是正确的。PPI增速依然较高是否意味着CPI将会进一步上升呢？不一定。首先，在投资推动型的经济周期中，PPI增速高于CPI是必然的。一般来说，在经济上行期间，PPI的增幅大于CPI；在经济下行期间，PPI的跌幅小于CPI。其次，价格的传导路径在不同情况下很不相同，PPI的变动不一定引导CPI的变动。事实上，在过去几年中，PPI与CPI基本同步变化，因而难于根据PPI来预测CPI。PPI增长率在2004年10月达到8.4%的最高之后开始下降，在2005年有所回升，1—5月为5.9%。但从总的趋势来看，PPI是逐渐下降的。更重要的是，PPI上升不仅说明部分上游产业的产品依然供不应求（如煤炭），还反映了供给方的外部冲击（如原油进口价格上涨）。换言之，PPI上升既可能是需求曲线右移也可能是供给曲线左移，或两者共同作用的结果。因而，伴随PPI的上涨，实际产出增长速度已经下降是完全可能的。

2005年以来，工业企业利润总额的增长速度明显下降。根据国家统计局提供的数字，2004年第一季度工业企业利润总额的增长速度是44.2%，2005年降到17.2%。在东部沿海地区的某些省份，利润总额增长速度的下降幅度更为明显。与此同时，亏损企业数量和亏损企业亏损额急剧上升。普遍的看法是：下游产品需求增长速度缓慢，无法通过涨价的方式消化上游产品的涨价，从而导致企业利润下降或亏损。上述解释不无道理，但它只能说明下游企业利润下降或亏损，而不能说明为何企业利润总额会下降。实际情况可能要比上述解释复杂得多。重要的是：虽然有种种例外，大多数利润总额增长速度的高峰年是同经济增长周期的高峰年相一致的（如1984年、1992年、2003年、2004年）。利润总额增长速度明显下降，亏损企业数量和亏损企业亏损额急剧上升往往说明：经济已经进入下行调整期。当经济运行到谷底的时候往往也是利润总额增长速度下降到最低点的时候（如1981年、1989年、1990年）（图1）。

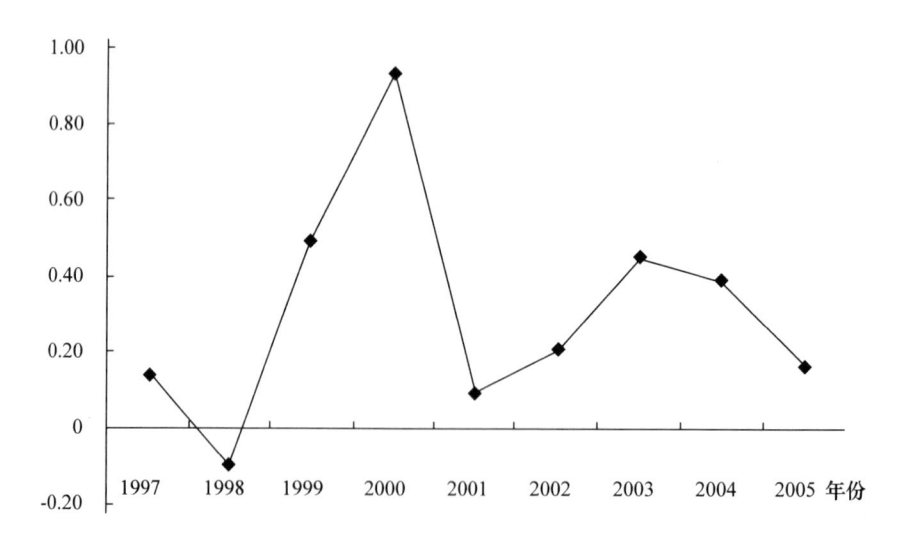

图1 利润总额的增长速度

当然，例外的年份也有。如1999—2000年中国经济依然处于通货收缩时期，但2000年利润总额增长速度却很高（图1）。从行业数据中可以看出，造成 1999—2000 年工业企业利润急剧增长的行业因素主要是石油和天然气开采业利润总额的快速增长，该行业贡献了全部工业利润增长的 40%。该年交通运输设备、黑色冶金、通信设备和计算机行业的利润也有明显增加。2001 年石油和天然气开采业、通信设备和计算机以及黑色冶金冶炼和压延行业利润的大幅度回落使工业企业利润急剧回落，是以利润总额增长速度回到趋势线上。尽管许多细节还需进一步研究，但似乎可以认为，2000 年利润总额的快速增加是由特殊原因造成的。

总之，根据以往的经验，当净出口对 GDP 增长的贡献大增、各主要物价指数增长速度下跌以及工业企业利润总额增速明显下降这三个现象同时发生时，经济增长速度一定已经发生方向性变化。当然，经济增长是一个充满不确定性的过程，历史很少会简单重复。但是，不管怎么样，历史的经验值得注意。面对新的形势，为慎重起见，在继续实行宏观调控的同时，我们应该把如何防止经济滑入通货收缩或滞胀（如果石油价格暴涨）纳入视野。

目前中国经济所发生的前述变化是 2003 年以来投资过热的必然结果。这是预料中之事。同样可以预料到的是：只要政府执行松紧适度的宏观经济政策，2005 年中国经济将在实现 9% 以上的经济增长的同时把通货膨胀率控制在 2% 左右。我们也没有理由认为 2006 年中国经济不能实现平稳的增长。①

对中国经济周期性变化的理论解释

1999 年我曾提出一个解释通货收缩的简单模型。这个模型也应该能够用于分析、解释当前的宏观经济形势，并从中导出一些政策结

---

① 有些论者认为，所谓经济"趋冷"就是指中国经济增长速度会明显下滑甚至会出现"硬着陆"。首先，"硬着陆"的可能性基本不存在；其次，"趋冷"应该是指，如果政府不加干预，经济增长将自行减缓，低于政府所希望达到的速度。如果政府通过财政货币政策加以干预，经济增长就可以保持在所希望的速度上。

论。首先对这个模型做个简单回顾。①

假设每个企业 i 单位产品的生产成本为：

$$c_i = u_i W + v_i r \tag{1}$$

其中 W 和 r 分别为工资率和利息率。

企业 i 是否能够盈利取决于物价水平 P 和生产成本 c_i 之间的对比关系。如果

$$P > c_i \tag{2}$$

企业将能盈利，否则企业处于亏损状态。

对于企业 i（我们假定它只是成千上万个企业中的一个，并无操纵市场的能力）来说，物价 P 是给定的，因而其经济效益取决于式（1）所定义的生产成本。在典型的市场经济中，如果 $P > c_i$，企业 i 将提供正常产量 Yi。如果 $P \leq c$，企业 i 将停止生产或仅提供最低产量。

假设企业在劳动生产率的高低上是不同的。这些企业的劳动生产率可按由低到高的顺序排列，并服从某种概率分布。当物价水平较高的时候，将有较多企业处于盈利状态，因而从事正常生产。对应于给定的物价水平，把所有企业的产出加总起来，就可推出一条斜率为正的总供给曲线。② 设总需求曲线的含义同一般理解一致，这样就可以建立一个 AD—AS 框架模型，以分析当前的经济形势（图 2）。

从某一均衡状态 E 出发。如果总需求因某种外部原因而增加，总供给与总需求曲线的交点应为 E"。但是，由于在短期内，企业无法使产出水平沿 AS 曲线上升，实际的总供给曲线是 AS'。与此相对应，物价水平为 P'。在价格信号引导下，随着时间的推移，更多的效率较低的企业投入生产。新产出水平为 Y'。由于出现供大于求，产出和物价（Y', P'）所确定的短期均衡点要么向 E'''点，要么向 E"点移动。第一

---

① 余永定：《打破通货收缩的恶性循环——中国经济发展的新挑战》，《经济研究》1999 年第 7 期。

② 这种总供给曲线的严格数学推导参见余永定《通过加总推出的总供给曲线》，《经济研究》2002 年第 9 期。

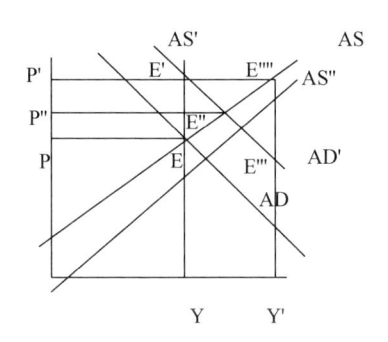

中国经济的稳定、平衡增长呼唤积极财政　239

图 2　生产成本上升与总供给曲线的移动

条路径是如果所有企业都急于出清存货，产出和物价的组合将移向 E'''点。此时，经济将先出现价格和产出的大幅度波动，然后波幅逐渐减小，并最终趋于 E"点。这种波动可以用蛛网模型描述。另一条路径是如果企业不急于出清存货，而沿 AS，趋于 E"点。与 E'''点相比，在 E"点上，产出和物价都处于一个较低的水平上。但是，沿这条路径的调整将导致存货的大量增加，为使存货恢复到正常水平，下期的产出和物价水平将会沿 AS 曲线下移到 E"点的左下方。因而，尽管沿这条路径的价格调整波动较少（以存货的增加为代价），但产出与物价的波动仍是不可避免的。使分析进一步复杂化的是，如果总需求曲线右移是投资增加的结果，在中长期内，由于供给能力的提高，供给曲线将右移至 AS"。中长期的供求均衡点将处于 AD'曲线上 E"点的右下方。另外，如果出现供给方冲击，总供给曲线则会左移，供求均衡点将需要重新确定。从图 2 可以看出：（1）投资外生增加导致物价大幅上涨；（2）对价格信号的误读导致产出过度增加，市场出现供过于求；（3）物价和产出将先后大幅度下降；（4）经过一段时间的波动，物价和产出最后稳定在一个新的适中的均衡点上（在一个动态模型中，水平变量将变成速度变量，但分析结果将不会有很大不同）；（5）在产出和物价水平发生变化的同时，利润总额一般也会经历一个波动的由大幅度增加（P'E'、E'E 和 AS 所包围的面积）到逐步减少（P"E"和

AS 所包围的面积）的过程。如果需求的价格弹性很大，在实现新的均衡之后，也可能会出现利润总额增加的情况①。如果没有进一步的外部冲击（包括政策冲击），上述调整过程只是由一个均衡点到另一个均衡点的转移，不会导致通货膨胀或通货收缩。

在什么条件下，通货膨胀可能会发生呢？其中最简单的情况是：物价水平上升到 P'后，企业盈利增加，工资上升，通货膨胀预期出现，总需求曲线右移。如果右移的持续时间过长或幅度过大，对产出的需求超过 Y'，物价会进一步上涨。特别是，如果供应曲线斜率在此时变陡，物价上涨的幅度就会更大。可见，物价的上涨导致工资上涨、通货膨胀预期形成等是形成通货膨胀的必要条件。在什么条件下，通货收缩可能会发生呢？当物价水平上升到 P'且产出水平增加到 Y'时，如果政府担心通货膨胀而采取紧缩政策，使总需求曲线左移，物价水平就将以比没有政府干预时更大的幅度下跌。如果利润的减少和亏损面的增加，导致工资减少、通货收缩预期形成，总需求曲线就会进一步左移，从而造成通货收缩的恶性循环。中国经济当前肯定不在 E'点，大概也不在 E''''点，比较可能是正处在由 E''''点向 E''点移动的过程中。如果 Y'点对应于 9.5% 的经济增长速度，均衡点 E'点肯定不是我们所希望达到的目标。政府恐怕将需要设法增加（国内）需求，使产出水平（或经济增长速度）维持在较高的水平上，而由于前期投资已经导致生产能力的提高，总供给曲线将会右移，通货膨胀的压力应该是不大的。当然，如果出现新的外部冲击，上述预案则需改变。

从图 2 可以看出，均衡点有过渡性、常驻性之分。对过渡性均衡点 E'、E'''和 E''''，政府政策是难于及时影响的。当经济处于这类均衡点时，政府的需求管理往往导致经济波动的加剧，甚至导致通货膨胀

---

① 总需求此前的增加，并未导致价格水平的大幅增加。此时的较高均衡产出水平将能补偿价格水平下降对利润的不利影响。

或通货收缩。政府的宏观调节应该着力于常驻性均衡点 E 和 E"。由于经济过程的复杂性和不确定性，预防性的宏观经济政策往往是加剧，而不是减缓经济的波动。新宏观经济政策的推出应该是稳健的，应该建立在对发展趋势的充分把握之上。

在当前形势下，应该采取怎样的货币政策和财政政策？尽管经济形势可能已经或正在发生重要变化，在最近的一段时间内货币政策应该保持稳定。根据国家统计局的数据，目前固定资产投资增长速度依然较快，房地产投资增长刚刚得到一定程度的抑制，中国粗放的生产方式依然没有得到改善。在这种情况下，轻易改变货币政策的方向将在市场上造成信号混乱，导致前一段宏观调控的成果毁于一旦。另外，由于出现了经济趋冷的一系列迹象，且 CPI 不到 2%，进一步紧缩货币不但没有必要而且有害。人民币基准利率目前没有必要调整，也没有必要进一步增加货币市场的流动性。2005 年商业银行的超额准备金率一直维持在高于支付、清算及贷款合理增长所需资金的水平之上，以及货币市场利息率不断下跌等事实都说明商业银行的流动性是充分的。2005 年前 5 个月各大金融机构存、贷款规模连续下滑引起了业内人士的担忧。然而，造成这种局面的原因是多方面的，就其主要方面来说不是由货币政策引起的（对银行的内控要求、降低不良债权的努力、提高资本充足率等都会对银行贷款的发放产生影响），也无法通过货币政策来解决。在 2005 年下半年，由于贸易顺差急剧增加，为保持人民币的稳定，中国人民银行必将面临更加沉重的对冲任务。由于目前货币市场利息率较低，中国人民银行的对冲成本会有所下降。但是，在 2005 年下半年，如果资金流入过猛、过快，中国人民银行的对冲负担就会大大增加。同时，近年来中国人民银行票据的发行规模极为巨大，仅仅为了赎回旧票据，就需要发行大量新票据。在今后的一段时间内，中国人民银行票据发行及其对货币市场利息率的影响值得关注。最后，汇率的可能变动对货币政策的影响也是一个值得认真研究的问题。

关于财政政策，从中长期来看，政府应该逐步提高全国财政收入（支出）（GDP的比重），特别是中央政府财政收入（支出占GDP的比重）。同发达国家和大多数重要发展中国家相比，中国财政收入占GDP的比重过低（表1），不利于国家建设"和谐社会"的目标，不利于政府提高宏观调控能力。政府有必要制定一个中期目标，确保中国财政收入对GDP的比在不久的将来达到足够高的水平。

表1　　　　　2000年部分国家财政收支在GDP的比重　　　　单位：%

	中国	美国	德国	法国	英国	印度	印度尼西亚	俄罗斯	巴西
收入	15	28	38	45	37	17	17	28	33
支出	25	39	52	40	47	30	20	38	32

注：收入指政府税收收入，支出亦同。

资料来源：余天心等：《财政研究见报》，财政科学研究所，2004年第10期。

财政政策应该在宏观经济调控中发挥更大作用。今年上半年经济增长速度之所以能够达到9.5%，很大程度上应归功于净出口的高速增长。在2005年下半年或在2006年中国能否继续保持30%左右的出口增长速度是值得怀疑的。现在已经出现内需不足，出口增加速度的下降将进一步导致经济增长速度的下降。为了维持较高的经济增长速度，必须刺激内需。在内需的各个构成部分中，投资增长速度是我们希望加以控制的，而消费需求又难于在短期内加以影响，剩下的唯一选择就是政府开支。在2006年，为了保持既定的经济增长目标，可能需要增加政府财政支出[①]以弥补国内需求不足。财政政策缺乏货币政策的灵活性，财政投资项目从立项到实际投资到位要花费很长时间。因而需未雨绸缪，预先准备好一套财政政策预案，一旦需要就可以及时出台并立即对经济发生影响。

---

① 减税是否也是一种选择，是一个可以讨论的问题。

从较为长期的角度来看，财政政策应该在中国的经济结构调整中发挥更大的作用。① 第一，中国经济对外需的依赖过高。中国的贸易总额/GDP 比超过 70%，2005 年还将进一步上升。在全世界，没有任何大国的贸易总额/GDP 比像中国这样高。在号称严重依赖外需的日本，这一比例不超过 25%，号称世界上最开放的美国，这一比例在 20% 左右。中国经济对外依存度（贸易总额/GDP 比）达到如此之高的程度是长期执行出口导向战略的结果。这一战略对中国经济的高速增长做出了重大贡献。但是，对外依存度过高也会导致资源配置的恶化并严重影响国家的经济安全，因而应该逐步加以矫正。

第二，中国的投资率和投资效益之间存在严重失衡。在过去 25 年中，中国的投资率平均维持在 40% 左右，在 2004 年更是超过了 45%，2005 年有可能达到 50%。中国的投资率之高在世界上没有任何国家可以相比。中国的资本—产出率也高于发达国家，甚至一般发展中国家。理论上说，中国的投资率和资本—产出率存在一定的正相关关系，因而，适当降低投资率可以提高经济增长率。更重要的是，把原本用于投资的资源转用于直接或间接地改善人力资本，将能直接导致资本—产出率的降低。

第二，中国的储蓄与投资关系在一定意义上也存在严重失衡。理论上来说，发展中国家的收入水平低，因而储蓄率低。但发展中国家投资率却较高。投资率高于储蓄率在国际收支中便表现为贸易逆差（即经常项目逆差）。经常项目逆差意味着资本的净输入。但在过去数十年中，中国基本保持了贸易顺差和经常项目顺差，因而是不折不扣的资本输出国。如果经常项目顺差是一个周期性现象，则不必格外关注。但是，一个人均收入刚刚达到 1000 美元的发展中国家，长期以来却一直在对外输出资本，就不能不说是一种很不正常的现象了。如果这种现象是市场行为的结果，就说明中国的投资收益过低。如果

---

① 中国经济的结构问题表现在多方面，广义的结构性问题还应包括体制性问题。

并非纯市场现象，就说明中国在经济制度安排和政策上存在严重问题。

第四，中国的国际收支结构十分不合理。中国长期保持贸易项目和经常项目顺差已经是不合理的了。更为不合理的是，中国在维持经常项目顺差的同时还维持了资本项目顺差。中国是世界第一大直接投资引资国，累积直接投资量接近 6000 亿美元。与此同时，中国通过购买美国国库券等形式大量输出资本。在历史上，似乎还没有哪个国家曾经像中国这样在如此长的时间内同时维持经常项目和资本项目的"双顺差"。① 目前中国已经积累了 6000 多亿美元的外汇储备，2005 年年底这一数目将达到或超过 7000 亿美元。换言之，中国在引进大量长期资本的同时，输出了更为大量的短期资本。从美国国际收支平衡表的角度来看，根本不存在美国对中国的真实资本输出。对华投资的资金，来源于中国的居民储蓄。美国只不过是通过其国际收支平衡表实现了低收益的中国储蓄和高收益的外国直接投资的互换。② 资本的对流本身不是问题，问题是通过这种收益差距极大的对流，中国的跨代国民福利水平很可能是减少了而不是增加了。如果相信中国经济还会持续增长的话，外国的投资收益将继续保持在较高的水平上，而中国持有的美元资产连同其收益，由于美元的贬值，以购买力来衡量，现在已经越来越不值钱，将来可能更不值钱。③

第五，公共产品领域投资严重不足。中国水资源、土地资源和矿物资源的供给状况严重恶化。中国在铁路网络、医疗卫生、教育和科研、环境保护、社会福利保障体系等领域的投资严重滞后于经济增长速度。中国的贫富差距的扩大速度令人瞠目。中国经济在迅速增长的

---

① 在亚洲金融危机之后，许多亚洲国家出现了这种双顺差。这种形势将如何发展还有待观察。

② M. Dooley, D. Folkerts-Landau and P. Garber, Direct Investment, Rising Real Wages and the Absorption of Excess Labor in the Periphery, NBER Working Paper 10626, Mass. July 2004.

③ 尽管美元自 2005 年以来有所回升，但几乎没有什么人怀疑，美元的长期趋势是大幅度贬值。

同时，其增长的基础却正在迅速弱化。

上述结构性问题都或多或少与财政政策有关。适度加大财政支出的力度不仅可以起到维持短期经济增长目标的作用，还有助于改善经济结构性。尽管如此，许多经济学家们对扩大财政支出忧心忡忡：在政府机构效率低下的情况下，加大财政支出力度将迅速消耗掉国家仅存的稀缺资源，增加未来出现财政危机的可能性。因此，应该提高行政效率。在使用财政手段解决（或缓解）需求不足的同时，还要解决经济结构不合理和可持续增长基础不牢固等诸多问题。

中国的金融体系问题重重，中国的财政状况却相对健康。相对健康的财政状况是中国经济能够克服各种困难实现可持续增长的最后保证。财政应该也可以对中国经济的稳定和可持续发展做出更大贡献。

中国宏观经济管理：问题与展望[*]

引 言

改革开放以来，关于中国经济过热、软着陆和硬着陆有着各种各样的说法。尽管如此，中国经济形势却再次创下史上最佳。2005年，中国的经济增速为9.9%，通胀率仅为1.8%。这是连续第4年同时实现高增长和低通胀。自1979年以来，中国经济的年均增速超过了9.6%。客观来说，和历史上任何一个国家相比，中国都增长得更快，而且持续时间更长。目前，中国已经成为世界第四大经济体。根据购买力平价，中国早已位列世界第二多年。

从平均水平来看，过去中国的经济增速高、通胀率温和。但是，像9%以上的增速和5%以下的通胀率这样的组合状态从来没有维持过两年以上。过去25年，中国经济呈现出大幅波动的特征（图1）。1981年以来，中国大致经历了3个经济周期。最近的一个周期始于1996年，并可能在2002年已经结束。通常情况下，固定资产投资的高增长推动了经济增长（图2），而在增速高企之后的4—5个季度将伴随出现高通胀。

为了控制通胀、防止经济过热，政府会采取紧缩的货币和财政政策。结果是，经济增速会出现或慢或快的放缓，并引致高失业率或通

---

[*] 原文为英文，是2006年5月13—14日首尔国际研讨会提交的论文。

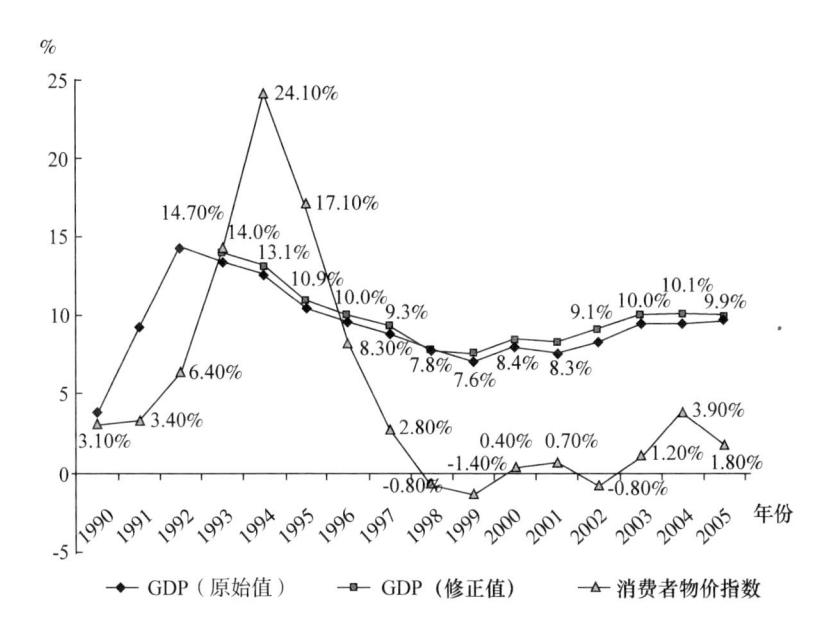

图1 1990年以来中国经济增速和通胀率

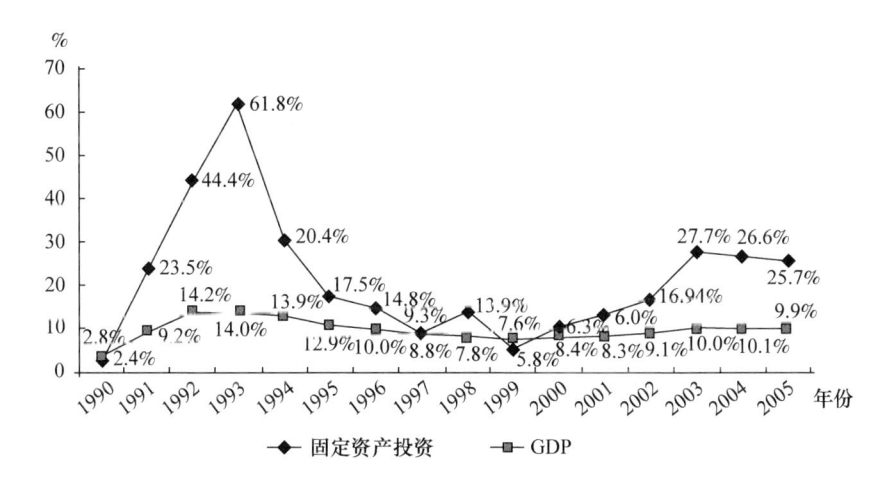

图2 1990—2005年固定资产投资和GDP增速

缩。当通胀得到控制，经济增速过度下降或出现通缩后，政府会采取扩张性的货币和财政政策，从而再度引发通胀。这时候经济将触底反弹，新的周期再度开启。过去25年，中国经济十分清晰地呈现出这种"通胀与通缩交替"的模式。本文所关注的中国宏观经济管理，将以货币政策为重点展开：第一部分将回顾20世纪90年代末以来中国实施的货币政策。第二部分简要讨论财政政策。第三部分是2006年经济增长展望。最后一部分是结论。

中国的货币政策

从官方表述来看，中国货币政策的最终目标是保持币值稳定、促进经济增长。币值稳定是指物价稳定和汇率平稳。因此，中国宏观经济政策有三个目标：经济增长、物价稳定和汇率平稳。在实践中，第一个目标是保证8%以上的经济增速。第二个目标是将通胀率维持在3%左右。一直到近几年之前，高经济增长和低通胀之间都存在一定的替代关系，因而两个目标之间存在着权衡问题（图3）。不过从数据来看，这种关联似乎并不太强，尤其近几年更是如此。经济学告诉我们：短期内高速增长和低通胀之间存在这种替代关系，但长期却不是这样。然而近几年，中国的高增长与低通胀却持续相伴。令人心生疑虑的是：从长期来看高增长和低通胀的组合能否保持下去？

第三个目标是保持人民币汇率稳定。之前的汇率制度是人民币与美元挂钩，现在则是参考篮子货币。过去资本管制有效，中国人民银行不必担心与美元挂钩的问题。但随着资本项目逐渐自由化，汇率稳定与另外两个目标之间的冲突越来越大，要同时兼顾越来越难。

20世纪80年代初，中国的货币政策在开始成形之时，就受到货币主义方方面面的影响。根据货币主义理论，政府应保持货币供给增速不变，而且这一货币供给增速能够使通胀率保持稳定不变。这一理论认为，当经济增速超过潜在水平之后，经过一个滞后期，通胀率将会加速上涨。从中国的历史经验来看，经济增速超过10%，通胀率将在4—5个季度后超过10%。增速在9%以上，通胀率将超5%。因此，当增速达10%时，政府就应尽快收紧货币政策，从而避免导致

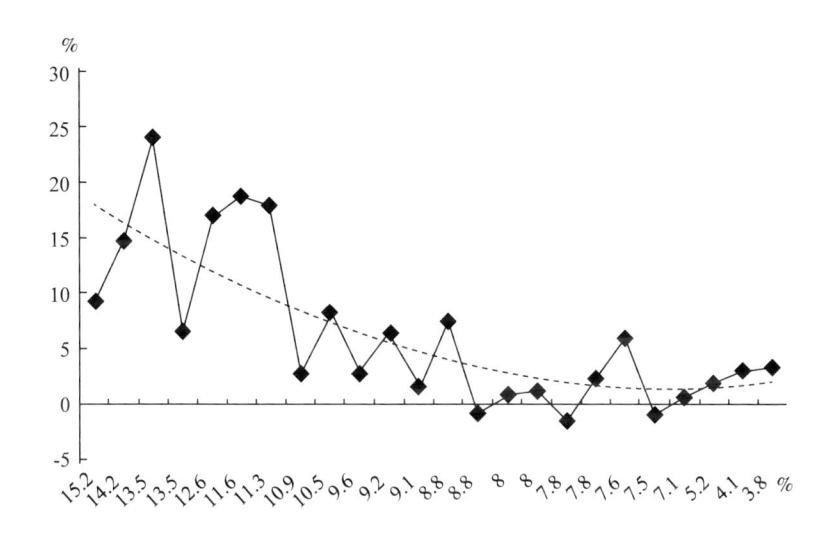

图 3　1980—2002 年增速与通胀之间的关联

注：横轴为经济增长速度，纵轴为通货膨胀率，虚线是趋势线。

通胀加速。当增速达到 9% 时，政府就应提高警惕并做好紧缩的准备。另外，当经济处于下行期，增速降至 8% 以下，政府应采取扩张性的宏观经济政策来刺激经济。如果增速只是下降到 9%，通胀率通常仍会居于高位，决策者将很难判断通胀率是否会进一步下降。例如，1997 年经济增速下滑，产能过剩较为普遍，而政府因为担心通胀反弹，不愿采取措施刺激经济。最后，当政策由紧缩转向扩张，已经为时过晚。或许，正是由于政策转向的滞后，导致中国后来经历了长达 6 年的通缩。2003 年年初，政府发现了许多经济回暖的证据，但仍不确定经济是否真正好转，因此也不确定是否应采取紧缩政策。由于经济刚刚复苏，政府担心遏制了复苏的势头因此没有采取行动。直到后来确信经济已好转，政府才采取了措施。尽管如此，由于担心调控过度，政府对紧缩措施仍然非常谨慎。

在紧缩的政策方向决定之后，货币政策往往是最重要的政策工具。在实施货币政策的过程中，有两个关键环节：基础货币（高能货币，HPM）和货币乘数。当局应控制基础货币（准备金加现金），然后通过稳定的货币乘数来控制货币供应量。① 货币政策决定之后，一个直接的问题是货币供应量的变化将如何影响实体经济。传统经济理论认为，货币供应量的变化将通过多种传导机制影响实体经济，例如：投资组合平衡传导机制、财富传导机制、信用可获得性传导机制和预期传导机制。

目前，货币政策的中间目标是货币供给增速，而不是基准利率。每年中国人民银行都会对货币供给增速设定目标。然而，该目标只是政策意向的体现，是参考性的，中国人民银行通常也无法达成。当面对经济升温而收紧货币时，货币供给的实际增速通常会高于目标值。当面对经济衰退而扩张货币政策的时候，货币供给的实际增速往往会低于目标。例如，近几年中国人民银行为广义货币设定了 16% 的增长目标。然而，M2 的增长率持续偏高（图 4）。从很大程度上讲，目标没有实现是因为货币供应具有内生性。在不同环境下，货币政策会由于不同的机制而失效。在中国，货币政策的失效是由于货币供给过程中的上述两个关键环节出了问题，同时货币政策传导机制也被阻断了。

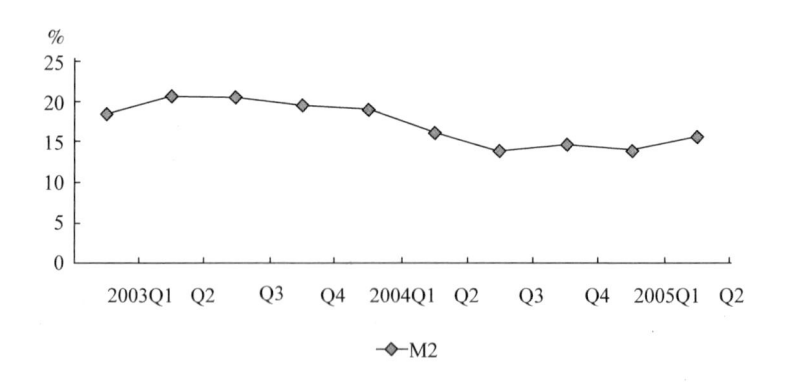

图 4 广义货币供应量的增速

① Allsopp, C. J.、Vines, D.：《宏观经济政策评估》，《牛津经济政策评论》2000 年第 4 期。

货币供给过程的第一个环节是储备货币,关键在于中央银行调节控制储备货币的能力。第二个环节是稳定货币乘数,在此背景下,储备货币的变动将会通过货币乘数影响广义货币的相应变化。为实现货币供应增长的目标,中国人民银行主要利用公开市场操作(OMOs)手段来控制基础货币。公开市场操作的金融工具包括政府债券、中央政府票据和金融政策票据。中国货币市场相对发达,其由银行间货币市场和银行间国债市场构成。中国人民银行通过上述两个货币市场进行回购和逆回购(用于减少流动性)操作。

从中国人民银行资产负债表(表1)可以看出,通过改变表中相关项目的金额,中国人民银行可以调节控制储备货币。值得一提的是,储备货币主要由两部分构成:法定储备金和超额储备金。两者都是商业银行存在中国人民银行账户上的储备货币,后者在日常用于商业银行之间的结算。从中国人民银行的资产负债表来看,为了调控储备货币,中国人民银行常用的政策工具包括:对商业银行的贷款(再贷款)、政府债券,以及最近的中国人民银行票据。

表1　　　　中国人民银行资产负债表:2005年年末　　　单位:十亿元人民币

负债		资产	
货币	2585	银行机构贷款	782
银行存款	3839	对政府贷款	29
准备金			
超额准备金			
政府存款	753	外汇储备	6214
央行票据	2030		
其他负债		其他资产	
自有资金	22	政府债券	
总负债	10368	总资产	

改革开放初期,控制基础货币最常用的手段是改变中国人民银行对商业银行的再贷款。当经济过热时,中国人民银行将减少或者甚至

收回对商业银行的贷款，反之亦然。直到1998年，中国人民银行可以在公开市场上交易的国债数量仍然有限。国债大规模发行直到1998年中才开始，这还是因为当时一揽子扩张政策中包括了发债作为重要内容。1999年，随着货币和债券市场的发展，以及国债发行量的增加，中国人民银行与金融机构开展的公开市场操作规模不断上升，达到了7076亿元国债，同比增长3倍。通过公开市场操作，基础货币净增了1920亿元，占基础货币增加额的52%。

从20世纪90年代中期开始，外汇储备的增加成为储备货币（或高能货币）增加的最重要来源之一。为了控制由外汇储备增加而导致的储备货币增加，中国人民银行通过公开市场操作大规模出售国债，以冲销储备货币的增加。然而由于持续的双顺差（图5和图6），从2002年起中国的外汇储备积累开始加速，中国经济也随之出现过热的迹象。为了平抑外储增加带来的扩张性影响，短短几年的冲销操作中，中国人民银行就卖完了手中的国债。而这些证券正是在过去为了刺激经济，中国人民银行通过公开市场操作积累起来的。2003年，为了解决流动性过剩的问题，中国人民银行创设了央行票据这一全新的金融工具。

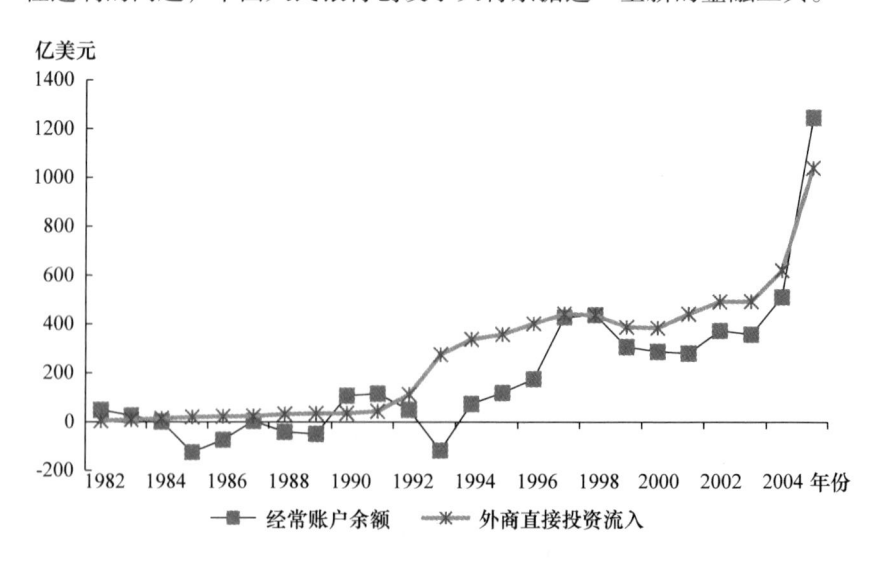

图5　中国的双顺差

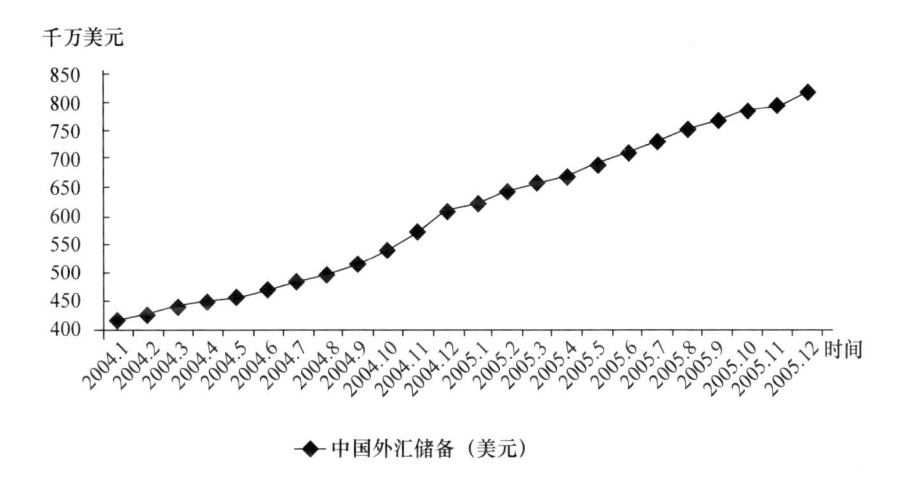

图 6 中国外汇储备的积累

此后在短短三年间，央行票据发行余额超了 2 万亿元（见表 1）。相比之下，国债发行 10 年后的余额仅为 3 万亿元。央行票据大部分是 3 个月的短期票据。对中国人民银行来说，这些央行票据展期的压力非常之大。因此中国人民银行不得不放弃了对外汇占款的完全冲销。一般情况下，中国人民银行只进行部分冲销。结果是，基础货币增速经常远超中国人民银行的合意目标。一个重要的问题是，冲销操作是否可以无限制地进行下去？这一问题尚有争议。理论上讲，只要央行票据利率低于相应的美国资产利率，比如美债收益率，中国人民银行就能够无限地进行完全冲销，从而维持对基础货币的有效控制。但是，完全冲销的操作面临以下三个障碍。第一，给定其他条件不变，中国人民银行出售票据将推高货币市场利率，而这将吸引更多资本流入，人民币将面临更多升值，结果会引致更多的冲销。第二，如果整体金融环境偏紧、市场收益率上升，商业银行会因为其他更好的选择，而拒绝购买低收益的央行票据。此时，央行票据的收益率将被推升，从而中国人民银行的操作可能面临损失（尤其是如果美联储的基准利率过低）。第三，目前银行体系仍较为脆弱，在中国人民银行最近几轮注资之后，刚刚渐入佳境。这时候，如果商业银行别无选择、不得不购买低收益的央行票据，其盈利能力将会下降，这将对脆弱的银行体系带来长期负面影响。简而言之，冲销政策的实施有诸多限制，所以想通过冲销政策来有效地控制基础货币，虽然并非不可能，但是政策成本高昂。

当经济面临通胀压力的时候，中国人民银行只需通过发行央行票据来使流动性回笼。然而，发行央行票据将推高利率。所以只要维持汇率稳定仍是中国人民银行的目标之一，那么公开市场操作的冲销操作就不能无限制地进行下去。

除了公开市场操作，另一个重要政策工具就是调整法定存款准备金（表2）。通过提高存款准备金的要求，可以冻结大量流动性。2003年9月1日，中国人民银行将最低存款准备金率从6%提高到7%。截至2003年6月底，全国存款和储备货币规模分别为20.5万亿元和1.6万亿元。这次存款准备金率的上升，约有1500亿元的超额准备金被冻结。实际上，自1997年中国走出通缩以来，提高存款准备金率就成了中国人民银行最重要的政策工具。同时，提高存款准备金率也成为宏观经济政策走向的一个信号。在此之后的2004年4月21日，中国人民银行再度将存款准备金率提高了0.5个百分点。

表2　　　　　　　　　　**存款准备金率的调整**

时间	调整幅度	目的
1985	统一到10%	
1987	12%	紧缩货币供应量
1988	13%	紧缩货币供应量
1998（03/21）	8%	改革存款准备金制度
1999（11/21）	6%	增加货币供应量
2003（09/21）	7%	紧缩货币供应量
2004（04/21）	7.5%	紧缩货币供应量

对于一个典型的市场经济体,中央银行不会轻易调整存款准备金率,因为这项措施过于猛烈和粗暴。不过对中国而言,这些似乎并不是问题。虽然存款准备金率的提高会给商业银行带来一些问题,但商业银行可以通过各种措施来适应新的情况。商业银行应对紧缩最简单的方法,就是将一定比例的超额准备金转入法定准备金的账户。由于外储持续增加,中国人民银行干预外汇市场创造出了新的流动性,这些新增流动性又将很快满足银行对超额准备金的需求。因此,存在疑问的是这一政策工具本身的有效性,而不是其对银行系统平稳运行所产生的负面冲击。

货币供应过程正常运行的第二个环节中,最重要的条件是货币乘数的稳定。然而,中国金融体系脆弱,多半情况下无法满足这一条件。过去十年,货币乘数一直在3到4之间不断变化。货币乘数的变化,在很大程度上是由货币当局无法左右的体制性因素造成的。首先,中国的商业银行在历史上积累了大量不良贷款,而银行改革的结果是其商业化程度日益提升,同时政府也加强了对银行贷款行为的监管。在此背景下,商业银行变得更加关注贷款的安全性,而非其盈利能力,结果是由于风险的存在,商业银行更加倾向于惜贷。相比之下,当贷款有助于盈利提高资本充足率时,尤其是受到地方政府压力时,商业银行就更倾向于为企业提供贷款。换言之,货币乘数受到体制因素的影响,而体制因素一直处于变化当中,其与宏观经济形势无关。

其次,许多企业的贷款需求也受到体制因素的影响。1998年,尽管中国人民银行将商业银行存款准备金率从13%下调至8%,并取消了超额准备金的要求,但是在1998年第四季度,各大主要银行的实际存款准备金率都仍然高于15%。这说明商业银行根本不需要资金,这些机构宁可让不需要的资金低息闲置在中国人民银行的账户上。2003年后,中国人民银行开始通过紧缩基础货币来收紧货币供应量。为保持银行贷款的高增长,商业银行采取了各种方法来抵消这种影响。商业银行的这种行为,抵消了中国人民银行调控货币供给增速所做的努力,在很大程度上使货币乘数的概念失去了意义。

在发达国家,"短期利率是银行最重要的调控工具,它通过决定贷款利率,来影响商业银行的行为"[①]。利率政策也是中国货币政策的重要工具。1999年以来,银行间货币市场在影响流动性和利率结构方面所发挥的作用,远大于过往。不过,尽管中国在利率市场化方面做出了努力,但是由于中国货币市场存在分割,所谓基准利率变动的传递效应还远远谈不上成熟。美国有联邦基金利率,英国有官方银行利率,日本有无担保隔夜拆借利率,而中国还没有与之相当的基准利率。虽然一些关键的银行间短期利率确实由市场力量决定,但这些利率无法自动地、逐层地影响到整体的利率结构。居民存款利率和企业贷款利率,才是对实体经济有直接影响的重要利率。个人银行贷款,如抵押贷款,是最近才出现的现象。自1996年5月,为了防止经济衰退,中国人民银行开始降息。1996年至1999年,中国人民银行降息7次(表3)。特别是1997年7月至1998年11月,中国人民银行4次下调金融机构一年期贷款利率(再贷款利率)。在1996年5月1日第一次降息之前,一年期存款利率为9.18%。7次降息后,利率已降至2.25%。

表3   1995年以来利率的变动情况

调整时间	准备金存款利率(%)	超额准备金存款利率(%)	再贷款(对银行)利率(%)				再贴现利率(%)
			1年	6个月	3个月	20天	
1996年5月1日	8.82	8.82	10.98	10.17	10.08	9	* *
1996年8月23日	8.28	7.92	10.62	10.17	9.72	9	* *
1997年10月23日	7.56	7.02	9.36	9.09	8.82	8.55	* *
1998年3月21日	5.22		7.92	7.02	6.84	6.39	6.03
1998年7月1日	3.51		5.67	5.58	5.49	5.22	4.32

---

① Allsopp, C. J.、Vines, D.:《宏观经济政策评估》,《牛津经济政策评论》2000年第4期。

续表

调整时间	准备金存款利率（%）	超额准备金存款利率（%）	再贷款（对银行）利率（%）				再贴现利率（%）
			1年	6个月	3个月	20天	
1998年12月7日	3.24		5.13	5.04	4.86	4.59	3.96
1999年6月10日	2.07		3.78	3.69	3.51	3.24	2.16
2001年9月11日							2.97
2002年2月21日	1.89		3.24	3.15	2.97	2.70	2.97
2003年12月20日		1.62					
2004年3月25日			3.87	3.78	3.6	3.33	3.24
2005年3月25日		0.99					

利用利率工具抑制经济过热，2004年10月29日，中国人民银行在这方面走出了重要的一步。在这一天，中国人民银行决定提高商业银行存贷款基准利率。其中，一年期存款基准利率由1.98%提高至2.25%，提高了0.27%。一年期贷款基准利率由5.31%提高到5.58%。这是9年来中国人民银行首次提高利率。同时，政策也在进一步推进利率市场化。在货币市场，利率已经完全由市场决定。银行存贷款利率，也设定了浮动区间。事实上，只要贷款利率不低于中国人民银行规定的基准利率，商业银行就已有决定贷款利率的自主权。另外，只要存款利率不高于中国人民银行的基准利率，它们就可以自主决定存款利率的自主权。2004年1月，中国人民银行宣布进一步扩大存贷款利率的浮动范围，允许商业银行按基准利率的0.9—1.7倍提供贷款。由于企业的贷款需求旺盛，利率市场化本应该导致贷款利率上升。然而这种情况并未出现，商业银行提供的贷款很少触及利率上限。信贷需求旺盛，利率又保持稳定。利率政策之所以没有对金融资源配置起到调节作用，也要归因于一些体制原因。大型国有企业，大多流动性充足，对贷款没有强烈需求。但是这些企业才是商业银行的目标客户，商业银行甚至乐意为其提供低息贷款。中小企业的贷款意愿虽然强烈，然而由于这些企业风险较高，或者商业银行存在风险厌恶，商业银行缺乏意愿向其提供贷款，尽管这些企业的贷款利率可能更高。所以，贷款市场的失衡仍然持

续存在：正规金融市场利率较低，而在非正规市场上利率则较高。由于利率变动无法实现信贷市场出清，金融资源的配置效率较低。在此背景下，提高利率本应该对企业贷款产生紧缩效应，但是有部分企业却并不会受到政策的影响。

然而值得一提的是，尽管货币政策的有效性差强人意，但仍然是一个非常重要的政策工具，至少其宣示效应是重要的。比如2005年3月，中国人民银行上调了抵押贷款基准利率以减缓房地产开发贷款的增速。

有趣的是，有好几次，中国人民银行在提高贷款基准利率和采取政策紧缩金融环境的时候，也同时降低了超额准备金利率。结果是，货币紧缩的政策效果被流动性增加所抵消。这种看似不合理的政策组合背后有一个重要动机，就是压低货币市场利率，以阻止投机人民币升值的资本流入。除了资源配置效率之外，货币政策最大的问题就是，由于多种约束，中国人民银行无法将利率提高至合意水平。这些约束根本上来自货币政策面临的"蒙代尔三难"问题。

财政政策

过去8年，财政政策为保持中国经济增长发挥了重要作用。中国的财政支出主要集中在基础设施建设、国企改革、社保体系完善、科技投入、教育支出、农业发展和西部开发等领域。以促进增长为导向的财政政策，使得税收增长明显快于利息支出增长。在此背景下的财政政策扩张，实际上是改善了中国的财政状况，而非恶化。

经过10年的扩张性财政政策，中国积累了大量的债务（图7）。不过官方数据显示，中国的债务余额/GDP比值仍然低于20%。很多经济学家认为，如果考虑到或有债务，中国的债务余额/GDP比值会高得多，可能高达100%。不过，中国政府的偿债能力也远远高于表面看起来的那样。而且，中国财政状况是否可持续，最终取决于债务余额/GDP这一比值的动态变化路径。决定债务余额/GDP

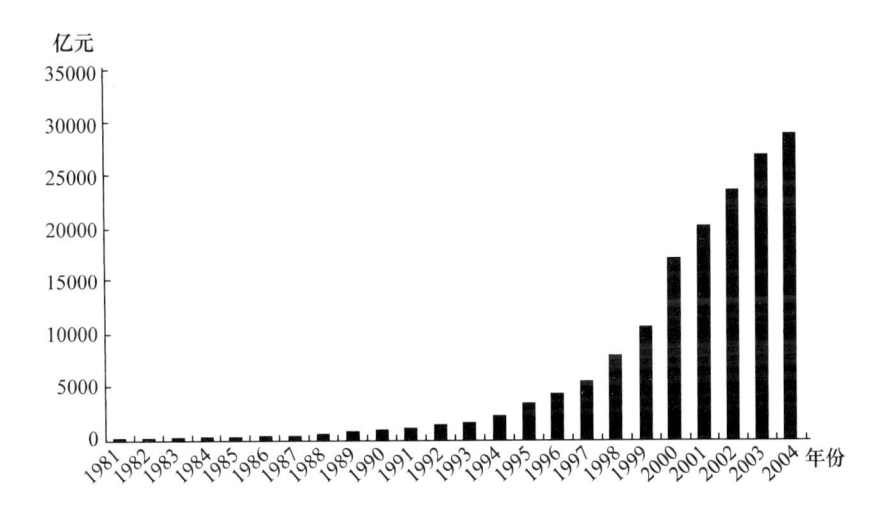

图7 中国的债务余额

比值动态路径的因素有二：经济增速和预算赤字的 GDP 占比。只要中国能够保持 7%—8% 的较高经济增速，而且预算赤字的 GDP 占比低于 3%，那么随着时间推移，债务余额/GDP 的比值将收敛于 40% 以下的极限值水平。将或有债务纳入债务余额，这只会影响到债务余额/GDP 比值动态路径的初始条件，而不会改变债务余额/GDP 最终将会收敛到的极限值水平。只要中国政府在宏观政策协调和经济结构改革方面不犯致命的错误，中国就能够保持合适的经济增速和相对较低的预算赤字率，中国的财政状况就可以持续。因此政府有足够的政策空间，利用扩张性财政政策来抵消货币政策紧缩带来的负面冲击。

2006 年经济增长前景

2006 年，中国应该能够在保持高速增长的同时，使通胀率处于可控范围。目前，中国的投资增速依然居于高位，出口势头强劲，同时也不存在通胀压力。总体来说情况很好。

不过也存在一些不确定性。第一，很多行业的产能过剩在不断恶化。这是否会导致通缩，抑或通缩只是言过其实的担忧？第二，地方政府在等待明年的省政府换届，这时候地方政府的经济工作会怎么做？第三，过去几年GDP的高增长、货币供给量的高增长，对于通胀会产生什么滞后影响？第四，在中美贸易顺差问题上，美国会采取什么政策？第五，中国将面临什么样的外部冲击？如果美国轰炸伊朗，会再次导致油价上涨吗？

总体来看，中国经济自2005年年初已经开始走弱。基于历史经验，可以用三项指标来衡量中国经济的热度。一是净出口增速。在过去，如果净出口成为GDP增长的重要拉动因素，那么经济很可能已经陷入内需不振，之后经济也将开始减速。二是价格指数。2005年，主要的价格指数均在下跌。2005年年末，CPI仅为1.8%。物价指数的全面下跌表明经济正在减速。三是企业盈利能力的变化。通常，盈利能力是内需强弱的领先指标。如果盈利能力下降，企业将减少生产和投资。如果所有企业都这么做，结果是经济形势恶化，盈利能力加速下滑，进而导致恶性循环。2005年，盈利能力增速经历了相当明显的下滑。尽管从表面上来看，企业利润增速为20%，但如果将石油、煤炭和燃料，以及一些原材料行业的利润剔除掉，总体的利润增速实际很低，只有7%甚至更弱。四是是否存在瓶颈制约。过去两年，中国经济在很多方面普遍面临瓶颈制约，不过情况已经有所改善。例如，2005年电力短缺已经得到缓解。国家发展改革委表示，2006年电力供需将实现基本平衡。电力、煤炭、汽油、运输和基础材料行业（如钢铁行业）等的瓶颈制约因素都变得不是问题了，究其原因，这不仅仅是供给增加，也有总需求乏力的结果。商务部的调查发现，80%以上的产品都面临供过于求。根据过往的经验，可以肯定中国经济正在放缓，但并不是很剧烈。当然，也不能排除其间发生偶尔波动、反弹的可能。

据官方发布的数据，2005年中国GDP增速为9.9%，投资、消费和净出口对增速的贡献率分别为48.8%、33.3%和17.9%。然而，这些数据看起来似乎有些问题，净出口的贡献似乎被低估了。大多数外国观察者认为，净出口对GDP增速的贡献应占到1/3左右（图8）。假设2006年中国贸易顺差额达到1000亿美元，但是因为2005年的基数已经很高，所以净出口对GDP增长的贡献将为0。如果是这样，给定其他条件不变，2006年中国经济增速将会降至7%。按照中国现在的标准，这将是衰退状态下的增速。但如果净出口增速很高，则意味中国外部平衡的进一步恶化。如果外部环境变化，或政府的再平衡政策导致净出口增速显著下降，则国内需求的各部门增速必须大幅提高，才能弥补净出口增速的下滑。哪个内需能起到这样的稳定作用？投资，不太可能，因为企业利润率还正在下降。这意味2006年投资增速会有所下降。国家统计局的数据显示，2005年国企面临史上第二大亏损纪录，亏损总额达1026亿元，较去年上升56.7%。2006年前两个月，同比口径的亏损额进一步增加。根据国家统计局的解释，四方面主要原因导致了亏损扩大。第一，能源和原材料价格上涨，生产成本显著增加。在39个主要行业中，有29个行业的成本增长超过销售收入增长，半数行业的盈利能力下降。汽车、化工和电子行业的利润降幅最大。第二，在少数资源产品和公共产品领域，仍然存在价格管制。例如汽油价格仍处于管制当中，这导致炼油厂等生产厂商遭受巨大损失。2005年炼油工业亏损220亿元。第三，2003年以来，很多行业经历了一轮投资热潮，这些行业现在普遍面临产能过剩、盈利能力下降甚至亏损。这些行业包括钢铁、电解铝、铁合金、焦炭、电石、汽车和冶炼铜。其中，钢铁、铁合金、焦炭、水泥、汽车等行业的利润分别下降了9.1%、94%、77%、68%和40%，电解铝企业的亏损面更是达到了80%。第四，缺乏核心技术的知识产权，这也是国有企业盈利能力下降的重要原因。通信设备、计算机和其他电子设备制造业的利润，在2005年仅为31亿元，比去年下降62.1%。手机产业亏损16亿元。中国手机制造商的市场份额已从2004年的60%

262　第二篇　在物价稳定和经济增长之间寻找平衡

降至 2005 年的 40%。

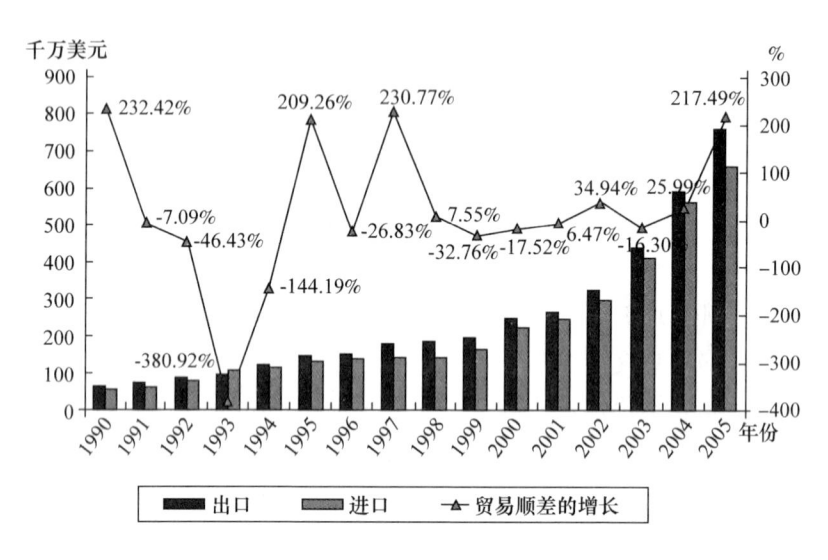

图 8　中国净出口增长率

政府希望通过扩大居民消费来推动 2006 年的经济增长，但是如果不增加公共支出，消费需求就不太可能有显著增加。因此，无论是出于结构性原因，还是为了维持宏观经济稳定，财政政策或多或少都应该有所扩张。2006 年，货币政策也没有太多发挥的空间。中国人民银行需要缓解人民币升值压力。所以，即使有必要提高利率或收紧货币供应，中国人民银行也没有太多空间。国际金融市场的预期是，人民币汇率将升值 3%。不管对错这都是市场的预期，所以中国人民银行必须保持基准利率低于美国联邦基准利率 3 个百分点左右。同时，资本账户的管制存在漏洞。冲销操作已成为中国人民银行非常沉重的负担。因此，2006 年中国利率将低于美国。另外，货币供给量的增速已经高于目标。低成本的信贷将恶化资源配置、降低经济效率，进而损害短期经济的稳定性和长期增长潜力。展望 2006 年的政策组合，如果财政政策收紧，并且对经济的放缓过于迟钝，这时候如果还要保持 9% 的增速，中国人民银行将被迫维持过度宽松的货币政策，这将催生出资产价格泡沫、恶化资源配置，并最终影响中国经济的长期稳定性——这可能是2006年的主要风险。

近期的一些反常现象

最近公布的统计数据比较令人意外。以下是2006年第一季度的主要经济数据。GDP增速：10.2%，高于2005年同期；固定资产投资增速：27.7%，高出2005年同期4.9个百分点；社会消费品零售总额增速：12.8%，实际增速12.2%，比2005年同期高出0.3个百分点；贸易顺差：233亿美元，增速为41.4%；其中出口额1973亿美元，增速为26.6%；同期进口额为1740亿美元，增速为24.8%；投资建设项目情况也好于预期（2006年前两个月）：其中，在建工程项目数量同比增长39.8%；新开工建设项目同比增长33.4%。规模以上工业企业利润的增速，同比增长21.3%，也高于2005年同期水平。

其中有三件事颇令人惊讶。第一，中国企业逆势而上，仍然保持了较高的投资增速。我们看到，利润增速下滑并没有把企业投资增速拉下来；第二，尽管人民币升值，但净出口仍然实现了高增长；第三个令人费解之处是，尽管经济持续增长，但通胀率尚无加速迹象。

对此有三点相应的说明。第一，当前投资复苏是暂时波动，还是长期趋势，现在还无法确定。如果没有盈利前景的支撑，高投资增速将不可持续。为什么在普遍出现产能过剩的情况下，投资增速再次升温？这既有经济因素，也有非经济因素。2006年是"十一五"规划的第一年，而且现在正处于省级地方政府换届的前夕。这时候，只要可以获得融资，那么投资的诱惑将难以抗拒。事实上，从银行体系的内外部条件来看发生了一些有利的变化，例如不良贷款率下降、资本充足率上升、强烈的贷款需求等。而一些商业银行在2005年已经积累了大量的流动性，因此在 2006 年年初这些商业银行也急于向企业提供贷款。

第二，中国的净出口增速能否保持在与 2005 年相当的水平，令人怀疑。我们要看到，世界经济局势动荡、全球失衡在恶化、贸易保护主义在抬头。

第三，经济增速与通胀率的关系已经发生变化。与过去 25 年历史经验形成鲜明对比的是，在本轮经济周期的 2002 年至 2005 年的 4 年中，经济增速分别为 9.1%、10%、10.1% 和 9.9%，同期的通胀率分别为 -0.8%、1.2%、3.9% 和 1.8%。2006 年第一季度，GDP 增长率为 10.1%，但 3 月 CPI 同比仅上涨 0.8%，甚至低于 2 月的 0.9%。然而，我们并不能因此而沾沾自喜。如果货币供给量增速过高，那么即便通胀率不高，其他方面也一定会出问题。现在房地产开发再次加速，包括北京在内的许多地区房价也出现了再次上涨。

结论性评述

2006 年，中国经济形势将保持良好。毫无疑问，中国经济增速可以保持在 9% 以上，同时物价稳定也不会有严重问题。然而，在地方政府推动，以及宽松的货币政策背景下，固定资产投资增速过热，中国需要给投资增速降温。另外，中国也应警惕经济增速大幅放缓的可能性。正确的政策组合应该是，相对紧缩的货币政策和相对宽松的财政政策。然而，中国的货币政策面临着多重目标，这使得中国人民银行难以实施相对紧缩的货币政策。为了改善宏观经济调控的有效性，为中国的结构调整、宏观经济稳定提供有利条件，中国在改革过程中必须推进宏观经济管理体制的转变。

组合拳调理宏观经济[*]

宏观经济学的永恒主题

27年来的经验证明,中国必须保持较高的经济增长速度。没有较高的经济增长速度,中国就不能解决就业、财政、不良债权、社会保障和收入分配等问题。换言之,如果中国在今后若干年内不能保持强劲的经济增长势头,就不能解决那些长期存在的结构性问题,其政治后果将非常严重。然而,在保持较高经济增长速度的同时,中国还必须保持较低的通货膨胀率。世界各国经验充分说明,一个国家只有创造一个现实的和预期的物价都非常稳定的环境,才能鼓励企业家投资、居民消费,才能保证经济实现稳定增长。20世纪80年代初期,美国通胀严重,美联储主席沃尔克不惜付出高利率和低增长率的代价,坚决采取紧缩货币的政策,实现了物价稳定,为20世纪90年代美国经济快速增长打下了基础。在中国,把通胀抑制在一个比较低的水平上,使社会形成稳定的低通胀预期同实现经济高增长一样是至关重要的。除物价稳定之外,还必须防止资产泡沫的发生。资产泡沫一旦破灭,经济就会陷入通货收缩。美国和日本在这方面提供了有益的经验教训。对于中国而言,还存在着改善经济结构、提高资源配置效

---

[*] 本文刊于2006年6月5日《21世纪经济报道》。

率的问题,这是中国宏观经济管理所必须考虑的特有问题。

经济增长速度和通货膨胀的关系是宏观经济学的永恒主题。在过去十几年中,经济学教科书上所说的增长和通胀之间的正向关系基本符合中国的实际情况,特别是在1988—1989年和1993—1995年两个时期,这种关系非常明显。唯一不太肯定的是:经济的高速增长究竟会维持多长时间才会出现较高的通货膨胀。

通过计量回归可以发现,发生通货膨胀的滞后时间大概是经济增长速度达到9%以上之后的4—5个季度。但是,最近几年这种滞后关系发生了变化。自2003年以来中国已连续3年保持了超过9%的经济增长速度,但至今仍未出现通货膨胀恶化的迹象。这种形势给决策者的问题是:目前的高增长低通胀局面是否可以持续?抑或在今后的某个时期,中国的通货膨胀(或资产泡沫)最终将会失去控制?长期以来,中国广义货币的增长速度始终是GDP增长速度的两倍以上,M2对GDP的比率已达到180%,远远高于世界其他国家。在这种情况下,担心中国有一天会出现严重通货膨胀或资产泡沫是非常自然的事。在今后很长的时间内,如何同时实现高增长和低通货膨胀将一直是我们所不得不面对的最重要宏观经济问题。

出人意料的 2006 年第一季度

根据经济理论和历史经验,一般而言,产能过剩将导致企业利润(或利润增长速度)下降,并进而导致固定资产增长速度的下降。2005年中国净出口增长速度为220%左右。根据大多数投行的观点,2005年净出口对于经济增长的贡献是3个百分点左右。从历史上看,中国净出口增长速度变化非常大,最高达到230%,最低是-380%。高基数和人民币升值应该导致净出口增长速度的明显下降,而仅仅净出口增速下降这一个因素,就可以使中国经济增长速度出现明显下降。2006年居民消费需求的增长速度将会有所提高,但不大可能会抵消投资和净出口增速下降对 GDP 增长的影响。此外，由于 2006 年中国财政政策偏紧，不可能对经济增长有很大贡献。因此，在 2005 年年末，包括我自己在内的许多经济学家都认为：在宏观经济政策不变的条件下，2006 年中国经济增长速度将会有所下降。由于中国财政状况较好，债务余额对 GDP 之比低于 20%，如果经济增长速度因投资、净出口增长速度下降而明显下降，政府应该采用扩张性财政政策，使经济增长速度保持在 9% 左右。

但是，2006 年第一季度中国经济却出现了令经济学家吃惊的强劲增长势头：固定资产投资增长速度和在建、新开工项目数都超过去年同期，净出口增长速度高达 41.40%，经济增长速度为 10.1%，企业盈利状况也有所好转。为什么会出现这种似乎违反经济学常理的现象？

首先，2006 年是"十一五"规划的第一年，这是一个争项目、争投资的关键年。同时，2006 年是省级政府面临换届的一年，抓紧最后时机造福一方或为后任打下好基础是十分自然的事。其次，2005 年出于上市考虑和受制于种种约束，银行对贷款发放比较谨慎。许多原来计划要发放的贷款一直没有发放。由于流动性增长导致放款压力增加以及在改制、处理不良债权和资本充足率等问题上取得重要进展，进入 2006 年，"总把新桃换旧符"，商业银行迅速释放被压抑的贷款意愿，造成贷款和货币增长速度的急剧提高。但是，一些生产资料出厂价格回升、企业盈利状况有所好转，又是怎么一回事呢？正如汪同三教授所指出的，在短期内，过剩的产能是可以通过更多的投资来吸收的。投资增长速度的提高意味着投资需求增长速度的提高。旨在提高钢铁生产能力的新增投资必然导致对钢铁需求的增加，并进而导致钢铁价格的回升和钢铁生产企业盈利性的好转。但是，此类自我循环过程是不可持续的。这种短期平衡的恢复是以未来更为严重的不平衡为代价的。只要投资率在继续提高，当前产能过剩的缓解就只是一种假象，或迟或早我们将不得不面对更加严重的产能过剩。至于净出口增长速度依然较高则比较容易理解。首先，尽管净出口增长速度较高，但同 2005 年相比毕竟低了许多。其次，汇率变动对净出口影响的作用有较长时滞，2006 年全年净出口的表现还有待观察。

宏观经济政策的组合

2006 年中国宏观经济所面临的问题同 2003 年没有实质的不同。2003 年当中国经济增长速度达到 9.1% 时，一些人开始担心经济是否过热，并提出应该把经济增长速度控制在 7% 左右。在今天，大概没有人会因为中国经济增长速度达到 9% 而感到担心了。当前中国经济所面临的不是总量问题，而是结构问题。10% 的经济增长速度可能是高了一些，但如果通货膨胀率很低，并且未出现上涨的趋势，我们就不必过于担心经济过热。当前中国经济所面临的主要问题是结构失衡。事实上，在过去几年中，中国的结构失衡不但没有得到扭转反而在进一步恶化（但恶化的速度可能有所下降）：中国的过高的投资率、对外依存度、外汇储备、基尼系数、城镇与农村收入比等等几乎无一不在上升。中国的各项效率指标并无明显改善，中国的局部房地产泡沫并未得到根本控制。中国目前宏观经济政策的目标不是抑制通货膨胀、降低经济增长速度，而是控制投资的增长速度，防止资产泡沫的出现和发展。

为了实现在保持经济的较高增长速度同时，改善经济结构这一政策目标，政府必须首先考虑中国宏观经济政策的组合问题。当前货币政策要从紧，如果需要，财政政策可以适当放松一些。经济增长应该主要用财政政策而不是货币政策来推动。其理由有三：首先，中国的财政状况良好，有使用扩张性财政政策的空间；其次，使用扩张性财政政策将导致利息率水平的上升而不是下降，利息率的上升有利于抑制投资的过快增长；最后，财政政策比货币政策更有针对性，可以更为直接地用于改善中国当前失衡的经济结构。当然，由于目前经济增长速度仍然很高，在财政政策上采取谨慎态度是正确的。

货币政策的最终目标和中间目标

传统上，中国货币政策的最终目标包括：经济增长速度、就业、通货膨胀和汇率。在实际执行过程中，货币政策还经常被用于调整经济结构。同西方国家相比，中国货币政策的最终目标过多。许多目标是相互冲突的，为了实现某一个目标往往就不得不牺牲其他目标。在当前形势下，中国货币政策的最主要目标应该是抑制投资的过快增长（调整经济结构）。而中国货币政策目标中对实现这一目标掣肘作用最大的另一政策目标是汇率稳定。一方面，为了抑制投资的过快增长，中国人民银行必须抑制货币、信贷的增长速度，适当提高利率水平。另一方面，为了维持人民币汇率的稳定，中国人民银行则必须不断干预外汇市场，而这种干预必然导致基础货币的扩张。不仅如此，在资本管制日益失效的条件下，为了防止外国投机资本流入，从而增加人民币升值压力，中国人民银行必须把国内利息率保持在显著低于美国相应利息率的水平上。如果美联储不升息，中国人民银行就难于升息。简而言之，抑制投资过热和维持汇率稳定这两个最终目标要求中国人民银行执行方向相反的货币政策。在这种情况下，采取折中办法不可避免。

自 2003 年 9 月 21 日开始，中国人民银行采取的各项措施是同抑制经济局部过热这一方向相一致的。但 2005 年 3 月中国人民银行将超额准备金利息率由 1.62% 下调到 0.99% 的措施则同抑制经济过热的政策方向不尽一致。中国人民银行之所以采取这一措施固然同当时增长势头减缓有关，但主要动机则是减轻人民币升值压力，改善执行对冲政策的条件。

从当前的形势来看，抑制投资的过快增长应该作为 2006 年货币政策的主要目标。在确保这一政策目标实现的同时，应该顾及其他目标。但是，当"鱼与熊掌不可兼得"的时候，应该首先保证这一目标的实现。

在确定了货币政策的最终目标后，马上应该考虑的是货币政策的中间目标。只有通过控制中间目标，最终目标才可以实现。除多重最终目标相互冲突之外，缺乏单一、有效的中间目标是中国货币政策缺乏有效性的另一重要原因。在中国，中国人民银行必须同时确定包括货币供应增长速度、信贷增长速度、基准利息率（其中有包括再贷款利息率、再贴现率、准备金利息率、超额准备金利息率和银行贷款利息率）在内的多重中间目标。多重中间目标并存的状况，反映了中国金融管制条件下货币市场分割的现实。在存在不确定性的条件下，对货币供应量增长速度的控制和对基准利息率的控制是不一定兼容的两件事。保证了货币供应量增长速度目标的实现，就往往不能保证利息率目标的实现。反之亦然。正因为如此，在决定把隔夜拆借利息率作为中间目标之后，西方央行都放弃了货币供应量增长速度目标或者仅仅把它作为一个参考目标。中国同时把货币供应增长速度、贷款增长速度和一系列基准利息率作为中间目标，必然导致顾此失彼，以致任何一个目标都不能实现，或必须以加剧货币市场失衡为代价。因此，中国有必要在多种可供选择的变量中选择一个变量作为中间目标。

由于货币乘数越来越不稳定，中国人民银行越来越难对货币供应量的增长速度进行准确控制，中国似乎已经到了需要考虑把某种利息率作为中间目标的时候。但是，实现中间目标的这种转变的先决条件是：利息率的高度自由化和货币市场中各种金融工具市场的贯通。只有这样，才能使所选择的货币市场短期利息率成为真正的基准利息率，使这一利息率的变动能够通过"涟漪效应"传递到货币市场的各个环节，并最终影响商业银行的信贷行为。但不同利息率的提高对信贷增长的抑制作用是十分不同的。商业银行一年期贷款利息率（浮动基准）提高 0.27 个百分点是否能够抑制信贷的增长速度呢？当市场处于供不应求状态时，提高管制价格将导致供给量的增加，却不一定导致需求量的减少。如果需求不变，提高管制价格将导致现实交易量的增加而不是减少。可能正是因为考虑到这种可能性，中国人民银行提到此次升息将辅之以"窗口指导"。如果中国具有相当美国联邦储备基金利息率那样的基准利息率，事情就好办多了。通过公开市场操作可以准确操纵隔夜拆借利息率。隔夜拆借利息率的上升，意味着商业银行贷款成本的上升。在其他因素不变的条件下，贷款供给将减少（即贷款供应曲线左移），所实现的贷款额的增长速度将伴随利息率的上升而下降。

关于对冲的可持续性问题

在中国目前的制度安排下，为了抑制投资的过快增长，中国人民银行必须提高商业银行的信贷成本（贷款利息率）或控制银行信贷的可获得性。降低信贷增长速度的可供选择的办法包括：提高准备金率、提高超额准备金利息率、加大公开市场操作力度（目前是加大对冲力度）、提高商业银行存贷款利息率、实行"窗口指导"等。在货币政策工具方面，目前国内外学者讨论最多的可能是"对冲的可持续性"问题。

由于大量双顺差，人民币承受着沉重的升值压力，为了维持人民币汇率的稳定，中国人民银行不得不大规模干预外汇市场，从而释放出大量流动性（主要表现为货币市场上现金供给大量增加）。为了防止流动性过于充裕导致利息率过低、信贷和货币增长速度过高，中国人民银行就必须使用某种方法进行"对冲"，以减少基础货币或降低其增长速度。旨在对冲的公开市场操作与旨在调节货币供应量的公开市场操作没有本质不同。主要区别仅仅是前者具有很大被动性。在通货紧缩时期，中国人民银行不需要进行大规模对冲。但在经济过热时期，中国人民银行就必须进行对冲。对冲的力度（在多大程度上冲销由于外汇储备增加造成的流动性的增加）取决于外汇储备增加的程度和中国人民银行所确定的当期货币政策的松紧程度。对冲的方式是不同的，最常用的方式是通过公开市场出售国债或各种票据，中国人民银行通过出售自己所持有的国债以回收流动性。时至2003年年底中国人民银行已用尽了多年累积的国债，此后中国人民银行通过出售"央行票据"的办法回收流动性。在三年多时间内"央行票据"余额达到2万多亿元人民币。目前中国人民银行所持有的外汇储备达到6万多亿元人民币，外汇储备在中国人民银行资产中的比例超过60%。与此相对应，商业银行资产中"央行票据"所占的比例正在迅速提高。

关于对冲的可持续性问题可以在不同的层面上讨论。首先，发展中国家对冲的不可持续性是从央行操作成本角度来讨论的。由于外汇储备（如美国短期国库券）的收益率一般低于国债收益率，对冲操作（其最终结果是央行减持国债、增持外汇储备）将给同行带来操作损失。"央行票据"是央行负债，如果同行为吸引商业银行购买"央行票据"所必须支付的利息率高于外汇储备收益率，同行也会遭受操作损失。在经济过热时期，国内利息率水平将会保持在较高水平（自动调节机制和央行政策都将导致利息率上升），对冲外汇储备增加所导致的流动性的增加必须使"央行票据"收益率足够高，以便吸引金融机构购买。原有基准利息率越高，央行对冲规模越大，"央行票据"收益率就必须越高，对冲的成本就越高。另外，国际环境的变化，如美元贬值、美国利息率水平下降等也会加重央行操作损失。

其次，绝大部分"央行票据"是3个月期短期债券，具有流动性强、无风险的特点。一般情况下，同其他金融工具相比，其收益率是比较低的。如果央行必须持续大规模发行"央行票据"，商业银行资产中低收益资产的比例将会不断上升。而商业银行的经营效益必将下降，并对整个银行体系造成不利影响。商业银行可能拒绝继续购买"央行票据"，从而导致"央行票据"收益率的上升和央行操作损失的增加。

再次，对冲操作涉及央行和商业银行之间的利益（损失）分配问题。"央行票据"发行的规模越大，增长速度越高，央行就可能越难于"劝说"商业银行继续购买"央行票据"。在这种情况下，行政干预就会成为有吸引力的选择。虽说是不得已而为之，但其消极作用也是不言自明的。

最后，即便对冲操作不会对中国人民银行造成损失，但在双顺差条件下，外汇储备的不断增加，意味着国内居民正在用出让高收益的股权或放弃国内投资、消费机会的方式换取国外低收益的债权，并且还要承担日益增加的外汇风险。换言之，无论对冲结果如何，外汇储备的进一步增加将导致国民福利损失。

总　结

当前货币政策的中心任务应该是降低货币市场流动性。在缺乏可控、有效基准利息率的条件下，可使用的货币政策措施，按有效性和成本的优先顺序，似乎应该是：进一步加大对冲力度，提高准备金率和提高准备金利息率。在过去 3 年中，中国人民银行对冲的力度时有变化。从目前的情况来看，中国人民银行有增加对冲力度的必要性。如果由于各种制约，中国人民银行无法完全对冲外汇储备增加所导致的流动性的增加，就应该考虑通过允许人民币适度升值来减少外汇储备的增长幅度，从而减轻对冲压力。陶冬先生呼吁升息，梁红女士呼吁让人民币升值，这两者其实是硬币的两面。到底如何做，取决于为政者分别给予抑制投资过热和维持人民币汇率稳定两个相互冲突的目标的权重。投资过热关乎中国经济的长治久安，但不直接损害任何社会集团的眼前利益。人民币升值将影响中国的出口增长，直接损害出口企业和相关部门的利益。天平将向哪一方倾斜，已经超出经济学家的判断范围。

当前股市存在泡沫亟需干预[*]

中国股市存在泡沫已成国际金融界共识

目前中国股市存在泡沫,已经成为国际金融界的共识。如英国《金融时报》《经济学家》等权威刊物近日都指出这一问题,并警示中国股市存在很大风险。我认为,从国际上通用的主要衡量尺度来看,中国股市存在泡沫:首先,沪深股市中的股票市盈率过高,已远远超出国际标准。以刚刚公布的2006年年报业绩来衡量,目前沪深股市的300指数股的市盈率,已经超过了境外市场股指一般水平的1倍以上。其次,日交易量急剧增加。在沪深两市,本周三的交易量是日本同日交易量的2倍,是澳大利亚、中国香港、泰国、新加坡、马来西亚、韩国、印度、中国台湾、印度尼西亚、新西兰和越南交易量总和的3倍。中国股市交易量目前已居世界第二,仅次于美国。但中国股市的市值尚不到日本的一半,仅仅是美国的1/8。再次,股票升幅过快,而且沪深股市综合指数上涨的速度越来越快,这在全球也是罕见的。复次,散户加入股市数量急剧增加,股民数目正在迅速向1亿迈进。最后,同样一只股票,在国内上市与海外上市形成的价格反应迥异,不少已经远远高于国外的水平。

造成目前中国股市存在泡沫以及风险积聚的主要原因是流动性过

---

[*] 本文为2007年5月10日会议发言。

剩问题。首先，长期以来，中国货币增长速度远高于 GDP 的增长速度，广义货币（M2）对 GDP 之比超过 160% 是世界最高的。其次，由于中国的贸易顺差和资本顺差越来越大，为了维持人民币汇率的稳定，中国人民银行不得不大规模干预外汇市场，买入美元，释出人民币，从而造成流动性过剩。尽管中国人民银行采取了一系列对冲措施。但是由于担心外资流入增加，中国人民银行在运用升息、提高准备金率和出售央行票据等政策工具时都不得不小心谨慎、顾虑重重。再次，由于人民币的升值预期，套汇资本的流入也是造成流动性过剩的原因。最后，在流动性过剩的同时，由于利息率过低、缺乏其他投资渠道，大量过剩资金流入股市和房地产市场，资产价格的飙升也就变得难以避免了。

股市积聚泡沫隐患重重

中国人民银行行长周小川日前在 10 国集团中国人民银行行长巴塞尔会议召开前回答记者提问时表示，对于资产价格可能上升过快形成泡沫感到担忧。我认为，此番言论很好，可惜势单力薄，应有更多的人站出来说话。如果任由股市高位运行，将会吸引更多的中小股民入市，同时也会使股市积聚更多泡沫，并有可能引发一系列的危害。

第一，现在许多上市企业在股市上的表现已难以反映企业真实情况。发展股票市场是投资者资金分配的一种方式，如果将股市变成赌场，就和资源配置没有任何关系了，而本应理性的股市现在已经变成一种非理性的运行状态，这对国民经济的发展很可能造成沉重打击。

第二，中国股民不成熟的心态，会加剧股市风险，引发社会问题。中国许多股民往往在股市风险来临时，认为政府会承担责任，一旦股市大跌，就会把怨气撒到政府头上，如上街游行、上访等，引起社会不稳定。

第三，股市泡沫的积累将导致境外资金进入并套走国内资金。最近传闻有境外资金进场,如果这些"热钱"在中国股市下跌之前抽逃,将造成资本金迅速流失,而股市的损失只能转嫁到中国广大普通股民身上。

第四,可能会导致银行不良债券的增加等问题。如果股市投资者是通过借用他人、银行或者企业的钱来炒股,其带来的危害和连锁反应将更大,日本泡沫经济的破灭就是最好的前车之鉴。

急需采取措施抑制股市泡沫

我认为,中央有关部门应该及早重视此问题,并采取综合措施抑制流动性过剩问题,尽早消除股市泡沫。

1. 政策调控

从理论上说,如果让中国人民银行减少对外汇市场的干预,流动性过剩问题就可以相应得到缓解。如果中国人民银行完全不干预外汇市场,"双顺差"就不会导致流动性过剩。由于人民币升值过快对中国的出口会造成不利影响,中国人民银行对外汇市场还必须进行干预,但应该允许人民币升值提速,从而缓解中国人民银行的对冲压力。中国可以让人民币一次升值7%—10%,并宣布在今后1—2年内不再升值,这样不仅有利于解决流动性过剩的问题,还可以让美国国会没有口实对中国实行贸易保护主义措施。此外,中国人民银行还应该继续使用提高利息率、准备金利率以及发售央票等货币政策抑制流动性的增加。

除货币政策外,还可以考虑采取财政政策和其他政策措施予以应对。(1)提高股市交易的印花税以及资产利得税(capital gain)。当然,这些政策并不一定可行,但至少应该对实行这类政策的可行性进行讨论,以影响对股市盈利性的预期。(2)加速企业上市的市场化进程,增加股票的供给。例如,可以适度放宽市场准入,鼓励民营企业、国有企业和外资企业在国内上市。限制企业海外上市。(3)深化资本市场的改革，进一步发展债券市场等其他市场，分流股市资金。（4）要求大型国有企业上缴部分或大部分利润，避免一些闲散资本无处寻找出路而投放股市。（5）鼓励和宣传国内企业走向海外市场，使企业资本适度流出。

此外，应严格对金融机构的监管，同时清查各银行资金贷出情况，严禁贷款炒股、严查企业违规动用资金炒股，规范证券公司和各类基金的经营，对开户程序严格把关。总而言之，应该想尽一切办法，减少或延缓资金入市。

2. 舆论引导

在治理股市泡沫时，一方面必须有所作为，不能以不表态来搪塞。另一方面也不能操之过急，一下子戳破泡沫。目前最重要的是动员舆论，教育股民，增加股民的风险意识，明确告诉股民市场规律是无情的，不要妄自揣测"十七大"之前、奥运会之前股市必然会继续上涨等。总之，要把舆论造足。这是美联储为美国股市降温时所采取的重要办法，并且取得了相当的成功。

具体而言，可从以下几方面入手：

（1）可由几个部门领导人出面评论股市面临的问题，为股市降温；（2）组织经济学家座谈会，通过经济学家的言论传递股市存在泡沫、风险加大的信息，并通过媒体广泛报道；（3）由《人民日报》或中央一级的媒体发表评论，并在主流媒体上转发周小川在巴塞尔会议召开前的讲话。

中国经济的不稳定、不平衡和应对之策[*]

几年来，在取得举世瞩目巨大成绩的同时，中国经济的突出问题是不稳定、不平衡。目前不稳定、不平衡的突出表现是股票价格急剧上升。自2005年9月以来，在不到两年的时间内，中国股市的涨幅超过2倍；沪综指从1000点攀升至2000点附近，耗时近18个月，而最近股指从3000点到4000点，仅用了32个交易日。沪市平均市盈率42.53倍；深市平均市盈率50.15倍，大大超过国际平均水平。同样的股票，在海外市场和A股市场存在巨大价差。中国股市市值只有日本的一半，但最近的交易量已数倍于包括日本在内的主要亚洲经济体的交易量总和。最近几个月来，股民人数急剧增加，目前已经超过1亿。大批散户在高价位纷纷涌入股市，成为推动股市攀升的主体。资产价格上涨本来是一件好事，但是，凡事都有一个度。在"羊群效应"下，上千万的老百姓蜂拥进入股市，造成股市价格暴涨，事情就变得可怕了。中国目前股市的现实是：先入市的赚后入市的钱。对于大多数小股民来说，谁认真考虑过公司的分红能力呢？如果听任股市疯涨，一旦泡沫破灭，谁将是损失的承担者呢？目前外国投资者开始离场，基金大户也开始越来越谨慎，成百上千万的中小股民则仍在前赴后继。高位入市，一旦被套牢，或被迫"割肉"，又应该由谁来为他们负责呢？股市泡沫一旦破灭，对经济和社会稳定的打击将是

---

[*] 本文2007年5月19日发表于《第一财经》，后作者有所补充。

难以估计的。泡沫越大、破灭越晚，破坏性就越大。美国人说，如果出租车司机和擦皮鞋的小孩也在讨论股票价格，抛售股票的时候就到了。当和尚和尼姑也在炒股时，我们又应做何感想呢？当然，抑制股市泡沫不能操之过急，一下子戳破泡沫也会对经济造成巨大冲击。因而，政府必须小心谨慎，通过加强对股民的教育和一系列政策组合来为股市降温。

中国经济的不稳定和不平衡还表现在中国的贸易顺差继续扩大。如果这种情况不能得到某种可见的改善，中美贸易摩擦很可能在今年晚些时候大大激化。美国国会最近进行了一系列听证会，国会对财政部正在施加越来越大的政治压力，不能排除中美之间发生贸易战的可能性。中美贸易摩擦一旦激化，其对中国贸易和经济增长的打击可能比人民币汇率的某种程度的升值要严重得多。人民币升值并未像当初我们所担心的那样，对中国经济造成严重冲击。中国的净出口在2005年升值之后连续大幅度增长，今年以来增长势头仍然十分强劲。中国离"十一五"规划中所提出的在2010年基本实现贸易平衡的目标渐行渐远。我们为什么如此惧怕升值呢？一些经济学家认为，升值并不能使中国的贸易顺差减少，因而不应该升值。但是，即便升值贸易顺差不会减少的论断是正确的，如果中国可以把商品卖得贵一些而又不会减少销售量，为什么我们非要贱卖不可呢？升值的目的并不是消除贸易顺差。事实上，日本、中国台湾省等许多经济体在升值之后，贸易顺差虽有所减少，但并未消失。升值的目的是实现国际收支的基本平衡，换句话说，其目的是使中国人民银行不必持续不断地对外汇市场进行单边干预，从而导致流动性的持续大量增加。一旦升值到位，在经常项目顺差减少的同时，资本项目逆差将相应增加，国际收支就可以实现基本平衡。许多经济学家主张用升值以外的方法减少贸易顺差。例如，派遣政府采购团到美国进行大规模采购，这种方法日本和其他一些国家都尝试过。同升值相比，这种非市场化的方法是不经济的。如果企业需要，企业早就购买了，何必随政府代表团去购买呢？

另一种主要平衡措施是下调出口退税率。过高的退税率应该下调，但出口退税本身是必须保持的。否则就意味着出口企业将受到不公平待遇，因为它们还要在国外纳税。总而言之，升值是合乎中国自身利益的，是最合乎市场规律的恢复平衡的方法。升值将迫使企业提高生产效率，加速产业升级。升值将推动中国经济增长方式的转变，使中国的改革和开放更上一层楼。目前中国经济偏热，升值通常所具有的通货收缩作用正好有利于中国目前的宏观调控。中国目前的财政状况良好，有充分的财力解决升值可能带来的过渡期的暂时痛苦。正如我在2003年所说过的，一味等待最好时机，必将错过最好时机。目前需要进一步认真研究的不是如何尽量拖延时间、维持现状，而是如何升值才能尽量减少升值对中国经济可能带来的副作用。需要研究的问题包括升值的幅度和速度、升值的方式等。特别应该考虑的是：在升值预期存在的情况下，要避免投机资本的大规模流入。中国已经采取了参考一篮子货币的汇率制度。人民币的升值方式应该同这一制度相一致。中国可以根据实际有效汇率或名义有效汇率变化改变一篮子货币的价格，从而改变对美元的名义汇率，也可以扩大汇率浮动区间。中国人民银行这次决定将浮动区间由0.3%扩大到0.5%，无论在减少贸易不平衡还是在减少对冲压力方面都有正面意义。但是，由于变动幅度较小，这一政策的象征意义大于实质意义。

中国通货膨胀率自2006年第四季度以来，出现上升势头，目前已经超过3%的水平。平均来说，中国不应该让通货膨胀率超过这一水平。稳定的通货膨胀预期一旦遭到破坏，其后果是十分严重的。此外，中国固定资产投资速度过快、能耗过高、环境污染严重的问题并没有明显的改善，在某些方面甚至有恶化的趋势。

资产泡沫、国际收支不平衡进一步恶化、固定资产投资增速依然过快和通货膨胀抬头等问题虽然各不相同，但却是相互联系的。造成目前中国股市存在泡沫以及风险积聚的直接原因是流动性过剩问题。

首先，长期以来，中国货币增长速度远高于GDP的增长速度。老经济学家常把M2/GDP之比过高称作"笼中老虎"。过去，由于无新商品可追逐，且通货膨胀预期稳定在低水平。"老虎"在笼中一待就是十几年。现在，由于股票价格的狂涨，"老虎"终于出笼。居民存款向股市的大搬家正在如火如荼地进行中。在正常情况下，"存款搬家"是件好事。中国需要通过发展资本市场，减少银行在金融体系中的支配地位。但是，这种"搬家"应该发生在资本市场不断扩容的情况下，而不是在为了谋求资本利得增益的情况下发生。其次，中国人民银行为了维持人民币汇率的稳定，大规模干预外汇市场，造成新增的过剩流动性。如果中国人民银行可以充分对冲干预外汇市场所释出的人民币，双顺差也并不会导致流动性的增加。但由于种种因素的掣肘，中国人民银行不可能进行充分对冲。这样，过剩流动性的出现就在所难免。

在"旧老虎出笼"和新流动性过剩不断累积的同时，尽管多次升息，中国的名义利息率仍一直保持在很低的水平上。通货膨胀率的上升使中国的实际利息率进一步下降。中国实际利息率为负的说法大概是成立的。在没有什么商品可以追逐，且缺乏其他投资渠道的情况下，大量资金流入股市和房地产市场，特别是价格不断上涨的股市，导致股票价格飙升也就变得难以避免了。

由于人民币的升值预期和中美利差的缩小，套汇、套利资本的流入也是造成流动性过剩的原因。在最近几年，中国资产价格（先是房地产现在是股票）的急剧上升成为外国投机资本流入的重要原因。应该指出，投机资本的流入，一般是隐藏在双顺差的增加之中的。但是，现在还没有可靠证据说明双顺差中到底有多大部分是投机资本。例如，1/3的贸易顺差是隐藏的投机资本流入的说法还只能说是一种猜测。

中国人民银行此次三招并用，具有很强的信号作用。它显示了中国人民银行维护经济稳定、平衡增长的决心。抑制过剩流动性的进一步增加,吸干现有的过剩流动性是中国人民银行的职责。实现这一目的的政策工具包括:提高准备金率、增发央票、提高利息率和汇率升值。如果单独使用一种工具,可能会对某一特定经济实体造成过大冲击。例如,如果让人民币自由浮动,双顺差将不会导致流动性的增加。但出口部门就要承担所有调控成本,从而受到严重冲击。如果汇率不动,中国人民银行就必须采取提高准备金率、增发央票和提高利息率三种办法或三种办法中的一种或两种。如果仅仅提高准备金率,商业银行就必须承担所有调控成本,使比例很高的一部分资产变成低收益的资产。如果仅仅提高利息率则企业可能将是调控成本的主要承担者。中国宏观调控成本是需要社会的各个阶层、各种行业、各类企业合理分担的。"三招并用"可以适当减少只用一招时的强度,减少对某一特定部门的冲击,符合管理层循序渐进的调控哲学。此外,由于中国目前所面临的问题是相互联系的,多种办法同时使用是必要的。例如,升息和增加汇率的弹性是相辅相成的。如果不增加汇率的灵活性,升息将因投机资本流入的增加而导致流动性的增加,而流动性的增加又将抵消升息对经济的降温作用。

中国人民银行此次调控的另一个特点是,存贷利息率上调幅度不等。居民储蓄存款利息率过低,是居民把存款转投股市的重要原因。提高存款利息率可能缓解股市压力。而贷款利息加息较少,主要应该是出于对实体经济的考虑。当然,这样一来,银行改善经营的压力就增加了。

此次中国人民银行三招并出是完全正确的,但是每一招的力度都不大,其宣示作用大于实质作用。如果流动性过剩问题得不到解决,如果中国经济的不平衡不稳定因素继续发展,中国人民银行肯定会进一步增加调控力度。从最近几个月来中国人民银行的货币政策方向可以看出,在2007年,货币政策将会继续向从紧的方向发展,汇率政策将会继续向增加市场作用的方向发展。但是中国目前宏观经济的问题绝不是单靠货币政策和汇率政策所能解决的。我们可以且应该使用的政策和措施包括：货币政策、财政政策、跨境资本流动管理、金融监管、资本市场的发展和改革、国有企业所有制改革等。我们希望各宏观调控部门和监管部门加强政策协调，唯其如此，中国经济的可持续增长才有可能实现。

2007年5月18日中国人民银行宣布，一年期存款利率提升27个基点，贷款利率提升18个基点，同时宣布6月5日再次提升存款准备金率50个基点，5月21日人民币兑美元的波动区间扩大到5/1000。货币政策采取如此利率、存款准备金率和汇率多种工具同时出手的方式，在中国宏观经济调控过程中实属罕见。

对此，众多专家学者认为：从防范风险和资本市场健康发展的角度，如果证券市场的投资者们能够正确理解和反应，理性地调整投资行为，市场正常的秩序得到恢复，这次政策调整可能成为资本市场走向健康持续发展的新起点。

可以预料，下周股市开盘将出现新一轮下跌行情。但是由于巨大流动性的存在，股市可能会在次日重新反弹。但是，中国人民银行的货币政策至少可以起到教育股民的作用，使中小股民发热的头脑冷静下来。没有任何国家的繁荣可以由股市的繁荣催生起来，实体经济的发展才是一国经济发展的基础。股票市场是投资者资金分配的一种方式，如果将股市变成赌场或"菜市场"（"捡便宜货买"），股市就和改善资源配置和推动企业改善公司治理没有任何关系了。只有当股民购买股票的目的是取得企业的分红而不是资本利得，中国的股市才算是走上了健康发展的道路。

2007年将是中国继续高速增长的一年，但也很可能是中国经济的多事之秋。资产泡沫、通货膨胀、汇率升值、贸易摩擦、投资过热、投机资本流入和流动性过剩无一不在向中国经济提出严重挑战。"十七大"和奥运两件大事即将先后到来的时刻，相信中国的宏观管理当局必能采取坚决、果断的措施，纠正中国经济中的不平衡，维持中国经济的稳定增长。

抑制股市泡沫的可行措施[*]

《21世纪经济报道》：2007年以来，虽然各界对于股市多空的看法分歧日益扩大，但A股市场依然快速上涨，您对此怎么看呢？

余永定：现在中国面临一个最突出、最紧急的问题，就是股票市场的泡沫。怎么定义泡沫，判断泡沫到底严不严重，这是有争论的，但我认为毫无疑问是出现泡沫了，而且是比较严重的。

既然有泡沫它就可能破灭，这是第一个认识。第二，泡沫并不一定马上会崩溃，可能会延续一两年甚至更长的时间，这是第二点。如果是泡沫，那么泡沫崩溃得越晚，它对经济的打击就会越大，特别是如果这个国家的银行体系不健全，对经济的打击将是长久的，日本就提供了一个很好的经验教训。所以任何一个国家都要非常积极地想办法抑制泡沫的发展。

另外一个经验就是我们不要像日本那样，开始的时候没有什么动作，决定动作的时候又太猛烈。利息率提得很高，开始时打击房地产泡沫，对银行贷款有非常严厉的限制，并使用了非常强烈的抑制泡沫的货币政策，刺破了这个泡沫，引起一系列反应，银行不良债券急剧上升，日本陷入了十年的萧条，这个教训很值得中国注意。

格林斯潘在1996年、1997年就开始谈论"非理性繁荣"，但是

---

[*] 本文原题为《光靠货币政策不能抑制股市泡沫》，刊于2007年5月29日《21世纪经济报道》。

他并没有采取非常严厉的货币政策去刺破这个泡沫，而是尽可能地谨慎，使泡沫逐渐地破灭。现在看来，虽然美国经历了IT泡沫，但是它并没有对美国经济造成非常致命的影响。泡沫破灭了，但强大的IT产业却生存了下来。正反两方面的经验对中国来讲是应该认真汲取的。

我们应该对泡沫采取一种非常认真的抑制的政策，但也不能操之过急，要让资产价格逐渐地降下来，这是一个总的正确的方针。

《21世纪经济报道》：关于股市快速上涨产生泡沫的原因，大家有很多争论，您的看法是什么呢？

余永定：现在中国之所以产生泡沫有几大原因：第一，因为中国长期以来货币供应量的增长过快。从理论上看，中国的货币供应量这么快，一定会导致通货膨胀。之所以没有导致通货膨胀是因为老百姓把钱存在银行里没有去消费。中国的老一辈经济学家形象地把这种存放在银行中的货币叫作"笼中的老虎"，但这个"老虎"随时可以跑出来。许多人在很早的时候就预测这个"老虎"要跑出来，但是这并没有发生，预期的中国通货膨胀始终就没有出现。"老虎"还是"老虎"，它没有其他要购买的东西，也没有可购买的资产，所以它就一直待在笼子里。

第二，在最近十几年，特别是进入21世纪以来，中国的双顺差每年差不多有2000亿美元，如果中国实行的是自由浮动汇率制，那么这2000亿美元的双顺差不会导致流动性过剩，因为它变成了汇率的上升，中国人民银行不需要干预。但是现在我们要维持人民币的稳定，如果人民币汇率不同美元脱钩，那么面对2000亿美元的外汇储备，中国人民银行就必须要把16000亿元的人民币注入市场，干预外部市场就要注入流动性。

第三，在对冲不充分情况下，过剩流动性不断增加，且中国的银行存款利息率又很低，股票价格暴涨自然把资金吸引到目前唯一可以赚钱而且是大钱的股市。

《21世纪经济报道》：但可以通过发行票据和提高存款准备金来对冲这些流动性，而且中国人民银行也早已在这么做了。

余永定：是的，中国人民银行可以采取有效的冲销政策，比如通过发售央票来冲掉流动性，或者提高准备金率等手段。但是百分之百的对冲是非常困难的，中国人民银行从来也没有百分之百的对冲，有的时候也不能进行百分之百的对冲，原因在于：第一，卖央票给商业银行，商业银行愿不愿意买是一个问题，如果商业银行不愿意买的话，就必须提高利率，利率上升可能导致资本流入加速，更主要的一个掣肘因素是，现在中国人民银行已经把准备金率提高到11%，同时又大量地对冲过剩的流动性，商业银行的资产负债表中，收益率很低的央票和准备金占商业银行总资产的比重可能已经到了20%左右，也可能更高（希望有关方面计算一下），而且这一比重是不断上升的。

它意味着什么呢？现在商业银行都上了市，它要对股东负责，要赚取利润，这个时候它怎么办呢？有两种可能性，一种是投资于高风险高收益的项目，或者是进一步地增加贷款，这样的话可以使低收益的资产项目比例不至于上升得太高。如果每年增加2000亿美元的外汇储备，那么每年都要对冲2000亿美元，而且现在中国外汇储备的增长速度很快，低收益的资产在商业银行中的资产比重会越来越高，高到某种程度的时候，会对整个商业银行体系造成非常大的不利影响。所以中国人民银行使用对冲政策是受到一系列限制的。中国人民银行的对冲政策不能无限地执行下去。成立外汇投资公司之类的做法也不能根本解决问题。

由于任何一种对冲政策都有这样或那样的副作用，不可能长期维持，所以我们依然面临蒙代尔的那个"三难悖论"（Open-economy Trilemma，即一国不可能同时实现维护固定的汇率制度、开放资本市场和实行积极有效的国内货币政策这三个目标），虽然我们可以在一定程度上缓解这个问题，但不能从根本上解决这个问题。

在双顺差继续大量增加、要维持人民币稳定（这里是指年均3%左右的波动）、对冲困难越来越多的情况下，还剩下一条路径：就是资本管制，但是中国的资本管制不是特别有效，资金的流入是比较难控制的。总而言之，我想强调，蒙代尔的"三难悖论"在中国还是适用的，但不是简单的适用，从长远来讲是适用的。这样，就给中国人民银行实行紧缩政策带来了很大的问题。中国现在是"全线出击"。当然，不这样做也不行。但如果不厘清思路，有所取舍，就很难不顾此失彼，"按下葫芦浮起瓢"。

《21世纪经济报道》：那么像加息这样的紧缩措施对于资本市场到底作用如何呢？

余永定：在一定阶段利率对于抑制资产泡沫是会起到一定作用的，但是对于目前这个阶段，除非利率上升得很大，否则不一定对资产泡沫能够起到很大的作用，因为提高利率并不能把银行的存款吸收回来。相比之下，在资本市场的盈利这么快，银行的利息率就算涨1倍，对中小投资者也没有意义，他还是要把资金投入资本市场。利息率上升过多的话，可能对实体经济的打击就很大，但对于资产泡沫的影响可能还不够大。

所以，小幅度升息还是有效的，至少它有"信号"作用。连续小幅升息对股市泡沫最终是会有作用的，但在这一过程中会发生什么事情难以预料。

《21世纪经济报道》：但这样一来，似乎会对我们的汇率政策造成一些压力？

余永定：过去中国人民银行非常注意保持跟美元资产的利差，因为在市场上形成了人民币每年升值3%左右的预期。中国人民银行前一段时间在升息的时候是比较小心的，它升息的时候，除了考虑到经济发展的其他因素之外，还会考虑如果这个利差减得非常小了，那么套汇资本会大量流入的问题，这是一个限制。这在一个侧面说明我们已经丧失了货币政策的独立性。如果美联储降息怎办？我们也跟着降息？

现在看来中国人民银行的重点已经不是保持利差来和人们脑子里已经形成的升值预期相适应了，因为资产市场的泡沫太大了。随着以后利率的上升，中美之间的利差会越来越小（假定美国不再升息）。而这又会给实现人民币汇率稳定的目标带来问题。

所以在这个时候，中国人民银行在采取利率政策的问题上，可能力度会增加，但是我不认为光靠货币政策能真正有效抑制资产泡沫。一方面是不能升息升得太高，否则对实体经济冲击过大。另一方面，投机资本的大量流入会抵消升息的紧缩作用。

《21世纪经济报道》：还有什么可行的措施吗？

余永定：一方面我们要采取升息的政策，另一方面，我认为也要考虑财政政策，就是能够抑制股票市场疯涨的财政政策。比如印花税，过去调过几次，后来又把它调下来了，目的是恢复股票市场的活力。还有人建议资本利得税，当然这是比较复杂和困难的。同样，我们起码可以研究国际经验，讨论这一政策的利弊。

除了财政货币政策，还有一些制度性的东西，行政手段也要用，包括对于一些违规操作要严管严查，严格地审计证券公司是否有违规操作的情况，一切违背有关法律法规的东西，都要坚决地打击。另外开户的手续，要严格地按照程序来办。

还有一个我认为可以考虑的措施就是增加股票的供应量，原来是怕损害流通股的持有者，所以我们有一系列的规定，对于国有企业没有上市的那一部分股票是不能随便让它上市的。对于过去的承诺必须遵守。但是，在严格遵守信誉的前提下，难道就没有增加股票供应的余地了吗？希望有关部门认真考虑。抑制股市泡沫同深化所有制结构改革和支持技术创新相结合，"一石二鸟"或"三鸟"何乐而不为？另外，不要像过去似的，好的股票都跑外国上市去了，应该尽量让这些股票在大陆市场上市。

此外，我们还有许多其他事情可做。例如，要根据国际惯例加速公司上市的市场化改革,要坚决消除公司上市过程中寻租行为的根源。中国有许多具有创新精神的小企业融资无门,如何鼓励和规范民营企业上市要提到议事日程。国家投资是重要的,但是没有这些创新企业的发展,中国的自主创新政策是没有基础的。不要忘记,微软是在车库里发展起来的。要进一步发展资本市场,不光是股票市场,还有债券市场。总而言之有这么多的流动性过剩,让这些钱流到各种各样的可以流到的渠道里去,不要让它完全集中在股市里"打转",然后造成泡沫,最后泡沫崩溃大家都遭殃。

最后一个问题,在目前可能是最重要的问题,就是要教育股民。要加强教育股民,尤其是最近一段新进入股市的这些股民,什么也不懂,就赚钱了,老头老太太把自己的退休金都拿来了,最后炒赔了怎么办?大学生为什么不好好学习去炒股呢?学校应该管这种事情,如果他炒股是违反了学校的校规校纪,你要对他进行处理的。要教育股民,要降温,让人们有一个正确的态度,不要期待在一夜内成为百万富翁。证监会最近推出了一个教育股民的小册子。这是十分值得称赞的,应该进一步普及。要当股民吗?先学这本小册子。

《21世纪经济报道》:您刚才谈到了升息,谈到了汇率,但保尔森出任美国财政部长后似乎中国金融业和证券业开放的话题日益成为焦点,不知道您怎么看继续开放这个问题?

余永定:中国在加入 WTO 的时候已经做了开放金融服务业的承诺,所以中国应该执行它的承诺,言必信、行必果。但是我们必须清楚地认识到中国的资本市场是非常不完善的,中国的银行体系也是非常脆弱的,美国在这方面是极其强大的超级力量(Super Power),中国没法跟美国竞争,在这个问题上还是要谨慎为好,在这个问题上我是不主张摸着石头过河的。人民币实现可自由兑换,这应该作为中国整个改革过程中最后一步,当我们宣布人民币可以自由兑换之时,就是中国已经基本完成了市场化改革之日。

不能轻易实施资本流动的自由化,因为现在我们有很多问题还没梳理清楚，各种漏洞还很多。我们现在的统计工作问题很多，对于国际收支中正常资本流动和投机资本流动的大致比例，经常项目中隐藏的投机资本到底有多少等都说不出个所以然。心中无数，就不能闭上眼向河里跳。东南亚金融危机时中国之所以没有像东南亚其他国家那样倒下去，最关键是中国有资本管制，所以外资和内资不可能一下子流出，使人民币不得不贬值，然后导致国内的金融危机、经济危机。而中国香港在1998年的时候是非常危险的，虽然中国香港有非常成熟的金融市场，有非常完善的银行体系，在那种情况下，中国香港之所以能够保卫住港币，也是千钧一发，非常紧张的，如果当时港府做出一点错误的决策，那么港币就会被攻破。所以在资本项目自由化方面我们必须采取比较谨慎的态度，是要开放，但要坚持渐进地开放。今年2月在曼谷的会议上，当时亲历危机的泰国经济学家一再强调要加强资本的跨境管理。一位十分重要的泰国经济学家对我说，泰国的危机应该定义为"资本项目危机"。

一些中国经济学家对升值十分反感，但却对进一步开放金融十分赞成，准备用开放金融换取美国"容忍"人民币不升值。我赞成按WTO承诺逐步开放金融，但认为以开放金融来换取不升值的思路是完全错误的，是本末倒置。

《21世纪经济报道》：有人认为中国过去外汇储备较少，今天已经超过1.2万亿美元了，足以应付金融风险，所以在资本跨境流动上没有必要那么谨慎，您觉得呢？

余永定：我不这么看。举一个例子，假设现在人民币完全可以自由兑换，那么必须要看到这么一种情况，现在的居民存款大致是2万多亿美元，这个存款绝大部分都是人民币存款，中国人是比较注意规避风险的。它有一个投资组合，如果允许人民币自由兑换，那么储蓄者就会要主动持有一部分美元的资产，这是毫无疑问的。

但中国又有一个情况，大多数存款是少数人拥有的。许多报道说，80%的存款由20%的居民持有（我不敢肯定）。富有的居民规避风险的意识应该是比较强的，如果允许，他们肯定把投资组合的1/4变成美元，那么2万亿美元中就有5000亿要流出了。

去年上半年外商企业利润的汇出是133亿美元，那么加起来一年它怎么也有200亿到300亿美元，中国的外商直接投资存量应该至少有6000亿美元左右（可惜我们得不到官方的可靠统计），外商直接投资的利润率按照世行的调查是22%。那么这6000亿美元的20%，就是1200亿美元，如果这一年它要全部汇出不再投资了，这就会有1200亿美元的资本外流。

此外，中国大企业有大量现金，如果出现问题，你能保证他们会为国家利益做出"牺牲"吗？

如果资本自由化了，那么这些人出于合理的经济动机把人民币资产换成美元资产，例如，调整资产组合，实现资产多元化。那么，由于"合成推理的谬误"（对个体而言是正确的东西，如果推广到全部，则很可能是错误的，此处指个人出于降低风险等考虑将本币换为外币的行为是理性的，但假如所有人都如此行事，则本币和经济将面临困境和危险，并不一定是理性的行为），我们就有可能面临资金大幅外流的情况。如果这个时候经济正好出现了问题，大家就会纷纷往外跑。一般而言，资金在经济好的时候不出去，不好的时候才出去，这么一下要跑多少？不能想象。

如果说还有一个办法，像中国香港，提高利率，中国香港在1998年的时候，银行间同业拆借利息率提高到300%，中国内地能吗？中国的利息300%，所有的金融机构都得垮了，企业也垮了，中国内地会出现资本外逃，到那个时候我们将没有手段阻止这个流动，只能允许人民币的大幅度贬值。

在这样一种情况下，国内的通货膨胀可能也会大幅度上升，那么人们就更加对人民币不信任，就更得跑了，它会形成一个恶性循环，这种后果是不能不预想到的，它可能不发生，它发生的概率很低，但中国这么一个大国，千分之一的可能性都要考虑进去，因为到时候没有人能够救你。在目前情况下，资本管制绝不能放弃，否则中国就丧失了自己最后的防线。

《21世纪经济报道》：对于抑制目前经济中的泡沫问题，您是持一个相对来说乐观一些的态度，还是像有人认为的那样，太晚了呢？

余永定：我不悲观，我们有办法解决这些问题。虽然实际晚了一点，晚做总比不做好。

此外，人民币升值也晚了一些，在2003年辩论人民币升值的时候，许多人说绝对不能跟美元脱钩，一脱钩就有什么灾难性的影响等，实际情况又如何呢？2005年的净出口增长了2倍左右，2006年又是75%，2007年年初又大幅度增长，4月增长的也很快，中国出口企业的生存能力比想象得强得多。2003年年初在国务院组织的专家讨论会中，吴敬琏老师就指出，浙江的许多企业认为升值利大于弊。如果行动早一些，矛盾就会积累得少一些，问题也容易解决一些。可以说我们丧失了两三年的调整期。

此外，目前所流行的一些观点，诸如升值无用论等也是值得商榷的。如果我的东西可以卖得贵一点，而又不减少销售量，收入增加了有什么不好。升值的目标不是消除贸易顺差，而是促进国际收支平衡，减轻中国人民银行干预外汇市场的压力。现在，仅从维持中国经济稳定的角度来说，而不是双顺差的角度，我们也应该让人民币有比较快的升值速度。这里唯一需要考虑的就是我们应该使用一种什么策略，不要因为升值较快，导致更高升值预期，从而有更多的外资流入，这个问题是要解决的。是不是可以慢慢升，有一个喘息时间，或者一次性升值多少。总之，找到一个正确的策略，是现在需要认真讨论的问题。

1998年香港政府稳定股市的经验[*]

政府是否需要对股市进行干预

5月30日，随着印花税的上调，中国股市出现暴跌行情。中国的股市泡沫必须抑制，对此不应该动摇。但是，股市暴跌，并由此而导致股市长期低迷是我们所不希望看到的。中国经济的基本面是良好的，中国大多数投资者对中国股市的长期前景是乐观的。可以相信，经过此次调整，中国股市将会沿着更为健康的方向发展。尽管如此，我们也必须看到，股市走势充满不确定性，谁也不能保证股市在今后一段时间里会发生什么事情。万一出现暴跌行情，我们应该怎么办？

政府是否需要对股市进行干预，这是一个富有争议的问题。认为政府不宜干预股市的人认为，股市泡沫难以确认，当股市上涨的时候，很难区分这是由基本面变化还是泡沫因素所引起的。如果仅仅因为股市涨跌就进行干预，势必会出现判断失误，引起不必要的震荡。很多经济学家认为，遏制通货膨胀才是货币当局的任务，只有当资产价格波动会影响预期通货膨胀时，政府干预股市才应被关注。我认为，制度建设是中国股市稳定发展的基础。在正常情况下，政府只是市场的"守夜人"，政府应该尽量减少对于股票市场的干预。但

---

[*] 本文作者为余永定和何帆，刊于2007年6月9日《中国经营报》。

是，在非常时期，政府必须"该出手时就出手"。政府绝对不能对股市的暴涨暴跌听之任之。

未来，股市行情的变动对今后相当一段时间内股市的发展会产生决定性的影响。一些人认为，股市将先跌后扬，股票价格将会重新暴涨。另一些人则认为，股市将持续大跌，从此一蹶不振。我的看法是，不管之后会出现什么行情，中国政府手中有足够的牌可打，是完全可以控制局面的。经过本次调整，中国股市将走向良性发展的轨道，对中国股市发展持悲观态度是完全没有必要的。

在股市发展面临重大转折关头的此时此刻，认真汲取香港特区政府1998年8月成功护盘的经验是十分必要的。香港经验告诉我们，股市暴跌时，政府不应该惧怕对股市直接进行干预，在必要时甚至应该敢于采取非常规的干预措施。与此同时，政府还必须事先制定好周密的干预计划，对于可能出现的各种情况都有从容应对之策。如果政府抱定必要时一定干预的态度，而公众又相信政府的决心和能力，则持续暴跌就根本不会发生，而政府的实际干预也就变得完全不必要了。

香港1998年成功护盘的经验

1997年10月22日，国际炒家大举沽空港股和港汇。由于外汇市场上港币抛售压力剧增，香港银行间拆借市场利息率急剧上升，导致香港恒生股票指数在1997年10月23日由11700点暴跌至10600点，跌幅达10.4%。到10月28日，香港股市累积损失约1000亿美元。1998年国际炒家卷土重来，在1月、4月和8月对香港发动了三次大规模"狙击"，其中尤以8月的规模最大。8月11日恒生股指跌破7000点大关，收盘于6779点；8月13日收盘于6660点的最低点。

国际炒家在香港进行投机的手法大致有三种：在外汇即期市场和远期市场沽空港币；在香港股票市场沽空股票现货和恒指期货；事先

沽空恒指期货，然后在外汇远期沽空港币，炒家的如意算盘是：港币远期汇率的下跌必然导致利息率的上升，而利息率的上升将导致股市下跌，从而使早已沽空恒指期货的炒家获利。在 1998 年 8 月港币攻守战中，国际炒家的"狙击"手法同他们在 1997 年 10 月以来所使用的手法并无多少不同。然而，香港金融管理局对国际炒家的方针政策却发生了某些显著变化。

首先，香港金融管理局由对外汇市场不直接干预变为动用外汇储备入市直接干预。联系汇率制度的最主要特点之一就是：官方固定汇率是通过银行和公众的套戥（一般译做套利）活动实现的。换言之，官方固定汇率是通过市场力量自动维持的，不需要中央银行进行任何形式的干预。在 1997 年 10 月香港股灾发生期间，香港金融管理局并未直接干预外汇市场，而是用减少同业拆借市场的流动性，从而提高利息率的办法保卫港币汇率。但是，在 1998 年 8 月的保卫战中，香港金融管理局则直接干预外汇市场，动用外汇储备买入港币以维持港币兑美元汇率不变。

其次，香港金融管理局由专守汇率、不干预股市变为干预股市，而且是直接干预。其具体做法是动用外汇基金大量买入股票为股市托盘。在 1997 年 10 月香港股灾发生期间，香港金融管理局认为股票价格下跌在一定程度上是对前一段时期股票价格过高的一种纠正，因而对股市未加任何干预。在 1998 年 8 月特区政府不但进行了干预，而且是同国际炒家"对盘"，即进行最直接的干预。8 月 14 日香港特区政府介入股市及期市，大量买进股票以遏制股票市场的跌势。香港特区政府在干预股市及期市时，买入多只可影响股市升跌的蓝筹股，并买进 8 月期指好仓（long position）合约，推高指数，同时大量吸纳 9 月期指淡仓（short position），以扩大 9 月与 8 月的指数差距，从而增加国际炒家的转仓（rollover）成本。当天，恒生指数上升 564 点以 7244 点报收，此后恒生指数逐步回升到 7800 点。8 月 28 日，被沽空的股份交易额达 9.3 亿美元；期指成交数目达 4.4 万张。香港特区政府则利用外汇基金买进了价值几十亿美元的股票。是日，股票市场的成交量高达790亿港元，比香港股票市场成交量的历史最高纪录（467亿港元）高出70%。最后，恒生指数以7829点报收，比前日跌93点。除买入股票外，香港特区政府还使用了其他政策手段。8月28日，为了增加国际炒家沽空港元的借贷成本，香港特区政府抽高了由隔夜到六个月的银行间拆借利息率。一周的拆借利息率最高曾达30%，比前一天高出八成。

再次，在这次金融攻守战中，香港金融当局不但介入汇市、股市，作为市场的参与方介入汇市、股市，而且利用法律所赋予的权力，通过改变游戏规则等方式，主动出击打击国际炒家。8月30日香港期货交易所配合金管局推出三项措施以对付国际炒家：（1）向持有超过一万张期指合约的大户增收按金，每张期指合约由8万港元加至12万港元，增幅五成；（2）客户持有超过250张期指或恒指期权，经纪人必须申报（以往则是500张以上才申报）；（3）经纪人须申报持有250张以上期指或期权的大户的身份（以往则只需申报交易额）。

1998年9月1日，国际炒家开始在汇市平仓离场。自1997年10月以来国际炒家对香港联系汇率制度的第四次进攻又以香港特区政府的胜利而告结束。

香港一向以自由经济著称，香港政府并没有干预市场的传统，但为什么1998年香港政府会直接入市干预呢？在1997年10月香港股灾暂告平息之后，一般分析家认为，12000点是比较符合香港经济基本面的股票价格。1998年的情况则是，香港经济已陷入衰退，世界经济的整体形势亦不令人乐观。投资者预期股市还将进一步下跌，有人甚至认为恒指要下降到3200点才能稳住，而不动产价格还将从8月的水平进一步下跌50%。这种说法无疑是信口雌黄。但问题是，西方的权威媒体在宣传这种观点，而许多人相信这种观点。在这种情况下，通过所谓"羊群效应"，不管股票的实际价值是多少，如果股民相信恒生股指将要跌到3000点，恒生股指就会跌到3000点。支撑股市的唯一间接手段是降息，但在当时情况下，由于首要目标是维持港币的固定汇率不变，对香港特区政府来说，不存在降息这种选择。如果香港金融管理局不干预，香港股市一定暴跌，炒家一定会在香港股市大赚其利。而香港股市的进一步暴跌将使香港银行业、房地产业和实质经济的形势进一步恶化。香港特区秉承自由市场经济的传统，非万不得已的情况下是不会干预市场的。但是，当既不能用降息的方法应对股市暴跌，其他方法又不能解燃眉之急的时候，香港特区政府就义无反顾地动用外汇基金直接买进股票进行托市了。

由于香港特区政府对股市的直接干预，一向以实行"经济自由主义"而备受西方赞扬的香港特区政府遭到西方报刊的猛烈攻讦。《新闻周刊》指责香港特区政府同马来西亚总理马哈蒂尔唱一个调子、把自己的错误推给外人。然而，同市场原教旨主义的预言相反，1998年8月香港特区政府对股市的直接干预取得了成功。香港股市没有崩盘，香港地区的市场经济体制也没有受到伤害。

转型时期不必惧怕必要的干预

中国的股市是转型时期的股市，避免股市的大起大落对于中国股票市场的健康发展具有非常重要的意义。市场原教旨主义者声称任何政府干预都是有害的，其实这种论调对于市场经济的发展才是有害的。如果政府过度干预，变成了"掠夺之手"，那么对市场的发育肯定是毁灭性的，但是，市场经济的发展从来都没有离开过政府的影响，好的政府政策对于市场的发展是"支援的手"。为了稳定股市，促进股市的健康发展，政府需要进行必要的干预。香港政府的护盘经验说明，为了维护股市的稳定，决策者必须避免各种教条主义的束缚，不做宋襄公。及时的政策是最好的政策。相反，优柔寡断、犹豫不决往往贻误时机，酿成大错。日本就曾经有过这样的教训。

20世纪80年代，当日本的资产市场已经出现泡沫的征兆时，日本政府并未给予足够的重视。日本当局在资产价格泡沫初期主要是运用道义劝告来限制银行贷款，但与此同时，日本货币政策依然极为宽松。从1986年1月到1987年12月，日本银行分五次将贴现率降到了2.5%，降息主要是为了刺激国内需求和遏制日元升值的势头。从1987年第二季度开始日本银行希望通过劝说商业银行来控制贷款，但这一措施收效甚微。于是日本银行开始加大动作，1989年5月31日贴现率被提高到3.25%，随后贴息率进一步提高，在1990年8月30日达到了6%。过于激烈的紧缩政策终于刺破了资产价格的泡沫，并使得日本经济从此一蹶不振。

美国20世纪20年代也经历了前所未有的股市泡沫。1928年美联储开始限制投机性的银行贷款，对于过度发放证券贷款的银行拒绝给予贴现，但迟迟不肯提高贴现率。美联储紧缩信贷的措施并未影响到股市的继续上涨，因为股市投资者可以从其他渠道得到融资。当股市于1929年10月出现崩盘之后，纽约储备银行迅速反应，在公开市场上买入1.6亿美元的债券，担当了最终贷款人的角色，化解了纽约金融市场上的流动性不足和恐慌。但是，美联储却制止了纽约储备银行的干预，而且，尽管经济已经陷入衰退，美联储仍然坚持紧缩性的货币政策。美联储的不作为和错误的政策最终引发了大规模的银行破产和持久的美国经济大萧条。

转型时期的股市调控，需要采取转型时期的政策。中国不能直接照搬发达国家的经验，而是必须采取适合中国国情的政策。最优的政策目前仍然是不存在的，政府需要提高决策的技巧，市场也需要变得更加成熟，这是一个从干中学的过程。在这个过程中，最重要的是政府要有决心和魄力，和市场的沟通与交流对于提高政策的可信度是非常重要的，但如果政府变成市场的"俘虏"则是可悲的，政府需要维护政策的独立性和灵活性。政府的各个部门之间需要更好地配合和协调，并尽可能地使决策远离各种利益集团的影响，远离教条主义和民粹主义的干扰。最后，我们再次强调，执行机关必须事先想清楚各种可能性，制定好周密的预案，勿忘"魔鬼隐藏在细节中"。

应综合考虑特别国债对宏观调控的影响[*]

在中国目前的制度安排下，货币政策和汇率政策都是在国务院领导下由中国人民银行制定和执行的。中国的货币政策有两大中间政策目标：货币供应量增长速度和利息率。当经济过热时，中国人民银行通过降低货币供应量增长速度或提高基准利息率以维持经济的稳定增长。而在资本流动不能得到有效控制的条件下，汇率政策目标可能同其他货币政策目标发生矛盾。例如，在存在双顺差时，中国人民银行旨在防止汇率升值的外汇市场干预，必然导致基础货币的增加。如果经济处于通货收缩状态，防止汇率升值的政策目标和增加货币供应量（降低利息率）的（中间）政策目标是一致的。但是，在经济出现通货膨胀和资产泡沫的情况下，中国人民银行防止经济过热的货币政策目标和维持汇率稳定的目标就是相互矛盾的。为了解决这种矛盾，中国人民银行就必须执行对冲政策，以在维持汇率稳定的同时保持从紧的货币政策态势。从理论上说，通过提高准备金率、由中国人民银行出售政府债券或央票等方法对冲过剩流动性是可以持续相当一段时间的，但大规模对冲不可能永远进行下去。经过5年左右的对冲操作，其负面作用正在显现，继续对冲的空间也正在缩小。

---

[*] 本文刊于2007年6月25日《中国证券报》。

现在大家都在说流动性过剩，这无疑是正确的。但是，对流动性过剩的概念应做进一步界定。流动性过剩的尺度是什么？广义货币（M2）增长过快？基础货币增长过快？信贷增长速度过快？超额准备金率过高？存、贷款利息率过低？银行间拆借利息率过低？或其他某种基准利息率过低？应该说，上述所有指标都是有用的，但要具体问题具体分析，才能确定。

一国经济是否流动性过剩和过剩的严重程度如何不好判定，因为这些指标之间可能存在严重的不一致性。例如，在相当一段时间里日本的基础货币增长速度很快，但广义货币的增长速度却极慢。仅凭这两个指标，我们很难判定日本当时是流动性过剩、流动性不足抑或是其他问题。应用上述指标来考查中国的流动性，特别是对照 M2 的增长速度和中国经济的总体形势，中国确实存在流动性过剩问题。换言之，中国广义货币的增长速度应该进一步降低、中国的利息率水平应该进一步提高。但是，总的来说，中国广义货币的增长速度和利息率水平与中国目前的经济状况并未严重脱节。中国人民银行似乎也没有大幅度降低货币增长速度和大幅度提高利息率水平的打算。既然如此，我们为什么还要说流动性过剩而且是严重过剩呢？中国流动性过剩的判断是建立在如果没有中国人民银行的对冲操作，中国广义货币增长速度将比现在高得多、中国利息率水平将比现在低得多的前提上的。我们之所以还能够使货币增长速度保持在18%以下（这本身已经偏高），使超额准备金率保持在较低水平等，主要原因是中国人民银行进行了大规模的对冲操作，在很大程度上吸收了过剩的流动性。

目前的主要问题不是现实中的流动性已经泛滥，而是整个金融体系，特别是商业银行为中国人民银行对冲操作的成功付出了巨大代价。目前居民存款脱离银行进入股市，给中国人民银行提出了新的挑战。但关于这一问题可在以后讨论。我们所面临的真正问题是：中国人民银行的对冲操作已经难以为继，或不久的将来也将难以为继。我们所面临的真正抉择是：让人民币升值还是继续对冲。

"由中国人民银行来对冲还是由财政部来对冲"在目前不是有任何实质意义的问题。

是由央行还是财政部进行对冲，在不同国家是在不同历史条件下形成的。例如，在日本，汇率政策是由财政部而不是日本银行决定的，外汇储备也是由财政部代表国家所持有的。日本银行作为日本财政部的受托人，根据日本财政部的指示，在外汇市场上买进或卖出外汇。日本银行买进卖出外汇是通过日本财政部开立的"外汇资金特殊账户"（FEFSA）进行的。如果日本财政部要求日本银行在外汇市场上买进美元以阻止日元升值。一种情况是，日本财政部要首先向市场发售融资票据（FBs），为外汇资金特殊账户筹措日元。日本银行在外汇市场购买外汇的行动一般发生在日本财政部发售融资票据之后。在这种情况下，日本银行干预外汇市场所创造的流动性在事先就被自动对冲掉了。另一种情况是，财政部先向日本银行发售三月期的财政部票据（TBs）借钱，三个月后财政部在市场上筹集资金偿还来自日本银行的借款（pay back）。

在某些情况下，日本银行也会进行对冲操作，但简单来说，在日本，对冲主要是通过财政部发售融资票据完成的。一般情况下，日本银行并不承担对冲的任务，其所关注的是基础货币的增长和银行间隔夜拆借利息率。日本银行根据经济形势决定自己的货币政策：升息还是降息，为货币市场提供更多的流动性或减少流动性。由于财政部和日本银行的这种分工，前者专注于汇率政策、后者专注于货币政策。但是，这种分工并不意味着汇率稳定、国际收支顺差和流动性创造之间的联系被切断了。

在资本自由流动、汇率稳定（固定）的条件下，要想保持货币政策的独立性是不可能的，除非货币当局或财政部能够有效对冲过剩流动性。无论是由中央银行进行对冲还是由财政部对冲，问题的实质没有任何不同。如果由中央银行对冲会给银行的经营带来不利影响，由财政部对冲就不会给银行经营带来不利影响吗？如果由中央银行对冲会导致利息率上升，并进而导致套利资本的流入，由财政部对冲就不会导致同样的结果吗？答案显然是否定的。

我们现在还不知道政府有关部门的具体方案。今后是否要由财政部和中国人民银行共同进行对冲？即在中国人民银行继续发行央票（可能发行量有所减少）的同时，财政部要同时发行特别国债？如果财政部此次发行特别国债就只是一次性的，问题还简单一些。但是，如果像某些传言所说的那样，今后汇联会不断购买多余的外汇储备，财政部持续发行特别债就将涉及财政部同中国人民银行职能和分工的改变。这样，中国的整个宏观调控体系都可能发生变化，财政部和中国人民银行之间的协调将成为大问题，中国人民银行的独立性也将成为大问题。

即便财政部发行特别国债只是一次性的，但如果发售对象是"社会"，即公众和金融机构，其对金融市场的冲击将是巨大的。中国人民银行目前所持有的外汇储备已经经过了对冲，财政部向社会发售特别国债意味着对一笔外汇进行两次对冲。15000亿元流动性将被抽走，粗略地说，相当于过去4年来提高准备金率10次（每次0.5个百分点）所冻结的流动性。其结果如何我们是否细致地分析过了？是否可以分数次发行？分几次？每次间隔有多长？发售短期国债还是长期国债？各种不同发售方案对货币市场和资本市场将会产生什么影响？所有这些问题我们都需仔细研究。

如果财政部不能直接从中国人民银行得到所需外汇储备，仅仅是因为"法律上的障碍"，我们完全可以想其他办法克服这种障碍。当年动用外汇储备为三大银行注资难道就不存在"法律障碍"吗？为使汇联取得外汇资产不应该、也用不着做伤筋动骨的大手术。

我认为在中国成立类似新加坡GIC类型的公司是必要的。GIC的唯一目的是改善外汇储备的管理水平，分散风险提高收益率。GIC的成立同流动性过剩和对冲过剩流动性问题毫不相干。尽管我们看不出为什么不能在外管局的基础上建立中国的 GIC（当初新加坡 GIC 的许多工作人员同时还是金管当局的工作人员），尽管我们担心中国将会因为另起炉灶而付出过高的学费，"开弓已无回头箭"，既然已经成立了"汇联"，我们就必须全力支持它，希望它一路走好。但是，在发售特别国债的问题上我们实在有许多不清楚之处，还望有关方面能够消除我们心中的疑惑。

如何理解流动性过剩[*]

什么是流动性过剩，不同经济学家有不同回答。"流动性"原指商业银行所拥有的随时可以用于"投资"（如放贷）的资产。例如，商业银行金库中所存放的现金就是最典型的"流动性（资产）"。在一些国家，其他一些流动性很强的资产，如短期国债券等也属于"流动性资产"。流动性过剩（excess liquidity）的准确翻译应该是"过剩流动性资产"。[①] 传统上，其定义为：商业银行所拥有的超过法定要求的存放于中国人民银行的准备金和库存现金。[②] 从这个定义出发，容易看出所谓"过剩流动性资产"就是商业银行所拥有的超额准备金。商业银行所拥有的超额准备金越多，金融体系中的过剩流动性资产就越多。

遵守约定俗成的规则，在后面的讨论中，将继续使用"流动性过剩"的说法，但请不要忘记，这一概念更为准确的表述是"过剩的流动性资产"。为什么商业银行会持有超过法定要求的准备金呢？一种可能性是，应付不确定的冲击。例如，在东南亚金融危机期间，东亚国家商业银行增加了超额准备金的持有量。其他可能性包括，支付体系不发达，商业银行必须持有较多流动资产（如现金），以应付支

---

[*] 本文原题为《理解流动性过剩》，2007年6月25日完稿，刊于《国际经济评论》2007年第4期。

[①] Liquidity glut 才应该被译成流动性过剩。

[②] Magnus Saxegaard, "Excess Liquidity and Effectiveness of Monetary Policy: Evidence from Sub-Saharan Africa", IMF, Working Paper May, 2006, p.12.

付的需要。商业银行持有较多超额准备金也可能是非自愿的。例如，在经济萧条时期，对信贷的需求减少，于是商业银行不得不增持并不能带来什么收益的超额准备金。当一国经济处于流动性陷阱时，持有高超额准备金可能比发放贷款划得来。因此，商业银行并无动力将超额准备金用于发放贷款。

从"流动性过剩"的概念出发，不难看出，商业银行的超额准备金率可以作为衡量流动性过剩状况的尺度。准备金率是商业银行所持有全部准备金（法定准备金 + 超额准备金）与银行所持存款总额之比。目前中国的法定准备金率是11.5%，在通常情况下，为了应付不时之需，中国商业银行的超额准备金率保持在3%。但是，超额准备金率有时并不能全面反映银行体系流动性的真实状况。在准备金数量给定的情况下，提高法定准备金率，自然会导致超额准备金率的下降。例如，自2003年9月以来，中国人民银行已经10次提高准备金率，将其由原来的6%提高到目前的11.5%。在其他情况不变的条件下，超额准备金率下降到目前的低水平也是自然的事情。仅看超额准备金率的高低，并不能全面判断一国货币政策的松紧程度。考察流动性的松紧程度，其目的是判断货币政策的松紧程度，并进而决定是否应该紧缩还是放松货币政策。为此，我们需要考察关于"流动性过剩"的其他定义（法定准备金不能用于结算，提高准备金率本身会降低流动性）。

欧洲中央银行专门讨论流动性过剩问题的一份报告指出：流动性这个词听起来很容易理解，但说清什么是流动性却很难，确定流动性是否过剩则更难。[①] 该报告作者把流动性（过剩流动性资产）定义为：货币总量（狭义或广义货币）对名义GDP之比。这样，流动性问题就成了货币流通速度问题。货币总量对名义GDP之比，按定义

---

① Rasmus Rufer and Vivio Stracca, "What is Global Excess Liquidity, and Does It Matter?" EBC, Working Paper Series, No. 696, Nov. 2006.

等于货币流动速度的倒数，在经济文献中被称作"马歇尔K"。德意志银行的一份报告则使用了"超额货币存量"（Excess Money Stock）的概念。[1] 如果仅仅考虑货币的交换媒介职能，则货币供应量的增长速度应该等于名义国民总产值的增长速度。例如，如果一国的国民总产值增长速度为10%，通货膨胀率为3%，货币供应量的增长速度就应该为13%。如果该国货币供应量增长速度超过13%，该国就存在流动性过剩。因而，超额货币存量即货币供应量增长速度与名义GDP增长速度之差也可用作衡量流动性过剩的尺度。此外，一些学者把流动性的概念进一步扩大，使之涵盖了传统意义上的"货币"之外的许多因素。对于各种广义的流动性概念，流动性过剩的量度变得愈加困难。

自进入21世纪以来，出现了全球性流动性过剩。根据德意志银行的计算，自1996年，特别是在2001年到2003年，全球货币的增长速度大大超过名义GDP的增长速度，其中最突出的国家是日本。造成全球流动过剩的原因是多方面的。首先，美联储为了克服IT泡沫破灭带来的经济衰退，采取了超扩张性的货币政策。美国货币供应量的增长速度取决于商业银行在联邦基金市场上借到短期资金满足准备金率要求的难易程度。由于美联储在联邦基金市场上注入大量廉价准备金，美国的基准利息率在2001年后一路下跌，信贷和货币供应量相应迅速扩张，货币供应量增长速度明显超过名义GDP增长速度。其次，自2001年以来，为了克服通货收缩，日本银行执行了所谓"数量放松"政策，在隔夜拆借市场上不受限制地注入流动性（增加基础货币），以确保银行间隔夜拆借利息率始终不超过0。一方面是货币供应量的增长，另一方面是经济增长的停滞不前或收缩。货币供应量的增长速度大大超过名义GDP的增长速度，使日本成为全球流

---

[1] Sebastian Becker, "Global Liquidity 'glut' and Asset Price Inflation", Deutsche Bank Research, May 2007, p. 4.

动性过剩的重要制造者。在欧元区，信贷扩张速度也大大高于名义GDP的增长速度。由于主要发达国家的扩张性货币政策，全球货币存量对名义GDP之比也不断提高。美国、英国、欧元区、日本和加拿大五国广义货币存量对五国名义GDP比（指数）在1996年到2006年之间上升了20多个百分点。

货币供应量增长速度高于名义GDP增长速度可能产生的两个最重要的结果是：通货膨胀和资产价格的上升。一般而言，经过一段滞后，通货膨胀率会随货币供应量增长速度的上升而上升。但是，在最近几年中，全球物价上涨并不显著。全球流动性增加主要表现为资产价格的上涨。全球股市价格的上涨、美国和英国房地产价格的上涨、美国国债和公司债价格的上涨都同全球流动性过剩有直接联系（当然也同基本面的改善有关）。

一个国家的流动性过剩可以通过不同渠道对另一个国家发生影响。例如，日本流动性过剩的主要表现之一是日本的超低利息率，而日本的超低利息率导致了套利交易的急剧膨胀。投资者从日本的货币市场大量借入日元然后将日元兑换成新西兰元、澳元、美元等外币，购买这些国家回报率较高的资产。日元套利交易导致日元的贬值和其他国家资产价格的上升。过剩流动性在不同国家之间的传递可以用佛莱明—蒙代尔模型加以描述。例如，在浮动汇率制度下，一国的扩张性货币政策，导致该国利息率下降、资本外流、汇率贬值和出口增加。面对该国扩张性货币政策的不利影响，其贸易对象国将采取扩张性货币政策加以对应。这样，一国的流动性过剩可以导致另一国流动性过剩的发生。

从货币供应增长速度大大高于名义GDP增长速度这个角度来看，中国的流动性过剩是严重的。长期以来中国广义货币供应量M2的增长速度一直大大高于GDP增长速度。从理论上说，如果经济增长速度为10%，通货膨胀率为3%，广义货币的增长速度应该为13%。但在实际上，中国货币供应量的增长速度多年来远远高于此数。经过

10—20年的积累，中国的M2对GDP比在160%以上，是世界上最高的。中国的货币供应量增长这么快却没有导致通货膨胀，是因为老百姓把钱存在银行里没有去消费。老一辈经济学家把存放在银行中的这种货币叫作"笼中的老虎"。许多人在很早的时候就预测这个"老虎"要跑出来，但预期的通货膨胀在中国始终就没有出现。不仅如此，在相当长的时间里，从总体上说，货币供应的快速增长速度也未引起资产价格的上涨。之所以如此，主要是居民持有储蓄存款的偏好很高。尽管货币增长速度大大高于GDP增长速度，既然经济中既未出现通货膨胀又未出现资产泡沫，似乎就很难说在过去20多年中（除通货膨胀和资产泡沫严重期间）中国存在严重流动性过剩。换言之，广义货币与名义GDP的对比关系，也不能成为衡量流动性是否过剩的准确尺度。相反，在过去20多年中，中国广义货币增长速度大大高于名义GDP增长速度很可能是中国经济实现高速增长的重要条件之一。

现在，随着中国资本市场的发展，居民对储蓄存款的相对需求减少，对股票、债券的相对需求增加。如果中国货币供应的增长速度依然像过去20多年那样大大高于GDP增长速度，由于对货币需求量（储蓄存款）的相对减少，中国就有可能出现资产泡沫。因而，随着资本市场的发展，作为一种长期趋势（作为一个需要相当长时间的过渡期），中国广义货币的增长速度应该有所降低。货币供应量相对GDP的增长速度应该进行相应调整，从而使M2对GDP的比例下降，使其他形式资产对GDP的比例上升，以避免资产泡沫的发生。在短期内，实际利息率是影响居民对储蓄存款需求的最重要因素之一。名义利息率过低或通货膨胀率过高，将导致"存款搬家"，如果存款有"家"（如国内股票投资收益较高，或可以购买外国资产）可"搬"的话，在其他条件不变的情况下，"存款搬家"意味着广义货币量的减少或广义货币增长速度的下降。当这种现象发生时，商业银行应该能够对本身的资产水平和结构进行调整，资本市场也应该能够进行相应的调整，从而实现经济中金融结构的调整。在理想情况下，当"存款搬家"进展到一定程度之后，利息率将会上升，资产价格将会下降，从而导致资金在信贷市场和资本市场之间流动的均衡。但在现实中，这种流动可能是不平稳的。如果出现资产泡沫严重的迹象，货币当局可能不得不实行紧缩性货币政策，以避免未来资本市场上的更大波动。如果在出现"存款搬家"的情况时，货币供应的增长速度仍保持不变，可能意味着过剩流动性的创造和资产泡沫的发生或恶化。总之，流动性过剩问题可以归结为货币供求关系问题。在货币供应不变的情况下，货币需求减少可以导致流动性过剩。反之，在货币需求不变的情况下，货币供给增加也可以导致流动性过剩。在货币供求均衡的条件下，制度变化、心理变化以及其他外部变化都可能导致货币供求均衡的变化，这种变化意味着流动性过剩或不足的出现。既然如此，流动性过剩或不足的概念又有何独立存在的意义呢？这可能同当前世界范围内货币供给大于货币需求的具体原因与表现形式有关，即与金融创新导致的各种流动性金融工具的大量出现，从非流动性资产到流动性资产的易变性，以及由此造成的对货币需求的减少有关。

在最近十几年，特别是进入21世纪以来，中国的双顺差每年差不多有2000亿美元。为了维持人民币的稳定，中国人民银行必须买入2000亿美元的外汇，同时把16000亿元的人民币注入市场，形成基础货币。为了使货币供应量的增长速度同中国经济发展的实际需要相适应，中国人民银行必须相应控制基础货币的增长速度。这样，就出现了对冲的需要。如果不进行对冲或对冲不足，基础货币的增长速度就可能过快，从而形成通货膨胀或资产泡沫。如果对冲过度，就可能导致通货收缩，影响实际经济的增长。

中国目前的货币增长速度仍然偏快、利息率水平仍然偏低，但是这并不意味着货币供应量的增长速度需要大幅下降或利息率需要大幅上升。包括我本人在内的许多经济学家过去一直在说中国存在严重的流动性过剩。现在看来，这种提法应该加以修正，以免产生误会。我们所说的流动性过剩实际上有两重意义。第一重意义：如果没有对冲，现实中的流动性将严重过剩。第二重意义：由于进行了对冲，现实中的流动性过剩基本得到了控制，但中国的金融体系为此承受了很高的成本，对冲难以为继。

在本文开始时我们指出，超额准备金率是衡量流动性是否过剩的重要尺度之一。2007年5月的数据显示，中国商业银行的平均超额准备金率已经下降到1%左右。以超额准备金率为尺度，中国银行体系中的流动性过剩现象已经基本得到控制。这一新发展已经引起不少经济学家的注意。超额准备金率的进一步下降可能意味着流动性已经不再过剩。但我以为仅仅根据超额准备金率的变化来判断流动性是否过剩似乎是不够的。其理由是，在其他条件不变的情况下，超额准备金率的变化可能是商业银行贷款意愿变化的结果，而不一定是中国人民银行货币政策松紧程度变化的结果。如果商业银行的贷款意愿不变，中国人民银行提高法定准备金率一般会导致超额准备金率的下降。但是，如果商业银行的贷款意愿增加（这可能是种种外生因素所致），即便中国人民银行并未提高法定准备金率，超额准备金率也会因商业银行贷款的增加、银行存款的相应增加而下降。在这种情况下，超额准备金率的下降并不意味着超额流动性已被吸干，中国人民银行不应该继续使用提高准备金率的方式抑制流动性过剩。总的来说，衡量流动性是否过剩的最终尺度应该是通货膨胀率和资产泡沫，特别是通货膨胀率。如果通货膨胀率有超过可容忍水平趋势时，过剩流动性就一定存在，中国人民银行就应该执行适度从紧的货币政策。在适度从紧的条件下，商业银行会自动对其流动性资产的结构进行调整，从而最终决定自己的超额准备金率。至于在这种情况下，中国人民银行应该使用何种政策工具（提高法定准备金率、对冲或提息）以便取得最佳效果，则是可以进一步深入研究的问题。

从长期来看，只要中国继续保持大量国际收支顺差，只要中国不得不继续积累外汇储备，在经济过热或偏热的情况下，中国货币当局就不得不继续对冲过剩的流动性。这种对冲的可持续性将越来越成为问题。至于是由财政部对社会发放国债券,还是由中国人民银行对商业银行发放央行票据进行对冲,都不会改变问题的实质。相反,对冲方式的改变却有可能带来我们事先未曾预料到的新问题。因此,我们必须未雨绸缪,充分考虑各种可能性,以保证各项新举措达到预期目标。中国宏观经济政策的组合必须直面资本流动、汇率稳定和货币政策独立性的三难问题,中国的货币当局必须通过制度建设,让利息率在货币政策中发挥更大作用。中国的财政部和中国人民银行等宏观决策机构的协调必须进一步加强。唯其如此,我们才能为经济增长创造稳定、持续增长的宏观条件。

宏观调控与价格改革[*]

2007年8月13日国家统计局公布数据显示，7月的居民消费价格总水平同比上涨5.6%。这应该说是对我们的宏观调控发出了严重警告。在欧洲，中国人民银行的通货膨胀目标是2%，大多数发达国家所能容忍的通货膨胀率在3%左右。在相当一段时间内，中国公众已经习惯了3%的通货膨胀率。稳定的通货膨胀预期是决定一个国家经济稳定增长的基础，我们绝对不能丢掉来之不易的稳定通货膨胀预期。一般来说，面对2006年下半年以来不断攀升的CPI，宏观经济政策，特别是货币政策，应该进一步收紧，以防止通货膨胀形势的进一步恶化。

为了把握未来的通货膨胀形势，我们有必要对CPI升到5.7%的含义做进一步的考察。首先，中国的CPI是整体CPI，不是核心CPI，而西方国家央行所关注的，作为货币政策目标的CPI是核心CPI。整体CPI中包括了食品和燃料等容易发生随机波动的商品的价格，中国人民银行难以根据这些价格的变化而采取调控措施。如果以核心CPI来衡量，由于中国非食品价格的价格增长幅度相当低，中国的通货膨胀率应该是比较低的。其次，中国的PPI（生产价格指数）在一段时间内一直在回落，目前的同比年率仅为2.4%。PPI的回落有助于减轻CPI进一步上升的压力。其三，即便在当前，在

---

[*] 本文刊于2007年8月18日《21世纪经济报道》。

相当大的范围内，产品的供大于求现象依然严重，汽车和其他许多耐用消费品的价格仍然在下降。中国净出口的迅速增长在很大程度上反映了国内产品供大于求的状况（如钢铁的出口）。第四，2002—2003年以来，水、煤、电、油、运等部门固定资产投资的快速增长，消除了经济增长中的瓶颈。今后"短板效应"造成物价上涨的可能性大大降低。最后，在过去数年中，经济增长的主要动力是固定资产投资而不是消费。与此同时，中国的劳动生产率也有了比较明显的提高，因而潜在经济增长速度应该比过去有了明显的提高。这意味着中国经济有了维持更高的增长速度，而不导致通货膨胀的能力。

但是，我们绝不应该低估当前通货膨胀形势的严重性。第一，居民对通货膨胀严重程度的直观感觉似乎与持乐观态度的政府官员和经济学家有相当的距离。尽管感觉不等于科学的尺度，但在现实中十分重要。第二，按照中国的历史经验，经济增长速度连续两年超过10%，就会导致通货膨胀的明显恶化。中国的经济增长速度和通货膨胀率有着至少是中等程度的相关性，中国经济增长速度的上升和下降往往先行于通货膨胀率的上升和下降。通货膨胀变化对经济增长变化的滞后大致有4—5个季度（在20世纪80年代，经济增长有两次高峰：1984年和1987年。相应的通货膨胀高峰出现于1985年和1988年。在20世纪90年代，经济增长高峰出现于1992年，通货膨胀在1994年达到最高峰）。在本次周期中，经济增长速度接近和超过10%的时间已经超过4年。第三，在过去数年中，铁矿石和许多初级产品的价格持续上涨。中国企业通过各种方式层层消化了投入品价格的上涨，并未使这种价格的上涨传导到最终产品，特别是最终消费品。但是，如果铁矿石和其他初级产品的价格进一步上升，中国企业通过加价以外的方式维持必要盈利水平的空间将越来越小。第四，中国的资产泡沫本来已经相当严重，如何控制资产价格的过快上升仍然是一个有待解决的问题。通货膨胀将导致实际利息率的下降，推动"存款搬家"，从而导致资产价格的上涨。而资产价格的上涨通过财富效应，反过来又会加剧通货膨胀形势的恶化。如果两者相互作用、形成恶性循环，中国宏观经济的稳定就会毁于一旦。第五，国际经济形势动荡也正在加大中国宏观调控的难度。所有这些都告诉我们对通货膨胀绝对不能掉以轻心。

现在有"中国通货膨胀已经难于避免""中国已经进入通货膨胀周期"等各种说法，这些说法都是不严格、不科学的。7月中国的通货膨胀率以 CPI 衡量为 5.6%。自 2003 年以来，中国一直就有通货膨胀（通胀率大于零），又谈何"难于避免"呢？经济学上也无所谓"通货膨胀周期"的说法，更无相应理论。"周期"一词不应随便乱用。这些说法的提出者似乎想说，在今后一段较长时间内（一两年?）通货膨胀形势将继续恶化，或中国政府对通货膨胀已经失去控制。我以为，这些说法是言过其实了。在目前，关键问题还是我们的政策反应是否正确。政府同居民和企业一起构成经济生活中的三大参与者，政府并非消极的旁观者。如果政府的政策措施到位，通胀形势的恶化是完全能够避免的。

在通货膨胀过程中，首先受损害的是低收入阶层。猪肉和粮食价格的上涨对高收入阶层可能无足轻重。但对于靠低工资和社保维生的低收入阶层是无法接受的。严重的通货膨胀将加剧收入分配不平等和贫富不均。关于本轮农产品价格上涨的原因和未来走势，有关部门已经作了详尽说明。本人不是这方面的专家，没有资格做更多的评论。关键问题是，不要让农产品价格的上涨，向其他产品进一步传递，不要因此而造成通货膨胀将进一步恶化的预期。

目前讨论是否是局部过热、结构性过热等问题没有什么实际意义。我们面临的问题是，目前经济增长速度过快，通货膨胀形势在进一步恶化。因而，应该采取适度从紧的宏观经济政策，包括允许人民币进一步升值。自 2003 年以来，政府的政策方向一直是防止经济过热。目前形势下如有什么新变化，也应该说是量的变化、力度的变化，而不是质的变化、方向的变化。不认为存在什么"新一轮紧缩调控"的问题，我们手中还有许多政策工具和使用这些政策的空间，控制通货膨胀，维持经济的稳定增长是完全可以做到的。

如何避免通货膨胀的进一步恶化呢？首先，必须明确，通货膨胀是指物价的普遍持续上涨。单独一个或数个产品价格的上涨并不是通货膨胀。通货膨胀是宏观问题不是微观问题，产品价格的一次性上涨，哪怕是产品普遍的一次性上涨也不是通货膨胀（尽管物价水平提高了，涨完之后，通货膨胀率就变成了0）。因而，解决猪肉和粮食价格上涨速度过快之类问题，一般情况下，不在宏观经济政策范围之内，除非这种上涨导致了物价的普遍持续上涨。个别产品价格上涨不是不值得特别关注，这些问题应该先交由市场自行解决，如果市场失灵，则政府应该介入。政府可以提供补贴、信贷、技术支持、税收优惠等。如果个别产品价格的上升导致CPI的明显上升，则应该使用宏观经济政策来控制CPI的上升。但是，这种控制不应该也不可能直接针对个别产品。宏观经济政策只能针对总需求、投资和消费这样的宏观经济变量。宏观控制是控制水流的总开关，水向何处流则不是总开关的事情。其次，物价水平的一次性上升不足虑，物价水平的持续上升也不足虑，令人担忧的仅仅是物价水平的加速上升。如果不是供应条件或需求条件处于持续变化之中（如石油价格持续上涨），物价指数的上涨应该是一次性的，或者物价指数上涨速度是稳定的（加速度为0）。总需求的增长速度会持续高于总供给的增长速度的重要原因是通货膨胀预期。例如，由于预期通货膨胀率会进一步提高，工资收入者就会要求提高工资，整个经济中的工资成本就会相应提高，而工资成本的提高又会导致产品价格的进一步提高。如果公众预期在下一季度CPI将超过5.6%，居民、企业和政府部门都会相应调整自己的行为，以避免通货膨胀可能给自己带来的损失。这种行为的变化必然导致过度需求缺口的扩大，从而导致通货膨胀率超过5.6%。因而，防止通货膨胀率上升预期的形成，是防止通货膨胀恶化的关键因素。

中国人民银行必须用货币政策向公众表明自己维持低通货膨胀率的决心。此外，我们也应当看到，当前通货膨胀的恶化是由多方面原因造成的，有一些问题是不可以通过货币政策解决的。例如，如果供不应求缺口是由于供给方原因造成的，信贷紧缩有可能导致供给的进一步减少，从而导致通货膨胀的进一步恶化。解决中国的通货膨胀问题，应该采取一揽子的措施。货币政策的进一步紧缩应该是适度的，应该依然采取渐进的方式，紧缩的力度可以适度加强一些。加快汇率的升值步伐也是一个选择。

在这一轮涨价背景下，价格改革备受瞩目，除了农副产品价格，能源价格、公用事业产品价格等一系列价格改革何去何从？在当前的宏观形势下，应该暂缓这些改革还是加大力度推进改革？8月6日，国家发展改革委下令地方政府采取行动管控提价现象，并将此作为"政治任务"，此外，广东已从8月1日起施行《广东省主要粮食价格应急干预预案》，这些措施应如何评价？

中国依然存在物价管制，成品油、电力、水等资源性产品价格过低，矿产品的资源税过低，环境污染成本过低等问题。调整的进一步展开是十分必要的，这些必然导致物价的进一步上升。为了实现经济增长方式的转变、改善资源配置，尽管会对通货膨胀的控制产生不利影响，许多价格调整措施依然是必要的。但考虑到通货膨胀恶化的大环境，比较稳妥的做法是，在微观放开（调整价格）的同时，在宏观（总量）上加强控制。在有些情况下，价格问题不仅是经济问题，而且还是政治问题。涉及政治判断的问题，经济学家不应置喙。

通胀、资产泡沫和中国宏观经济稳定[*]

中国经济的总体形势依然是良好的。2007 年将很可能成为自 2003 年以来高增长、低通胀的第 5 个年头。但我们也必须看到,当前中国经济通货膨胀形势显著恶化、资产泡沫膨胀变本加厉。通货膨胀与资产泡沫已经形成相互推动、相互加强的形势。"两价(物价和股价)互动"加强有可能使我们对两者同时失去控制,从而对实际经济的发展也造成严重影响。

通货膨胀的危害

中国通货膨胀的控制目标是 3% 左右。现在 CPI 上升到 5.6%,应该说是对宏观调控当局亮起了红灯。在市场经济条件下,价格是一个最基本的信号。如果物价普遍持续上涨(通货膨胀),具体商品价格的变动就丧失了信号功能,市场也就丧失了合理配置资源的功能。例如,在非通货膨胀环境下,猪肉价格上涨了,你可以容易地判断,猪肉供不应求。在猪肉价格信号的引导下,养猪的投入就会增加,猪肉的供给也将随之增加。在通货膨胀严重的环境下,没人知道猪肉涨价在多大程度上反映了猪肉供求关系的变化,在多大程度上反映了价

---

[*] 本文原题为《当前中国宏观经济的新挑战》,2007 年 9 月 3 日完稿,刊于《国际经济评论》2007 年第 5 期。

格的普遍上涨。严重的通货膨胀将使价格信号失效，使经济秩序陷于混乱。国际经验证明，通货膨胀率的上升将导致基尼系数的上升。CPI 上升的最大受害者是中、低收入劳动者。例如，猪肉和粮食价格的上涨对靠低工资和社保维生的低收入阶层是巨大的打击。此外，中、低收入劳动者无法通过购买不动产的方式来为自己的储蓄保值，他们也没有足够的资金购买股票和其他可以保值的金融资产。即便用少量储蓄存款购买了股票，他们还不得不承担巨大的风险。通货膨胀会进一步扩大社会不同阶层的收入差距和财富差距，是社会不安定的重要因素。凯恩斯早就指出，通货膨胀是关乎社会正义的事情。抑制通货膨胀不仅是经济稳定的需要，还是社会稳定的需要。

通货膨胀的容忍度

低通货膨胀是可以容忍的，价格的相对变化不可避免地会导致价格水平的提高。由于价格粘性，一些产品的价格提高的同时，让另一产品的价格相应下降，从而保持物价总水平不变是非常困难的。价格的灵活性，意味着某种程度的通货膨胀是不可避免的。但是，这种旨在保持价格灵活性而必须容忍的通货膨胀率应该是比较低的。在欧元区，中央银行所确定的通货膨胀目标是 2%，在美国这一水平要高一些。在中国，在过去几年中，公众所能容忍的通货膨胀率在 3% 左右。虽然未做明确地宣布，中国人民银行似乎也把 3% 作为控制目标。物价水平是处于不断的波动之中的，因而不可能规定在某一个时间点上的通货膨胀率。但是，在某一个时段中，通货膨胀率被控制到某一个水平之内应该是没有问题的。

2007 年通货膨胀的性质和特点

制定反通货膨胀政策首先要对通货膨胀的类型做出判断，既要看通货膨胀是成本推起型抑或需求拉动型。2003年10月粮价猛然上升，导致CPI的明显上升，曾引发了一场关于通货膨胀性质以及发展趋势的争论。一种观点认为，粮价上涨是单部门问题，同自然灾害引起的减产有关，不具有强烈的传递和扩散效应。因而，粮价上涨不仅不会导致恶性通货膨胀的发生，而且有助于经济结构的改善。另一种观点（如世界银行）认为，尽管CPI上升主要是粮食价格上涨所致，但粮食价格上涨同房地产开发和基本建设导致的土地瓶颈有关，是一种典型的需求拉动型的通货膨胀。

第一种观点的逻辑结论是，没有必要采取紧缩性的财政、货币政策（特别是加息）。政府应该针对不同部门采取不同政策：抑制公共部门、垄断部门及房地产部门的价格上升，对农产品价格上涨则采取容忍态度。第二种观点认为，既然通货膨胀是需求拉动型，政府就必须采取紧缩性宏观经济政策，抑制总需求的增长速度。虽然结构调整政策可以抑制粮食价格，使CPI回落，但却不能制止房地产价格急剧上涨。两种观点都有其合理之处。事实上，政府一方面采取综合治理措施，另一方面执行适度从紧的宏观经济政策。经济保持了较高的增长速度，同时通货膨胀也得到较好控制。正如第一种观点所预料的，2005年粮食价格回落，CPI也随之迅速回落。适度紧缩的货币政策使2005年上半年的经济增长一度出现放缓迹象。当时有关人士曾考虑是否应放松货币政策的紧缩程度。但是，2006年第一季度中国经济却出现了令人吃惊的强劲反弹：固定资产投资增长速度和在建、新开工项目数都超过上年同期，经济增长速度超过10%，企业盈利状况也有所好转。2006年第四季度以来，CPI再次开始攀升。与此同时，经济趋热的现象越来越明显。2007年7月，CPI增速终于达到5.6%，创出近几年来的新高。如第二种观点所预料的，中国房地产和股市泡沫也发展到前所未有的严重程度。应该说，2007年的通货膨胀是2003年以来通货膨胀的继续，2003年以来对于通货膨胀的讨论基本上依然适用于2007年。但是，本次通货膨胀的恶化似乎具有更大的需求拉动的色彩，而需求拉动的通货膨胀一般都同货币政策紧缩程度不够有关。

传统上，中国宏观经济政策面对的最主要矛盾是如何实现经济高增长下的低通货膨胀。尽管现代西方经济学文献显示，在长期经济增长和通货膨胀之间没有替代关系。但按照中国的历史经验，经济增长速度连续两年超过10%，就会导致通货膨胀的明显恶化。抑制通货膨胀的结果几乎无例外的是经济增长速度下降。中国的经济增长速度和通货膨胀率有着至少是中等程度的相关性。在本次周期中，经济增长速度接近和超过10%的时间已经超过4年，我们必须提高对通货膨胀的警惕性。此外，2007年中国的经济增长速度可能超过11%。对应如此之高的经济增长速度，经济增长速度和相关的失业问题，至少在当前还不应该是使我们过于担忧的问题（2008年情况可能会有所变化）。在近期内，控制通货膨胀应该是宏观经济政策的主要目标。面对通货膨胀率上升和资产价格疯狂上涨同时并存，通货膨胀同资产泡沫开始形成相互作用、相互推动、竞相攀升的局面，除了进一步紧缩之外，宏观管理当局没有其他选择。

资产泡沫及其危害

如果说中国的通货膨胀恶化还处在初期阶段，其性质和趋势还看得不是很清楚，中国资产泡沫严重则应该是毋庸置疑的。虽然对资产泡沫在经济发展中的作用，以及政府是否应对其加以控制的问题存在争议，但中国资产泡沫严重是难以否认的，以当今世界现存的任何指标衡量，都无法否认这一事实。所谓资产"泡沫"并不是一个只可意会不可言传的玄奥概念。牛市并不一定是泡沫，一般而言，伴随经济增长而出现的牛市是一种积极的现象。"泡沫"是指资产的市场价格大大超过其内在价值（作为金融资产所代表的实际资产的未来收益流的折现值）。而这种内在价值，尽管无法准确衡量，但也不是不可衡量（梵高的绘画等例外），至少不是不可比较。资产泡沫一般会同以下几个现象相联系。第一，"正反馈过程"。同正常经济行为相反，需求量和价格之间存在"正反馈关系"（如股市中的"追涨杀跌"），越贵越买。由于需求曲线斜率为正，资产的供求失衡只会导致更大的供求失衡，资产价格会一路上升，直至到达某一高点后系统崩溃。第二，"从众心理"或"羊群效应"。全民炒股，争先恐后，唯恐赶不上最后一班车。"见胜兆则纷纷聚集，见败兆则纷纷逃往"，互相踩踏，以致"死伤枕藉"。第三，"比（博）傻现象"，我傻，你比我还傻，看谁更傻。根本不在乎股票的内在价值，只要股票在上涨，就买进。无知者无畏，只要还有更无知、更无畏者，"击鼓传花"就可以继续，直至"花"落最傻者手中。第四，"情况不同论"。在历史上，所有国家在每次资产泡沫急剧膨胀，而公众开始疑惑时，总有人会提出种种说辞，证明这次"情况不同"了。只可惜历史总是再三重演，所不同的仅仅是形式与细节。当前，讨论气氛竟被毒化到这种地步，谁敢对"猛牛"的可持续性表示怀疑，就是"唱衰"，就是"卖国"。套用马克思的话：资产泡沫"所研究的材料的特殊性质，会把人心中最激烈、最卑鄙、最恶劣的感情，代表私人利益的仇神召唤到战场上……"官员们自然"不便"表态，而本来就是"百无一用"的"经济学家"，终于也学会做起聪明人，或三缄其口，或"王顾左右而言他"。

泡沫经济是经济繁荣下与物欲横流相伴而行的经济状态，但"恶是历史发展的动力借以表现出来的形式"（黑格尔语）。面对势不可当的贪欲，道德的说教必然显得苍白无力。更何况，在一定条件下，同泡沫、泡沫崩溃相联系的熊彼特意义上的破坏性创新可能会为后来经济的发展奠定基础，如 IT 泡沫崩溃后 IT 产业的迅猛发展。但是，放任资产泡沫发展的主张着实令人难以苟同。总的来看，资产泡沫对经济的健康发展是极为有害的，主要有以下几个方面。

第一，脱离资产内在价值的资产价格急剧飙升，将导致资源的错误配置。这种资源错配又表现在两个方面：其一，总体投资成本过低，造成资源的浪费。其二，资金流向发生混乱，在各种股票都"鸡犬升天"的情况下，股票价格的变动失去了资金流动的调节作用（这类似通货膨胀对价格信号的破坏作用）。

第二，股票价格的普遍上涨使股票市场失去了对企业经营的监督作用。股价飙升使交叉持股企业经营业绩自动改善，企业经营者改善经营管理的压力减轻。

第三，从二级市场上看，股价飙升以及而后的破灭使收入分配与中小投资者对经济的贡献完全脱节。在泡沫经济时期生成的"财富"（如目前中国股市市值已经超过中国国民生产总值），在相当大的程度上是资产需求拉起的财富，是虚拟财富，是计算机上的数字。这些"财富"可以在几个月中生成，也可以在瞬间消失。在泡沫时期，大家都"赚钱"（计算机屏幕上的"钱"），故相安无事，皆大欢喜。泡沫一旦崩溃，入市早且动作快者，"落袋为安"，赚到了真金白银。后入市且动作迟钝者则损失惨重。前者所赚的钱，就是后者所赔的钱。这种赚钱和赔钱的方式对任何投资者都不会产生有利于经济增长的激励作用。更可怜的是那些低收入者，以为购买股票可以补贴家用，但股市泡沫的破灭却会把他们的微薄储蓄一扫而空。

第四，在经济不景气期间，资产价格的上涨有助于刺激经济的增长，但在经济高速增长期间，资产泡沫的膨胀将鼓励盲目投资和非理性消费，从而浪费社会资源、恶化通货膨胀、加剧社会矛盾。

第五，资产泡沫导致人力资源和金融资源过度流入金融服务业，以及实物部门人力资源和资金的不足。作为一个人均收入居世界100名之后的发展中国家，中国的金融发展速度应该有其合理限度，不应动辄同发达国家相比。

第六，在股票价格飙升期间，一方面是一夜暴富的诱惑，另一方面是为富不仁导致的经济、社会成本低下，败德行为受到姑息和纵容。社会和谐的文化、道德基础受到严重冲击。

资产泡沫和流动性过剩

抛开金融行为学的解释不谈，从宏观经济学的角度看，导致资产价格疯涨的主要原因是"流动性过剩"。所谓"流动性"传统上是指商业银行所拥有的随时可以用于"投资"（如放贷）的资产，例如，商业银行金库中所存放的现金。流动性过剩是指商业银行的准备金超过了法定要求，即超额准备金过多。[①] 商业银行的超额准备金率往往被作为衡量流动性过剩状况的尺度。流动性还可以被定义为：货币总量对名义 GDP 之比。以这个定义为基础，从动态的角度来看，货币供应量增长速度与名义 GDP 增长速度之差可以被用作衡量流动性过剩的尺度。

流动性过剩从根本上说是潜在投资者手中现金或随时可以变现的金融资产"过剩"。换言之，当追求效用最大化的个人或机构不再愿意进一步持有现金或类似现金的流动性极强的金融资产，而把这些现金和资产投资于回报较高的金融资产时，我们即可认为存在流动性过剩。流动性源于货币存量但并不等于货币存量，同样货币存量所代表的流动性可以是不同的。例如，货币存量 = 现金存量 + 活期存款存量 + 定期存款存量 + 准货币存量。显然，现金是所有货币中最富有流动性的货币，在正常情况下，它可以随时用于任何性质的投资。其他货币构成成分流动性依次相应递减。可见，在货币存量给定的条件下，货币存量结构的不同意味着流动性供给的不同。在现代银行体系中，其他形式的货币是容易转化为现金的，这也就增加了给定货币存量的流动性。又如，在现代经济中，除货币资产外，还有流动性较差的非货币金融资产（股票、债券），此类资产和现金的区别是不能直

[①] Magnus Saxegaard, "Excess Liquidity and Effectiveness of Monetary Policy: Evidence from Sub-Saharan Africa", IMF Working Papers, May, 2006, 115.

接用于其他投资，要想用于其他投资就必须先要变现（现金）。金融创新使得非货币金融资产变现的便捷性大大提高。这样，在其他情况不变的条件下，投资者所需要持有的现金和其他流动性资产就减少了。而这又意味着对于给定货币存量（经济中的）流动性增加了。为了简化分析，我们也可以认为流动性过剩就是货币供给大于货币需求。这里需要强调的是，流动性之所以"过剩"，不仅是货币供给问题而且是货币需求问题。在特定条件下，流动性过剩可能主要是货币需求减少造成的。例如，金融创新为投资者提供了高收益、低风险且流动性较强的金融资产，这就使投资者愿意更多地持有诸如按揭贷款、抵押证券（MBS）之类的资产，而不是现金之类的流动性资产。在货币供给（或流动性供给）给定的条件下，潜在投资者不愿持有更多货币，于是便出现流动性过剩。精神因素，如乐观精神、风险偏好乃至贪婪、无知和无耻也可以成为导致流动性过剩的重要原因。事实上，经济的高增长往往刺激人们的贪欲，而一些市场操纵者（基金、对冲基金、私募基金）则利用投资者的贪婪和无知，通过所谓的金融创新，欺骗或迎合投资者。投资者则纷纷放弃持有现金和其他流动资产，转而寻求高回报的投资机会。此时，即便货币政策没有什么变化，流动性过剩也会应运而生。

全球流动性由过剩到短缺的变化

自进入 21 世纪以来，出现了全球性流动性过剩。但是，流动性过剩是可以在一夜之间变成流动性不足的。理解了流动性过剩如何变为流动性短缺，能使我们更好地理解什么是流动性过剩。2007 年 8 月 16 日美国次贷危机的严重性逐渐浮出水面，康特里怀特金融公司（Countrywide Financial Corporation）宣布动用银行的信用额度（115 亿美元），这一宣布表明，康特里怀特已经无法像以往那样从金融市场筹到资金了。康特里怀特是美国最大的住房抵押贷款公司，美国购房者17%的按揭贷款都是由该公司提供的，其资金周转发生困难（更有分析家认为该公司已面临破产）引起市场的极大恐慌。一时间，几乎所有债券突然都卖不出去了，谁都借不到钱了。而且，大家都希望把手中的证券卖掉、换取现金。投资者还愿意持有的证券只剩下最为安全的美国财政部短期债券。在这一时刻，全球经济中的货币存量并没有变化，货币并没有从人间消失，所改变的仅仅是人人都要把货币，特别是现金抓在手里，对货币的需求陡然增加了。马克思曾说过："危机一旦爆发，问题就只是支付手段。但是因为这种支付手段的收紧，对于每个人来说，都要依赖另一个人，谁也不知道另外一个人能不能如期付款；所以，这将会发生对市场上现有的支付手段即银行券的全面追逐。每一个人都想尽量多地把自己能够获得的货币贮藏起来，因此，银行券将会在人们最需要它的那一天从流通中消失。"尽管西方国家央行的干预（通过公开市场业务注入货币，降低从银行借款的成本）使这场风波暂时平静下来，但谁也不敢说这不是更大暴风雨来临之前的平静。

中国流动性过剩的两个主要来源

中国的流动性过剩有两个主要来源：其一来自中国国际收支不平衡和人民币汇率的缺乏灵活性所产生的新流动性；其二来自中国货币需求函数变动所激活的已经冻结的旧流动性。

持续大量的"双顺差"造成了人民币的巨大升值压力。为了维持汇率的稳定，中国人民银行不得不大量干预外汇市场，买进美元，投放人民币。人民币的新增投放量即代表了新增流动性。为了使货币增长速度保持在与经济增长相适应的水平上，中国人民银行又不得不进行对冲，卖出央行票据，收回过剩的流动性。据报道，在过去4年中，购汇增加的基础货币为8.4万亿元，通过发央票（近4万亿元）和提高准备金率（近2万亿元）回收流动性5万多亿元。考虑到每年经济增长需要增加基础货币5000亿元到7000亿元，如此算来，购汇导致的多增基础货币基本上被对冲掉了。① 从商业银行的统计数字来看，尽管对冲对抑制流动性发挥了积极作用，但自2002年以来，商业银行的存、贷款的增长速度依然过快。2006年贷款增长速度为15.1%，新增贷款3.18万亿元。2007年上半年新增贷款2.54万亿元，同2006年相比，增幅进一步提高。2005年以后商业银行的贷存比一直在下降、存差一直在增加。2006年贷存比为67.7%，2007年6月底存差为14.86万亿元（创历史新高）。2006年商业银行从总体上看超额准备金也处于较高水平。② 现在来看，在过去几年中国人民银行的对冲力度似乎可以更大一些。但是，在最近几个月，许多商业银行已经感觉到了资金的紧张。一些商业银行派出员工到处吸收存款，商业银行的超额准备金率据说已经下降到2%。总的来说，对冲政策对过剩流动性的吸收确实发挥了积极作用。

但对冲政策的执行面临两个重要障碍。首先，对冲力度始终受制于中美之间的利差。由于存在较大的负利差，中国人民银行对冲导致的货币市场利息率的上升还不至于导致跨国资金的大量流入，从而抵消中国人民银行对冲的效果。但是，中美之间的利差将会缩小，甚至转负为正。届时，中国人民银行的对冲可能将会因跨境资本的流入完全失效。其次，中国人民银行的对冲已经对商业银行的经营造成负面影响。低收益资产在银行总资产中比例的上升，将促使银行更多地从事高风险高收益的贷款或尽力扩大贷款规模。这些活动必将导致银行不良债权的增加，为未来埋下隐患。由于上述两个障碍的存在，对冲政策难以长期维持。

值得注意的是，当我们在为对冲的可持续性头痛时，中国货币需求函数的变化已成为流动性过剩的一个新源头。长期以来，中国广义

---

① 卜永祥：《调控流动性应该成为当前货币政策的重中之重》，《中国金融》2007年第17期。
② 同上。

货币的增长速度大大高于GDP的增长速度。中国的M2对名义GDP之比不断提高，目前已经超过160%，为世界之最。按照货币数量理论，货币供应量的增长速度高于GDP的增长速度，其差额将转化为通货膨胀。[①] 中国货币供应增长速度长期大大高于GDP的增长速度却没有出现货币数量理论所预期的严重通货膨胀，其原因在于，货币在中国不仅是交易手段，还是价值贮存手段。在过去相当长一段时间里，由于既无需要更新的高档商品，也没有可购买的资产，多于经济增长所需的新增货币供应被居民作为储蓄存款而沉淀下来。自愿或不自愿地，中国公众对货币（实际货币余额）的需求随货币供应的增加而自动增加。中国的老一辈经济学家曾把被动增加的储蓄存款叫作"笼中老虎"。在货币供应增长速度超越经济增长需要的情况下，由于缺乏选择而被动积累起来的居民储蓄存款实际上是一种潜在的通货膨胀压力（和资产价格上涨压力），是随时可以跑出来的"笼中老虎"。

当前宏观调控当局所面临的新挑战是，对应于同样的货币供给，居民的货币需求减少了。这种减少主要是由两个原因造成的：第一，在实际利息率不变的条件下，由于资产价格的上涨，居民对持有储蓄存款的偏好降低；第二，在居民持有储蓄存款的偏好不变的条件下，由于银行储蓄存款利息率的上升速度赶不上物价的上涨速度（实际利息率的下降），居民对持有储蓄存款的意愿也会下降。

资本市场的发展为居民调整资产组合提供了条件，居民不再满足于持有居民储蓄存款这一单一资产，出于对收益和风险的综合考虑，他们把部分储蓄存款变成股票、债券和不动产。从一级市场的角度来看，同金融市场发展相伴，"存款搬家"会导致货币的"消失"，导致M2对名义GDP之比下降。在中国的条件下，非货币金融资产对名义GDP之比上升本来是资本市场发展的结果，是健康现

---

① 因而M2对名义GDP之比应该是一个常数。

象。目前的问题是，在过去20多年中，中国积累了过多的储蓄存款，48万亿元储蓄存款的闸门一旦打开，资金的洪水奔流而下。在股票供给不足的情况下，股票价格疯长难以避免。"存款搬家"不应该简单地理解为：银行体系中储蓄存款减少了，这些存款被搬到股票市场来了。货币的需求量和供给量都是无法观测的，我们所能观测到的是现实中的货币量，即已经实现了的货币需求量和供给量。因而，当我们在谈论M2对名义GDP之比的时候，此M2既不是货币供给量也不是货币需求量，而是事后的两者的实现（货币需求量和供给量相等，但不一定是意愿的相等）。一般来说，如果储蓄存款用来购买新发行的股票，则股票资产总量的增加会导致银行中储蓄存款的相应减少。这点可以利用一个企业发行股票以便改变其负债结构时（做此假设仅是为了简化说明），各相应经济体的资产—负债表的变化加以说明。从居民的资产—负债状况来看，居民只是资产结构发生了变化：存款资产减少、证券资产等量增加，但资产和负债的总量并未发生变化。从银行的资产—负债状况来看，银行的负债（居民存款）和资产（固定资产投资贷款）同时减少；银行资产中固定资产投资贷款之所以减少，是因为从股市融到资金的企业将偿还银行贷款，从而改变了自己的负债结构。从企业的资产—负债状况来看，在负债方，企业偿还了银行固定资产投资贷款但增加了股权资本，在资产方，企业拥有相应的固定资产（厂房、机器和设备等），而这些固定资产本来是利用银行贷款获得的。在有足够企业股权可以出售的情况下，货币存量的减少和股票资产的增加，有益于中国金融结构的改善。

"存款搬家"一般意味着银行定期存款减少、活期存款增加，但不一定意味着银行存款总额的减少。即便银行存款减少，其减少量也不会等于股票市场市值的增加量。"存款搬家"的实质是货币需求减少了。从二级市场的角度来看，由于并未增发新股，"存款搬家"并非真正的搬家，而是"搬家"与"回迁"的循环往复，是资金在银行和股市的旋转门中由银行到股市、再由股市到银行的不断转动。这种转动反映了一浪高过一浪的、不愿待在银行休息的货币对给定股票的追逐。这种"存款搬家"不会对金融结构造成什么影响，某甲从某乙手中购买股票，某甲的存款进入某乙的银行存款账户（或证券交易市场的账户），存款仍然在银行体系之内。某丙用更高的价格购买某甲的股票，某丙的存款进入某甲的银行存款账户（或证券交易市场的账户）。赚了钱且已"落袋为安"的某甲和某乙暂时退出交易，某丙和某丁会继续重复这一"击鼓传花"的游戏，生生不息、循环不已。在这一过程中，尽管货币只是换了藏身的口袋，总量并没有发生变化，但居民对储蓄存款的需求却在一路减少（对给定的股票的需求在一路增加）。由于股票供给增长速度缓慢，股票价格自然不断上升。总而言之，即便货币供给量不变，居民对储蓄存款需求的减少也足以导致资产价格的暴涨。① 同时，由于通货膨胀导致实际利息率下降，居民越发不愿意继续持有储蓄存款。这正可谓，"屋漏偏逢连夜雨"。由于篇幅限制，这里并未讨论房地产价格。股票价格和房地产价格飞涨的实质是相似的。

2006年下半年以来股票价格的上升可能同人民币升值预期导致的投资资本流入，以及中国人民银行的对冲政策未能充分吸干过剩流动性有关（当然，在开始阶段股改所带来的信心恢复应该是主要的原因）。但在最近几个月，特别是2007年第二季度以来，流动性泛滥恐怕主要是货币需求减少而不是货币供应增加的结果。在货币需求减少的条件下，即便中国人民银行通过对冲操作吸干了同双顺差相关的过剩流动性，使基础货币的增长速度和M2增长速度保持在从历史上看已算是适度从紧的水平上，中国货币供应依然大于货币需求，因而依然存在流动性过剩。这种过剩已经不再主要表现为

---

① 这点可以用IS-LM模型中给定的LM曲线（即货币供给给定）的斜率为正的方法来理解。

银行超额准备金率过高和银行贷款增长速度过快,而主要表现为银行存款大量转入股票市场和房地产市场、股票价格疯狂上涨和房地产价格持续快速上涨。

资产泡沫是否会进一步膨胀

由于长期以来中国货币供应增长速度大大高于经济增长速度,中国居民被动积累的储蓄存款余额数量巨大。如果政府对资产价格的上涨不加干预,外部条件没有重要变化,"存款搬家"(加上外部投机资本流入)还会继续下去,股市、房地产价格还会进一步提高。目前中国储蓄存款总额高达43万亿元以上,A股市场资金总额是1.3万亿元,"存款搬家"的余地还是比较大的。据报道,2007年8月A股市场的存量资金在一个月内就增加了2200亿元。自2007年7月以来,资金入市大有一浪更比一浪高的势头。分别来自供给方和需求方的两路资金源源流入股市,在股票供给有限的情况下(尽管股票的供给还有相当的增加余地),股票价格不疯长也难。股评家断言,由于资金充裕,股票价格还会一路上涨。谁知道呢?如果听其自然,资产泡沫确实有可能持续相当一段时间。但是,由于资产泡沫的膨胀是一个非稳态过程,泡沫也有可能在一个早上突然崩溃。经济学家不是股评家,对股价的具体水平无话可说。经济学家所能说的是:我们现在所面对的是一种"金字塔融资"局面。随着资产价格的不断攀升,有实力且愿意冒风险出高价买股票的人越来越少,当最后一个傻子(最傻的傻子)用最高的价格买入最后一张股票之时,由货币需求量减少和货币供给量增加所产生的过剩流动性终于被股市完全吸收。股票价格到顶之日,就是反向正反馈过程启动之时。此时,即便政府不加以干预,资产价格泡沫也会破灭。如果选择等待资本盛宴"自然地"曲终人散,其后果如何,不言而喻,无需赘述。一些人认为,政府对股市绝对干预不得。此种主张既无理论根据,也无经验支持。与此相反，我们倒是找不到面对股票市场和房地产市场的严重异动，政府不干预、听其自然的例子（干预的代价、后人的评价是另一回事）。当然，干预还是不干预主要是政治问题，而不是经济问题。在这种情况下，我们就必须依靠政治家的决断了。

经济形势将进一步恶化和复杂化

在过去二十几年中，中国经济一直是在跌跌撞撞中前进的，而且取得了惊人的成绩。对于未来我们没有理由不抱乐观态度，但是，也应该看到，目前中国宏观经济稳定出现恶化趋势，管理当局正面临着比以往任何时候都更为复杂艰巨的挑战。第一，在资产（房地产和股市）泡沫膨胀变本加厉的同时，CPI 明显上升。第二，在 CPI 明显上升的同时，PPI 也开始由降转升（2007 年 8 月比上年同期增 3.3%）。据报道，造船、铁路、机械制造、汽车、厂房、房地产开发用钢量猛增，导致钢材价格上升，进而导致 PPI 上升。如果说近期 CPI 上升的起因还有较大讨论余地，PPI 的上升则无疑主要是需求拉动的结果。第三，CPI 上升的推动因素已经由粮食扩散到其他领域，通货膨胀正由成本推起为主向需求拉动为主转化。尽管工业耐用消费品部门普遍存在的生产过剩可以在相当一段时间内抑制 PPI 的传递，PPI 的上升最终是会传导到下游工业耐用消费品部门的。在这种情况下，既可能出现通缩（企业亏损但不倒闭）也可能出现滞胀（企业减产、部分企业倒闭）。第四，中国劳动成本正在进入快速提高的时期，而通货膨胀预期的明显加强，必将进一步增加工资上升的压力。通货膨胀和劳动成本提高相互作用从而导致通货膨胀进一步提高的恶性循环正在形成。第五，2002 年以来固定资产投资的快速增长是中国经济增长的主要动力。长期以来中国的固定资产投资增长速度大大高于 GDP 增长速度，中国的投资率在 2005 年就已经超过 42.6%。在短期，由于固定资产投资是有效需求的重要组成部分，固定资产投资的高速增长会导致经济过热。在长期，投资率过高则会导致生产过剩。① 在东亚金融危机之后的一段长时间内，中国固定资产投资严重不足（特别是在煤、电、油、运等部门）。因而，2002—2003年以来的投资高速增长在一定程度上是补偿性的。但是，2005年下半年以来的第二个投资高潮则主要是由全国范围内的房地产开发热、各级政府主导的"造城运动"所带动的。② 抑制固定资产投资增长应该是当前宏观经济调控的重要目标。但是，2007年以来的统计显示，中国企业的利润大幅度提高，这似乎同固定资产投资增速过高的判断相矛盾。历史经验表明，中国企业利润有强烈的同周期性。为了对投资形势做出正确判断，对利润的大幅度上升同劳动生产率、资本—产出率、价格垄断、廉价信贷、廉价能源和人民币币值低估等因素的关系还需要做进一步分析。第六，中国的统计工作似乎也使经济增长来源的分析变得十分困难。例如，在最终消费和固定资产投资中，我们始终无法知道政府投资和非政府投资、政府最终消费和居民最终消费的比例各为多少。这就是我们难以判断我们到底应该在多大程度上压缩固定资产投资的原因。第七，中国投资增长速度未见减慢，消费需求已经开始提速。虽然后者在统计上还有待进一步反映，但实际生活中，人们可以强烈感觉到后者的增长势头。由于中国的大量贸易顺差，中国必须减少储蓄和投资缺口。中国投资率本来已经很高，因

---

① 根据国家统计局的数字（统计年鉴），2006年中国投资率为43%左右，在全世界已属罕见。许多研究表明，中国投资效率并不低，资本—产出率也不高，企业利润水平在近年来更是大幅度提高，因而不存在投资过度的问题。但是，中国经济能源消耗—产出率、原材料—产出率、环境污染—产出率之高又是有目共睹。这些相互矛盾的现象尚未得到圆满解释。

② 2003—2004年许多经济学家担心，投资增长速度过高会造成生产过剩、通货收缩。但是，直到目前为止，全面生产过剩、通货收缩的迹象并不明显。这里有几种可能的解释：首先，投资过度所造成的过剩生产能力被新一轮固定资产投资高潮所造成的需求吸收（如钢铁的过剩生产能力，可以被新增钢厂所造成的需求所吸收）。其次，固定资产投资中的相当一部分可能是非生产性的（如住宅投资），因而固定资产投资形成的生产能力比预计的小。再次，过剩生产能力在很大程度上被出口吸收了。但是，上述说明中的第二点似乎同一些学者的研究结果，即中国投资效率仍相当高有矛盾。

此，唯一的选择似乎是提高居民消费支出的增长速度。但是，进一步提高居民消费支出的增长速度必然进一步加大当前的通货膨胀压力，并且降低经济在未来抵消通货膨胀压力的能力（消费不为未来创造生产能力）。政府似乎必须放弃培养消费热点之类的政策，专注于抑制总需求。根据过去的经验，中国经济增长速度应该保持在9%—10%。超过10%就可能是过热了，不应该等通货膨胀上来之后再说过热，通货膨胀的发生是有滞后的。第八，为了抑制总需求增长过快，货币供应的增长速度必须加以控制。当前的货币供应增长速度需要进一步压低，利息率必须进一步提高。但是，在当前形势下，货币供应增长的控制并不能完全解决流动性过剩问题。在外汇储备增加从货币的供给方产生过剩流动性的同时，货币需求减少产生的过剩流动性已成为流动性过剩的主要来源。第九，在今后的一段时间内中国人民银行会持续升息。在美国不升息或减息的情况下，如果为了防止跨境资本流入抵消升息的作用，必须让人民币升值。但是，由于中美利差的减少，人民币的升值幅度可能出现"过调"，从而对中国出口部门和整体经济造成意想不到的严重后果。第十，目前，中国贸易顺差继续快速增长，人民币汇率的升值也在提速。但是中国对外贸易形势的不确定性正在增加。中国经济的高速增长和2008年美国经济的放慢，可能对中国的出口造成不利影响，人民币汇率的走势也可能发生突然变化。第十一，在当前，经济明显偏热。但从中、长期来看，如果政策收紧，国际经济形势逆转，不能排除资产泡沫崩溃后出现生产过剩、通货收缩的可能性。

新形势下的宏观经济政策组合

中国当前的主要问题是通货膨胀和资产泡沫的日益恶化。无疑，中国人民银行必须进一步加强货币紧缩的力度。然而，干预外汇市场产生的流动性过剩同货币需求减少产生的流动性过剩在性质上有很大不同。对付前者，提高准备金率和销售央票至少到目前为止还是可行的办法。但是，对付后者，上述两种办法可能就是不妥当的了。前者是货币供给问题，后者是货币需求问题。对付前者需要减少货币供给，对付后者需要增加货币需求。在目前条件下，要增加货币需求只有两个办法，降低通货膨胀率和提高利息率，而降低通货膨胀率的重要政策选择也是提高利息率。因而，提高利息率可能会成为今后中国人民银行货币政策最重要的选择。只有改变各种资产的相对收益率，居民对货币的需求量才有可能回升，"脱媒"过程才能适当减缓。但是，中国人民银行提高利息率的自由是有限的。除对资本市场可能造成的某些不利影响外，利息率的提高将导致跨境资金的流入进一步增加，并从供给方使流动性过剩进一步增加。这样，中国人民银行将不得不加大对冲政策的力度。这里我们又回到了"蒙代尔不可能三角"问题，中国人民银行面临的选择是：进一步紧缩货币、允许人民币升值（中国人民银行减少对外汇市场干预）抑或加强资本管制。与典型的"蒙代尔不可能三角"问题有所不同的是，流动性不仅因资本跨境流动而增加，还因货币需求减少而增加。由于有了这一新特点，在相机使用对冲政策和提高准备金率的同时，中国人民银行必须根据通货膨胀和资产泡沫的发展情况提高利息率。但是，从更根本上来说，如果不让人民币升值同时又不实行有效的资本管制，升息就会成为一种"自废武功"的政策。在正常情况下，利息率的明显提高将使外资的跨境流入更为迅猛。因而，如果要把利息率政策作为主要的政策手段，逻辑的结论必然是：或加强资本管制，或更多地让市场通过供求关系决定人民币汇率。

从长期来看，根据中国调整经济增长方式的需要，我们应该让人民币升值。越来越多的事实已经证明，用双顺差所换回的外汇储备的不断增加，已经并在继续造成中国的国民福利损失。中国还要为美国的资产泡沫买单多久？从短期来看，根据中国人民银行执行紧缩性货币政策（特别是提高利息率）的需要，我们也应该更多地让市场通过供求关系决定人民币汇率（减少对外汇市场的干预，减少外汇储备的增长）。三年多来的实践已经证明，人民币升值对中国出口的影响根本不像我们原来所设想的那样严重。相反，人民币升值改善了中国贸易条件，中国贸易顺差连续数年超过了升值前的历史纪录。升值对中国出口产业的冲击，完全可以通过财政政策进行补偿。中国出口所面对的更大挑战是世界其他国家愈演愈烈的贸易保护主义。缓慢且稳定的升值，在为中国企业提供了较长的调整期（同时也使之减少了调整的动力）的同时，为投机资本低价购买中国的房地产、金融资产和企业创造了机会与条件。事实上，由于不升值或升值缓慢，中国的大量资产早已被外国投资者廉价买走，这对中国经济的负面影响是不应低估的。

为了尽量避免让人民币升值，我们已经尝试了无数种办法：派遣大型政府采购团到美国采购、调整退税政策、鼓励中国企业进行海外投资、加速金融服务的开放、放松资本管制等。上述措施，有些是必要的，有些有较大副作用，有些则可能存在潜在危险。例如，关于资本的跨境流动，中国人民银行自2003年以来的政策是"严进宽出"。问题是，在人民币升值预期和加息预期强烈的情况下（这是完全理性的预期），这种政策是难以奏效的。QDII（Qualified Domestic Institutional Investor，合格境内机构投资者）生意清淡就是一个明证。一些论者反对加强资本管制（或加强资本跨境流动的管理），理由是中国已无法实施有效的资本管制，既然如此，又谈何"严进"呢？回避升值，寄希望于通过放松资本管制来解决"蒙代尔不可能三角"问题，是"把车放在马前"。资本管制是中国维护自身金融安全的最后屏障，在中国金融体系依然脆弱、中国所有制改革尚未完成的情况下，资本管制是不能放松的。经济发展是有周期性的，中国经济形势一旦发生变化，资本跨境流动的方向就有可能突然改变。如果出现资本大量外逃，而我们又无有效办法及时加以制止，其结果对中国经济将是灾难性的。资本项目的自由化应该作为中国经济体制改革的一部分来考虑，而不应该是作为解决短期宏观经济不平衡的一种手段。

小　结

总之，可以考虑的政策组合是：更为频繁地小幅升息以缓解因"存款搬家"导致的居民对货币需求的减少；提高准备金率和继续对冲以控制货币供给，但要充分考虑银行的流动性状况；减少对外汇市场的干预，给予人民币汇率更大的升值空间，从而使中国人民银行在提高升息的时候不必更多担心资本流入者制造出更多的流动性。但是，即便人民币汇率有了较大的浮动空间或资本流动得到了有效控制，中国人民银行可能依然难以大幅度提高利息率。然而面对继续疯长的资产价格，小幅升息显然是缺乏效力的。因而，政府不应该惧怕使用财政手段来配合货币政策以抑制资产泡沫，并对因升值和其他原因而遭遇暂时困难的部门和群体进行补偿。与此同时，增加金融资产的供应应该是一个比较稳妥、争议较少的选择。此外，我们应该进一步加强资本流动的管理，而不是加速资本项目的自由化。需要注意的一个问题是，如果政府决定用升息的办法抑制通货膨胀和资产泡沫，并允许市场决定人民币汇率，人民币的升值幅度将是一个令人担忧的问题。由于中美之间可能出现正利差，不能排除出现汇率过调的可能性。事实上，由于许多决定久拖不决，我们的政策选择空间已经越来越小。

最后，需要指出的是，2007年和2008年世界经济的发展还存在极大的不确定性。美国次贷危机及其后果的显露还只是冰山上的一角。国际资本流动方向的突然改变，美国经济的显著滑坡，会对中国未来经济的发展产生重要影响。届时，中国的宏观经济政策组合也可能需要做出重大调整。

通货膨胀严重威胁稳定*

FT2007 中国报告之三十三

通货膨胀对中国的经济稳定暂时还没有构成严重威胁。但是,中国政府有足够的理由担心通货膨胀将会造成的严重威胁。

第一,2007年中国经济的增长率将超过11%。直到前不久,政府和经济学界普遍接受的看法是,中国的潜在增长率在8%—9%。在中国的"十一五"规划中,经济增长目标被隐含地确定为8%以下。在过去,中国GDP只要连续两年保持10%以上增长,都会在4—5个季度以后引发严重的通货膨胀。在目前的经济周期中,中国经济已经保持了连续4年10%以上的增速,且通货膨胀率被控制在3%以下,这已经是一个奇迹了。

或许,中国的劳动生产率在最近几年取得了长足的进步。但是,由于固定资产投资约25%的增速,中国的投资率已经超过45%。加上地方政府主导的遍布全国的城市建设运动,以及在这一过程中对能源和原材料极端浪费,很难令人相信中国的生产率(据

---

* 本文分两部分。第一部分为FT2007中国报告之三十三,作者为余永定,是对马丁·沃尔夫文章的评论。第二部分为FT2007中国报告之二,作者为马丁·沃尔夫。原稿中有编者按:2007年10月9日英国《金融时报》首席经济评论员马丁·沃尔夫发表了题目为《通货膨胀不是对稳定的重大威胁》的评论,余永定对他的观点进行了点评。

全要素生产率和/或资本产出比计算得出）已经大幅攀升到如此高的程度，以致中国的潜在经济增长率已从8％增至11％，因而能够保持目前的增长势头而不导致严重的通货膨胀。诚然，中国的内需低于其潜在的供给，但当我们在讨论需求过剩和通货膨胀时，相对的概念应是总需求（内需加外需），而不仅仅是内需。从这点出发，可以认为，中国存在需求过剩并且过剩的需求正在增加，其结果必然是通胀压力的上升。

第二，近期的食品价格上涨并不能完全归咎于一次性的、孤立的、外部的供给冲击。实际上，从饲料到化肥，所有农产品生产所需的投入要素价格都有所上涨，而这至少可以部分归因于需求拉动。举例来说，由于房地产的发展，中国的耕地面积迅速萎缩，几乎达到了政府规定的保护下限。尽管政府能在一段时间内通过行政手段遏制食品价格上涨，但由于许多导致食品价格上涨的因素不会自行消失，通货膨胀也不会自行消失。

第三，通胀预期在百姓中已经形成。最近一项由中国人民银行进行的调查显示，公众认为通货膨胀会进一步恶化。人们已开始调整自己的行为：他们取出自己的存款转而购买股票和房地产，他们要求进一步提高工资和薪金。因此，即使通货膨胀在现阶段对稳定不构成威胁，日益严重的通胀预期却能如此。

第四，近年来，工资和薪金已经达到两位数的增长，并且持续加快。用何种方法才能让生产力快速上升以抵消迅速增加的劳动力成本从而不会推高产品价格。

第五，价格扭曲仍然广泛蔓延。中国的能源价格是世界上最低的，税收对采矿和开采活动极为慷慨，几乎不需为污染付费。在许多地方，外国直接投资（FDI）用地的租金非常便宜。在一定程度上，低通货膨胀率是以低效率和资源配置不当为代价实现的。如果政府不放弃进一步价格改革的计划，那么很多重要产品的价格上涨将无法避免，这又可能加剧通胀和通胀预期。

第六，中国的货币供应量在很长一段时间持续快速增长，远高于 GDP 的增长速度。目前，尽管中国人民银行采取货币紧缩政策，但 M2 的增长速度在 8 月仍高于 18%。银行贷款增速也非常高，也就是说，中国的金融环境状况（financial condition）仍然相当宽松，有利于通货膨胀。

第七，2006 年年末以来，中国的股票价格已经增加了一倍多，股票市值从 2005 年不足 GDP 的一半上升到目前超过 GDP 总额。财富效应的迹象已无处不在。

总之，目前通货膨胀在中国恶化的所有必要条件都已具备。令人惊讶的不是中国的通货膨胀会恶化，而是通货膨胀率竟仍如此之低。因此，中国政府必须对通货膨胀予以警觉，将其看作社会稳定的威胁。

马丁是对的，相比快速增长的潜在和实际产量，中国国内需求的增长依然不足，而不是过热。在 2006 年，净出口对中国经济增长的贡献率约为 3% 至 4%。除此以外，中国的国内需求或许无法支持经济 9% 的增长。在 2007 年，中国的净出口量将超过 3000 亿美元。如果中国不能保持这一出口势头，中国经济的增长速度可能会由于产量过剩而显著下降。这意味着，尽管此刻中国经济过热，但过热的经济会很快转化为通货紧缩，这是因为高投资率和高固定资产投资增长率是中国经济增长的特点。所以目前过度投资导致的经济过热能够在将来引发由生产能力过剩造成的通货紧缩。

2002—2004 年，中国经历了一段时期的投资热。其结果是在 2005 年年初，经济显现出过剩的迹象。不过，由于第二轮投资热的快速膨胀，预期的经济放缓没有出现。从某种意义上讲，中国实际上是通过创造更多的生产能力来吸收过剩的产能。问题是，这种做法是不可持续的。中国自 2005 年以来激增的净出口额也有部分是产能过剩的结果。

在我看来，中国同时面临经济过热和产能过剩：当下的经济过热与未来的产能过剩。但不管怎么说，目前的通货膨胀已经对经济稳定形成巨大威胁。首先，它引发通货膨胀预期，从而在成本推动和需求拉动互动的恶性循环中维持通胀。其次，通货膨胀和资产泡沫将会相互强化，并诱发严重的金融不稳定。我认为，当下中国经济形势最危险的特点就是通货膨胀与资产泡沫之间的共生关系。

马丁在他的文章中没有提到中国的资产泡沫，他或许故意回避讨论这一问题。中国股票的平均市盈率在2007年10月14日达到60。中国两个证券交易所的资本总额已经在不到两年的时间内增加了一倍多，资本总额与GDP的比率已超过100%。毫无疑问，中国的资产泡沫非常严重。然而，股票市场仍然被不断涌入的流动资本所埋没。

在过去的几年中，流动性主要来自中国人民银行对外汇市场的干预。此举是为了在面对日益庞大的经常账户及资本账户盈余时，能够控制人民币升值的速度。为了保持物价稳定、遏制资产泡沫，中国人民银行已经采取了大规模的对冲措施以吸干过多的流动性。

收回流动性的政策已经给商业银行带来了严重的问题，因为它们必须购买越来越多的低收益央行票据，并且必须将更高比例的现金存入中国人民银行。尽管如此，这一行动基本上成功地收回了过多的流动资金，使得基础货币和M2的增长率与中国人民银行确定的目标大致相符。

然而，尽管对冲流动性相对成功，但中国的金融系统仍充斥着过多的流动资金。否则的话，资产价格不会飙升；通货膨胀应被驯服，投资增长率应该下降。过多的流动资金是从哪来的呢？答案就在于流动性过剩不仅是一个货币供给的问题，也是一个货币需求问题。在特殊情况下，资金需求也可以成为流动性过剩的推动力。即使货币供应量保持不变，流动性过剩也能因货币需求的减少而出现。

两大根本原因导致了货币需求的急剧减少。首先，居民持有储蓄存款的偏好开始减弱。资本市场的发育给普通储蓄者提供了分散其资产的机会，很多人现在已经拥有股票、债券和固定资产。2004—2006年的股市改革，伴随着外国资本的流入，共同点燃了提升股价热气球的火焰。不论其来源，通过股票市场实现较高回报会鼓励居民把自己的存款从银行移至证交所。股票价格的上升，又会进一步加剧上述"存款搬家"过程。其次，即使其他因素未变，由于利率低于物价上涨速度（实际利息率为负），居民通过增加储蓄存款进行储蓄的意愿也会降低。2006年第四季度以来开始恶化的通货膨胀正在为"存款搬家"火上浇油。总之，股票价格的上涨和通货膨胀加剧了家庭储蓄的转移（亦既减少了公众的货币需求）。

资产价格飞涨和通货膨胀恶化肯定是由流动性过剩所引发的。在过去相当一段时间里，流动性过剩主要是双顺差导致外汇储备急剧增加（这又是因为中国人民银行必须不断干预外汇市场以维持人民币汇率稳定），而中国人民银行又未能充分冲销的结果。但在最近一段时间，流动性过剩的罪魁祸首是大幅下降的货币需求。在此种情况下，即使中国人民银行完全对冲了由外汇储备增加产生的过剩流动性，并将M0和M2的增长调整到历史最佳状态，货币供应量仍将超过需求量，流动性过剩仍然会继续存在（对因货币需求减少而产生的流动性过剩，需要采取升息、增加资产供应等政策）。

从历史上看，中国货币供应量的涨幅远远超过国内生产总值的增长，并且储蓄存款量巨大。就38万亿元存款相对于总额8万亿元的流通股而言，储蓄存款由银行转入证交所推高股价的潜力巨大。不断涌入到股票和房地产市场的投资阻碍了对资产的理性估值。股票价格上涨潜力远远没有耗尽。一方面，盛宴可能会持续很多年，直到最愚蠢的买家购买了最昂贵的最后一张股票，股市才会开始崩盘。另一方面，中国目前的（资金推动型）股价上涨是一个正反馈的过程。换言之，这是一个高度不稳定的过程。因此，市场可能随时崩溃。这需要政府迅速采取措施以冷却资本市场，而且越快越好。然而，由于种种限制中国政府还不愿或不能这样做。

股市泡沫、通货膨胀、离谱的房价、投资的过度以及巨额的贸易盈余，这些都是对稳定的巨大威胁。中国的收支平衡正处在风口浪尖。作为最坏的一种可能性，如果股市泡沫破裂，房市崩盘，劳动力成本持续快速上涨，以及全球对中国产品的需求出于各种原因而下降，那么中国的经济将会怎样？分析出所有的可能性并制定出综合的应对策略对经济学家来说确实是很大的挑战。

附录　通胀不会威胁中国稳定（FT2007中国报告之二）

千百年来，对于中国的统治者而言，稳定一直是首要目标；这对当今的共产党而言也是如此。不过，对于政府而言，经济稳定是最重要的。然而，海内外的中国经济观察人士目前都在担心，不稳定正以一种最危险的形态逼近中国——通货膨胀。他们的担心有道理吗？答案可能是否定的。

2007年8月，中国的消费者价格水平较上年同期上升6.5%，创下11年来最高升幅，主要原因是肉禽价格飙升49%。7月，一位备受尊敬的中国经济学家表示："我们已进入一个非常微妙的发展时期。"此外，他认为政府发布的通胀数据过于乐观，相信真实通胀率远远高于这一水平。

卡内基国际和平基金会（Carnegie Endowment for International Peace）的盖保德（Albert Keidel）也发出了类似警告。他认为："当前的中国经济，看上去与1988年至1989年和1993年至1996年的通胀灾难之前的情况很类似。"第一次通胀期在相当大程度上导致了1989年天安门广场的抗议活动。第二次通胀期的最终结果是通胀率超过20%，中国人民银行行长被撤，利率大幅冲高。

盖保德提出了三个理由：首先，尽管物价上涨确实仅限于食品，但食品对中国消费者仍然意义重大，尤其对于城市人群；其次，通胀已体现在名义国内生产总值（GDP）数据上，中国名义GDP增幅已较政府对实际GDP的预估值快了6%至7%；最后，实际存款利率为负，这可能鼓励中国人消费至少一部分巨额储蓄。在盖保德看来，通胀主要来自国内因素。令人意外的是，他否认净出口的增长或经常账户盈余对引发通胀压力起到了重大作用。盖保德的主要政策建议有二：一是提高国内利率，二是放开小麦和大米进口。第一个建议是说服居民储蓄，而不是消费。第二个建议将带来一个额外的好处，即鼓励农业生产实现有利可图的多样化，转向高价值农产品。

上述分析或建议是否得到了其他观察人士的认同呢？答案是否定的。例如，瑞银集团（UBS）的乔纳森·安德森（Jonathan Anderson）就认为，普遍的通胀过程将体现在整体物价上，而非仅仅是食品价格，特别是猪肉和鸡蛋价格。

另外，尽管安德森承认中国的数据大大低估了通胀水平，但他否认这一低估程度正日益加剧。若有未被记录的通胀飙升，那就肯定存在通胀低估加剧的情况。然而，一系列数据（GDP平减指数、"企业商品"和原材料价格、进口价格以及生产者价格）显示，这种飙升并不存在。

没错，薪资正迅速上涨，尤其是进城务工的农村人口：安德森指出，以人民币计算，进城务工人员的工资自1995年以来已经翻了一番。然而，这正是人们在一个快速发展的经济体内期望看到的结果——在这个经济体，生产率快速增长（至少在可以测算的范围内是如此），而独生子女政策导致年轻的农村成年人（进城务工人员的主力）数量减少。

中国的经济增长终于体现在实际薪资上了。毫无疑问，这正在提高许多服务的实际价格。然而，这正是人们希望（而且确实期盼）看到的发展带来的结果。

因此，关于中国正面临危险的通胀飙升的主张，看起来不足为信，这并不意味着中国不太可能出现高于近年水平的通胀。从长期来看，一个增长迅速、劳动力市场吃紧、货币升值又非常缓慢的经济体，其通胀应该会高于它的大部分贸易伙伴国。这种实际汇率的提高

（国内价格水平相对于世界其他地区的上升），是迅速发展过程的正常现象。

就中国的情况而言，令人意外的是，在这个过程形成之前过了那么多年：20世纪90年代中期之后，通胀一直保持在低水平，实际汇率也持平。对这种现象的一种解释是，中国人民银行有能力冲销中国积聚的庞大外汇储备对基础货币（或"储备货币"）的影响。基础货币是指商业银行存放在中国人民银行的货币。

此外，尽管银行体系的存款增速比名义GDP快得多（去年达到GDP的160%，而10年前仅为100%），但作为最好的、具有流动性的价值储藏手段，公众似乎还是很愿意持有这些存款。近期，这些存款似乎溢入资产市场，包括股市。不过，这并没有影响消费：自2001年以来，家庭储蓄在可支配收入中所占份额一直在增加，而不是减少。

如此看来，相对于潜在和实际产出的快速增长，国内需求的增长总体而言仍然处于被抑制状态，而非过热。的确，经常账户盈余相对于GDP出现增长，必定意味着经济体的实际（和潜在）产出增长快于国内需求。

那么，这有什么政策影响呢？首先，预防更高通胀的最佳方法，是人民币更快升值：自中国政府2005年7月宣布转向更灵活汇率机制至今，人民币迄今升值10%。加速升值，再加上放开粮食进口，也将是应对食品价格上涨的一个好办法。

其次，宏观经济层面当前的大问题不是通胀，而是净出口的快速增长、经常账户盈余的激增和国内消费的持续疲弱。中国的问题不在于国内需求过多，而在于缺乏国内需求。重新平衡经济结构仍然是真正重要的头等大事——从出口和投资转向公共和私人消费，从庞大的经常账户盈余和巨额外汇储备积累转向更为平衡的对外格局。

以这种观点来看，对通胀的担心基本上属于偏离主题。如果这些担心导致紧急削减国内支出，那就会成为有害的偏离，因为那只能加剧这个经济体中一直存在的结构失衡。不过，对通胀的担心也可能导致人民币更快升值，进口更快放开，并使政府出台旨在刺激国内支出（尤其是消费）的政策，那将是有益的结果。

当前中国宏观经济的十大问题[*]

中国宏观经济的十大问题

中国经济连续5年保持了超过10%的经济增长速度,而通货膨胀率则保持在3%左右的水平。但是,最近几个月,通货膨胀率明显上升,公众中已经出现了一些不安情绪。应该说,中国经济正在进入一个新的阶段,一个比较微妙的阶段。在这个阶段中,我们需要做出调整,同时需要准备应对一些不测事件。最近一段时间以来,中国经济学家之间、中国经济学家和有关部门决策者之间的讨论涉及了许多问题。本文试图把这些问题加以总结、概括,凑成十大问题,以期引起更深入的讨论。这十个问题是:

第一,中国的潜在经济增长速度,是否已经从8%—9%上升到了10%—11%?

第二,中国当前的通货膨胀是孤立的、一次性的,还是普遍的、兼有需求拉动和成本推起性质的?

第三,为实现相对价格调整,通货膨胀的可容忍度是多少,换言之,在保持物价基本稳定的条件下,调整相对价格的余地有多大?

---

[*] 本文原题为《余永定:关于当前中国宏观经济的十问十答》,刊于2007年12月8日《21世纪经济报道》。

第四，中国资本市场是否存在严重泡沫，对资本市场价格的大起大落，政府是否应该采取放任的不干预政策？

第五，中国固定资产投资的增长速度是否过快？

第六，在通货膨胀和汇率升值之间，是否存在替代关系，是否应该容忍通货膨胀换取汇率的稳定？

第七，在中美利差缩小，人民币升值幅度给定的条件下，中国是否还有提高利率的余地？

第八，为维持人民币汇率稳定，中国是否应该加快资本自由化的步伐，以便减轻升值压力？

第九，中国的资本管制是否依然有效，我们应该加强资本跨境流动的管理，还是尽快解除资本管制？

第十，中国流动性的根源在哪里？

中国宏观经济问题十答

1. 中国的潜在经济增长速度，是否已经从 8%—9% 上升到了 10%—11%？

直到 2003 年，公认的中国潜在经济增长速度是 7%—8%。在"十一五"规划中，中国政府实际上有一个潜在的经济增长速度目标，这个目标低于 8%。2004 年政府还曾提出中国的经济增长速度应该保持在 7% 左右。

从 2003 年以来，中国经济增长出现了前所未有的势头：连续五年经济增长速度超过 10%，且没有严重通货膨胀。人们自然会问：中国的潜在经济增长速度是否有了明显提高？我认为提高是有，但不相信有大幅度的跳跃，从 7%—8% 跳到 10%—11% 的可能性不大。最近一段时间，中国经济增长速度加快，这在一定程度上是周期变化的结果。在经过长达 6—7 年的通货紧缩之后，2003—2004 年经济出现投资推动的快速增长是自然的。2005 年以后"瓶颈"的消除使

2006年得以保持低通胀的高增长。经济增长既有趋势的变化也有周期性因素，必须把这两者加以分离，以确定中国的潜在经济增长速度。如果根据现在经济增长速度是11.5%，就断言中国潜在经济增长速度已经达到了10%—11%，是不够慎重的。通货膨胀不会随经济的高速增长立即出现，而会有一年甚至更长时间的滞后。如果以当期的经济增长速度为基础确定宏观经济政策目标，其后果很可能是经济的进一步过热。反通货膨胀政策不能等通货膨胀迹象明显时再出台。更何况，中国当前的通货膨胀率已经明显超过了年初的控制目标，且有进一步上升的危险。

2. 中国当前的通货膨胀是孤立的、一次性的，还是普遍的、同时兼有需求拉动和成本推起性质的？

两个月之前，许多经济学家仍认为中国不存在通货膨胀的问题，CPI上涨很大程度是一次性的，是猪肉和粮食价格上涨造成的。外国因此将中国的通货膨胀戏称为"小猪周期"。我认为中国的通货膨胀实际上已经比较严重，其发展前景令人担心。这种担心是否是杞人忧天呢？不一定，理由如下：

第一，中国经济增长速度已经明显超过了潜在的经济增长速度。根据一般的经济理论，通货膨胀的发生一般都有一段时间的滞后，而中国高增长低通胀的情形已经有几年了。

第二，现在不是个别农产品的价格在上涨，而是农产品价格在普遍上涨。不仅是农产品价格在上涨，而且农产品生产的投入价格也在普遍上涨。农产品价格的上涨同耕地面积的减少、世界范围内农产品价格的上涨都不无联系。所以很难相信，通过增加生猪存栏数我们就可以解决当前农产品价格上涨的问题。现在PPI也开始上涨，所有这些指标都告诉我们，必须对通货膨胀的长期性、持续性保持高度警惕。

第三，更令人忧虑的是，在一般老百姓中已经形成了通货膨胀预期，对通货膨胀上涨的不安情绪正在弥散。即便这种情绪是建立在错误判断的基础上,但通货膨胀预期一经形成,就难以消除。而预期的形成将改变公众的行为,使通货膨胀的恶化难以避免。

第四,近年来工资和薪酬的增长速度明显高于劳动生产率的增长速度。"通货膨胀—通货膨胀预期—工资和薪酬上涨—通货膨胀"的恶性循环正在形成之中,或者已经形成。

第五,中国存在严重的价格扭曲,所以还需要对相对价格进行调整。相对价格的调整在中国的现实条件下,必然要增加通货膨胀的压力。

第六,虽然"无论何时何地通货膨胀都是一种货币现象"的说法不一定成立,但通货膨胀同货币现象密切相关则无可否认。当前中国货币供给的增长速度为18%,说明通货膨胀是有货币支撑的。而负利息率则是推动通货膨胀的动力源。

第七,近两年股市非常火爆(现在似乎已开始趋冷回调),房地产市场价格不断飙升,中国的财富效应也不可小视。

第八,全世界出现了明显的通货膨胀趋势,原材料价格在上涨,石油价格在上涨,农产品价格在上涨,中国是全球最开放的经济体之一。全球价格的普遍上涨不可避免地会对中国的物价上涨造成严重影响。

中国目前在许多部门仍存在生产能力过剩的现象。中国的净出口之所以在迅速增长,在相当程度上就是因为存在这种生产能力过剩。一个重要问题是:在存在过剩生产能力的情况下,中国的通货膨胀是否会进一步恶化?这确实是一个困难的问题。但是可以肯定,生产能力过剩并不是不发生通货膨胀的充分条件。例如,电视机的生产过剩,并不能抑制粮食价格的上升。更何况中国是开放经济体,所面对的是国际大市场。例如,钢铁生产过剩只是对国内市场而言,国际市场对钢铁的需求仍然旺盛,钢铁价格并不会因国内需求不足而下降。此外,成本推起的通货膨胀并不会因生产过剩而受到抑制。20世纪80年代的"滞胀"就是生产过剩和通货膨胀并存。总之,我们有充分理由对中国通货膨胀的前景表示担忧。2007年11月27日中共中央政治局"把防止经济增长由偏快转为过热、防止价格由结构性上涨演变为明显通货膨胀作为宏观调控的首要任务"的决定是完全正确的。

3. 为实现相对价格调整，通货膨胀的可容忍度是多少？

目前，中国仍存在许多价格扭曲。对这些价格扭曲进行调整，在前两年不是问题，在现在却有问题，因为我们已经有了通货膨胀。即便如此，我们仍应该继续进行价格调整，因为我们不希望看到香港的货柜车继续在深圳加油，不希望农民继续承受"谷贱伤农"之苦，不希望企业继续浪费不可再生资源、不受惩罚地污染环境。相对价格调整不应拖延，时不我待。

但是，由于物价下调的刚性，相对价格的调整必然会导致物价水平的上升。在这种情况下，我们就必须考虑中国所能容忍的通货膨胀率到底是多少？过去中国人民银行的参考目标是3%，现在有些经济学家认为容忍度是6%，有些人则认为更高。通货膨胀的可容忍度不是纯粹理论问题，根据中国的经验，我认为6%是不可取的，4%已经是极限了，通货膨胀率应该保持在4%以下。

如果通货膨胀率过高，相对价格的调整也就变得没有意义了。在通货膨胀环境下，一种价格的提高必然引起另一种价格的提高，各种价格竞相提高，除了使通货膨胀恶化之外，相对价格的调整根本无法实现。现在，中国单月的年通货膨胀率已经超过6.5%，这就给中国人民银行提出了非常明确的方向：必须采取紧缩政策，使通货膨胀率降下来。另外，通货膨胀的容忍度，又决定了我们对相对价格进行调整的深度和广度。没人希望重复20世纪80年代"价格闯关"的错误。

4. 中国资本市场是否存在严重泡沫，对资本市场价格的大起大落是否应该采取不干预政策？

关于资产价格泡沫的问题似乎没有进一步争论的必要，结论应该已经很清楚。应该讨论的问题是，政府有无权力和义务对资本市场，特别是股市进行干预。现在许多人认为政府对资产价格不应该进行干预。我们可以干预通货膨胀，但对资产价格仅仅是"关注"。我认为政府确确实实应该尽可能避免干预资本市场，不应该贸然刺破泡沫。但是，在必要的时候，为了保护广大投资者，特别是中小投资者，政府不应该自己束缚自己的手脚，"该出手时就出手"。看看中国香港，看看其他地区和国家的政府在股市发生剧烈波动时的政策，我们不难找到答案。在前一时期，尽管在细节上有许多可改进之处，但政府为稳定股市所做的努力大方向是正确的。如果没有当时的努力，就不会有当前股市较为平和、冷静的心态。

我们发展资本市场的初衷，特别是股票市场的初衷，是为了改善资源配置，改善公司治理结构，而不是去创造赌场，不是去寻租，不是把股票交易作为财产再分配的手段。如果大家一心一意地进行股票交易，忘掉了真实经济，如果企业热衷于把资金用来投资股票，而不是投资实业，那中国经济增长的长期远景是非常令人担心的。近年来中国资本市场的发展说明，体制建设仍然任重而道远。

5. 中国固定资产投资的增长速度是否过快？

2005年年底，当时国家统计局的负责人称中国的投资率是48.6%。在最近几年，中国固定资产投资幅度继续明显高于GDP的增长速度，但投资率的统计数却降低了。中国的投资率到底是多少？我猜测至少应该是45%。同日本和其他国家的对比，这个比率确实非常高。现在学术界出现一种观点：中国现在的投资效率相当高。据有些学者的计算，中国的资本—产出率不到2，如果真是这样，似乎可以得出结论，中国的投资增长速度并不太高，中国的投资率还有进一步提高的余地。这种观点有一定道理，值得进一步讨论。但是我个人对这种观点是有怀疑的。中国的投资效率在相当程度上是周期性的。经验告诉我们，当经济增长速度非常快的时候，所有的效率指标都会提高。经济增长速度下去之后，所有的效率指标马上就会变得非常糟糕。所以，不能简单地得出结论，更何况中国投资的统计数字很难说十分可靠。但不可否认的是，学术界对这个问题的研究确实不够，应该继续加以研究。

中国的经济增长在很大程度上是投资推动的。投资推动的经济增长和消费推动的经济增长有很大不同，它在当前创造经济过热，在未来却会创造生产过剩。但正如中国社会科学院汪同三研究员所指出的那样，在过去几年中，中国通过进一步的投资，吸收了前期过度投资所创造的过剩生产能力。可以说，我们是通过建立更多的钢铁厂（还有出口），来吸收过剩钢铁生产能力的。但是这种局面不能长期维持。不久以前，有经济学家警告说，中国将会出现通货收缩，因为中国在前一段投资过多，这种观点不无道理。投资主导的增长会产生比较大的经济波动，这是我们应该注意的。在当前投资过热导致经济过热是矛盾的主要方面。当然，在一两年之后，中国面临通货收缩的可能性不能排除，关于这种可能性这里不详细讨论。

6. 在通货膨胀和汇率升值之间，是否存在替代关系，是否应该用通货膨胀换取汇率的稳定？

升值和通胀之间的关系是复杂的，汇率和物价是一个多变量动态系统中的两个变量。理论上说，给定其他变量，我们可以确定升值和通胀之间的关系。但是，我们不能一般地说，两者之间存在此消彼长的替代关系。在某些情况下（其他变量处于某一给定值域的时候），两者存在替代性。在另一些情况下（其他变量处于另一给定值域的时候）则不存在替代性，应该具体问题具体分析。在中国当前情况下，升值和通胀确实存在此消彼长的替代关系。

理论上说，如果一个国家存在经常项目和资本项目顺差，而汇率升值又缺乏弹性时，必然会导致通货膨胀率上升、实际汇率升值，直至国际收支最终实现平衡。换言之，在国际收支顺差情况下，不升值或升值不够往往会导致通货膨胀恶化。但通货膨胀本身并不一定是由汇率原因造成的。中国当前的通货膨胀同汇率有关，但并非全是汇率之过。即便不存在外部失衡问题，11.5%的经济增长速度，全球范围内石油、矿产品和粮食价格的上涨等因素的存在，也足以导致通货膨胀的出现。升值和通胀之间的关系也可以在"巴拉萨—萨缪尔森效应"①的框架下讨论，这里不赘述。

升值肯定有利于抑制通货膨胀。但是，汇率只是一种价格，它反映国际收支的平衡状况。在自由浮动和固定汇率下，汇率都无法成为宏观经济政策工具。目前，中国所实行的是有管理的浮动汇率制度，汇率可以人为调整，但此时汇率政策主要是一种贸易政策工具。汇率的变动主要取决于贸易政策目标（调整净出口增长速度、调整国际收支不平衡），而不是抑制通货膨胀的需要。例如，在经济过热时期（物价会上涨），贸易顺差往往会减少，甚至会出现贸易逆差。在这种情况下，政府不应该把汇率升值作为抑制通货膨胀的工具。正确的政策反应应该是采取紧缩性财政、货币政策，而升值应该是货币政策的副产品，听任汇率升值是为了使货币政策发挥作用（但贸易逆差可能会恶化）。如果政府担心贸易逆差对出口产业造成不利影响，政府可能一方面紧缩货币，另一方面允许汇率贬值以避免贸易逆差的进一步增加。在目前情况下，中国的汇率升值以减少贸易顺差的政策目标同紧缩性货币以抑制通货膨胀的政策目标正好并行不悖。升值的加快不仅有助于实现贸易平衡，而且可以为货币紧缩留出更大空间。既然是"一箭双雕""一石二鸟"又何乐而不为呢？但这里不存在升值替代（或抑制）通胀的问题。

如果说用升值替代通胀的提法不一定妥当，用通货膨胀来代替升值的主张则是大谬不然。后者在付出通货膨胀恶化的代价之后，并不能保持中国出口的竞争力。同名义汇率的上升一样，实际汇率的上升同样降低出口竞争力，而担心丧失竞争力正是国人害怕升值的主要原

---

① Balassa-Samuelson effect，根据该理论，一个经济快速增长的发展中国家，其实际汇率应该不断上升。该理论是以约翰·霍普金斯大学已故的贝拉·巴拉萨（Bela Balassa）和诺贝尔经济学奖得主保罗·萨缪尔森（Paul Samuelson）的名字命名的，二人分别发现了这一理论。

因。用通货膨胀来替代升值完全是一种"赔了夫人又折兵"的政策主张。至于提高工资的主张则属于要素市场价格、收入政策和工人权益保障之类的问题。提高中、低收入阶层收入是必要的，但这个问题不应与汇率政策相混淆，不应该用提高工资收入来代替名义汇率升值。

7. 在中美利差缩小，人民币升值幅度给定的条件下，中国是否还有提高利率的余地？

在相当一段时间以来，特别是在2005年汇改前后，中国人民银行特别注意所谓的利率平价，我们希望汇率升值的年率为3%，于是努力使市场形成这样一种年率为3%的升值预期。这样一种预期已经形成的前提下，我们非常注意保持和美国的利差，使中美之间的利差保持在3%这样的幅度。中国人民银行这样做的目的是防止套汇套利资金的流入，直到前不久我们在这方面还是比较成功的。问题是，利率平价在中国不一定适用。首先，中国存在资本管制；其次，中国资本市场并不是有效率的资本市场；最后，中国资本市场存在着许多不确定性，对于外国人来讲存在风险过大的问题。即便中美之间不存在3%的利差，3%的升值预期也并不足以引起大量跨境套利、套汇资金的流入。而跨境资本的流入很可能是为了追逐房地产市场和股票市场上20%、30%，甚至更高的资本利得。真正关心3%升值预期的大概主要是中国企业。而相应资金的回流大概主要是为了减少可能的汇率损失（同时也是为了获得升值受益）。但这些企业一般是制造业企业，进行金融投机的能力和动机应该是有限的。过去外资进入主要是为了在资产市场套利，所以维持利差作用并不大。但现在中国的资产价格已经很高了，对外资也有很大的风险。至少在目前，为在资产市场获得资本利得而流入的外资量可能不会很大，利差也仍然不会吸引大量外资进入。应该说，中国仍有一定加息的空间。所以，中国人民银行应该根据减少流动性过剩的需要提高利率，而不必过多关注中美之间的利差。

但是，也应该看到，如果中国继续升息，而美国进一步减息，中美之间的利差肯定会越来越小。如果这种利差进一步减少，升值的预期进一步增加，套汇套利资金的流入确实有可能急剧增加。到时候我们就只有三种选择，一个是加强资本管制把套汇套利资金挡在国门之外，二个是让人民币升值去吸收过剩的流动性，最后一个是进一步加大对冲力度（如果还有余地的话）。没有其他更好的办法。

8. 为维持人民币汇率稳定，中国是否应该加快资本自由化的步伐，是否应该通过鼓励资本流出来减轻升值压力？

一种观点认为，中国应该设法把过剩的流动性引导到国外去，由此减低人民币升值的压力。通过引导资本外流为升值减压同制造通货膨胀以替代汇率升值"有异曲同工之妙"。为此，我同样认为，不应该把放松资本流出作为为升值减压的手段。因为这里有一个周期性问题和发展趋势问题的区别。资本项目自由化是长期性的、结构性的，一旦实施是难以逆转的。而宏观经济调控政策是短期的，是反周期的。宏观经济政策要根据周期的变化而变化，而资本项目的自由化涉及法律、制度、国际惯例、国家信誉等问题，一旦实施是不能轻易改变的。如果周期方向发生变化，需要遏制资本流出，我们又应该怎么办呢？重新加强对资本流出的控制？如果这样，我们要付出的代价将是非常高的。

另外，用"宽出"为升值减压是否有效，取决于国人对国外资产的需求。中国 A 股的市盈率明显高于 H 股，从在资产市场上获利的角度看，应该说对国外资产的需求是比较大的。这就是为什么当我们宣布"港股直通车"的消息后，很多人提前跑到中国香港买股票，从这个意义上来讲，中国存在对外币资产的强烈需求。但是从人民币升值预期的角度看，中国居民对持有境外资产的需求可能不大。这两种力量是相互冲突的。总而言之，如果后一种趋势占优势，"宽出"政策恐怕不会太有效的。如果前一种趋势占优势，则中国投资者将会面临诸多风险。对于"宽出"政策，我认为要考虑三点。

首先，进入到我们所不知道的境外资本市场，风险巨大，必须采取渐进方式。不应该让中国投资者，特别是小股民慌慌张张跑到中国香港去，一下子被套住。现在我们的QDII全部是大幅度亏本，散户难道就更高明吗？我们还是先在QDII的范围内把工作做到位为好。

其次，根据拉丁美洲的经验，"宽出"政策往往不能减轻压力，有时候反而吸引外资进来。道理很简单，"进"是为了"出"，如果"出"得非常容易，外资肯定会进来。

最后，泰国最近的经验说明，门一旦打开，关上是不容易的（涉及法律、国际惯例和信用等问题）。所以必须事先考虑好，一旦做出决定就不要轻易改变。

我在过去一再强调，中国作为一个人均收入列世界100名之后的发展中国家，不应该成为世界的第三大资本净输出国。但是，"生米已经做成熟饭"。同时，中国又担心人民币大幅度升值，会给出口企业造成重要冲击。这种情况下，在相当一段时间内，中国难于改变其贸易结构，中国资本流出（通过资本项目或通过外管局和中国投资公司）的增加是不可避免的。中国应该统筹兼顾地研究资本外向流动战略。什么类型的资本可以先流出、什么后流出？什么行业的流出应该鼓励、什么不应该？什么地区优先、什么地区禁止？是绿地、并购、参股？是债权、证券还是不动产？什么类型的企业应该成为海外投资的主体？所有这些都应该有一个通盘考虑，有一个长远安排。如果资本外流确实能够在充分考虑风险的条件下，得到较高的回报率，那么应该制定资本项目自由化的计划，允许资本流出，但这种流出不应该作为汇率减压的手段。

9. 中国的资本管制是否依然有效，我们应该加强资本跨境流动的管理还是尽快解除资本管制？

不少人认为管制是没有效的，但是外管局在其2007年7月出版的一份报告中明确指出："外汇管制总体上是有效的。"国内外学者运用价格度量和流量度量所做的规范研究都发现中国的资本管制还是有相当效率的，既然依然有效，我们就不要轻易放弃。当前我们又要控制通货膨胀，又不想升值，资本管制就成了重要武器，为什么弃置不用呢？

维持资本管制的更根本理由是：中国的经济体系仍然十分不完善，金融体制依然脆弱，各种不平衡持续恶化。在中国，寻租、套利、套汇的机会比比皆是。在经济增长持续的同时，中国的财富再分配过程如火如荼，整个社会中充斥着浮躁的心态。在这种情况下，中国根本经不起跨境资本大进大出的冲击。

我们应该根据我们的法律，根据中国改革的实际，根据稳定宏观经济的需要，对资本的跨境流动加强管理。资本管制的解除必须是中国经济体制改革的最后一步。资本项目自由化是大方向，是中国经济改革的重要组成部分，但是在中国最终完成经济改革之前，在市场机制进一步完善之前，人民币不应该实现自由兑换，我不认为五年之内我们可以实现这么一个目标。

10. 中国流动性过剩的根源在哪里？

中国流动性的过剩来自两个方面：货币的供给方和需求方。过剩的流动性等于货币供给减需求。在供给不变的时候，需求减少也会产生过剩。资本市场的获利机会和通货膨胀造成的负利息率导致货币的需求减少，也会造成流动性过剩。即便中国人民银行通过对冲政策把货币供给方造成的过剩流动性充分吸干，过剩流动性依然会存在。

1995—1996年的通胀期间，中国实行了存款利息率和通货膨胀率挂钩的政策，从而保证了存款实际利息率不随通货膨胀率的上升而下降。利息率指数化政策稳定了居民对存款的需求。这项政策对于当时治理通货膨胀发挥了重要作用。这一种经验不应该轻易忘掉。

把流动性过剩的来源从货币供给方和需求方加以区分，可以使我们更好地认识中国人民银行的对冲政策（提高存款准备金率和发售央票）和利率政策的不同作用。对冲政策可以有效吸收由国际收支不平衡和人民币汇率稳定导致的流动性过剩。而利率政策则可以提高居民对货币（储蓄存款）的需求，但对减少来自供给方的流动性则效果不大。在西方国家，央行提高利率意味着提高隔夜拆借利率（日本）、联邦基金利率（美国）和主融资利率（欧元区），这些货币市场短期拆借利率的提高，增加了金融机构的信贷成本，从而导致货币供给的减少和金融市场利率的提高。中国提高利率往往意味着同时提高存贷款利率，这种利率的提高除宣示货币政策方向的变化外，对于货币供给的作用是不太清楚的。但利率的提高对增加居民的货币需求则作用明显，因而，中国人民银行应在不同情况下，分别使用提高存款准备金率、销售央票和升息这三种不同的货币政策工具。当然，在汇率浮动利率自由化充分实现之前，利率政策的使用始终会存在有效性的问题。

在 2008 年，中国应能继续保持当前的增长势头。但中国外部环境可能恶化：美国次债危机进一步扩大、美国经济增速度下降、欧洲贸易保护主义加剧和石油及其他商品价格继续上涨等。而中国经济则可能出现通货膨胀恶化、资产泡沫崩溃、贸易顺差减少等一些困难。但即便出现最坏的情况，中国也应该能够依靠扩张性的财政政策挽救困局。有关部门应该做好预案，以便一旦需要，财政政策就能迅速发挥作用。

人民币汇率升值可以作为治理通胀的一种选择[*]

证券时报记者： 中国人民银行在今年第三季度货币政策执行报告中提到，将加强利率和汇率政策协调配合，而在现实中我们却经常看到汇率和利率相互牵制的情况，中国人民银行应该如何平衡两个工具之间的关系？

余永定： 利率和汇率之间的关系可以用利率平价假说来描述。例如，中国和美国之间的利差如果等于人民币的升值预期，就不会有套汇资金流入中国。自2005年汇改以来，利息率平价（非抛补）假说对中国人民银行的货币政策的制定肯定是有影响的。既然中国希望人民币对美元的升值幅度不超过3%，而美国联邦基金利息率比如说是5%，中国的同业拆借市场（或短期央票市场）的利息率水平就应该大致不超过2%。如果利息率超过2%就会有套汇资金流入中国。

麦金农曾指出，人民币利率已经取决于人民币汇率的预期变化趋势。2006年5月，伦敦市场上1年期美元债券的收益率报5.7%，而中国人民银行所发行1年期债券的收益率仅为2.6%，二者之间的差额恰恰好是3.1%。截至2006年7月，人民币兑美元汇率在过去1年的升值幅度为3.28%，与上述收益率差大体相同。投资人民币资产

---

[*] 本文刊于"世界经济与政治研究所国际金融研究中心"政策简报，07018号，2007年12月21日。

的人之所以愿意接受比较低的回报率，那是因为他们预计人民币的升值幅度将略超过3%。

但是，利息率平价假说在中国是否适用，或在多大程度上适用是一个有争议的问题。从理论上看，中国仍存在资本管制，中国资本市场并非西方所说的"有效率"的市场，中国资本市场对外国投资者来说存在额外的风险。在这种情况下，即便中美之间存在的利差为0，人民币的升值预期是3%（或大于3%），国际资金也不一定会流入中国。反之，在条件不变的情况下，国际资金仍有可能大量流入中国。因而，我们在制定政策时不能过分拘泥于利息率平价假说，而是应该具体问题具体分析。

对于2004—2005年前后流入北京、上海等城市房地产市场的外国资金来说，其原因与其说是人民币升值和升值预期，不如说是人民币没有充分升值。许多在国外充其量不过是中产的海外华人纷纷在上海买房子，原因很简单：以他们手中的英镑和美元计，这些房产的价格十分低廉。对于境外房地产投机者来说，房地产价格上升的潜力则是他们大量购买房地产的主要原因。香港的房地产商告诉我，人民币升值在他们的投资计划中只是一个非常次要的因素。流入中国参与并购、证券投资的外国资金也主要是看到中国资产的增长潜力。

2005年汇率改制后，在贸易顺差中肯定有一部分不是真正的贸易顺差，而是没有真实贸易基础的资金流入。但是，这些资金不能简单称为"热钱"。对于企业来说，提前结汇、高报出口和低报进口等行为的目的是避险而不是投机。如果中国的金融机构可为企业提供相应的避险工具，上述现象自然会减少或消失。至于跨国公司的可能行为则是另一类问题。而且，这种热钱在贸易顺差中所占的比重也不应任意高估。如果外管局关于"资本管制从总体上来说还是有效"的判断正确，我们就很难相信，贸易顺差中有三分之一是"热钱"的说法。

2006年到2007年第一季度前后外国资金流入中国股市则主要是

看到中国股市的巨大资本利得。对于外国投行来说，相对于百分之几十甚至百分之几百的资本利得来说，3%—5%汇率升值这样的"蝇头小利"根本不值得一提。但是正如哈继铭所说，人民币大幅升值实际上是遏制投机资本流入的最佳办法。人民币不升值或缓慢升值则是为外国资本从容不迫地廉价购买中国资产提供了最佳环境。

到目前为止，同其他因素相比，升值预期与中美利差之间的关系（利息率平价假说）对跨境资金的流入影响似乎并不大。因此，至少在当前，在考虑利率政策时，过多顾虑利差似乎就没有必要。升息导致的资金流入如果不能利用资本管制将其挡在国门之外，可以将其通过升值消化掉。如果在升息的同时不想让人民币升值，只有两个办法保证升息政策不因外资的流入而失效：资本管制和对冲。总之，升息不要过多顾虑汇率。至于其他制约升息的因素，如实体经济是否能够承受，按揭贷款的偿还是否会出现问题等倒是应该多加考虑。如果人民币汇率预期明显加强（这可以在无本金交割远期外汇市场上得到信息），中美利差进一步缩小，套汇资金的流入确实有可能明显加强。到那个时候，我们面临的选择自然是：放弃升息或大幅度升值。总而言之，在目前阶段，利息率政策和汇率政策之间的关系应该是：利息率政策服从治理通货膨胀的目标，汇率政策服从利息率政策的需要。

证券时报记者：有学者认为现在中国人民银行货币政策捉襟见肘的主要原因是汇率缺乏弹性，所以主张人民币兑美元汇率加快升值解决通胀问题，对此你有何评价？

余永定：我赞成汇率缺乏弹性给中国人民银行执行紧缩性货币政策带来困难的说法。关于这个问题，我已经写过不少文章，这里不再重复。理论上说，在其他因素给定条件下，如果一国存在经常项目和资本项目顺差，而又不愿让货币升值，就会因流动性过剩导致通货膨胀率上升，直至实际汇率的升值最终导致国际收支恢复平衡。但在实践中，国际收支顺差国可通过对冲政策吸干过剩的流动性，或通过资本管制将投机资本挡在国门之外，从而在一定时期内遏制通货膨胀的发展。

人民币升值肯定有利于抑制通货膨胀。但汇率只是一种价格，它反映国际收支的平衡状况。在自由浮动和固定汇率下，汇率都无法成为宏观经济政策工具。目前，我们实行的是有管理的浮动，汇率可以人为调整。但在中国，汇率政策主要是一种贸易政策工具，汇率变动主要取决于贸易政策目标，而不是抑制通货膨胀的需要。在经济过热时期，政府一般不应靠汇率升值来抑制由经济过热所导致的通货膨胀。因为在经济过热时期（如1993年），贸易状况会趋于恶化，而升值虽然有助于抑制过热，但却会使贸易状况进一步恶化。一般情况下，为了抑制通货膨胀，正确的政策反应，应是紧缩性财政和货币政策（在特定条件下也有紧货币、松财政或财政中性的组合）。

应该指出，在某些资本自由流动、高度依赖对外贸易的小国（如新加坡），汇率政策是维持物价稳定的主要甚至是唯一工具。当出现通货膨胀的时候，就让本币升值。反之则反。中国的情况虽然不同（如中国有资本管制），但在目前情况下，汇率升值的贸易政策目标与抑制通货膨胀的宏观经济政策目标正好并行不悖，因而可以通过加快升值步伐以减轻中国人民银行升息的压力。人民币升值以抑制通货膨胀应该是一个备选政策。当然，如果2008年国际形势有变（如贸易顺差的减少导致经济增长速度大幅度下降），汇率政策还可以再次调整。

证券时报记者： 您曾经主张从货币需求角度分析流动性过剩，能否请您再详细谈谈这个问题？

余永定： 所谓流动性（资产）是指可以随时用于投资（金融投资和实物投资）的现金和其他非常容易变现的金融资产（如短期存款、短期政府债券等）。"过剩"是一个相对概念。如果市场对于现金、短期存款和短期政府债券等流动性资产的需求大于市场对于这些流动性资产的供给，则金融体系就处于流动性过剩状态。反之，金融体系就处于流动性不足状态。流动性过剩可以在一夜间转变为流动性不足。反之亦然。2007年8月中旬之前，全球都处于流动性过剩状态。但是，由于次贷危机的严重性突然被投资者所认识，所有投资者都想卖掉手中的债券和其他非流动性资产以换取现金，尽管全球货币的供应量并未发生变化，但是，由于对现金的需求急剧上升，全球流动性突然出现不足。尽管各国中央银行大量注入流动性，全球流动性不足一直延续到现在。次贷危机导致的流动性变化，对我们认识中国的流动性过剩问题很有启发。简单说，可以认为，中国的过剩流动性＝货币供给－货币需求。因而，中国的流动性过剩主要有两个来源：其一来自中国国际收支不平衡和人民币汇率缺乏灵活性（中国人民银行干预外汇市场）所产生的新流动性；其二来自中国居民持有货币的意愿下降，即货币需求减少所激活的已经冻结的旧流动性。换句话说，一方面是货币供给过大（货币供应增长速度过高），另一方面是货币需求减少。

持续大量的"双顺差"造成了人民币的巨大升值压力。为维持汇率稳定，中国人民银行不得不大量干预外汇市场，买进美元，投放人民币，形成新增流动性。为了使货币增长速度保持在与经济增长相适应的水平上，中国人民银行又不得不进行对冲，收回和冻结过剩的流动性。2003年至今，干预外汇市场所增加的基础货币为11.5万亿元，通过发央票和提高准备金率共回收流动性9.1万亿元。考虑到每年经济增长需要增加基础货币5000亿到7000亿元，购汇导致的多增基础货币基本被对冲掉了。我曾经表示："尽管由于对银行经营的不利影响，对冲不可持续；尽管由于货币乘数不稳定，控制了基础货币增长并不一定能控制货币供应增长，但对冲毕竟发挥了作用。正如英国金融时报马丁沃尔夫所指出的，相对于中国经济名义增长速度，最近一段时间中国广义货币增长速度大致是正常的"。从现在来看，中国人民银行确实还应进一步紧缩货币供应，即还有进一步加强对冲的必要与余地。但是，从商业银行的角度来看，紧缩的临界点大概已经不远了。同时，正如夏斌所说，央票实际上也是一种流动性相当强的资产，其冻结流动性的能力是值得担心的。

同货币供应增加一样，货币需求减少也可以造成流动性过剩，一方面，由于银行储蓄存款利息率的上升速度赶不上物价上涨速度，实际利息率为负，居民持有储蓄存款的意愿下降。另一方面，资本市场发展为居民调整资产组合提供了条件，居民不再满足于持有居民储蓄存款，而希望把部分储蓄存款变成股票。这样，即便货币供给增长速度不变，流动性过剩同样会产生。

从供给和需求两个方面区分流动性过剩的来源，有助于认识中国人民银行三大货币政策工具（提高准备金率、发行央票和提高银行存贷款利息率）的不同作用。提高准备金率和发行央票可以吸干由货币供给增加导致的流动性过剩，但这两项政策对货币需求则不会产生什么直接影响。为了吸干由于货币需求减少所导致的流动性过剩，最有效的货币政策应该是提高利息率，这可以增加储蓄存款的吸引力，从而增加公众对货币（储蓄存款）的需求。1993—1996年治理通货膨胀过程中所实行的存款利息率指数化（利息率同通货膨胀率挂钩），就是一项旨在稳定货币需求的政策。

提高存、贷款利息率对信贷增长速度，从而对货币供给增长速度的影响似乎并不十分明显。除非中国实现了利息率自由化、短期拆借利息率真正成为作为信贷成本基础的基准利息率，利息率政策对于信贷增长速度的调节能力是值得怀疑的。

此外，应该注意到，中国有相当一部分资金处于银行体系之外，银行信贷政策对企业投资的约束力减弱，这也必然削弱中国人民银行利息率政策的有效性。在这种情况下，某些非传统货币政策手段的运用大概是难以避免的。

证券时报记者：对于放松资本项目管制、加快国内资金流出以缓解流动性过剩的建议，您有何看法？

余永定：中国"社会主义市场经济"的建设还远未完成。在中国，寻租、套利、套汇的机会比比皆是。在经济持续增长的同时，中国的财富再分配过程亦如火如荼。中国的金融体制依然脆弱，中国经济中所存在的各种不平衡目前仍在恶化，整个社会中充斥着浮躁的心态。在这种情况下，中国是根本经不起跨境资本大进大出的冲击的。有进就必有出。闸门开启后，一旦洪水轰然而出，再想放下闸门就为时晚矣。中国1.4万亿美元的外汇储备必然是国际资本梦寐以求的捕猎对象。如果中国过早放弃资本管制，其结果将是极其危险的。

根据世界银行报告，在华外国跨国公司的利润率是22%，而在华美国公司的利润率据说达到了33%。美国金融机构从中国赚的钱更是高得离谱。即便中国对外金融投资的收益率能达到新加坡的水平（8%左右），作为一个整体，国家还是在做赔本生意。中国的当务之急是减少外汇储备的增长，即减少双顺差，尽快实现国际收支平衡。

中国原来就不应该持有如此之多的外汇储备。由于美元的贬值和次贷危机导致的证券背约（defaults），凝结着国人血汗的外汇储备的价值正在或可能迅速挥发。而通过贬值和违约，美国则可以轻松地摆脱它的外债。

证券时报记者：在您看来，我们应该如何平衡国际收支？

余永定：我们应该首先设法减少贸易顺差，其办法既包括人民币升值也包括扩大内需的其他一系列政策。在贸易顺差无法减少的情况下，为了避免外汇储备的进一步增加，中国则应考虑如何用资本项目逆差来平衡经常项目顺差。最后，是考虑如何管好和用好既有的外汇储备。

减少资本项目顺差包括减进、增出两个方面。

第一，减少由于价格扭曲导致的外资流入。具体措施包括：取消对外资的优惠政策，鼓励外国企业在国内筹集资金，加强资本管制防止投机资本流入和人民币升值——使中国资产对外国购买者来说尽可能昂贵一些等。我无法理解，在国内资金如此充裕的情况下，中国的个别企业和金融机构为什么依然如此热衷于向外资出售股权和被外资并购。

第二，支持中国企业走出去，逐步增加海外直接投资。这方面中国已经有了不少成功的先例，比如中信在澳大利亚的一些投资。当然，中国企业走出去必须遵守循序渐进的原则，否则又会陷入新的陷阱，成为东道国的"人质"。

第三，从走出去的顺序来说，金融企业的对外证券投资的位置应该放在中国企业海外投资之后。换言之，国家对金融企业的海外证券投资管得应该更严一些。对于国内金融企业来说，培养人才才是第一位的事情。中国现在有 QDII，在相当一段时间里，这一渠道必须坚持。

第四，由于海外直接投资和金融企业对外直接投资在相当一段时间都不能形成规模，用资本项目逆差来平衡贸易顺差的做法短期内仍难奏效。换言之，中国可能还必须接受外汇储备的进一步增加。

许多经济学家坚持认为，中国贸易顺差是结构性的，因而汇率政策对中国的贸易顺差不会发生影响。经济学家喜欢引用的公式是：储蓄－投资＝外贸顺差。应该明白，这个公式是恒等式而不是行为方程，它根本不能说明任何因果关系。你可以说外贸顺差是储蓄大于投资的结果，你也同样可以说储蓄大于投资是外贸顺差的结果。假设中国的出口由于美国的保护主义而大幅度下降，中国的外贸顺差等于零，则不管中国居民的储蓄偏好是否发生变化，等式左边一定也会变成零。原因很简单：中国出口商卖不出的商品马上变成存货，而存货的增加，按定义，就意味着投资的增加。如果不具体分析中国的投资、储蓄、进口、出口以及汇率等变量的相互关系，以"储蓄－投资＝外贸顺差"为基础得出的任何结论都是没有意义的。

反对人民币升值的经济学家大都主张，人民币升值对中国的外贸差额不会产生什么影响。既然如此，为什么反对升值呢？既然可以以更高的价格把产品卖给美国人，又不会减少我们产品在美国的销售量，为什么不能卖得贵一些呢？我实在不知道其中的经济逻辑是什么？

在 2008 年，如果世界经济形势和美国经济形势明显恶化，中国的净出口可能少增、不增或减少。由于中国经济增长高度依赖外需，如果中国外贸顺差不再增加（且不说减少），在其他因素不变的条件下，中国的经济增长速度将会下降3%左右。考虑到这种可能性，中国是否就不应该继续执行从紧的货币政策呢？我认为，中国当前必须继续执行从紧的货币政策。通货膨胀的威胁正在加剧，特别是PPI等指数的上升说明，通货膨胀形势在好转之前可能还会进一步恶化。由于当前所存在的通货膨胀预期，存在过剩生产能力，并不妨碍一些企业囤积居奇等待物价的进一步上升，从而导致物价的进一步上升。即便 2008 年某个时间开始，中国的经济增长速度会因出口减少而下降，通货膨胀可能还会继续发展一段时间。因此，当前反通货膨胀的政策信号不能削弱。届时，如果经济增长速度确实出现明显放缓迹象，政府应该启动适度扩张的财政政策，以维持9%左右的经济增长速度。另一个问题是：现在是否应该继续加快人民币升值步伐？我的回答也是肯定的，因为人民币升值不仅有助于抑制通货膨胀（特别是，如果利息率政策无法达到抑制通胀的目的），而且有助于减少贸易顺差（或至少明显降低其增长速度），而后者本身是经济结构调整的需要。只要我们能够用内需代替减少的外需，就不必过于担心贸易顺差的减少。当然，在这里要注意不要发生"超调"，即要避免使中国贸易顺差下降过大。我的政策主张归结起来包括：继续对冲、升息、进行"道德劝说"、升值、出台适度的财政政策以抵消贸易顺差减少对经济增长的负面影响以及维持对跨境资本流动的严格管理以遏制热钱的流入和流出。尽管 2008 年是不确定性（特别是通胀形势、净出口形势和资本市场形势的不确定性）相当大的一年，考虑到中国的强大财政状况，中国必将能克服一切可能的困难，成功地维持经济的稳定与较快增长。

反通胀要谨防"误伤"

2008年出口面临不确定性

《中国证券报》：您认为2008年宏观经济走势最值得担忧的问题是什么？

余永定：原来比较担心资产泡沫和通货膨胀。尽管这些问题依然存在，甚至还可能恶化。但政府已经确定了"双防"的方针，如果中央经济工作会议的精神能够得到很好贯彻，相信2008年资产泡沫和通货膨胀都能得到较好控制。

我现在比较担心出口。一方面，2008年世界经济增长将减速，美国经济增速或下降1个百分点；另一方面，人民币升值速度正在加快。从理论上说，世界经济增速（特别是美国经济增速）下降和人民币升值，通过收入效应和价格效应会导致中国的出口增速下降，进而对中国经济增长产生不利影响。假如2008年顺差增速降为0，即维持2007年的3000亿美元左右规模，在其他因素不变的情况下，中国GDP增速可能会下降3个百分点，这就到了经济增长必须保证的底线。如果顺差零增长或负增长，中国应该通过刺激内需特别是消费需求，来抵消外部需求减少带来的负面影响。因此，贸易顺差增速下降

---

* 本文刊于2008年1月4日《中国证券报》。

必须控制在一定范围内，以免影响实现经济增长速度不低于9%的目标。

许多经济学家认为中国的贸易顺差是结构性的，即使世界经济增速放慢、人民币升值加速，2008年中国贸易顺差还会继续保持较快增长态势。这种说法有一定道理。中国贸易中加工贸易所占的比重超过50%。由于加工贸易中进口与出口高度相关，进口会随出口减少而减少，因而贸易顺差不会随出口的减少而等量减少。

但是，在加工贸易占支配地位的情况下，贸易顺差的价格弹性较小，其收入弹性却可能较大。在加工贸易中，因出口减少而闲置的资源很难向非出口部门转移增加进口替代产品的生产。因此，出口（或增速）减少会导致贸易顺差（或增速）减少，并造成企业倒闭和工人失业。贸易顺差增速下降，贸易顺差减少本身不但不是坏事，而且是调整经济结构所必需的。但事情不能做过，我们不能不考虑"过调"的情况。

中国的各行业协会都应该对2008年的出口形势做出预测，在此基础上，政府应该制定出预案。宏观经济部门，如国家发展改革委、中国人民银行、财政部和商务部等，必须加强协调，考虑如何刺激内需来弥补外需不足，以及如何让出口企业和失业工人平稳转型，避免产生经济、政治上的不稳定。在这一过程中，财政政策应该发挥重要作用。

货币政策工具应多样化精确化

《中国证券报》：对于通胀压力和产能过剩并存的局面，宏观调控政策如何才能不"一刀切"？

余永定：经济学上存在所谓"有多少目标就应该有多少手段"的说法。在面临多重目标的情况下，为实现目标，必须使用多重政策手段，而且要掌握好"度"。既要防通胀，又要防经济增速大幅下滑，这就要求我们运用多种政策手段。例如，应该在使用货币政策抑制通胀的同时，使用财政政策防止经济增长速度大幅下滑。又如，为了减少流动性过剩，可以继续对冲，但进一步紧缩可能会造成企业流动资金贷款减少，进而影响企业的正常生产和产品供给。此时，某种具有针对性的信贷控制恐怕就成为不得已而为之的次优解决办法。再如，在通胀预期已经形成的情况下，进一步对冲不一定会改变"储蓄搬家"的现象。要防止居民持币意愿进一步下降，就需要提高存款利率使实际存款利率为正。政策工具（包括货币政策工具）应该多样化（"多种"化），从而使工具的运用"精确"化，否则就会"脱靶"，就会造成误伤。

应努力接近正利率目标

《中国证券报》：加息可以起到抑制通胀的作用，但现在中美利差进一步缩小并趋向反转，很多人担心这限制了中国人民银行加息的空间。您如何看待这个问题？

余永定：到目前为止，似乎还不必为这个问题过分担心。正如前几年经验所证明，外资流入主要是投资具有高回报率的资产市场。可以稍感安慰的是，现在国内资产价格都比较高，在这种情况下，外资流入的积极性到底有多高需要进一步研究。人民币升值预期对外国固然有很大吸引力，但这并不是问题的全部。外国投资者除考虑相对收益等因素外，还要考虑中国的资本管制、交易成本、市场风险等因素。是不是中美利差消失，资金就一定流向中国？我认为不一定。

当然，随着中美利差进一步缩小、中美资本市场形势的变化，中国人民银行最终会丧失升息空间。但现在还不存在这个问题。我以为限制升息空间的因素目前还主要来自国内而不是国外。例如，必须考虑加息对按揭贷款的影响，对实体经济的影响等。

至于加息幅度，要根据实际情况而定。这是一个要由中国人民银行根据实际情况摸索的问题,很难根据理论推断。由于产能过剩的存在、房地产借贷市场的脆弱性以及2008年存在的诸多不确定性,加息应是渐进的,其效果应是逐渐积累的,不能指望马上见到功效。

名义汇率升值可"一石二鸟"

《中国证券报》:您认为下一步人民币汇率形成机制改革的重点应是什么?

余永定:说起来很简单,就是让汇率越来越多地由市场供求关系决定。

我个人认为,中国人民银行干预外汇市场应该考虑几个因素:第一,使汇率水平能随利率的上升而上升,吸收因中外利差缩小所产生的流动性过剩压力,从而为利率政策的运用提供必要空间。第二,独立于升息的需要,利用名义汇率升值抑制通胀,从而减轻升息压力。第三,独立于宏观调控的考虑,从改善国际收支结构的需要出发,允许人民币适度升值。第四,资本管制越是无效,升值的速度就应该越快。第五,严密监督进出口的变化,避免出现汇率的"过调"。第六,是否已经准备好必要的金融工具,使企业能够锁定汇率风险。

在综合考虑以上几个因素后,我们或许可以推导出一个最优升值路径。但这在现实中是无法做到的,决策者只能通过试错摸索出一条尽可能好的升值路径。

《中国证券报》:现在关于加快人民币升值以缓解通胀压力的呼声越来越强。如何看待汇率在抑制通胀中的作用?

余永定:在从紧的货币政策中,信贷紧缩、对冲、加息等都是必要的,但对实体经济都有负面影响。这时让汇率升值,虽然对出口有冲击,但可以使进口价格下降,从而抑制通胀,因此应该让汇率政策分担中国人民银行货币政策的负担。

不过,在抑制通胀的过程中,对于中国这样一个大国来说,不能认为汇率可以扮演一个主要工具的角色。虽然汇率政策客观上有助于抑制通胀，但它终究是贸易政策工具。中国人民银行还是要在抑制通胀这一目标引导下，主要运用传统货币政策工具，如减少货币供应量、控制贷款、提高利率等抑制通胀。为了使中国人民银行有运用货币政策抑制通胀的空间，中国人民银行有必要减少对外汇市场的干预，让人民币汇率有更大的灵活性。用西方经济学的语言，就是对汇率要更多采取"善意忽视"的态度。2003年以来对汇率的讨论一直是围绕着如何改善贸易顺差和国际收支平衡这一问题进行的。在当前的讨论中，又加入了通胀这一因素。无论如何，利用名义汇率升值抑制通胀的设想要比利用通胀、提高工资等办法促进国际收支平衡的主张合理得多、副作用小得多。同其他主张相比，只有名义汇率升值具有既有助于改善国际收支平衡，又有助于抑制通货膨胀的"一石二鸟"的作用。

  调整要素价格是必要的，但这种调整必须以不进一步恶化通胀形势为前提。要素价格的调整会影响国际收支平衡，但它不是促进贸易平衡的工具。

2008年中国经济前瞻：应对三大挑战[*]

在过去的27年中，中国经济的年均增长率超过9.8%。经历了连续5年高增长、低通胀之后，2007年中期以来，经济过热迹象已经越来越明显。2008年中国经济面临三大挑战：通货膨胀恶化，经济增长减速和资产泡沫崩溃。为了同时应对这三大挑战，中国政府提出了"双防"政策。货币政策进一步从紧、人民币升值加速、稳定资本市场的措施相继出台。我希望通过本文对宏观经济稳定政策中的一些重要争议问题予以梳理，并给出合乎实际和逻辑的回答。

三大挑战

通货膨胀

2007年7月，中国的广义消费物价指数（Headline CPI）突然跃升到5.6%，当时CPI的上涨主要是由食品价格，尤其是猪肉价格上涨引发的。因此，经济学界与政府官员普遍认为，当猪仔长大之后，猪肉的供给将随之增加，猪肉价格下降，CPI也将下降。简言之，中国的通货膨胀仅仅是个猪仔问题，无需大惊小怪。但是，通货膨胀形势却迅速恶化。2008年2月，CPI增长速度达到了8.7%，是近11年

---

[*] 原文为英文，是2008年4月17日在奥地利中央银行的演讲稿。

来的最高涨幅。与此同时,物价上涨不仅迅速从猪肉向其他农产品扩散,而且还从农产品向工业品扩散。原来一直维持在低水平的生产者价格指数(PPI)的上涨幅度也达到了6.6%。通货膨胀的迅速恶化表明,当前的通货膨胀远非仅仅是个"猪仔"问题。而且在根本好转之前,通货膨胀还有可能进一步恶化。目前中国国内已经达成共识:通货膨胀是对经济稳定的严重威胁,反通胀应该成为政府的头等大事。

但是,对于中国当前通货膨胀的成因,学界仍然存在很多不同的看法。有学者认为,当前的通货膨胀主要是成本推动型,是自然灾害、劳动力成本上升、环境标准收严、外部供给冲击(国际市场上原油、铁矿石和粮食涨价)等因素造成的。另一些学者则认为,通货膨胀是需求过度(excess demand)引起的。归根结底,是货币供给过量造成的。对中国当前通货膨胀性质的认识,决定了反通货膨胀政策的选择。而选择是否正确,将决定中国今后是否能够维持宏观经济稳定和经济的可持续增长。因而,对通货膨胀的性质,有必要做进一步讨论。2008年,中国国民生产总值(GDP)的增长速度是11.9%,如果考虑到低报等因素,真实的GDP增长速度可能更高。长期以来,中国公认的潜在增长速度是8%—9%。现实的GDP增长速度明显超过了潜在经济增长速度,这就表明经济中出现了过度需求。而过度需求的存在必然导致通货膨胀。有人可能会指出,中国的潜在经济增长速度已经大大提高。但大量事实表明,尽管近年来中国的生产率有一定提高(这在一定程度上同经济周期有关),中国的经济增长方式依然是外延型和粗放型,不仅依然未摆脱高耗能、高投入和高污染的特点,还有愈演愈烈的趋势。很难相信,中国的潜在增长速度在几年时间内已经从8%—9%跃升到12%。导致需求过度的两个最重要的原因是房地产投资以及出口增长速度过快。21世纪初以来,固定资产投资增长速度一直明显高于GDP增长速度,是推动经济增长(从需求方看)的最主要动力。而房地产投资增长则是推动固定资产投资增长的最重要动力。在过去数年中，房地产投资增长对固定资产投资增长的贡献远远大于其他部门投资增长的贡献。① 更成问题的是，多年以来许多地方级政府都在大盖楼堂馆所，大搞经济开发区，全国上下兴起了一场轰轰烈烈的"造城运动"，对资源造成大量浪费。房地产投资的高速增长，推动了钢铁、水泥、建材等一系列行业投资的增长，成为中国经济过热的重要源头。

出口的高速增长是中国近年来出现过度需求的又一重要原因。一般来说，一国出口的增长往往同国内需求不足有关。因此，一些外国观察家认为，中国的问题是国内需求不足，而不是需求过度。事实是，60%左右的中国出口——加工贸易，从一开始就是完全以海外市场为目标的，出口加工贸易品在出口和内销之间的替代性是相当弱的。至少2005年下半年以后，中国出口和贸易顺差的增长并不是国内需求不足所致。全球需求旺盛和人民币汇率低估才是近年来中国出口和贸易顺差增长迅速的主要原因。投资（特别是房地产投资）和出口的增长共同增加了对国内供给能力的压力。

为什么许多经济学家（包括我本人）一度认为，中国的通货膨胀主要是成本推动型的，这主要是因为我们在用微观分析方法来回答宏观经济问题。例如，由于CPI上涨的主要原因是农产品，特别是猪肉价格上涨，于是大家就把注意力集中到猪肉市场。然而对猪肉市场的分析表明，居民对猪肉的需求并无明显变化。是生猪周期、蓝耳病、农民养猪积极性下降等原因导致了猪肉供应减少。于是，便出现了中国的通货膨胀是成本推动型的、是一次性的（小猪长大，猪肉供应就会增多，猪肉价格就会下降，从而通货膨胀就会自动降下来）等说法。孤立地看，猪肉涨价确实主要是供给问题。但是，为什么农民不愿养猪？其中很重要的原因就是，房地产市场和出口加工企业能够提

---

① 据香港权威人士讲，香港居民住房的中位面积只有47平方米。相比之下，中国内地城市居民对住房的需求似乎确实存在超前的问题。

供更高的收入，农民选择了当建筑工人，到出口加工企业打工。其他本应满足猪肉生产的资源也转到了其他部门。其实，不仅猪肉生产，其他农产品的生产也存在同样的问题。除蓝耳病之类的纯供给方原因之外，猪肉和其他农产品价格上涨还与房地产投资和出口增长过快相关。事实上，需求拉动型的通货膨胀，一般不会在所有部门同时发生，而要先发生在某些特定部门，然后再向其余部门扩散。如果得到信贷支持的部门 A（如房地产开发商、建筑商、购房者都能从银行得到贷款）出现需求过度，其产品和生产要素价格就会上升，生产要素就会从部门 B 向部门 A 转移。生产要素供给的减少就会导致在部门 B 出现成本推起型的价格上涨。显然，不能因部门 B 的价格上涨表现为成本推起型，就推出整个经济中的通货膨胀是需求拉动型的结论。

但是，分析通货膨胀不是应该从 CPI 着手吗？造成 CPI 上涨的最重要原因不是猪肉价格上涨吗？而猪肉价格上涨不是因为猪肉供给减少所造成的吗？从理论上说，从 CPI 及其构成着手分析通货膨胀原因的方法是合乎规范的。但由于 CPI 的编制存在问题，我们可能被误导。中国是一个国内生产总值达 20 多万亿元人民币的经济体，房地产投资占 GDP 的比例在 10% 左右，养猪业对 GDP 的贡献根本不可与房地产投资同日而语。多年来住房价格一直以 10% 左右的速度上涨，大城市中房价的上涨速度则更快。房屋价格的飙升说明在经济的一个最重要部门中存在严重的供求失衡。但在作为衡量经济供求是否失衡的最重要指示器的 CPI 中却不包含房屋价格，而包含在 CPI 中的租金的变化又与房地产价格的变化相脱节。因而，尽管 CPI 可以在很大程度上反映物价对居民生活的影响，但 CPI 并不能全面、及时地反映经济中的供求失衡。事实上，早在 2004 年中国经济就出现了过热迹象。而中国人民银行当时就提出过，房地产价格的上涨应该成为判断经济是否过热的重要指示器。可惜的是，在 2007 年以来对通货膨胀的讨论中，我们往往教条主义地认为房屋价格是资产价格，因而将其置而不论。这样，我们就低估了整个经济供求失衡的严重性，延误了采取严厉紧缩措施的时机。

　　对通货膨胀性质的判断又有什么政策含义呢？如果中国的通货膨胀仅仅是猪肉和某些农产品供给不足引起的，采取紧缩性货币政策就没有多大意义了。紧缩货币并不能增加猪肉供给。但是，如果通货膨胀是由于经济总体的过度需求引起的，紧缩货币就不但可以解决经济总体的过度需求问题，而通货膨胀得到抑制还可能有助于增加猪肉供给。相反，如果不能通过货币紧缩抑制经济总体上的过热，农民通过各种途径（包括猪肉价格上涨、政府补贴）得到的好处，很快就会被通货膨胀所侵蚀，农民的生产积极性就会重新降低，猪肉价格就会进一步上升。货币紧缩虽然不可能立竿见影，但对抑制通货膨胀却是必不可少的。在实行紧缩性的货币政策同时，政府则应该对城市低收入者实行补贴，改善农产品生产的条件，增加进口。应该指出，在极端情况下，对于农产品价格，动用政府储备平抑物价是可以的，但实行价格管制则是完全错误的。

　　中国经济中一直存在严重的价格扭曲，能源价格过低是其中最突出的表现之一。能源价格早就应该调整，可以说我们又错过了最好的调整时期。石油的国际价格已由2007年年初的50美元上涨到当前的120美元。如果国内石油价格不能根据国际价格进行相应调整，中国的石油短缺就会日益严重，中国经济的效益就会进一步下降。而效益的恶化最终将会导致通货膨胀形势的进一步恶化。中国政府不应因通货膨胀形势严重就放弃调整相对价格的计划（一般情况下用市场方法，对于垄断性国有企业可以用行政方法）。但必须强调，货币紧缩是调整价格、消除价格扭曲的前提条件。在宽松货币政策下，允许能源价格上调，通货膨胀必然因轮番涨价而加剧，相对价格的调整也将无法实现。同时，能源价格调整的步伐，应该考虑公众对汽油价格上涨的接受能力，必须有配套措施，对于弱势群体，政府应进行补贴，否则后果严重。由于具有高度的政治性，能源价格调整的具体步骤，应该由政治家决定。总之，在此番通货膨胀加剧之时，我们不但不应该实行价格管制，而且应该继续进行价格调整，以便尽快消除严重的价格扭曲。当然，相对物价的调整会增加当前通货膨胀的压力，而这正是我们强调通货膨胀压力巨大时，货币紧缩十分重要的原因。

当前通货膨胀最令人担心的不是通货膨胀本身，而是公众日渐形成的通货膨胀预期。通货膨胀预期会改变生产者和消费者的行为，很可能会导致价格竞相上调、囤积、要求增加工资等，而这些都会进一步恶化通货膨胀。在这种情况下，"成本推动—通货膨胀—通货膨胀预期—需求拉动"的恶性循环会很快形成。在通货膨胀的大背景下，竞争性价格上涨是不同社会阶层保护自己，使自己的收入免于被通胀稀释的重要手段。目前，企业在没有任何正当理由的情况下提高产品价格的现象已经非常普遍。这样做的目的是在保持利润上占先机，或是利用这一机会来提高利润水平。为使企业和公众、企业和企业之间的博弈不至于无休止地进行下去，政府必须释放出强有力的信号，使公众相信政府的反通货膨胀决心，并通过货币紧缩来遏制竞争性物价上涨。

近年来，世界通货膨胀形势急剧恶化，几乎所有重要商品价格都在大幅上涨，粮食价格暴涨在许多发展中国家引起骚乱，基本金属的价格在多年暴涨的基础上仍在大幅上涨。所有这些无疑都对中国的通货膨胀起到了重要推动作用。中国 2008 年、2009 年通货膨胀压力的严重性不可低估。还应看到，中国并非完全是国际商品价格上涨的被动接受者。在相当程度上，中国需求本身就是推动许多国际商品价格持续上升的重要原因（如铁矿石价格）。总之，我们必须充分认识通货膨胀的严重性，毫不动摇地把抑制通货膨胀作为宏观经济政策的首要目标。对于贯彻中央的"双防"和从紧方针，我们不应有任何动摇。

次贷危机与中国经济增长放缓

屋漏偏逢连阴雨，正当中国开始反通胀时，美国的次贷危机

(Sub-prime Crisis）爆发并迅速发展为金融危机，国际金融市场的正常运行至今仍受到严重影响。目前美国经济已经或即将进入衰退，美国经济和全球经济放缓无疑会导致中国净出口的下降，并影响到中国经济增长。

中国每年有2400万新增就业人口，中国经济增长如果低于8%，就业压力将变得难以承受。当前令人担忧的一个重要问题是：2008年美国次贷危机、货币紧缩和人民币升值是否会使中国经济增长速度下降到无法接受的水平？因而，中国政府是否应该对此前制定的"双防"政策进行调整，或干脆放弃货币紧缩政策？为了回答这两个问题，我们首先需要对2008年中国经济增长放缓的前景做简单分析。

美国的次贷危机将会通过各种途径影响中国。例如，美国资产价值缩水已经对中国的金融机构造成直接损失。中国的外汇储备，作为中国人民数十年来积累的财富，正在迅速贬值。受次贷危机影响，美国股市下跌，给中国股市交易造成了心理压力，并导致中国股市同时下跌。美国的次贷（信贷）危机与资产价格下降，给跨境资本流动的方向带来了新的不确定性。美联储减息、为金融体系大量注入流动性和听任美元贬值的政策，导致美元急剧贬值（是否继续贬值，还要看欧洲中央银行的利息率政策）和美国通货膨胀加剧。美联储的政策加大了中国宏观经济调控的难度。

美国次贷危机对中国的影响主要是美国经济减速对中国经济增长的影响。美国GDP增长速度下降不仅会直接影响中国的出口，而且会影响其他国家的经济增长，并进而影响中国对这些国家的出口。同时，中国出口增长速度的下降会直接导致GDP、投资、进口（加工贸易所需的进口）增长速度的下降，并通过这些变化，反过来进一步导致中国GDP增长速度的下降。目前，中国社会科学院世界经济与政治研究所的研究人员正在测算美国经济放缓对中国的影响。初步的测算结果是：如果美国经济增长速度按IMF预测放缓0.7个百分点，中国经济增长将下降0.94个百分点；如果美国经济增长速度放缓1.7

个百分点,中国经济增长速度将下降 2.28 个百分点。

除美国经济增速下降的影响外,中国的货币紧缩政策本身也将导致中国经济增长速度的下降。事实上,尽管通货膨胀对经济增长的反应存在较长时间的滞后,经济增长与通货膨胀之间存在替代关系。统计分析证明,在中国,通货膨胀和经济增长存在明显的替代关系。① 在上次宏观紧缩期间,经济增长率由 1993 年的 13.5% 降至 1995 年的 10.5%。而通货膨胀率则由 1994 年的 24.1% 降到 1996 年的 8.3%。在此期间,经济增长速度每下降 1 个百分点,一年后通货膨胀率下降约 5 个百分点。换言之,为使通货膨胀率在一年以后降低 1 个百分点,当年的经济增长速度必须下降 0.2 个百分点。通货膨胀率变化滞后于经济增长速度变化这一特点具有重要政策含义。可以认为,2008 年的通货膨胀率在很大程度上是同 2007 年以前经济增长相关的,而 2008 年紧缩政策对通货膨胀的治理效果要到 2009 年才能得到充分体现。因而,在强调 2008 年实行紧缩政策重要性的同时,对 2008 年年底实现较低通货膨胀的可能性不应抱过高期望。2008 年经济增长速度到底在多大程度上将因政府的紧缩政策而受到影响,取决于紧缩力度。在 1993—1997 年宏观经济治理期间,尽管政府实行了力度很大的紧缩政策,经济增长速度的下降基本是每年 1 个百分点左右,最多时为 2 个百分点。参照这一历史经验,我们可以假设,2008 年所实行的紧缩政策对 2008 年经济增长的抑制作用不超过 2 个百分点。

除美国次贷危机和中国货币紧缩的影响外,我们还必须考虑人民币对美元和其他主要货币升值对中国经济增长造成的不利影响。自 2005 年 7 月,人民币兑美元的名义汇率上升了 15%。人民币对一篮子货币的名义有效汇率上升了 5%。自 2005 年人民币汇率上升以来,中国的贸易顺差不但没有减少,反而一直处于高速增长状态。由于加

---

① 根据中国社会科学院世界经济与政治研究所张明博士的计算,经济增长率每增加 1 个百分点,经过一年的滞后通货膨胀率将上升 1 个多百分点,经一年的滞后,经济增长速度可能下降 2.7 个百分点。

工贸易在中国出口中所占的重要地位，汇率变动对中国贸易顺差的影响肯定小于以一般贸易为主的国家。但汇率对中国贸易顺差的影响肯定是重要的，否则，为何相当多的出口企业对人民币升值叫苦不迭呢？影响一国贸易总体状况的汇率是名义有效汇率（或实际有效汇率，如果各国通货膨胀率差异显著），而不是单边名义汇率。过去三年中，人民币升值并未对中国贸易顺差的增加造成重要影响，是因为人民币名义有效汇率上升幅度不大。如果人民币升值进一步加速，通货膨胀加剧导致人民币实际有效汇率的进一步上升，中国贸易顺差最终将受到升值的显著影响。升值幅度在很大程度上也取决于中国货币当局的政策选择，现在很难判断人民币在2008年到底会有多大幅度的升值。如果经济增长速度下降过快，货币当局可能会调整升值速度。由于缺乏人民币升值对贸易差额影响的经验数据，很难判断如果人民币对美元升值10个百分点，中国净出口将受到何种影响。2007年中国的净出口为2600亿美元，同上年相比，增速接近50%，对经济增长的贡献应该在4个百分点左右。假设2008年人民币升值10%，中国净出口的增长速度下降到25%，在其他因素不变的条件下，中国经济增长速度将下降2个百分点以上。如果考虑到净出口对投资、消费等因素的影响，中国经济增长因净出口增长减速而受到的影响将更为严重。

孤立地考察影响2008年中国经济增长的三个主要因素，即假定美国经济减速0.7个百分点，中国实行力度与1993—1997年相当的紧缩政策，人民币对美元升值10%，[①] 中国经济增长速度将下降5个百分点左右。但是，影响中国经济增长的上述三个因素并非独立的，三者的影响不应该简单相加。例如，如果中国贸易顺差的增速因美国经济增速回落而明显下降，人民币升值幅度就会相应减少。又如，紧缩政策在一定程度上会抵消美国经济放缓对中国贸易顺差增长的抑制

---

① 假设美元对欧元和其他主要货币的汇率已经趋于稳定。

作用。因而，2008年中国经济增长形势不会像上述推算的那么严重。真正严重的形势可能要到2009年才会逐步显现。事实上，2008年第一季度在面临三种压力的条件下，GDP增长速度超过10.6%，增速下降仅1.3个百分点。尽管现在下结论还为时过早，2008年中国经济增长速度应该能够保持在9%左右。政府提出2008年经济增长速度为8%的目标，是留出了足够的余地。

这里需要回答的一个问题是：既然由于美国次贷危机的影响，中国经济增长将出现下滑，对紧缩性货币政策是否应该调整？如果需要调整，又应该如何调整？正如前面已经指出的，美国经济增长速度下降，将通过贸易渠道直接和间接地导致中国经济增长速度的下降，而出口的高速增长则是中国近年来出现过度需求的重要原因。在其他因素不变的条件下，出口增长速度下降将减轻经济中过度需求的压力。[①]但是，出口增长速度的下降并不能代替紧缩货币的政策。首先，出口增速下降不一定意味着流动性自动减少。例如，资本的跨境流入可能会抵消因贸易顺差增速下降导致的资金流入的减少。如果经济中的流动性未见减少，总需求中其他部分的增速将会上升，从而使经济中的过度需求得以维持。其次，由于出口加工贸易在中国出口中的重要地位，出口增速下降所释放的生产能力中有相当一部分并不能用于满足内需，因而不能发挥抑制通胀的作用。最后，通货膨胀作为一种恶性循环过程，一旦形成就有其自身发展规律，出口增速下降即便可以影响也不能改变这一过程。因而，尽管可能需要进行某种调整，中国实行紧缩政策的重要性不会因美国经济增长速度的下降而降低。

资产泡沫崩溃

除了通货膨胀和经济放缓之外，中国经济面临的另一威胁是资产

[①] 同因人民币升值导致的出口增速下降不同，美国需求减少导致的中国出口增速下降将伴随中国贸易条件的恶化。

泡沫。毫无疑问，中国的资产市场泡沫一度非常严重。经过了一系列的调整之后，中国的证券市场处于一种观望状态。但是，市场仍然有可能随时崩溃。股市的崩盘将对数千万甚至上亿中小投资者造成伤害，其社会和政治后果是极为严重的。股市一旦崩盘，中国股市将长期处于一蹶不振的状态。但是，股市崩溃对实体经济的影响目前并不十分明朗。政府对股市稳定负有义不容辞的职责，无论是在泡沫急剧膨胀时期还是泡沫行将崩溃时期。当然，这种义务并不等于要为投资者买单。中国股市的根本问题是制度建设问题，这一问题还远未解决。在制度问题尚未解决之前，资本市场的急剧扩张蕴含着巨大的风险。

与股市相比，房地产市场的潜在问题更令人担心。近几个月来，房地产市场热度已经有所下降，尽管趋势还不明显。在房地产调控上，中国政府面临两难选择：一方面，政府必须对飞涨的房价采取降温措施，这意味着房地产开发速度和房地产需求都必须得到控制。另一方面，房地产开发高度依赖商业银行信贷，[①]一旦房地产市场出现重要调整，银行必将受到冲击，并导致系统性危机。房地产问题说到底是银行风险防范问题。香港房地产几经大起大落，但银行却是始终岿然不动。内地的银行经得起房地产泡沫崩溃吗？

从长远来看，在经历2007年以来的暴涨、暴跌，在看到被我们认为理想模式的美国资本市场的严重危机之后，我们已经到了对中国资本市场发展和建设的指导思想进行反思的时候了。

应对挑战：坚持货币紧缩

中国的货币紧缩政策主要包含以下四个方面：第一，跨境资本流动管理；第二，汇率政策；第三，对冲政策；第四，利息率政策。与

[①] 据报道，2007年，上海中资商业银行一半左右的贷款同房地产开发有关。

此同时，还有一系列制度建设和改革问题。例如，应该进一步加快利息率自由化的步伐，建成以银行间短期拆借利息率为中心的利息率联动体系。

跨境资本流动管理

自2003年以来，面对升值压力，中国人民银行对跨境资本流动的政策是"严进、宽出"，目前则出现了加速资本项目自由化的呼声。资本管制的主要目的有三：第一，防止投机资本冲击资本市场尚不健全、银行体系仍脆弱的经济体，避免货币危机和金融危机的发生。在亚洲金融危机中，资本管制使中国幸免于难，马来西亚则减轻了危机的深度。第二，在汇率缺乏灵活性的条件下，资本管制是维持货币政策独立性的必要条件。换言之，资本管制使政府在维持经济稳定的过程中得以避免采取极端措施（如大幅调整汇率或利息率）。第三，影响资本流入的数量、形式和结构，防止过度负债、防止有害于经济长远发展的投资流入国内。第四，遏止洗钱和转移非法资产的活动。资本管制的负面作用则包括增加交易成本、降低效率。在当前情况下，中国到底应该进一步加强资本流动管理还是加速资本项目自由化？答案取决于资本管制是否有效。

如果资本管制基本无效，或使之有效的成本过高，我们或许只好听其自然，干脆取消资本管制。权威部门最近曾明确表示，资本管制在中国基本有效。但是，坊间又有关于热钱大量流入的种种说法。为什么自2005年以来，中国外贸顺差、直接投资会急剧增加？为什么外汇储备与贸易顺差和直接投资两项之和间的差额也急剧增加？如果这些增加是热钱所至，热钱又都进入到了中国的哪些金融市场？2004年至2005年流入房地产市场的热钱可能不少，2006—2007年中国股市暴涨也可能同热钱有关。那么，在股市飘摇不定，楼市可能逆转的2008年，因升值预期和中美正利差而流入的热钱到底又藏在了哪里？2008年第一季度，全国实际使用外资金额274.14亿美元，同比增长

61.26%，人民币储蓄存款大幅回升（香港居民的人民币存款急剧增长，但绝对量并不大），所有这些是否是热钱大量流入的结果？可惜的是，有关部门并没有提供答案。难道热钱是根本无法查核的吗？一笔登记的"直接投资"究竟是直接投资还是热钱应该是能够区分的。一笔外贸收入是否有真实贸易基础应该也是可以判断的。对跨境资金流动的查核和监督在技术上似乎也是可以解决的。① 在基本统计未搞清的情况下，中国的资本管制到底是否有效是难以判断的。或许可以认为：在中美利差倒挂，人民币升值预期明显加强之前，中国的资本管制基本是有效的。② 近来，情况则可能已有所变化。但是，无论如何，我们至少可以通过各种办法提高热钱流入的交易成本，从而减少热钱流入。在当前情况下，提出加速资本自由化似乎不妥。热钱不会因放松资本管制而减少，升值压力也不会因此而减轻。资源配置可能会有所提高，但同投机资本冲击所带来的风险相比很可能是得不偿失。资本项目自由化带来的更为严重的潜在问题是：热钱按定义是短期投机资本，热钱必然是随时准备撤出的资金，一旦时机到来，热钱就会饱食远飏。中国的国民福利就会遭到严重损失。在极端的条件下，热钱的大规模（如果大量热钱已经流入中国）流出还可能引发严重的金融危机。从长远看，资本项目自由化是不可避免的。但是，为了实现这一目标，我们必须首先有一个健全的经得起冲击的金融体系（特别是银行体系），一个有效的由市场供求决定的利息率体系和一个灵活的汇率制度。当前，我们的方针应该是加强和改善对跨境资本流动的管理，而不是加速资本项目的自由化。

汇率政策

2008年以来中国贸易顺差增长速度明显下降，反对升值的呼声

---

① 一些日本和韩国的高级官员都曾做过这种表示。
② 唐旭、梁猛：《中国贸易顺差中是否有热钱，有多少?》，《金融研究》2007年第9期。

因之再次高涨，个别人甚至提出恢复钉住美元的主张。2005年中央在"十一五"规划中确定了在2010年实现进出口贸易基本平衡的方针。但自2005年中国的贸易顺差不但没有减少，反而急剧增长。2005年、2006年和2007年中国贸易顺差的增长速度分别达到220%、70%和50%，净出口对经济增长的贡献越来越大。贸易顺差的不断增长意味着中国持有美元资产的不断增长。美元不断贬值，美国通货膨胀进一步恶化，美国资产大量违约（甚至美国国库券的评级也出现问题），美国国库券的实际收益率已由正转负。我们用资源枯竭、环境污染、人力损耗、贸易摩擦和西方蓝领仇视所换回的仅仅是一些日益贬值的"借据"。这样的顺差越多，中国的福利损失越大，对此难道我们还想不清楚吗？2008年第一季度中国出口增长21.4%，增速低于2007年同期6.4个百分点；第一季度贸易顺差则比2007年同期减少50.2亿美元，下降幅度为10.6%。这本来是十分正常的现象，我们完全没有必要感到紧张。降低贸易顺差的增长速度，减少贸易顺差，最后实现贸易基本平衡，难道不是"十一五"规划所要求达到的目标吗？① 确实，贸易顺差增长速度的下降意味着经济增长速度下降和失业增加，政府应该为面临困难的企业纾困解难，但这并不意味着应该改变"十一五"规划所确定的战略方向。政府应该利用这种压力，通过刺激内需、完善社保体系等政策，在稳定经济的同时实现增长方式的转变。

担心贸易顺差增长速度下降的人士往往同时认为，升值不能减少贸易顺差，因而升值无用。显然这是一种自相矛盾的看法。尽管中国贸易顺差对人民币汇率变动的敏感性，比一般贸易占支配地位的国家要小一些，但作用肯定是存在的。更何况，除了有助于减少贸易顺差增长速度、改善贸易条件之外，升值还可以直接和间接地起到抑制通

---

① 把出口退税政策作为鼓励或抑制出口的政策则是不适当的，我们在2003年就曾指出这点。

货膨胀的作用。拒绝名义汇率上升所换回的只是实际汇率的上升，两者对贸易平衡的影响相同，但后者将使通货膨胀进一步恶化。关于这个问题似乎已经不需要做更多讨论了。我们现在需要讨论的问题不是应不应该升值，而是如何升值。如果中国的资本管制基本有效，升值的速度可以相应放缓，以便给企业更多的调整时间。如果资本管制无效，热钱流入庞大，升值速度就应该加速。升值方式可以有五种选择：缓慢升值（每年3%—5%）、连续快速升值（每年10%—15%）、跳跃式大幅升值、中国人民银行暂停干预外汇市场、实行自由浮动。特别需要强调的是，缓慢升值固然对企业调整较为有利，但却不利于抑制热钱流入。相反，停止对外汇市场干预（汇率大幅度上升）或实行自由浮动，不利于企业调整，但却有利于抑制热钱流入。人民币升值的方式应取决于其对通货膨胀、热钱流入、贸易平衡和经济增长方式转变的综合影响。我们不应该排除采取上述任何一种选择的可能性。在必要情况下，中国人民银行可以暂时停止对外汇市场的干预。

对冲政策

无疑，中国人民银行还将继续实行提高准备金率和销售央票的对冲政策，但是对冲政策的可持续性将越来越成为突出的问题。商业银行的准备金率已经高达16%，央行票据在一些商业银行资产中所占比重已经达到10%—20%。此外，商业银行为房地产开发提供的贷款在其资产中所占比重也已经相当高。对冲对商业银行资产质量的负面影响越来越大。如果当前双顺差的局面得不到扭转，对冲政策将难以为继。

利息率政策

我们以前曾经指出，流动性过剩问题不仅是一个货币供给增加过快问题而且是货币需求增长减少问题（货币流通速度上升）。如果货币需求函数不稳定，中国人民银行通过数量控制（基础货币—货币乘数—广义货币—实际需求）执行紧缩政策，将难以达到预期结果。与此相对比，通过价格控制（基准利息率—货币市场和信贷市场利息率结构—信贷成本—实际需求）执行紧缩政策，可能更为有效。但是，由于利息率自由化进程的滞后，中国无法有效使用价格控制方法。中国的利息率政策是直接控制商业银行存、贷款利息率（可以有浮动空间）。为了改变高投资、低效率的经济增长方式，为了保护工资收入者，特别是养老金领取者，实际利息率为负的现象必须改变。为了抑制通货膨胀和房地产过热，也必须进一步提高利息率。中国人民银行现在还在通过信贷控制来实现货币紧缩，不仅说明数量控制依然偏松，还说明利息率依然低于均衡水平。在利息率过低、信贷市场并未出清的条件下，信贷控制是必要的，而信贷控制必然导致资金配置的低效率。只有提高利息率，信贷管制才可以避免。在长期，中国应该加速金融市场建设，加紧推动利息率市场化步伐，逐步由数量控制转向价格控制。在短期，则应该尽可能使数量控制和价格控制的结果相一致，减少信贷市场的供求不平衡，从而尽可能避免实行信贷控制的必要性。

由于在中国执行货币紧缩政策的同时，美联储执行了降息政策，再加上人民币升值预期的加强，可以预料，热钱流入的压力在今后必将进一步加强。热钱将抵消货币紧缩的政策效果，并造成前面已讨论过的种种后果。我们现在应该怎么办？第一，加强对跨境资本流动的管理；第二，加快人民币升值；第三，继续对冲；第四，进一步升息。当然，除上述宏观需求管理方面的政策外，中国政府还应该在改善供给方面做出重大努力。此外，对于在宏观调控中出现的企业破产、工人失业等社会问题，中国政府应通过财政手段加以解决。同上述政策组合相对比，最糟糕的选择就是在人民币缓慢升值的同时，放松资本管制。

总之，尽管面临一些严峻的挑战，中国经济的前景是光明的。在短期（或许是 2009 年），中国将能够实现软着陆，在降低通货膨胀率的同时，维持经济的稳定增长。但需要强调的是，短期宏观经济调控必须有利于实现"三个转变"。只有这样，我们才能在实现当前宏观经济稳定的同时，确保未来经济的可持续发展。

第三篇

全球金融危机下经济增速和结构调整的取舍

中国内外部经济形势及宏观经济政策前瞻*

外部经济形势：金融危机远未结束

当前国际经济形势的基本特点可以用"三F"来表示，即 Financial Crisis（金融危机）、Fuel Crisis（石油危机）和 Food Crisis（粮食危机）。国际资本大鳄索罗斯日前曾指出，美国当前可能面临"60年来最严重的一次金融危机"。

目前，随着美国房地产市场的不断下滑，金融危机已经从次贷蔓延到优级抵押贷款。美国最大的两个房地产贷款公司——房利美和房地美近期陷入困境便是证明。这两家金融机构持有大约5.3万亿美元的抵押贷款债权，占整个市场规模的44%。这两大公司面临财务困境，势必会对美国经济造成巨大冲击。因此，要对当前国际经济形势保持高度警惕，不要掉以轻心，不要以为最坏的时候已经过去。最可能的情况是危机还远未结束，仅仅是"结束的开始"（end of the beginning）。

---

* 本文原题为《中国当前的内外部经济形势及其宏观经济政策前瞻》，是2008年7月某会议发言，后刊于《国际经济评论》2008年第9—10期。

内部经济形势：金融危机对中国的影响以及国内的通货膨胀

次贷危机影响中国的直接和间接途径

这场发端于美国的次贷危机直接影响到了中国，部分中资银行机构购买的次级抵押债券价格缩水，损失大约在100亿美元。此外，由于中国是美国机构债的最大持有国，而房利美和房地美又是美国最大的两家机构债发行人，因此中国持有的机构债面临账面缩水的危险。

次贷危机给中国带来的间接损失远不止此。它在资本流动、贸易保护等诸多方面都会给中国经济带来深远影响。次贷危机的发展，可能会改变国际资本流动的方向，导致短期性投机热钱流入中国。次贷危机和美国经济下滑将导致美元持续贬值，以美元计价的国际大宗商品价格上扬，进而造成中国国内输入型通货膨胀。而美国经济下滑又会引发美国国内贸易保护主义思想抬头。

美国经济减速或衰退对中国出口的影响

根据我们的测算，中国出口对美国收入的弹性大约为4。就是说，美国经济增长下降1%，中国对美出口增速可能下降4%。考虑到其他国家经济增速也会因美国经济减速而下降，加上中国出口对许多重要贸易伙伴的收入弹性也在3—4，因此，以对美出口占中国出口比重1/5左右计算，美国经济增速下降1%，中国的总出口增速大致下降2%。

当前中国通胀形势不容乐观

当前中国的通货膨胀，既有成本推起也有需求拉动的性质。但本轮通货膨胀的发生，从根本上说，是经济过热的结果。当前国际石油价格、粮食价格和其他商品价格的暴涨，以及国内工资成本的上涨

（还有天灾），对中国通货膨胀的发生也有重要作用，而且正在起着越来越大的作用。但是，当前世界范围内的通货膨胀，从根本上说，是世界范围内经济过热的结果。

在今后一段时间内，中国的通货膨胀形势依然不容乐观。

第一，通货膨胀的发生和发展，滞后于经济过热的发生和发展数个季度甚至 1 年以上。2007 年（甚至此前）的经济过热，不但对当前的通货膨胀，而且对未来的通货膨胀也将会发生影响。目前，中国的经济增长速度依然高达 10.6%，依然高于潜在经济增长速度，通货膨胀压力在今后一段时间内将继续存在。

第二，中国目前的通货膨胀水平是在依然存在物价管制条件下的通货膨胀水平。为了改善资源配置，增加供给，政府必然会逐步放松物价管制。由于价格下调的刚性，一旦解除对关键性产品的物价管制，通货膨胀率将会上升。

第三，国际石油价格、粮食价格和其他商品价格（如铁矿石）的上涨，已经而且还将增加中国产品的生产成本，从而导致中国 PPI 的上升。

第四，中国的 PPI 在最近几个月持续上升，目前已经超过 8%，下游企业将越来越难以消化 PPI 的上涨。因而，CPI 很可能将因越来越多的产品的价格上涨而上涨。中国今后面对的已经不仅仅是猪肉或其他农产品价格的上涨，而是物价的普遍上涨。

第五，随着时间的推移，如果通货膨胀的上升趋势得不到扭转，通货膨胀预期将会加强，通货膨胀预期下的企业和个人的自我保护行为（如要求增加工资、囤积、抢购等）将使通货膨胀进一步恶化。防止通货膨胀预期进一步加强应该是反通货膨胀政策的着力点，而这又要求我们必须防止通货膨胀率的进一步上升。

把当前中国通货膨胀的原因主要归结于供给方冲击，归结于成本推起是错误的。对通货膨胀成因的这种错误诊断，将导致对实行紧缩政策必要性的低估，对通货膨胀的容忍，其后果是令人担忧的。

2008年下半年及2009年中国宏观经济政策前瞻：坚决遏制通胀

国务院最近召开的经济工作会议提出，要将保持经济平稳较快发展、控制物价过快上涨作为宏观调控的首要任务，把抑制通货膨胀放在突出的位置。我认为，必须坚持把抑制通胀作为宏观经济政策首要目标的方针。如果中国能够及时采取措施抑制通胀，经济就不需要急刹车；如果错失良机，最终不得不急刹车，损失则要大得多。

抑制通胀要降低经济增长速度

由于中国通货膨胀的根本原因是经济过热，抑制通货膨胀的主要途径应该是抑制总需求。换言之，控制通货膨胀就要降低经济增长速度。在中国的总需求中，固定资产投资和出口是增长最快的两部分。其中，固定资产投资增速持续高于GDP增速。中国的投资率超过45%，是世界之最。由于房地产投资对总投资的增长贡献最大，且存在较严重的泡沫，因此应该成为宏观调控的重点。

抑制经济过热所造成的通货膨胀，必须付出经济增长速度下降的代价，所谓"鱼和熊掌不可兼得"。中央政府关于"两防"的方针是绝对正确的，在通货膨胀回落到可接受的水平之前，切不可以改变。投资增长速度和出口增长速度的下降符合中国经济结构调整和宏观调控的方向，我们没有必要对两者增长速度的下降，特别是对出口增长速度的下降过于担忧。目前速度降一点，是正常的，不必紧张。没有增长速度的适度回落，就不能有增长质量的提高，也不可能有产业结构的升级。

防止经济过度下滑可以做些预案，但还远没有到需要立即实施的程度。特别应该指出的是：贸易顺差的减少符合中国国家利益。目前，美国的金融危机正在进一步深化。由于美国通货膨胀、美元贬值和美国金融资产的违约风险越来越大，维持贸易顺差意味着中国继续用实际资源换取越来越不值钱、风险越来越大的美国借据。出口部门的困难应该通过国内资源重新配置的方法，而不是通过继续为美国提供资金（外贸顺差＝借钱给外国人，特别是美国人）的办法加以解决。

在当前形势下，释放出政府将会对"反通胀"方针加以调整的信号是绝对有害的。即便需要对某些具体政策进行微调，也不应使公众产生"政策将会放松"的印象。例如，基于货币政策松动的预期，许多银行提前放贷，夸大信贷紧张程度，营造信贷需求旺盛、规模紧张的氛围，以倒逼中国人民银行。温总理关于经济增长速度不低于8％的提法，显示了政府治理通货膨胀的决心，为治理通货膨胀预留了充分的余地。我认为这是完全正确的。

治理通胀离不开货币紧缩

货币主义者认为，"通货膨胀无论何时何地都是货币现象"。话虽然不能说得那么极端，但宽松的货币供应环境毕竟是出现需求拉动型通货膨胀的必要条件。因此，治理通货膨胀离不开货币紧缩①。除非通货膨胀形势有了根本的好转，否则，货币紧缩的大方向是不会也不应该改变的。紧缩性货币政策可以通过各种渠道，减少有效需求，从而达到抑制通货膨胀的目的。

治理成本推起型通货膨胀，自然要增加供给，但为增加供给所能选择的宏观经济政策工具是有限的（减税是其中最常见的一种），且难以在短期内见效。一般情况下，即便通货膨胀是由供给方原因所造成的，为了抑制通货膨胀，除实行其他政策外，实行紧缩性货币政策也是必不可少的。必须看到，在这种情况下，为求抑制通胀，需要付出更大的经济增长速度下降的代价。遗憾的是，我们没有更好的选

---

① 实践证明，通货膨胀率的下跌不一定需要先经过货币紧缩这一环节（作者补注）。

择。20世纪80年代，为了抑制由于石油冲击造成的通货膨胀，美联储采取了紧缩性货币政策，美国经济一度陷入"滞胀"。但历史表明，美国当时的经济衰退换来了以后20多年的低通货膨胀。而这种低通胀，则为美国经济的振兴打下了坚实基础。中国多年的低通胀来之不易，一旦失去，要想重新获得，所付代价将是十分巨大的。由于就业对经济增长的弹性已经越来越低，经济增长速度下降所带来的失业问题应该而且可以通过其他方法（如财政政策和产业结构调整）来解决。

目前世界许多国家都面临着经济放缓与油价、食品价格高涨导致通货膨胀的两难抉择，但是，它们无不把治理通货膨胀作为当前面临的首要任务。例如，欧盟预测委员会预测欧元区今年全年的经济增速将由去年的2.6%下降到今年的1.7%，而明年会进一步减速到1.5%，但是为了治理通货膨胀，欧洲中央银行仍加息25基点至4.25%；2008年年初到7月8日已经有24个发展中经济体实施紧缩货币政策，其中22个国家实行加息政策。金砖四国中巴西已加息100基点、俄罗斯加息50基点、印度6月内第二次加息并累计紧缩达到75基点，金砖四国外，印度尼西亚也累计加息75基点。

在执行货币政策的时候也存在尽量使用市场手段的问题。除目前最经常使用的货币工具之外，应该加速利息率市场化的步伐，尽快实现由控制商业银行存贷款利息率转到控制银行间短期拆借市场利息率，通过改变银行信贷成本，间接影响商业银行行为。信贷管制将导致金融资产配置的低效率，从长远来看，不利于通货膨胀的治理。

抑制通胀应继续让人民币升值

中国的本次通货膨胀不能不说同其汇率政策有关。中国本轮通货膨胀的货币源头及其发展可以分为这样几个环节。

第一，优惠的引资政策和出口导向政策导致了中国的双顺差。随着时间的推移，这种双顺差日益固化为结构性的双顺差，中国经济增长对外需依赖度日益提高。

第二,由于对外依存度过高,中国不希望人民币升值。在双顺差条件下,为了维持汇率的稳定,中国人民银行不得不大规模干预外汇市场,买进美元,释放出人民币。

第三,中国人民银行的干预导致外汇储备和基础货币的大量增加。为了防止基础货币的增加导致通货膨胀,中国人民银行进行了大规模的对冲操作:卖出央票,回收人民币;提高准备金率。中国人民银行的对冲是成功的,但由于存在种种制约因素,对冲难以完全冲销掉过剩的流动性。事实上,中国广义货币的增长速度一直明显高于GDP的增长速度,这就为通货膨胀的发生创造了货币条件。

第四,中国的持续、巨额双顺差必然导致对人民币升值预期的产生,这种预期进而导致了外贸顺差和外国直接投资之外的资金的流入,从而进一步导致了人民币的升值压力和中国人民银行的对冲负担,过剩流动性进一步增加。

第五,解决由双顺差和人民币升值预期造成的流动性过剩的最简单办法是让人民币根据市场的需求自由浮动。但是,由于人民币币值长期被低估,人民币汇率一旦自由浮动,升值幅度可能过大,从而对中国的出口造成严重打击。于是中国选择了缓慢升值这一路径。

第六,缓慢升值和中美利差的倒挂导致热钱的流入。在人民币升值速度缓慢条件下,防止热钱流入的唯一方法是实行资本管制。但是,中国的资本管制存在许多漏洞,在一段时间内,未能采取有效措施遏制投机资本的流入。可以说,缓慢升值和资本管制诸多漏洞是造成中国当前流动性过剩的最重要原因。

人民币升值可以降低石油、大豆、铁矿石等进口商品的价格。从日本经验看,日元升值促成了物价水平的稳定。从1984年到1987年短短3年时间里,日元对美元升值了1倍,以石油为代表的进口商品价格相应地下降了一半,批发商品物价指数随之回落,消费者物价也处于稳定状态。中国在当前的物价调整过程中应该发挥人民币升值的作用。例如，中国石油短缺，需要进口。但由于中国油价过低，中石油却大量出口。对于企业而言是合理的经济行为，但对国家而言却是中国补贴外国。解决这一问题的办法，不仅是要适当提高国内油价，更重要的是应该让人民币升值。人民币升值必然导致中国企业石油出口积极性的下降，从而增加国内的石油供应，并减少国内提高油价的压力，有助于抑制通货膨胀。

人民币的升值速度取决于资本管制的有效性。如果资本管制完全有效，人民币的升值速度就可以由中国根据需要自行掌握。如果资本管制完全无效，而对冲又难以为继，就只好让人民币自由浮动。如果不愿让人民币升值速度加快，就必须对资本的跨境流动实施有效管理，否则，中国就将失去货币政策的独立性，而无法对通货膨胀实行有效控制。

从经济结构调整的角度来看，我们对人民币升值应该抱有更为积极的态度。升值是符合中国自身利益的。以低汇率维持出口势头实际上是以牺牲中国的利益补贴外国，特别是发达国家。在合理汇率水平下，中国钢铁出口的数量是不会像今天这样巨大的。中国应该利用升值的机会，推动"三个"转变。应该看到升值给中国出口业带来的困难，但更应该看到，升值正在带来一些积极的变化。

抑制通胀应加强资本项目管制

人民币升值速度取决于资本管制的有效性。当前中国人民银行对跨境资本流动加强管理的方针是非常必要的，但力度还应该进一步加强，覆盖面应该进一步加宽。"严进宽出"应该调整为对"进"和"出"都实行有效管理。

财政政策应在抑制通胀中发挥更大作用

由于银根紧缩、人民币升值，以及外部经济体增速下滑等，出口形势将会恶化，中国经济增长速度会下降。这时，财政政策应该发挥更大作用,用于帮助经济增长方式平稳转型和经济结构调整。比如,采取减税政策、增加对低收入者的补贴、完善社会保险体系等举措。值此世界经济增长速度下滑、美国金融危机恶化、美元资产大幅度贬值、风险大大提高之际,通过增加出口、保持中国经济增长速度的办法是不好的。贸易顺差意味着用实际资源换取越来越不值钱的美元的结局,中国的国民福利正在遭受越来越严重的损失。举个极端的例子,中国与其继续出口廉价商品,换回美元,还不如由财政部出钱把企业无法在海外销售的产品(衬衫、鞋子等)统统买下,无偿送给汶川地震的灾民。

抑制通胀应调整相对价格

物价管制不是抑制通货膨胀的好办法。物价管制扭曲了价格信号,造成资源配置的恶化。这种方法不能减少需求,却会减少供给,并最终导致通货膨胀形势的恶化。对汽油、电力、粮食和其他一系列重要产品的价格管制,尽管在短期内对通货膨胀能够起到一定的抑制作用,但最终结果必然是供给的减少和通货膨胀的恶化。价格管制最终导致通货膨胀恶化的国际经验比比皆是。中国政府前不久提高汽油价格的决定是非常正确的,政府应该进一步解除对油价、电价、水价等重要能源价格的管制,用市场手段而不是计划手段配置资源。

为了不使相对价格的调整导致通货膨胀的恶化,当一些价格上升时,必须有另一些价格下降。为了做到这点,就必须拧紧货币供应的水龙头。反过来说,只要继续实行从紧的货币政策,价格管制的放松应该不会导致通货膨胀的严重恶化。对于在相对价格调整中受损的低收入者和中、小企业,政府应该也可以通过财政加以适当补贴。

总　结

当前中国经济形势总体上是良好的。中国完全可以有效遏制通货膨胀，实现经济的软着陆。中国必须坚持把遏制通货膨胀放在首位。中国应该继续实行紧缩性货币政策，与此同时，放松对汽油、电力、粮食等产品的物价管制，实行相对价格的调整，改善资源配置，从而增加供给。中国应该继续人民币升值的方针，不仅是对美元的升值，而且应该是名义有效汇率的升值。为了保证升值的自主性和渐进性，中国必须加强对跨境资本流动的管理。财政政策应该发挥更为积极的作用，对在经济调整过程中遭受损失的低收入人群实行补偿，帮助转型中的企业顺利实现转型。值此世界经济形势趋于恶化之际，中国应该对自己的政策做出相应调整。但是，实现"三个转变"的工作不能放松，"双防"的政策也不应改变。

面对全球金融危机的冲击,中国宏观经济政策应该如何调整?[*]

《21世纪经济报道》:2008年下半年以来,随着金融危机的深化和扩散,世界经济衰退的风险日益加大,对中国出口也产生了越来越大的负面影响。同时,国内对房地产等领域的宏观调控也在一定程度上抑制了总需求的进一步增长。由此,有些人提出要防止总需求过度下降,政策似乎也在转向,例如中国人民银行已两次下调利率。针对人们对经济放缓的担忧,您觉得中国经济比较适合的增速应该是多少?

余永定:中国的经济增速多快比较合适?关于这点一个最简单的判断方法就是看改革开放以来的平均经济增长速度,这个数字是9.8%。但你要看到之所以是9.8%,这跟2003年以来的超高速经济增长有关,因为在此期间中国的平均增速是10.8%,所以把平均值提高了很多。

第二点我要强调,长期以来,各方普遍认为中国的潜在经济增长速度应该在8%左右。例如在2004年,政府领导说要争取当年的经济增速达到7%,当时《广州日报》就此对我进行了采访,我说中国的经济增速应该是在9%左右,中国需要而且能够达到这个速度。这就

---

[*] 本文原题为《宏观经济增长和结构问题》,刊于2008年10月18日《21世纪经济报道》。

是说直到 2003 年出现超常高速增长之前，大家普遍认为中国的潜在经济增长速度应该还是在 8% 左右。在 2006 年颁布的"十一五"规划中，未来 5 年预期的经济增长率是 7.5%，也在 8% 以下。我以为最近几年的增长是一种超常增长，不能以此为依据，就认为中国的潜在经济增长速度已经跃升到了 10% 以上，是 11%，甚至 12%，这是欠妥的。

另外，还有许多单位对这个数字进行过计算，例如国家信息中心的祝宝良。根据他的计算，从 2003 年以后，中国经济的实际增长速度一直是超出潜在经济增长速度的，2003 年、2004 年、2005 年、2006 年和 2007 年分别超过了 0.3%、0.2%、0.4%、1.5% 和 2%，2002 年则是低于潜在经济增长速度的。当实际经济增速低于潜在经济增速时，该经济体存在有效需求不足的问题，而当超过时，该经济体存在需求过剩的问题。我想在各式各样的计算中，这个数据应该是比较权威的。而且从各个方面来看，我觉得这个计算结果跟我的感觉和经验也是一致的。

因此，我认为中国的潜在经济增长速度目前应该在 9% 左右。从这点出发，很明显，过去 5 年中国经济处于需求过度的状态中。既然存在过度的需求，那这不可避免地会导致物价的上涨，虽然这有一定的滞后期和上下的变动，但这个上涨的趋势肯定是存在的，除非我们消除这个过度需求的缺口，这也是我直到现在还认为中国应该对通胀保持警惕的一个重要依据。

更何况 CPI 只是在最近这两个月才开始回落，而 PPI 依然处于高水平上。它可能会回落，但是我们还没有看到它的回落。在 2007 年 7 月，CPI 同比上涨了 5.6%，但当时很多人认为中国不存在通货膨胀，其主要依据就是当时 PPI 涨幅不到 2%。那么现在 PPI 涨幅已经超过 10% 了，虽然 CPI 在往下走，但又凭什么断言这个 10% 的 PPI 不会使未来的 CPI 往上走呢？当然，由于美国金融危机的突然急剧恶化，人们对未来全球经济增长的预期急剧恶化，石油价格和许多初级产品价格开始大幅度下跌。这些变化当然减少了未来的通胀压力。但是我们并不能排除这些价格，特别是石油价格重新上升的可能性。对通货膨胀继续保持警惕是完全必要的。总之，通货膨胀压力是减轻了，但并未消除。汽油、煤炭、电力等产品价格的逐步自由化、工资的上涨等因素都将对未来通货膨胀造成压力。中国的超高 M2/GDP 比也是一个潜在威胁。

实际上，中国人民银行最近的货币政策变化对经济没有太大的影响，主要是信号作用，但是我认为这个信号不一定是妥当的。我个人认为，在 2008 年上半年经济增速依然超过 10% 的情况下，我们还是应该基本维持原来的宏观经济政策组合，等形势进一步明朗化之后再谈怎么调整。

《21 世纪经济报道》：但出口是中国经济增长的一个重要动力，而房地产是内需的主要组成部分，这两个方面的走软的确可能使得中国经济步入下行区间。

余永定：不能否认一个事实，就是我们现在的经济增速已经在往下走了。所以这时候我们要高度警惕，在防止通胀反弹的同时，不要使实际经济增速在向潜在经济增速回落的过程中超调，一下子从 10% 掉到 9%，然后又掉到 8%，这样的话可能会对未来的经济发展造成不利影响。

过去我们就出现过经济超调的事情，比如在 1993 年政府为了反通胀对经济进行了急刹车，现在看来那时候的措施可能急了点。而且到 1997 年的时候，政府就应该早点放弃紧缩政策了。因为通胀在 1997 年上半年就已经大幅下降了，虽然还没达到理想水平。其实在 1997 年上半年，一些经济学家就提过降息的政策建议，但未被接受。直到 1997 年 10 月才第一次降息，我们认为这时候降息已经晚了。后来关于是否要使用扩张性财政政策又发生了很多争论，那时候有许多人认为中国的隐性负债太高，采取扩张性的财政政策会恶化中国的财政状况。当时的另一种观点认为中国必须采取扩张性的财政政策，通过扩张性的财政政策刺激经济增长，债务余额占 GDP 的比例会下降而非上升。后来中央采取了扩张性的财政政策，我认为是正确的，但也觉得晚了一点，这个和我们后来一段时间经济增长速度比较慢是有关系的。当然，东南亚金融危机可能起的作用更大。

所以政策的前瞻性是非常重要的。从这点上说，我也不是坚持必须等通胀率降到 3% 之后，才能转变紧缩的货币政策。但从目前来看，我觉得还为时过早。做一些调整是可以的，但货币从紧的大方向不应该变。首先，10% 的经济增长还不需要担忧什么。更重要的是，在经济高速增长多年的同时，中国所有的结构性指标都在恶化。我们一直说要进行结构调整，但结果是直到今年以前我们的结构问题是趋于恶化的。在这个过程中我们一直在说，要等待更好的时机。实际上，当你在说我要等更好时机的时候，这可能已经是很好的时机了，以后的时机可能是越来越糟。比如现在的时机就比过去糟，但是以后可能更糟糕。如果现在不调整，以后调整的代价可能比现在要大得多。我举一个实例，关于人民币是否要升值的争论在 2003 年就出现了，当时相当多的经济学家说人民币应该升值，应该和美元脱钩，但现在不是好时机，因为可能人民币一升值，中国可能又通缩了，所以我们要等待更好的时机。结果我们从 2003 年一直等到 2005 年年中，汇改之后的动作也非常小，主要原因还是认为时机不好。但从现在来看，当时是最好的时机。为什么？因为当时经济由冷开始转为过热，那个时候中国开始出现通胀的压力，这时候升值产生的通缩压力可以抵消通胀的压力。这样一来，既可以维持经济的平稳增长，又促进了国际收支平衡。如果当时早做调整，坚决执行"十一五"规划所规定的在 2010 年实现对外贸易基本平衡的方针，我们何至于像今天这样被动。

《21 世纪经济报道》：照您的意思，人民币已经错过最好的升值时间了，那我们现在这么做还有什么意义呢？

余永定：我想现在大多数人都会承认我们错过了升值的最好时

机。但如果我们现在还不做的话，可能连时机都没有了。为什么这么说？因为2003年的时候，中国的外汇储备只有4000亿美元左右，外汇储备的急剧增加是2005年之后的事情，现在马上就到2万亿美元了。我们的外汇储备现在处于一种非常危险的状况，最明显的例子就是房利美和房地美，我们买了它们近4000亿美元的债券，如果美国政府不去干预而是任由它们破产，那么我们所买的这几千亿美元就可能成为废纸一张，这种损失相当于中国数十艘航空母舰被击沉了，这是多大的损失？我们现在幸免于难，但根本问题没解决。只不过是我们本来要从悬崖边上掉下去，结果人家拉了一把，我们又回来了，但我们只是喘口气而已。美国的金融危机到底会怎么发展？美国到底能怎么解决这个问题？我们现在根本没底，美国人自己也不知道。所以说我们积累了这么多的外汇储备，现在都处于命悬一线的危险境地，缩水是肯定的了，损失也是跑不掉的。对我们来说，现在最好的结果就是不要出现大面积的违约，这是我们要争取的目标。

回过来想，我们辛辛苦苦干了半天，难道就是为了得到这么一个结果？如果我们在2003年、2004年或2005年采取坚决措施实现贸易平衡，那么局面也不会恶化到像今天这样的状况了。可是现在我们竟然还在说为了刺激经济增长，要考虑让人民币贬值，要增加出口退税。增加出口，这是完全荒唐的事情，是绝对错误的事情。如果当时这么做是错的，现在这么做就是错上加错了。在这样的情况下争取保持出口增长速度，只能是以贸易条件的急剧恶化为代价，而且换来的这些美元所购买的资产现在很不安全，收益率是负的，随时都处于可能违约的险境，那我们为什么还要这样做？与其花这个力气这么干，为什么不花力气刺激内需，用国内需求来取代外部需求呢？

另外还要说一点，一个国家如果经济增速是8%，但还要担心就业问题，这说明这个国家的经济有问题。美国的经济增速一般情况下也就1%、2%、3%就很不错了，但也没听说有特别严重的就业问题。就发展中国家来讲，如果能保持8%或9%的经济增长，那是不应该有就业问题的。实际上，这是中国制造业中资本密集型产业的比重太高、服务业比重太低造成的。假设我们现在担心经济增长乏力主要是担心就业，那么我们应对的方式也是错误的，因为我们的结构不合理，导致我们经济增长所带来的就业率很低。所以假如我们未来要确保就业，那么就应该重视结构改革，至少不应该低于对经济增速的重视。其实与其在结构不合理的状况下通过拼命促进经济增长来带动就业，倒不如将经济增速放慢一点，改善产业结构来解决就业的问题。

《21世纪经济报道》：您刚才提到了中国外汇储备管理的风险问题。现在美国为了救援金融市场而不断增发国债，市场由此担心美国未来的偿付能力，您会担心美国这方面的问题吗？

余永定：当然会。美国救市需要资金，这将通过发售国债的方式筹集，但发售国债得有人去买。你可以设想一下，美国的GDP是14万亿美元、国债余额为10万亿美元，净外债为3万亿美元。2008年年初美国家庭的平均负债为5万美元，负债率为100%。为了救市，美国政府要投入的资金恐怕不止1万亿美元。新发的巨额国债谁来买？负债累累的美国家庭？而中国、日本和石油输出国等经济体储蓄很多，是净债权国。在这种情况下，我们要不要买？我们已经赔了，还要买吗？如果我们不买，国债的利率势必大大上升，这会带动整个美国金融市场利率的上升。这样一来，美国的经济会严重衰退，反过来又会影响中国经济、中国所持有的美元资产和美元在世界经济中的地位。

还有一种可能，如果大家去买，但新增的国债跟旧国债相比量太大，那会出现什么情况？对此，我们可以对比股市中的"大小非"解禁。当某支股票的"大小非"解禁时，股票的供给会突然大增，随之而来的往往就是股价的大跌，这时候谁的损失最大？谁持有股票越多，谁的损失就越大。中国手中的美元资产是巨额的，其后果也可想而知。

美国最后还有一种解决方式就是印钞票。印钞票的结果就是美元大幅度贬值和通货膨胀。作为美元资产的持有者，中国还是会损失。所以中国现在唯一现实的方法就是跟美国合作，最好是美国把中国和日本等债权国召集到一起商议，达成一个协议，美国要保证债权国最终可以拿回这笔钱，而债权国也要保证现在不急着拿回这笔钱，给美国时间来进行调整，最后大家能安全解套，但这是非常困难的，而且要多长时间还很难说。过去我就已经写过，20世纪20年代末当英国放弃金本位的时候，持有英镑的国家损失惨重，荷兰银行的行长甚至为此自杀。我当时写这个就是因为担心出现这种情况，但这种情况还是出现了，而且比我估计的还要糟。

在当前的困难条件下，中国是否会有机会呢？是否能把坏事变成好事呢？是否可以亡羊补牢呢？机会应该是有的，问题是我们是否能够发现和利用这种机会。例如，如果美国人需要向中国借钱，我们是否可以要求美国发行人民币债券。我们借人民币给美国人，他们可以用这些人民币购买美元。债务到期后，美国用美元购买人民币还债。这种安排应该说对中国是有好处的。当然，许多细节需要进一步考虑。没有永远的朋友，只有永远的利益。我们应该向美国学习，变得更精明一点。

《21世纪经济报道》：您之前谈到了宏观经济中的结构性问题，目前中国经济面临比较复杂的困境，很多人都希望政府通过阻止本币升值、上调出口退税、放松银根和扩张财政的方式来渡过难关。其背后暗含了一个假设，就是现在的问题主要还是经济周期下行的问题，这可以通过宏观调控来熨平，但似乎忽视了结构性转型的问题，不知道您怎么看？

余永定：当他们谈这个问题的时候是很少涉及结构问题的。我们现在面临的是两个问题，一是周期问题，潮涨潮落，二是结构问题，这意味着我们现在的许多政策，其目的是解决结构问题的，而非为了熨平经济周期，但这两者之间可能存在矛盾。比如解决结构问题的政策，可能从反周期的角度来讲并不是十分有利的，但我们如果不实行这个政策，可能永远都没法做相关的结构改革。而且经济周期到底处于什么位置，往往是事后才知道的。举例来说，现在很多人觉得在经济周期下行的时候，采取一些减少外贸依存度的政策，可能会恶化我们的周期。这种可能性是存在的，但也有另外一种可能性，由于这次美国的金融危机非常严重，因此世界经济的下滑可能是相当长时间的。它可能持续三年、四年甚至五年，而日本是十几年。

至于这场金融危机对美国和世界经济的影响，我们可以做不同的判断，但影响很大的概率是非常高的，而且越来越高。它对整个世界经济的影响将是长远的，而且可能在非常长的一段时间内，出口将变得非常困难。而在这种情况下，我们还想进一步出口，这不是自寻死路吗？

回过来说，我们在强调宏观调控熨平周期的时候，绝不能忘记经济结构的调整。事实上，我们经济结构在不断恶化。例如，这几年中国的经济增长越来越依赖于投资率的提高，实际上这种模式一般在短期内会造成经济过热，在长期会造成通货收缩。

另外，在过去4年中中国房地产投资在GDP中的占比平均为9.05%，2007年超过10%。而日本1995年至1998年的同口径数据为5.77%，其中最高的一年也仅为8.69%。香港家庭住房面积中位数是47平方米，中国城市居民还有谁肯购买这样的户型，经济适用房不也是90平方米吗？住宅建设带动了钢铁、电解铝、水泥等高污染、高耗能产业的发展。中国可以以房地产业为龙头、为中心带动经济的发展吗？正如吴敬琏老师一再强调的，中国经济结构存在严重问题，必须尽快调整。还可以再看看中国的环境污染和能耗问题，再看看我们的贫富差距和城乡差距问题。举例来说，中国的城乡收入比超过3∶1，但日本是1∶1.1，也就是说在日本，农民的生活水平是超过城里人的，就算它是发达国家，我们是发展中国家，也不应差距如此之大。而且这方面的情况比20世纪80年代还差。这等于说我们谈了十几年、二十几年的结构改革，其结果是结构越来越差。为什么？因为结构问题是一个比较长期的问题，人们往往习惯于应付眼前，而把未来的事往后拖，但这些问题越往后越难办。

其实我个人认为 2008 年以来经济结构已有所好转，例如我们的贸易增速和贸易顺差都有所下降，房地产投资也得到了一定的抑制。2007 年实行的一系列宏观经济政策，今年开始显现作用了。我们应该把这看作成绩，而非问题。经济增速的适当下降是我们进行宏观调控、加强经济结构改革的结果，因为从 2007 年以来，人民币升值的速度加快了，货币政策从紧了，结果今年我们发现出口增速下降了，贸易顺差减少了。我们又发现房地产的价格在下降，房地产投资的增速也在下降。所有这些都是好现象。现在如果由于出现了一些外部变化，我们就吓住了，反过来否定我们之前进行结构调整的正确性，停止了已在进行中的结构转型，并回到老路上去，这将意味着我们之前的所作所为前功尽弃。我们这样做可以暂时保持一些经济的增长，暂时解决一点失业，但这为以后的结构调整设置了更大的障碍。

《21 世纪经济报道》：您承认经济有下行的风险，但更强调要加快结构改革。假如世界经济在未来数年都没有起色，中国的外需受到了很大冲击，那么您觉得中国应该如何去应对这样的局面呢？

余永定：我自己认为中国仍然握有一个对冲经济下行趋势的有利条件，就是中国有一个比较良好的财政状况。如果没有这个良好的财政状况，问题就难以解决了。过去如果中国经济出现什么问题，我们可以动用外汇储备。但现在这个已经很难了，因为现在要使用外汇储备就得把资产卖了变成美元，然而现在全球资本市场状况很差，假如我们这时候大笔抛售资产，其价格无疑会大幅跳水，令我们变现的想法很难获得实现，所以这种做法目前无论在经济上还是政治上都很难。外汇储备之所以是外汇储备，就是因为它的安全性和流动性。现在它已经既缺乏安全性又缺乏流动性。

关于财政刺激经济增长，这是一个老生常谈的问题。当外需减少、经济增速下降的时候，我们需要刺激内需。要刺激内需，投资是一个选择，但我们投资率已经很高了，因此重心更多地应该放在消费上。另外，即使是增加投资，也要增加那种可以改善中国经济结构的投资，比如说可以增加公共产品供给的投资。举例来说，我们世纪政所的一些研究人员现在面临一个最大的问题，就是给孩子找不到合适的托儿所。现有的一些托儿所费用都太高，动辄五六千，那我们为什么不能在这些方面增加投资呢？其实在服务业中，我们有大量的投资机会，而且这个领域所能创造的就业可能也是非常大的。例如老人院，大家都要老的，但中国有什么像样的老人院？这样的投资是可以改善中国的状况，并增加消费需求的。

《21世纪经济报道》：最近人们对经济增长的前景有比较多的担忧，但中国经济在改革开放以来历经多次波折，但最后也都安然过关，您觉得目前的困难和过去的相比如何，例如和20世纪90年代所遇的困难相比，是更难更复杂了，还是相反？

余永定：现在的情况更复杂和困难了。原因有三点，一是现在中国经济在规模上比过去大很多，受外部世界的影响也大很多，特别是中国经济跟国际金融市场联系的紧密程度也是过去难以企及的，所以这时候国际经济环境的波动就比较容易对中国经济产生影响。

二是我们过去的总体经济发展战略基本上是正确的。但一种正确的战略当经济水平提升到另外一个阶段时就应该改变了。当中国经济规模很小的时候，大量出口没有关系，当中国成了世界第三大经济体和第二大贸易国的时候，还以出口为导向，那就有问题了。又如，当中国穷的时候引资是正确的，但当中国资金多的没法用的时候，各级政府还在不顾一切地引资，这就有问题了。中国过去那种以出口导向、大力吸引外资的基本发展战略早就到了应该进行调整的时候了，只是我们一直拖着没调。所以现在的问题是整个战略都面临着大的调整，而过去主要是战略正确前提下的战术调整。可以说，过去我们宏观调控主要的任务就是熨平经济波动，结构问题还没那么大。现在宏观调控既熨平周期，又要进行结构调整，而这两个目标经常是冲突的，结果问题的复杂性就大得多了。

三是过去没有那么强势的利益集团，但现在已经有了。因为我们在渐进改革的过程中形成了利益集团，而每个集团都有自己的利益诉求，每个集团都希望自己的声音被反映在公共政策层面。这种利益集团的影响不但反映在社会公共生活领域，而且反映在不同政府部门的不同立场上。

以财政扩张刺激内需，经济增速保8%无虞*

从2002年到2007年中国经济增长速度一直非常高，超出了中国的潜在经济增长速度。最近几年中国政府出台了一系列从紧的宏观经济政策，特别是从紧的货币政策，给经济降温。因而，增长速度的回落并不出乎意料。但为什么在2008年，降温突然变成了失速呢？

中国经济是在2002年走出通缩的。2002年下半年经济出现比较强劲的增长。2003年年初（非典发生之前）温家宝总理召集了一次会议。记得那次会议上，大家对中国经济是否最终走出了通缩，进行了非常热烈的讨论。一位参会者表示，中国经济现在已经开始过热，但其他人都表示反对，认为中国经济只是刚刚走出通缩，还谈不上出现过热。当我们正在讨论这个问题的时候，其实"非典"已经发生。在此后的几个月中大家不再讨论过热问题，因为大家认为中国经济受到"非典"的打击一定会严重下滑。但谁也没料到，非典刚过，中国经济又强劲恢复了。特别是在2003年第四季度，经济的热度非常高。直到这时政府才做经济出现了过热苗头的明确判断，并开始收紧货币政策（财政政策当时就已经比较紧了）。当时中国政府宣布2004年的经济增长目标是7%。我对这个说法表示不认同，认为中国经济

---

* 本文为作者在2008年11月4日中国银行金融研究所和中国社会科学院世界经济与政治研究所联合举办研讨会上的发言。

增长速度应该是9%。于是借《广州日报》采访之机，提出"中国的经济增长速度应该维持在9%左右"。之所以要在这里提起这件事是想提醒大家：在相当长一段时间，大家对中国经济形势的共识是经济过热、应该给经济降温。

为了抑制过热，甚至要"杀鸡儆猴"，这个"鸡"就是"铁本"。2004年对铁本事件的处理在当时产生了非常强的震慑作用，中国经济在2005年前半年出现了明显的下滑。当时我参加了货币政策委员会。在货币政策委员会会议上，我们一直纠结于如何判断中国经济形势。当时有委员提出中国经济已经走到了下滑的转折点。证据是：CPI增速下跌，工业企业利润增速下跌，固定资产投资增速下跌。还有一个重要佐证是：中国出口快速增长。出口增速加快往往反映了国内经济的疲软（国内没有市场）。所以，这位委员主张中国必须要改变货币政策，由从紧转向扩张。但这个意见遭到在座其他委员的反对。我当时比较同情这位认为经济偏冷，主张重新启动扩张性货币政策的委员，但没敢发言，因为拿不定主意。后来，虽然中国经济增速有所下滑，但很快就在当年第四季度强劲反弹了。事实证明，大多数人的观点是正确的。大多数人之所以反对改变抑制经济过热的政策，似乎并非基于什么严格的理论，而是基于多年实践形成的一种感觉。我从这段经历中学到了很多东西，后来在判断经济形势时就变得比较保守，比较倾向于害怕经济过热，因为中国经济确实太容易过热了。

2005年关于中国经济形势是冷还是热的辩论相当激烈。2005年上半年经济增长的下滑使决策者有点坐不住了，于是便放松了紧缩政策，松的结果是2005年第四季度经济又重新热起来。这种热度在2006年、2007年达到高峰。企业（特别是钢铁、冶金企业）利润大幅度上涨。一些行业的企业家说这是"我们的暴利时代"。伴随经济增长强劲反弹，2007年通货膨胀率开始迅速上升。

为什么我们在2008年沿用2006年、2007年采取过的政策给经济降温时经济突然失速，而且CPI和PPI增速下降的速度也比我们预期的快得多？我觉得这和中国的增长驱动方式有非常重要的关系。长期以来，中国经济增长主要靠投资与出口拉动。在过去五年中，中国固定资产投资平均增长速度是24%，对外出口的平均增长速度是29%，全都大大高于中国GDP的增长速度。

首先看投资。在中国经济中，投资起到了一个非常独特的作用。投资有两重作用，在短期增加需求，投资越大，当期通货膨胀、供不应求的压力就越高；但在长期意味着未来供给的增加。当期投资的增长速度过快，将导致下一期生产能力的过剩。投资驱动导致经济一冷一热是我们经常看到的现象。2004年关闭"铁本"是为了抑制经济过热，同时也是为了避免未来出现产能过剩。当时政府非常强调这一点。但由于"内在冲动"，政策放松了，投资随之报复性反弹，钢铁行业是非常好的例子。关"铁本"时政府说，"产能要过剩了，不要盲目生产了"。但在关闭了"铁本"之后不出一年，钢铁产量迅速提高，产能迅速增加。"一个铁本倒下去，千千万万个铁本站起来。"

但生产过剩现象暂时还没有出现，这同中国的增长方式有关。中国社会科学院汪同三研究员曾经说过："我们可以通过建立更多的钢铁厂来吸收钢铁的过剩生产能力。"他的这种说法是非常精辟的。确实如此，但这种做法到底能够坚持多长时间呢？

除投资过度这个老问题外，这几年又出现了新情况：房地产投资的高速增长、出口的高速增长。有了这两个高速增长，再加上原来第一部类自身的高速增长，过剩产能导致的生产过剩就被一次次后延了。问题是，这样一种增长模式可以持续吗？答案显然是不可持续。

通过房地产扩张来维持经济高速增长的主要问题是资源配置的扭曲。中国房地产投资占GDP的比例太高，在这几年已经超过日本和美国。房地产投资可以推动经济增长。但中国经济的可持续增长需要建立在高科技、装备制造能力的基础之上。靠钢筋水泥是难以实现产业升级，使经济实现可持续增长的。所以我的看法是，一方面，房地产在一定时间内确实能带动经济增长，应该让房地产投资保持一定增速，要避免房地产价格大幅度下跌。另一方面，我们也应该认识到，房地产投资在中国GDP所占的比重太高了，为了改善资源配置，应该让房地产开发投资增速降下来。

中国经济增长的另一个主要动力是出口，大家都知道，中国进出口贸易占GDP的比例是70%，是世界上大国中的绝对冠军；出口占GDP的比例是40%，在大国中也是绝对第一。日本是贸易立国，但中国出口在GDP中的比例比贸易立国的日本不知高多少。现在已经到了这样一种地步，经济增长严重依靠贸易顺差增长。一旦贸易顺差的增长速度下降，经济马上就出问题。中国去年（2007年）的贸易顺差对GDP增长的贡献是2.6个百分点，西方一些经济学家认为是3个百分点，今年贸易顺差的增长速度很可能为零。虽然顺差很大，但一旦增速为零，对经济增长的拉动作用就马上没有了。过于依赖外需使中国的经济增长缺乏稳定性。在历史上，中国贸易顺差的增速是非常不稳定的，最低时是负增长，最高时接近400%。这是一个有毛病的、非常不稳定的发动机，想利用这个发动机来飞行是非常危险的。事实上，在过去17年中，差不多在一半的时间中国贸易顺差出现过负增长，这就说明依靠贸易顺差中国经济是不能实现稳定增长的。

现在中国经济为什么突然减速了呢？在讨论了上述几个问题之后，答案可能会清楚一些。中国有大量的过剩产能，像罗奇先生所说的，经济中存在生产的泡沫、投资的泡沫。泡沫之所以没有破灭、没有导致生产过剩是由于刚才所说的一系列持续扩张（投资，特别是房地产投资、出口）。现在外部条件突然发生了无法控制的变化，于是，出口急剧下跌、房地产开发投资增速急剧下跌、资产泡沫破灭（指房价急剧下跌）。同时，由于种种原因市场预期急剧恶化。在这样的情况下，经济的急剧滑坡应该说是难以避免的。

有人认为，此前政府所采取的旨在抑制经济过热的政策是自毁长城，是过去的错误政策导致了现在的困难，我不同意这个观点。我认为政府自 2003 年以来偏紧的货币政策是正确的。自 2007 年以来，特别是今年下半年以来经济过热和结构失衡的状况（前面谈到的固定资产投资过热、房地产投资过热、出口依存度太高等）已经有所改善，不能说过去的政策错了。另外，导致目前经济增速急剧下滑的一个原因是外部条件的变化：美国的金融危机突然爆发导致了世界经济增长速度的急剧下降以及市场对世界经济增长前景预期的急剧恶化（这种变化是中国政府无法控制的）。

政府最近做出政策调整是正确的。在这方面，我认为政府做得是比较好的，至少比像我们这样的人要先知先觉。现在要注意什么呢？第一，让经济增长速度降下来，在这点上大家应该没有什么分歧。过去的 11%、14% 的经济增长速度太高了，是不可持续的。经济的降温是不可避免的，而且也不是坏事情。我倾向于认为 9% 左右是正常的经济增长速度。在 9% 的增长速度下，我们可以从容不迫的进行各种调整。第二，要防止经济增速滑坡，一下子滑下来。应该看到，经济调整本身也会导致经济增速下降。无论如何，我们不应该让经济增速下降过度。第三，我想强调，结构调整是保证中国经济持续稳定增长的根本保证。一些经济学界和业界人士认为，不要管结构的问题，现在最重要的是保命，不要让经济速度下来，经济速度一下来什么都谈不上了。我认为这种观点是错误的，我们还没有到这种程度，我们现在还是应该强调经济结构的调整，过去的模式终究有一天难以为继，那时候再调整就一切都晚了。

总之，中国的经济结构有严重问题，而且一度日趋严重。直到最近结构问题才开始好转，但现在又需要调整政策了。在这种情况下，希望在调整政策的同时，结构问题能够继续好转，至少不恶化。对于扩张性财政政策，这个政策的大方向是正确的。在支持这个大方向的同时，还有许许多多的问题我们都应该注意，如货币政策、汇率政策、外贸政策等。关于外贸政策我想提一点，退税政策本来就是一个中性的政策，不应把退税当作贸易鼓励政策来用。

最后我想强调一下，中国的经济前景应该是好的。当然，这并不意味着中国经济要继续保持10%以上的增速。长期来看，经济增速保持在9%左右应该是没有问题的。至于经济增长的走势如何？我认为可能是V，可能是U，也可能是L，什么型很大程度上取决于政府政策，只要政府政策不犯大错误，我觉得中国经济的前景还是值得乐观的。

"四万亿刺激计划"及其他政策问题[*]

《21世纪经济报道》:最近中国政府公布了一个总额为四万亿元人民币的经济刺激计划,这一方面代表了政府保增长的决心,另一方面也凸显了目前经济局面的严峻性。近来关于未来经济增长的预期日益悲观,甚至有人认为明年中国的经济增长率可能只有6%,那您对明年的经济状况怎么看?

余永定:我觉得明年经济增长8%没有问题。在我看来,中国有两方面的有利条件去实现这个目标,一是中国有广大的国内市场,二是中国有相当好的财政状况。这两点使中国政府可以使用扩张性的财政政策刺激内需,确保经济增长保持在8%以上。尽管世界经济与政治研究所的研究小组运用计量经济模型进行了计算,我这么说主要是基于个人的感觉和经验。我们可以从过去的经历中获得一定的佐证。例如1997年亚洲金融危机爆发后,中国所面临的局面是相当困难的,虽然当时外部环境不像今天这么糟,但那时候的财政状况比现在差很多,银行的状况也比现在差得多,更何况现在我们还有一笔庞大的外汇储备可以使用。所以我认为只要不犯关键性的错误,中国是有足够能力来应付经济下滑的。过度悲观是没有必要的。

现在这个经济刺激方案的基本方向是值得肯定的。政府宣布的10个投资方向,强调了结构改革和增加农民收入。我过去担心的是过分

---

[*] 本文刊于2008年12月1日《21世纪经济报道》。

强调保增长，而忽略了进一步推进结构改革的必要性。从目前这个财政一揽子措施来看，政府是充分考虑到这一点了。但应该指出，我们对这个方案的许多细节，特别是如何落实，并不清楚，还难以做更多的评价。值得注意的是，需求的主体是居民、企业、外国和政府。在中国，地方政府始终具有强烈的投资冲动。如果刺激方案并未导致居民、企业（特别是民营企业）需求的增加，而仅仅或主要是唤起了地方政府的投资冲动，刺激方案就不能说是成功的。我们应该对可能出现的各种后果有充分的估计。

从2002年到2007年，中国经济增长明显超出了过去20余年的平均增长速度。自2003年以来，中国政府执行的是从紧的或偏紧的宏观经济政策，特别是适度从紧的货币政策，其目的是给经济降温。2008年经济增长速度下降是在意料之中的，也是我们希望实现的。但是第三季度经济增长速度下滑之快和通货膨胀速度下降之快，则超出了我的预想。为什么会是这样呢？主要原因恐怕是出口形势的急剧恶化和与此相关的预期的急剧恶化。

当前中国经济增长速度的下降主要是两个原因引发的，一是出口增长速度的下降，二是包括房地产投资在内的投资增长速度的下降。其中，出口增长速度的下降是更为主要的原因。中国出口占GDP的份额是40%，出口增长下降，GDP增长随之下降是必然的。需求压力下降，通货膨胀压力下降，也是应有之义。由于美国金融危机急剧恶化，石油和其他商品价格的暴跌进一步减少了通货膨胀压力。当然，资本市场泡沫崩溃的财富效应对经济形势的急剧逆转肯定也有重要影响。尽管如此，中国经济的增长速度难道就一定会一路跌下去吗？不一定。这里有一个信心问题。如果丧失对未来经济增长的信心，人们就会相应改变行为方式，推迟或者取消消费、投资，银行不敢发放贷款，如此一来经济就真的出现硬着陆。从这个角度说，经济刺激计划的最主要功能是提振信心，改变人们的预期。通过一个超出预期的经济刺激计划来表明政府保增长的决心，这时候人们的行为就不会按照经济增长率8%以下的状态去行事，而实际经济增长最后也就不会跌到8%以下。现在，我们必须十分注意各地政府再次一哄而起、大干快上的可能性。2005年下半年的经验值得注意。

《21世纪经济报道》：您认为目前的问题很大程度上是信心问题，但中国经济在过去数年的高速增长靠的就是出口和高投资，尤其是房地产领域的投资。现在这两个领域的增速都在放缓，您是否认为，如果不是信心问题，在没有经济刺激计划的情况下，经济增速也不一定会降到8%以下呢？

余永定：我没有模型来支持自己的感觉。过去几年的经济增长的确和出口以及房地产有着密切联系，今年这两个领域的增长放缓，所以经济增速应该有比较明显的下降，但去年的经济增速是11.9%，今年前三个季度仍然是接近10%，假如中国的经济增速明年下滑到8%，那这就意味着中国的经济增速在两年内下滑了近4个百分点，这是非常大的下滑。反过来说，这也意味着中间应该有比较大的缓冲空间。现在的一个关键问题是美国衰退的严重程度如何。如果衰退十分严重，那么没有财政刺激计划，中国经济增长速度保8%就会有问题。

但问题是我们对美国金融危机的未来发展还很不清楚。我们现在唯一可以确定的是未来具有很大的不确定性，更何况目前我们对很多情况还不甚明了。比如你看10月的贸易数据，出口增速并没有那么令人担忧。另外，按照麦格理证券的计算，假如扣除石油等商品的价格变动，那么今年中国贸易顺差的增长还是相当强劲的。但持悲观态度的人认为，如果扣除了价格和美元升值等方面的因素，单从贸易量上看，中国今年的出口增速只有10%左右，那么贸易顺差的增速今年很可能是0，甚至可能是负数。角度不同，解释就会有很大差异。

中国出口形势确实明显恶化，但这种形势到底恶化到了何种程度，我们现在还不是很清楚，以后会如何我们也不能十分肯定。举例来说，中国的很多出口商品对国外收入的弹性并不大，因为中国出口的很多都是低端的便宜货，所以经济衰退的时候中国商品在海外市场的份额往往并不会受很大的影响，这样的事在1998年出现过。此外，出口形势恶化的原因是多方面的。例如，现在大家都说东莞很多企业因为国外需求减少而倒闭，但据我了解，其中一些企业的倒闭是东莞市政府的政策化所致，因为当地政府希望促进产业升级，于是采取了很多主动调整的政策，让一些低附加值、高耗能、高污染的企业倒闭或者转产了。而许多港资、台资企业倒闭则是因为投资方认为中国劳动成本上升，撤资跑掉了。总之，现在的经济形势的确需要担心，但问题比较复杂，许多因素是非宏观经济的、是一次性的。一口咬定中国经济要硬着陆是没有根据的。

《21世纪经济报道》：既然出口增长速度下降是当前经济增长速度的最重要原因，你对稳定出口的政策有何看法？

余永定：要再次强调，这次调整的方向总体上是以刺激内需为主，我觉得这是正确的。中国的出口依存度太高，用内需来代替外需，是唯一的出路。稳定出口，我的理解是不轻易丢掉国外市场。但是，靠什么来保住市场呢？靠提高劳动生产率而不是靠优惠政策。比如出口退税的政策，这本来应该是一个中性的政策，而不是一个刺激或者抑制出口的政策。我们最初调高出口退税来刺激出口，后来又调低出口退税来抑制出口，现在又调高出口退税来鼓励出口，这都是错误的，还有汇率的问题，现在出口形势不好，有人又提出明年要让人民币贬值来提振出口，这也是错误的。在依然存在大量贸易顺差和资本项目顺差的情况下，讲人民币贬值是错误的，其实质是通过补贴对外部门来补贴外国消费者。有种观点认为中国过去的一系列贸易政策，包括人民币升值，是在自毁长城，我认为这是站不住脚的。事实是，由于我们过去的调整不够坚决，因此我们对外需的依赖程度在过去数年一直不断升高，这和"十一五"规划的目标是相反的。假如我们当时可以让出口退税政策真正实现中性，同时让汇率更多地根据市场供求关系来浮动，那我们也不会出现目前这种严重依赖外需的局面。假设中国对内需的依赖程度远高于现在,那今天世界经济放缓对中国的影响也会小得多。

《21世纪经济报道》:您认为中国经济需要走向内需,而我们内需的龙头是房地产。但您过去曾表示,中国的地产投资过热,需要抑制。但如今外需已冷,问题似乎变得更为棘手一些,不知道您现在对此怎么看?

余永定:按照房地产投资占GDP的比重来衡量,中国地产业这么多年绝对是超高速增长,这是与美日等国历史上的同口径数据进行对比后得出的结论。房地产投资在总投资中的比重和房地产投资在GDP中的比重,这两个数据在中国太高了,这是中国经济结构不平衡的重要表现。这造成了我们经济结构的严重扭曲,比如说,房地产是支柱产业。为什么?因为它在国民经济中的占比大,而且产业关联度高,一旦地产疲软,钢、玻璃和水泥都会受到很大影响。但真正的支柱产业应该是能够带动经济可持续增长的产业,是向技术高端化方向发展、可以增强国际竞争力、并增进整体经济效率的产业。房地产不能起这个作用。一个国家不能长期靠盖房子和钢筋水泥来发展,所以它的比重不应该那么高。这是一个资源配置问题,是个发展战略问题。我一直在说一个例子,就是香港家庭住房面积中位数是47平方米,内地的经济适用房是90平方米,要住多大的房子才能使我们感到满意呢?把太多宝贵的资源都用在盖房子上了,而这些资源本可以用于其他更重要的地方。国内很多企业在泡沫经济时期转去搞股票和房地产投资,美其名曰多元化经营,实际上是不务正业。房价一味飙升是不行的。最近几年来在一些城市存在比较严重的泡沫是不可否认的。这种现象可以说是全球性的,并非中国独有。投机导致的超高房价理性回归并非坏事。但另一方面,房价过低也不行。关键是房地产投资的增长速度应该同中国当前的经济发展水平相适应。在此前提下,政府通过对供求双方的调节(如盖廉租房),保证房价平稳。地方政府的"造城运动"应该坚决予以制止。政府必须解决地方政府的"土地财政问题"。我们的财政制度中的许多缺陷必须克服,否则,中国经济中的结构问题和稳定增长问题是无法根本解决的。

《21世纪经济报道》:您认为我们现在还是要继续推进人民币汇率市场化的改革,而非相反?

余永定:我认为就应该这么做。具体来说就是中国人民银行应该少干预外汇市场,除非货币波动幅度太大。

那么人民币汇率合理的波动范围应该是多少呢?这个我现在也说不清,但中国人民银行可以根据实际情况试一试,根据企业对于人民币汇率波动的适应能力来看一看,我想这应该是一个不难解决的技术问题。过去日元有过大幅度的升值,最近的升值幅度也很大,但日本企业并没有出现大规模的破产。新台币的升值幅度一度也是非常大的,当时人们预计大量企业会破产,但这样的情形并未出现。中国现在出口不好,很多出口企业状况不佳,也不是人民币升值造成的,而是全球经济放缓的结果,是外国政府实行保护主义的结果,即便人民币贬值也解决不了这些企业的问题。反过来说,企业的破产倒闭也并非都是坏事。市场经济中每时每刻都有大量的企业破产,每时每刻也有大量的企业诞生,这是正常现象,也是产业升级、结构调整的自然结果。那么从数量上说到底是什么状况,我现在不清楚。坦率地说,我现在看到的是相互矛盾的信息,有人说出口企业大量倒闭,很多民工都回乡了,也有人说问题没有那么严重。现在的关键是没有很清楚的统计数字来说明这些问题,在没有统计数字的情况下,现在的看法恐怕只能是仁者见仁,智者见智,所以我对出口企业真实而具体的状况并没有一个清晰的判断。真正的竞争力不是来源于贬值和退税,而是来源于劳动生产率的提高、科学技术进步。市场条件恶化正是真正的强者脱颖而出的最好时机。企业的重组是不可避免的,我们的政策应该是推动而不是妨碍这种重组。

《21世纪经济报道》:您觉得汇率要抓紧机会进行市场化改革,那水电油等生产要素以及农产品价格呢?

余永定：绝对该调。我觉得现在是个好机会，通胀压力下降后出现了需求不足，这种情况是价格自由化的最好时机，此时不调更待何时？

当务之急是取消价格管制，取消各种各样的套利机会、寻租机会。当初我对通胀比较担心，希望能够抑制通胀，其中一个重要的目的就是希望给调价创造空间，现在有这个空间了，我们就要赶紧做。而且中央实际上也准备这么做，比如农产品的收购价最近又有了比较大幅的提高，我觉得这是非常重要的。另外，现在猪肉价格在下降，我觉得政府应该入市收购猪肉，谨防猪贱伤农。政府提高农产品价格的政策是完全正确的。自春秋战国时期起，中国人就懂得谷贱伤农。实际上，我们需要一套非常完整的措施来保护农民的利益，这是必须要做的，在这点上我们倒可以向一些西方国家多学学。

《21世纪经济报道》：现在政府的政策主要是扩大投资，但也有人认为减税的效果会更好，并提出了上调个人所得税起征点的建议，您对此怎么看？

余永定：对社会大多数人来说，现在个人所得税的起征点太低，这里的大多数包括中产者。但对很多富人来讲，我觉得他们的负担太轻。举个例子，英国地方政府收入主要来源之一是物业税，他们把房子分了很多等级，以此为标准来收税。那中国为什么不可以向英国学习呢？你住1000平方米的房子，我住100平方米的房子，凭什么咱俩的税收差得不大？你占了这样的房子就应该缴税。假如引入了新的税种，我认为会有利于个人所得税起征点的提高。从国外的经验来说，这一方面刺激了经济增长，因为穷人的消费倾向更高；另一方面也有利于社会的公平与和谐。而且，由于经济增速的提高和物业税的开征，政府的财政收入不一定会减少。当然，一般来说，扩大政府支出比减税对经济的刺激作用更大、见效更快。

另外一点就是需要加强国企分红。国企应该把属于国家的利润上交给财政，再由政府来花这笔钱，我觉得这会对经济产生一个正面作用，而且这不会降低经济效益，还有利于社会公平。

《21世纪经济报道》：在政府实行扩张性财政政策的同时，也宣布要实行适度宽松的货币政策，您对此怎么看？

余永定：这个问题我分两点说，第一，我认为中国的商业银行并不缺乏流动性，这点你从它们的超额准备金率上就可以看出来。现在的关键是它们的惜贷行为，因为它们对宏观经济的形势不乐观，所以为了规避风险就谨慎放贷，这是一个预期问题。不过这也涉及激励机制的问题，商业银行是以利润为核心的，一点风险都不敢冒现在的惜贷行为更多是和激励机制有关，而不是货币政策的问题。在经济刺激方案出台之后，对商业银行增加贷款的压力肯定会增长。如果商业银行出于政治考虑，勉强增发贷款，麻烦就大了。

第二，利率市场化改革要加快。中国的利率到现在为止都不是真正的市场化利率，那么在这种情况下，我们怎么建立一种通过货币市场利率来影响资本市场利率的机制呢？这个传导机制关系到资源的优化配置和寻租空间的大小，我觉得这是现在需要马上做的改革，而不是放松货币政策的问题。

具体来说，我认为将来除了存款利率需要有所限制之外，其他的都应该市场化。存款利率有所限制主要是害怕银行出现高息揽储的现象，这可能导致不良资产的增加。但现在利息率市场化的进展缓慢，所以我们必须加紧理顺货币政策的传导机制，巩固和深化银行公司治理结构改革的成果。

《21世纪经济报道》：刚才您谈了很多关于中国宏观经济的看法，这个话题不但国人很关注，国外也很关注，因为目前全球的经济形势都很不好，所以大家希望中国可以发展得更好，以帮助全球经济稳定。这里有一个问题，就是目前全球经济动荡，中国是全球最大的官方外汇储备拥有国，于是很多国家和国际组织都希望中国在这场危机中发挥更大的作用，有人甚至建议中国可以考虑拿出一部分外汇储备去救援其他陷入流动性危机或支付危机的国家。中国政府的表态是两点，一是中国经济的稳定和发展是中国对全球经济最大的贡献，二是中国将量力参与全球金融危机救援。您对此怎么看？

余永定：我觉得官方的基本原则是正确的。至于那些要求中国提供帮助的国家和组织，我觉得他们可以把具体的要求提出来，然后与中国进行讨论，但现在似乎提出具体要求的很少。

对于中国来讲，我觉得这里面有三个问题需要注意：第一，我们如何正确判断现在世界经济形势的发展？美国金融危机到底会怎么变化？世界经济的萧条时间会有多长？我们需要对此有所把握和了解；第二，中国应该如何保护现有的外汇储备？应该如何尽量减少损失？第三，面对这样严峻的外部环境，我们应该采取什么样的应对措施？

我刚才谈的很多都属于应对措施里面的内容，但第二个问题没有谈。现在有不少经济学家主张，在美国政府明年大规模发债前，我们应该减少美国国债的持有量。这种看法不无道理。我们已经错过了减持美国国债的最好时机，前几个月是比较好的，现在似乎还可以做。一个很权威的日本经济学家和我谈过这个问题，他说日本和中国都应该抛售美国国债，而且他认为中国应该卖20%。我听到这个观点吓了一跳。

现在市场对美国国债的需求很旺盛，我们可以适当出售一些美国国债。等明年美国大规模发债的时候情况可能就不是这样了。根据最坏的估计，美国财政赤字占GDP的比重明年可能会达到10%，要是这样的话就要大量发债了。这时候美国国债很可能出现供大于求的局面，届时中国再抛售美国国债，中美之间的利益冲突就可能变得严重起来。我们现在还有几个月的时间，再拖就没有机会了。这里还有一个国际协调问题。中国同东亚国家，以及中日韩、中日、中韩、中美、中欧之间都要协商。当然，如果出于政治考虑或出于慎重，不出售美国国债也是一个选项。但是，对于继续购买美国国债的主张我是有保留的。

这里涉及一个问题，就是中国外汇储备管理的基本原则是什么？我认为是分散化。不管短期内是否有亏损，我们的外汇储备都需要分散化。现在欧元汇率下跌得很厉害，可能是增持欧元资产的好机会。还有日本，日本未来的潜力很难说，而且日本的股票我认为存在低估的情形。1989年日经指数最高的时候接近40000点，现在只有9000点，这时候不买什么时候买？而且你现在减持美元资产，购买日元和欧元资产，美国人有什么话可说呢？我们在帮助它的盟友嘛。

另外，假如其他国家向中国求助，希望中国提供外汇帮助它们，那中国可以建议它们发行人民币债券。也就是说借贷国发行人民币债券，向中国政府、中资机构，甚至中国老百姓去借人民币，用融到的人民币来购买中国的外汇。还的时候就拿外币来兑换人民币，再还给中国债权人。这里面有一系列的技术问题需要解决，例如人民币在什么情况下能自由兑换，在什么情况下不能自由兑换。关于这个问题，我曾经跟一个非常重要的国际组织的负责人私下聊过，他认为是个好主意，只要解决技术问题就行。我问过许多外国学者、官员和金融家对这个问题的看法，除了美国人之外都说是好主意。美国人说我们不缺钱，我们不会发人民币债券。我觉得如果美国需要中国帮助，那它就发行人民币债券；假如它说自己不需要中国帮助，那以后也别说中国没有帮它。我想这个计划在亚洲国家中是完全可以推行的，肯定有很多亚洲国家愿意这么做。这甚至可以跟亚洲开发银行或国际金融公司合作，因为这些组织过去做过这样的业务，有经验。此外，中国应该更为积极地参与同世界各中央银行的货币互换，向资本金短缺的外国商业银行提供人民币贷款。熊猫债券也好、人民币贷款也好都有助于增加人民币的国际地位。应该说这是美国金融危机给中国提供的一次机会。中国应该在东亚"10+3"的框架内发挥更大作用。日本态度消极是可以理解的，中国可以发挥更积极的作用。

关于外汇储备还有一点需要注意，我觉得中国需要利用现在的有利时机购买石油等战略物资。现在油价已经跌到60美元1桶了，这时候不买什么时候买？当然，也许过两年油价会跌到40美元甚至30美元，但谁又能保证石油价格不会回升？产油国减产、伊朗—以色列战争，这些一旦发生，油价又会上升甚至暴涨。石油之类的战略物资对中国来说是真金白银，总比拿一堆美国的纸（指美元）放在那里好。而且对于超跌的一些美国股票，我们也可以买，其他国家的便宜资产也可以考虑。

　　总而言之，就是要分散化。先把资产从美国分散到其他国家去，然后再把美元资产从美国国债分散到其他美元资产中去。这里延伸一点，为什么我老强调人民币升值，其中一个原因就是升值之后企业用汇的意愿会增加，这时候它们会用美元去世界上买东西。我们现在是把美元资产当作储蓄的载体，但这只是一种方式，我们也可以多买一些实物进口来作为储蓄。所以我认为人民币升值受损的主要是出口商，这可以由政府在其他方面对其予以补偿，但对国家来说绝对是利益最大化。现在奥巴马已经成为美国下一任总统，他将来很可能会在贸易上与中国起摩擦，到时候中国出口还是一样会受阻。其实人民币升值对美国是弊大于利，但这些好处都被资本家拿去了，现在工人不满意了，因此可能会有一些对中国产品不利的政策出台。所以与其等待被动地发生贸易战，不如主动升值进行结构性改革。

2009年中国宏观经济面临的挑战[*]

从2002年到2007年中国经济保持了超常的增长速度，经济明显过热。2007年通货膨胀和资产泡沫严重恶化，对中国经济的持续、稳定增长形成威胁。中国政府旋即出台了一系列政策，为经济降温。

2008年9月，美国次贷危机急转直下。世界经济形势风云突变，全球经济增长预期急剧逆转，石油价格和各类初级产品价格猛然暴跌，全球范围内的滞—缩（stag-deflation）突然成为一种现实的可能性。不可避免的，2009年将成为对中国政府的前所未有的挑战之年。

如何评价自2003年以来的中国政府宏观经济政策

2002年之前中国处于通货紧缩时期，2002年经济开始走出通缩，2003年下半年经济重新趋热，2004年经济更是明显过热。2003年第三、第四季度中国人民银行开始执行紧缩性的货币政策。2004年中国政府更是采取强有力的政策措施，抑制过热。"铁本"停建是当时的标志性事件。2005年前半年中国经济出现了明显下滑。此后，政府紧缩政策出现松动，2005年下半年经济重新发热。热度在2006年、2007年达到高峰。

---

* 本文刊于《国际经济评论》2009年第1期。

为过热的经济降温是过去几年来中国经济政策的重要目标。2008年上半年中国政府正在逐渐实现这一目标。然而，2008年第三季度以来，中国经济突然失速，通货膨胀的威胁迅速消退。应该承认，中国经济增长的突然失速，是政府采取紧缩政策和全球经济突然急剧恶化两个因素叠加的结果。但是，我们不应该认为：政府在过去一段时间以来的宏观调控政策是错误的。

对于2003年以来政府宏观经济政策的评价关乎今后的宏观经济政策方向，后者关系着中国经济的可持续性，因而不可不十分小心。

必须看到，自2003年以来中国经济一直处于过热或偏热状态。如果经济仅仅是偏热，我们可能不必对此过于担心。但是，中国式的经济过热极容易转化为生产过剩。中国经济的这一特点是其"投资驱动"的增长方式所决定的，投资率过高是中国经济的痼疾。在改革开放之初，邓小平就曾表示，中国的投资率不应该太高，应该保持在25%左右。但是，在此后的30年中，中国的投资率不断提高，目前已经达到43%。在全世界找不到第二个国家在如此长的时间内保持如此高的投资率。在其他条件相同的情况下，高投资率意味着高增长率。反过来说，以40%以上的投资率换取10%的经济增长速度，意味着中国的增量资本—产出率高达4。换言之，中国的投资效率是相当低的。这里我想强调的是另一个问题，即：投资在经济中起到双重作用：在短期内增加需求，投资越大则当期的通胀压力越大；在长期投资增加供给。如果当期投资的增长速度极快，很可能导致下一期生产能力的过剩。所以，抑制当期投资增长过快导致的经济过热，就是为了避免未来出现生产过剩。2004年关闭铁本，是为了抑制当时的过热，同时亦是为了避免将来出现产能过剩。

遗憾的是，由于制度性因素，我们的政策放松过快。关闭铁本时中国的钢产量大约3亿吨。关闭铁本之后，钢铁生产能力不但没有下降，反而以指数的形式上升。"一个铁本倒下去，千千万万个铁本站起来。"现在，中国的钢铁生产能力超过6亿吨。据报道，在某一个缺水省份，钢铁企业竟然多达300家。经济学界中对政府关闭铁本的做法批评颇多。尽管具体做法可以讨论，但是当时抑制经济过热、控制钢铁产能的政策是完全正确的。如果没有当时的调控，中国现在的钢产量是不是会超过10亿吨呢？如果政府政策不尽如人意，那么，不尽如人意之处并不是中国的宏观调控而是调控力度不够。避免眼前的短痛往往意味着未来的长痛。

出人意料的不是中国终于出现了生产过剩（王建先生在2005年以来就一再呼吁警惕生产过剩），而是在过去几年产能过剩并没有出现。直到前不久，钢产量还在以双位数增长。与此同时，钢铁价格则不断上涨。为什么会如此？主要原因有三。第一，第一部类可以通过自身的扩张吸收第一部类扩张所产生的过剩生产能力。正如汪同三先生所说：我们可以通过建立更多的钢铁厂来吸收过剩的钢铁生产能力。第二，2005年以来出口出现超常的高速增长。第三，房地产投资保持了强劲的增长势头。由于上述三个因素导致的强劲需求，产能过剩问题似乎消失了。问题是，这样一种增长模式不可持续。显然，我们不可能通过建立600个钢厂来吸收300个钢厂的过剩生产能力。或者，我们不可能通过建立1200个钢厂来吸收600个钢厂的过剩生产能力。第一部类的自我扩张最终会走到尽头，我们是否可以通过提高出口增长速度或维持现有出口增长来吸收过剩生产能力呢？现在我们已经受到经济对外依存度过高的惩罚。在世界经济陷入衰退的情况下，我们如何能使早已超过3000亿美元的贸易顺差持续增长？2007年贸易顺差对中国GDP增长的贡献是2.6%，而2008年贸易顺差的贡献可能为0——这时候，即使贸易顺差仍然很大，但是顺差增长速度为0，它对经济增长的推动作用就没有了。从近10年的数据来看，中国贸易顺差的增速是非常不稳定的，最低接近-400%，高时超过100%，换言之，贸易顺差增长速度经常大起大落，是一台非常不稳定的发动机。如果想靠这台发动机飞行，那是很危险的。还有一点，在过去17年中，差不多有一半的时间，中国贸易顺差的增长速度处于负值的状态。这也说明，中国经济的长期增长是不能依靠贸易顺差的增长来实现的。

在中国，进出口贸易额占GDP的比例是67%左右，绝对是世界大国中的冠军。其中，出口占GDP比例为40%左右，这在大国中也是绝对的第一。日本号称贸易立国，但中国对外贸易的依赖程度比日本高2—3倍。作为一个大国，特别是其制度同发达国家存在很大区别的大国，过度依赖外部需求是非常危险的。现在我们已经开始品尝这种过度依赖的苦果。

那么，我们是否可以通过房地产扩张来维持经济的高速增长呢？单独就房地产来说，在一段时间内，答案是肯定的。房地产投资在中国固定资产投资中的比例超过1/4，在GDP中的比例超过10%。房地产投资的增长应该能够弥补需求的不足。

但问题是，中国房地产投资占GDP的比例过高，明显高于日本和美国，这是难以持续的。有人说这是城市化，但是，这虽然跟城市化有关，却不能用城市化来解释。因为日本和美国已经完成了城市化的过程，而在其城市化过程中，两国也没有达到过如此高的房地产投资的GDP占比。更何况，中国的房地产热除了吸收了大量农民工从事建筑之外，同农村人口转化为城市人口到底有何关系呢？

中国的房地产问题不但是一个资产泡沫问题，而且是一个资源配置的问题。从长期看，为使中国的经济增长建立在可持续的基础上，我们必须发展高科技，需要非常强的机械装备的生产能力等。靠钢筋水泥、靠房地产，是难以使经济结构升级的。所以房地产在一定时期内确实能带动经济的增长，但是从资源配置的角度来讲，应该把它放在一个适当的位置上。我主张要稳定房地产，不希望房地产价格大幅下跌，但是应该认识到：房地产投资在中国所占的比重过高了。房地产投资不应该成为解决当前生产过剩问题的出路。

一些政策问题

首先，经济增长速度会降下来，应该承认经济的降温是不可避免的。过去11%、12%的增速肯定是太高了，是不可持续的。11%不是一个好事情，12%也不是一个好事情，9%是一个好事情，是一个正常的经济发展速度。8%也是可以接受的，在这个增长速度之下可以从容不迫地进行各种各样的调整。在"十一五"规划中，中国的增长目标是7.5%左右，不能保8%中国就业问题就不能解决的说法是值得进一步讨论的。当然，确确实实不应该让经济增速过度下降。

其次，我想特别强调的就是，结构调整是中国经济持续稳定增长的根本保证。一些经济学家和业界人士认为，不要管结构问题，现在最重要的是保命，不能让经济增长速度下来，否则什么都谈不上了。这种观点是错误的，现在还没有到这种地步。在刺激增长的同时，应该强调经济结构的调整。如果重复甚至强化过去的模式，中国经济增长终究有一天会难以为继，那时候再调整就晚了。各方面的数据都说明中国的经济结构是有严重问题的，这些问题一直是越来越严重，直到最近才开始有些好转。现在，由于全球经济形势风云突变，政府对过去的从紧政策进行了调整，这是必要的。希望这种政策的转变会使经济结构继续好转，至少不是恶化，否则后果是非常严重的。

由于中国经济增长对中国的出口增长依存度太高，用扩大内需来弥补外需萎缩，是唯一的出路。应该稳定出口，不要轻易丢掉国外市场，但我们应该靠提高劳动生产率而不是优惠政策来保住市场。通过人民币贬值来提振出口的主张是错误的。让人民币贬值其实质是通过补贴对外部门来补贴外国消费者。在全球经济不景气的情况下，通过人民币贬值和增加出口退税来稳定出口的政策是不现实的。人民币贬值除了会进一步恶化中国的贸易条件之外，恐怕不会对增加出口有很大作用。相反，这种政策必将导致贸易摩擦的加剧，并使中国在政治上处于被动地位。又如出口退税的政策，退税本身应该是一项中性政策，而不是一项刺激或者抑制出口的政策。最初调高出口退税来刺激出口，后来调低出口退税来抑制出口，现在又调高出口退税来稳定出口，这些都是错误的。有观点认为中国过去的一系列贸易政策，包括人民币升值，是在自毁长城，我认为这是站不住脚的。事实是，正是由于我们过去的调整不够坚决，对外需的依赖程度在过去数年一直不断升高。如果坚决贯彻了"十一五"规划的精神，及早降低中国经济的对外依存度，今天世界经济衰退对中国的影响也会小得多。当然，政府必须对处于困难之中的出口企业提供帮助，但这种帮助应该体现为发挥政府的服务功能。例如，对有竞争力，但由于无法得到贸易信贷而陷于困境的企业，银行应该予以帮助。对于下岗工人和回乡的农民工，财政必须施以援手，以保证社会的和谐与安定。

有一种主张认为，房地产业是中国的支柱产业，政府应该予以重点救助。房地产市场的平稳发展是中国经济平稳增长的必要条件。但是必须看到，过去几年中，在局部范围内房地产泡沫是严重的。政府控制房地产投资增长、抑制房地产泡沫的政策是完全正确的。房地产业在国民经济中的占比大且产业关联度高，一旦疲软，钢、玻璃和水泥及整个国民经济都会受到很大影响，在这个意义上房地产确实是一个支柱产业。但是从资源配置的角度来看，中国房地产投资占GDP的比重过高，明显超过日本等发达国家。例如，在2007年房地产投资占GDP的比重超过10%，而日本从1955年到1989年的相应平均值仅为5.5%，最高的一年也仅仅为8.7%。真正的支柱产业应该是能够带动经济可持续增长的产业，是向技术高端化方向发展、可以增强国际竞争力的产业。钢筋、水泥不能成为中国经济可持续增长的基础，房地产投资的增速应该同中国当前的经济发展水平相适应。在此前提下，政府通过对供求双方的调节（如盖廉租房），保证房价平稳是完全正确的。此外，地方政府的"造城运动"应该坚决予以制止，必须解决地方政府的"土地财政问题"。

调整中需要注意的几个问题

关于四万亿元的经济刺激方案

最近政府出台的四万亿元的经济刺激方案基本上是刺激内需的方案，这一方向是完全正确的。中国的出口依存度太高，用内需来代替外需，是保证中国经济可持续增长的唯一出路。

在四万亿元的经济刺激方案中，政府确定了10个投资方向。从这些方向中可以看出，政府在维持经济增长的同时，并未忽视结构改革。政府完善农村社会保障体系，通过"绿箱"政策对农民加以补贴，提高农产品价格的一系列措施，尤其值得称道。当然，这个方案中还有许多细节问题需要解决，有些政策的力度还可以加强。需求的主体是居民、企业、外国和政府。在中国，地方政府始终具有强烈的投资冲动。如果刺激方案并未导致居民、企业（特别是民营企业）需求的增加，而仅仅或主要是唤起了地方政府的投资冲动，刺激方案就不能说是成功的。我们应该对可能出现的各种后果有充分的估计。

关于"适度宽松的货币政策"

关于"适度宽松的货币政策"，要分两个方面来说。第一，我认为中国的商业银行并不缺乏流动性，从其超额准备金率上可以看出来。关键是因为它们对宏观经济形势的预期不乐观，所以为了规避风险就谨慎放贷。中国人民银行现在取消信贷额度控制完全正确。现在的惜贷行为和激励机制有关，这可能要从公司治理等多个角度下手，而不是货币政策的问题。在经济刺激方案出台之后，对商业银行增加贷款的压力肯定会增长。如果商业银行出于政治考虑，勉强增发贷款，麻烦就大了。

第二，利率市场化改革要加快。中国的利率到现在为止都不是真正的市场化利率，这就无法建立一种通过货币市场利率来影响资本市场利率的机制。这一机制关系到资源的优化配置和寻租空间的大小，我觉得这是现在需要马上做的改革，而不是放松货币政策的问题。

继续推进市场化改革

经济增长速度的下降给市场化改革带来一定的困难，也提供了不可多得的机会。市场化改革的内容是多方面的，其中包括：

医疗、卫生、教育、金融、通信、交通等行业的市场准入和建立公平竞争的市场规则。

政府应该增加在这些方面的公共投资。同时，政府也应该欢迎私人企业进入这些行业。例如，中国每千人的病床数和医生数都大大低于发达国家的水平。允许私人企业进入，增加竞争不仅可以弥补中国政府财力的不足，而且还可以通过竞争提高医疗等服务质量。

利率与汇率的市场化形成机制。我认为将来除了存款利率需要有所限制之外，其他的都应该市场化。存款利率有所限制主要是害怕银行出现高息揽储的现象导致不良资产的增加，至少应加快理顺货币政策的传导机制、巩固和深化银行公司治理结构改革的成果。中国人民银行应该少干预外汇市场，除非汇率波动幅度太大。中国人民银行应根据实际情况和企业对于人民币汇率波动的适应能力，最终确定人民币汇率合理的波动范围。

总而言之，中国的经济前景依然是良好的。中国有良好的财政状况、可以培育的广大国内市场，在采取扩张性财政政策的条件下，2009年中国经济保持在8%—9%的增长应该是没有问题的。对于中国来说，真正困难的问题过去是，现在是，在将来的相当一段时间内，可能仍然是实现增长方式的转变和经济结构的调整。

经济增长过程中"过度需求"和"产能过剩"的交替[*]

"过度需求"和"产能过剩"的交替

固定资产投资和出口是 2002 年到 2007 年中国经济增长的两大引擎。在这个时期，两者的年均增长率分别为 24% 和 29%；在 GDP 中的占比也大大高于一般国家。在 2007 年两者对 GDP 增长的贡献超过 60%。

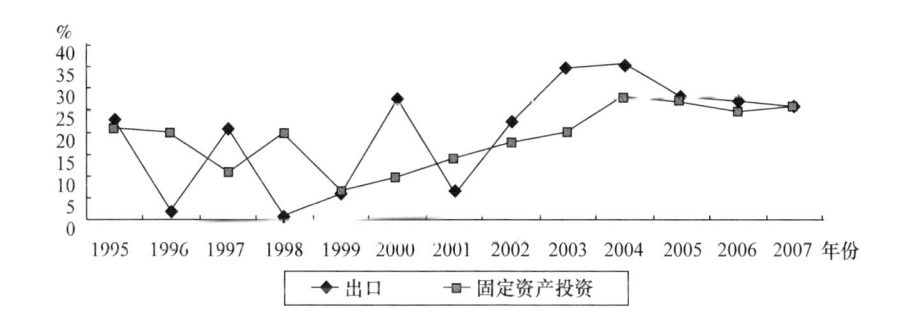

图 1 固定资产投资和出口的增速（按现价计）

资料来源：Statistical Year Book, various issues, Statistics Bureau of PRC。

---

[*] 本文原题为《经济增长过程中"过度需求"和"产能过剩"的交替以及"四万亿财政刺激计划"》，2009 年 11 月 25 日澳大利亚竞争委员会 Snaple 讲座演讲稿。英文为"China's Poliay Respunses to the Global Eihaneial Crisis"，原收入 Daigee Shaw and Bih Jane Liu（ed）. The Empact of the Economic Crisis on Ecst Asia，Edward Elagar Pwblishing Limited，Chaltenhamlk，2011，收入本文集时，徐奇渊博士对数例进行了重新计算。

由于其超常的增长速度和在 GDP 中的高占比，固定资产投资长期以来是中国经济增长的最主要动力。需要强调的是，由于固定资产投资增速在过去十来年一直高于 GDP 增速，投资率自 2001 年以来一直在不断上升（图 2）。

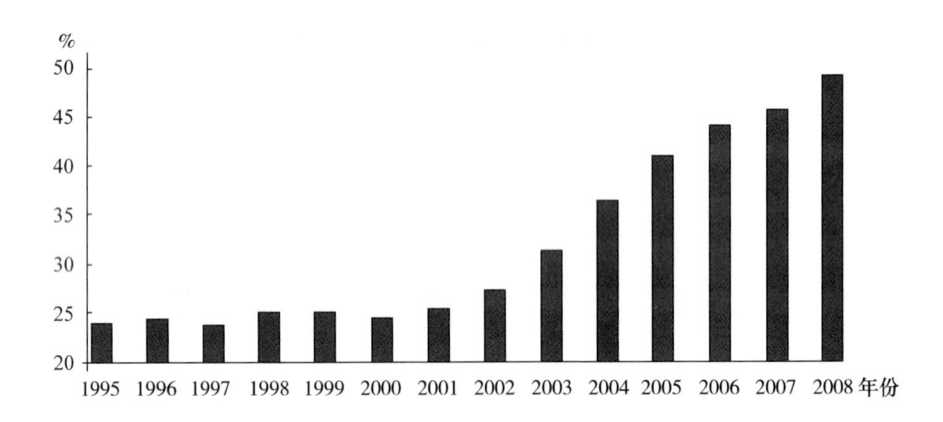

图 2 中国的投资率

资料来源：中经网数据库。

投资率的不断上升意味着中国经济增长并非处于稳定均衡状态。按定义，稳定均衡状态下：①总供给和总需求（以及它们的增速）相等；②总需求中各个构成部分的增速相等；③所有总需求构成部分在 GDP 中的比例不变；④在稳定均衡状态下增长过程是可持续的。这里要考虑的问题是，在投资增速不断上升的非稳定状态下，中国经济增长的动态过程将出现什么特征？其要点可以概括如下。

（1）从处于某种均衡的初始状况出发，如果因某种外部冲击，投资增速上升，投资率也将上升。

（2）投资增速的上升也意味着总需求大于总供给，因而经济出现过热。

（3）假定资本—产出率不变，投资率的上升意味着未来潜在经济增速的上升。

(4）如果在投资增速上升的同时，总需求的其他部分增速不变（不下降），投资增速上升的直接结果是过度需求（excess demand）的出现。供不应求的缺口将会持续存在，直到产出的增加逐渐消灭了这个缺口。但均衡的恢复是暂时的，因为投资的增速高于其他总需求构成部分的增速，投资率会持续上升，在假定资本产出率不变的条件下，潜在经济增速会继续上升。因而，经济的过度需求（过热）又会转化为产能过剩。均衡状态只不过是从过热到过剩的过渡，至于在什么时点上会发生这种过度则取决于初始条件。

（5）应该强调，总供给和总需求的平衡并不意味着经济处于稳定状态，因为总需求中的各个构成部分的增长速度并不一样（投资增速高于其他需求的增速）。

（6）如果除投资之外总需求中其他各个构成部分增速不变，过剩产能只能通过投资增速的提高来吸收。结果，投资率和潜在经济增速都会进一步上升。

（7）由于投资率和潜在经济增速的提高，为了避免在下期出现产能过剩，就必须进一步提高投资增速，从而进一步提高投资率。换言之，投资增速的持续提高可能使经济实现供求平衡，但这种平衡是暂时的，因为投资增速的提高破坏了总需求各个构成部分增速的平衡，使投资率越来越高，产能过剩越来越严重。

（8）显然，投资的增速不可能永远上升，投资增速迟早会因为社会、环境、自然资源、生态和其他约束条件而停止增长。

（9）如果总需求的构成部分（不包括投资）增速不变，由于投资增速高于其他构成部分的增速，投资率将会持续上升，产能过剩又导致投资率的进一步提高。这样一种过程是不可持续的，经济系统这样运行下去迟早会崩溃。

（10）为了防止增长过程的中断，要么必须降低投资增速，要么提高其他总需求构成部分的增速，只有这样总需求各个构成部分的平衡增长才能得到恢复。

（11）如果投资增速下降，产能过剩问题会马上恶化。但是投资增速的下降将导致投资率的下降，并因此而导致潜在经济增速的下降。只有当投资增速继续下降，直至同总需求其他构成部分及 GDP 增速相等时，经济的平衡增长才能恢复。

（12）如果提高总需求其他构成部分的增速，则不仅产能过剩可以消除而且经济增长也可以变得更为平衡。但是，这种调整能否实现取决于外部条件对潜在经济增速的限制。

（13）总需求所有构成部分的平衡增长，或更准确地说，投资增速和总需求各个构成部分的增速相等是维持作为一个整体经济的稳定可持续增长的充要条件。由于外部条件的变化，经济的稳定状态可能是不同的。当经济增长偏离稳定状态后，政府政策目标应该是使之回到稳定状态。

上述动态过程可以用数例加以说明（图3）。

竖轴代表需求过度（"过热"）缺口，横轴代表时间。正数代表过度需求缺口对 GDP 比；负数代表过剩产能对 GDP 比（负过度需求缺口对 GDP 比）。过度需求缺口对 GDP 比曲线的形状是由各种假设所决定的。这些假设包括总需求中各个构成部分在 GDP 中的比例的初始值、初始增速、投资在经过初始冲击后的增长速度、政府对产能过剩的反应以及企业对过度需求（经济过热）的反应等。在图3中，为简化分析，我们假设总需求是由投资和消费两个部分构成的，它们在 GDP 中的占比分别是 40% 和 60%，初始增速都是 8%；再假设资本产出率是 5。如果由于某种外部冲击，投资增速上升到 10%，其结果可能是，尽管由于投资率的上升，总供给增加，但总需求的增幅更大，于是出现过度需求缺口（经济过热）。假设在接续期，投资和消费的增速依然分别是 10% 和 8%。根据我们的数字模拟，过度需求会进一步增加，直至第 12 期。此后，过度需求缺口会逐步减少。到了第 18 期，产能过剩缺口开始出现。如果产能过剩缺口是靠投资增速

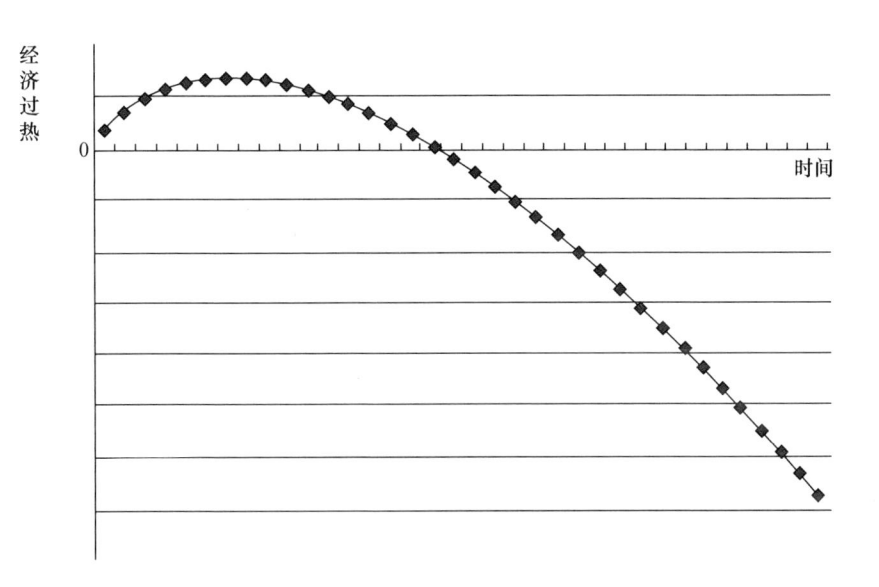

图3 "经济过热"和"产能过剩"的交替发生

资料来源：徐奇渊制。

提高吸收的，在接续期产能过剩缺口会进一步增加。显然，这样一种增长过程是不可持续的。

在过去30年中国多次经历经济过热和产能过剩的交替。对于这一过程的形成，投资增速的波动起到关键作用。由于亚洲金融危机后的扩张性财政货币政策，自世纪之交中国投资增速超过了GDP增速，投资率则在2001年开始上升（图2）。经济在2002年逐渐升温，在2003年出现比较明显过热现象。如前所述，投资增速的突然提高会马上导致过度需求的出现，但随着投资率的上升，经济将从过热转向产能过剩。事实上，2004年产能过剩已经变得相当明显，政府开始严控新投资项目上马。政府对钢铁行业的调控是一个突出例证。2004年中国的钢铁产能是4亿吨左右。由于担心产能过剩，政府动用了行政手段来制止新钢铁厂的建设。但是，由于房地产热和出口急剧增加，市场对钢铁存在强烈需求，大批新钢厂出现。2007年中国钢铁产能超过了6亿吨（图4）。

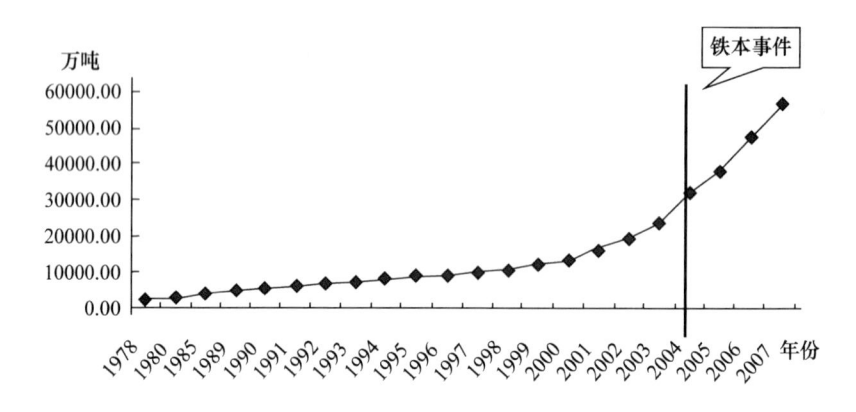

图 4　中国钢铁产能

尽管中国的投资率在不断上升，但是直到全球金融危机爆发，过剩产能都被投资和出口的增长所吸收。因而，产能过剩的出现被一再推迟。于是，一方面是投资和出口同总需求其他构成部分增长不平衡的加剧；另一方面则是经济的持续增长。此外，自2007年年中由于经济过热，通货膨胀形势开始迅速恶化。特别值得一提的是，2007年出口在GDP的占比高达11%左右，强大的出口需求吸收了很大比例的过剩产能，从而使产能过剩的显现推迟了不少年。问题是出口需求很不稳定，特别是当中国经济的体量变得越来越庞大之后，国外市场已经越来越难以吸收中国的过剩产能。依然以钢铁行业为例，中国已经是世界最大的钢铁生产国，2007年中国钢铁产量占全球总量的37%。不难想见，当外部需求锐减的时候，一直靠投资和出口需求维持平衡的格局立即遭到破坏，产能过剩立即凸显，通货膨胀也马上转为通货收缩。2008年下半年，由于全球金融危机，长时期被掩盖的产能过剩问题突然暴露出来，2008年9月、10月中国经济突然失速，经济由过热到产能过剩、由通货膨胀到通货收缩，其转换之快使人惊愕。

中国投资和出口驱动的增长模式是不可持续的。投资率不可能无限上升，中国的出口增速也不可能永远高于全球经济增速。即便没有这场全球金融危机，中国的产能过剩也迟早会发生。

四万亿刺激计划的长期后果

中国政府针对全球金融危机采取的扩张性财政、货币政策成功遏制了经济增速的下降。但是其中、长期后果则是令人忧虑的。

首先，中国经济增长模式的最主要特点是投资驱动。由于以基础设施投资为中心的四万亿刺激计划的推出，投资率已经从2001年的25%上升到今天（2010年）的50%。这意味着，中国的产能过剩在今后会变得更加严重。

其次，由于四万亿刺激计划，中国的投资效率正在下降。政府非常清楚，中国经济很容易出现产能过剩。因此，刺激计划中的资金主要为基础设施投资而不是开建新工厂提供融资。但是，即便是以基础设施投资为中心，由于中国的投资率已经高达50%，而经济增速仅仅为8%，中国的增量资本—产出率（ICOR）高达6以上。与此相对比，在高速增长时期，日本的ICOR只有3左右；在1991年到2003年间，中国的ICOR是4.1左右。投资效率的下降，将对中国经济增长的长期前景产生重要消极影响。

再次，基础设施投资是长期投资，要长时间后才能取得收入流。不仅如此，虽然投资于基础设施可以避免在接续期通常会有的产能过剩问题，如果在进行基础设施投资的同时没有相应的制造业投资，基础设施投资很难有什么回报。例如，如果没有其他经济活动，特别是制造业的经济活动，在没有交通流量的八车道公路上，到哪里去收取过路费呢？更糟糕的是，由于项目匆忙上马，缺乏工程质量监督，即建工程项目的浪费到处可见。所有这些不仅意味投资效率低，还可能在未来产生大量不良债权。

又次，地方政府对地方投资的过度热情可能将以某种出乎意料和激烈的方式使政府的财政状况急剧恶化。除了中央政府的刺激计划外，各省政府受到鼓励去借钱实施本地刺激计划以补充中央的刺激计划。地方政府公布为本地刺激计划筹资数量已经达到 18 万亿元人民币。实施地方政府刺激计划的资金，大部分来自地方政府担保的商业银行贷款，小部分来自中央政府代表地方政府发放的政府债券。由于中国的体制特点，地方政府对宏大的投资项目具有难以满足的胃口。地方政府主导的投资恐怕会导致资源无法实现最优配置；更重要的是，地方政府的投资热将导致未来中央政府或有债务的急剧增长。

最后，中国货币政策过于宽松，中国没有必要把利息率降低到如此之低的水平。利息率是发展中国家决定资源配置的重要筛选工具。信贷和货币的迅速扩张在一定程度上是非市场干预的结果，如此急剧的信贷和货币扩张并无令人信服的经济理由。如果商业银行完全根据商业理由决定信贷发放，信贷和货币的扩张速度是不会如此之快的。这样，我们现在就不必如此担心不良债权率的上升、经济结构的恶化和资产泡沫的出现了。事实上，我们可以听见和看见的一些证据显示：大量过剩的流动性已经进入股市和房地产市场，资产泡沫已经重新出现。M2 和 GDP 增速的巨大缺口意味着未来通货膨胀的巨大压力。在接近 0 的利息率下，同处于垄断地位的国企相比，中小民营企业将受到歧视，企业改革也可能会出现倒退。

小　结

总之，如果不能下定决心处理结构性问题，中国政府为管理危机所采取的措施可能对中国经济的长期增长造成严重消极影响。然而，也应该看到，中国政府对于所存在的问题是有清醒认识的。事实上，它已经开始把结构调整问题重新放在优先位置上。有理由相信，中国政府不仅能够顺利克服危机的影响使经济增长得以恢复，还能扭转结构恶化的趋势，为中国未来的经济增长打下坚实基础。

财政刺激取得成功，结构调整不容拖延[*]

1994年，保罗·克鲁格曼认为东亚的经济增长完全可以用要素投入的增加来解释，并没有技术进步的成分。据此，克鲁格曼进一步指出，不存在所谓的"东亚奇迹"，东亚经济的增长是不可持续的。[①] 由于三年后爆发了亚洲金融危机，因此很多人认为克鲁格曼对东亚经济的批判预见了日后的危机。

现在中国可能也面临相似的问题。近年来，经济学家吴敬琏一直在呼吁关注高投资所带来的负面影响，其基本理由在于中国的增量资本—产出率（ICOR）已经太高，而克鲁格曼也批评了东亚国家增量资本—产出率过高的问题。

目前，在经济刺激计划的作用下，中国经济出现了明确的反弹趋势，但投资率也在本已很高的水平上进一步升高，这对中国经济的长远发展到底会造成何种影响？为此，《21世纪经济报道》近日就相关问题专访了中国社会科学院世界经济与政治研究所的余永定研究员，请他来谈谈自己的看法。

---

[*] 本文原题为《中国应考虑结构调整问题，而非经济增长》，刊于2009年12月17日《21世纪经济报道》。

[①] [美]保罗·克鲁格曼：《亚洲奇迹的神话》，《现代外国哲学社会科学文摘》1995年第7期。

最困难的问题"未解决"

《21世纪经济报道》：2009年10月22日，国家统计局公布了今年前三季度国民经济运行的一些数据。其中，第三季度GDP同比增长8.9%，前三季度GDP同比增长7.7%，中国经济的反弹趋势日益明显，几乎所有人都认为今年"保8"已不成问题，您对目前的中国经济怎么看？

余永定：我对这个问题的看法分两方面，一方面，我们要肯定之前政策的效果，四万亿的财政刺激计划和宽松的货币政策对中国经济的恢复起到了决定性的作用，这是毫无疑问的。

另一方面，我们也要看到，让经济恢复到现在这个程度对中国来说并不是难以预料的。在去年经济下滑最猛烈的时候，许多中国经济学家都认为中国经济保持8%的增长率根本不成问题。理由非常简单，除政府的执政能力等因素外，就是中国的财政状况较好，其公共债务余额占GDP的比例只有18%左右，这使得中国政府有能力通过扩张性的财政政策来抵销出口下降对经济增长的消极影响。

实际上，在雷曼兄弟破产之前，中国政府就已经准备了相关预案。当时政策的侧重点还是反通胀，但中央为了防止形势发生变化就留了一手，制定了经济刺激预案，所以后来推出财政刺激方案并非临时抱佛脚。我相信大多数中国经济学家对"保8"一直是充满信心的。倒是很多外国学者和机构，比如世界银行和国际货币基金组织（IMF），对中国经济的信心不足，这也导致后来他们不得不多次上调对中国经济增长率的预期，这显示出他们对中国情况还不够了解。

《21世纪经济报道》：听了您的观点，似乎您觉得经济的迅速反弹对中国来说并非最困难的事情，那什么是最困难的事情呢？

余永定：最困难的还是温家宝总理过去说的那句话，即中国经济存在着不稳定、不平衡、不协调和不可持续的结构性问题，这些问题现在并未解决。

现在社会上有一种看法，认为近一年的经济困难很大程度上是此前数年的紧缩政策造成的，允许人民币升值的政策也是错误的，这些错误的政策对中国经济起到了一种自我毁灭的效果。对这种看法我不敢苟同。尽管在时机和力度的把握上存在缺点和问题，但从2003年到2008年上半年，中国的宏观经济政策，特别是货币政策的基本方向是正确的，就是要抑制经济过热。2008年9月金融危机进入高潮后，中国经济突然出现了产能过剩、有效需求不足的问题，把这种现象归因于此前的紧缩政策是不对的。

假如真要说这种紧缩政策有什么问题，那我觉得问题恰恰在于我们紧缩得不够。在相当长的时期内，中国经济增长的一个重要特征是投资驱动。投资增长速度持续高于GDP增长速度，投资率不断上升。中国的投资率在2001年是25%左右，后来增长到超过43%。投资与消费不同：消费仅仅代表当期需求；投资则不仅代表当期需求，还代表未来供给。如果投资增长速度持续高于GDP增长速度，就很容易在短期造成经济过热，在长期造成产能过剩。比如修建一个钢厂在短期内会增加对钢铁的需求，但长期来看，这增大了钢铁的供应能力。现在是经济过热，以后就会是产能过剩。你可以通过建设更多的钢厂来吸收新增加的钢铁产能，但新建设的钢厂必然会在未来带来更大的产能。在其他因素给定的条件下，产能过剩迟早是会出现的。从这点上说，我们在一开始抑制经济过热，就是为了抑制后来的产能过剩，所以当初的紧缩政策，其基本方向是正确的。

《21世纪经济报道》：您认为过去的政策方向正确，但力度不够。那您认为除此之外，政策上还有没有别的不足？

余永定：有，我们的"需求转移"政策做得不够。我所谓的"需求转移"政策是指目的在于改变总需求各个构成部分比例的宏观经济政策（或宏观经济政策组合）。例如，我们应该实施旨在减少投资需求、增加消费需求、减少外需（减少对外需的依赖）、增加内需的"需求转移"政策。2005年7月人民币与美元脱钩，改为钉住一篮子货币，并令人民币小幅升值就是这样一种"需求转移"政策。通过财政政策，我们也可以实现"需求转移"。

此外，在实行"需求转移"政策的同时，我们可以实行一种比较积极的财政政策。具体来说，在实行人民币升值等"需求转移"政策时，可能会出现不仅需求结构，而且需求总量也受到影响的情况。如果出现这种情况，就需要用积极的财政政策来抵消"需求转移"政策对总需求的影响，从而保证宏观经济的平稳运行。同货币政策相比，财政政策可以带有较强的针对性。例如，我们需要为老百姓提供更多的公共产品，比如加强社保、医保体系的建设。在这些领域，财政政策可能更为有效。为了实现结构调整，货币政策可以更紧一些，从而为财政政策发挥结构调整的功能留下更多的空间，同时又不会导致经济过热。

说到降低中国经济对外需的依赖方面，我觉得中国在人民币升值上有很多需要反思的地方。2008年第四季度金融危机恶化以来，中国的外需遭受了严重打击，出口的同比降幅在20%左右。现在回想起来，假如2003年我们就允许人民币开始升值，或者2005年开始升值之后，我们允许人民币升值的幅度更大一些，这在当时会造成出口的减少和失业的增加。但是，有了4—5年的调整时间，在全球经济危机爆发之前，中国的出口企业可能已经在升级、转型的方向上取得了重要进展，那么中国经济所受外需骤减的冲击就不会有现在这么严重的程度。

反危机措施无法解决结构调整问题

《21世纪经济报道》：您认为中国的财政刺激计划是成功的，但这一计划对中国经济的未来是否也存在负面影响呢？

余永定：由于强劲的投资需求（特别是房地产投资需求）和强劲

的外部需求，2003年以来所担心的产能过剩并未出现。2007年经济增长速度达到13%，2008年上半年经济增长速度也在10%以上。在此期间，外需对GDP增长的贡献超过3个百分点。2008年9月雷曼兄弟倒闭，世界经济形势急转直下。中国的出口同比增长速度9月为21.5%，10月为19.2%，11月陡降为-2.2%。据有关部门的计算，2009年上半年净出口对GDP增长的贡献度是-41%。出口需求的急剧下跌，突然暴露了中国经济增长模式的软肋：投资驱动—产能过剩—出口吸收—高速增长。一旦出口环节出现问题，增长速度就会大幅下滑。面对这种局面，我们必须采取扩张性的财政政策来抵消外部需求的减少，而这些政策又只能主要集中于投资领域。这样，中国本已很高的投资率又进一步大幅提高。财政刺激计划虽然在短期内解决了有效需求不足的问题，但长期来看这必然增加供应能力。我们本来就已经是产能过剩，但这岂不是会在将来造成更严重的产能过剩？但是，面对出口需求骤减，经济增长速度陡降，农民工失业急剧增加的状况，政府难道有更好的选择吗？

政府显然十分重视产能过剩问题，因而尽量在基础设施领域投资，但是这也并非没有问题。

第一，投资率的提高往往意味着投资效率（不是劳动生产率）的下降。如果今年的GDP增速是8%，投资率是50%，那么增量资本—产出率（单位产出所需要的投资量）就是6.25，但发达国家的增量资本 产出率一般2到3之间，1991年到2003年中国的增量资本—产出率是4.1，这意味着我们原本就不高的投资效率进一步下降了。

第二，由于在短期内大量工程同时上马，工程建设质量也是一个值得高度关注的问题。"百年大计，质量第一"，我们能够做到吗？

第三，基础设施建设和制造业以及其他产业的发展也是相互联系的。如果仅仅有公路，但没有交通流量，公路建设投资又如何取得收益？

第四，基础设施建设的主要资金来源是银行贷款。低效率、低收益的基础设施投资将转化为银行的不良债权。此外，还存在银行资金来源（短期存款）和资金使用（长期投资）的期限结构问题。

第五，由于政府财政在刺激计划中也担负着提供资金的重担，基础设施投资的效率还直接关系到未来中国的财政状况。

总之，以基础设施投资为着力点的财政刺激计划，可以缓解产能过剩的问题，但又带来了投资效率低下、为不良债权埋下隐患的问题。所以，一方面，我们为经济增长恢复感到高兴；另一方面，我们也必须看到危机过后，我们将面临另类的问题，甚至更大的困难。

《21世纪经济报道》：按照您的说法，似乎我们在解燃眉之急的同时，将许多问题留给了未来。

余永定：首先，我要强调，中国政府的危机管理政策是正确的。许多事是不得已而为之。我感到遗憾的主要还是在危机爆发前，有些事情我们可以做得更好一些。我们的反危机措施往往不能解决结构调整的问题，只是把这些问题往后推移，而且推移的结果往往会使这些问题变得更难解决。还是举人民币升值的例子来讲，2003年我们在讨论人民币升值问题的时候，我们认为当时的时机不好，应该等待更好的时机。于是我们就等，结果时机越来越差，这样一来我们就更不敢升值了。按照"十一五"规划，我们计划在2010年实现国际收支基本平衡，但现在看来这个目标恐怕很难实现了。现在贸易顺差有所减少，但这也不是我们主动调整的结果，而是金融危机后外需下降的反应，我们实际上是被迫调整。

这样的选择给中国经济造成了巨大损失。试想一下，假如我们早几年让本币升值，那么这会迫使更多出口企业及早转向国内市场，也会鞭策留在出口领域的企业早日实现产业升级，在价值链上寻找一个更好的位置。调整得早，痛苦也来得早，但这种痛苦和现在比要小很多，而且成本也会低很多。

结构调整不容拖

《21世纪经济报道》：就在统计局发布前三季度经济数据的当天，招商局集团董事长秦晓在英国《金融时报》上撰文指出，中国迫切需要让货币政策从宽松转向中性，以抑制资产泡沫的发展。他还在文中提出，目前依靠财政力量加大固定资产投资以推动经济反弹的做法，对中国并非好事，经济的轻度减速并不可怕。您对这些观点怎么看？

余永定：我同意这个看法。现在很明显的是，中国的固定资产投资增速太快了。这么快的固定资产投资增速，你要想避免产能过剩，就只能降低效率。现在投资率不断上升，这是一种不均衡状态，本质上是无法持续的，所以我们必须采取措施让投资率降下来。

另外，金融危机爆发后，中国连续多次上调出口退税率以稳定出口。今年出口退税方面的预算是6700亿元人民币，实际支出可能超过8000亿元。这么调整出口退税政策是没道理的，哪个行业的出口退税率应该高一点，哪个行业应该低一点，正确决定是很难做出的。价格扭曲对资源优化配置的破坏是不可避免的，而且出口退税也不一定对促进出口有多大效果，唯一可以肯定的是这样做补贴了国外消费者，又容易激发国外的贸易保护主义。据了解，现实中，出口退税率调高以后，外国采购商都将这种上调后产生的利润空间压榨掉，国内出口企业并没有获得多少实惠。我们的财政支出与其花在出口退税上，不如直接花在帮助企业转型以及由于转型而失去工作的农民工身上。

现在我们在投资和出口上的很多政策都有问题，但假如停掉了这些政策，中国的经济增速可能下滑。这里涉及一个问题，就是中国合理的经济增速应该是多少？我个人认为，中国合理的经济增速应以其潜在经济增长率为标准，也就是8%—9%。假如大家认为这个速度是可以接受的，那么我们就不要追求更高的增速了。而且随着经济发展日益成熟，中国的潜在经济增长率还会下降。这是我们必须接受的现实，但问题在于这并非一个纯粹的经济问题。经济学家是这么看的，但老百姓能接受这点吗？地方政府能接受这点吗？这就是一个很难办的问题了。

《21世纪经济报道》：2009年10月6日，澳大利亚银行宣布将基准利率上调0.25%，这使得澳大利亚成为二十国集团（G20）中第一个开始退出经济刺激措施的国家。目前中国经济反弹非常强烈，因此关于退出经济刺激计划的讨论也在升温，您对此怎么看？

余永定：我认为中国现在需要更多地考虑结构调整问题。中国的经济增速现在反弹到这个程度，我觉得已经没必要再过于担心经济增长的问题了，现在我们需要重新把结构调整的问题提到非常重要的位置上来。

实际上，中国人民银行的货币政策已经出现调整迹象，而且速度还比较快。这种调整是否可以同市场化改革进一步结合起来呢？中国有一个大问题，就是始终无法形成一个市场化的利率机制。现在我们迫切需要对国内的利率形成机制进行自由化改革，让利率随时反映市场上资金的供求关系。

2009年以来中国人民银行的货币政策显然过于宽松，信贷增长速度过快，利息率过低。在中国推行低利率政策必然对资源配置产生不利影响。我们本来是希望用利率的价格信号作用来筛选出回报率最高的项目，从而提高经济效率。但在这么低的利率下，关系等因素会成为获得信贷的主要条件，而非回报率。这样一来，急需贷款的中小企业、民营企业和创新型企业必然难以得到贷款。

此外，这里面还有社会公正的问题。老百姓辛辛苦苦赚一点钱放在银行里，得到的利息那么少，这合不合理？同时，银行可以在国家管制的利率下吃一个稳定的利差，银行大部分的利润也来自利差，而企业则获得了廉价的信贷资金，这等于是在用储户的钱去补贴银行、补贴企业。我觉得这种做法是不合理的。

我们除了应该降低信贷增速、适度调整基准利率外,还要进一步推动利率市场化,而利息率的自由化是今后中国资本项目自由化和人民币国际化的重要条件。目前的宏观经济形势大概是比较有利于利率市场化改革的。

《21世纪经济报道》:您刚才谈了中国经济存在的很多结构性问题,但假设现在的结构不发生大的变化,那么您对中国经济未来两三年的发展持什么观点?

余永定:如果没有什么特别大的意外,那么我认为未来两三年中国依然可以保持一个较高的经济增速,比如8%—9%,但这种增长模式本身是不可持续的。未来形势发生变化的主要标志可能在于中国财政状况的恶化,比如当出现大宗商品价格大幅上涨等外部冲击时,中国的通胀问题也会重现,到时候利率会上升,政府想继续通过低息发债弥补财政赤字就会变得越来越难,这时候问题就会比较严重。我个人认为,在此之前我们可能还有几年时间去做结构调整,以避免类似困局的出现,但我们拖的时间越长,未来的局面可能就越困难,调整的成本也会越高。随着中国经济恢复正常增长(9%左右的增长率),有关方面似乎已经把结构调整放在了非常重要的地位上。我们应该对中国经济增长的长期远景抱有信心。

警惕经济反弹后的通胀威胁和结构恶化[*]

我们国内的经济结构调整也在某些特定时期因为特定的原因而步伐放慢。把握时机十分重要，稍有犹豫就可能错过调整的最佳窗口时期。机会是稍纵即逝的，决策起来要把握好时机并不容易。比如汇率问题，如果人民币早和美元脱钩，中国是有很长时间、以渐进的方式来解决问题的。2003年问题刚暴露的时候，因为才摆脱东亚金融危机的影响，我们担心升值会令中国经济再受冲击，一直迟疑不决。回过头来看，当时其实是汇率改革的最好时机。如果当时开始实施汇改，不仅中国在2004年以后的经济过热可以得到抑制，中国经济也不会受到金融危机如此严重的冲击。但拖到现在，中国的不平衡比当初更为严重、中国的对外依存度更高、中国的外汇储备更多。在世界经济危机之后，汇改难度大大增加，调整的空间也大大缩小。

对于纠正不平衡的必要性，政府早就有了认识。事实上，在"十一五"规划中就规定了要在2010年实现经常项目的基本平衡。但是实施结果却与计划目标大相径庭。个中原因是复杂的，其中涉及风险偏好、路径依赖、利益平衡等。总是希望步子慢一点、震动少一点，结果机会就丧失了。有的时候我们看不清、看不准，就会犹豫，机会稍纵即逝，一犹豫机会就失去了，有时候冒一点风险还是必要的，错

---

[*] 本文原题为《中国经济结构调整方向不能改变》，刊于2009年12月21日《上海证券报》。

了还是可以纠正的。

中央经济工作会议提出加快经济发展方式转变的重要性和紧迫性。我以为,"紧迫性"三个字十分重要。在过去一年中,为了遏制经济增长速度的下滑,所推行的一些刺激政策使得中国的一些结构性问题进一步恶化了。我们必须带着强烈的紧迫感调整结构,否则积重难返,当最后不得不调整时,我们将付出更为巨大的代价。

中央经济工作会议提出,在2010年要更加注重推动经济发展方式转变和经济结构调整,这是非常正确和非常重要的。中国当前最突出的问题是投资率过高,在金融危机爆发前中国的投资率就高达45%左右。目前,由于刺激政策引入,中国的投资率应该已经突破50%。这样高的投资率在世界上大概是绝无仅有的。

更令人担心的是,中国的投资率不仅过高而且自2001年以来在不断上升。在其他条件给定的情况下,投资率过高,必然导致投资效率的下降。事实上,中国的增量—资本产出率已经超过6,大大超出一般国家(日本增量资本产出率为3左右)和中国过去的水平(1991—2003年中国的增量资本产出率为4左右)。换言之,为了取得1个百分点的经济增长,中国现在的资本使用量比5—6年前增长了50%。

此外,投资率的不断提高,意味着中国经济增长是不稳定、不可持续的。在初始阶段,投资率的提高必然导致经济的过热。例如,2003年以后中国的经济偏热和过热主要是投资过热导致的。但是,投资过热导致的经济过热在经过一段时期后就会转化为产能过剩。

在推出刺激方案时,为了避免进一步恶化产能过剩,资金主要投向了基础设施领域,这是一种明智的做法,但也仅仅是一种次优的做法。基础设施投资本来就需要很长时间才能收回投资,而单纯的基础设施投资则根本不能创造收入。我们已经听到了高速铁路运营收入不足已维持运营成本的故事,现在不能不对今后银行是否能够收回贷款和利息、政府当下的财政支出是否会转化为未来财政收入感到担心。

中国经济结构调整其他重要内容还包括减少对外需的依赖、缩小贫富差距、治理环境污染等。2010年的经济增长净出口又要扮演重要角色。这意味着中国的外汇储备将进一步增加,在美国政府财政赤字剧增、赤字货币化的压力日益增加的情况下,靠增加净出口推动增长得不偿失。既然这种刺激方式是粗放的、低效的,是非常时期的非常之策,那在经济得到逐步恢复之后,政策是否也应该考虑进行一定的调整?

中央经济工作会议提出,要突出财政政策实施重点,加大对民生领域和社会事业支持保障力度,这一方针是非常正确的。同2008年的一揽子财政刺激方案相比,可以看出,政策调整的方针已经确定。

但是,这种调整可能是缓慢的。首先,结构调整本身十分复杂,不是一蹴而就的事。结构调整不仅是一个宏观经济政策调整问题,而且是一个体制改革问题、一个统筹安排问题。这种调整是需要耗费大量时间的。

其次,政府可能希望避免政策调整对资本市场等造成不利影响,或把消极影响降到最低。迪拜危机的出现也给了大家一个警示,国际经济还存在问题。这个时候世界各国政府都不敢贸然提出超常刺激性政策的"退出"问题,也是可以理解的。但值得注意的是,现在退出得越慢,以后结构性问题积累得就会越严重。

我认为中国的货币政策从一开始就过于宽松了。2010年货币供应、信贷规模还是会增加,但是增速不应该再这么快了,应该让它恢复到常态。让货币增长速度大致等于或略高于通胀率和经济增长速度之和,这是比较合理的,资产泡沫必须坚决抑制。

而积极的财政政策则应该继续保持,财政支出继续增加,以保证支持力度,但是对财政资金的投向应给予更多的关注。为了见效快,2009年财政资金多投入基础设施建设这是可以理解的,但是未来需要考虑如何把积极的财政政策与拉动消费者需求、调整产业结构、带动第三产业发展结合起来,如何通过制度安排将资金更多投向民生相关的项目中去。

在大量货币投放之后，会不会令明年出现通胀的压力上升？如何应对？

中国的广义货币对 GDP 之比超过 160%，属于世界上货币化程度最高国家之列。从长期来讲，M2/GDP 之比太高确实会引发通胀风险，但现实情况要复杂得多。

首先，即便货币供应量增长速度高于 GDP 增长速度，是否会出现通货膨胀还要看居民、企业的持币意愿；其次，通货膨胀还要看是否存在过度需求缺口；最后，国际通货膨胀形势，特别是原材料价格的上涨趋势会对中国的通货膨胀造成重要影响，国内生产过剩并不一定能够保证中国不会有通货膨胀。总之，未来的通货膨胀前景是复杂的，存在许多不确定性。

中央经济工作会议并未对通货膨胀问题作任何判断，只是提到"要处理好保持经济平稳较快发展、调整经济结构、管理通胀预期的关系"。看来，决策层对 2010 年通货膨胀的发展趋势并无定见。此外，决策层不希望对通货膨胀的过度关注影响经济的反弹，或对资本市场造成不利影响。

对于公众来说，通货膨胀已经成为不争事实，并对官方的通货膨胀统计颇有微词。此种反应说明中国公众对通货膨胀的容忍度是相当低的。通货膨胀预期一旦形成，形势就可能急转直下。通胀预期如何"管理"不得而知，但稳定通货膨胀预期则是十分重要的。

目前中国的通货膨胀率刚刚由负转正，产能过剩的压力仍然十分突出。在通货紧缩时期放松物价控制，进行物价调整是完全正确的。但是，我们也应该看到，自年初以来，中国的信贷、货币增长速度过快，这就使得物价调整所造成的一次性物价上涨很容易转化为通货膨胀。如果再出现外部冲击，一次性物价上涨就有可能转化为物价的轮番上涨。因此，当通货膨胀率由负转正之后，政府必须把通货膨胀率稳定在一个公众可以接受的水平上，避免通货膨胀预期持续恶化。改善物价统计、确定通货膨胀目标、降低货币供应增长速度似乎是我们目前可以做的几件事。

如果内需难以有效消化过剩的产能，我们可能还是会寄希望于外部经济好转而带来的需求，这方面是否可以期待？未来中国的外部经济环境将如何变化？

中国希望增加净出口来消化过剩产能的意愿，可能会和美国的政策产生矛盾。对于美国来说，金融危机之后，经济政策的重中之重是恢复增长、降低失业率，需要采取扩张性的财政政策和货币政策，但是这样做会令美国的经常项目逆差增加，这是不可持续的，最终可能导致美元危机。

为了实现保增长和减少经常项目逆差的双重目标，增加出口、减少进口将是美国未来经济政策的着力点，而要实现这一效果的政策手段主要是美元贬值和贸易保护主义。其中美元贬值如果失控可能会出现美元危机，因此诉诸贸易保护主义的诱惑力和压力将会急剧增加。

如果仍然寄希望于外需来吸收过剩产能，这样我们就会同希望增加出口、减少进口的美国发生贸易冲突，这是我们所不希望看到的。中国需要改变经济增长模式和调整经济结构，应该进一步刺激国内消费需求，在维持经济增长的同时，减少对外需的依赖。

中国的经济增长与结构调整[*]

前不久召开的中央经济工作会议提出了转变发展方式和经济结构调整。我认为，这是我们未来发展中的一个重要主题，是在前一阶段胜利克服了国际经济危机不利影响基础上提出的新任务。

中国的经济增长

中国在过去30年创造了人类历史上了不起的奇迹。1978—2008年中国经济平均增长速度为9.8%，是人类历史上从未有过的，而当时世界经济同期增速为3%；2002—2007年期间中国经济增长10.5%，是中国经济平均增速最高的6年，是中国奇迹中的奇迹（图1）。

当前中国经济在世界中的地位

现在我们有一个感觉：在国际市场上我们买什么什么贵，卖什么什么便宜。这好像是一件坏事，其实也是一件好事。这说明，我们国家已经成为世界上最重要的经济体之一。

我们需要认识到，中国经济在世界经济中已是举足轻重，我们不能够再假定外部环境是给定的，比如国际铁矿石的价格已经在很大程

---

[*] 本文原为2009年12月22日团中央干部学习班上报告记录，2010年1月29日作者对记录稿做了审阅和修改。

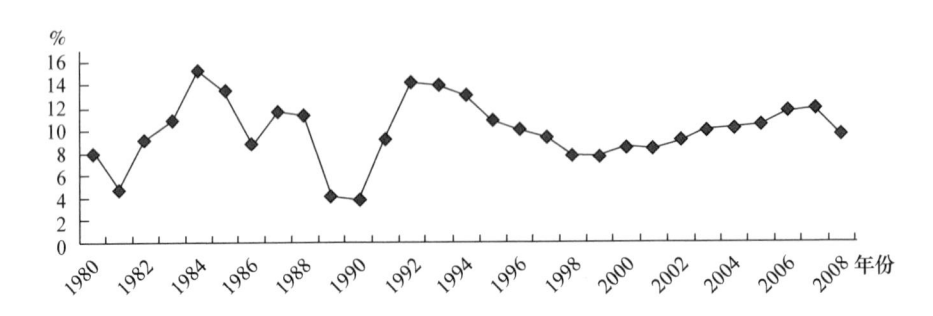

图 1　中国 GDP 增长速度

度上由中国需求决定。中国在某一领域进行大规模投资，国际上相关产品的价格就会上涨。而中国在某一个领域大规模地生产某一类产品，其国际价格就会迅速下滑。我们过去讲低姿态，要韬光养晦，现在已经很难，只能是堂堂正正地在国际舞台上与美国博弈；同时发展中国家希望中国能够成为他们的代言人。当然，我们要有自知之明，但许多国际责任已经无法推脱。

中国是世界第三大经济体：2008 年美国 GDP 总额为 14.4 万亿美元，日本为 4.9 万亿美元，中国是 4.4 万亿美元。由于日本经济增长速度很慢，中国将很快超过日本成为第二大经济体。

中国是世界第三贸易大国：同期美国贸易总额为 3.5 万亿美元，德国为 2.7 万亿美元，中国是 2.6 万亿美元。预计到目前，我们可能已经超过德国成为世界第二大贸易国。

中国对世界经济增长的贡献第一（2009 年预测）：世界 GDP 增长 -1.4%，中国的贡献为 0.91%，为世界第一。如果 2008 年没有中国经济对世界的贡献，世界经济不会像现在这样。

中国是世界第一大外汇储备国：截至 2009 年年底，中国外汇储备达 2.4 万亿美元，日本为 1 万亿美元。中国股市市值世界第二：2009 年 6 月，中国股市市值仅次于美国，列世界第二位（含中国香港、上海、深圳）。

中国是经常项目顺差第一大国：中国经常项目顺差为 4400 亿美

元，德国 2353 亿美元，日本 1571 亿美元（非中国官方数字）。

目前世界银行排名前十中的前三名：中国工商银行，中国建设银行，中国银行。

中国粗钢产量世界第一：据估算，2009 年中国粗钢产量将超过 5 亿吨，占世界 37.7%，日本产量为 1.18 亿吨，占世界 8%。

中国汽车产量世界第二：1400 万辆（2009 年）。

中国能源消费世界第二：20 亿吨石油当量。

中国二氧化碳排放量世界第二：据统计，2006 年美国二氧化碳排放量 60 亿吨，中国为 59 亿吨。有人预测，中国目前已经是世界上二氧化碳排放量最大的国家。[①]

经济增长的供给方和需求方

在具体讨论经济政策和结构调整前，先就有关经济方面的基本理论给大家做一下介绍。

不管是中国还是世界，其经济增长要看两个方面：一是供给方，另一个是需求方。萨缪尔逊指出：你可以使一只鹦鹉成为经济学家，只要它会说"供给"和"需求"两个词。所以，"供给"和"需求"是学习经济学时非常关键的两个概念。

一个国家的经济从供给方、从动态的角度来看，主要有两个理论可以借鉴——新古典主义的增长理论和哈罗德—多马模型，我们一般用它们来分析供给方的增长和变化情况。根据新古典理论，经济增长速度 = 技术进步速度 + α 资本积累速度 + β 劳动力增长速度（劳动力增长等于人数乘以工作时间），这三个方面决定了经济体增长的速度。[②] 在其他因素给定的条件下，经济体的技术进步速度高，那么它的增长速度就高。

[①] 资料来源：日本野村证券关志雄博士整理，未指明年份者皆为 2008 年。
[②] 其中的 α 和 β 是给定参数，可以通过统计方法确定。

还有一个理论是哈罗德—多马模型。即：经济增长速度＝投资率/资本产出率。投资率是指投资在GDP中所占的比例，资本产出率是一个国家为了生产单位产品所需要使用的资本的量，这个数越高说明经济体的资本使用率越低，资本产出率越低说明这个国家资本使用效率越高。美英这样的国家一般是2左右，日本是3左右，中国前几年是4左右，现在是5.5左右。比如中国的经济增长速度是9%，投资率是50%，那么投资产出率是5.5。就是说，为了提高增长速度，一个是提高投资率，另一个是降低资本产出率。哈罗德—多马模型与新古典主义增长理论不太一样，但本质一样，只是观察问题的视角不同。在研究一个国家的潜在经济增长速度时，可以从这两种理论出发，互为参照，来推断该国的经济增长速度可能达到多少。

由供给方决定的增长速度也称为潜在经济增长速度，但光有潜在增长速度还是不行的。因为只有当需求的增长速度等于潜在的经济增长速度时，潜在的经济增长速度才能变为现实的经济增长速度。

从需求方来看，① 如果以GDP代表总需求，则总需求由以下几"块"构成：

GDP=消费+投资+政府支出+净出口（即：出口－进口）。

我们在讨论经济增长的时候，说需求不足实际上是相对给定的潜在供给能力而言的。我们假设有这个供给能力，没有实现为经济增长，是因为我们的需求不足。现在在讨论经济增长时往往要分别讨论总需求各个构成部分对GDP增长的贡献。例如，消费对GDP增长的贡献是多少等。消费怎么能导致经济增长呢？确实，消费只能消费GDP不能创造GDP，但在做这类讨论时，事先已经假设有足够的供给能力（潜力），没有消费需求就不会有相应的GDP被创造出来。

总需求增长速度＝消费增长速度×消费在GDP中的比例+投资增长速度×投资在GDP中的比例+政府支出增长速度×政府支出在

---

① 讨论需求时，我们往往仅从某一个给定时点上看，而不讨论需求变化的动态路径。

GDP 中的比例＋出口增长速度×出口在 GDP 中的比例－进口增长速度×进口在 GDP 中的比例。通过这个简单公式，我们就可以算出总需求增长速度。当总供给的速度和总需求的速度相等的时候，经济处于平衡状态。

经济增长与通货膨胀或通货收缩

当一个国家的总供给和总需求存在不平衡时就会产生通货膨胀或通货收缩。下面两个公式可以让我们很好地理解通货膨胀和通货收缩问题：

总需求－总供给＝过度需求＞0→通货膨胀

总供给－总需求＝产能过剩＞0→通货收缩

1993 年以来，中国经济增长经历了几个周期：从邓小平南方谈话之后的 1992—1996 年是经济过热（1994 年、1995 年时中国的通货膨胀是 20% 多）。1997 年东亚金融危机导致中国进入通货收缩期。CPI 为负这种情况一直延续到 2003 年年初。

但"非典"过后不久，中国经济回升速度超人意料。2003 年 10 月中国人民银行决定提高利率，而 1996 年 10 月以来的利率一直是下降的。这是一个重要的政策信号。2003—2008 年第三季度中国经济处于偏热或过热状态。这一时期中国宏观经济的任务是治理通货膨胀、抑制经济过热。

2008 年第四季度—2009 年上半年中国经济增速急剧下跌，出现通货紧缩。造成这种变化的主要原因是全球经济危机突然恶化、外需急剧下降，产能过剩的问题被突然暴露出来。2008 年 11 月中央出台四万亿经济刺激计划，政府转而采取了"超常规"的扩张性的财政、货币的政策，这一政策一直持续到现在。

根据权威专家计算，2002—2007 年中国过度需求缺口不断扩大，逐渐导致通货膨胀的状况（表1）。

表1　　　　　　　　全球金融危机前中国的过度需求缺口

年份	实际增长速度	潜在增长速度	过度需求缺口
2002	9.1	9.2	-0.1
2003	10	9.7	0.3
2004	10.1	9.9	0.2
2005	10.4	10.0	0.4
2006	11.6	10.1	1.5
2007	11.9	9.9	2.0

今年中央经济工作会议的召开标志着中国的政策又要开始调整。经济已强劲复苏，通货膨胀已由负转正。为了防止股票和房地产市场遭受过大冲击，中央并没有明确地提出转变政策方向，而是强调了政策的延续性，但调整实质上已经开始了，而且力度是比较大的。这点从货币增长速度上的变化就可以看到。最近政府又推出了抑制房地产市场过快增长的措施，抑制通货膨胀和资产泡沫的信号是十分强烈的。

2008年第三季度经济形势急剧恶化

2008年经济危机对中国产生冲击之前，我们的政策一直是抑制经济过热的。有些人批评当时的经济政策，但我认为中央这一政策是正确的，行动是够快的。问题是第三季度经济突然发生了非常急剧的变化。在9月召开的一个宏观经济形势讨论会，大多数经济学家都认为世界经济危机已经见底，但是当晚的新闻就播出了"雷曼兄弟"倒台的消息。这一事件标志着美国次贷危机进入到了严重恶化的阶段。随后，中国经济遭受到前所未有的严重冲击，主要表现在：

2008年GDP增长速度同比下降到9%。2008年第四季度、2009年第一季度分别为6.8%、6.1%。

工业生产增加值8、9月分别为14.7%和11.4%，但在10、11月分别下降到8.2%和5.4%。出口增长速度由10月的20%下降到

11月的-2.2%。物价增长速度突然急剧下跌。2008年2月，中国的消费物价指数达到8.7%，创下10多年来的新高。但2008年第三季度消费物价指数下降至2%，自11月以来一直保持负值，直到2009年11月，CPI同比增长速度刚刚由负转正。

这种冲击是历史上从未有过的，政府也采取了非常有效的措施，中国政府的执政能力受到了世界各国的赞叹。在短短两个月时间里，四万亿经济刺激计划使经济不再下滑，对于世界上其他国家是难以想象的。

中国经济增速突然急剧下降的原因

经济增速下降是预料中的事情，但其幅度和突然性则是始料不及的。其原因是什么呢？

美国金融危机百年一遇：外需自由落体式的下降历史上绝无仅有，正所谓"黑天鹅事件"（天鹅一般都是白的，但你却忽然见到了一只黑天鹅。比喻概率很小的事件发生了）。中国经济的对外依赖程度太高，无法减弱震波，也无法保证自己不受影响。在全球化背景下，美国经济烂下去，中国经济也会受影响。

产能过剩严重：外需旺盛暂时掩盖了这种过剩，外需失去后，国内需求无法吸收已有的产能，过剩就立即显现。钢铁行业就是例子。

囤积现象严重：直到2008年后期，通货膨胀特别是资源性产品价格暴涨导致囤积现象严重，经济形势发生变化后，存货调整剧烈——如钢铁行业大量囤积铁矿石。当价格预期逆转，企业大规模减库存。库存调整对经济增长的冲击是相当大的，因为库存减少意味着投资需求的减少。

悲观预期导致的超调：虽然预期这东西看不见，但它可以产生物质的力量。当大家很悲观的时候，想花钱的人也不花了，想买东西的也不买了，实体经济就发生变化了。

概括来说，净出口急剧下降是中国经济形势逆转的主要原因。由于全球经济危机，中国净出口的贡献在 2008 年明显减少，在 2009 年是负贡献（图 2）。

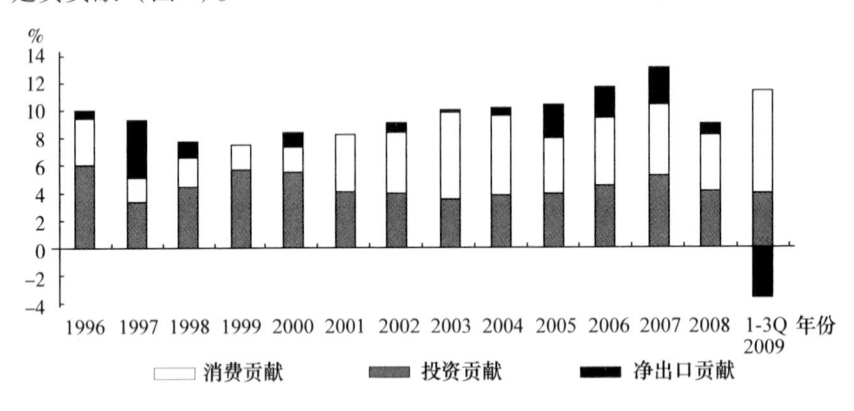

图 2　总需求各个构成部分对中国经济增长的贡献

注：竖条代表经济增长速度。

资料来源：CEIC Data，National Bureau of Statistics。

以钢铁行业为例，探讨经济增速下降的原因

钢铁产业是 2008 年第三季度所有重要产业中受经济危机冲击最为严重、产量下滑最为明显的产业。对钢产量下滑原因的分析，可以帮助我们对整体经济下滑的原因有一个比较具体的了解。

世界经济增速的急剧下跌，导致世界贸易急剧下降。世界贸易急剧下降导致了中国钢铁产量的急剧下降。中国钢铁年产量约在 6 亿吨，其中 12% 的钢材直接出口国外。若考虑到钢铁业的下游产业的出口，近年来 1/3 以上的中国钢产量依赖出口市场，外国需求的减少对中国钢产量的影响是可想而知的。事实上，9 月钢产量比 8 月减少 188 万吨。其中的 54%，即 100 万吨是出口减少直接造成的（表 2）。很多产业是需要大量钢铁的，比如造船、集装箱生产，它们的出口减少，也会影响对钢铁的需求，这是间接影响。钢铁产量降幅中的 70%，甚至更高，可以用出口减少的直接影响加间接影响解释。出口减少对钢铁产业的打击有多么严重可想而知。

可以看出，说出口锐减是中国经济增长速度急剧下滑的最重要原因并非言过其实。

表2　　　　　　　　　出口对钢铁产量的直接影响

类　别	8月数量	9月数量	9月减少	9月降幅
出口量	767.69万吨	667.00万吨	-100.6万吨	-13.12%
全行业产量	4780.02万吨	4592.08万吨	-187.9万吨	-3.93%
出口所占比例	16.06%	14.53%	53.58%	

中国制止经济下滑的应对之策

中国经济增长速度下滑是全球经济增长急剧下降触发的。面对有效需求不足，我们应该采取什么办法？对外需的变化我们没有什么控制能力（不是完全没有），政策的着力点应当是刺激内需。

如何刺激内需？从宏观经济角度来看，短期内一是要靠扩张性的财政政策，二是要靠扩张性的货币政策，长期要考虑到收入分配问题等问题。富人储蓄倾向高，穷人储蓄倾向低。如果国内少数非常富有的人在国民收入中所占比例很高，那么这个国家的消费需求是上不去的。

刺激什么内需？内需主要表现在三个方面：一是居民消费需求；二是政府支出，包括投资性支出（制造业投资、非制造业投资、公共工程投资）和一般性支出；三是企业投资需求。但刺激居民消费需求不容易，短期内难以见效。容易见效的是政府投资，尤其是公共工程投资。如修铁路，可以在几百平方千米的范围内铺开，雇用大量的人员，钱马上可以花出去。再一个问题是，政府不能在制造业上大规模投资，因为现在是产能过剩。在刺激内需的同时，政府还有一个政策是稳定出口。一些刺激出口的政策，如出口退税，被恢复或重新强化。

中国的财政刺激计划（四万亿元）

中国的财政刺激，以投资为主，其中又以基础设施投资为主。2009年预算有所调整，但在现实中，基础设施投资依然是刺激计划的主要内容。铁路、公路、机场（所谓"铁公机"）是很大一块，这也是政府不得已而为之，但毕竟可以起到增加有效需求的作用（图3）。

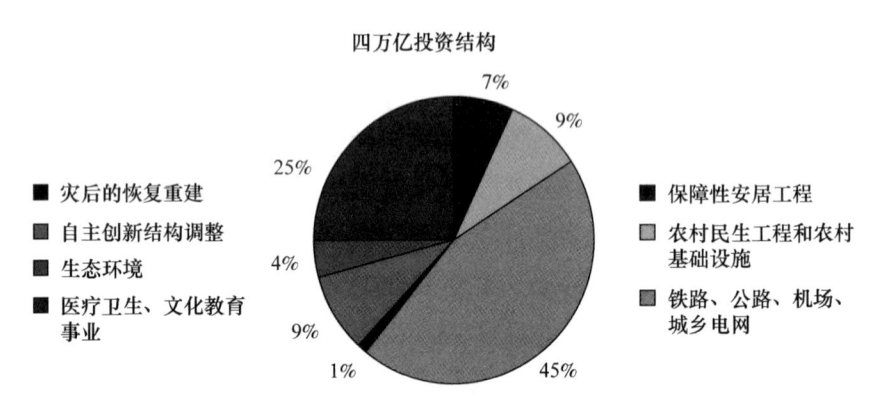

四万亿投资结构

- 灾后的恢复重建 25%
- 自主创新结构调整 4%
- 生态环境 9%
- 医疗卫生、文化教育事业 1%
- 保障性安居工程 7%
- 农村民生工程和农村基础设施 9%
- 铁路、公路、机场、城乡电网 45%

图3 四万亿财政刺激计划的支出结构

资料来源：国家发改委。

我预计，2010年投资结构将会发生很大变化，中央经济工作会议已经有了明确的信号。

扩张性的货币政策

2009年前半年新增信贷7.3万亿元，超过原定全年总额。货币投放量增加支持了投资的扩张。2009年，特别是2009年前半年中国的信贷扩张速度过快。平时状态下是企业求银行，而现在则是银行求企业，由于存在维持长期关系的考虑，企业就贷来了过多的贷款，这不仅造成资源的严重浪费，企业还可能会去投资股票或买地或投资到国外，我们看到了这么多的、规模很大的"地王"。信贷资金流入资本市场的情况已经出现，但这种情况有多严重不好测算。但目前和房地产泡沫一起，说明这种情况可能相当严重。我们应对危机所采取的"适度宽松的货币政策"实际上是"极度宽松的货币政策"。

中国经济的 V 型反弹

由于政府扩张性的财政政策，中国经济增长速度在两个季度连续下降后开始回升。2009 年第二季度、第三季度中国的 GDP 增速分别达到 7.9%、8.9%，中国经济实现了 V 型回升，到 11 月通货收缩结束。从宏观角度来看，明年、后年及以后的一段时间内中国经济增长形势可能会是比较好的。

经济发展方式转变和经济结构调整

如果把抵御经济危机冲击看作危机管理，那么中国的危机管理取得了成功，但经济发展方式转变和经济结构调整还任重道远。中国要实现经济的可持续发展，必须实现经济发展方式的转变和经济结构的调整。

中国发展（或增长）方式的主要特点有两点：一是投资驱动，二是出口导向。从需求方看，投资和出口是中国经济增长的两大发动机。

2002—2007 年，中国的经济增长主要来自投资与出口拉动：中国对外出口平均增长速度为 29%，固定资产投资平均增长速度为 24%（其中，房地产投资在固定资产投资的贡献有 1/4 左右，在 GDP 中占 10% 左右），在 2007 年固定资产投资和净出口对经济增长的贡献都超过 60%（图 4）。

投资驱动及其所带来的问题

固定资产投资增长速度持续超过 GDP 增长速度的结果：中国固定资产投资率自 2001 年持续上升。

投资率过高是中国经济的顽症。从 2001 年起，中国的投资率是不断上升的，2008 年投资率是 47%，现在肯定超过了 50%。这样高

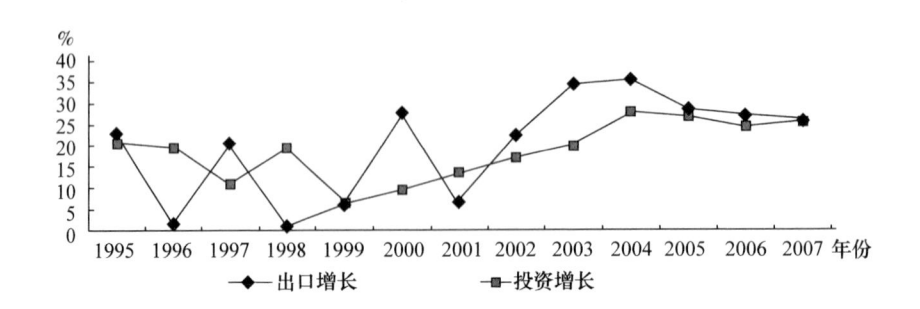

图 4　中国的出口和投资的增长

的投资率在全世界是没有的,这样高的投资率所对应的经济增长速度应该是8%或9%。利用哈罗德—多马模型,很容易看出,与此相应的增量资本—产出率是5以上,这说明我们的投资效率有很大问题。同日本等国相比,每生产1单位产出,我们要多用2/3甚至1倍的资本(资金)。

投资率不断上升的重要结果是:在开始时(如2003年以后的一段时间)造成经济过热,在过了一段时间之后又导致产能过剩(2009年得到充分暴露)。投资同其他总需求的构成部分(消费、投资)不同,其他构成部分仅仅代表本期的需求。投资有双重作用:当期增加有效需求,如盖工厂需要钢材、电力等;下期增加供给能力。投资同消费不一样,投资完之后它的价值依然存在并体现在机器设备中,有了新的机器设备就能生产更多的产品。

2003年以来,在经济日趋过热的过程中,过剩产能也在积累之中。为了抑制当期的经济过热和预防外来的产能过剩,中央采取了一系列措施。"铁本事件"[①] 很好地反映了中央当时对经济过热和产能

[①] 民营企业江苏铁本钢铁有限公司,未经国家有关部门审批,开建800万吨钢铁项目,在常州市新北区春江镇违法占地近6000亩,4000多农民被迫搬迁,有的甚至住进窝棚、桥洞、废弃的渔船。2004年4月国务院派出专项检查组,核实查处江苏铁本钢铁有限公司违规建设钢铁项目,认定这是一起典型的当地政府及地方有关部门失职违规,企业涉嫌违法违规的重大事件。

过剩的担心。"铁本事件"本身可以置而不论，2003年以来中央抑制经济过热的政策是完全正确的。但是，政府抑制经济过热、抑制过剩产能的政策未获成功，未来的产能过剩仍在发展。

铁本事件后，钢铁业产能过剩急剧恶化，由当时的4亿吨达到目前的6.7亿吨，中国成为世界最大钢铁生产国（占2007年世界粗钢的37%）（图5）。

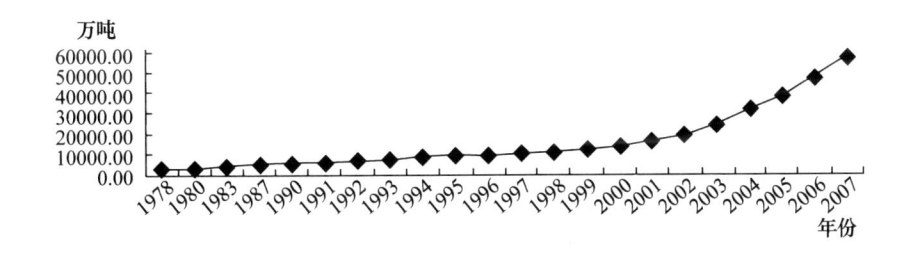

图5 钢铁产能过剩的发展

但是，直到国际金融/经济危机爆发之前，自2005年以来，产能过剩的问题似乎并不突出，人们所担心的主要问题依然是经济过热。这种似乎矛盾的现象又如何解释呢？特别是为什么产能过剩的现象，在"铁本事件"4年之后都没有发生呢？原因有二：投资过热吸收过热的投资；出口需求强劲。

通过投资吸收过剩产能也叫作"第一部类的自我循环"。马克思把社会生产划分为生产资料生产和消费资料生产两大部类，认为两大部类之间相互依存、相互制约，要求按比例协调发展；生产资料的供给与需求之间、消费资料的供给与需求之间均应保持平衡。部分生产资料和消费品的供过于求，影响两大部类内部和两大部类之间的比例均衡，影响整个社会再生产的顺利进行。

列宁在《论所谓市场问题》一书中，把技术进步和资本有机构成提高这一因素纳入马克思扩大再生产公式进行了新的推演，并由此得出了结论："在市场经济下，增长最快的是制造生产资料的生产资料生产,其次是制造消费资料生产资料的生产,最慢的是消费资料生产。"

因此,至少在相当一段时间内,可以通过建立更多的钢厂来吸收过剩的钢铁产能。但是,这种过程是不可持续的。投资增长速度不可能永远高于GDP增长速度,投资率不可能超过100%。调整是不可避免的,调整得越晚,对经济的冲击就越大。

出口导向战略的局限

吸收过剩产能的另一个重要途径则是扩大出口。生产了过多的产品,可以通过出口把过多产品卖给外国人。但是,这种方法也是不可持续的。出口市场往往是不稳定的,更何况中国已经成为世界第二大贸易国,增加出口的空间日益缩小,中国长期维持高度的出口增速难度正在加大。

有不少钢铁企业人士认为中国在钢铁生产(不是所有产品)上仍具有优势,中国钢铁企业仍有进一步扩大出口的空间。尽管从微观、产品层面来看,这种看法也许不无道理。但从钢铁行业总体来看,显然是错误的。据我所知,中国有上百家大、小钢厂,但是中国缺水、缺铁矿石,环境污染严重,除处在低技术、劳动密集度高的一些产品之外,很难说中国在钢铁生产上具有比较优势。中国一些钢铁企业自以为具有比较优势,大概同中国刺激出口的汇率制度、出口退税等政策有关。价格扭曲使企业无法正确判断比较优势之所在。在价格扭曲条件下制订的生产计划必然导致作为一个整体的中国国民福利的损失。

中国的出口导向战略在过去是成功的。但现在中国已经是世界第三大经济体,中国的贸易/GDP比已经超过60%,出口/GDP比已经超过30%(图6),远远高于日本和美国等国家。依照出口导向战略推动经济增长的余地已经变得越来越小了。

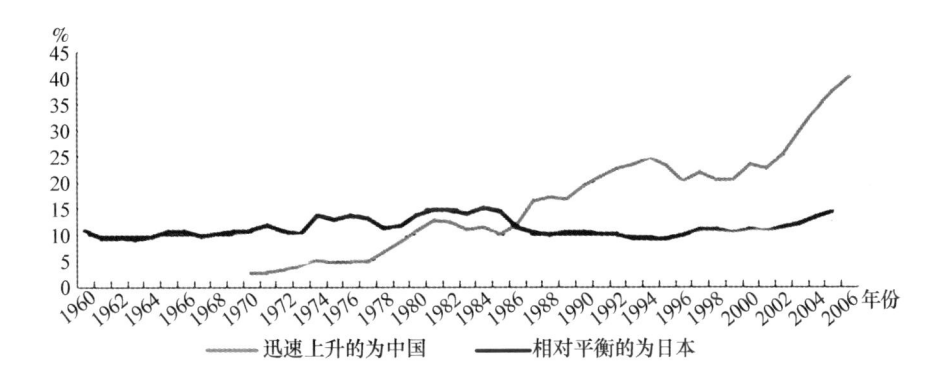

图6 中国贸易依存度和出口依存度

刺激内需，促进贸易的平衡增长

当前，中国经济面临着十分紧迫的结构调整问题，主要任务是：一要改变过高的对外贸易依存度，减少国际收支不平衡；二是要降低过高的投资率；三是要改善环境污染严重状况；四是要遏制收入分配差距的扩大。为了可持续的增长和福利改善，中国必须坚定推进结构调整。

中国必须降低对外依存度，减少双顺差问题

前面已经指出中国的对外依存度太高，容易受到外部冲击的影响。2009年中国的贸易依存度因外部冲击而下降，但是中国经济依赖外需的基本结构并未发生根本变化。目前大家都把2010年中国经济保持高增长的希望寄托在外需增长恢复之上。这种希望也许不会落空。但是，中国无论如何必须降低对外依存度，减少双顺差。

2010年美国贸易保护主义倾向几乎肯定将进一步加剧。2010年前期，如果美国经济由于财政刺激的成功而增长，美国国内的不平衡可能会进一步增加。因而，美国对外部资金的需求依然可能会相当强劲。在此期间，中国对美国的出口增长势头有可能得到恢复（先排除贸易保护主义问题）。但从长期来看，美国迟早会认真对待国际收支不平衡问题。2010年后期，美国财政政策的刺激力度将会下降（如果奥巴马的原计划不变），如果私人消费与投资得不到恢复，美国经常项目逆差将会减少，中国将面临出口市场萎缩的问题。增加出口、减少进口（减少经常项目逆差）将是美国未来经济政策的着力点。增加净出口可以同时实现保增长、保就业和减少经常项目逆差，从而稳定美元的双重目标。除非出现革命性的新技术、新产品，增加出口、减少进口的主要政策手段是：美元贬值和贸易保护主义。美国政府对美元贬值将采取善意忽视的政策。因为，如果美元贬值失控，就会出现美元暴跌，美元危机。因而诉诸贸易保护主义的诱惑力和压力将会急剧增加。

在相当长的时期内中国的国际收支一直处于不平衡状态。中国国际收支不平衡主要表现在存在大量的"双顺差"。所谓的双顺差，即国际收支经常项目、资本和金融项目（简称"资本项目"）都呈现顺差。其中，国际收支经常项目指货物进出口收支、服务收支、收益项目收支、经常转移收支等项目；资本和金融项目指各种形式的投资项目，如直接投资、证券投资等。其实，"双顺差"是一种不合理的国际收支格局，中国的"双顺差"更是同各种制度缺陷、价格扭曲、宏观经济不平衡相联系的。"双顺差"已经，并且正在给中国带来巨大的福利损失。作为世界的第三大资本净输出国，中国的投资收益长期是负数（2005年以后，由于中国外汇储备急剧增加，投资收益开始转正）。与此相对照，作为一个资本净输入国（拥有大量外债），美国的投资收益却一直是正数。这一对比的意义值得我们深思。

中国双顺差带来的问题主要表现在：（1）多恩布什（Donrbusch）问题，即：穷人把钱借给富人问题。多恩布什在20世纪90年代提出：穷国不应该购买发达国家的国库券，穷国的资源应该用于本身的投资和改善本国老百姓的生活水平；（2）威廉姆森（Oliver Eaton Williamson）问题，即：穷人高息向富人借钱后又把钱低息借回给富人。威廉姆森提出，如果你向外国借了钱，你应当把这些钱转变为你的贸易逆差（购买外国的机器设备、技术和管理），而不是购买外国债券；（3）克鲁格曼（Paul R. Krugman）问题，即：外汇储备正在遭受"资本损失"。由于美国实行极端扩张的货币政策和过度的国债券发行（GDP为14万亿美元，国债为12万亿美元，国债余额/GDP比已经超过84%，很快就会超过100%，而同期中国是20%），美元贬值，美国国债价格下跌和未来通货膨胀的危险不断增加。按美元指数（或某种衡量实际购买力的尺度）计算，中国通过双顺差积累的外汇储备面临贬值（实际购买力丧失），或说资本损失的危险。

事实上，中国外汇储备还面临违约的危险。2008年"两房"几乎倒闭，中国4000亿美元国债命悬一线，相信中国不少人惊出一身冷汗。三A级的债券居然也可能违约。美国政府接管了两房，中国的债券暂时安全了。但是美国新政府是否会信守关于两房的诺言。中国政府应该把外汇储备的安全、减损放到极为重要的地位上来。其中的一个重要方面就是减少经常项目顺差。

降低固定资产投资增长速度、降低投资率

中国投资率为世界之最。有些人否认中国的投资率过高，理由是中国的储蓄率更高。但是应该看到，储蓄率高低不是评判投资率高低的标准。发展中国家一般储蓄率较低，而投资率高于储蓄率，这些国家不得不依靠引资（利用外国储蓄）来保持较高投资率。即便如此，这些国家的投资率同中国相比根本不值一提。

中国的投资结构也存在不少问题。房地产投资是固定资产投资中的最重要组成部分：总投资的1/4，GDP的1/10左右，比重已经过高。房地产的发展，至少在一段时间内可以促进经济的发展，但资源集中在房地产不利于中国的长期发展，先进的经济不能建立在钢铁和水泥的基础上。

中国在人力资本投资方面倒是大大不足，但是这与我们现在所说的固定资产投资完全不是一个概念。

后危机时期的挑战

在刺激计划之后，中国的投资规模可能已经超过 GDP 的 50%，这意味着中国以后要面对更为严重的产能过剩、投资效率下降。为了避免产能过剩，投资主要是在基础设施，而不是在制造业上。但这种政策也造成了一系列新的问题。

未来的不良债权和财政收支

大规模基础设施投资，由于与制造能力脱节，投资回报可能会出现问题。主要表现在：大量建设高速公路，没有车辆，无法收过路费，最终导致偿还银行本息产生困难。又如：北京—天津高速列车，据说运营收入不足以保证运营支出。

应对经济危机"迅速出拳"是好事，但也可能导致豆腐渣工程。还有的地方政府搞形象工程、重复建设，这些都可能引发银行贷款的偿还和未来财政收入的保障问题。

钱应该花在哪里？

从图 7 可以看出，尽管美国的财政支出结构并不是我们效仿的对象，但对比一下中美财政支出结构，我们就会发现存在的一些差异，尤其在教育、科技和养老金等方面中国与美国的差异。显然，在一些涉及长远和民生的领域，我们应当增加投入。在这方面的改革必须加紧。

抓住时机，进一步推进体制改革

我认为，中国在应对经济危机取得初步成效之时，应当抢抓机

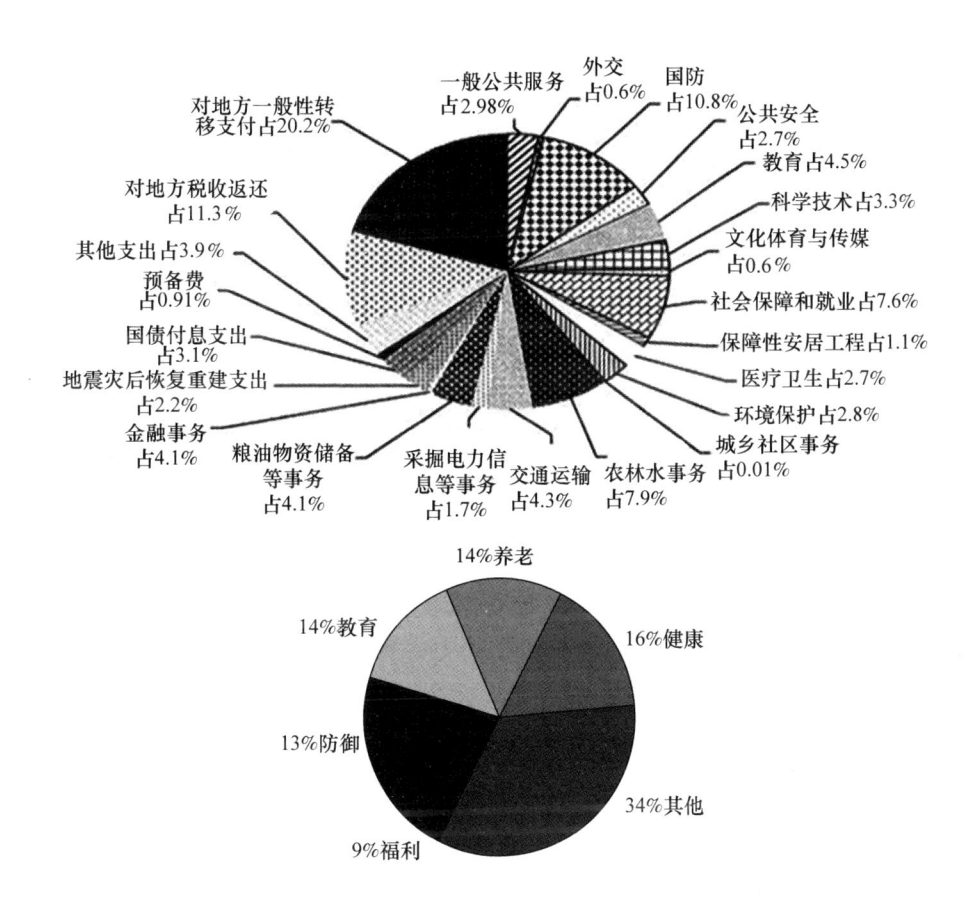

中国的经济增长与结构调整　479

图7　中美财政支出结构比较

遇，在以下几个方面做好工作：一是扩大医疗、卫生、教育、金融、通信、交通等行业的市场准入，同时建立公平竞争的市场规则，减少垄断，加强管理；二是抓住通货膨胀率较低这一时机，建立能源、水、电等价格市场化形成机制；三是建立汇率与利率的市场化形成机制；四是通过财政、税收体系推动增长模式的转变，缩小贫富差距。中国的基尼系数已经过高，城乡收入差距已经达到3倍，不能再扩大了。

在中央的正确决策和不懈的努力下，中国的危机管理取得巨大成功，成功抵御了世界经济危机对中国经济发展的严重冲击，取得了举世瞩目的成就。目前，危机还没有完全过去，一系列的已知和未知的困难依然摆在面前，尤其是发展方式转变和结构调整任务十分艰巨。只要采取合理、有效措施，增强信心，凭借我们足够的财力和巨大的国内市场，完全可以完成发展方式转变和经济结构调整的任务。中国完全有可能再保持另一个十年的高速增长。

第四篇

需求管理与"供给侧结构改革"之的重点转换

社会融资总量与货币政策的中间目标[*]

数日前中国人民银行公布了"社会融资总量"指标,有消息说中国人民银行可能会以此作为新的货币政策中间目标。社会融资总量大体指非金融部门当年所获得的全部新增融资(含股票和债券融资)。如传言属实,这应该说是一个重要变化。我们不禁要问:社会融资总量是否应该且能够成为货币政策中间目标?这一变化是否有助于中国人民银行实行货币政策的最终目标——物价稳定?为了推动讨论,我不揣冒昧,提出一些不成熟看法,供大家批评指正。

不同货币总量与通货膨胀的关系

历史上,各国中央银行曾把不同货币总量(M1、M2 或 M3)作为货币政策中间目标,并通过控制选定货币总量实现货币政策的最终目标——抑制通货膨胀。

传统货币政策的理论基础是货币数量公式:

$$MV = PY$$

其中 M、V、P 和 Y 分别代表货币存量、货币流通速度、物价水平和产出;V 假定是常数。通常的理解是,根据货币数量公式,如果流通中货币数量的增长速度超过产出增长速度,物价水平必然上升;

---

[*] 本文刊于《国际金融研究》2011 年第 9 期。

或在 V 给定的条件下，流通中货币数量的增长将导致名义产出（PY）的增加。货币数量说对物价变化的解释有简单化之嫌（例如，并未涉及实物经济中供求关系失衡对物价的影响），但其简单明了，如运用正确可以理清不少政策问题。

显然，在货币数量公式中，货币只有一种功能，即流通手段①。因而，货币数量公式中的货币显然是 M1，即流通中的现金和活期存款。而活期存款之所以同现金并列、成为 M1 的构成部分，是因为存款人可以以活期存款为基础，开具支票作为支付手段。在一般理解中，货币是指广义货币 M2，即 M1 + 储蓄（和定期）存款。如果把货币理解为广义货币，货币数量公式是否依然成立？假设在均衡状态下的货币存量 M1 是 100 个单位，再假设通过某种途径，货币存量中增加了 20 个单位储蓄存款，此时的（广义）货币存量 M2 = 100 + 20 = 120。第一个问题是，在其他情况不变的条件下，货币存量中如何会新增 20 个单位的储蓄存款？第二个问题是，在其他情况不变的条件下，广义货币的增加（新增 20 个单位储蓄存款）是否会导致通货膨胀？

"银行贷款创造存款"是经济学界普遍接受的命题。在不考虑居民（及企业）储蓄的情况下，贷款所创造的流通中的现金和活期存款只发挥流通手段的功能。从封闭经济的某种均衡状态（流通中的现金和活期存款存量 = 媒介经济活动所需要的流动性；实物经济中的总供给 = 总需求、储蓄 = 投资）出发，如果一部分居民出现储蓄意愿，另一部分居民或企业出现负债意愿，在 M1 量给定条件下，使储蓄意愿得以实现的途径有二：第一，把现金（部分现金是通过提取活期存款得到）从流通中撤出（"放在席子底下"）；第二，把撤出的现金以储蓄存款的形式存入银行。

---

① 即便货币数量公式中包含了货币存量的概念，所谓"真实余额"（real bclance）也并非是一个价值贮存概念。

在第一种情况下，由于流通手段的减少，有效需求减少，经济出现失衡（供大于求）。即便其他居民有增加消费或企业有增加投资的意愿，由于缺乏必要的流动性——无法取得退出流通的20单位现金，他们的消费和投资意愿将无法实现。不仅如此，由于无法回收发放的贷款，银行将出现不良债权。如想恢复经济的均衡状态，中央银行必须注入新的流动性，以弥补20单位的流动性缺口，并允许银行注销不良债权。这种状况的潜在危险是，退出流通的现金一旦重返流动，就有可能会突然造成严重通胀压力。

在第二种情况下，在流通中减少20单位现金的同时，银行储蓄存款增加20单位，而这又主要有两种可能性。第一种可能性是，银行把一部分居民作为储蓄存款存入的20单位现金（银行的资金来源），贷给入不敷出的另一部分居民（银行的资金使用）。当后一部分居民将这20单位现金用于购买商品和服务的时候，20单位现金重新回到流通过程，M1恢复到原有水平，经济恢复均衡状态。第二种可能性是，银行将20单位储蓄存款贷给企业，后者用由此得到的20单位现金（或支票）购买投资所需的商品和服务（原材料、机器设备以及其他生产要素）。M1和总需求都恢复到原有水平，经济恢复均衡。在两种可能性中，M1不变（流出后又流回了），依然是100单位；而银行储蓄存款和长期贷款则同时分别增加20单位。①

在均衡状态下，居民储蓄意愿的实现必须以其他居民或企业的相应负债意愿为条件。居民储蓄意愿的变化可能是非货币原因导致的，因而，广义货币存量中的储蓄存款（M2—M1）是内生的。但是，无论居民的储蓄意愿发生何种变化，居民储蓄存款有何增加，在储蓄＝投资的前提下，由初始存款（央行的再贷款、出售外汇或出售国债所得的准备金）所决定的M1，不会发生变化。在此意义上，可以认为M1是外生的。在货币数量公式框架内，储蓄存款的变化与M1无关，

---

① 为了简化分析，企业储蓄在这里不做讨论。

只要流通中的 M1 量不变，物价水平就不会变化。

假设银行把在当期从居民 B 吸收的储蓄存款贷款给居民 A。在下期债务人——居民 A 将减少消费以偿还贷款；而债权人——居民 B 则会提取存款、增加消费。经济依然处于均衡状态，经济规模也不会发生变化。假设银行当期贷款给企业，在下期，债务人——企业还款、付息，债权人——居民提取存款、收息。由于银行是贷款给企业，企业投资将导致下期产出增加。如新增产出等于居民的"延迟"消费，经济则继续处于均衡状态。经济规模的扩大将导致下期流动性需求的增加。如下期居民储蓄率不变，则下期对广义货币存量的需求也将相应增加。关于货币存量的动态路径，这里不做进一步讨论。

引入资本市场后的货币总量与通货膨胀

如果居民不是通过增加银行储蓄存款而是通过购买股票、债券的形式进行储蓄，从银行体系退出的 20 单位 M1 不再进入银行体系而直接进入资本市场。通过资本市场的中介（IPO 等），企业将获得这 20 单位 M1，并将其用于购买投资所需的原材料、机器设备以及生产要素的服务。此时，由于经济规模尚未发生变化，对 M1 的需求同银行充当融资中介时的情况完全相同——都是 100 单位。但是，由于并未通过银行建立债权—债务关系，银行储蓄存款和贷款并未增加。此时，股票和债券——而不是储蓄存款，成为居民储蓄的载体。因而，在其他情况相同的条件下，资本市场的发展将导致银行储蓄存款的减少，从而导致广义货币的减少。但由于流通中的 M1 依然是 100 单位，物价水平不会发生变化。

如果在二级市场上金融资产（股票和债券）价格出现上升趋势，为了取得资本利得，更多居民（和企业）就会进入二级市场购买股票（或债券）。当某些居民从流通撤出现金、从银行取出活期存款以购股票（或债券）时，在二级市场上出售股票的另一些居民就会把所得现金和活期存款投回流通和存回银行。尽管 M1 将在不同经济实体间转手（流通速度可能加快），M1 量不会因为二级市场上股票的买卖而增加或减少。由于需要交易的"产品"——"金融产品"（不是实物产品）的增加，对充当"金融产品"流通手段的现金和活期存款的需求必然增加。随着数额越来越大的存款提取和再存入（通过转账实现），金融资产价格不断攀升，居民对作为流通手段的现金和活期存款的需求也会不断提高。这样，对应于给定的 M1，资产价格攀升导致的对现金和活期存款需求的增加将减轻商品市场上的通货膨胀压力（等量货币追逐较多"产品"）。资产价格的上涨到底是否会导致通货膨胀率上升则取决于其财富效应（使物价上升）、货币吸纳效应（使物价下降）以及储蓄存款变化对银行体系货币创造能力变化（见下节讨论）之间的对比。应该指出，拥塞在资本二级市场的"资金"，并不是真正意义上的资金（Funds），而是被资本市场吸收的流动性，是普通意义上的"货币"或"钱"；或是被导入"货币池子"里的流动性。

可以看出，资本市场的引入并不影响各种货币总量（M1、M2 等）同物价之间的关系。在其他情况相同的条件下，资本市场融资量的增加并不一定导致通货膨胀压力的上升。相反，在资产泡沫严重的时候，通货膨胀压力也有可能不升反降。

货币创造过程中的不同货币总量和社会融资总量

到目前为止，我们对货币总量、银行系统和资本市场融资量对物价影响的分析都未涉及货币创造的乘数过程。在不存在信贷配额约束的情况下，货币创造过程可用下例说明：中国人民银行在外汇市场上从商业银行购买外汇 154 万美元，商业银行设立在中国人民银行的准备金账户上增加人民币存款 1000 万元（设汇率为 6.5∶1）。若商业银行的原有准备金恰好满足法定准备率，且法定准备金率为 20%，则银行可向企业或居民发放 800 万元贷款。为简化分析，假定现金漏出（对存款）率为 0 且商品和劳务交易可以通过开具支票实现，则新增货币 800 万元将始终以活期存款形式存在于银行资产负债表的负债方（即资金来源方）。以 800 万元存款为基础，货币创造过程可进一步进行下去。从理论上说，1000 万元的初始存款可以创造 8000 万元货币（活期存款）。教科书所描述的货币创造过程实际是 M1 的创造过程。如果考虑 M1 和 M2 之间的区别，即引入储蓄存款的概念，对于给定的初始存款，各货币总量在货币创造过程中将会出现什么变化，M1 是否依然可以认为是外生变量？

作为货币创造的第一阶段，假定经济中存在经济实体 A、B、C、D、E 和 F，且银行（银行系统）首先把 800 万元贷款作为流动资金贷款给 A；在取得贷款之后，A 用开具支票的方式向 B 购买价值 800 万元的商品或劳务；而 B 则用从 A 获得的支票（B 的收入），从 C 购买商品或劳务……以此类推，最后，F 得到 A 最初开出的支票。在这一过程中，尽管支票随着交易的进行而不断转手，银行体系中的新增活期存款量（M1）始终是 800 万元。如 F 用支票从 A 购买商品或劳务，A 用所得收入偿还银行贷款，新增贷款和新增货币（活期存款）同时消失。但是，由于生产活动并未结束，在新生产周期中，银行将重新给上述经济实体提供贷款。因而，可以假设，在任何一个时点上，在银行体系中都将存在 800 万元新增活期存款（M1）。

作为货币创造的第二阶段，因为新增了 800 万元活期存款，在扣除 160 万元的准备金后，银行还可以对上述经济实体或其他经济实体进一步发放 640 万元的贷款。货币创造过程将持续进行下去，直至银行体系创造出 8000 万元活期存款。在货币创造过程中，新增的货币仅仅是流通手段，即 M1。换言之，通过银行体系进行的货币创造过程是流通手段的创造过程而非资金（funds）从储蓄者到投资者、从债权人到债务人转移的融资过程。从理论上说，由于便利了商品和服务的交换与流动，银行可以收取服务费，但不应收取利息。

经济实体之间不仅存在产品和劳务的交换（买卖）关系，而且还会发生债权—债务关系。换句话说，货币不仅是流通手段而且是价值贮存手段。货币作为贮存手段在不同经济实体之间的转手意味着购买力在不同经济实体，即债权人和债务人之间的暂时转移。如果考虑货币的这种价值贮存功能，货币创造过程会发生一系列变化。仍然假设C在得到B开出的支票后，并不想向D或其他经济实体购买商品和劳务，尽管D暂时没有任何商品和劳务可以出售，但依然希望从E或其他经济实体购买商品和劳务，为了不使生产过程中断，D可以通过银行向C借入800万元，从而得以用800万元支票从F购买商品或劳务。此时，除通过向A提供流动资金贷款所创造的800万元M1外，银行资产负债表上将会出现新增长期贷款和储蓄存款800万元（银行从C吸收的储蓄存款），银行体系中的新增广义货币（M2 = M1 + 储蓄存款）为1600万元。不仅如此，我们还可以看到，如果在其他经济实体之间也通过银行建立起类似的债权—债务关系，储蓄存款量还会进一步增加。① 由于出现了800万元储蓄存款，银行不再能够在扣除160万元准备金之后，在第二轮货币创造过程中发放640万元新贷款。由于现在的存款总额是1600万元，根据20%的准备金率要求，银行必须上缴320万元的准备金。银行在第二轮货币创造过程中的贷款能力下降到480万元，而不是原来的640万元。这样，银行体系的货币创造（更确切说是流通手段创造）能力因储蓄存款的增加而下降。在其他情况相同的条件下，储蓄存款在广义货币中所占比重越高，通货膨胀压力就越低。反之则反。值得注意的是，上述分析表明，由于内生变量——储蓄存款的变化将导致M1最终数量的变化，M1不再能够认为是外生的。

---

① 在上述货币创造流程中，我们假设银行首先对A发放流动资金贷款，但这一假设并不重要。如果假设银行一开始把800万元贷款作为固定资产投资贷款即长期贷款贷给A，货币创造过程的最终结果也并无不同。对应于800万元长期贷款，必然有相应的进行储蓄的经济实体，如F，将800万元作为储蓄存款存入银行。此时，银行必须再发放800万元流动资金贷款给某一经济实体，否则整个经济的运转就会因流动性短缺而中断。

还可以看出，如果居民（企业）储蓄意愿大于企业的投资意愿（或另一部分居民的超消费意愿），银行无法相应增加长期贷款，暂时撤出流通的现金就无法返回流通。经济就会因有效需求减少而出现萎缩，物价就会下降。此时，银行的存贷比将会上升，部分 M1 就可能会转化为银行存放在中国人民银行的超额准备金，而流通中的现金与活期存款可能会相应减少。反之则反。此外，现金持有者也可能会把现金从流通中抽出，将其作为价值贮存手段而持有，或长期持有流动性强的活期存款。此时，即便 M1 总量不变，M1 的作用也发生了变化。总之，如果考虑到种种复杂因素，我们就会发现 M1 也并非是真正的外生变量。如此看来，尽管 M2 不应也无法充当货币中间目标，由于其内生性，尽管可以较好反映通货膨胀压力，但 M1 也难以成为一个可控的货币政策中间目标。

除通过持有银行储蓄存款外，居民（企业）还可以通过基金管理公司、养老金、保险公司和证券公司等非存款性金融机构在资本市场购买金融产品进行储蓄。把非存款金融公司引入分析，货币创造过程会发生什么变化？前面所得出的 M1、M2 和社会融资总量与通货膨胀的关系是否会发生改变呢？

所谓社会融资总量可以分为两部分：通过银行系统的融资量和通过资本市场的融资量。我们已经说明，通过银行实现社会融资并不会对 M1 与通货膨胀的关系造成影响。但是，储蓄存款的变化则会通过对货币创造过程的影响而对银行体系最终形成的 M1 量造成影响，从而对通货膨胀造成间接影响。通过资本市场实现的社会融资量的变化也会对 M1 量造成影响，从而对通货膨胀间接造成影响。但这种影响的方向与银行储蓄存款对货币创造过程影响的方向是相反的。沿用上节的例子，D 可以通过资本市场向 C 发行股票 800 万元，再用从 C 所筹集的 800 万元现金和支票从 F 购买商品或劳务。此时，银行资产负债表上将不会出现新增长期贷款和储蓄存款 800 万元，而一度退出流通的现金和活期存款则通过 D 向 F 购买商品和劳务回到流通。由于不存在新增加储蓄存款 800 万元，银行也就不需要增加存放在中国人民银行的准备金。因而，银行体系 M1 的创造能力将不会被削弱。可见，在其他情况（包括初始存款和准备金率）不变的条件下，资本市场的出现不会导致银行体系所最终创造的 M1 量的减少。资本市场的出现对通货膨胀的影响是多方面的，一些影响是相互冲突的。最终结果需要由经验检验决定，资本市场融资量对通货膨胀的影响不能事先由理论决定。

从"资金—流量法"角度看各货币总量和社会融资总量的可控性

确定货币总量的另一种流行方法是所谓的"资金—流量法"。通过汇并中国人民银行和商业银行资产负债表可以推出货币"资金流量"的公式：

$$\Delta M = PSD - \Delta bonds + \Delta BLP + \Delta F$$

该式实际上是一个恒等式。其中 ΔM、ΔBLP 和 ΔF 分别代表 M2（在实际金融统计中，广义货币还包括银行的其他一些负债，但这里从略）、商业银行对公众贷款和外汇储备的增量，$PSD\text{-}\Delta bonds$ 代表货币化的政府财政赤字。

在禁止赤字融资的条件下，该式可简化为：

$$\Delta M = \Delta BLP + \Delta F$$

同货币乘数理论提供的思路不同，上述恒等式从银行体系资产—负债表的角度描述了控制货币供应量的途径：即中国人民银行可以通过控制银行对公众的新增贷款和对新增外汇占款的对冲强度来控制广义货币的增长。这是一个很有用的分析框架，但不可滥用。经验告诉我们，实行强有力的对冲政策、大力紧缩银行贷款，可以控制广义货币的增长。但是，这种政策的代价往往是银行业绩的急剧恶化。此外，影响通货膨胀的货币总量是 M1 而不是 M2，强行控制广义货币不一定能够实现对通货膨胀的有效控制，相反却可能会付出经济增长速度急剧下降的代价。

"资金—流量法"是否可以给我们提供如何控制社会融资总量的线索呢？我们把存款性金融公司概览与非存款性金融公司的资产负债表汇并、化简得出金融公司概览，并以这个概览为基础，考察在银行和资本市场两个融资渠道下，社会融资总量的控制问题。

表 1　　　　　　　　　金融公司概览

国外净资产
国内融资总量
国内银行信贷
对非金融部门债权
国内资本市场融资
股票投资
债券投资
货币和准货币
货币
流通中现金
活期存款
准货币
储蓄存款
实收基金

根据金融公司概览，可以推出以下恒等式：

$$\Delta M + 实收基金 = \Delta BLP + \Delta F + \Delta 资本市场融资$$

其中实收基金应该等于资本市场融资。因而，我们又回到早先的货币资金—流量公式。可见，从金融机构资产负债表的角度来看，我们也无法得出如何控制社会融资总量的任何线索。

结 论

本文既未涉及实际经济的供求关系，也未涉及货币供求和利息率等问题，因而并非是对货币政策的全面讨论。但是，到目前为止，似乎已经可以得出结论：第一，决定物价水平的货币总量是 M1。广义货币中的其他货币总量不能充当流通手段，因而对物价水平没有直接影响。第二，银行融资和资本市场融资量，即社会融资总量是购买力在储蓄者和投资者之间、债权人和债务人之间转移的量度。在储蓄需求等于投资需求的条件下，社会融资总量的变化对物价水平没有直接影响。第三，社会融资总量、M2 都是内生变量，M1 在很大程度上也是内生。随着金融市场的不断发展，对各种货币总量的控制将变得越来越困难，更遑论控制社会融资总量。

总之，由于 M2 和社会融资总量都与通货膨胀没有直接关系，且两者都是内生变量。同时，尽管同通胀关系密切，M1 也不具有必要的内生性。因此，与其尝试控制某种货币总量或社会融资总量，以实现对通货膨胀的有效控制，中国货币当局不如加快实现利息率的自由化，建立以调节银行间拆借利息率为中心的货币、金融调控体系。

20世纪90年代以来中国的宏观经济管理[*]

引 言

过去30年,中国成功实现了平均稍低于10%的年经济增长率,而且年通货膨胀率平均小于3%。

中国经济增长潜力的提高主要归功于以下三个方面:由高储蓄率支撑的资本快速积累、技术工人和工程师的充足供给和全要素生产率(TFP)的显著改善。中国经济改革在全要素生产率的提高中起着重要的作用。[①]

中国的增长在过去的30年里并不是一帆风顺,经济过热和萧条交替出现。给定经济增长潜力,政府需要管理经济的需求方,以实现充分利用潜能,熨平周期性波动,冲销外部冲击的影响。

经历了30年的转型之后,中国已经成为一个市场经济国家。然而,中国的经济转型还没有完全完成。国有企业和地方政府仍然是中国经济活动的主要参与者。国有商业银行继续主导金融市场,金融自由化改革仍在进行当中。因此,中国的宏观经济管理除了具有市场经

---

[*] 本文系作者2012年撰写,作为《中国经济手册》其中一章。Gregory C. Chow, Dwight H. Perkins, *Hand book of the Chinese Economy lst Edinml*, Rontledge, 2012, 陈旭翻译。

[①] Perkins, D. H., "China's Recent Economic Performance and Future Prospects", Paper prepared for the Inaugural Issue of *Asian Economic Policy Research*, presented at a Japan Economic Research Center Workshop in Tokyo, October 22, 2005.

济的典型的基本特征外，还有自己的特性。

本文旨在识别中国宏观经济管理的模式，并解释在中国怎样实施宏观经济政策以实现无通货膨胀的经济增长。本文组织结构如下：第一部分是简要回顾自20世纪90年代初以来的中国宏观经济管理。第二部分致力于讨论如何使用货币政策来实现经济增长和物价稳定的目标，其中也包括中国财政政策的运用。第三部分讨论了中国的汇率政策。最后一部分是结论。

自20世纪90年代初以来中国宏观经济表现的简要回顾

自20世纪90年代初，中国的宏观经济发展可以划分为五个主要的时期：1990—1997年、1998—2002年、2003—2008年、2009—2010年和2010年至今。这样划分不仅基于中国的经济周期，更是考虑了宏观经济政策方向的转变。

1990—1997年时期

20世纪90年代初，中国的经济状况很糟糕。尽管20世纪80年代末中国的反通胀运动使得通货膨胀率下降，但1990年GDP增长率仅为4.1%，是自1978年以来的最低水平。

邓小平在1992年春天著名的南方谈话中，呼吁加快改革开放，这打消了公众关于中国经济未来发展方向的疑虑。伴随着货币供给和信贷的井喷式增加，投资以惊人的速度增长，1992年和1993年分别达到42.6%和58.6%，中国的GDP增长率也飙升到1992年的14.2%和1993年的13.5%。伴随着强劲的经济增长，通货膨胀在1992年上升到6.4%，而到1993年进一步蹿升至14.7%。

这个时期的投资热在某种程度上可以归因于对房地产的投资热潮，房地产投资以惊人的速度增长，1992年和1993年的增长率分别达到 93.5% 和 124.9%。出于对通货膨胀和房地产泡沫爆破的可怕后果的担忧，1993 年 8 月朱镕基采取强硬的措施，通过削减信贷增长和其他措施打压房地产投资，他甚至解雇未能控制银行放贷的地方官员。① 货币供给增长率开始迅速下降。

尽管经济增长率下降，但是 1994 年通货膨胀率达到 24.1%，这是自 1979 年以来的新高。造成持续通货膨胀的原因是多重的，其中包括旨在促进价格结构合理化的行政价格调整、由于供应短缺导致的粮食价格上涨、由于粮食流通系统的重组导致的交易成本临时增加和大量资本流入导致的外汇储备增加。但是，根据朱镕基的观点，其根本原因还是在基础设施和房地产的投资过热。②

面对不断恶化的通货膨胀，政府在 1995 年进一步收紧货币供给。③ 1996 年，制造业商品供给出现过剩，通货膨胀也继续在预期内从 1994 年的峰值迅速下降。中国人民银行在 1996 年降低存款和贷款利率，这是自 1993 年以来的首次降息。

在 1997 年，经济增长率和通货膨胀率继续下降。不断恶化的经济形势和黯淡的全球经济促使政府在 10 月降低存款和贷款利率，这是一个强烈的信号，表明政策方向从收紧到"放松"。然而，尽管中国人民银行意图实行宽松政策，但货币供给和信贷的增长率在 1997 年仍然快速下降。到 1997 年年底，GDP 的增长率和通货膨胀率分别降至 8.8% 和 2.8%。

1998—2002 年时期

由于受到 1998 年亚洲金融危机的影响，中国的出口增长急剧下降，伴随着一点时间滞后，投资增长也大大下降。尽管中国人民银行

---

① Zhao Peiya, Real Estate Investment is Stabilizing, *China Investment*, Issue 9, 1994.
② Zhu Rongji, *Speech at Central Economic Work Conference*, 1994.
③ 在 1995 年出现了一个令人费解的现象：尽管货币供给增长率迅速下降，但信贷增长率出乎意外地上升了，而且在 1996 年 6 月达到顶点的 44%。

进一步放松货币政策，中国的经济增长率还是降低至1998年上半年的7%。在1997—2001年的一个重要现象是，尽管中国人民银行将存款准备金率从13%降低到8%，并6次降低基准利率，但货币供给和信贷的增长率继续下降，在2001年最后一个季度分别达到谷底的13%和11%。

对此，在一些犹豫之后，政府在1998年下半年转向扩张性财政政策（"积极的财政政策"）。财政部卖给商业银行1000亿元人民币债券，为基础设施投资筹集资金。与此同时，商业银行被要求提供另一个1000亿元的贷款来补充对基础设施投资的政府融资。因此，中国在1998年经济增长率达到7.8%。但是，通货膨胀率降至-0.8%，这是中国有史以来第一次出现负的通货膨胀率。

中国人民银行在通货紧缩期间鼓励发放住房抵押贷款的政策在2000年开始发挥作用。房地产投资强劲反弹，增长率从1997年的负值上升到1998年的13.7%，并进一步上升至2000年的21.5%。房地产投资的复苏对2000年经济增长前景的改善起着重要作用。

中国经济的增长自2002年下半年开始加速。经济增长再次由强劲的投资增长推动，其中投资增长部分也是由于对1997年以来在基础设施和许多关键行业缺乏投资导致发展"瓶颈"的反应。中国的GDP增长率重回9.1%。

2003—2008年时期

自2002年以来投资的增长势头继续持续，并在2003年变得越来越明显。房地产投资的强劲增长再次成为推动总投资增长和进一步的GDP增长的最重要的因素。

中国人民银行在2004年10月提高基准利率，这是自1997年以来的第一次，这表明宏观政策已经从宽松转变为谨慎性的紧缩。另外，财政政策也尽量朝着更为中性的立场转变。

尽管货币政策加紧，但投资热潮仍持续不减。为冷却投资热，政府不仅运用紧缩的宏观经济政策，也不止一次采取各种行政管理手段。在2004年，货币供给增长率和信贷增长率分别迅速下降到2004年10月的13.5%和10.9%。

2005年年初，由于2002—2004年持续强劲的投资增长，产能过剩的迹象已经显现，企业利润率大幅下降。这似乎预示着始于2002年的经济反弹快要走到尽头，一些经济学家开始建议政策方向从"适度紧缩"转变到宽松。然而，人们预期中的经济放缓并没有在2005年实现。与此同时，货币供给和信贷的增长率也从2004年的低水平反弹升高，过剩的产能已经临时地被新的生产和快速增长的出口所吸收。2005年出口以惊人的速度增长，增长率达到220%。事实上，导致快速增长的出口的部分原因是国内市场普遍的产能过剩。由于强劲的经济增长，中国人民银行选择让人民币与美元脱钩，并允许人民币在2005年7月升值2.1%。

尽管存在普遍的产能过剩，2006年经济增长的势头出乎意料的强劲。投资增长率加速上升，净出口也保持41.4%的增长率。

2006年的强劲增长通常归因于这样一个事实：2006年是"十一五"规划的第一年，而且是各省政府换届的最后一年。地方政府和企业都非常热衷展现一个好的经济增长成绩，以期望在未来为自己代表的地方利益尽可能谋求更好发展，而这需要通过增加投资来实现。

由于中国人民银行不愿人民币升值过快，大量的经常账户和资本账户盈余创造了充足的流动性。如何吸收过剩的流动性成为2006年的热门话题。2006年出现一个令人费解的现象，就是尽管存在大量的流动性，但直到2006年下半年通货膨胀率却很低。事后来看，低通货膨胀率可以通过资产价格的上涨所解释。大量的资金被吸引进入房地产市场，从而缓解了商品和服务的通货膨胀压力。2006年在通货膨胀率仅为1.5%的情况下，经济增长率达到了12.7%。

自2003年连续五年的高速增长之后，红灯突然在2007年第二季度开始闪亮。由于良好的内部和外部条件，已经低迷多年的中国股价指数,在2006年开始逐渐上涨,之后是呈几何级数上涨。上证综合股价指数用了18个月从2000点上升到3000点,然后只用了31个工作日就从3000点上升到4000点。股票价格指数在2007年10月飙升至6200点多,然后崩盘。直到现在中国股价指数仍然处于低迷的略高于2000点水平。

自从2006年第四季度,通货膨胀不断恶化。最初,CPI的增长几乎完全是因为食品价格,尤其是猪肉价格。因此,许多经济学家和政府官员认为,只要小猪长大了,猪肉的供给将增加,猪肉价格和CPI就会下降。然而,尽管猪肉价格在2007年8月就已经达到顶峰,但在整个2007年和2008年的1月和2月,通货膨胀继续恶化。

尽管中国人民银行上调准备金率,5次提高基准利率,甚至银行贷款采取数量限制,但中国经济强劲增长依旧,通货膨胀继续恶化。2007年的GDP增长率达到1992年以来的历史高点。

2008年2月,CPI增长率达到11年来最高的8.7%,而经济则出现一些疲软的迹象。

在中国政府还没决定是否进一步实行紧缩货币政策之前,美国次贷危机爆发,随之而来的全球经济放缓严重冲击了中国经济。全球经济增长遭遇自由落体式下降后,由于出口大幅下降,中国经济增长在2009年第一季度降至6.4%,这是过去的十几年里最低的季度增长率。事实上,出口增长率从10月的20%直接降至11月的-2.2%,此后继续下降。由于出口在中国GDP中所占的份额在2007年是36%,出口对GDP增长的影响必定是巨大的。GDP增长下滑后,通货膨胀的压力突然消失,到2009年2月变为负值,主要大城市的房价和股价指数急剧下跌。

中国政府反应非常迅速。2008年9月,中国人民银行放松货币政策,并阻止人民币升值。更重要的是,政府在2008年11月推出了四万亿元(折合5800亿美元、4040亿欧元、3540亿英镑)针对2009年和2010年的经济刺激计划。刺激药方的剂量非常大,占2008年

GDP 的 14%。为支持财政扩张，再加上中国人民银行的道义劝告，商业银行提供了 9.6 万亿元人民币贷款，这是中国历史上从来没有出现过的天文数字。

在扩张性的货币和财政政策的作用下，中国经济在 2009 年第二季度迅速反弹到 8.2%。2009 年固定资产投资的增长率达到 30.5%，为当年经济增长贡献 8 个基点。通货膨胀率在 2009 年 11 月重回正数。

尽管中国经济成功实现 V 型复苏，但一揽子救助计划和扩张性的货币政策也产生了严重的负面影响。在短期内启动大量的项目不可避免会造成严重的浪费和低投资效率。不断扩张性的货币政策也导致资产泡沫和通货膨胀重现。

从 2010 年到现在

在 2010 年第一季度，中国经济增长率达到 12.1%，相应通货膨胀率从低水平开始攀升。为管控房地产泡沫和通货膨胀，中国人民银行于 2010 年 1 月上调存款准备金率，这是自 2008 年中期以来的首次。在 2010 年中国人民银行 5 次上调存款准备金，两次上调存贷款基准利率。与此同时，信贷和广义货币的增长率显著下降。2010 年 GDP 的增长率和通货膨胀率分别为 10.3% 和 3.3%。在 2010 年最后一个季度，通货膨胀率上升到 4.6%。

由于货币和财政政策的方向转变，人们预期中国的通货膨胀会在 2011 年年初得到改善。然而，由于 2011 年年初的大宗商品价格上涨，通货膨胀率并没有下降。政府在 6 月进一步通过提高存款准备金率和存贷款基准利率来收紧货币政策。通货膨胀在 2011 年 7 月触及 3 年高位 6.5% 后开始下降。

在流动性紧缩最终排解通货膨胀压力的同时，也给经济增长点了刹车。事实上，经济增长在 2010 年第一季度达到顶峰之后开始放慢。在 2011 年最后一个季度，GDP 增长率降至 8.9%。更重要的是，在

2011年最后一个月，总投资、房地产投资、制造业投资的增长率都趋于下降。房屋销售下降了8%，住房供给下降了18.3%。由于全球经济环境的恶化，中国的出口也表现疲软。

因此，尽管中国2011年的GDP增长率仍高达9.2%，但关于中国经济硬着陆的担忧在增加。中国人民银行在2011年11月降低存款准备金率，表明政策方向从收紧转向放松。

大多数中国的经济学家预计，中国经济增长将在2012年反弹。但从2012年第二季度以后，中国经济的表现令人失望。这主要受以下三个因素影响：第一，房地产投资增长的下降对经济的直接和间接影响高于预期；第二，欧洲债务危机比预期更为糟糕；第三，更根本的原因是为了实现可持续发展、转变经济发展方式和调整经济结构，政府克制住没有实施新政策来刺激经济。然而，到了2012年5月，政府改变了主意，国家发展改革委批准7万亿元（折合1.3万亿美元）的新项目，连同中国人民银行随后的一次准备金率下调和两次降低基准利率，刺激计划将使2012年第三季度的经济增长不会继续放缓。然而，由于经济再次由依靠投资增长引领，经济的复苏可能会给未来留下更多的问题。

中国的宏观经济政策

货币政策

1. 中国的金融体系改革

自1979年以来，中国对银行系统的结构和功能进行了逐步的改革。1984年，中国人民银行重组作为央行，其商业银行业务被转移给四大专业化商业银行。

中国人民银行在1996年1月建立首个全国统一同业拆借市场，1998年3月建立准备金体系，法定准备金账户和超额准备金账户合并。商业银行在中国人民银行的所有储备金按一个统一利率取争利息。在账户合并之后，法定准备金率设定为8%，比准备金体系改革前的13%下降5个百分点。在2012年，这个比率是20%。2003年12月，法定准备金和超额准备金的利率分别为1.89%和1.62%。2005年3月，下调超额准备金的支付利率，保持在0.99%。

中国的货币市场包括银行间贷款市场、债券回购市场、票据贴现市场，资本市场包括债券市场和股票市场。银行间贷款市场利率，也就是中国银行间同业拆借利率（CHIBOR），是由12家商业银行和15个融资中心每个工作日对贷款的需求和供给决定、计算和报告。中国人民银行对商业银行准备金利率和再贷款利率分别是中国银行间同业拆借利率的上限和下限。债券回购市场的利率，也就是债券回购利率（REPOR），是由回购市场上政府债券的需求和供给决定的市场利率。上海银行间同业拆放利率（SHIBOR）2007年1月开始运行，是由16家参与银行自主报出的人民币同业拆出利率计算确定的算术平均利率，并于每个工作日的上午11：30发布。上海银行间同业拆放利率类似于中国银行间同业拆借利率，目标是成为中国的基准利率。

中国的金融体系仍然以银行为主导。2011年，银行贷款占社会融资总额的75%，而债券和股权融资分别占10.6%和3.4%。同年，政府债券、金融债券、企业债券和银行票据分别占债券发行总额的35.49%、32.82%、22.32%和9.36%。

2. 货币政策的最终目标

自1978年以来，中国货币政策的最终目标、中间目标和工具几经变化。根据官方的版本，货币政策的最终目标是"保持币值的稳定从而促进经济增长"。货币价值的稳定意味着不仅物价稳定，人民币汇率也应该保持稳定。[①] 事实上中国的货币政策最终目标至少有三个：经济增长、物价稳定和汇率稳定，协调这三个目标并不是一件容易的

---

① Dai Genyou, China's Monetary Policy: Retrospect and Prospect, *World Economy and China*, No. 3, 2001, p. 15.

事情。在实践中，首要目标是保证经济不低于7%的经济增长率。第二个最终目标是保持通货膨胀率在3%左右，这是一个中期的平均值，不是所有时间点都必须保证的一个值（或区间）。第三个最终目标是保持人民币汇率的稳定，以前是钉住美元，现在是钉住一篮子货币。

中国的经验表明，经济增长和通货膨胀之间存在权衡。为了提高经济增长，政策制定者需要接受更高的通货膨胀率；为降低通货膨胀，中国人民银行不得不接受经济增长下降。通常情况下，通货膨胀的变化在经济增长变化之后发生。复杂性在于在每个经济周期中经济增长和通货膨胀之间的滞后时间不同。因此，正确选择时机是非常难的。

对于汇率稳定，由于中国人民银行有能力进行大规模冲销操作和资本管制的存在，中国人民银行可以不被汇率稳定限制太多，就可以实现经济增长和通货膨胀目标。然而，在某些情况下，由于很难完全冲销过剩流动性，因此维护汇率稳定必定会削弱货币政策的独立性。另外，当中国人民银行正考虑收紧货币政策时，也必须要考虑对汇率的影响。

3. 货币政策的中间目标

在1994年第三季度，中国货币当局正式把广义货币供给量M2作为货币政策的中间目标，而不是相类似的银行信贷总额。

尽管货币供应的增长率是正式的货币政策中间目标，中国人民银行每年为货币供给量增长率设定目标，但在现实操作中并不是严格地遵照这一目标执行。目标只是一个政策指向，是参考目标。通常情况下，中国人民银行不能达到目标。第一，当通货膨胀率已超过一定目标值时，无论经济的增长率是多少，中国人民银行会收紧货币政策。另外，每当经济增长率下降到一定阈值时，无论货币供应的增长率是多少，中国人民银行将实行宽松的货币政策。幸运的是，在过去的30年，中国从未遇到通货膨胀率非常高而经济增长速度很低的情况。

第二，当经济遭遇严重过热或紧缩时，中国人民银行倾向于通过"道义劝告"进行信贷控制。更直白地说，中国人民银行将直接要求商业银行减少或增加对企业和家庭的信贷，虽然有些不情愿，但商业银行会没有例外地遵从指令。事实上，近些年来，中国人民银行每年都会对当年信贷增长设定一个目标。第三，由于近年来金融创新的蓬勃发展，各种各样的货币近似物补充传统意义的货币，发挥着交换媒介和价值储藏手段的作用。因此，M2作为中间目标的有效性越来越受到质疑。近年来中国人民银行也使用所谓的"社会融资"作为参考目标，其包括各种融资形式。

4. 货币政策工具

（1）公开市场操作

在发达国家，银行间贷款利率的变化会对整个金融体系的利率结构产生连锁效应，最终影响实体经济。在中国，由于货币市场的割裂和存贷款利率的管控，银行间利率的变化不能产生这样的影响。因此，中国人民银行公开市场操作（OMOs）主要是影响货币供给，而不是影响关键的短期银行间利率如中国银行间同业拆借利率、上海银行间拆放利率和债券回购利率。

货币供应量等于基础货币与货币乘数的乘积。货币存量指现金货币加上银行存款，货币基础包括储备货币（在中国人民银行的存款）和现金货币。货币乘数通常被假设为一个给定的常数。

1996年5月中国人民银行开始进行公开市场操作。中国人民银行通过与40个商业银行组成一级交易商交易，进行政府债券和中央央行票据的回购。回购期限（逆回购）分为三个时间跨度：7天、14天、21天。交易的债券和票据的价格由竞价决定。中国人民银行和商业银行之间的交易都是通过专用的交易网络进行，由中国人民银行管理。

由于经常账户和资本账户盈余持续增加，而中国人民银行不愿意人民币升值，使得外汇储备的增加成为基础货币增加最重要的来源。

为控制基础货币的扩张，中国人民银行持续出售其资产以冲销基础货币的增加。开始时，金融债券交易是调整基础货币的最常见的手段，后来被国债买卖取而代之。为了对冲外汇储备增加所产生的过剩流动性，中国人民银行用光了所持有的政府债券。2003年5月以来，中国人民银行通过回购中央央行票据交易买断、正回购进行公开市场操作。换句话说，中国的公开市场操作基本上是冲销操作。基础货币的变化等于由外汇储备导致的基础货币的增加减去由中国人民银行冲销操作减少的基础货币。

（2）法定准备金率调节

除了公开市场操作，在货币政策工具包中，中国人民银行用来改变货币供给量的另一个重要的工具就是调节法定准备金率。在数量方面，法定准备金率变化导致货币乘数变化，进而对货币供给量产生影响，这种影响与给定货币乘数改变基础货币对货币供给量的影响作用相同。因此，当法定存款准备金率增加一定数量基点时，相应数量的流动性被冻结。简而言之，中国人民银行能够通过改变法定准备金率使货币乘数变化进而控制货币供应量。

在一个典型的市场经济中，中央银行会尽可能避免改变法定准备金率，因为这项措施被认为是过于激烈和笨拙。然而在中国，调整法定准备金率往往被认为是比公开市场操作更强大而且更容易操作的工具。自1998年以来，中国人民银行已经42次改变法定准备金率。截至2012年年底，存款准备金率为20%。

（3）基准利率

尽管利率自由化取得不错进展，由于中国割裂的货币市场和银行体系充足的流动性，中国还没有基准利率可以相当于美国联邦基金利率、英国银行基准利率和日本的银行间隔夜拆借利率。

中国人民银行管理基准利率是一年期贷款利率和一年期存款利率。虽然存贷款基准利率的变化不会对整个经济的利率结构产生连锁影响，但基准利率的变化会影响企业的融资成本，并在一定程度上影响家庭储蓄行为，进而影响实际 GDP 和通货膨胀。中国企业的杠杆率相当高，可能目前已经达到 100% 以上。基准贷款利率的变化将会影响企业的盈利能力，从而影响投资和生产的决策。存款和贷款的利率差是商业银行的重要收入来源。因此，基准利率的变化也会影响商业银行和其他金融机构的行为。基准的存款利率和贷款利率变化也会通过影响家庭的投资和储蓄行为来影响实际 GDP 和通货膨胀。此外，基准利率的变化还有重要的公告效应。

在将一年期存款利率和贷款利率作为基准利率的同时，中国人民银行已经增加了商业银行决定利率的自由。现在只是存在存款利率上限和贷款利率下限。2012 年 6 月，中国人民银行进一步宣布商业银行可以将存款利率最高设定到基准存款利率的 110%。目前商业银行可以降低一年期贷款利率到不超过基准贷款利率的 90%。

（4）道义劝告

尽管金融自由化程度不断加深，但当经济过热时，中国人民银行经常对各家银行的年信贷增长率进行限制，并使用官方"窗口指导"影响银行贷款；当经济遭受严重下滑时，相同的措施将用于"劝告"商业银行增加贷款。当中国人民银行使用道义劝告时，商业银行会无一例外地服从，不管其经营条件。原因很简单：所有大银行都是国有企业，所有主要银行的管理者都是副部级官员。

5. 货币政策的有效性

大多数的实证研究表明，在中国，货币供给量与实际 GDP 和通货膨胀之间有很强的相关性。然而，货币供给量与实际 GDP 和通货膨胀之间的因果关系十分复杂。复杂性主要是由于存在两个问题。

第一个问题是货币供给量的外生性是以基础货币的外生性和货币乘数稳定为条件的。在中国，货币供给量的外生性的两个条件都无法完全满足。中国基础货币的扩张来自外汇储备的增加，中国人民银行出售银行票据来冲销外汇储备增加，会对基础货币产生影响。由于各种复杂性，中国人民银行很难如愿决定基础货币的规模。货币乘数也是不稳定的，因为与中国人民银行的期望相比，商业银行会过多或过少地持有准备金。当经济处于紧缩时，货币乘数趋于下降，因为银行的惜贷会造成准备金提高。举个例子，在1998—2001年紧缩时期，尽管不仅是1998年基础货币增大，1999年也下调了法定存款准备金率，但直到2001年年底，货币供给量增长和信贷增长持续下降。[①] 与此类似，当经济过热时，货币乘数常常会增加。中国人民银行提高法定存款准备金率时，商业银行可以通过减少超额准备金来满足法定准备金要求，而不需要削减信贷。

第二个问题是货币供给量对GDP增长和通货膨胀的影响存在时间滞后。当经济低于充分就业水平时，货币数量变化会影响产出水平而不是价格。正常情况下，货币供给量的增加将直接导致投资增加，由于主导经济的国有企业对投资有着无尽的胃口，只要有可以使用的信贷，就会增加投资。投资增加和其推动的收入水平的提高导致消费需求的增加，而这又会导致第二轮的投资和收入增加。当经济达到充分就业水平时，面对通货膨胀率高于政策目标，货币当局将收紧货币供给量。由于信贷受到限制，投资需求就会下降，从而导致经济增长率降低。产能过剩将产生通货紧缩压力，而通货膨胀率会在紧缩的货币政策实施的几个季度后降低。经常会出现的情况是，在紧缩货币政策期间，尽管经济增长率下降，但通货膨胀率仍很高，这时对货币当局来说，要实施加紧还是放松货币政策是一个困难的决策。

值得注意的是，在特定情况下，货币供给量影响实际GDP和通货膨胀的传导机制并不奏效。例如，在亚洲金融危机后，尽管M2的增长率显著高于名义GDP，但并没有对实际GDP和通货膨胀产生影响，货币供给增长率也远远高于信贷增长率。这种情况发生一方面是由于银行对贷款安全的恐慌导致的信贷紧缩，另一方面是由于在经济

---

① Green, S., Making Monetary Policy Work in China: A Report from the Money Market Front Line, Working Paper No. 245, July 2005.

不好时，家庭和企业有更高的实际余额需求。

资本市场的迅速发展会导致另一个重要的并发症，资产价格的上涨会增加对货币的需求。尽管货币供应的增长率远高于名义 GDP，但通货膨胀是温和的。低通货膨胀率会令货币当局自满，最终的结果是，资产泡沫破裂造成可怕的后果。

尽管信贷的增长和广义货币 M2 高度相关，但中国人民银行喜欢直接对国有商业银行提出指示或"说服"其增加或减少对企业信贷。在全球金融危机时，中国没有遭受严重的信贷紧缩和流动性短缺。原因很简单，中国人民银行指导商业银行增加对企业的信贷，以配合政府的刺激计划，商业银行及时履行。然而，由中国人民银行对商业银行贷款直接干预肯定会对经济造成严重扭曲。

总之，尽管存在各种问题，但在中国"货币很重要的"。货币供给量的变化会最终导致实际 GDP 和通货膨胀的变化，尽管有不可预测的各种滞后效应。

财政政策

1. 中国的财政体制改革

1994 年以前，尽管改革开放带来了中国经济的高速增长，但中国政府的财政状况很弱，政府收入总额在 GDP 中所占比重和中央政府收入占总政府收入比重都非常低。极度疲弱的财政状况严重削弱了政府对经济实施宏观调控的能力。[①] 为改善中央政府的财政状况，中国在 1994 年推出了财政改革。改革的目标是建立一个税收分配系统，它被称为"分税制财政体制（分税制）"。在新体制下，收入在中央和省级政府之间分配。税收被分成三类：中央、地方和共享。中央税收包括关税、消费税、进口增值税、车辆购置税和货物税，这些税收

---

① Wang, S. and Hu, A., *The Chinese Economy in Crisis: State Capacity and Tax Reform*, M. E. Sharpe, Inc., 2001, pp. 201 – 202.

将进入中央金库。当地税收，即进入地方预算的地方税收包括城市维护建设税、合同税、资源税、耕地占用税、城镇土地使用税和农业税。共享税收包括增值税、营业税、证券交易印花税、个人所得税和企业所得税。在所有的税中，就规模而言，增值税是最重要的税收，对大多数产品的增值税税率是17%。征收的增值税中，75%归中央政府，25%归地方政府。其他重要的税收包括企业所得税和营业税。企业所得税税率为33%，征收的企业所得税30%归中央政府，3%进入地方政府财政。地方政府负责征收当地企业所得税，而国税局负责其他企业。

1994年之后，又进行了一些增量改革，包括将生产型增值税转变为消费型增值税；整合和合理化企业所得税；废除农业税；将征收个人所得税的责任转移给国税局；统一内外资企业收入所得税税率为33%；以及在几个城市进行房产税试点。

1994年的财政改革终于显著提高中央政府的财政状况。2000年，国家财政收入上升到1.3395万亿元，比上年增长17%。此后继续保持这种趋势，税收收入一直以两位数持续增长，在全球金融危机爆发之前的2007年，税收收入比上年惊人地增长了27.56%。由于近10年来国家财政收入增长速度每年都远远超过GDP增长率，国家财政收入在GDP中所占比重从1994年的10.83%上升到2011年的20.57%。占政府收入一大块的税收收入的快速增长，主要归因于两方面：一是新税制下GDP的高增长；二是征税水平的大幅度提高。[①]

2. 中国的政府预算

中国的国家财政收入由中央政府收入和地方政府收入组成。中央政府重要的收入来源是增值税、企业所得税、非税收入和营业税。值得注意的是，出口退税应是从政府收入中扣除的重要一项。土地增值税和耕地占用税是地方政府收入的两个非常重要的来源。

---

① 一些税收优惠的取消也是税收快速增长的影响因素。

中国政府支出由中央政府支出和地方政府支出组成。中央政府主要的支出是中央政府对地方政府的转移支付、国防、农业、林业和水事务、社会保障、通信和交通、教育、科技、国债还本付息、住房保障、节能环保和公共安全。

地方政府承担的财政支出主要在政府管理、社会保障、教育、科技、农业、林业和水事务、医疗、卫生、交通运输、住房保障，等等。

3. 财政政策的制定

在发达国家，财政制度中的内在稳定器可以在短期内以反周期的方式平滑总需求波动，支持或补充货币政策，实现给定的经济增长和通货膨胀目标。由于个人和企业所得税收入占GDP比重非常低，在2011年之前分别为1.3%和1.3%，所以税收在自动稳定经济的作用事实上是不存在的。相类似的还有政府支出，在支出方面起内在稳定器作用的是社会保障和就业支出，但其占GDP比重仅为2.36%。

中国政府财政预算的功能包括：①维持政府管理的平稳运行；②提供公共物品和服务；③缩小地区和社会阶层之间的收入分配差距；④为改革和经济转型提供必要的金融支持；⑤对基本建设进行投资。

通常，政府会避免通过改变政府收入和支出作为政策工具刺激经济增长和抑制通胀。换句话说，自20世纪90年代中国的财政政策在大部分时间里是中性的或适度扩张的，政府奉行的原则是"量入为出"。在过去的几十年里，中国的财政赤字率占GDP的比例一直保持在3%以下。因此，中国的公共债务占GDP的比率至今仍不到20%。

只有当通货紧缩或经济增长大幅下落、货币政策无效或需要很长时间才能起作用时，政府才会使用扩张的财政政策来刺激或稳定经济。自20世纪90年代初，只有两个时期中国试图利用扩张的财政政策以摆脱经济的低增长。一次是发生在1998年下半年，另一次是在2008—2009年的全球金融危机时期。中国的经验表明，扩张性财政政策在经济运行低于充分就业时刺激经济是非常有效的。当经济过热或在资产泡沫的威胁下，政府通常会依靠货币紧缩遏制经济，而使用的财政政策只是提高印花税、财产税，并且是以非常温和的方式。

中国的扩张性财政政策最重要的特点之一就是中国政府会利用市场机制来谨慎地确保公共资金更有效率的利用。当政府决定支持一个特定的项目，只为其提供部分融资。无论承包商是谁，他们必须在金融市场上自己找到大部分融资，让他们的项目通过市场的审查。在2008—2009年财政政策扩张期间，尽管中央政府负责批准四万亿元经济刺激方案中所有主要的投资项目，但只有1.2万亿元来自中央政府金库。为填补资金缺口，中央政府鼓励地方政府创建"地方融资平台"作为一种特殊渠道，以政府未来的收入和土地收入作为抵押向银行贷款为本地的投资项目融资。允许地方政府发行地方政府债券，但是由中央政府代表它们发行。再加上中国人民银行非常宽松的信贷政策和商业银行的配合，地方政府筹集了10.7万亿元，其中79.1%是银行贷款。

由于采用扩张性财政政策，中国的财政赤字占GDP比率从1997年的0.78%增加到1998年的1.16%。因为预算赤字的增加，虽然政策是温和的，但还是引致债务占GDP比率从1998年的10%增至2000年的13.8%。在2003年政府转变为更中立的财政政策立场，预算赤字占GDP比率持续下降。2008年，中国居然达到了预算盈余为0.58%，结果是中国的公共债务占GDP比率增长缓慢。2008年中国的债务占GDP比率大约为20%。2009年，由于中国实行了非常大的刺激计划，其预算转为负数。2010年，预算赤字占GDP比率达到2.8%的峰值。2012年，预计这一比率回落到低于2%，而且中国的公共债务占GDP的比率维持在略小于20%。

中国的汇率政策

1. 中国的汇率体系

自1991年4月以来，中国官方汇率制度从固定汇率制转变为有管理的浮动汇率制。官方的人民币汇率波动更加频繁，但大多数时候是贬值。1994年年初，官方市场和外汇调剂市场合并。在两个市场合并时，官方利率从5.80下跌至8.70（人民币兑美元）。1994年官方汇率的大贬值对贸易的影响并不是非常大。在1994年至1997年之间，中国的汇率制度应该是"统一的、管理的和浮动的汇率制度"。在这个体系下，汇率中间价在小范围区间单独钉住美元，允许汇率中间价爬行变动。在这段时间里，由于中国的国际收支盈余增加，人民币名义汇率升值了4.5%。在1996年，人民币实现了经常项目的可兑换。

1997年亚洲金融危机爆发后，中国事实上转向了完全钉住美元。在资本管制下，"不贬值"的强承诺使中国在亚洲金融危机中安然无恙。

自2003年以后，美国政府开始向中国施压要求人民币升值。2005年7月，中国放弃钉住美元，重回有管理的浮动汇率制。同时，人民币汇率从人民币兑美元的8.28升值到8.11，人民币升值了2.1%。

新的汇率制度的特征是所谓的"一篮子货币"。根据中国人民银行报告，每个营业日结束时人民币兑美元收盘汇率中间价将成为第二天的中间价，每天允许人民币兑中间价上下浮动0.3%。值得注意的是，人民币汇率并不是严格钉住一篮子货币，货币篮子只是一个参考：人民币兑美元中间价仍可以由中国人民银行的判断决定。对每天人民币汇率的确定，要考虑两个重要的因素：第一，人民币兑美元汇率由给定的篮子货币决定；第二，人民币升值的幅度是中国希望的或可负担得起的。只有在权衡这两个考虑后，才宣布每一天的汇率中间价。因此，中间价并不是完全基于前一交易日的收盘中间价。一级交易商在外汇市场上竞价，但他们很难决定中间价，因为他们会尽量遵守规则。持续的异常行为者将会失去在外汇市场上作为一级交易商的位置。

2008年全球金融危机爆发后，人民币暂时地重新钉住美元。并在2010年6月，也就是中断18个月之后，人民币不再钉住美元，再次开始升值。

2012年4月，作为中国人民银行允许市场供求在人民币汇率决定中发挥更大的作用的部分努力，中国人民银行人民币兑美元汇率单日波动幅度从0.5%扩大到1%。中国人民银行承诺，将维持人民币汇率的"正常"波动、稳定汇率在"合理的均衡水平"并保持宏观经济和金融市场稳定。

2. 中国当前的汇率政策

在20世纪80年代，中国仍在经济发展战略的形成过程中，在进口替代和出口导向之间犹豫。在20世纪90年代，出于对积累外汇储备的渴望，中国的汇率政策越来越以促进出口为目标。

在1994年汇率制度改革后，中国的国际收支状况良好。中国政府似乎对有管理的浮动汇率制度很满意，并有意让人民币与美元脱钩让市场供求决定汇率。事实上，1994年改革后，由于国际收支顺差，人民币汇率一直在小幅升值。然而，亚洲金融危机突然改变了中国的政策前景。

在亚洲金融危机期间，采取事实上的钉住美元，而不是竞争性贬值的政策是绝对正确的。问题是为什么在金融危机之后中国政府仍拒绝。中国坚持人民币钉住美元的原因是多重的：第一，在2003年，中国政府仍不确定经济是否真正复苏了。人们普遍认为，即使是人民币很小的升值将会导致大规模企业破产和数百万计的失业。第二，许多人认为，由于"非理性的人民币升值预期"，小幅度的升值将会使押注人民币升值的更多资本流入，这反过来将加大人民币升值压力。因此，与美元脱钩将会造成不可控的汇率升值，而人民币的过度升值最终对经济造成可怕的后果。第三，许多能够影响中国决策者的中国经济学家被一些美国经济学家成功说服，认为日本的经济泡沫是由于1985年广场协议后日元升值导致的，如果中国允许人民币对美元脱钩和升值，中国经济将经历自1985年以来日本那样的遭遇。第四，美国政府公开向中国施压，要求人民币升值引起公众强烈的不满。放弃钉住美元将被看作是屈从于美国的压力。因此，在很大程度上，人民币升值已经成了一个政治问题。

进入2005年，经济形势变得更加有利于升值：中国的出口同比增长了20%；年经济增长率超过10%；房价迅速攀升；中国的外汇储备接近7000亿美元。升值会导致对通货紧缩的恐惧明显消退。与此同时，全球失衡迅速恶化，人民币升值的国际压力集聚。中国人民银行终于在2005年7月宣布采取更为灵活的汇率制度，允许人民币升值2.1%。

因为中国拥有巨额的双顺差（经常账户和资本账户顺差），人民币一直有升值的压力。为引导人民币循序渐进地升值，中国人民银行不断干预外汇市场。中国人民银行频繁干预外汇市场主要考虑因素有：

（1）宏观经济形势，尤其是经济增长和通货膨胀；
（2）长期调整需求；
（3）贸易余额；
（4）冲销能力。

根据"不可能三角"理论，在下面三个目标中只可能实现两个：固定汇率、资本的自由流动和独立的货币政策。作为一个大型经济体，中国毫无疑问应首先保证货币政策的独立性。因此，在决定着手让汇率逐步升值后，中国必须谨慎地对待资本账户自由化。否则，跨境资本流动将会破坏经济稳定。事实上，自2006年以来热门讨论的过剩流动性问题部分是由巨额双顺差上升值缓慢所导致的。

中国采用的参考一篮子货币的汇率制度最重要的原因之一是让人

民币汇率实现双向波动。

汇率的双向波动将给国际投机者带来不确定性,遏制投机资本流入。不幸的是,在2008年全球金融危机爆发之前,美元一直对其他主要货币贬值。因此,人民币一直几乎不间断地升值。当然,如果新的汇率制度未能遏制押注人民币升值的资本流入,就应该让资本管制在阻止热钱流入和减少人民币的升值压力方面发挥重要作用。

事实上,自2005年以来,人民币实际汇率已升值30%以上。由于人民币的升值,中国国际收支的失衡状态得到明显改善。

然而,渐进的人民币升值方法有着显而易见的缺点。逐步升值意味着中国人民银行依然要不断干预外汇市场,结果导致中国积累巨额的外汇储备。在2003年开始讨论人民币升值的利弊时,中国外汇储备的数量是5000亿美元,而现在是超过3.3万亿美元,远远超过中国合理需求。中国外汇储备的大部分投资于美国的国债和其他主权政府债券。虽然中国是世界其他国家的净债权国,并拥有大约2万亿美元的净国际投资头寸,但由于相对于外国投资的高回报率,在2011年中国的投资收入是-268亿美元,这反映了严重的资源分配不当。假如在未来进一步贬值,情况会变得更糟。中国的外国资产主要以美元计价,而对外负债主要是以人民币计价,因此美元对人民币的贬值将导致中国的资本损失。

2009年4月以来,中国人民银行开始推进人民币贸易结算,这被广泛认为是人民币国际化的开始。人民币国际化的过程实质上就是资本账户自由化的过程。由于人民币国际化,中国事实上已经开放了短期跨境资本流动。由于资本账户自由化在利率和汇率自由化之前推出,所以在中国的金融市场存在非常多的利率和汇率的套利机会。在未来,通过短期跨境形式进出的全球资本流动将在人民币汇率决定中扮演越来越重要的角色。中国人民银行除了加快中国金融市场的改革以及汇率和利率的自由化外,别无选择。否则,中国的宏观经济管理能力将严重削弱。

结 论

根据过去20年的经验,可以看出中国的宏观经济和宏观经济管理具有以下特点:

第一,在过去20年里中国的经济增长主要由投资拉动。投资的增长率通常会持续增加,直到出现严重过热。经济过热会经过两个发展阶段:首先GDP增长率高于潜在增长率,然后通货膨胀恶化。

第二,经济增长和通货膨胀之间高度相关,但存在不可预测的时间滞后。每当GDP的增长率超过潜在增长率,通货膨胀会在几个季度之后加速上升。每当GDP的增长放缓,通货膨胀率也会在经过一段的时间滞后下降。因此,在通货膨胀失控之前,必须提前采取控通胀措施。同样,当经济增长放缓时,通胀仍可能处于很高水平或上升。如果政府未能及时改变政策方向,几个季度之后通货紧缩就可能会出现。

第三,获取信贷是投资增长和GDP增长最重要的先决条件。一直以来直接或间接地控制信贷是中国人民银行进行宏观经济管理的关键工具。

第四,信贷增长和广义货币供给量M2增长高度相关。在通常的时候,通过改变货币供给量来管理宏观经济优于信贷控制。但在某些极端情况下,尽管有副作用,通过设定信贷目标和使用"道义劝告"的信贷控制比调整货币供给量更为有效。

在过去的20年里,尽管GDP增长和通货膨胀围绕长期增长趋势"周期性"波动的基本模式依旧,但也发生了一些根本性的变化。第一,固定资产投资在GDP中所占比重已达到50%,通过投资促进GDP增长越来越难。出口也是如此。第二,由于频繁使用扩张性的货币政策,在过去20年的大多数时候广义货币的增长速度已明显高于GDP的增长速度。这导致中国的M2占GDP比率已经达到180%,在世界主要经济体中是最高的。经济中极高的货币化程度意味着中国人民银行利用改变货币供给量来调控经济的余地有限，其通货膨胀隐患令人担忧。第三，就宏观经济管理来讲，中国经济最有利的一点仍然是较低的公共债务占 GDP 的比率。

然而，自满是危险的。中国地方政府债务和企业债务迅速增加。在不久的将来，由于税收征收能力的提高空间正在减小、潜在的经济增长下降和公共支出开始迅速上升，中国的财政状况可能会迅速恶化。

总之，中国宏观经济管理的一个重要的问题是：在某些时期短期宏观经济稳定是以牺牲结构调整和资源的合理配置为代价的，中国正在逐渐消耗掉自己的弹药。在未来的 10 年，为实现经济增长和经济稳定，如何平衡短期宏观经济稳定和长期结构调整是对中国的最大挑战。最近在经济供给方面发生的变化，如适龄劳动人口的减少，使得这一挑战变得更加严峻。

需准确评估"四万亿"后的金融风险*

全球经济走缓将继续　中国需警惕杠杆率上扬

《南方都市报》：自今年年初以来，美欧日相继推出了量化宽松政策，掀起了货币战争，这是否是全球金融危机的一个新发展，未来世界经济的状况会有怎样的变化？

余永定：2008年的金融危机之所以会出现，主要是欧美国家欠债太多——杠杆率过高。当然，各国具体情况各有不同，但是杠杆率过高是相同的。欧元区国家是政府部门杠杆率过高；日本过去是企业部门杠杆率过高，现在是政府部门杠杆率过高；美国则是私人部门杠杆率过高。

先谈美国，考察美国历史可以发现，这次危机与过往的危机有很大差异。20世纪60年代以来，美国每逢危机其杠杆率都要上升，而且危机结束后杠杆率还会进一步上升。唯独这次，危机高潮过去之后，杠杆率下降，这是一个很重要的特点。美国总债务对GDP之比最高时候达到了369%。要解决危机就要降低杠杆率，这意味着居民部门要减少消费、增加高储蓄以偿还债务，而这样做就会因有效需求

---

* 本文原题为《中国金融有风险尚稳定　必先深化改革　再言全面开放》，刊于2013年3月10日《南方都市报》。

不足而导致经济增长下降。当然，政府可以增加其开支来抵消由于消费减少带来的经济增长速度下降。但是，增加政府开支本身又提高了公共部门的杠杆率。所以产生一个矛盾：既要降低杠杆率又要保持经济增长，但二者又不可兼得。我认为西方国家的杠杆率下降过程并未结束，美国的杠杆率在2012年第一季度是339%，虽然下降了30个百分点，但依然明显高于正常水平。在20世纪80—90年代，它的杠杆率分别是100%多和200%多。在过去，通过提高杠杆率（特别是增加政府开支）可以克服经济危机，但这次不同，如果杠杆率没有下降到足够低的水平，经济增长就难以真正恢复。

美联储QE政策（第三次量化宽松政策）的主要目的是通过美联储购买国债以降低国债收益率，把资本从国债市场挤到股市和房地产市场。美联储认为，资产价格上涨制造的财富效益将鼓励居民消费并带动企业投资。我以为这样并不是在解决问题，而是回到问题的原点。本来就是因为居民借债过多才爆发了次贷危机和经济衰退，鼓励居民重新借债如何能够克服因借债过多所造成的经济衰退呢？

那么美国怎样才能解决这个问题？在我看来，不出现技术革命的话，从宏观来讲，唯一的办法是增加出口。因为增加出口不但不会提高杠杆率，相反只会降低杠杆率，增加出口也能带动经济增长，所以增加出口是一箭双雕，这是目前美国想走出困境的唯一办法。奥巴马政府提出的出口倍增计划对美国来说是个正确的政策，但问题是怎么鼓励出口？有两个途径：一是直接通过技术创新技术革命，增加产品出口竞争力。二是美元贬值。美国的货币扩张政策，除了刚才说的刺激资产价格上升以外，还能推动美元贬值。但这样又会引起其他一系列问题，美元贬值对中国这样持有大量美国国债和严重依赖美国出口的国家来说是严重挑战。

欧洲的情况也不能令人乐观，欧洲中央银行（ECB）先后推出了为期三年的长期再融资操作（LTRO, Long-term Refinancing Operations）和无限量直接货币交易（OMT, Outright Monetary Transactions）。前者缓解了欧洲银行流动性短缺，促使商业银行向实体经济提供贷款并降低了国债收益率；后者则因欧洲中央银行表达了将在二级市场直接购买危机成员国国债的意愿，稳定了国债市场。欧洲中央银行和美联储的政策日益趋同，实际也是印钞票。这种政策压低了国债收益率、暂时缓解了欧洲主权债务危机，但是南欧国家杠杆率过高的问题不但没有解决，而且有所恶化。日本安倍政府也要走美联储的印钞政策。日本银行是否会完全听从安倍大量购买日本国债和其他资产还有待观察。西方国家中央银行购买国债的政策虽然不一定能够刺激经济的回升但却可能导致本国货币的贬值。如果发达国家央行竞相购买国债，其货币竞相贬值，就可能导致货币战争。而发展中国家将成为这场战争的受害者。

《南方都市报》：自 2012 年以来，许多学者和机构不断指出中国的杠杆率也在上扬，隐性债务在增加，是否中国也可能因杠杆率过高导致危机？

余永定：我个人认为国内也存在杠杆上升过快的问题，特别是企业的负债率很高，这是值得我们高度关注的。但是，与西方国家相比，中国的总债务水平还不算太高，特别是中央政府的显性债务对 GDP 的比还不到 20%。即便考虑到国企和地方政府不良债权，中央政府债务对 GDP 的比应该还在安全线以内。我认为，杠杆率较低依然是中国目前的实力所在。当我们发生经济困难时，政府还是可以对经济进行有力的调控。当然，这并不代表我们可以高枕无忧。较好的财政状况只不过是使我们有喘息时间，使我们有能力进行调整，否则我们只能通过危机来调整了。

M2 过高并非大问题　影子银行才需关注

《南方都市报》：2012 年以来关于 M2/GDP 的比例失调问题争议纷纷，以此为标准衡量中国货币是否超发，通货膨胀是否升高的争论也非常多，对这个问题您怎么看？

余永定：我认为国内关于 M2/GDP 的讨论中存在不少概念错误，特别是很多人对 M2 性质的理解有误。货币具有计价单位、流通媒介、存储手段三个基本职能，M2 中的相当大部分是储蓄存款（M2—M1 这部分）。这部分货币是价值储存手段，是储蓄的金融载体，并不直接造成通货膨胀压力。直接造成通货膨胀压力的是作为流通媒介的狭义货币 M1。给定 M1，M2/GDP 之比高说明我们国家储蓄水平高，有能力为我们的投资需求提供足够资金。导致 M2/GDP 之比高的另一个原因是中国资本市场不发达，持有储蓄存款是中国居民和企业持有金融资产的主要方式。在其他情况不变的条件下，资本市场的发展必将导致 M2/GDP 之比的下降。美国以直接融资为主，相应的 M2 就比较低。所以，尽管 M2/GDP 比例高是值得关注的问题，但不能将它简单同通货膨胀压力联系起来，更不应该将其归结于中国人民银行"货币超发"。我们平常说，给定 GDP，流通中的货币增长速度越高，物价增长速度越高，这是对的。但这里所说的货币是 M1，而不涉及作为价值存储手段的货币，所以不能用这个公式去理解和解释在中国 M2/GDP 比例极高这一现象。中国人民银行是否"货币超发"主要还要看通货膨胀率，其次也要看资产价格。在充分考虑到物价上涨和货币供应增长之间的时滞之后，如果通胀和资产价格上涨都处于可接受水平范围内，就不能说存在货币超发或严重货币超发。

中国是否存在货币供应增长速度过快的问题呢？答案应该是肯定的，例如 2009 年中国货币供应的增长速度就过快了。正因为如此，我们在 2010 年到 2011 年前半年才出现了较为严重的通胀和资产泡沫。中国经济从 2012 年第三季度以来已经进入了回升的通道，随着经济增长的速度上升，通货膨胀的压力也会进一步上升，而中国目前的货币政策已经从"适度宽松"调整为稳健，我认为这个收缩是正确的。我们确实应该关注通货膨胀回升、货币资产泡沫反弹的趋势，但是也不能说中国马上要面临通货膨胀严重，资产泡沫无法控制的局面。

《南方都市报》：许多金融界人士，比如中国银行的肖钢董事长就专门提出过影子银行造成的金融风险问题，特别是您刚才也提到了要注意货币资产的泡沫，我们当前的金融风险会不会加大？

余永定：影子银行，我们也比较关注。中国社会融资总额的增长速度比较快同影子银行活动扩展有重要关系。中国影子银行的一个重要特点就是银信结合。在信贷增长速度给定的条件下，银信结合增加了货币流通的速度。例如，银行从 A 吸收存款（资金来源），对 B 发放贷款（资金运用），在银行的资产负债表上形成一笔资产（对 B 的债权）和一笔负债（对 A 的债务）。B 用从银行借来的资金从 C 购买产品，从而形成相应的有效需求。在存在影子银行的情况下，银行把资产（对 B 的债权）委托给一个信托公司，由信托公司把受托资产和其他金融资产放在一起打包，然后通过某种金融机构以某种方式（如理财产品），将这一资产卖给零售投资者。而出售这笔资产所获得的资金最后通过信托公司又流入最初发贷款的银行。由于获得了新的资金，银行就可以进一步发放贷款给 B 或其他借款人从而导致更多的有效需求。影子银行的存在起到了动员资金、提高货币流通速度的作用。即便我们的基础货币没有增加，有效需求也会因影子银行的存在而增加。一方面，影子银行的存在有助于提高资金利用效率，促进经济增长。但另一方面，影子银行活动的扩张，削弱了中国人民银行的货币调控能力，也增加了金融风险。如何防止发生美国次贷危机式危机确实是中国需要认真面对的重大挑战。

总而言之，我认为 2013 年中国经济情况还是比较好的。但是，还有一句老话，就是我们结构的转变、经济增长方式的转变，虽然取得了重要进展，但中国经济增长依然严重依赖投资和出口。这种经济增长模式已经越来越难以为继。过去我们基本是把问题一步步往后拖，希望等到最佳时机。但时间窗口不可能永远存在，如果不加速增长方式和经济结构调整、深化改革，经济迟早会出大问题。关注民生是完全正确的。现在大家都很注意在政治上保持正确性，这个是政府赔偿，那个政府要补贴等，大家都满足了，但结果财政状况会恶化。地方政府还在拼命地投资，中国金融体系的风险正在增加、不良债权可能比我们了解得更为严重。由于财政状况还比较好，出了问题中央政府可以兜底，但不能永远兜下去。一旦财政状况由比较良好变成不良好了，那时候我们就非常困难了。总之，我不担心这一两年，短期内没有太大的问题，但如果不抓住时间、深化改革、提高竞争力、改善资源配置、增加自主创新能力，中国经济就有可能出现停滞，甚至出现危机。

人民币汇率要放开　资本账户管制不能松

《南方都市报》：您提到了我们出口创汇发展模式问题，目前主流意见认为人民币汇率基本处于均衡状态，但是由于主要经济体都开始大量发行货币，自2012年以来人民币实际有贬值压力，但是中国人民银行不断介入，避免了人民币走低的局面。很多产业界人士认为，其实可以让人民币适当贬值，具体您怎么看？

余永定：我们汇率政策是从2005年开始调整，早在2003年的时候，当时一些经济学家提出人民币可以有个微小的调整，不要继续钉住美元，但遭到大部分人的反对，认为一旦跟美元脱钩，就会有灾难性的后果。现在来看，真正的问题是我们没有尽早同美元脱钩，脱钩后升值速度过于缓慢。其结果是不经意之间，中国积累了3.3万亿美元的外汇储备。到2011年年底为止，中国积累了近5万亿美元的海外资产、3万亿美元的对外债务。中国积累了2万亿元左右的海外净资产，但中国2011年的投资收入却是负的268亿美元。换言之，尽管中国是净债权人，但中国不但收不到利息，反而要向外国债务人支付利息，这是一个非常严重的错误配置。美国采取量化宽松政策之后，我们这3.3万亿元的外汇储备必将严重缩水。可以想象，5年后当我们希望动用外汇储备购买外国商品的时候，这笔巨额外储的购买力到底还有多少?

我同意目前的主流观点,中国国际收支现在处于大致均衡的状态。我认为现在最重要的是要给人民币有更多的浮动区间。用压低汇率的办法刺激出口,这在20世纪80年代是有道理的,但现在再用汇率来刺激出口是错误的,不利于我们经济结构调整的。汇率太低,人人都可以出口,然后互相压价,造成贸易条件严重恶化。过去在法国卖一件丝绸的衣服上千欧元,现在连几十块钱都卖不出去了,给中国造成了大量的财富损失,浪费了我们大量的资源,这种事情不能再继续下去了。中国的汇率应该反映外汇的供求关系。比如2012年第四季度,由于资金外流,人民币出现贬值压力,由于种种原因,中国人民银行不得不干预外汇市场,抑制人民币贬值。这样,由于香港人民币汇率低于国内人民币汇率,中国的出口商,包括外国跨国公司,在香港用美元(出口收入)兑换人民币,利用香港和内地人民币的汇差套汇。据说,很多大跨国公司通过套汇就解决了它的员工和它的各项人民币开支。反之,当人民币出现升值压力时,不让人民币升值,套汇者就会利用进口人民币结算,在香港出售人民币购买美元。套利、套汇活动难以避免,但如果中国的汇率不灵活,这种活动就可以长期化,就会破坏中国的金融稳定,造成中国国民财富的损失。所以应该尽量让人民币汇率灵活起来,现在的浮动区间是1%了,但我认为还不够,还应该增加,扩大到5%甚至更高也无妨。我就觉得只有让汇率变化起来,人民币出现了波动,企业才有积极性来发展各种各样的衍生金融产品。中国不应该继续追求双顺差了。双顺差按定义就是增加外汇储备,难道我们还觉得3万多亿美元的外汇储备不够多吗?

《南方都市报》:昨天周小川行长还专门说外汇市场每天的波动都很大,不要轻易下结论,那么我们应该怎么看待外汇市场的波动?

余永定:为什么最近汇率的波动会比较大,或人民币会突然升值或者突然贬值呢?其主要原因应该是资本项目下而不是贸易项目下外汇供求关系变化造成的。驱动国际资本流动的动因主要有两类：避险和获利。在金融危机初期，避险动机占支配地位，美国资金大量回流，导致美元升值。当美国经济趋稳，获利动机占支配地位时，美国资金就流向发展中国家。欧元的情况也大体如此。现在，美国在大量地印钞票，实际利息率低到负。如果中国经济处于上升周期，资本就会往中国跑。由于这类资本是短期套汇、套利投机资本，对中国来说，弊大于利，中国应该尽可能将其拒之于国门之外。政治腐败造成的资金外逃和洗钱也引起了民众强烈不满。虽然说我们资本流动管理效率并不高，但仍然有一定作用，维持对短期跨境资本的监管有助于稳定人民币汇率。

《南方都市报》：您是否可以具体谈谈对资本项目自由化问题看法？

余永定：过去几年来，国内出现加速资本项目自由化的主张。我支持最终实现资本项目的全面开放（尽管这是一个值得进一步研究的问题），但不赞成中国目前处于"加速开放资本项目战略机遇期"的提法。当前西方国家大搞数量宽松、大印钞票；国际投机资本豕突狼奔，国际金融高度不稳。为了维护自身经济和金融安全，世界上越来越多国家，特别是发展中国家都在加强对跨境资本流动的监管，包括最主张自由化的 IMF 都承认资本管理的必要性。在当前情况下，对资本项目的进一步开放，应该采取具体问题具体分析、就事论事的态度，而不应该笼统地提"加速资本项目自由化"。中国应坚持逐步的开放方针，加大金融服务业的开放，让外国金融机构更多地参与到与中国国内金融机构的竞争。但开放金融服务同开放资本的跨境流动是两回事。尽管各国国情不同，资本项目自由化是要遵循一定顺序的。这不是教条主义，而是世界各国，特别是发展中国家的经验教训。如果汇率不灵活，利息率结构扭曲严重，企业负债率居高不下，在没有资本管制防火墙的情况下，一旦出现国际资本攻击，我们就会吃大亏。不要看我们有 3.3 万亿元的外汇储备，而且国家可以干预，中国的 M2 是 GDP 的 180%，中国居民、企业的储蓄存款量非常高。如果把百分之十几的存款变成外币存款，变成美元，就会导致资金大量流出。尽管拥有大量外汇储备，我们也难于维持人民币汇率稳定。中国的金融稳定将受到严重冲击，中国的财富将受到严重损失。

然而，尽管中国不应该笼统提出加速资本项目自由化，我认为中国应该加快金融服务业开放的步伐，这样可以加强国内金融竞争、打破中国超大型金融机构垄断。虽然中国不需要更多的外国资本，但却需要它们的服务和金融技术。外国银行可以通过建立子公司的方式进入中国。

金融改革既要深化也要稳妥
未来经济发展需重人力资本投入

《南方都市报》：前几天易纲行长强调要稳妥地推进利率市场化，您反复说过中国的国内金融市场改革要加快，而金融市场国际化要放缓，从中国人民银行的强调稳妥来看，您觉得未来的金融改革重点是什么？

余永定：易行长是一位稳健的银行家，我赞成他有关推进利率市场化的主张。影子银行活动是利率管制依然存在的条件下，金融机构通过金融创新，规避利息率管制以谋求高回报的活动。如果不推行利息率市场化，形形色色金融机构的套利活动会造成事实上的利息率自由化。这种自发的和地下的利息率自由化，将对中国金融稳定造成严重冲击。影子银行同地下金融一样都有其存在的合理性，应该对不同形式的影子银行活动加以分析，对于某些类型要实行阳光化，使其置于金融监管之下。对于另一些高风险的金融"创新"需要加以禁止。高回报与高风险是孪生兄弟，商业银行存款是受到国家隐性或显性保护的，因而不应该被用于高风险的投资活动。某些银信结合的金融产品风险很高且难以与商业银行相隔离，对于这类产品，金融监管当局应该及早采取行动，防止系统风险的发生。

《南方都市报》：过去几年我们一直在致力于扭转国际收支双顺差的局面，这也是您一直倡导的，那么未来中国在结构调整上要做哪些？

余永定：中国国际收支已经有了很大改善，大体处于平衡状态。但是，应该看到，中国依然维持"双顺差"。双顺差必然导致外汇储备的增加。为了不再增加外汇储备，中国必须同时减少贸易顺差和资本项目顺差。为此，我们应加速汇率市场化的步伐。相对而言，汇率市场化是各项改革中最为容易的改革。在推行汇率市场化的同时，我们仍然要维持资本项目管制，遏制热钱的跨境流动。我相信今后一段时间里美国不会再大肆炒作中国操纵人民币的话题，因为主要发达国家都在诱导本国货币贬值。目前的问题是，为了实现国际收支平衡，中国正在增加海外投资，特别是海外直接投资。应该说，当前的全球经济形势，有利于中国增加海外投资，中国企业应该抓住这一"战略机遇期"。但是，海外投资也不要急于求成、冒进，要对风险有充分估计。中国经济再平衡的关键是增加内需，特别是增加消费需求。但我想强调，消费需求不仅仅指通常意义上的消费需求，特别不是指奢侈品需求。我更想把消费与人力资源投资相结合，例如对农村中、小学生实行免费午餐，校舍建设等。健康、聪明、有道德的青少年是中国的前途。这种消费的增加，不仅可以增加有效需求，有助于平衡中国经济，而且可以因人力资本的改善而提高中国的潜在经济增长率。总而言之，我们应该把增长的推动力放在国内，把追求 GDP 增长为主，转变为提高自主创新能力为主。提高自主创新能力，除了增加研发投入外，还需要在教育、营养、健康、环境等领域增加投入，这都是我们需要花大钱，花大力气的。中国何愁没有内需！另一方面，我也赞成，我们不要只谈有效需求的观点，因为经济的长期增长是要靠供给。资本、劳动和人力资本的增长速度决定经济的潜在增长速度。古典经济学认为供给决定需求，而凯恩斯主要认为需求决定供给。在长期前者正确,在短期后者正确。就中国目前的情况来说,我们现在有必要强调自主创新。如果你的产品是通过创新推出的,自然就有市场需求。在这种意义上,不是需求决定供给,而是供给决定需求。中国问题是机器设备投资有余,人力资本投资不足。中国不能再继续过去外延扩大再生产的老路,而应把自主创新作为经济发展的推动力。

经济增速下降，金融风险恶化难以避免，但不会发生金融危机[*]

2013年经济社会发展总的开局是好的，主要经济指标处于年度预期目标的合理区间。经济增长势头虽然弱于预期，但增长尚属平稳，价格总水平也基本稳定。但同时，我们也要清醒地认识到，在国内外发展环境十分复杂的背景下，中国金融领域近期出现了一些令人不安的现象，值得高度警惕。

大家现在都在谈论中国会不会出现金融动荡，或者是金融危机。20世纪90年代，大多数金融危机都是债务危机引发的。现在，中国债务负担迅速加重，对中国是否会发生债务危机确实应该高度关注。一个国家整个债务占GDP之比是非常重要的指标，同时，各个部门的债务占GDP之比也非常重要。对于一些国家，不光包括内债，外债也都需要关注。过去20多年来债务危机发生给我们的教训是，应该注意债务的各个环节，各个链条，不能对任何一个环节掉以轻心。

地方政府有无还债意愿和能力值得怀疑

中国金融体系存在哪些风险？一般而言，包括地方政府债务、中

---

[*] 本文原题为《当前中国金融问题的几点思考》，刊于2013年9月5日《上正报》，但因发送错误，刊登的是未修改稿。

国企业债务、影子银行、国际收支结构、跨境资本流动等。上述环节发生问题都可能会导致债务危机，成为引发中国金融体系风险的诱因。

先看地方政府债务问题。根据最新公布数据，可以看出中国目前债务总体状况。数据显示，目前中国中央和地方政府债务总额是21万亿元，居民债务是2万亿元。但公司债务数据口径不一，有说60万亿，也有说57万亿元甚至更小。① 粗略看，中国总债务占GDP之比应该在200%左右，数字不低，应引起我们的警觉。

但应该说中国债务形势依然可控。理由有三：第一，相比其他国家，中国的债务问题并没有那么严重。世界主要国家债务占GDP比，美国2008年为369%，日本仅国债一项就超过了GDP的230%；第二，中国是一个高储蓄国家，有2万亿美元的海外净资产；第三，中国拥有大量的国有资产，权威人士估计为100万亿元人民币。

我认为，目前在可能引发中国金融体系风险的危机中，最危险的、最值得我们关注的还是地方政府债。之所以如此是因为不仅我们不知道债务实际数量，而且不知道地方政府未来的偿债能力大小。由于体制上和其他诸多方面的原因，地方政府有没有还债的意愿，有没有还债的能力，值得怀疑。政府决定对地方政府债务再次摸底是非常正确的。地方债务应该透明化，地方政府的融资方式也应该有所改变。

不过，地方政府债务虽然值得我们高度警惕，但似乎尚未到不可收拾的地步。同世界其他国家相比，中国的政府债务对GDP之比依然处于较低水平。

被房地产绑架无利中国经济可持续

房价是街头巷尾普通百姓的谈资，房地产泡沫成为大家熟悉的字

---

① 国家金融与发展实验室的估计是80万亿元左右。

眼。我个人认为，中国经济在很大程度上被房地产投资绑架，中国的房地产投资在 GDP 中的比重过高，结构不合理，不利于中国经济的可持续发展。

中国是一个大国，各地区情况千差万别。由于有支付能力的需求强劲，难以笼而统之地说中国房地产泡沫严重。我认为中国房产发展的主要问题是资源严重错配。作为一个发展中国家，中国不应该把这么多资源用于房地产投资，不应该让房地产业成为中国经济发展的支柱产业。中国房地产投资占固定资产投资的 1/4 左右，占 GDP 的比重超过 10%，明显超过日本、韩国等在其高速发展时期的比重。

不断造房子但房价还不断攀升，这是怎么回事？中国房地产价格不断上升反映了供求失衡的状况：住房市场上供不应求。按道理，供不应求就必然会导致房价上涨。解决问题的办法是否是再多盖房呢？前面说过，中国房地产投资在 GDP 中的比重过高，应该降低房地产投资的增长速度。有无两全之策呢？解决供不应求的办法不是对房价直接控制，而是"盘活存量"，通过税收政策，把现有的房源利用好。为了降低房地产投资在 GDP 中的比重，同时又达到抑制房地产价格上升的目的，仅用货币手段无法解决问题，应该更多采取税收的办法。然而，征收房地产税（超过一定标准的房地产）必然会损害既得利益者的利益，征不征房地产税已经不是经济政策问题而是政治问题。

中国难说货币超发

大家都比较关心中国是否存在货币超发问题，主要是因为中国目前 M2 占 GDP 比是世界第一。那么，中国人民银行是否存在货币超发问题呢？

回顾历史，中国 M2 的增长速度，在过去十几年、二十年都是明显的高于 GDP 的增速，且年年如此，自然会导致 M2/GDP 之比不断攀升。从中国人民银行准备金来看，中国的准备金超过 4 万亿美元，高居世界榜首。

从国际经验看，当 M2/GDP 之比高企之际，往往是要出问题之时。如泰国占比最高值出现在 2008 年亚洲金融危机，而日本经济出现泡沫，西班牙出现房地产泡沫等，都是在占比达到某个峰值时期发生的。

尽管从各种主要指标来看，中国的货币环境十分宽松。但是，还不能简单地得出结论，中国人民银行货币超发了。因为实际问题复杂得多，传统货币数量公式没有区别货币流通手段和价值储存手段，只是把货币作为一种流通手段，忘记了货币还有价值贮存手段。中国 M2 中含相当大部分储蓄存款属于货币，有价值贮存功能，本身不会造成或者并不直接造成通货膨胀压力。此外，中国银行间拆借利息率并不低。

中国人民银行货币是否超发，理论上有两个判断标准，实际中国只有一个标准，就是看是否存在通货膨胀。如果通货膨胀并不严重，很难说存在货币超发。但是，我们也可以把房地产价格的上升通过某种方式并入物价指数。在很大程度上，房地产是一种耐用消费品。我看不出房屋与豪车有何本质区别。

中国 M2/GDP 比较高的原因归结为：第一，居民储蓄率比较高；第二，资本市场不够发达，间接融资比例比较高；第三，金融效率较低，货币充当套利手段，资金不断在套利者之间流动、不断延伸债务链条，而不进入实体经济。所以，一方面不能轻易地得出中国人民银行货币超发结论；另一方面，也不能掉以轻心，中国的高 M2/GDP 之比确实存在问题。

上半年，中国的货币环境可能是偏宽松了。中国人民银行制定 M2 增长速度是 13%，但在实际执行过程中超过 15% 明显超出了原定目标。原来市场预期全年新增贷款约是 9 万亿元，前半年已经发出了差不多 6 万亿元，而社会融资总额也都超过预期。

客观地说，上半年为了配合结构调整，中国人民银行的本意是不使货币政策过于宽松，而是偏紧的，确定 M2 为 13% 的预期增长速度。政策方向是对的，但由于执行偏松，造成货币宽松。可以预期，为了配合经济结构调整，在今后一段时间内，除非经济增长速度跌到底线之下，货币政策可能还会处于偏紧状态，且宏观审慎管理会进一步加强。

还有一个问题值得探讨。我们过去一直是希望能够控制 M2 的增长速度，将 M2 作为货币政策的中间目标。随着中国资本市场的发展，似乎这个问题变得越来越复杂了。因为 M2 在很大程度上属于内生变量，社会融资总额也是内生变量。

所以，中国人民银行应创造条件加快市场化改革进程，将基准利息率作为今后货币政策的中间目标，这对于中国经济长期健康发展更为有利。

影子银行规避审慎监管

中美之间影子银行有很大差异，影子银行的动机不同。

美国的影子银行活动目的是转移风险，左手给低收入者提供了住房抵押贷款，右手赶紧把住房抵押贷款打包成金融衍生产品，卖给其他投资者，将风险转移出去，把资金收回来以便再次发放贷款。因此，美国影子银行非常重要的动机是转移风险，提高杠杆率，多赚钱。同时，由于美国金融机构"创新"能力强，整个债务链条可以拖得很长。

中国影子银行活动目的很大程度是变相揽储，不少理财产品筹集的资金由总行统一使用。因此，这些理财产品的风险最终取决于银行的风险。即便理财产品的标的物很清楚，银行也会自己买单。当然，也存在增加贷款能力问题。总之，理财产品的推出，主要是为了规避 75% 存贷比等限制，多揽储、多放贷、多挣钱。这是中国银行进行影子银行活动非常重要的动机。

中国理财产品的最终持有者是储户,而非 SIV(结构投资载体)这样的中介机构,对短期的货币市场的依赖度不是特别高。中国理财产品的期限错配问题同传统银行的期限错配问题没有什么本质区别。

影子银行活动的资金来源除储户外,还有银行间拆借市场。银行同业业务对银行间拆借市场的依赖很强,期限错配的风险较大,应该高度关注。总之,对影子银行危险不应无视,也不应夸大,重要的是应把金融创新纳入审慎监管,同时废除一些不必要的限制。

不过,也不可忽视危机的存在。在中国经济处于经济下行调整期,银行高息揽储,贷出去的钱是否能支付本息,这是最大的问题。如果这个问题解决不好,虽然可能不会爆发急性的危机,但是可能会爆发慢性的危机。

金融机构普遍存在套利活动,形成所谓的空转。资金没有进入到实体经济中,恶化了资源配置,降低了金融效率。

套利问题应该通过加速市场化改革加以解决。必须加速市场化改革,而不是通过行政手段来遏制这种套利。在发达国家,这种套利机会不比中国少得多,但由于利息率灵活,机会很快通过套利活动就消除了。中国则往往是套利机会长期存在,且无风险。这种情况对资源合理配置的危害是非常大的。

总之,在 2013 年和未来一两年内,中国金融业可能处于前所未有的调整期和改革期。高速发展期暂告一段落,经济增长速度的下降导致的金融形势恶化恐怕难以避免。在未来一段时间,不良债务率可能会明显上升。但我不认同中国马上就面临危机的观点,说了 30 多年了,年年说,年年中国就这么过去了,这次应该没有什么太大的不同。中国经济至少在短期内还不会出什么灾难性的问题,这次我们还是有机会解决问题,对于形势不应该过度的悲观。但必要的改革和调整不能再拖下去了。

经济增长中的房地产投资依赖[*]

在未来的 5—10 年中，中国面临着经济结构调整的艰巨任务。调整固定资产投资增长速度，使投资率维持在一个可持续的合理水平上，应该是中国经济结构调整的最重要内容之一。

长期以来，由于中国固定资产投资增长速度明显高于 GDP 增长速度，中国投资率接近 50%，成为世界上投资率最高的国家。同中国相比较，发达国家的平均投资率仅为 19%。直到目前为止，中国固定资产投资增长速度仍大大高于 GDP 的增长速度。在未来若干年内，除非出现"硬着陆"，中国的投资率还将进一步上升。当前国内外经济学界的广泛共识是：中国应该降低固定资产投资增长速度，从而使投资率下降到一个可持续的合理水平。由于中国政府所确定的经济增长速度下限是 7.5%，如果降低投资增长速度，中国就必须提高消费增长速度。于是，用消费需求取代投资需求作为经济增长主要动力便成为大多数经济学家所支持的政策主张。也有少数经济学家表示强烈反对这种主张。事实上，这个问题还大有进一步讨论的余地。由于篇幅所限，本文仅讨论其中的个别问题。

我个人认为，中国以往的经济增长确实存在过多依赖投资驱动的问题，中国的投资率确实过高。适当提高消费在 GDP 中的比例（消

---

[*] 本文原题为《中国经济增长必须摆脱对房地产投资的依赖》，刊于 2013 年 10 月 15 日新华社《财经国家周刊》。

费率)、降低固定资产投资在GDP中的比例(投资率)是必要的。但是,这种调整必须把握好分寸,切勿矫枉过正。此外,这种调整应该充分发挥市场机制的作用,政府应主要发挥引导作用,但也不必回避直接干预。

经济学的基本问题是资源配置问题。从宏观经济学的角度看,资源配置问题主要体现在消费与投资间的资源配置,即在资源(资本存量、劳动力和土地)总量给定的条件下,决定分配用于生产消费品和资本品的资源。资本品又可以分为用于生产资本品的资本品(如生产纺织机的工作母机)和生产消费品的资本品(如纺织机)。

投资与消费的最大不同在于:它不但是当期有效需求的构成部分,而且影响未来的经济增长潜力。投资是资本存量的增量,持续的投资构成了资本的积累过程。早在200多年前,古典经济学家便提出资本积累是财富增长的基本源泉。对于发展中国家来说,在特定时期,例如,当可以假定劳动供给无限和技术进步主要体现在资本品之中时,资本积累就是经济增长的决定性因素。资本的快速积累无疑是中国经济能维持较高增长速度的主要原因之一。

在计划经济条件下,苏联和中国都强调生产资料生产的优先发展,而生产资料生产的优先发展则被进一步引申为重工业的优先发展。苏联经济学家费尔德曼证明,为使消费品的增长速度在未来(他并未指明"未来"是多少年后的未来)达到尽可能高的水平,不但必须把尽可能多的资源配置给资本品生产部门,而且必须把这些资源尽可能多地配置给生产"生产资本品"的资本品部门。在这种资源配置方式下,消费品产出在短期内增长缓慢。但是,随着时间的推移,由于用于生产消费品的资本品(纺织机)的增长——而这又是由于生产"生产资本品"的资本品(工作母机)的增长造成的——消费品产出将大大高于在经济增长初期把较少资源用于生产资本品、较多资源用于生产消费品,以及把较少资源用于生产"生产消费品的资本品"的资本品(工作母机)部门、较多资源用于生产"生产消费品"的资本品（纺织机）部门情况下的消费品产出增长速度。这种增长模式可以称之为"先苦后甜"模式：为了将来更多的消费，现在尽量少消费。但苏联和改革开放前中国的经验证明，尽管在一定时间和条件下可以取得较好的增长表现，但这种资源配置方式或增长模式是低效和不可持续的。

20世纪60年代前后，经济学界对经济增长的源泉有了新的认识，以索罗为代表的现代经济增长理论应运而生。经济学家认识到，除了资本和劳动力两个因素之外，技术进步也是经济增长的重要推动力。经济增长理论中的"技术进步"是所谓的"余值"，即经济增长中无法用资本积累和劳动投入增加所解释的部分。例如，在相当时期，中国经济增长的很大部分是不能用资本积累和劳动供给增长解释的。这些增长是体制改革的结果，是所谓的"改革红利"。大量经验研究显示，劳动投入和技术进步对经济增长贡献之和可能超过资本积累的贡献。如果我们进一步引入"人力资本"的概念，考虑教育程度、健康水平等通常被纳入消费范畴的因素对经济增长的贡献，资本积累对经济增长的贡献还有可能会被进一步压缩。事实上，资本积累的单兵独进甚至有可能对增长产生消极影响。例如，仅仅注意实物资本投资（投资）而忽略人力资本投资（消费），经济增长就可能陷于停滞甚至倒退。因而，资源在投资和消费之间以及在不同投资部门的分配存在最优值问题。尽管在理论和实践上，我们很难判断给定经济增长速度，投资应该保持何种增长速度从而使投资率维持在一个可持续的合理水平上，我们还是可以对投资增长速度的合理水平做出相应的经验判断的。

有经济学家指出，中国的资本存量同美国等发达国家相比还处于相当低的水平上，因而中国应该继续加大投资力度。确实，中国作为一个发展中国家，人均资本存量同西方国家相比，还有很大距离。为了提高人均收入水平，中国还必须持续不断地进行投资，使中国的人均资本存量赶上和超过西方国家。只有这样，中国的人均收入才能赶上和超过发达国家。但是，人均资本存量低并不能证明中国当前投资增长速度不高、无需调整。事实上，对投资率的讨论涉及三个不同概念：资本存量、投资和投资增长速度。与此相对应的是水平、速度和加速度三个不同"阶"的问题。现在存在争议、需要讨论的问题不是中国资本存量（或人均资本存量）大小的问题，甚至也不是中国资本存量增长速度快慢——即投资量大小问题，而是投资相对GDP的增长速度问题。

中国的问题是：投资增长速度持续高于经济增长速度，以致投资对GDP之比，即投资率已经达到或逼近50%。[①] 按现在的趋势，中国的投资率还会进一步上升。世界上没有一个国家像中国这样，在如此长时间内维持如此高的投资增长速度和投资率（新加坡这类的城市国家同中国没有可比性）。衡量投资率是否过高的简单尺度是增量资本—产出率和资本生产率的变动状况。50%的投资率获得7.5%—8%的经济增长速度这一事实以及许多经验研究都说明，中国的资本生产率已经处于相当低的水平。如果考虑到中国式投资带来的环境污染、资源枯竭等产生的黑色GDP，中国的资本生产率还应该有更大的折扣。从中国经济对投资的吸收能力和经济规模收益递减的角度来看，中国的投资增长速度应该说是过快了些，需要将其逐步降下来。

中国目前普遍存在严重的产能过剩问题是否也能说明中国投资增长速度过高呢？钢铁行业，电解铝、水泥、平板玻璃、造船这五个行业是中国产能过剩的突出代表。例如，中国粗钢产能近10亿吨，占全球产能的46%。2012年中国粗钢产量7.2亿吨，产能利用率是72%。不少人认为，中国目前的产能过剩主要是有效需求不足造成的，因而寄希望于政府推出较为宽松的宏观经济政策，刺激有效需求。这种观点有一定道理，但也有值得商榷之处。仍以钢铁行业为

[①] 由于固定资产投资和资本形成概念的区别和统计上的不一致性，中国投资率问题还大有讨论的余地。

例，中国根本不具有生产钢铁的比较优势。建立近千座钢铁厂、粗钢产能占全球产量的近一半是资源严重错配的表现。即便钢铁需求的增加会导致钢铁行业利润增加，进口铁矿石价格的水涨船高很快就会使钢铁行业利润回跌。中国钢铁行业的庞大规模决定了它难于摆脱给三大矿山打工的命运。根据业内人士提供的数据，从2008年到2012年，钢铁行业吨钢利润率分别为3.23%、2.46%、2.91%、2.55%①和0.04%。2013年上半年，钢铁行业平均销售利润率0.13%。吨钢利润0.43元，两吨加起来赚的钱不够买一支冰棍。业内人士坦言，中国钢铁企业钢材的出厂价格已经被铁矿石逼到只有上涨钢材价格才能摆脱亏损。这也就是说，钢铁行业只有在能够把成本上涨转嫁到其他行业、转嫁给全社会时，才能维持微利。在这种情况下，钢铁行业盈利状况的改善，对中国经济整体而言又有何益处？显然，钢铁行业的微利状况主要是资源配置不当问题而不是经济周期问题。换言之，从国家的角度看，当前钢铁行业的主要问题是以往的投资过度而不是当前的需求不足。

多年以来，中国实际上是通过创造更多产能来解决产能过剩问题的。钢铁产能过剩，我们就通过建立更多钢厂和投资其他钢材投入比率较高的产业。这种增长方式，解决了需求不足导致的产能过剩，但却可能使未来的产能更为过剩，并最终只好靠经济危机来解决产能过剩问题。

总之，如果产能过剩是周期性因素造成的，刺激有效需求的政策无可非议。如果产能过剩是投资过度造成的，就必须通过让相关企业并购或破产，消灭过剩产能、提升产品结构。这一结论不仅适用于钢铁行业也适用于大多数其他产能过剩行业。② 中国今天普遍存在的产

---

① 马忠普：《钢铁企业缘何走不出微利和亏损的险境》，《变频器世界》2013年第10期。

② 业内说法是，中国钢铁企业地区布局不合理，北部过剩，南部不足。这种状况难道不能通过改善运输来解决，而非要在南方建立新钢厂来解决吗？

能过剩，有周期性因素（有效需求不足）、有产业结构问题，但在更大程度上反映了以往投资过度的问题，特别是在钢铁等行业投资过度的问题。

需要强调指出的是：同中国固定资产投资增长速度过快（消费增长速度过慢）、投资率过高、产能过剩严重等问题相比，中国房地产投资在投资和GDP中的比例过高，经济增长对房地产投资依赖过大是中国目前所面对的更为重要、更为棘手问题。

自20世纪90年代末期以来，房地产投资开始高速增长。目前中国房地产投资在GDP中的比例应该在10%—13%。在国家四万亿投资计划中，与房地产直接相关的占了32%。在2010—2012年，房地产投资增速高于固定资产投资增速，是拉动经济增长的主要动力之一。2012年房地产投资增速明显回落，名义增长速度由2011年的27.9%下降到2012年的17.7%，成为中国经济增长速度放缓的重要原因。而目前人们又开始把经济增长的回升寄托在房地产投资的回升上。

中国固定资产投资可以分成三大块：房地产投资、基础设施投资和制造业投资。应该看到，房地产投资与其他两类投资在性质上有重大差异。后两种投资导致用于生产消费品的资本品（纺织机）和用于生产"生产资本品"的资本品（工作母机）的增加。而房地产投资所提供的产品一般不是生产性的资本品而是金融意义上的资产。从物理属性上看，房地产投资同耐用消费品生产并无本质区别。因而，在进行国际比较时，我们应该注意到中国固定资产投资中，房地产投资所占比例可能明显高于其他国家这一事实。这种情况也在一定程度上解释了为什么中国的资本—产出率明显高于其他国家。

中国目前的人均收入只有5000多美元，中国应该把更多资金用于可包容性发展、医疗、教育、养老、科学技术、安居工程，并继续维持对基础设施和制造业的合理投资。但是，房地产投资的持续、急剧增长却挤占了本应用于上述领域的资源，形成了以房地产投资为主要支柱的经济结构，从而使中国经济偏离了可持续增长的道路。

房地产投资驱动的经济增长方式必须改变。遗憾的是，一切可能已经太晚，中国经济在很大程度上已经成为房地产投资的人质。降低房地产投资的增长速度可能导致经济的硬着陆，维持房地产投资的增长速度将会导致未来经济更严重的硬着陆。如何摆脱困局，我们寄希望于决策者的智慧。

2014 年中国不大可能发生金融危机[*]

市场始终在寻找题材以及相应的交易思路。遗憾的是，全年迄今，美国、欧元区和日本在这方面相当"不配合"，它们各自的经济和中央银行政策都延续了之前的趋势。所以，投资者把目光转向中国，希望今年取得好业绩。

实际上，2014 年中国经济面临非常严峻的挑战。自 2010 年以来，中国经济增长状况一直令人失望，增长率从 2010 年的 10.4% 下降至 2013 年的 7.7%。最新经济统计数据显示，经济仍在下行。更糟糕的是，债务乌云似乎无情地越发浓厚。2014 年 3 月，一起引人注目的公司债违约案——多年来中国发生的首次违约——让整个市场在春天里感受冷意。许多人也认为，人民币大幅走弱是个不祥征兆。

中国的经济放缓和金融风险在市场上引发了一股悲观情绪，同时也带来了潜在机遇：要么即将出现一股大举"做空中国"的潮流，要么好冒险的投资者就会预期中国将出台重大刺激措施，因为中国当局必然会动摇现在的想法，通过信贷和/或财政刺激措施再度扩张经济。依我看，投资者既不会大举做多也不会大举做空中国：经济可能继续下行，但幅度不会大到迫使政府出台大规模刺激方案的地步；金融领域的确存在不稳定性，但政府可用来维持稳定的资源仍然充足。

过去 30 年里，有关中国经济崩溃的预测不可胜数。但是，这些

---

[*] 本文原题为《中国短期不会发生金融危机》，发表于 2014 年 4 月 18 日 FT 中文网。

预测无一例外都落空了。哪个国家也不能摆脱重力影响，让经济一直快速上行，但中国实在太特别了。要判断中国经济是否将陷入危机，不能仅仅参考历史先例或某些普遍适用的指标。若想对中国经济得出一些结论，必须考察细节问题，并尽可能地把许多抵消性因素考虑进去。鉴于基础假设几乎总是必然会发生变化，预测结果多半无意义。

在20世纪90年代后期和21世纪头几年，中国经历的金融困境远比当前更为严重。20世纪90年代，中国银行业的不良贷款（NPL）水平非常之高。穆迪（Moody）数据显示，2001年中国银行业不良贷款率为40%至45%，人人都以为中国将跌落金融"悬崖"。然而，半数不良贷款很快波澜不兴地被核销，另一半则被剥离资产负债表，平价出售给政府出资成立的资产管理公司（AMC），由后者慢慢消化。中国经济非但没有遭遇日本式金融危机，反而迎来了一个长达10年的超高速增长期。

2004年，中国四大行（四大国有银行）开始筹备首次公开发行（IPO），引起了外界的极大怀疑。批评人士表示，由于资本充足率过低，四大行从技术角度讲已经破产了。中国政府再次迅速行动起来，利用庞大外汇储备向四大行注入资金。一夜间，四大行的资本充足率从4%—6%攀升到8%以上。接下来几年里，四大行相继实现IPO，它们的股票被认为是全球金融危机期间最具盈利性的。如今，四大行已跻身全球前10家规模最大、利润最高的银行之列。

当前，对于中国即将发生危机的悲观预测主要基于如下事实：中国经济的杠杆水平太高了。有种观点认为，信贷繁荣程度接近中国的发展中国家，最终都遭遇了信贷危机和经济大幅放缓。

诚然，中国的债务与国内生产总值（GDP）比例非常高，但许多成功的东亚经济体，比如中国台湾、新加坡、韩国、泰国和马来西亚，也有这种情况。不同的是，中国储蓄率远高于这几个经济体中的大多数。在其他条件相同情况下，储蓄率越高，高债务比例引发金融危机的可能性就越低。事实上，中国较高的债务对GDP比例，在很大程度上是高储蓄率与同样高的投资率相互作用的结果。没错，偿债能力降低会推动债务对GDP比例升高，但迄今中国主要银行的不良贷款率仍低于1%。由此，当谈到中国债务对GDP比例过高的危险时，若把高储蓄率等具体因素考虑进去的话，危险程度就要相应降低了。当然，为何储蓄率如此之高是另一个问题，但这并不会削弱中国存在高储蓄率这样一个缓冲因素的观点。

如果同意中国债务对GDP比例较高确实对中国金融稳定构成严重威胁，那么应当注意的是，从高债务对GDP比例到金融危机爆发，两者之间存在着许多尚待研究的联系链条。只有考察了所有具体联系链条，才能初步得出是否可能发生金融危机的结论。

金融危机尤其是银行业危机，只有在同时满足下列三个条件时才会发生：资产价格大幅下挫；融资枯竭；以及股权资本耗尽。在这三个方面，中国政府都尚有一定的政策空间来防止金融危机发生，这是因为中国财政状况相对稳健、外汇储备规模庞大、经济增长率较高，以及可对主要银行实行有效控制。

人们通常认为，房地产泡沫是导致中国金融体系脆弱性的一个最重要因素。我们假定，房地产泡沫已经破灭。那么，房价崩盘会拖垮中国的银行吗？很可能不会。中国并没有次级抵押贷款：抵押贷款首付比例可能高达总房款的50%，甚至更高。房价会下跌50%以上吗？不大可能。当房价大幅下跌，大城市里会有新购房者进入市场，从而稳住房价。中国的城镇化战略将使得这些城市的人口状况能够支撑对住房的内在需求。如有必要，政府也可以进入市场，收购未卖掉的房子并用作社会保障住房。即使房价下跌50%以上，商业银行仍可存活。首先，从全国范围看，抵押贷款在商业银行总资产中所占比例约为20%。其次，银行可以出售抵押品收回部分资金。最后，也是相当重要的一点，中国政府还有最后一招——可以像20世纪90年代后期和21世纪初那样进行干预，将不良贷款从银行剥离出去。

商业银行的债务情况又如何呢？美国的特殊目的工具（SPV，

Special Purpose Vehicle）在引发次贷危机的过程中扮演了重要的角色。中国没有此类工具。尽管中国银行业体系存在期限错配这一严重问题，但这种错配并不像某些观察人士认为的那么严重。实际上，中资银行存款的平均期限是 9 个月左右，而中长期贷款占未偿信贷总额的比例仅略高于 50%。由于缺乏投资选择，再加上政府的隐性担保，中国银行业从未发生过大规模挤兑事件。在实行存款保险制度以后，银行就更不可能发生挤兑事件了。

中国拥有大量外汇储备资金，而且很难对它们进行配置。从过去的行为来看，中国政府在必要的时候会毫不犹豫地将外汇储备资金注入商业银行。

假如商业银行处境堪危，中国出现流动性短缺和信贷紧缩怎么办呢？这类问题应该也不会出现在中国。四大国有银行的董事长都是国家高级干部，他们将会遵照党和中央政府的指示迅速采取行动。就这么简单。

然而，一个重要的告诫是：在可预见的未来，中国必须保持资本控制。如果中国失去对跨境资本流动的控制，一旦市场产生恐慌情绪就可能使得资本外流演变为一场"雪崩"，最终冲垮整个金融体系。这使得当前有关在现阶段放开资本账户的计划令人深感不安，而且与其他政策重点不协调。

有人认为，中国将不可避免地爆发金融危机，经济也将崩溃。尽管我们应该驳斥这种观点，但没有人可以否认，中国经济存在一些严重问题。目前中国面临一个根本性的矛盾。一方面，由于"监管套利行为"盛行，中国的货币利率一直在稳步上升。另一方面，由于过度投资和普遍存在的资源配置不当问题，中国的资本回报率自 2008 年以来迅速下降。如果中国政府不能扭转这种趋势，未来将不可避免地爆发某种形式的金融危机。

最后，中国政府应当迅速采取行动应对社会紧张情绪。有关影响极坏的基层银行挤兑事件和业主冲击房地产企业售楼处以抗议楼盘降价的报道令人深感不安。如果中国政府动摇了现在的做法，以另一场大规模欠考虑的信贷刺激措施作为回应，而不是对家庭进行风险概念教育，就有可能会造成灾难性的损失。

目前还没有令人信服的证据表明，中国即将爆发金融危机和经济崩盘。然而，中国政府必须清楚，它自身在政策实施方面已经没有多少出错的余地。

中国经济增长的新变化[*]

当前中国经济正处于非常关键的时期，特别是今年年初以来，国外对中国经济悲观之声不绝于耳。如果细心回顾一下你会发现，自从2011年以来，年年都不时会产生"中国经济要发生严重的问题""中国经济要发生金融危机"等各种各样的说法，但是中国都渡过了难关，在健康发展的道路不断前行。我们经常跟外国的学者和经济界的人士交流：中国经济的韧性是非常大的，不要轻易地说中国要发生危机了，而且中国是有能力解决困难的。我在20世纪80年代就听到中国经济要出问题，这样的论调都说了30年，可每次中国都平安渡过了难关。

中国经济增长趋势已发生转变

回顾过去10年间经济发展，其中有几年是重要的节点，例如，2003年是中国经济发展一个重要的节点，因为在1997年东南亚经济危机爆发之后，中国经济陷入通缩。2003年年初出现经济过热苗头，但当时难于判断经济回升是趋势性的还是暂时的波动。后来才判明，实际上2002年经济就开始复苏了。2003年10月中国人民银行决定升息，也就是这个时点中国经济进入一个新的阶段，中国人民银行开始

---

[*] 本文原题为《中国的经济增长和结构调整》，刊于《经济与金融》2014年第7期。

控制经济过热。这个经济高速增长时期，一直持续到2008年全球金融危机爆发。另外一个比较重要的时点是2010年第一季度。在2010年第一季度，中国克服了全球金融危机的影响，GDP出现了非常强劲的增长，季度同比增长率达到12.2%，经济又开始出现过热的现象，特别是，资产价格上升势头猛烈。为了抑制资产泡沫，预防通胀，中央实施紧缩政策。

在2010年第一季度，货币、财政实行紧缩之后，中国经济开始出现了着陆的迹象。表现为通货膨胀受到抑制，房价下跌，经济增速下降，而且下降的速度超出预期。在2011年第四季度，情况依然如此，经济下滑的势头甚至比原来预计的严重得多。为了防止出现硬着陆，政府再次放松宏观经济政策。我记得当时有人预测在一年之内，中国经济就会复苏反弹，并乐观地估计经济增速会反弹至9%以上。然而，增长速度始终没有明显反弹。虽然有些时间点上出现好转，但增长速度又开始下滑。到2012年第四季度，经济虽然出现了一个比较明显的回升，但是依然比预期弱很多。2013年和2014年到目前为止的情况基本都是如此。似乎可以说，自2011年第四季度起，中国经济增长趋势已发生了转变。

中国经济结构调整的必要性：出口导向和投资驱动两大增长引擎都到了调整期

在过去，中国经济在下行一段时间后总能实现反弹并回到较快增长轨道上去，然而现在这种情形没有出现。无疑，这个现象值得我们去深入思考和探究。为什么会产生这种情况？当前的较低增长速度是周期性的还是趋势性的？这是我们必须深入研究的重要问题。我倾向于认为中国经济进入了一个新的增长期，进入了一个经济增长速度较慢的平台。经济增长速度的趋势性下降与中国旧有经济增长方式的不可持续性有关。中国经济增长方式有两个特点比较突出：一是投资驱动;二是出口导向。这两大特点在中国经济发展的前期,对推动经济增长做出了很大的贡献。现在到了要进行调整的时候了。

与房地产投资密切相关的产业已经产生较严重的产能过剩

在东南亚金融危机之后,中国经济为什么能够较快恢复增长?在1998年中国人民银行的同志曾跟我探讨刺激经济复苏的想法,提出一个有效办法就是大力发展房地产,推出住房抵押贷款业务。果不其然,在1998年之后首先是住房实行市场化,然后就是银行发放住房抵押贷款。事实证明,这个事情对于推动中国经济的复苏起到非常重要的作用。2003年,国务院在出台的一项政策中,正式提出房地产产业是中国的支柱产业。这个提法对中国后来经济的发展方向也起到了非常重要的作用。

在2004年,钢铁行业发生的一个重要事情,即"铁本事件"。当时国家发展改革委认为,中国钢铁产能过剩,需要压缩钢铁产能。但是铁本违规操作,扩大了产能,与调控政策背道而驰。但没有几个月,中国钢铁需求暴增,产能随之暴增。钢铁行业的冷热是中国经济发展进程的重要晴雨表。全球金融危机期间,中国经济急剧下跌的一个最明显标志,就是钢铁生产大幅下降。在推出四万亿投资计划之后,中国经济增长又恢复了,钢产量迅速上升,在2012年达到10亿吨,占全球产量的49%,日本作为钢铁产量第二大国,也仅占8%左右。据非官方统计,中国目前钢铁厂大概有数百个,而像韩国、日本才几个钢厂。2012年中国两吨钢铁的利润仅仅够买一根冰棍。

总而言之,以钢铁行业为代表,我们可以看到中国的经济已经出现严重产能过剩迹象,且越来越明显。为什么钢铁行业会出现严重产能过剩?在很大程度上,是与固定资产投资,特别是房地产投资密切相关的。房地产已经成了中国的支柱产业,许多产业都围绕房地产发展为中心。钢铁产量为什么会很快增长,实际上也是与房地产的高速发展有关。随着房地产投资的加速,与其相关的其他产业,像钢铁、水泥、玻璃等产量也都在上升。一旦政府对房地产投资进行控制，压低房地产投资增长速度，整个经济就会随之出现产能过剩。

房地产在投资和GDP中占比过高是极大浪费

房地产发展到目前这个状况，大家都在讨论到底有没有泡沫，这个观点分歧非常大。大部分人说有严重的泡沫，但也有一部分人说不存在，任志强先生就认为没有泡沫。我个人没有能力做出判断。但有一点可以肯定，中国固定资产投资在GDP中比重过高，房地产投资在固定资产投资中、在GDP中比重过高。房地产投资占GDP的比重超过13%反映了资源配置的极端不合理。

前面已经提到中国经济增长方式两大特点：一个是投资驱动；另一个是出口导向。最近几年，在外部不平衡方面，我们做了不少工作，外部不平衡有了比较大的改善，当然还有一些问题需要解决。但是在投资驱动方面，我们没有特别明显的改善，甚至在一定的程度上还在继续恶化。中国的投资率是世界第一，而且在未来一段时间内投资率还会增长。伴随投资率的提高，中国的投资效率迅速下降。作为经济增长方式调整的重要内容之一，我们必须要把投资率降下来，尤其是要把房地产投资在投资和GDP中的比重降下来。

投资效益和资本产出率呈现持续下降

什么事情都不能走极端，必须要找到一个平衡。经济学有一个基本原理：在其他条件不变的情况下，资本投入增加，其收益率边际递减。中国最近几年投资的高速增长，造成什么结果？答案是投资效益的下降。这个问题本来还有争议，但在这几年已没有多大的争议，事实上中国的投资效率的确在下降。资本产出率，这是衡量资本效益的基本产出的指标，也即是每生产一个单位的GDP，需要多少投资，或多少资本。以前几年数据测算，增量资本—产出率的世界平均水平是5%左右，中国是6%以上，明显高于世界平均水平。根据清华大学白重恩教授的计算，中国投资回报率是 2.7%，比起原来是明显降低了。根据最近的一项统计，中国 5000 家大型企业的平均利润率仅有 6% 多。

能源使用效益低下，迫切需要提高创新能力

关于能源效益问题，中国的能源效益是非常低的。我们生产单位 GDP 所损耗的能源是世界平均水平的 2.5 倍，是美国的 3.3 倍。中国经济发展到目前这样一个阶段，必须更多地依靠创新。这几年我们意识到了创新能力的重要性，2013 年政府工作报告就专门提到创新问题。如果没有创新能力，这个国家是不能进一步发展的，更是不可能赶超发达国家的。创新能力有一个非常重要的特点，就是创新性的供给能自动创造出需求。我们面临产能过剩，提供过多的房子、产品跟创新没关系。与此相反，比如苹果电脑，并不是有需求创造供给，而是先生产了苹果电脑，然后才会出现对苹果电脑的需求，是供给创造需求。在某种意义上，产品越是创新性的，产能过剩的问题就越少，这样的增长就越可持续。中国应该把更多的资源转移到扶持创新能力方面，而不是去简单地发展房地产。

单纯追求 GDP 的观念也需进一步改变

当然，除了前面提及的效能问题、能源问题、创新问题，还有收入分配问题。收入分配是与百姓息息相关的。现在是生活水平提高了，但是幸福指数没有提高。我们要正确区分 GDP 和财富，CDP 并不等于财富，所以一定要改变单纯追求 GDP 的观念。我们很多的生产结果，是创造负的 GDP。负的 GDP，最终变成负的财富。总而言之，单纯 GDP 观念必须改一改了。

如何正确看待当前经济增长的降速

与政府努力改善增长质量有关

当前中国面临一个矛盾，就是一方面要保持一定的经济增长速

度，另一方面要进行经济结构的调整。虽然中国经济结构调整提了十几年，但始终由于担心经济速度下降，造成其他的问题，所以一再推迟经济结构调整。当然，强调调整结构改革，一个不可避免的代价就是经济增长的速度下降。过去每当经济增长速度下降，中央政府都会采取相应的财政政策、货币政策刺激经济增长。2010年以来，经济增长速度是低于中国过去二三十年平均水平的，但是中央政府并没有像2008年那样采取大规模的政策措施，只是进行了微刺激，保住底线就行，并不追求更高的增长速度。总而言之，最近几年中央政府的重点在是希望改善增长的质量，而不是追求增长的数量。因而，目前经济增长速度的下降也可以说是政府拒绝过度刺激经济的结果。

与投资增长乏力有关

中国经济增长速度下降的一个直接原因就是投资增长乏力。这几年，特别是近年以来房地产投资的增长速度也出现了下降的趋势。虽然在2011年第四季度开始政府放松了宏观经济政策，但是放松度不大。由于投资在GDP的比重最高，为50%，而消费增长又不足以抵消其对GDP增长的影响，投资增长速度下降不可避免地带来了整体经济增长速度的下降。除非政府又刺激经济，否则经济增长速度下降是不可避免的。

保持高经济增长速度的必要性下降

在2008年的时候，温家宝总理提出了"保8"增长，目的在于创造800万的新增劳动力。根据过去的经验，要创造800万的新增劳动力，就必须要保持8%的经济增长速度，所以才有了"保8"增长的目标。现在这种情况下，当时温总理所说的那个理由已经发生很大变化。2012年，中国新增适龄劳动力减少了200万，创造就业的压力减少了，加之经济结构的调整和第三产业发展对劳动力吸收的影响，为保证充分就业所需的经济增长速度也就下降了。中国每年讨论规划时,从"十一五"规划开始,经济增长目标都是7%,通过将经济增长指标定低一点,从而可以为调整经济结构、提高经济增长质量留下更多空间。我以为,今年经济增速只要在7%以上就不会有问题。当然,经济增长的保下限还是必要的,经济增速为7%的底线应该确保。

必须适应新的低速增长阶段

中国经济一直存在比较明显的波动,通常来说就是指经济周期(但我倾向说"波动")。经济波动的直接原因是供求失衡。出现不平衡是不可避免的,理论上说,在市场经济条件下,平衡会自动恢复。但现实并非如此简单,由于市场机制的缺陷,政府如不干预,通货膨胀就可能失控,或者经济就会长期处于通货收缩状态。但干预有时会加剧不平衡。例如,在出现失衡时进行政策调整有一个时滞,很难把握干预的时间和力度。在具体的政策调整过程中还会时不时出现"急刹车"的情形,从而进一步加剧经济波动。政策调整反应过快和反应过慢、刺激过度和抑制过度的情况都是同时存在的。例如,2008年年初通货膨胀率达到了8.2%。中国人民银行实施紧缩性政策来控制通货膨胀,但并没有预料到次贷危机的影响。另外,由于存在很多非理性因素,加之产生原因本身就比较复杂,资产价格泡沫的出现会产生经济波动。当前一个关键问题是,当前中国经济由过去的平均10%下降到8%以下仅仅是波动的结果还是意味着中国经济已经进入到一个较低的增长速度的新阶段?

较高的经济增速一般伴随较高的通货膨胀,反之则反。中国的政策调控实际上是在通货膨胀和经济增长速度之间进行取舍。通过对2000—2010年和2010—2013年两个时段的数据来考察通货膨胀和经济增长速度之间的关系会发现,在最近几年每增加1个百分点的增长速度,相应的通货膨胀就要更高一些。例如,为了保证通货膨胀不超过3.5%，在过去经济增长速度可能有9%，甚至有10%，但是现在可能只有8%。而且中国最近几年经济是向着低通胀低增长方向发展的。中国通货收缩的风险比以前增加了。似乎可以说，中国经济由于种种原因，进入了新的增长平台。经济增速在过去可以达到10%，现在可能只能是7.5%左右。当然，这也存在争议。我个人认为，中国经济目前已经进入了比较低速的增长阶段，我们必须适应这种趋势，尽量避免人为刺激经济。

近忧：住房市场的存货上升与价格松动

2014年第一季度海外有观点认为，中国的"雷曼时刻"到了，中国会出现严重的金融危机，主要原因就是中国的房地产调控。数据显示，我们房产的销售和建设都呈现下跌趋势；住房"存货"开始上升，这种现象过去没有；存货增加，往往导致房价下降，而房价一旦开始下降，就可能刹不住闸。房价如果真的大幅度下跌，中国经济就有可能出问题。目前房价真的开始下跌了？房价下跌将对中国经济造成什么冲击？这是我们的近忧。

住房价格下跌对金融体系的直接冲击有限

那么，房价到底会跌多少呢？我觉得充其量跌30%。话说回来，即使房价跌了30%，银行也不会倒闭，原因就是中国的高首付。而且在中国，对于已经按揭买房的人来说，房价下跌也不会出现违约。这和美国并不一样。根据业界的经验，中国住房抵押贷款不会有什么问题。即便出现大量违约，银行的问题也不大。在中国，房地产贷款占银行贷款比重也就20%多一点，占GDP的15%左右，但是美国在2008年时候GDP是14万亿美元，住房抵押贷款是13万亿美元，所以房地产贷款一旦出现问题，对美国的冲击非常大，而对中国来讲则要小得多。比较容易出问题的是开发贷款。卖不掉建好的房子，开发商就无法偿还开发贷款。但是，开发贷款在房地产贷款中的比重不高，大概7%—8%。因而，即使开发贷款出现问题，中国也有很多政策可以应对，很难说会产生很大的负面影响。但是，对于房价下跌可能对地价以及煤炭、水泥、运输等相关部门的影响，加总起来，考虑到各种乘数作用，情况就变得非常复杂了。例如，地价下跌意味着贷款抵押品价格下跌，银行就要增加拨备，从而导致信贷紧缩。又如，土地出让金占地方政府一次性收入的35%，相当于包括中央对地方转移支付在内总收入的25%。地价下跌必然对地方融资平台偿还能力造成不利影响。

目前中国似乎不会有大的问题，出了问题中国也有相应手段来应付这些问题。但我们还没有想清楚经济的哪个环节会触发危机，也没想清楚某个环节出了问题后，总体影响是什么。例如，还没有人拿出考虑到乘数作用的房地产价格下跌的最终结果的令人信服的研究结果。因而，我们也切不可对可能出现的冲击掉以轻心。美国当年很多人就认为，次贷在美国房地产贷款中的比重很低，不足为虑，但恰恰是次贷触发了美国金融危机。

需特别关注信托等行业

对于房地产下跌带来的直接影响以及由此带来的负面影响，有很多国际案例可以用作参考。但是，找到危机的触发点却很困难。2008年美国次贷危机爆发之前，大部分观点认为美国由于长期外债积累的原因可能导致海外资金向美国的流动突然中止，之后伴随美元大幅贬值和利率大幅提升而出现危机，然而很少人会想到美国危机会由次贷问题引起。那么中国的危机触发点可能在哪里呢？我的想法是找到一个从不同角度考虑会出问题的领域的交集。首先要考虑的是不同金融机构；其次是不同金融工具；再次是基础产品以及最终投向；还有就是要考虑相应的规模和系统性（传染能力）。从这些要素的交集来看，我对信托行业有些担心。目前，信托资产投放是11万亿元，规模是比较大的，并且30%以上跟房地产密切联系，前几年高速发展，且获得高收益。所有这些都意味着信托业面临的风险可能较大。

中长期还需关注实体经济效益下降与利息率支出上升的矛盾

另外需要指出的是，中国实体经济的效益在下降，资本回报率和投资回报率都在下降。但是，中国的平均利息率却在上升。利息率超过了企业利润率的支撑，这就会出现问题。银行的利润源泉在于实体经济，没有生产利润无从谈起银行利润。企业没有利润或者利润率很低，不足以偿还利息，各种因素错综交织，必然使得中国未来的经济发展陷于困境。从短期来看，中国有较高的经济增速、有较健全的财政，不会出问题。10 年前我同一位朋友打赌，中国在 2015 年以前不会出现金融危机。相信我会赌赢。但是以后呢？现在不好说。如果目前利润率下降和利息率上升的趋势得不到改变，实体经济和虚拟经济的矛盾越来越突出，出现问题是不可避免的。我们必须抓紧时间进行经济结构调整、改变经济增长方式。我们剩下的调整时间已经不多了。

中国企业融资成本为何高企?

长期以来,由于所谓的"金融抑制"政策,中国的实际利息率是偏低的。但近年来,特别是2013年以来,在经济增速趋缓的同时,中国的实际利息率却呈上升趋势,对中小企业来说,情况更是如此。2013年,中国贷款的加权平均利息率超过7%。统计局调查发现,2014年第二季度小微工业企业民间借款的年化利率约为25.1%。低经济增长和高融资成本的共存已成为当前中国宏观经济稳定的最严重挑战之一。2014年8月14日,《国务院办公厅关于多措并举着力缓解企业融资成本高问题的指导意见》指出,当前企业融资成本高的成因是多方面的,既有宏观经济因素又有微观运行问题,既有实体经济因素又有金融问题,既有长期因素又有短期因素,解决这一问题的根本出路在于全面深化改革,多措并举,标本兼治,重在治本。指导意见无疑是正确的。作为进一步的研究,我们是否可以将企业融资成本上升且居高不下问题纳入一个规范的理论框架,在这个框架内确定导致企业融资过高的原因,并提出相应的政策建议?

自然利息率和凯恩斯利息率

根据维克赛尔(Knut Wicksell)的可贷资金理论,利息率是信贷

---

* 本文刊于《国际经济评论》2014年第6期。

市场上可贷资金（Loanable Funds）供需关系相互作用的结果。可贷资金供给是由贷款者的时间偏好（Time Preference）决定的，而可贷资金需求则取决于借款者的资本边际生产率（the Marginal Efficiency of Capital）。可贷资金供、求实现均衡时的利息率称为自然利息率（Natural Rate of Interest）。然而，根据凯恩斯的流动性偏好理论，利息率是由产品市场和货币市场的均衡状况（IS 曲线和 LM 曲线的交点）所决定的。维克赛尔自然利息率与凯恩斯利息率存在重要区别，前者完全由储蓄者和投资者行为决定而与政府无关。后者虽然也同储蓄者和投资者行为有关，但政府可以通过改变货币供应量来操纵。前者虽然被假设是客观存在的，却无法观测到，但后者却是货币市场上实实在在的利息率。是否可以把自然利息率和凯恩斯利息率统一起来呢？答案是肯定的。维克赛尔的可贷资金实际上是个实物概念，简单理解就是：收入－消费＝储蓄。资金的概念不一定包含货币。在现代经济中，实际资源（储蓄＝资金）从储蓄者 B 到投资者 C 的转移是通过法定货币（fiat money）的转手实现的。货币的转手实际是一种国家担保的"契约"。如果货币政策导致通胀就意味着借贷双方中某一方在政府支持下的违约。如果没有货币作为交易媒介、价值贮存手段，可贷资金由贷方到借方的转移就无法实现，自然利息率也就仅仅是抽象概念。但是作为实际资源使用权转移的载体，货币是如何成就可贷资金转移的呢？

从图1可以看出，中国人民银行可以通过干预外汇市场、购买国债、回购央票、降低准备金率等方式为商业银行注入流动性。商业银行在准备金率允许的范围内为企业 A 提供流动资金贷款。于是，一定数量的货币——即一定数量的 M1（现金和活期存款）[①] 进入流通。以 M1 为交易媒介，A 从 B 处购买商品，M1 从 A 转移到 B。假设 B 是储蓄者，B 在出售产品（或取得工资收入）取得 M1 后，并不以 M1 为交易媒介从其他生产者处购买产品，而是将 M1 存入银行，由

---

① 严格说应该是 ΔM1。

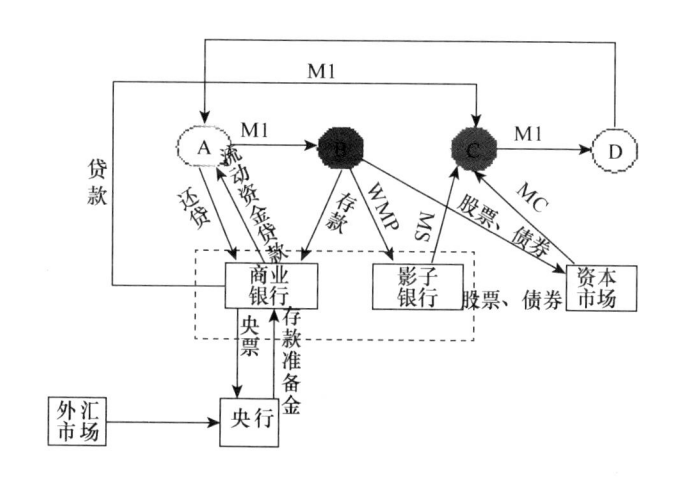

中国企业融资成本为何高企？　559

图1　货币、资金的环流

银行将 M1 贷给 C。假设 C 是投资者，自己并无收入。C 将 M1 用于投资，即从 D 处购买投资品。假设 D 是投资品生产者，D 用出售投资品所得到的 M1 从 A 处购买产品。A 则将 M1 用于偿还最初的银行流动资金贷款。这样，M1 就完成了作为交易媒介的一轮循环。与此同时，A、B、D 所生产的所有产品都得以实现。这种货币与产品逆向而行的循环可以无限重复。可以假设，在每一瞬间，在流通中都存在一定数量的 M1，其具体数量可以根据 M1 流动方式计算。

这里值得注意的是：储蓄存款是价值贮存手段。当储蓄与投资处于平衡状态时，储蓄存款的增加并不代表购买力的增加，而只代表转移的购买力的增加。同一笔货币可以具有双重身份。当其充当交易媒介的时候，它被称之为 M1，但是当 M1 不是通过交易而是通过银行的中介作用转移到借款者手中时，对于其原所有者来说，它是储蓄存款。对于借款者来说，它是马上将被用来购买产品的 M1。从图1可以看出，除银行存款外，理财产品（Wealth Management Products，简称 WMPs）、股票、债券等都是可贷资金供给的载体。可以假设图中 C 通过从银行贷款、发售理财产品、股票、债券等方式从 B 所筹措的基金 Mi + Ms + Mc 代表可贷资金的需求，从图 1 可以看到，银行存款 + 理财产品 + 股票 + 债券 = Mi + Ms + Mc = M1。① 按定义，广义货币 M2 = M1 + 储蓄存款。在其他不变条件下，M2 随储蓄存款的增加而增加，但存款增加不直接影响物价水平（这里不讨论货币乘数和财富效应等问题）。② 决定物价水平的是 M1 供应量和经济活动水平之间的对比关系。这里可以假设 M1 是外生变量，是由中国人民银行控制的。假设如维克赛尔所主张的那样，可贷资金的供给与需求分别由储蓄者的时间偏好和投资者的资本边际效益决定，从给定均衡状态出发，在其他因素（价格）不变条件下，M1 的变动将破坏可贷资金的供需平衡，从而使金融市场利息率背离自然利息率。但是，这种失衡将是暂时的。如果储蓄者时间偏好和投资者资本生产效率并未发生变化，在经过一定时间之后而发生的物价变化将使可贷资金的供需得到恢复，金融市场上的凯恩斯利息率将回归自然利息率。③ 因而，凯恩斯利息率是受到政府控制的短期名义利息率，而自然利息率是不受政府控制的实际利息率。不管政府试图如何调节凯恩斯利息率，市场利息率最终会恢复到作为引力中心的自然利息率。

总之，自然利息率是由贷款者和借款者的行为所决定的。一般情况下，政府无法决定自然利息率。但是自然利息率无法脱离货币载体自发地在金融市场上表现出来，而货币市场上的利息率则是政府通过运用货币政策决定的凯恩斯利息率。为了使自然利息率和凯恩斯利息率相统一，可以把自然利息率重新定义为使经济活动水平同潜在 GDP 增长相一致、不会导致通胀的利息率。

---

① 为简化分析，这里假定 B 将全部收入用于储蓄；C 没有任何收入，全部投资都依靠外部融资。事实上 B 也会消费，C 也会有收入，部分 M1 会从 B 直接转移到 C。因而，货币和资金的环流状况会更复杂一些。同时，这里没有考虑货币漏出问题，如贪官把人民币现金藏在家里。此外，这里没有把存量同增量加以区分，也没有考虑还贷过程。在严格的分析中，应该把这类问题（包括资本跨境流动的影响）都考虑进去。

② 有关问题的讨论可参见余永定《社会融资总量与货币政策的中间目标》，《国际金融研究》2011 年第 9 期。

③ 由于篇幅所限，这里对调整过程不做详细讨论。

在厘清自然利息率和凯恩斯利息率之间的关系后，需要进一步探究的问题是：在现实的金融市场中存在许多利息率，凯恩斯利息率对应于现实中的哪个利息率呢？在理想状态下，在扣除期限和风险的差别之后，所有利息率应该是完全一样的。凯恩斯利息率应该是某种受货币当局控制的利息率，而货币当局控制下的最重要利息率是基准利息率，是否可以认为凯恩斯利息率就是基准利息率呢？答案是：如果货币当局在确定基准利息率时，以实现储蓄与投资、可贷资金供应与需求的均衡关系，以及 GDP 增长率等于潜在 GDP 增长率为目标，就可以认为凯恩斯利息率就是基准利息率。

在美国，基准利息率是联邦基金利息率。在中国，可以认为中国人民银行确定的存款利息率是基准利息率（实际上是三个基准利息率之一，三者是一致的，其差别主要是由期限不同和操作方式不同造成的）。但基准利息率是货币当局通过货币政策手段人为确定的，因而这个基准利息率可能偏离自然利息率。自然利息率是无法观测的，货币当局甚至难以事先判断自然利息率在什么水平上，而只能通过货币政策执行情况，事后倒推自然利息率水平。事实上，美联储的经济学家是通过可观察到的联邦基金利息率，运用不同数理统计方法倒推出自然利息率的。根据美联储的估计，美国自然利息率的历史平均数为 3%；20 世纪 60 年代后期约为 5%；20 世纪 90 年代大于 1%；2002 年中期为 3%。[1]

使用可贷资金供需框架分析中国当前的企业融资成本

在厘清自然利息率、凯恩斯利息率、基准利息率和联邦基金利息

---

[1] Laubach, Thomas, and John C. Williams, "Measuring the Natural Rate of Interest", *The Review of Economics and Statistics*, Vol. 85, No. 4, Nov. 2003.

率等概念之后,我们是否可以使用可贷资金供给和需求的框架分析中国当前的企业融资成本问题呢?答案是肯定的。

为了使用可贷资金供需关系决定自然利息率的框架分析中国企业融资成本过高的问题,我们需要引入金融机构中介成本的概念。投资者(借款者)所面对的可贷资金供给曲线并非根据储蓄者(贷款者)时间偏好所推出的可贷资金供给曲线。由于中介成本的出现,对应于给定的资金供给量,投资者必须支付比储蓄者接受的利息率更高的利息率。这样就有两条可贷资金供给曲线:一条(S_1)是时间偏好决定的可贷资金供给曲线;另一条(S_2)是引入中介成本后的可贷资金供给曲线。① 前者随储蓄者时间偏好的改变而移动;后者在前者基础上,进一步随中介成本的改变而移动。

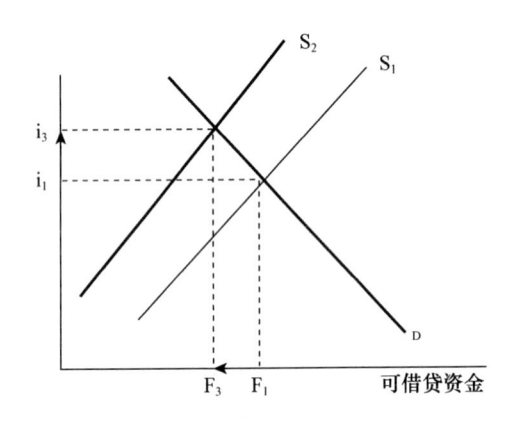

图 2 考虑到中介成本的可贷资金供给与需求

注:D 是资本边际生产率决定的可贷资金需求曲线;i_1 是自然利息率;S_2 是加上中介成本的实际可贷资金供给曲线;市场上的实际利息率和可贷资金供给量是 i_2 和 F_2 而非 i_1 和 F_1。

---

① 银行和其他金融机构的出现,降低了中介成本,但中介成本的出现,必然使原本并不考虑中介成本的可贷资金曲线左移。

可以定义：企业融资成本＝基准利息率＋（银行加成率＋交易成本＋风险溢价）。其中基准利息率为中国人民银行确定的一年期居民存款利息率；加成率为银行在基准利息率基础上按一定百分点索取的加价；交易成本为按百分点计的银行提供中介服务的成本；风险溢价为按百分点计的各种抵押、担保、联保和为补偿风险的额外加价。

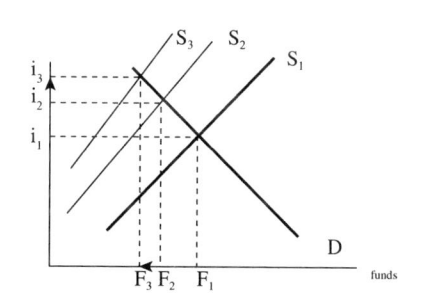

图 3　融资成本上升和居高不下的原因

从图 3 可以看出，给定时间偏好，构成中介成本中的任何一项的增加都会导致资金供给曲线进一步左移（$S_2 \to S_3$）、利息率（即融资成本）的进一步上升（$i_2 \to i_3$）和实际融资的进一步减少（$F_2 \to F_3$）。在正常情况下，S_2 对 S_1 垂直距离（正常中介成本）同 S_1 对横轴垂直距离之比应保持在较低水平上。

那么，最近一段时间以来，是什么因素导致中国企业所面对的可贷资金供给曲线左移？概括起来可能包括以下几个因素。①

加成率过高

在 20 世纪 80—90 年代，美国商业银行是以联邦基金利息率为基准通过加成来确定优惠贷款利息率的，这个利息率包含了商业银行的正常利润（加成）、风险溢价和流动性溢价等因素。在沃尔克时代，

---

①　参见余永定《解决融资难融资贵不能单靠货币政策》，《上海证券报》2014 年 8 月 14 日。

美国联邦基金利息率飙升。美国商业银行优惠贷款利息率水涨船高，最高曾超过18%。但与此同时，优惠贷款利息率对联邦基金利息率的加成率却非常稳定，始终保持在1.14%—1.26%。中国大银行的垄断地位似乎难以否认，但其加成率高低，局外人难以判断。某位银行家曾坦言："企业利润那么低，银行利润那么高，所以我们有时候利润太高了，有时候自己都不好意思公布。"[①]这难免会引起局外人的遐想。

风险溢价上升

经济增长的降速、企业盈利状况的恶化，使得融资风险明显上升。此外，银行本身的行为模式也发生变化，风险规避倾向显著上升。银行在给企业，特别是给中小企业提供抵押贷款时，除提高风险溢价外，不仅压低质押率还要求提供担保，不仅要求提供担保还要求有联保，不仅要求有联保还要有互保。银行避险偏好过高，必将导致经济增长速度下降，由于"合成推理"错误，所有银行最终都会变得更加不安全。

房地产、地方政府融资平台吸金

房地产贷款以及平台贷款大量占用了银行和非银行金融机构（如信托公司）的贷款规模，挤掉了本应为一般企业提供的资金，特别是对民营部门产生了挤出效应，后者为了生存则不得不转向高利贷。这里可理解为资金供给结构的变化导致平均融资成本上升。当然，这种情况的发生与需求方的性质与变化密不可分。

信贷规模控制和75%贷存比指标导致交易成本上升

银行规避管制的活动导致可贷资金的供给链条不断延长。为了保证银行75%的贷存比指标，银行要求企业将流动资金贷款存入银行，

---

① 洪崎：《银行利润太高，都不好意思公布》，《成都晚报》2011年12月2日第20版。

再以票据的方式转出。银行这种规避管制的活动导致交易成本上升。

可贷资金缺乏弹性

前述四项因素使企业所面对的可贷资金供给曲线左移。与此不同，可贷资金需求曲线的某些特点也是企业融资成本居高不下的重要原因。例如，中国可贷资金需求缺乏利息率弹性（需求曲线比较陡）。地方融资平台、房地产和中小微企业等可贷资金的需求方出于不同原因，应对利率变化都缺乏弹性，因而对中介成本的上升缺乏抑制作用。

利息率自由化推高银行资金成本

目前虽然贷款利息率自由化已经实现，但是存款利息率名义上依然受到管制。存款利息率的自由化或变相自由化（例如出售理财产品变相吸收存款）使银行资金来源成本提高，并进而提高了企业融资成本。但这种提高有别于中介成本的提高。假定利率非市场化条件下，管制利率低于自然利率，可贷资金供给小于需求。利率市场化后，可贷资金供给提高，但是所要求的利率也在上升。

直接融资渠道过窄

从图1可以看出，除银行之外，股票市场和公司债市场都是企业融资的渠道。一般而言，这些融资渠道可以给企业提供较为廉价的资金，但目前这些渠道提供融资的功能有较大局限。进一步提高直接融资在企业融资中的比重有助于降低企业融资成本。

加速银行体系的市场化改革

在分析了中国企业融资成本过高的原因之后，我们的问题是：是否应通过实行扩张性的货币政策，如降低准备金率、增加再贷款等，来降低企业融资成本？

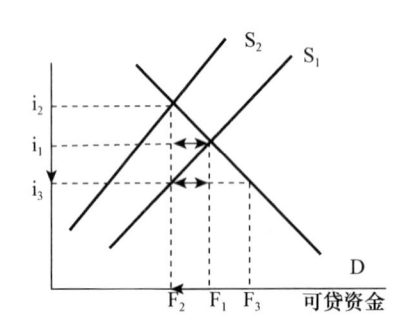

图 4　货币扩张对降低企业融资成本的作用

从图 4 可看出，如果基准利息率为 i_1，由于中介成本的出现，对于借款者而言，资金供给曲线实际为 S_2。在信贷市场均衡状态下，利息率为 i_2，可贷资金供给量为 F_2——低于保证充分就业的资金供给量 F_1。如果通过扩张性货币政策，基准利息率被降低到 i_3 且恰好抵消中介成本，则资金需求量会恢复到 F_1。但由于储蓄者推迟消费所得报酬率减少到 i_3，资金供给量减少到 F_2。① 资金供给小于资金需求，意味着信贷市场存在利息率上升压力。人为压低利息率必然导致资源配置的恶化。此外，前文已经指出，背离自然利息率的基准利息率无法长期维持。

总之，企业融资成本过高有多方面原因，中介成本过高是企业融资成本过高的重要原因。中介成本过高在很大程度上是制度性原因造成的。这个问题不是单靠放松货币政策能解决的。因此，为了降低企业融资成本，除可考虑适当放松货币政策之外，更重要的是加速银行体系的市场化改革，尽快消除各种市场扭曲。

当前中国经济增长速度下降的趋势明显，这就使得解决企业融资成本过高问题的急迫性进一步上升。

---

① 基准利息率应该是以维克赛尔可贷资金供、需曲线交点决定的自然利息率，还是以增加了中介成本后的可贷资金供给曲线和可贷资金需求曲线交点决定的利息率为目标？对此问题这里未做进一步讨论。

新常态，新挑战[*]

2014年5月，国家主席习近平在河南考察时首次提出"适应新常态，保持战略上的平常心态"。随后，"新常态"这一概念出现在诸多场合中。2014年11月，习近平主席在亚太经合组织（APEC）工商领导人峰会上谈到，新常态有以下主要特点：速度从高速增长转为中高速增长、结构不断优化升级和动力从要素驱动、投资驱动转向创新驱动三个方面的改变。

在探讨中国经济新常态之时，应该指出"新常态（the New Normal）"一词是美国太平洋投资管理公司（PIMCO）前CEO穆罕默德·艾里安在2009年创造出来的。他利用这个词预言在全球金融危机之后3—5年这个比较长的时期里，世界经济的增长速度将会降缓，同时整个世界经济会发生一系列变化，出现一系列新特点。那么，中国经济的新常态到底有哪些特点呢？

特征一：增速由10%降到7%

第一个非常明显的新特点就是经济增长速度下降。过去30年，中国经济平均增长速度是10%，在未来的一段时间增长速度应该降到7%左右，甚至可能更低。早在前几年，经济学家还一直希望经济

---

[*] 本文刊于《金融市场研究》2015年第1期。

能够有比较强硬的反弹，但经过这几年的期待和失望之后，大家开始意识到可能我们确实进入了一个经济增长速度比较低的时期了。

造成经济增速下降的原因是什么？究其根本，是各项生产效率指标的恶化而非政府干预不够。首先，这在一定程度上是经济发展的自身规律所使然，即当经济规模比较大，且持续增长相当一段时间之后，使经济增长速度不能维持原有高速的一系列因素会逐渐发生作用，如赶超效应的消失，在进入经济发展技术比较前沿的部分后简单复制变得困难，规模收益递减，等等。所有这些因增长而带来的问题都会使生产效率下降，从而导致经济增长速度下降。其次，过去经济增长由投资驱动、出口驱动，这种增长模式本身就有问题，现在更是难以为继了。旧增长模式难以为继也是经济增长阶段性下降的重要原因。

或许，还可以再一次采取扩张性的财政政策和货币政策刺激经济增长。政策刺激肯定会有效，但是，成功只能是暂时的，这种扩张最终将使经济增长潜力进一步下降，欲速不达。所以，这一次的经济调整是阶段性、不可避免的，是个好事情。

事实上，不必对中国经济增长前景感到悲观。调整期比较长，可能5年，也可能更长。但是，经过调整之后，中国作为一个人均收入较低的国家，还是有一定增长潜力的，有可能重新走上增速较高的新台阶。对于中国经济是否进入了一个增速较低（7%甚至低于7%）的时期或阶段，经济学界是有争论的。一些经济学家主张中国由于人均收入低，中国经济增长还是应该能够保持比较高的速度。这种观点不无道理，但人均收入低不足以支持高增长，也不表示中国不会进入一个换挡期。以日本经验对照目前中国情况（主张中国经济增长还能保持较高速度的重要依据就是因为日本和韩国在人均收入达到7000美元后的相当一段时间内保持了很高的经济增长速度），可以发现当其人均收入处于中国现在这一水平后，确实持续了10年多的增长。那么，中国为什么不能重复这个经验呢？

日本经济高速增长维持了 14 年，1956—1970 年，平均增速是 9.7%。这段时间，日本的人均收入从 5000 美元上涨至 15000 美元。中国现在的人均收入约为 7000 美元，日本从 7000 美元上涨至 15000 美元大致用了 10 年。但中国现在和日本当时的情况却有明显不同。

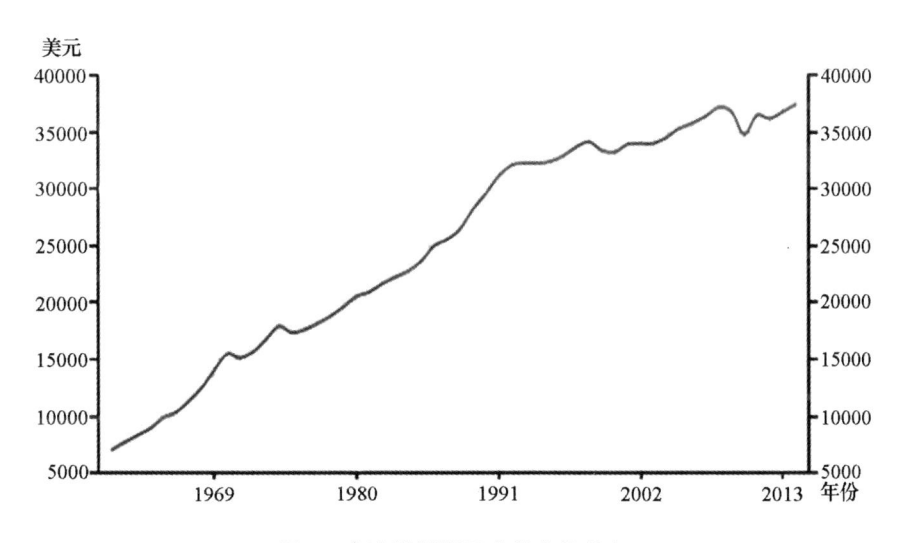

图 1　高速增长期日本的人均收入

因为经济增长速度 = 劳动生产率增长速度 + 劳动供给增长速度，在分析一国长期经济增长前景时，一个最简单的分析方法就是分别看劳动生产率增长速度和劳动供给增长速度。在日本高速增长时期（人均收入从 7000 美元到 15000 美元差不多 10 年的时间内），劳动生产率增速为 10% 左右，劳动供给（按工作时计）增速大于 3%。所以，在这段时间内，它保持了高增长。而在中国，目前劳动生产率增速为 7%—8%，且逐年下降。另一重要且在未来越来越重要的因素——劳动供给增速则更值得担忧。根据官方统计数据，2012 年中国 15—59 岁的劳动年龄人口绝对数量减少了 345 万人，根据劳动人事部的说法，同劳动年龄人口相比，实际劳动供给的减少大概有 4—6 年的滞后期。这意味着自 2016 年以后，劳动供给增速就可能是负的。由此可见，尽管有日本在人均收入达到7000美元后维持了10年左右的高速增长的先例，中国在劳动生产率增速和劳动供给增速两个指标上同日本当年都有明显差距，除非发生奇迹，中国很难再维持10年的高速增长。中国目前经济增长速度下降不是周期性的下降，而是从一个增长平台到另一个增长平台的下降。

特征二：增长模式转变

新常态的另外一个重要特点则是增长模式的转变。中国增长模式有两大特点：投资驱动，其中房地产又起到最重要的作用；以及出口驱动。根据粗略统计，中国的投资率差不多是50%，且投资增速长期高于20%。

显而易见，旧驱动方式是不可持续的，新常态下经济增长的驱动力一定要发生变化。未来将是外需驱动转向内需驱动，投资驱动转向消费驱动。这里应该特别指出，消费驱动应该是有助于人力资本的积累和改进的，应该同改善低收入阶层生活水平提高相关。

还有一个非常重要的驱动变化，即由需求方驱动转到以创新为基础的供给方驱动。在凯恩斯之前的古典经济学认为供给创造需求（"萨伊定律"），供给会自动创造需求；凯恩斯之后情况改变了，凯恩斯假设供给是无限的，失业和经济增速过低都是有效需求不足造成的，因而增长的关键是有效需求。在凯恩斯的理论指导下，政府的工作就是刺激有效需求。显然，凯恩斯的观点只在特定条件下成立。从现在来看，古典经济学的许多原理，尤其是供给创造需求这点是非常重要的。但这里的供给必须建立在创新的基础上。如果是创新，有供给就有需求。如果不是建立在创新基础上，供给是不会创造需求的，比如说苹果手机，消费者事先对此并没有很清楚的概念，它是被创新创造出来的，人们自然就有需求了。所以，如果中国的经济增长是建立在创新的基础上，就不必过于担心有效需求。但现在的问题就是我们的产出、供给在很大程度上不是建立在创新的基础之上，所以就没有相应的有效需求。这个时候，简单运用刺激有效需求的方法维持经济增长，就会生产出越来越多的过剩产能，从而导致在将来的更为严重的需求不足。

现在有很多经济学家和业界人士比较担心投资增长速度下降对中国经济增长的影响。这种担心是有理由的，但是，投资增速降低是提高投资效率必须付出的代价。投资增速下降对经济增长的消极影响是暂时的。投资效率的提高将抵消投资增速下降对经济增长的不利影响。

长期以来，中国的投资增长速度高于 GDP 的增长速度，投资率不断提高，从而导致了各项效益指标的下降。最近几年，中国最重要的两项效益指标——全要素生产率和资本产出率——出现了恶化趋势。根据白重恩研究的结果，1979—2007 年全要素生产率年均增长率是 3.72% 左右，而 2008—2012 年则下降到 2.21%。资本产出率指的是为了生产一个单位的 GDP，所需要的资本到底是多少。国际上一般是 2 左右，即生产一个单位的 GDP，用 2 个单位的资本存量。根据中国社会科学院世界经济与政治研究所陆婷的计算，中国资本产出率已超过 3。中国资本的使用效率下降的速度很快，增量的资本产出率则已经超过 6。

正如白重恩教授所说，投资增长"促进了经济增长速度，但是，同时全要素生产率下降降低了经济增长速度，这两个效果基本上完全抵消"。因此，从长期来看，尽管投资增速下降值得关注，但更值得担心的是投资效率的下降。

在讨论长期经济增长潜力时，我们讨论的是效率和供给。在讲短期经济增长时，我们讨论的是有效需求。投资在长期经济增长和短期经济增长中的作用是不同的，不可混淆。

从短期来看，投资是总需求的一部分。在有效需求不足的情况下，增加投资可以提高经济增长速度。如果有效需求是周期性原因或外部冲击造成的，政府刺激投资以消除过剩产能是正确的。但如果产能过剩是结构性原因造成的，增加投资就不但不能消除过剩产能，反而会增加过剩产能。

从经济学来讲，重要的是资源配置效率。资源配置效率有静态和动态之分，同时也有国内和跨国之分。任何东西都不是越多越好，而是需要有一个最优组合。需要全面分析效率下降的原因，找出提高效率、防止效率下降的方法。

在资源配置不合理之中，最明显的就是房地产投资。1998—1999年，由于东南亚危机的经济收缩期，政府想刺激经济长期没有成功，后来开始鼓励商业银行发放住房抵押贷款，房地产市场的形成和发展对于解决当时的困难确实起到了很好的作用。但是，"真理再往前迈进一小步就可能变成谬误"，应该避免将好事做到极致这样的错误。2003年，中国政府宣布房地产投资是经济的支柱产业，从此之后，房地产投资如火如荼。很快，房地产投资在固定资产投资中的比例达到1/4左右，占GDP的比例则超过13%。房地产真的成为中国支柱产业。房地产投资在国民经济核算中属于投资的范畴，但按其使用价值来说，应该是一种耐用消费品。房地产投资过热，在一定意义上说是超前消费的一种表现，对提高中国潜在经济增长速度贡献有限。

一切以房地产投资为中心，其他各个行业都服务于房地产投资。一个非常明显的例子就是钢铁行业，中国目前钢产能为10亿吨，占世界总产值的48%—50%，日本是第二，占世界的8%左右；中国过剩的钢铁产能已经超过了紧随中国其后的七个世界最大经济体钢产的总和。对钢材的需求主要取决于房地产投资的冷热。既然房地产投资在GDP中比例过高，房地产投资增速就必须降下来。在这种情况下，钢铁行业就必然出现产能过剩。政府面对的问题是：通过某种刺激措施，吸收钢铁行业的过剩产能抑或通过破产、重组和兼并消灭过剩的产能？中国现有的钢铁厂有上千座，华北地区就有数百钢厂，而日本、韩国也就两三个钢厂。一些低效钢铁企业的关停并转大概是不可避免的。

"一带一路"是中央从地缘政治角度和经济增长两个方面出发,提出的大政方针。大家期待"一带一路"在一定程度上会解决产能过剩问题。但是,如果不注意发挥市场和企业在其中的作用,而让它成为地方政府要项目、要钱的理由,就有可能出现新一轮的重复建设和浪费。

对于出口也不能抱过高希望。中国出口在全球GDP的比重已经达到12%,已经是世界最高的了,虽然还可能会增加,但是困难会越来越大。各国都要出口,凭什么让你进一步扩大市场份额。此外,由于工资成本的上升和实际有效汇率的升值,中国的很多比较优势已经没有了。如果世界经济增长今后不能强劲回升,中国出口进一步增长的余地也是有限的。此外,中国出口在GDP中的比例超过30%,在大国中是最高的(与德国没有可比性)。从资源配置的角度来看,中国也不应该继续把出口作为增长引擎。

特征三:资源配置方式的转变

新常态特征三是资源配置方式的转变,市场而非政府在资源配置中起决定作用。这既包括产品市场的资源配置,也包括金融市场上的资源配置,还有财税改革,比如国企改革、反垄断、反对地方保护主义等。

根据党的十八届三中全会的决定,金融改革的内容包括完善人民币汇率市场化形成机制,加速推进利率市场化,健全反映市场供求关系的国债收益率曲线等。其中,建立无风险收益曲线如此技术性的表述同样写进了党的文件中,反映了政府对该问题的重视。事实上,建立无风险收益曲线的提出意味着中国需要进一步建立和完善各种金融市场,创造不同期限、不同风险、不同特色的金融产品。只有这样,中国才能建成从银行间隔夜拆借利息率开始、由横跨各种期限的无风险金融产品收益率所构成的无风险收益率曲线（或期限结构曲线）。上海银行间拆放利率（Shibor）已经成为众多金融产品定价的基准，但收益率曲线中、长端的基准利息率还有待建立。国债收益率应该成为长期收益率的基准，无风险收益率曲线的建立意味利息率市场化改革的完成。只有在这种情况下，一切金融产品才能有定价的基准，金融市场才能在资金配置上发挥决定性作用。

国债收益率曲线是无风险收益率曲线重要组成部分。短期基准利息率要由银行间拆借市场利息率决定，长期的则要由国债市场来承担。我们应该有一个从隔夜一直到30年的连续的无风险收益曲线，否则的话，就无法做到金融资源的市场配置。2014年国债存量突破8万亿元，国债存量占GDP的13%左右（假设2014年GDP 63万亿元），而全球的平均水平为GDP的2/3左右。以中国货币化程度和社会融资规模而言，国债市场相对规模偏小、品种不够完全、二级市场不够活跃、流动性不够强。

如果没有一个发达的、流动性很强的国债市场，所谓的让市场决定金融资源的配置就会成为一句空话。如果有一个巨大的国债市场，同时有一个非常发达的二级国债市场，国债收益率曲线就可以成为中长期的金融产品的定价基准。如何在国家财政赤字不大的情况下，加快国债市场的发展？对此中国社会科学院世界经济与政治研究所一些研究人员设想的方案是：财政部发国债筹集资金，向中国人民银行购买外部储备。财政部的资产和负债同时增加了；对于中国人民银行来讲，把外部储备卖给财政部拿了钱可以偿还过去发放的中国人民银行债务，甚至可以考虑降低准备金率。这样，金融市场中的流动性不会改变。财政部和中国人民银行的资产负债表依然保持平衡。这么一来，我们在国债存量、准备金率各个方面会跟世界发达国家的正常状况趋同。当然，这只是一种可能性。还有其他种选择，如把地方债转化为中央政府债。总之，未来一段时间应大力发展国债市场。如何在财政赤字不大情况下，扩大国债规模、增加国债流动性是新常态下一项重要挑战。

最后讲一讲货币政策体系的问题。中国在讨论货币政策，第一个问题就是货币政策的最终目标是什么。美国有两个，经济增长（就业）以及物价稳定（通货膨胀率）。大部分的国家都是通货膨胀目标制，即只有一个目标，比较简单。而中国的货币政策是多目标，而且有越来越多的趋势，这就难免顾此失彼。在新常态下是否应该减少最终货币目标的数目应该研究。

第二个问题，货币政策的中间目标是什么。一国货币当局无法直接实现最终目标，而是要通过操控中间目标来实现最终目标。西方国家基本上有一个中间目标，就是隔夜拆借利息率，相当于上海银行间拆放利率。政府可以通过调控中间目标起到提纲挈领的作用，纲就是中间目标。中国的中间目标是什么？至少有三个，上海银行间拆放利率、货币供应增长速度和信贷增长速度。在将来，中间目标也应逐渐减少，否则也存在一个顾此失彼的问题。目前，中国人民银行正从数量调控转到价格调控。所谓数量调控，过去我们主要是调货币的增长速度，通过控制基础货币的增长来控制货币增长的速度，或者通过调准备金率来控制货币的增长速度。同时，我们还要控制信贷的增长。到底货币供给增长速度和信贷增长速度哪个是中间目标？在实践中是哪个有效看哪个，短边约束。今后要转到价格调控，那么就要把基准利息率作为最终目标了。在上海银行间拆放利率和银行间债券市场的拆借利率之间选择哪个作为基准利率？大概短端要看上海银行间拆放利率，让上海银行间拆放利率成为短期金融资产的定价基准，让同业存单等金融产品作为传递上海银行间拆放利率影响的阶梯。中国人民银行通过调控上海银行间拆放利率影响整个收益率曲线的基准，从而实现对资金市场配置的宏观调控。

特征四：服务业在经济中比重上升

新常态中另一个重要特点就是经济结构发生变化，服务业在经济中比例的进一步上升。

2013年，第三产业增加值达262204亿元，在GDP中的占比提高到46.1%，超过第二产业，第三产业成为推动中国经济结构升级的重要力量。生产服务业、IT服务业等知识密集型服务业、医疗、卫生和养老服务业，应成为政府大力支持的产业。这样的话，不但能解决就业问题，而且会大大提高我们经济增长的质量，使经济增长可以建立在一个长期可持续的基础之上。

2015年经济增长趋势

2015年是一个有一系列困难的年头，但是不会出现其他种种大的问题。产能过剩依然存在，去产能还将继续；经济增长速度有可能进一步下降，但不会出现硬着陆。基础设施投资还可以为增长提供支撑。如果需要，中国依然有能力放松财货币政策。2015年金融不稳定继续存在，各类杠杆率还会进一步上升，但暂时还不至于发生债务危机。当然，谁也不能排除黑天鹅事件。

现在谈中国面临的金融问题，第一个想到的即房地产市场是否会崩溃的问题；第二个是地方政府债务是否会产生大量不良债权的问题；第三个是影子银行的问题；第四个就是公司债的问题。前三个跟国际相比并不特别突出，但是中国的公司债问题却非常突出。中国公司债占GDP的比可能在世界上是最高的。按照标准普尔的说法，中国的公司债有14万亿美元，而美国的公司债有13万亿美元，这个数字到底是怎么算出来的我们不清楚，但对这个问题要予以高度重视，企业杠杆率过高确实会造成不良债权从而拖垮我们的经济。根据我们的计算，形势是在恶化，但是这是一个过程，在公司债占 GDP 的比重达到一个非常高以至引发危机之前，可能还有几年时间让我们进行调整。如果加紧经济结构的调整，加紧经济增长方式的转变，使经济平稳地过渡到一个新常态，那么我们可以避免因企业杠杆率过高导致的危机，中国在未来还可以有一个比较高的经济增长速度（中国人均收入毕竟还很低）。如果掉以轻心，不敢壮士断腕，那么可能在不久的将来就会面临非常严重的麻烦。

2015 年可能是决定中国能否平稳进入新常态的关键年，对中国经济的中长期前景还应抱谨慎乐观态度。

中国企业债对 GDP 比的动态路径*

导　言

2008年为了抵销全球金融危机对中国经济的严重冲击,中国政府推出四万亿元人民币的刺激措施,与此相配合,中国人民银行执行了大力度的扩张性货币政策。伴随信贷的急剧扩张,中国的政府债务、居民债务和公司债务迅速增加。其中政府债务中的地方政府债务和公司债务的增长尤其迅速。2013年年底中国债务总额、地方政府债和非金融公司债对 GDP 比分别从2008年全球金融危机爆发前的153%、24.2%和92%,上升到229%、35.8%和120%。① 国际经验表明,不同类型债务对 GDP 比的急剧增长都有可能破坏一国的金融稳定,在多数情况下会导致不同形式的金融危机,并最终导致经济衰退。

20世纪90年代后期,由于不良债权形势恶化,考虑到隐性债务的政府债对 GDP 比迅速上升,中国经济学界曾爆发一场中国是否应该执行扩张性财政政策的争论。一些经济学家认为,如果采取扩张性

---

* 本文是与第一作者陆婷博士合作撰写,刊于《世界经济》2015年第5期,文中的大量计算工作都是陆婷博士完成的。本文所探讨的模型,仅仅是一种研究思路,还远不能作为政策建议的依据。

① 根据国际清算银行(BIS)及国际货币基金组织(IMF)的计算,其中非金融公司债口径不包括地方政府融资平台,下同。

财政政策，中国政府债对 GDP 比会急剧上升，甚至最终导致财政危机。然而，后来的事实是：扩张性财政政策（辅之以扩张性货币政策）推动了经济增长；由于经济增长速度高于政府债务增长速度，扩张性财政政策不但没有导致政府财政状况的恶化，反而导致政府债对 GDP 比的下降，为中国后来 10 年经济的高速增长打下了坚实的基础。历史经验告诉我们，关键问题不在于当前的债务对 GDP 比（或杠杆率），而在于债务对 GDP 比的动态路径。换言之，经济学家必须回答的问题是：给定特定条件下，随着时间的推移，债务对 GDP 比将会发生何种变化？在确定了债务对 GDP 比动态路径之后，经济学家就可以进一步讨论经济对债务对 GDP 比的容忍度问题，即当债务对 GDP 比达到什么水平之后将触发金融危机和经济危机，以及政府应该采取的应对之策。

近年来中国债务对 GDP 比的急剧提高，特别是地方政府债和非金融企业债对 GDP 比的急剧提高，引起了决策者、市场人士和经济学家的不安。从国际比较的角度来看，中国非金融企业的高杠杆率（债务对 GDP 的比）尤其引人注目。根据国际货币基金组织的数据，到 2013 年年底，中国非金融企业债约 12 万亿美元，占 GDP 的 120%。按照标普的估计，中国非金融企业债务总额高达 14 万亿美元。与此相对比，美国非金融公司债务余额仅为 13 万亿美元。中国非金融公司债务余额和非金融公司债务对 GDP 比都高居全球之首。不少国际财经评论员认为，过度负债是 2008 年全球金融危机的重要原因，而中国经济则很可能成为企业债过高的牺牲者。但目前为止，尽管存在不少估算中国企业债水平的文献，关于中国企业债动态路径的研究却十分少见，而为数不多的研究几乎都是基于简单假设的简单推算，缺乏必要的理论和严格的统计基础。

本文的目的在于弥补中国非金融企业债对 GDP 比（"企业杠杆率"）动态路径研究的空缺，在假定不同经济增长潜力的前提下，对非金融企业债对 GDP 比的几种可能的动态路径进行了模拟，给出了未来非金融企业债对 GDP 比的几组具体数值。在对非金融企业债对 GDP 比动态路径模拟的基础上，本文对非金融企业债对中国金融和经济稳定的影响进行了分析并提出了相应的政策建议。[①] 同此前对政府债对 GDP 比研究的结果不同，本文研究发现，在中国目前的特定条件下，经济增长速度目标的下调，不但不会导致企业债务对 GDP 比上升，反而会导致这一比例的下降。如果这一结果在理论上可以成立[②]，对目前正在加速经济结构调整和增长方式转变而不得不容忍较低经济增长速度的中国来说，无疑是一个好消息。

模型设定

考虑一个包含企业和政府两部门的封闭经济体。其中，企业是同质的，它通过筹措资金进行投资生产，在获取利润的同时推动经济增长。

假设1：企业新增债务 = 新增投资 − 股权融资 − 自有资金，即

$$\frac{dD}{dt} = I - X - \Pi \tag{1}$$

其中，D 表示企业债务余额，I 表示企业投资规模，X 表示企业股权融资规模，Π 表示企业上一期投资所产生的息后利润额，它被作为企业自有资金留存下来。

假设2：政府部门确定经济增长率目标后，为实现该目标，经济中所需要的企业部门投资水平也由此得以确定，故可将投资视为收入的线性函数：

$$I = vnY \tag{2}$$

其中，v 为资本产出比，n 为经济增长率，Y 为总收入（同时也是总产出）。

[①] 本文仅研究非金融企业债务，为行文方便，以后省略"非金融"三字。

[②] 这一结果看上去同我们从前的研究成果相矛盾，还需做进一步的研究。

假设3：股权融资规模 =（股权融资收入比）× 收入，即
$$X = qY \tag{3}$$
其中，q 为股权融资收入比，它取决于金融市场发育程度。

假设4：自有资金 = 息前利润率 × 收入 − 债务利息率 − 债务余额，即
$$\Pi = \pi_a Y - rD \tag{4}$$
其中，π_a 和 r 分别代表企业息前利润率和债务利息率。

将（2）、（3）、（4）式代入（1）后可得：
$$\frac{dD}{dt} = vnY - qY - (\pi_a Y - rD) \tag{5}$$

定义债务收入比 $\beta = \dfrac{D}{Y}$，则（5）式经变换调整后为：
$$\frac{d\beta}{dt} = vn - \pi_a - q - \beta(n-r) \tag{6}$$

假设 $n \neq r$[4]，① 对方程（6）求解可得：
$$\beta = \frac{vn - \pi_a - q}{n - r} + C_0 e^{-(n-r)t} \tag{7}$$

若给定 $t=0$ 的初始值 β_0，则可求出 $C_0 = \beta_0 - \dfrac{vn - \pi_a - q}{n - r}$。（8）

其中 v、n、π_a、q 和 r 都是外生参数，既可大于零也可以小于零。

若 $n > r$，则当 $t \to \infty$ 时，$\beta \to \beta_0 \dfrac{vn - \pi_a - q}{n - r}$，即企业的债务收入比最终将收敛于一个常数。给定其他参数不变，则资本产出比越高，稳态时的企业债务收入比越高，相反，企业部门息前利润率越高或股权融资收入比越高，则稳态时的企业债务收入比越低。若 $n \leq r$，债务收入比将随时间推移而不断增加，方程不存在稳态解。

利用上式我们可以通过参数值的取定来推演中国企业债务收入比

---

① 若 $n = r$，由（6）可知 $\dfrac{d\beta}{dt} = vn - \pi_a - q$，从而 $\beta = (vn - \pi_a - q)t$，即债务收入比将随时间推移而线性增加，方程不存在稳态解。

的增长路径,并对中国企业债务未来形势作出相应的判断。然而,如果仅仅使用当期的参数值求解式(8),无法考虑各个参数在未来时间中的变动性,期限越长,所得到的债务收入比与真实情况的偏差将越大,但若贸然对参数的变化进行假设,则可能会有悖于参数之间实际存在的相关性。因此在下一节,我们将在对各参数进行预测的基础上,采用一步滚动的方法,对中国企业债务收入比的动态路径进行模拟。

企业债务收入比路径模拟

研究设计

首先,分别计算过往每年的资本产出比、企业息税前利润率以及企业股权融资收入比,得到这三个参数的时间序列。这里需要注意的是,由于模型设定中没有考虑税收问题,为反映企业在不受税收政策影响下的真实盈利能力,我们在此使用息税前利润率作为模型中企业息前利润率的代替。

其次,考察资本产出比、企业息税前利润率以及企业股权融资收入比三个序列的序列特征,分别对其进行时间序列分析,得到三者未来一段期间内的预测值。

最后,给定不同的经济增长率和债务利息率组合,利用方程(6)和上述参数预测值,采用一步滚动的方式,模拟出不同经济增长率和债务利息率组合下的企业债务收入比路径。具体操作如下:第一,根据既有资料和数据,设定 $t=0$ 时的企业债务收入比初始值 β_0,同时利用当期参数取值,求解方程(6),得到相应的 $\beta_0(t)$;第二,取 $t=1$,利用上一步求解得到 $\beta_0(t)$ 得出 $t=1$ 时的 β 值 β_1;第三,将 β_1 视为初始值,结合 $t=1$ 时各参数的预测值,再次求解方程(6),得到相应的 $\beta_1(t)$,并利用它得到第二期的 β 值 $\beta_2=\beta_1(1)$;第四,反复上述过程,最终获得企业债务收入比滚动序列 β_1,β_1,

$\beta_2, \cdots, \beta_n$，它即是我们所模拟的未来企业债务收入比动态路径。

数据来源及说明

本文的样本数据由三部分构成。围绕资本产出比参数的估算，本文使用了《中国统计年鉴》《中国国内生产总值核算历史资料》《中国固定资产投资统计数典》中的各项指标，包括固定资产形成总额、固定资本形成价格指数、当年现价 GDP、消费者价格指数、GDP 指数等，样本区间为 1952—2013 年；对于企业息税前利润率的计算，则使用了 1990—2013 年非金融行业沪深 A 股上市企业年度财务报表，并在样本筛选中剔除了 PT 和 ST 类企业，其数据来源于万德（Wind）数据库；企业股权融资收入比的考察，利用的是中国人民银行公布的社会融资规模相关数据，数据区间为 2002—2013 年。

参数序列的估算与预测

1. 资本产出比

资本产出比估算的关键点在于对资本存量的估算。综合考量国内外关于资本存量估算的相关文献后，我们在这里采用吴（2014）的方法，以固定资本形成总额数据为基础，结合永续盘存法，对中国 1952—2013 年的资本存量进行估算。使用该方法的好处在于，它较好地剥离了没有生产能力的固定资本形成，由于当年投资但没有形成产能的资本被归入存货，不进入投资流计算，确保了当年资本存量与产出的对应性。

类似吴（2014），我们以 1990 年为基年，将剔除居民住宅投资的每年固定资本形成总额视作当年的投资流，并采用与其相同的基期资本存量，同时设定效率模式为几何效率递减且折旧率为 0.06。但与吴（2014）使用自行测算的投资品价格指数不同，这里我们将利用固定资本形成价格指数对投资额进行调整，以折算到不变价格。

在产出的计算方面，考虑到在有效需求不足的年份，资本可能未能被充分使用，此时如果使用当年实际产出计算资本产出比，则会出

584 第四篇 需求管理与"供给侧结构改革"之的重点转换

现对资本产出比高估的情况。为对这一问题作出调整，我们采用 HP 滤波法对过往每年的潜在 GDP 进行测算，并将年通胀率小于 2% 或 GDP 缺口率负向超过 4.5% 的年份定义为有效需求不足，使用潜在 GDP 代替当年实际产出计算资本产出比。同样以 1990 年为基年，我们首先利用 GDP 平减指数计算出各年以不变价格计算的实际 GDP，然后根据 Ravn 和 Uhlig[①]提出的平滑参数应为观测数据频率的 4 次方，取平滑参数为 6.25 进行潜在产出测算。图 1 显示了 1952—2012 年 GDP 缺口率及以 1990 年不变价格计算的实际 GDP 和潜在 GDP，图 2 则对比了产出未经调整和经过调整的资本产出比序列。

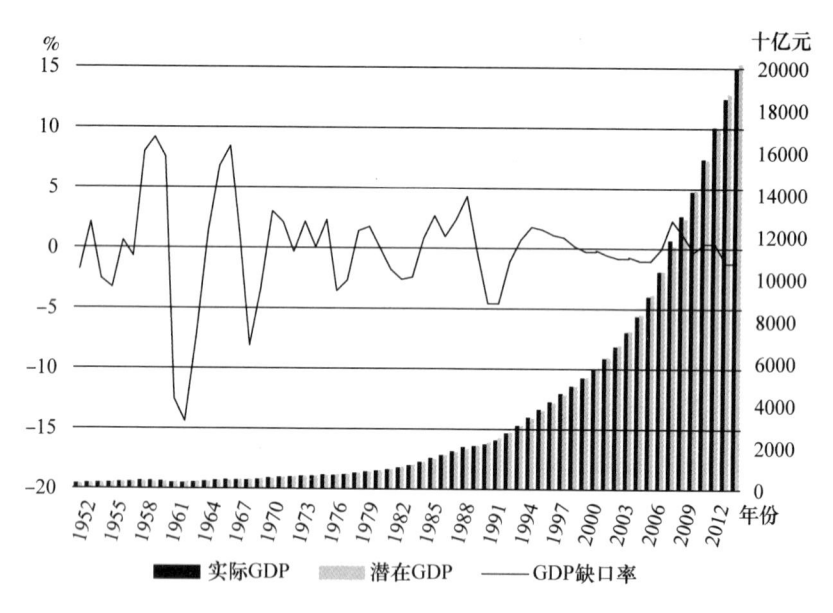

图 1 实际 GDP、潜在 GDP 及 GDP 缺口率（1952—2012 年）

接下来我们将以经过产出调整后计算所得的资本产出比序列为基

---

① Ravn, M. O. and H. Uhlig, "On adjusting the Hodrick-Prescott filter for the frequency of observations", *Review of economics and statistics*, Vol. 84, No. 2, 2002, pp. 371 – 376.

图 2　资本产出比估算（1952—2012 年）

础，进行序列分析，并利用 ARIMA 模型得到资本产出比 2014—2017 年的预测值。首先是序列的平稳性检验。由于中国资本产出比存在结构性变化，尤其是近一段时间上升速度明显加快，故考虑允许结构突变的单位根检验 Zivot-Andrews 检验，其检验结果如表 1 所示。可以看到，资本产出比序列为非平稳序列且自 1998 年起发生结构性变化，但经过一阶差分后，它在 1% 的显著性水平上拒绝了包含单位根的原假设。

表 1　　　　　　　　Zivot-Andrews 单位根检验

	检验值	1%临界值	5%临界值	最小值点
初始序列	-1.797	-5.43	-4.80	1998 年
一阶差分	-6.092	-5.43	-4.80	1961 年

表 2　　　　　　　　　模型阶数筛选

	(1, 1, 0)	(1, 1, 1)	(2, 1, 0)	(2, 1, 1)	(3, 1, 0)
AIC	-107.8	-132.1	-145.3	-143.6	-143.6
BIC	-101.4	-123.6	-136.7	-133.0	-132.9

随后我们根据赤池信息准则（AIC）和贝叶斯信息准则（BIC）筛选模型的阶数，确定 ARIMA（2，1，0）模型有较优表现，其 AIC 和 BIC 值均最小（见表2）。同时考虑到资本产出比序列的结构性变化，为凸显近期信息对预测的重要度，在估计预测中引入时间权重函数：①

$$\rho(t) = \frac{2}{\pi}\arctan t \qquad t = 1,2,\cdots,n$$

图3显示了利用上述模型进行系数估计，并做样本外一步预测的结果，阴影部分为预测区，虚线表示预测序列的95%上下置信区间。它同时显示了使用不同起始时间段的预测结果以作对比。可以看到，随着预测期数的增加，预测方差也越来越大，置信区间呈喇叭形，但总体来说，根据我们的预测，未来资本产出比仍将保持较快的上升速度。

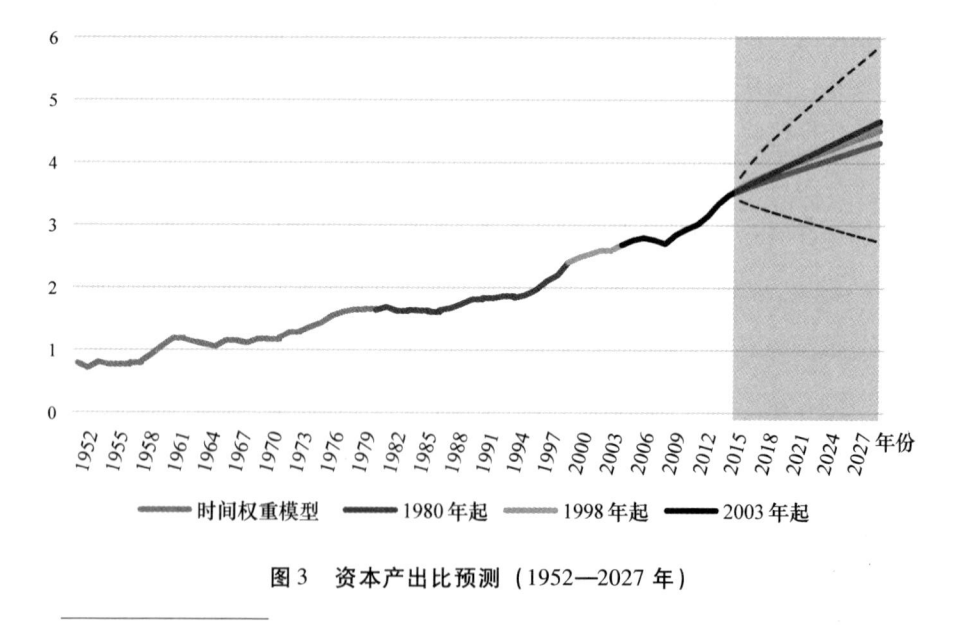

图3　资本产出比预测（1952—2027年）

---

① 选择此种时间权重函数形式可使得模型预测值和实际值之间的相对误差最小，且根据我们分段预测结果，采用该函数形式的预测结果，与自1998年起的预测结果接近度较高，较好捕捉了序列的结构变化。

2. 企业息税前利润率

首先计算单个企业的息税前利润率。根据定义，单个企业的息税前利润率等于企业息税前利润除以营业收入。随后，我们以企业账面资产价值占当年上市企业总账面资产价值作为权重，得出年度非金融企业部门的加权平均息税前利润率，其计算公式如下：

$$\pi_t = \sum_{i=1}^{N} \frac{A_{it}}{\sum_{j=1}^{N} A_{jt}} \cdot \pi_{it}$$

其中，π_t 为 t 年非金融企业部门的加权平均息税前利润率，π_{it} 为企业 i 在 t 年的息税前利润率，N 为 t 年沪深 A 股非金融上市企业总数，A_{it} 为企业 i 在 t 年的账面资产价值。为避免极端值对结果的干扰，处理过程中我们对样本数据在 1% 置信水平上进行了 Winsorize 缩尾处理。图 4 显示了中国非金融企业部门 1990—2013 年的加权平均息税前利润率。

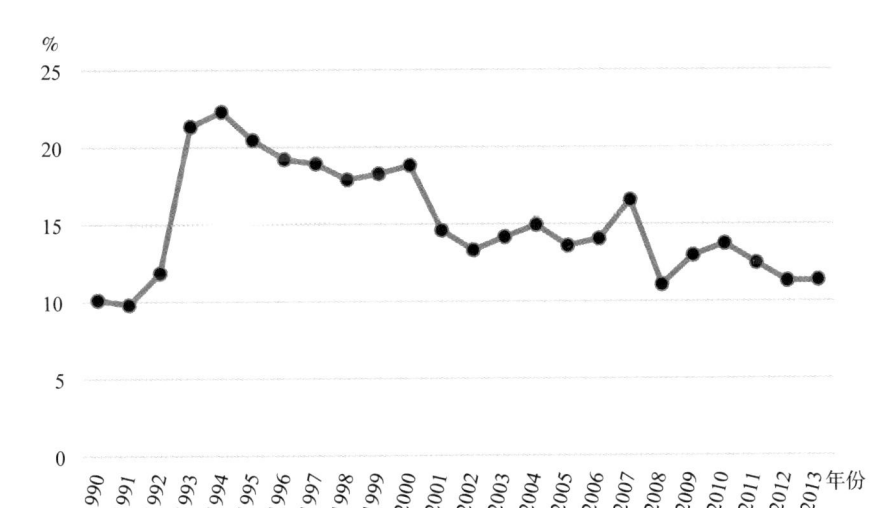

图 4　中国非金融企业部门加权平均息税前利润率（1990—2013 年）

经 Mann-Kendall 趋势性检验，该序列具有较强的单调性长期趋势（见表 3），故考虑采用 Holt 两参数指数平滑法对序列进行修匀，得到其长期趋势并根据此趋势实施预测。图 5 显示了 2014—2026 年非金融企业部门息税前利润率的平滑预测，阴影部分为预测区。为使修匀随机误差能力较强，平滑参数取使样本内预测均方误差最小数值。根据趋势来看，未来非金融企业部门息税前利润仍将持续下降。

表 3　　　　　　　　Mann-Kendall 趋势性检验结果

样本区间	变异系数	MK 统计量	置信系数	单调趋势
1990—2013	0.24	−100	99.4%	下降
1995—2013	0.20	−171	>99.9%	下降

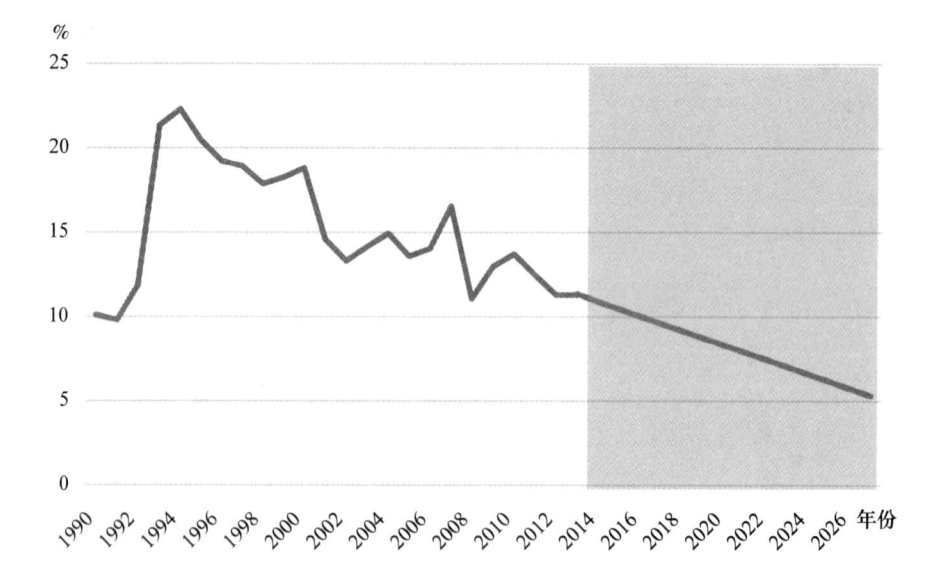

图 5　非金融部门息税前利润率预测（2014—2026 年）

3. 股权融资收入比

根据中国人民银行社会融资规模相关数据，中国 2002—2013 年股权融资收入比如图 6 所示。由于股权融资收入比受金融市场结构、市场情况以及政策影响程度较高,过往信息对下一期的解释力度较小[①],因此对于2014—2027年,我们假设企业股权融资收入比总体维持在过往均值水平,即0.7%左右。

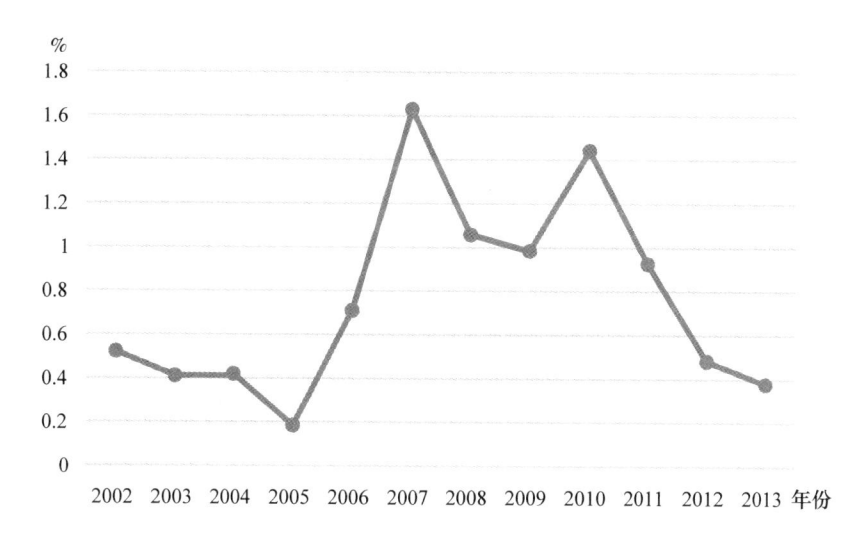

图6 中国股权融资收入比(2002—2013年)

企业债务收入比路径模拟

结合上述参数序列的预测值,下面将采用一步滚动的方式对中国企业债务收入比路径进行模拟。首先我们需确定2013年中国的企业债务收入比,作为模型的初始值。根据中国社会科学院发布的《中国国家资产负债表2013》,2012年年末,中国非金融企业部门债务余额58.67万亿元,占GDP的比重为113%,故可考虑设定2013年企业债务收入比为120%。同时我们假定在基准情形下,每年经济增长率为7%,企业债务利息率则为6%。图7显示了依据一步滚动方式计算的基准情形下中国企业债务收入比的动态路径。

由图7可见,在未来经济增长率和企业债务利息率保持恒定的情

---

① 我们尝试对序列使用ARIMA模型预测,经序列预处理、模型选择和参数估计后,所得估计系数均不显著且调整后R方为0.003,显示出较低的解释力度。

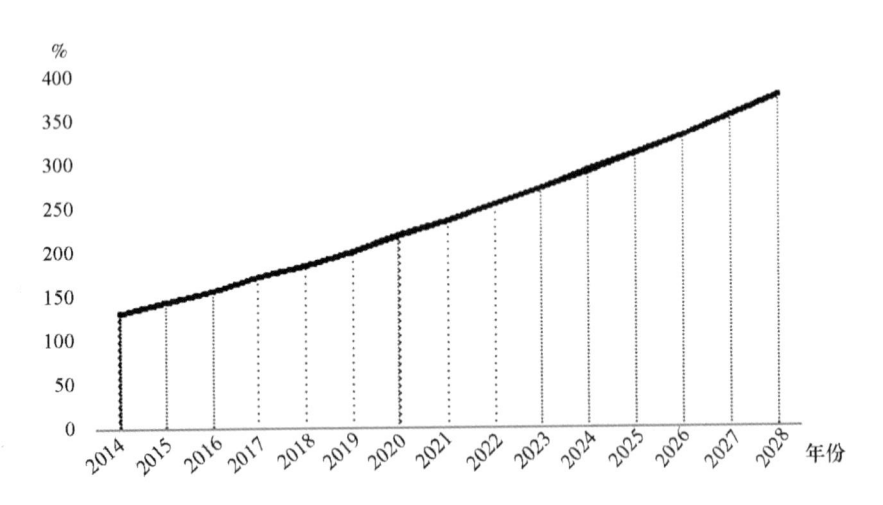

590 第四篇 需求管理与"供给侧结构改革"之的重点转换

图7 企业债务收入比路径测算（基准情形）

况下，中国企业债务收入比将在2019年达到201%，并在2025年超过300%。按照债务利息率为6%以及平均还款年限为6.3年的假设来计算[1]，这意味着2019年企业债务的还本付息额将占GDP的41.5%，而2025年该份额将进一步增加到64.7%。

图8和图9则分别考虑了不同经济增长率和债务利息率假设下的企业债务收入比路径。图8假设企业债务利息率维持6%不变，经济增长率分别为7%、6.5%和6%的情况，图9则假设经济增长率保持7%，企业债务利息率分别被设定为5.5%，6%，6.5%的情形。

通过对比可以看出，在短期内，企业债务利息率的变动对企业债务收入比的影响程度和经济增长率变动的影响程度相差无几，但在长期，企业债务利息率变动对债务收入比的影响程度略大。以2018年和2028年为例，2018年企业债务利息率和经济增长率降低0.5个百分点，企业债务收入比的变动率均在2%左右，而在2028年，经济增

---

[1] 平均还款年限假设基于SG Cross Asset Research对中国企业负债结构和还款期限的测算估计。

长率若降低0.5个百分点，企业债务收入比会降低3.3%，债务利息率下调0.5个百分点，债务收入比则下降4.3%。

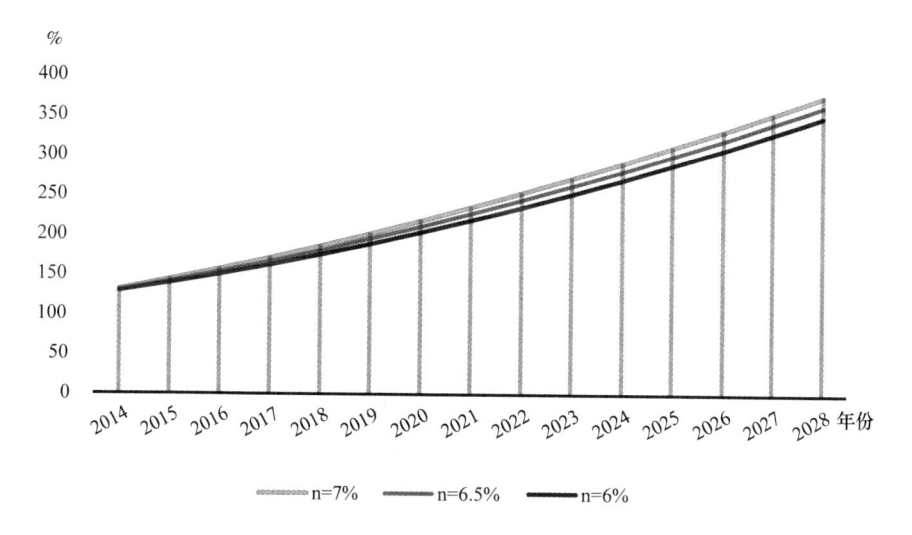

图8　不同经济增长率下的企业债务收入比

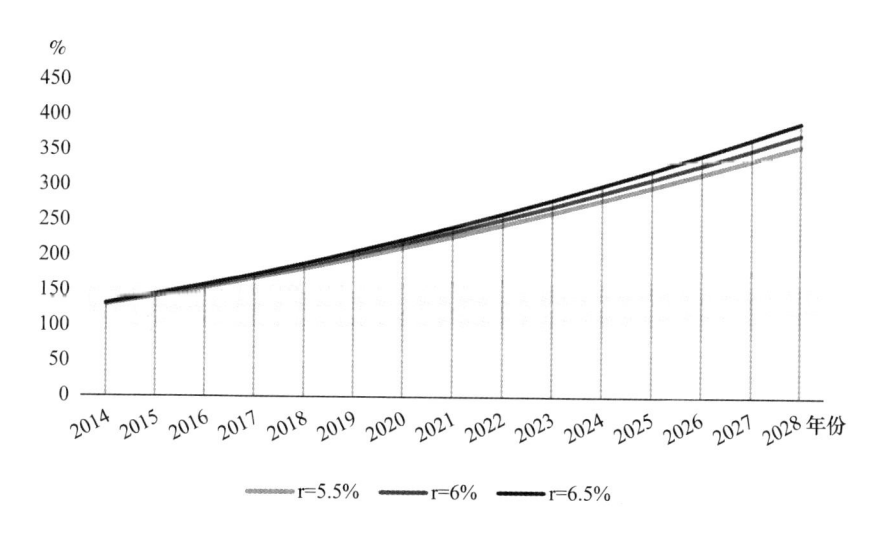

图9　不同债务利息率下的企业债务收入比

结 论

  由于资本使用效率和企业利润率的持续下降，为了维持给定经济增长速度，中国的公司债对 GDP 比将持续增长，而不会趋于某个稳定值。中国企业对债务融资的依赖和居高不下的融资成本使中国企业的债务形势进一步恶化。

  就模型假定的现实情况而言，提高经济增长速度并不能降低企业债对 GDP 比。为了维持给定经济增长速度，中国必须投入更多的资本。而企业利润率的下降意味着为了维持给定的资本扩张速度，企业必须背负越来越沉重的债务。债务是储蓄的镜像反应。在一定程度上，正是因为中国居民维持着很高的储蓄率，企业才得以维持很高的负债率。但是，如果公司债对 GDP 比持续提高，即便中国居民可以维持很高的储蓄率，企业也迟早会进入"明斯基时刻"。为了避免发生债务危机，中国必须提高资本使用效率、提高企业利润率和降低企业对债务融资的依赖。留给中国企业进行调整的时间可能已经不多了。

"宽货币"难助资金"脱虚向实"

产能过剩下的"扩张"之辩

《21世纪经济报道》：中央经济工作会议系统介绍了"经济新常态",定调的底线是GDP增长7%,但目前投资、出口、消费"三驾马车"前景均不容乐观。当前宏观经济形势能否支撑这一底线？

余永定：当前中国经济的突出问题是产能过剩。由于产能过剩,企业利润率普遍下降或徘徊于低位。与此同时,融资贵、融资难的问题依然没有得到有效解决,这种情况的持续必将使企业债务问题进一步恶化。

产能过剩或有效需求不足时,政府一般应该推行较为宽松或扩张性的宏观经济政策以刺激经济增长。但是,如果产能过剩不是周期性的而是结构性的,是否推行扩张性的财政、货币政策就需要三思而后行。

具体来说,长期以来,特别是2000年以来,中国经济增长的主要动力是投资增长和出口增长。而在投资增长中,房地产投资增长又发挥了突出作用。中国的住房拥有率为80%左右,而美国是60%多,德国是40%多。当然,中国房地产投资还存在严重的结构问题。一

---

* 本文刊于2015年4月23日《21世纪经济报道》。

方面是相当高的空置率；另一方面是高昂的房价让大都市青年人望楼兴叹。

总之，中国是一个人均收入不到7000美元的中低收入国家，让房地产投资在投资中的比例达到1/4左右、在GDP中的比例达到13%左右，不能不说是一种严重的资源错配。政府抑制房地产投资热的政策是完全正确的。目前，房地产投资的增长速度已经从2013年年初的20%左右下降到12%左右。由于房地产投资在GDP和投资中所占比例举足轻重，房地产投资增长速度的下降，必然带来GDP增速下降。

不仅如此，自2000年年初，房地产开发被确定为中国的支柱产业，经济活动很大程度上是围绕房地产开发展开的。因而，房地产投资增速下降，还导致制造业中许多行业的产能过剩。例如中国九大产能过剩行业（钢铁、水泥、平板玻璃、电解铝、煤炭、船舶、太阳能、风电、石化）中大多与房地产投资减速有关。房地产投资增速下降的带动以及其他许多行业本身的产能过剩必然导致固定资产投资增速的下降。

最近几年来，投资增长速度几乎是逐季下降的，已经由"四万亿"之后的35%左右下降到目前的16%左右。由于固定资产投资几乎占GDP的一半，投资增长速度下降对GDP增长的严重拖累不难想见。

中国经济增长的另一重要驱动力是出口。2014年下半年中国出口增速有所回升，但由于中国出口在世界出口中的比例已经超过12%，如果世界经济增长2015年不能强劲回升，中国出口进一步增长的余地也将会是有限的。

中国消费的增长在2014年也很不理想。经济增速下降，工资收入增速下降的同时，消费大幅度增长是不太现实的。

《21世纪经济报道》：中国经济的这种结构性问题、资源错配，是否会继续拖累2015年的经济，甚至出现硬着陆？

余永定：应该看到，尽管2015年经济下行压力巨大，但中国在基础设施投资和政府支出方面还是有一定余地的，中国依然需要建高铁、地铁、机场。中国必须加大环境治理的力度，在公共服务设施方面，中国进行投资的余地也十分巨大。例如，医院、养老院、农村地区的卫生、教育和文化设施等方面中国的投资不是太多而是太少了。随着创新经济的建设，越来越多的投资将进入研发领域。

但是，也应该看到，转换投资方向、调整投资结构无法一蹴而就。罗马不是一天建成的，投资只能一步步推开。此外，基础设施投资和创新投资还会受到资金的约束，如何解决融资问题是个严重的挑战。

总的来看，2015年中国经济可能进一步下滑，但是，只要政策得当，保证7%的底线应该是没有大问题的。

货币政策放宽空间"有限"

《21世纪经济报道》：今年以来中国人民银行屡次对货币"微刺激"，市场机构对资金面偏乐观。如何理解未来一段时间的政策基调？

余永定：理论上说，在因产能严重过剩或有效需求严重不足、经济增速明显下降的情况下，政府确实应该推行扩张性的货币政策。但中国的问题并非简单的有效需求不足问题，产能过剩在很大程度上是结构性的。对于相当一部分产能，并不是透过刺激有效需求（如房地产投资）使其得到充分利用的问题，而是去产能的问题。

例如，中国的钢产能10亿吨，占世界48%—50%。中国的钢铁厂有上千座，而日本、韩国这些钢铁生产大国也就只有三四家钢铁厂。中国钢铁行业利润少得可怜，而造成的环境污染、资源浪费十分巨大。因而，对于其中大多数钢厂来说，选择只有两个：转型或破产。因而，中国的问题不是简单的使货币政策转向宽松，而是如何同时实现保增长底线和结构调整两重目的。在发达资本主义国家，结构调整是市场的事情，中央银行甚至政府都大可不必操心结构调整，而只需关注如增长速度、就业和通胀等宏观经济问题。中国的国情不同，但货币政策毕竟不是解决结构性问题的工具，让中国人民银行通过货币政策手段解决结构问题是勉为其难了。在这方面，财政政策应该发挥更多作用。当然，问题的解决最根本的还是要靠市场化改革，使市场发挥在资源配置上的决定作用。

鉴于经济的下行压力，企业的融资难、融资贵问题，2015年中国人民银行应该会进一步放宽货币政策，但这种放宽应该是有限的。长期以来，中国的货币增长速度始终明显高于名义GDP的增长速度，即便在2014年情况也是如此。2014年11月股市的暴涨充分说明，在金融体系中，流动性是充足的。如果流动性不足，股市如何会出现近万亿元的日交易量？问题是大量资金隐藏在金融体系中伺机而动，但却拒绝进入实体经济。在这种情况下，中国人民银行进一步放松货币政策对于实体经济有何帮助、对整个经济会产生什么副作用是难于判断的。例如，进一步放松货币政策是否会使前几年的结构调整成果归零、使"僵尸企业"继续苟延残喘？因而，较为宽松的货币政策必须和其他一系列政策（财政政策、房产登记、严格执行环保措施等）相配合才能发挥稳定经济增长的作用。

此外，2015年美联储将逐步退出量化宽松，全球超宽松的货币政策可能触底回升。由于中国短期资本跨境流动的开放，在全球利息率环境变化的情况下，国内货币政策的放松必然导致资本外流的加剧和人民币的贬值。人民币贬值有利于中国出口，但会对大量借入外债的企业造成冲击（中国的外债相当55055亿元人民币）。此外，一旦人民币贬值，由于"羊群效应"，就可能形成恶性循环，使中国经济宏观形势大大复杂化。当然，这仅仅是各种可能性之一，但我们必须对各种可能发生的情况做好预案。

总之，2015年中国人民银行的货币政策会有所放松。但除非经济出现跌破"底线"的危险，中国人民银行不大可能实行非常宽松的货币政策。

《21世纪经济报道》：中国人民银行的"微刺激"似乎更倚重SLF、PSL等新货币工具，信息披露不如传统工具及时。你怎么看这样的新工具？

余永定：由于外汇储备增加不再是基础货币增加的重要来源，中国人民银行不再依靠卖央票对冲过剩流动性来控制基础货币的增长。在这种情况下，为了支持经济增长，中国人民银行又回到了2000年代之前的控制基础货币增长的方法：向商业银行提供再贷款。

中国人民银行现在的再贷款是有抵押的（这和以前不同）。中国人民银行推出的新货币政策工具包括中期借贷便利（MLF）、抵押补充贷款（PSL）、常设借贷便利（SLF）和短期流动性调节工具。前两项属于中国人民银行再贷款范畴，后两项采取回购的形式，可以算作是对流动性的临时性调节。

新货币政策工具的推出反映了中国人民银行将货币政策中间目标从货币（信贷）数量转变到基准利息率和引导建立收益率曲线（期限结构曲线）的意图。中国人民银行的这一努力符合中央银行调控的世界潮流，也符合中国的实际情况。但中国人民银行在改变货币政策中间目标和发展新货币政策工具的过程中，担负了过多的结构调整的任务。

PSL可能是参考欧洲中央银行推出的TLTRO（定向长期再融资操作）而设计的。TLTRO是欧洲中央银行为商业银行提供的有条件的再贷款，为了取得再贷款，商业银行必须参与投标，信息是公开的。而且，TLTRO并不成功。事实上，商业银行参与投标的积极性并不高。

中央银行推出的新工具在操作上都多少存在信息不透明的问题。PSL为什么仅仅给一家银行而不是通过公开招标的形式发放？SLF信息披露滞后是何道理我也想不清楚。中央银行和市场必须建立相互信任的关系，信息披露是建立这种互信关系的重要前提条件。发达市场经济的中央银行高度重视信息的透明度，高度重视与市场的沟通。信息披露及时与否与央行的工具没有什么大关系。PSL 和 SLF 本身并不存在不便于披露信息的问题。相反，PSL 之类工具能否有成效依赖于信息披露是否及时充分。

《21 世纪经济报道》：如何理解党的十八届三中全会决议中关于"加快推进利率市场化，健全反映市场供求关系的国债收益率曲线"的提法？

余永定：由于货币乘数越来越内生化，在进入新常态之后，传统的通过控制基础货币改变货币增长速度的调控方式越来越失去意义。中国人民银行必须把货币政策的中间目标由货币增长速度转移到基准利息率。那么，中国的基础利息率是什么呢？一般理解是一年期存、贷款利息率。但贷款利息率早已自由化，存款利息率（通过金融创新）实际上也已经在相当程度上自由化了。因此中国人民银行最近一次降低了一年期存、贷款基准利息率，虽然发挥了信号作用（刺激了股市），但商业银行并未随中国人民银行降息而降低利息率。事实上，存、贷款利息率本来就应该由商业银行自主决定。

当然在过渡时期，存款利息率是否应该完全自由化，是可以讨论的另一个问题。但无论如何，调控存、贷款利息率不是执行货币政策的有效办法。在中国，真正应该成为基准利息率的利息率无疑是上海银行间拆放利率。由于银行间隔夜拆借利息率无风险且期限最短，所有其他利息率都可以在此基础上通过加点确定。这样，整个利息率体系或结构就可以被确定下来了，而银行间隔夜拆借利息率则成为整个利息率体系的基准。利息率基准的变动将导致整个利息率体系的变动。对于期限较长的金融资产，由于中间环节较长，在银行间隔夜拆借利息率基础上加点存在困难。这样，就需要有期限较长的无风险利息率作为较长金融产品定价的基准，而无风险的较长期国债的收益率就成为期限较长金融产品的基准。

可见，把利息率市场化进程理解为利息率自由化是不全面的。对于中国来说，更重要和更急迫的事情是建立和发展相应的货币和国债市场，而市场的建立又取决于相应金融产品的创造。例如，只有在存在银行间隔夜拆借市场和相应交易的情况下，才可能有上海银行间拆放利率，才可能有无风险收益率曲线的最短端。

中国在建立无风险收益率曲线方面已经取得很大进展，但还远远不够，特别是可以作为中、长端基准利息率的金融产品和相应交易严重不足。中国国债市场欠发达、二级市场交易欠活跃，难以成为中、长期金融产品的基准利息率。中国是否能在短期内使国债市场出现大发展呢？答案是肯定的。为了加速利息率的市场化改革，如何在中央财政赤字不大的情况下发展国债市场应该是我们必须解决的重大课题。

《21世纪经济报道》：利率体系的形成，对于货币政策调控又有何影响？

余永定：在经济增速由高速转入较低速度（7%上下）和"双顺差"不再是基础货币增加的主要来源之后，中国人民银行将通过各种形式的贷款为经济注入流动性，同时中国人民银行可能会更多地通过银行间债券市场的回购对流动性酌情进行微调。在市场和中国人民银行建立畅通的沟通渠道之后，2013年6月的银行间货币市场利息率剧烈动荡的情况将不会再次发生。

资本外流：反思卢布危机

《21世纪经济报道》：卢布事件有复杂的国际政治因素，俄罗斯资本自由流动亦构成危机的土壤。中国应从中学习什么经验？

余永定：造成卢布危机的原因是多方面的，如石油价格暴跌、美欧制裁等。但这些只是卢布危机的必要条件而不是充分条件，还需加上一条：俄罗斯过早放弃了资本管制。

2013年6月我参加了彼得堡世界经济论坛，与俄罗斯银行行长、前银行行长、经济部长和俄罗斯最大商业银行总裁一起讨论俄罗斯经济问题。我被告知，俄罗斯当时的经济增长速度只有0.5%左右，基准利息率却高达6%，企业苦不堪言。我问他们，维持如此之高的利息率是否是因为害怕卢布贬值？他们告诉我确实如此。我表示，这种政策组合是错误的，应该降息，同时限制资本外流。出乎我意料，台下居然掌声雷动，但台上的政府官员则表情木然。

现在卢布暂时稳定下来了，但我相信危机并没有过去。尽管外汇储备比较充裕，俄罗斯今后还难免受到新一轮冲击。俄罗斯经验再次告诉我们，在资本项目开放问题上必须持谨慎态度。中国资本外流实际上已经相当严重，中国对资本流动的管制主要是对短期跨境资本的限制。"倒逼"并非全无道理，但完全放开的不确定性太大，中国的国内条件和国外环境决定了不应该冒如此之大的风险。要想加速资本项目自由化那就请先加速国内产权制度、经济体制和金融体系改革。但是难道这些改革必须以资本项目完全自由化为前提条件吗？当然不是。那么，为了中国的经济安全，资本项目的完全自由化就应该作为中国市场化改革的最后一步。

中国 2015 年经济形势和宏观经济政策组合[*]

今天我主要想讲一讲对中国目前经济形势的看法，以及对我们应该采取的宏观经济政策组合的一些想法。首先，我觉得应该认识到，中国的长期经济增长前景还是比较好的，学界和政府官员一般都认为中国的潜在经济增长速度应该是 6.5% 左右，或者说在 6%—7%。我个人同意这样一种估计，我认为这样一种增长速度是可以实现的。想想全球的经济情况，美国、欧洲、日本，还有其他发展中国家，经济形势都不好，而且他们的长期经济增长前景也并不乐观，所以中国如果能够维持 6.5% 的经济增长速度，在未来的 10 年、20 年之内中国经济体量赶上美国，应该是可以期待的。

从长期来讲，我们对中国经济应该抱有一个乐观的态度。但从短期来看，中国的经济形势是非常严峻的。目前中国经济形势的基本特点是什么？我认为是通货收缩。直到前不久，通货收缩还是一个大家比较忌讳的词。从传统的、标准的定义来讲，通货收缩要看 CPI 的增长速度到底是正还是负。如果 CPI 已经是负的了，大家会没有疑问，会认为是通货收缩，但中国到目前为止 CPI 还是正的。为什么我说通货收缩了？因为 PPI。从 2012 年开始到目前，PPI 已经连续 43 个月负增长了。不仅 PPI 负增长，2015 年开始，国民收入减缩指数也连续负

---

[*] 本文为 2015 年 11 月在中金论坛的演讲稿。

增长。考虑到中国是制造业大国、PPI 对企业利润的影响和中国 CPI 编制的特点，说中国目前处于通缩阶段应该是没有疑问的。通货收缩对于中国来说并不是什么新鲜的事情，1997—2000 年中国就经历了一段通货收缩。我认为，这次的通货收缩的特点是产品价格下降和中国企业债务居高不下（而且依然有上升趋势）并存。标准普尔对中国的企业债估计是 16 万亿美元，占 GDP 的 160%，这个数字可能过高，但中国社会科学院的估计是 GDP 的 145%，也是非常高的。令人担忧的是，中国目前可能已经形成了债务——通货收缩的恶性循环。首先，由于产能过剩，产品的出厂价格下降，产品价格下降导致企业的利润下降。我们知道中国的企业利润总额在今年一直处于下降状态，并且每个月都在下降。中国企业的利润率有各种不同的计算，2014 年大概是 6% 左右，现在可能更低一些。

在这种情况下，债务负担沉重的企业必须被动去杠杆，不能再借债或被迫提前还债。去杠杆意味着减少投资。这样，一方面存在着严重的产能过剩，另一方面企业要减少投资需求，这就造成了一种恶性循环，去产能导致产能过剩变得更加严重。如果这样一种恶性循环发展下去，中国就真可能出现硬着陆了。尽管我们的长期经济增长潜力可能是 6.5% 左右，但是在现实中，在近期我们可能无法维持 6.5% 的增长速度，而且有硬着陆的可能性。所以，我们就必须要打破这种债务——通货收缩的恶性循环。解决这个问题有各种不同的方案，西方国家在全球金融危机爆发后的一系列做法值得参考。在这次危机中，西方国家的问题不是企业债过高而是政府债务或者是私人部门债务过高。当高负债部门去杠杆的时候，其他部门要增杠杆。中国企业部门去杠杆在所难免。为了不让企业的去杠杆导致经济增速急剧下滑，我们可能不得不考虑其他部门的增杠杆（政府部门或居民部门）。政府现在已经采取了一系列措施刺激居民消费，但居民消费增长是一个缓慢的过程，其增长可能不足以使经济稳定在一个可以接受的水平上。在这种情况下为了抵消企业去杠杆对经济增长的负面影响，政府部门加杠杆是不可避免的。

政府部门的加杠杆恐怕还应以增加基础设施投资为主要内容。我说这话的时候可能大家会说你这不又回到了 2008 年四万亿的老路上了吗。在某种意义上可以说是的，但我们似乎也没有更好的选择。

2008 年政府推出刺激计划本身的方向是正确的。面对全球金融危机，政府必须采取扩张性财政和货币政策，以遏制经济增长速度的急剧下降。为了使扩张性的财政货币政策有效发挥作用，给出一揽子基础投资项目是必要的。遗憾的是我们犯了过犹不及的错误，重新上马了一批本来已经被否定掉的投资项目，出现了大量的重复建设。"四万亿"在使中国经济实现 V 型反弹的同时，导致了中国经济结构的进一步恶化。今天的产能过剩在一定程度上就是"四万亿"的后遗症。基于过去的经验教训，在推出新的刺激计划的时候，我们必须更为仔细地设计相应的刺激计划，到底投资什么，如何发挥地方政府和市场的作用等。总之，我们必须做好通盘考虑，避免仓促上阵。一方面我们应该看到并非没有基础设施投资的余地；另一方面，我们也要看到好的项目确实不太多。这种情况决定了新的刺激的盘子不可能太大，经济增长速度下降的势头不可能很快扭转。这是没有办法的事情。必须看到，以基础设施投资为主要内容的财政刺激计划必须依靠中央和地方的两个积极性。能否克服懒政和惰政现象，是决定新财政刺激计划成败的关键。

当初推出"四万亿"时，为了避免财政赤字过大，我们的方法是鼓励地方政府建立地方融资平台，从银行借钱。与此同时，中国人民银行执行了前所未有的信贷扩张政策，以保证银行愿意且能够为大规模基础设施投资提供资金。这种融资方式有效刺激了经济的回升，但负面作用也很明显，它造成了企业债务的急剧上升和经济体系中流动性的过度增加。过剩的流动性通过各种金融中介机构进入资本市场，制造了一个个资产泡沫，而实体经济却并未由于信贷扩张而持续获得必要的可借贷资金。我的想法是：在执行本次刺激计划的时候是否采取另外一种融资方式，就是不再通过地方政府平台或商业银行贷款为这些投资项目融资，而是由财政部发债，通过财政部发债的方法为财政赤字融资。现在我们的财政赤字占 GDP 的比是 2.5％左右，这完全可以进一步上升，中国的公共债务余额占 GDP 的比也就是 40％左右，在全世界属于最好的财政状况之列，所以我们是有采取扩张性财政政策余地的。财政赤字的融资方法应该是由财政部向社会、向银行发行国债，在必要时向中国人民银行发行国债。中国人民银行的货币政策应该配合扩张性的财政政策，尽量压低国债利息率。通过这样一种方式，融资资金应该能比较有保证地进入实体经济，而不是进入到虚拟经济、进入到形形色色的资本市场，制造一个又一个的资产泡沫。当然，扩张性财政政策也应该包括减税、减负的内容。

有人会说你是不是主张财政赤字货币化，我承认，在某种意义上是有点这种意思。在非常时期不得不考虑非常政策。另外一个问题是，在整个的政策组合中，我们还要考虑汇率问题，汇率问题在目前比较有争议。在 2015 年 8 月 11 日汇改之后出现了一个新的状况，市场上对人民币贬值的预期增加，中国人民银行又尽自己的全力维持汇率稳定，这么做有它的好处，但是负面作用也是比较大的。在 8 月一个月，为了维持汇率的稳定，我们花了近 1000 亿美元的外汇储备，而且在过去这几个月中，我们已经花费了 3000—4000 亿美元的外汇储备。在市场形成趋势性的人民币贬值的情况下，通过动用外汇储备维持汇率稳定不是一个好政策。在可以预期的将来，中国的货币政策必将日渐宽松，而美国的货币政策方向与此正好相反。在这种情况下，维持汇率稳定将使中国丧失独立的货币政策。我主张中国人民银行还是尽快停止对于外汇市场的干预。在中国人民银行停止对外汇市场干预之后，汇率确实可能会出现贬值，甚至可能会出现超调，幅度比较大，对此我们不必过于担心。因为中国经济的基本面，特别是从中国的经常项目来看，我们还有很大的经常项目顺差，同时我们的长期资本流入依然是正的，所以从基本面上来讲，人民币不应该出现长期的大幅度贬值。我们相信，如果中国人民银行停止了对外汇市场的干预，即便人民币有比较大的贬值，也会很快回升。人民币贬值对中国经济、金融稳定的消极影响将是短期的、可控的。当然，在停止干预之前，我们应该推出一揽子配套政策措施，增加市场对人民币汇率的信心、加强对短期资本跨境流动的监管、打击资本外逃。实在不行，等人民币已经有了比较大幅度的贬值之后再重回市场干预也不迟。总之，在缺乏有效资本管制的条件下，如果汇率缺乏灵活性，中国人民银行就很难实行扩张性货币政策以支持扩张性财政政策。过去讲应该鼓励汇率的双向波动，现在有波动了，我们却退缩了，这种态度有点像叶公好龙。对这个问题，学界应该有比较公开的讨论，噤声不是一种好现象。

总而言之，中国的经济增长前景从长期来讲是好的，但从近期来讲是比较严峻的。最后一个问题，人们会问，中国通货收缩阶段到底会持续多久，什么时候中国经济会出现强劲的反弹。我认为就我们过去的经验来看，恐怕在目前一段时间内，中国经济的增长速度还会进一步下降。根据1997年到2002年的经验，通货收缩一般要经过四个阶段：第一个阶段是去库存，这方面我们已经做了相当多的工作。第二个阶段是去过剩产能。第三个阶段是处理不良债权。债务和通货收缩的过程肯定会导致不良债权的大幅度上升，根据官方的统计数字，我们的不良债权率大概是2%左右，并不太高，但是不良债权率发展过程不是线性的，可能开始很低然后慢慢增长，到了某一个节点后可能突然增长，我们必须要做好思想准备。第四个阶段是发现新的增长引擎，我认为这是最困难和最重要的。在1997—2002年期间，中国为什么能够走出通货收缩，除了在前三个阶段我们都做了充分的工作，付出了相当沉重的代价之外，还因为我们发现了新的经济增长点，第一是房地产投资，那时候进行了房改，中国人民银行开始允许商业银行发放按揭贷款，一下子房地产投资就起来了。房地产投资对于中国克服通货收缩起到了非常大的作用。第二是2000年我们加入了 WTO，在这个时期美国政府实行的是扩张性的财政货币政策，美国人在拼命花钱，所以中国不愁出口没人要。靠这两个引擎，我们终于走出了通货收缩，总之最终，这四个阶段我们顺利完成了。

现在我们大概还是处在第二个阶段，第三个阶段可能还没有真正开始。找到新的增长引擎最为困难。我们在讲大众创新，希望能够发展创新性企业，都是非常正确的。但是创新这个东西，按定义本身就是充满了不确定性的，而且它的规模到底有多大，对于中国经济的增长到底能有多大的刺激作用，这些都是不确定的。所以这将是中国是否能够彻底走出通货收缩，恢复到潜在的经济增长速度，甚至能够逐步提高潜在经济增长速度的一个重要挑战。如何找到新的经济增长点，这就不是一个宏观经济学家所能评论的事情，需要通过改革，各种各样的改革，税制的、国企的改革等，需要开放。我的一点感想，就说到这里，谢谢大家。

评 2015 年股灾及增长方式转变问题[*]

诺滕斯泰·拉·罗什： 最近，中国股票市场的剧烈波动，对国际金融市场产生了巨大冲击。这也提醒了全世界，中国已经是全球经济的重要参与者。2014 年中期之前，上证综指还在 2000 点的平台震荡，而后发生了空前的大幅上涨，上证综指在一年内攀升至 5166.36 点（见图 1）。而今天，上证综指几乎又回到了 2014 年的位置。

外界对中国有不少成见，其中一个成见就是对中国投资者行为的看法。这种看法认为，中国股票市场的投资者主体，是一些规模相对较小且杠杆率较高的私人投资者。这些投资者的状态总是在乐观、恐慌之间进行切换。根据这个观点，中国股市主要由市场情绪驱动，无法准确反映实体经济情况。如果真是这样，即使中国股市跌去一半，也难以引发外界的关注。

不过，这种认识显然是片面的。从更完整的视角来看，时下大家的关注话题聚焦于两方面：中国经济增长减速，以及中国由出口导向驱动转向更多由内需驱动。投资者对股市下跌的剧烈反应，是过度恐慌的表现？还是其背后确实有更大的问题值得我们担忧？

余永定： 对中国股票市场的认识，认为投资者主要是规模较小的、高杠杆的私人投资者，这不够准确。中国股票市场的主体，包括

---

[*] 本文为 2016 年 2 月余永定和诺滕斯泰·拉·罗什对话录，原文为英文。

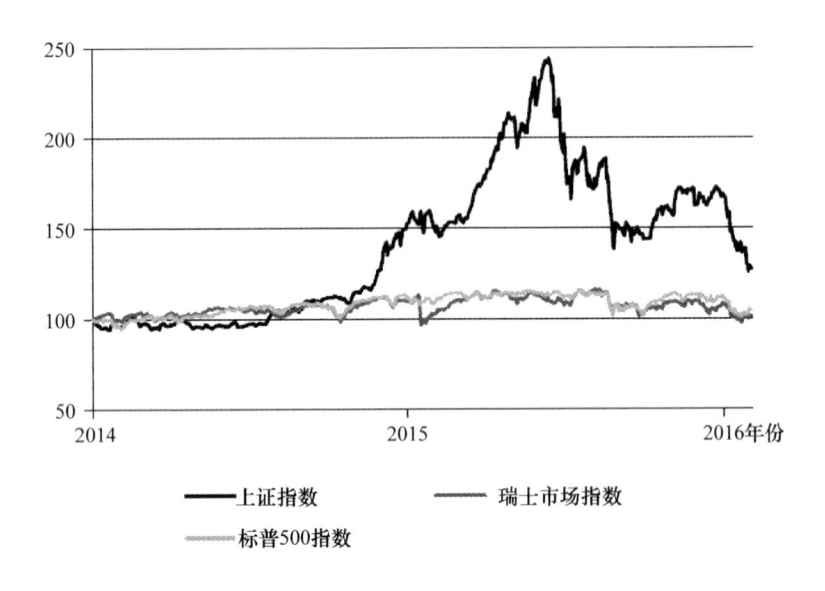

图 1　股票市场的发展

资料来源：Bloomberg。

机构投资者和个人投资者。其中，机构投资者包括证券公司、保险公司、养老基金和投资基金。中国股票市场的一个重要特征是，其拥有近 2 亿的散户。大量散户的存在，使得中国股票市场的交易量非常巨大，这意味着中国股票市场具有极大的投机性。但是，在这一轮股市动荡到来之前，高杠杆都不是一个严重的问题。因为保证金交易这种杠杆交易，在中国还是一个新事物，当时主要是机构投资者在操作，而不是散户。

在为期数年的疲弱行情结束之后，上证综指在半年多时间就涨了 100% 以上。这轮暴涨并没有实体经济的任何支撑，可能投资者相信，政府更乐见牛市的繁荣，而不会让股市转熊。实际上，中国的官媒和传统表现确实有所不同，这些媒体积极发表言论、撰写社论，欢呼进入牛市。

中国股市具有赌场的投机性质，这点尚未有太大改观。但是，中国政府已经通过各种努力来提升股票市场的现代化水平，包括投资金融市场基础设施以及鼓励投资者开发新的金融工具。就在几年前，包括保证金交易在内的很多衍生品交易工具，都是被禁止的。而这轮股价飙升的一个重要推动力，就是这些衍生品和杠杆工具。

这轮对股市的政策处置不当，使得中国政府的政策声誉受到质疑。面对飞涨的股价，中国证监会一度如坐针毡，后来在2015年6月中旬决定限制线下私募基金的配资。这一决定立刻触发了恐慌式的抛售。刚开始，证监会宣称下跌是自然的价格调整。但是由于杠杆交易的规模巨大，股价急跌引发了爆仓风险，这导致投资者必须抛售其他资产来获得现金，从而追加保证金。结果是，股价下跌演变成了股灾。

当局很快采取救市措施，并一夜之间改变了股市的游戏规则。2016年1月1日，监管部门宣布引入熔断机制。该机制关注沪深300指数，即在上海和深圳交易所上市的300家蓝筹股的表现。如果在当天下午2点45分前，沪深300指数的涨跌幅度超过5%，则股市将停止交易15分钟。如果重启交易后，涨跌幅度达到7%，则当天将终止交易。在1月7日，仅仅开盘交易30分钟之内，沪深300指数就下跌了7%，并触发了熔断机制。这一天，成为中国股票市场历史上最短的一个交易日。引入熔断机制后不到一周，证监会决定放弃。这次政策处置不当，使得中国政府的政策声誉受到质疑。这一轮政府干预完全失败，现在看来证监会已经想尽了办法，只好对股市采取放任态度。

股价的大跌并不是因为经济基本面恶化，而是监管政策失误。在我看来，近期股价的剧烈波动，和中国经济基本面几乎没有什么关系。在中国，股票价格和经济表现向来不存在显著关系，现在也不例外。股票市场的糟糕表现，证实了中国股市更像赌场，或许比这更糟。股票投资者从不关心分红，上市公司大都很少分红。对这些公司而言，发行股票的原因只是为了获得免费的融资。而投资者，他们同样也对分红漠不关心，他们持有股票只是为了获得资本回报。无论政府对股市采取了何种努力，去对硬件、软件进行升级，中国股市的赌场本质依旧没有改变。股价的大跌主要反映了监管者的管理问题，而非经济基本面的恶化。

诺滕斯泰·拉·罗什： 即使股市崩盘和实体经济无关，中国经济基本面在恶化也似乎是个事实。过去几十年，中国经历了非同一般的高增长时期，但这种状态是否可以延续？另一个对中国的成见，是最近《经济学人》杂志所给出的观点，"中国的经济奇迹，是政府宏大计划推动的结果，而不是私人部门的民营企业在起作用"，以及"中国企业只是简单的模仿者，不会创新"。中国的追赶式增长，是基于西方的技术转让、大量廉价的投入要素，以及政府的巨额基建投资。中国政府通过自上而下的模式来"指挥"经济增长。现在中国已经赶上来了，那么问题就变成，中国现行的增长模式是否已经走到了终点。看起来，中国似乎需要建立自下而上的增长模式，这种模式应基于私人部门的创新获得活力。在过去，一旦经济出现下行，政府可以简单地选择增加开支，例如扩大基建。这种刺激效果正在消退，而政府又无法使用命令来实现创新，这时候经济政策的制定越来越面临挑战。中国能成功转向创新驱动的增长吗？中国是否到了转折点？

中国经济进行"新常态"

余永定： 中国经济确实到了转折点，或许更准确地说是"拐点"。30 年高速增长之后，中国经济已经进入新的阶段，在中国的官方文件中，这个新阶段被称为"新常态"。中国经济新常态的一个重要特点是潜在增速的显著下降。中国经济学家的共识是，潜在增速已经从 10% 滑落到了 7%，有的人认为甚至更低。当前，当局接受的增长率为 6.5%。

想要观察中国的潜在增速，一个最简单的方式就是，观察中国的劳动生产率增速和劳动力供给增速。从进入21世纪以来，前者就一直在下降。根据世界大型企业联合会的测算，中国的劳动生产率增速已经从21世纪初的两位数，下降到了2012年的7.4%。现在，劳动生产率的增速可能更低了，有可能略高于6.5%。

从劳动力供给的角度来看，中国劳动年龄人口正在经历巨大变化，从2012年开始，这个数字每年减少超过300万。中国的劳动力供给数量已经开始出现下降。如果劳动生产率增速略高于6.5%，同时劳动力供给又轻微负增长，因此中国的长期增速不太可能明显高于6.5%。同时也可以看到，中国的资本边际效率也在持续下降。为了保持过去的增长势头，中国需要进一步加快资本积累。但是，中国可以通过提高投资率来弥补资本效率的下降吗？这是不切实际的，中国的投资率已经是世界最高了，进一步提高投资率，将会恶化资本效率，使得经济增速进一步下降。

增长模式转型关键是要充分激发企业家精神

有人认为，中国的增长方式是基于技术转让、廉价投入要素和基建投资，这种论断并非完全不公。这也正是为什么，中国政府不遗余力地推动增长方式转型，以及鼓励创新与创造。增长方式要转型，关键是要充分调动企业家精神。为此，政府制订了全面计划，以改革所有制和金融体系，并支持创新和创造。在未来，创新与创造会在多大程度上成为经济增长的主要动力，现在还难以预测。但是我们已经看到，在深圳和很多地方都有私人企业成功的案例。华为和中兴等中国企业，在全球市场上已经取得了巨大进展。令人惊讶的是，作为中国传统老工业基地的东北，也有一些成功的创新企业。例如，沈阳机床股份有限公司的生产技术水平，在很多方面超过了德国同行，已经成为德国机床生产厂商的强劲对手。

中国到处都是新动能的萌芽，但是能否在短期内就开花结果，这一点无人知晓。我们可能需要几年才能看到结果。同时，还很难断言中国能否成功地从投资与出口导向型增长，转向为创新驱动的增长。市场改革是关键。

诺滕斯泰·拉·罗什：劳动生产率低，意味着中国需要更多的创新，同时资本边际效率低则意味着相当一部分投资的配置出了问题。中国经历了极其快速的城镇化进程，史无前例。现在的中国，人口超过100万的城市有143个，另外还有200个城市比苏黎世还大，大部分都是很多普通西方人从来没有听说过的城市。但与此同时，还有一个广为流传的说法，就是认为中国建造了一些"鬼城"，当然这也可能是另一个成见。这些"鬼城"并没有人居住，但是在缺乏实际需求的情况下，这些地方已经建起了高楼大厦、停车场、道路、购物中心、学校、医院等，这似乎是资本错配的表现。这样的看法正确吗？

余永定：过去20年，中国的投资增速一直高于国内生产总值（GDP）增速。结果是，中国的投资率，即投资的GDP占比，已经达到47%，这可能是目前全球主要经济体中最高的。中国的真实投资率是多少，可能仍然存在争议，但是大多数经济学家都认同投资率已经过高。

中国的增长由投资驱动，而总投资又是由房地产投资所驱动的。

中国的投资可以分为三类：房地产、基建和制造业。其中，房地产投资的GDP占比在10%到13%之间，已经是全球最高。可以说，中国的增长是由投资驱动的，而总投资则是由房地产投资所驱动的。

在中国，房地产已经成为利润最高的投资领域。一个朋友告诉我，过去10年，他在实体经济投资了数十亿元人民币，但是其投资的总利润，还不如他一套公寓的升值收益，那套公寓大约500平方米不到。理所当然地，各行各业的钱都倾注到了房地产市场。

我的看法是，除了金融领域的问题之外，房地产热所导致的资源错配问题显得更加严重。中国的可持续增长不能以钢铁、水泥和玻璃为基础。政府正在限制房地产投资、努力纠正资源错配，当前的增速放缓是这个纠偏的直接结果。

2012年以来，政府非常努力地压制房地产投机需求。例如，采取措施限制拥有两套或多套房，在二手房交易市场引入印花税。结果是，房地产的销售量快速下降，但是房价依旧在上升。现在，商品房整体待售面积高达8亿平方米。商品房库存仍然以两位数速度在增长，而房地产投资增速已经跌至几乎为0的水平。房地产投资减速这是不可避免的，而其一旦发生，大多数行业的产能过剩问题就会集中爆发。潜在增长率的下降和产能过剩，这两个问题都是资源错配的具体表现。

诺滕斯泰·拉·罗什： 我们注意到，过去几年中国的债务有显著增长。尤其是企业部门的债务，从2007年到2014年，企业债务的GDP占比从99%上升到了153%。无论是发达经济体，或是新兴经济体的对应均值，都只有这个比例的一半左右。另一方面，政府债务却在非常舒适的水平，2014年的GDP占比仅为41%，同期发达经济体的均值为119%（见图2）。

企业债务高本身并不是问题。问题是，高企业债务和您刚提到的产能过剩，两者同时出现，这就需要引起注意了。这意味着，资金被投放到了一些低效益的用途上。这使得企业资产负债表的两端容易出现不匹配——资产可能减记了，但是债务还在表上。中国的企业部门是否存在债务问题呢？

余永定： 2008年以来，中国的非金融企业债务一直在持续高速增长，对金融稳定形成严重威胁。主要有三个因素导致了企业债务抬升：投资效率降低、企业盈利下降、融资成本过高。最近，中国社会科学院世界经济与政治所的研究人员，模拟了中国企业债务GDP占比的变化路径。根据基准情景，企业债务占GDP比率在2021年将超过200%，到2027年将达到304%。假设债务的平均到期时间为6.3年，模拟结果显示，2021年还本付息的总成本将占到GDP的43.7%，到2027年将达到63.5%。为了避免企业债务危机，在降低

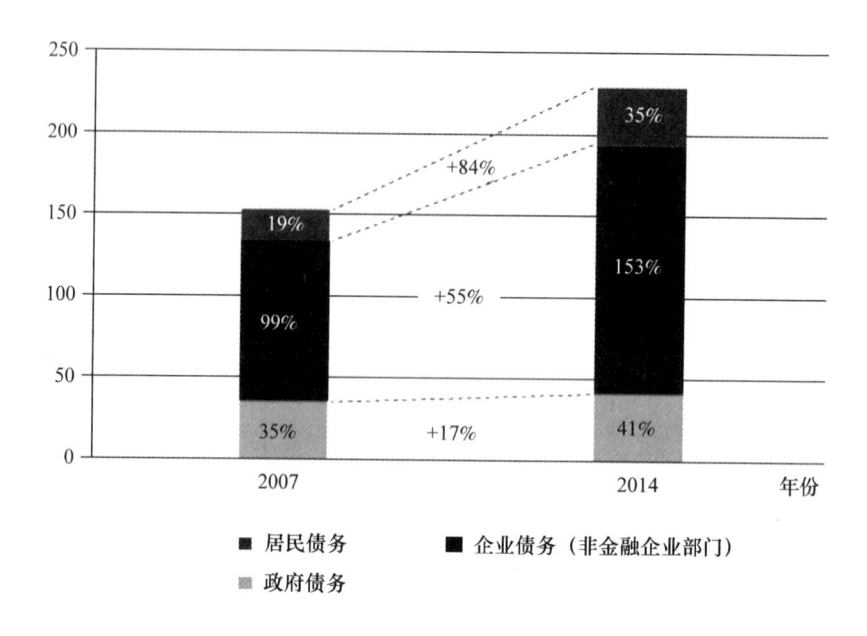

图 2 中国债务 GDP 占比

资料来源：国际货币基金组织，国际清算银行。

企业融资成本的同时，中国还需要加速结构调整和增长方式转型，从而提高投资效率和企业盈利能力。

房地产投资显著下滑导致了产能过剩，在此背景下，中国的工业品出厂价格指数（PPI）已经连续 46 个月下降，并且尚没有改善的迹象。虽然居民消费价格指数仍然表现为正增长，但是毫无疑问，中国已经陷入通缩。中国经济现在面临两个恶性循环：一个是产能过剩—通货紧缩循环，另一个是债务—通缩循环。尽管从长期来看，消灭过剩产能有助于打破恶性循环，但是从短期来看，在第一个循环中，产能过剩将导致物价下降，进而恶化企业盈利能力。因此，企业被迫去杠杆化、减少投资，反过来这会进一步加剧产能过剩，物价水平也会进一步下降。

2016 年，中国的 GDP 增速可能进一步下跌，但是没人能够断言中国经济在 2016 年是否会探底。政府需要采取足够力度的、一揽子的刺激方案，以打破产能过剩—通缩循环和债务—通缩循环，否则中国经济可能面临"硬着陆"。企业盈利的持续下降，将会导致企业偿债难度上升，不良贷款也将激增，又一轮大规模的债务清理也可能难以避免。

简言之，中国企业负债已经过高，而且物价下跌还将进一步增加实际债务负担，打破债务—通缩循环十分困难。但是，中国储蓄率高、财政状况相对较好，所以中国经济的基本面并不差。只要政府实施正确的政策组合，中国经济就能企稳。虽然增速回不到过去的水平，但增长之路依旧充满希望。

诺滕斯泰·拉·罗什：至少从中期的观察来看，产能过剩和企业债务问题，将给中国未来的增长表现画上大大的问号。然而毋庸置疑，中国在全球经济中的占比在过去数十年有了巨大的提升。图3显示，现在中国的人均收入已经到达了20世纪90年代欧洲的水平。

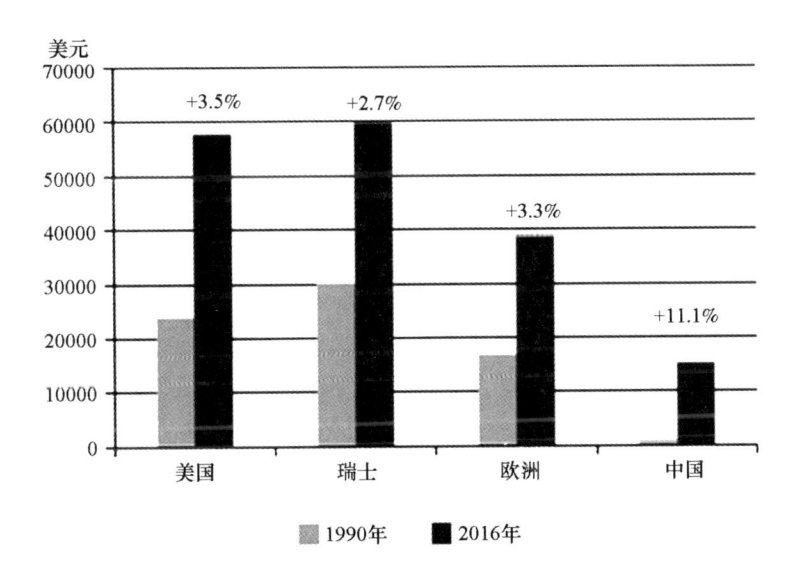

图3 中国人均收入已达到20世纪90年代欧洲水平

资料来源：国际货币基金组织全球经济展望数据库。

当前，中国已经是全球人口最多的国家，并且在全球的经济、政治以及军事方面成为一股重要力量。这些都应该在人民币的国际地位上有所反映，但显然现在还不是这样。最近国际货币基金组织（IMF）已经将人民币纳入特别提款权的货币篮子当中，我们知道这个篮子包括美元、欧元、英镑、日元等重要货币。不过即便如此，美元作为世界主导货币的地位也是无可争议的。人民币的未来会怎样，这又会带来什么影响，您是如何看的？

余永定：中国是全球第二大经济体、第一大贸易国，以及持有美国国债最多的国家，所以中国的人民币，最终会获得与其经济地位相对应的国际地位。但是直到2009年，人民币在国际贸易、国际投资中承担的角色依然相当有限。当前的国际货币体系由美元主导，在此背景下国际货币体系改革步伐受阻，中国不满于此因而决定推动人民币国际化，从而使人民币成为国际交易的计价、结算货币。中国人民银行放松了资本管制，允许中国企业将人民币作为进口的结算货币，同时还打通资本流通渠道，便利境外投资者投资于中国的金融市场。因为过去人民币持续升值、中国利率又高于美国，所以境外的进口商，尤其是中国香港的进口商，都愿意持有人民币。结果就出现了所谓的"世纪大套利"。过去5年，我认为不能依赖于升值预期来推动人民币国际化，当前局势的发展证实了我的观点。现在，投资者开始扎堆抛售人民币。由于经济基本面变差，以及各种理性或盲目的贬值预期，人民币汇率正面临巨大压力。

考虑到中国经济的体量、增速和整体贸易规模，未来还有对外投资因素的支持，人民币将成为重要的国际货币，并且成为与美元比肩的国际储备货币。但是，这还需要很长时间。中国的经济改革、体制建设尚未完成，要实现人民币的自由可兑换还为时尚早。现在的人民币汇率，是由人民银行控制在2%的狭窄区间波动，而非市场决定。在人民币成为重要的国际货币之前，需要克服三大难关：（1）制度安排；（2）不完全自由可兑换；（3）汇率缺乏弹性。

人民币进入特别提款权篮子，是中国改革开放成功的象征性标志，也是对人民币重要性不断提升的认可。但我认为不应高估其意义。人民币进入特别提款权篮子，就能推动中国开放资本账户和汇率市场化吗？很多人这样想，我却不这么看。归根到底，中国人民银行的态度是实用主义的。如果需要，中国人民银行会毫不犹豫地重新收紧之前放松的资本管制。事实上，在2015年年末和2016年年初中国人民银行已经这样做了。

人民币贬值会招致美国反弹，中国会被指责发起货币战争。

关于人民币，中国货币当局面临的最直接的挑战，就是如何推动汇率制度顺利转型，使汇率制度更具弹性、更加市场化。但是中国人民银行仍然希望保持汇率稳定，所以除非耗尽外汇储备，否则似乎难以看到中国人民银行推动人民币汇率制度改革。如果中国人民银行试图同时保汇率和保外储，则最终的结果可能是一无所获。如前所述，2016年中国经济增速可能进一步走低。中国货币当局必须进一步降息，而美联储将继续退出量化宽松的操作。短期内人民币还将贬值，但是没有人知道贬值到多少。在我看来，人民银行应当让人民币尽快到达均衡水平。换言之，中国人民银行应该终止对外汇市场的干预。这样做的时候，贬值可能会发生一些超调，但中国经济的基本面没那么糟糕。一段时间后，人民币将回升并且在合理水平上企稳。人民币贬值会招致美国反弹，中国政府会被指责发起货币战争，但是我认为中国没有更好的选择。人民币汇率已经跟随美元多年，累计升值超过了35%。现在，人民币汇率的一些修正是必要的，而且现在的事实是，人民币贬值是资本外流的结果，而非人民银行操纵的结果。中国人民银行完全有理由放开人民币汇率，让市场来决定人民币汇率水平。为了最小化人民币大幅贬值带来的负面溢出效应，国际合作非常重要。我的看法是，二十国集团峰会（G20）的讨论应当纳入这方面的话题：如何避免竞争性贬值，以及相应的宏观经济政策、汇率政策如何进行国际协调。

当前中国的宏观经济形势和政策选择：对话黄益平教授*

如何判断中国当前经济形势

具体说，2016年、2017年中国经济的增长会走出一种什么样的格局？一种观点是2016年下半年或者是2017年年初中国经济会反弹。另一种稍有不同的看法是中国的经济会走出一个"L型"，2016年应该是到了字母L的底部，即我们已经从竖边落下来，到达水平的部分。这个水平的底部应该是跟长期的经济增长趋势，即所谓的潜在增长率相一致的。

大家对于中国的潜在的经济增长速度分歧不大，基本上同意在中、长期，中国的潜在经济增长速度应该是在6.5%左右。党的十八大明确提出从2010年到2020年人均收入翻一番。为了实现这个目标，在未来的5年中年均经济增速应该大约是在6.52%左右。这里我想强调的是，对于中国的潜在增长速度大家没有什么分歧，是在6.5%左右，或是6%到7%之间。

现在的问题是：在短期内中国的经济增速到底将是多少？我倾向

---

* 本文为国际经济评论编辑部2016年2月29日组织的"中国宏观经济形势和政策对话"，刊于《国际经济评论》2016年第4期。

认为，今、明两年中国经济还将继续下滑。在 2012 年大家就开始等待经济反弹，从中国 GDP 增长率走势图上就能看出来，已经从高点开始下来了，并且一直在往下走。大家期待的反弹始终没有出现。

为什么我会觉得经济增速还会继续往下走呢？主要理由是：中国经济处于所谓的通货紧缩阶段，而中国的上次通货紧缩发生在 1998—2002 年，当时，学界和政府都承认中国处于通缩阶段，这点在认识上没有分歧。但是在目前，虽然中国的 PPI 已经连续下降 47 个月了，但是中国政府不承认中国现在处于通缩阶段；虽然在资本市场的一致看法是中国已经进入通缩，中国经济学家却少有人提通缩问题。确认中国经济是否处于通缩状态十分重要，因为对这一问题的不同看法决定我们对中国经济增速走势和宏观经济政策取舍的判断。

我为什么要强调判断中国经济是否处于通缩状态的重要性呢？通货紧缩同一次性价格调整不一样。我用简化的总供给和总需求曲线简单说一下。假设经济原来处于均衡状态，总供给曲线与总需求曲线的交点是均衡价格。现在，国家对房地产进行调控，于是总需求曲线向左下方移动，在原有的价格水平上就出现了产品供给的过剩。由于产品供大于求，就必有价格下降的压力，于是价格就开始下降，供给量减少、需求量增加，最后达到新的均衡产出水平。这里，价格和产出的调整都是一次性的。

前几年，我们认为中国是处于这种状态，所以一直在等待经济的触底反弹或企稳。但是如果认为中国是处在通缩状态的话，情况就不同了。需求曲线由于某种原因（如房地产调控）往左下移动，而移动之后，经济并不会稳定在新的均衡点上。例如，某个行业因价格下降，利润受到侵蚀，企业看不到有什么盈利的可能性就会减少投资，而投资需求的减少意味着需求曲线向左下方的进一步移动。于是出现新的供大于求缺口，相应产品的价格就会下降，从而导致物价总水平下降。新一轮物价下降导致企业（不一定是原来的企业）利润遭到进一步的挤压，企业就会进一步减少投资，需求曲线进一步向左下方移动。这样，物价和产出就会螺旋下降。除非受到某种外部冲击，这种恶性循环会按照其内在的逻辑持续发展。如果认为中国已经陷入通缩的恶性循环，逻辑的结论就是，如果没有良性外部冲击，中国经济增速将会进一步下滑。

中国现在是否处于通货紧缩时期

为什么说中国处于通缩状态呢？中国PPI已经47个月为负；GDP减缩指数也是负数。反对通缩提法的最主要论据是：中国的CPI还是正的。我认为CPI为正，不但不能说明中国没在通货紧缩，反而说明中国通货紧缩可能比CPI和PPI都为负时更严重。CPI为1.4%，其中53%来自食品。食品价格变动是结构性的，或者是外部冲击的结果。剔除食品因素后，CPI微涨主要是服务业价格上涨造成的，而服务业价格上涨的很大部分是人口老龄化相关的服务业价格上涨造成的。服务业价格的上涨还反映了工资的上涨。中国现在的情况是：产品价格在下降，工资在上升（虽然工资上涨的势头在减弱）。CPI为正相当大程度上反映了成本对企业利润的挤压。还有一点，在判断是否存在通货紧缩时，必须看物价是正还是负增长，因为我们需要判断物价对实际债务的影响。CPI上涨可以抵消PPI下降导致的实际债务的上升压力，但与CPI上升有关的产业一般都是中、小型服务产业，是非国有企业，这些企业的债务负担比大型国有制造企业要小得多。所以即使CPI上涨对实际债务的上升有所抵消，抵消的作用也是非常小的。

中国目前问题起点是过度投资，我们过去投资过度，尤其是房地产的投资过度。那么投资过度的结果就是生产过剩和产能过剩，生产过剩导致了PPI的下跌，PPI的下跌导致了企业利润的下跌，企业不仅会减产还会减少投资。与此同时，银行还会惜贷。投资是当期总需求的重要组成部分。总需求的进一步减少，导致生产过剩和产能过剩的进一步恶化。这是产能过剩—通缩循环，与此同时我们还有另外一个循环，就是债务—通缩循环。中国公司债/GDP 比居高不下，达到 140% 多。中国企业本来已经是过度负债了，由于产能过剩导致 PPI 的下降，而 PPI 的下降导致实际债务的上升，而实际债务的上升，就会让企业变得惜借并减少投资。两个循环都作用于企业利润。企业利润的逐渐下降和实际债务的逐渐上升最终将导致违约增加，不良债权上升。而不良债权的发展不是线性的，可能会突然增加。如果出现这种状况，那么我们的经济就不但会硬着陆，而且会发生金融危机。

除了中国处于通货紧缩状态这个一般性的认识之外，令我格外担忧的是 2016 年的经济增长速度会有一个比较大的下滑，其原因是房地产投资的增长速度可能会显著下降。按照官方的说法，2015 年年初房地产投资的增长速度是在 10% 左右，2015 年年底是 1% 左右，2015 年的房地产待售面积是 7.18 亿平方米。在中国过去的多少年，房地产的销售面积是 13 亿平方米。7.18 亿占到 13 亿的 50% 以上，这是非常大的。如果 7.18 亿卖不出去，房地产开发是很难继续投资的。王一鸣在 50 人论坛上说要 9 年的时间，甚至是 9 年多的时间才能把我们现在的房地产的存货消化干净，就是说现在房地产的压力太大。如果你相信经济学的话，那房价一定会下跌的，当然，北上广可能除外。但是从全国范围内是一定要下跌的。所以在这种情况下，房地产的投资一定是要出现负增长的。

非常多的房地产开发商，尤其是比较大的房地产开发商，认为房地产开发投资的降幅是相当大的。那么，2016 年投资状况如何？非常大的房地产开发商说"在处理完存货之前，任何一个对自己的资产负责的开发商都不会再投资了，甚至国企都不会投资了，只有央企会投资了"。很多有实力的房地产开发商不在中国开发，已经到美国、英国、澳大利亚等地去开发了。所以，房地产开发在 2016 年将会有一个很大的负增长。如果说 2015 年是低增长，年底是零增长，那么

2016年我认为会是一个比较大的负增长，但到底负多少现在说不清楚，可能10%、20%，更有人说是30%。对于这个问题，我不能乱说，但是比较负的增长是肯定的。房地产开发自2003年被确认为支柱产业之后，对于中国的经济增长起到了至关重要的作用。如果说中国经济是投资驱动和出口驱动，那么投资驱动最主要的因素就是房地产驱动。

那么这里需要考虑一个问题，房地产投资在GDP中的比重到底是多少？这是有争议的，官方的最保守的估计是10%左右。当年张斌做了一个调查，东亚国家最高的是8%。中国的10%是一个最保守的估计，那么也有人认为是15%，有人认为更高。如果把跟房地产投资密切相关的产业加到一起，那么它对GDP的影响就更大了。如果占GDP 15%的房地产投资下降10%或者20%，那GDP的增长速度就会大幅度下滑。

不少经济学家认为即便中国经济增长速度大幅下降，中国也必须咬牙渡过这个难关，否则结构改革无法进行。这里涉及另外一个问题，即中国对低增速的容忍度。如果经济跌到4%以下，中国是否可以忍受得了。我认为中国经济是忍受不了4%的增长速度的。如果到了4%，那么经济是无法稳定的，金融是无法稳定的。甚至可能出现社会和其他的一系列不可忍受的问题。

所以我们现在的政策应该是在每个环节中想办法打破这种恶性循环，所谓的去产能、去库存、去杠杆、降成本、补短板这五件事儿，我一直在想这五件事儿在这些环节中，能处于什么位置呢？比如我们现在说的提效率，补短板这是毫无异议，这不用争论，因为是一定要发挥作用的，就是它不让企业的利润进一步下降。那么如果通过补短板，提高效益的方法使利润不下降了，那么这个循环就被打破了。所以，我是毫无异议地支持。至于去库存，我认为这是必然发生的事儿，生产的多了，供给大于需求，企业自己就是要去库存的。这主要是企业的行为，政府是需要帮助和推动，让企业去库存，但这主要是一种企业行为。而最能产生疑惑的就是去产能。去产能应该怎么理解？我认为是这样的，过去对于学经济学的人来讲，在经济学上讲，增加有效需求就会去产能了。但是现在理解有所不同，我们很多同志强调把现有产能从物理上消灭掉，如同祛除疾病。如果现在工厂还有大量生产电子显像管的设备，这种设备是没有什么意义的，也是应该把它消灭掉的。但是对大多数的产能来讲，它并不是完全无效、无用的产能，它是有用的，只不过现在的有效需求不足，所以处于闲置状态。就比如11亿吨的钢铁产能，其中有个3亿、4亿吨是处于闲置状态的。这里面肯定有一部分是要完全淘汰的，但是大部分来说，它不是没有用，是可以用的。怎么办呢？我认为就是要通过刺激有效需求的方法，哪怕通过"一带一路"的方法，这些钢铁是可以被利用的。所以，去产能有两个含义，一个是对过去那种有污染、有害的产能，把它消灭掉；另外一个是增加有效需求。

政策建议

我想强调的刺激有效需求，跟结构改革没有任何矛盾。只不过我是担心未来经济增速进一步下滑。如果不刹一下闸，让经济不要那么快的下滑，结构改革也将无法进行。而且，增加有效需求，并不一定导致结构进一步恶化。稳定经济和收入增长是为结构调整的深化奠定坚实的基础。需求管理同结构调整、增长方式转变是相辅相成的，不应该把它们对立起来。

我们现有的产能、供给结构是由过去的投资所推动的，要想改善，主要是改善我们当期的投资结构。所以只要我们当期投资投的对，那么这种做法是一举两得的，一石二鸟，既制止了经济的下滑，同时又能为结构的改革做出贡献。何乐而不为？

那么回过头来，现在的政策是什么？简单说，我认为现在只能是采取扩张性的财政政策。虽然我们的财政问题也很大，但是环顾左右，没有更好的方法。只有在财政上下功夫，就是要通过财政来支持基础投资建设。这里有很多具体操作的问题，我现在只是说方向，内容上还是搞基础设施，比如城市的地下管网建设。现在的"十三五"规划中就有这样的内容。地下管网有好几万亿的需求，比如北京的广渠门夏天是可以淹死人的，那为什么不去做一做呢？另外北京的地铁系统是非常危险的，特别是十号线和一号线的换乘通道，一旦出事儿，不堪设想。北京一号线和十号线换乘通道，是我见过的最拥挤的地铁通道，这些事情都是亟待解决的。要想解决这类问题，需要花很多钱。这种投入不能说会恶化经济结构。

所以，放眼望去，很多地方都是可以投资的。过去2008年的基础设施投资上马太急太快，因为当时对全球经济危机对中国的冲击的估计是非常严重的，所以有关部门非常紧张，把一些以前否定的项目又都翻出来了。这样的经验教训，应该吸取，这要求我们要有更好的规划和组织。但如果政府懒政怠政就没办法了，那就没有必要再讨论这个问题了。我假设政府是不懒政怠政的，都是全心全意为人民服务的。

这次刺激计划与之前的计划的另一重要区别是基础设施投资主要靠国债融资，而不是信贷融资，不是依靠银行贷款。政府发债是一件一举两得的事。中国的国债市场需要进一步发展，没有国债市场的发展，中国的金融改革很难深化。我相信政府发债，中国老百姓还是愿意买的。有了大量安全且有一定收益的资产，老百姓就不用把人民币兑换成美元、购买美国资产了。经验告诉我们，依靠信贷扩张为基础设施投资融资存在一系列弊端。大量资金流入资本市场和房地产市场，追逐金融资产、制造了大量资产泡沫，但实体经济却未得到必要的资金。

在通缩时期，货币政策是难有作为的。我认为中国的宏观经济调控应该主要依靠财政政策，货币政策应该是适应性（accommodating 或 accommodative）的，应该主要用来支持财政政策，有助于降低国债融资成本,应该通过如注入流动性,把货币市场利息率维持在足够低的水平上。在通货紧缩期间,不应让货币政策承担过多、过重的资源配置和宏观调控负担。

最后我打算讨论汇率问题。我和张斌、张明曾提出钉住宽幅货币篮,我个人倾向于把这个篮子的波幅区间定的非常大。就好像一个球门,我主张球门非常宽。无论怎么踢,都能把这球装下。中国现在必须在外汇储备的保存和人民币汇率稳定之间做选择。如果让我选择,我毫无疑问地会选择外汇储备。因为外汇储备是我们国家几十年挣来的辛苦钱(parked saving),不能把干预外汇市场导致外汇储备的损失等同于藏汇于民。这里有风险转移、收入重新分配、中国国民财富损失等一系列问题。

如果让人民币贬值10%,甚至20%,投机沽空力量必然大大减弱,因为买美元已经是非常贵了。[①] 我们现在搞"一带一路",到时候如果外汇储备都没了,还搞什么"一带一路"?人民币汇率稳定如果不是弊大于利,也是有利有弊。让人民币去浮动,把3万亿元外汇储备用在该用的地方(包括承担转型成本、实施"一带一路"和其他的计划)。总之,无论如何不能让外汇储备进一步下跌了。当然,不让人民币贬值也可以,但这就必须要大力加强资本管制,坚决遏制短期资本外流,保证中国能够维持国际收支平衡。如果中国货币当局不想这样做,唯一的选择就是让人民币充分贬值。

附:黄益平:对经济增速下行的基本看法

我感觉老余现在改变了他的一个看法,认为政府应该再度采取刺

[①] 这种情况类似对股指的干预。当股指价格急剧下跌时,如果在4000点时就入市干预,政府不仅要用掉数万人民币,而且根本无法稳住股指。但当股票指数跌到2000多点时,股票的卖空力量已经变得十分薄弱。此时政府再入市干预,稳定股票指数是非常容易的。

激政策。我不太理解，所以今天很愿意来向老余和各位求教。仔细听了老余刚才的介绍，我发现我们俩的核心观点也并不是完全不同。不同主要在两个方面，一是对当前经济形势的判断。虽然我俩都认为经济增长下行的压力比较大，而且很可能会持续一段时间，但对于背后的理由以及下一步将要发生的情形，看法不同。二是从一推出来的，就是宏观经济政策是不是应该有更大作为？老余认为现在需要财政刺激，而我则不太赞同再用刺激政策。但我俩的政策建议也有相似之处，即在经济下行压力比较大的时候，宏观经济政策应该有所作为，适当稳增长可能有必要，但我的重点在改革而非刺激。

我反对刺激政策有几个方面的理由。一是我判断现在的经济形势没有像老余描述的那么糟糕。他认为经济已经几乎陷入危机状态，我认为既要看到已经形成硬着陆的旧的产业，也应该看到正在蓬勃兴起的新的产业。老余刚才提到通货收缩，我想他说的应该是通货紧缩，通货收缩的意思是通货膨胀率往下走，而通货紧缩是价格负增长。当前的通货紧缩也并不是全面性的，制造业价格下跌很厉害，服务业价格还在涨，而且现在价格下行压力大，起码部分是外部因素如石油价格暴跌导致的。二是我认为眼下即便采取强刺激措施也不一定能起到所预期的支持增长的作用。经过"四万亿"的刺激政策之后，资本产出效率已经明显下降，各级政府官员实施刺激政策的动力也已经明显减弱，去年国家发展改革委批了很多项目，但落地的不多，进展很慢。三是我担心再度实施刺激政策不但不能为改革政策创造良好的环境，反而降低改革的可能性。起码很多市场参与人士都认为，一旦政府再宣布一个类似"四万亿"的刺激措施，那只能表明政府缺乏适度忍受短期调整痛苦、全力推进经济改革的决心。

我的阐述具体分两点展开。第一，如何理解增长减速？第二，为什么反对刺激政策？

对于经济走势，我和老余的判断是一样的：从2011年开始，经济增速一直在下降，而且经济增长的下行压力还会持续一段时期，短期内很难有显著的改变。任何触底回升都可能是短期、临时、不可持续的，未来真正的触底回升取决于产业结构的成功变迁——过去有竞争力的旧的产业逐步退出，而新的有竞争力的产业迅速形成，成为推动中国经济增长的新的支柱。

总体上看，引起经济增速下行的因素大概有三个：周期性因素、结构性因素和产业结构变迁因素。周期性因素跟出口表现、世界经济需求以及国内经济的一些周期性变化相关，未来随着美欧市场的复苏，如果我国的出口增速能从去年的－5%变为5%—7%，就有可能改善我国的经济增长。即便是这个周期性因素，也不太可能让我国的出口增长回复到全球金融危机以前的水平。全球经济已经走向新常态，趋势增长速度已经明显降低，况且我国已经成为全球经济中的大国经济，即"中国买什么什么贵、卖什么什么便宜"。中国经济也已经走向新常态，出口增长速度下降，不完全是周期性的，一定程度上也是结构性的，简单说，过去25%的出口增速已经难以重现。

结构性因素主要指中国经济的趋势增长速度已经明显下移。老余刚才讲未来5年中国经济要保持6.5%的增速，对这一点我没有太多异议。国内外的专家对中国经济增长前景的看法差异很大，有的乐观，有的悲观，但如果把问题落到未来五到十年中国经济可能的增长速度，主流学者的预测的差别反而不是那么大，基本上都处在6%—7%，乐观的有7%，悲观的也有6%。但有一点共识是很清楚的，即经济增速也已经进入新常态，不可能再持续以往8%、10%的增长速度。

然而，目前决定中国经济走势最关键的既不是周期性因素，也不是结构性因素，恰恰是中间的产业结构变迁因素。在一定意义上，这个因素与中等收入陷阱的故事相关，但又不完全相同。所谓的中等收入陷阱，指的是在开始发展的阶段创造了大批低成本、低技术的劳动密集型制造业，但随着经济发展水平的提高、成本的上升，这些产业需要退出。我们现在面对的也是这样的一个故事，但内容更丰富，挑战也更多。过去我们讨论中国经济增长,喜欢说三驾马车——消费、投资和出口,消费相对比较疲软,因此主要是靠出口和投资这两驾马车。出口就是靠东南沿海的劳动密集型制造业,而投资靠的是东北、西北的资源型的重工业。但问题是,过去支撑中国经济高速增长的两大引擎都在快速地失速。因为劳动力短缺、工资上升,沿海地区的劳动密集型制造业已经失去了竞争力。东北、西北的资源型制造业、重工业则饱受过剩产能之苦。这两大引擎失去动力导致中国经济的增长速度不断下行。所以说,如果单纯看传统部门,我可能同意老余的判断,经济活动已经发生硬着陆,甚至接近危机边缘。

但我觉得老余可能没有给予经济中那些正在快速形成、发展的新产业足够的重视。在制造业领域,家电企业和产品的重组、转型和升级的步伐都非常快,像格力、美的、海尔等公司都已经不再是以前的低端电器生产企业。这样的例子在汽车、建筑机械、通信器材、大型机械装备、智能机器人、3D 打印机和无人机等领域比比皆是,华为、万达、复兴等公司一直在逆境中奋发向上,有些不仅已经是全球性的大公司,甚至成了行业的领先者。在服务业领域,以互联网＋为代表的各类公司也正在快速扩张,光是阿里巴巴就创造了 1000 万个就业机会。现在的问题是,正在形成的新的产业还不够大,不足以抵消旧的产业退出所造成的增长减速的效应,所以我认为未来增长的下行压力还将持续相当一段时间。转折点将发生在当新的产业可以填补退出的旧的产业对增长的贡献。

所以,我们分析经济形势,要新、旧产业一起看。但跟踪新产业发展确实不容易,因为缺乏好的数据。很多投资者在国内转一圈之后变得更加悲观,因为他们关注的往往就是上市公司,很多上市公司都是过去的优质企业,现在可能处在需要淘汰的行业。单凭这些行业的数据下结论,悲观并不为过。如果把新产业放在一起看,其实中国的宏观数据并没有那么差,无论看增长、消费、通胀和就业,其实都还可以。增长减速的时候政府最担心失业和金融风险,现在都尚未爆发。从餐饮、影院、旅游和网购等数据，看不出经济已经走到危机边缘的迹象。老余刚才讲通货紧缩，这个可能主要是产能过剩引起的，其他产品包括服务业产品的价格还在往上走，所以并非简单的通缩现象。在产业结构变迁的过程中，产生悲观情绪也很正常。在20世纪80年代，韩国、中国台湾、中国香港最担心的就是产业空洞化风险，担心把他们当时的劳动密集型制造企业搬到中国的珠江三角洲以后，当地经济还能不能活下去，因为那个时候新的产业还没有形成，但后来它们都成功地走过来了。

政策建议

基于上面对经济形势的分析，我的政策建议就可以从逻辑上推出来。政策目标应该是尽快推动新旧产业的更替：让旧的产业平稳地退出、让新的产业更快速地形成。很显然，刺激政策是实现不了这个目标的，只有靠改革，用市场的手段关闭失去竞争力的企业，支持创新、创业和产业升级。在推进结构改革的时候，短期内可能造成新的增长下行的压力，这个时候可以适当使用宏观经济稳增长的措施来保障改革的平稳落实。但同时必须意识到，中国经济已经进入新常态，要接受适当减速的经济增长。

改革要改什么？我们只要看2013年年底党的十八届三中全会批准的《中共中央关于全面深化改革若干重大问题的决定》就可以了，60条的内容十分完整、详尽，现在需要做的是真正让其落地。2015年年末的经济工作会议又提出了五大任务——去产能、去杠杆、去库存、降成本、补短板。去产能当然是指消除那部分已经缺乏竞争力、没有市场需求的生产能力。过剩产能的问题在钢铁、煤炭、氧化铝、建材、有色金属和造船等行业十分突出，以钢铁行业为例，目前全国的产能为13亿吨，其中1/3或者接近4亿吨是过剩产能。去杠杆就是降低经济中的负债率。我们一般用M2/GDP这个综合指标衡量经济的杠杆率，如果看这个指标，短期内似乎并不存在降低杠杆率的可能性，因为我们不可能把 M2 增长速度降到名义 GDP 增速之下。如果分部门看，目前政府与居民的杠杆率并不高，问题主要集中在企业部门。不同企业的情况也不尽相同，2008 年以来，国企的杠杆率不断上升，而民企的杠杆率却持续下降。所以，去杠杆的重点应该放在国有企业。去库存主要是要消化目前房地产行业大约 60 亿—70 亿平方米的库存。中国的房地产市场已经明显两极化，特大城市如北上广的需求依然比较强劲，库存也不多。而很多三四线城市的库存已经非常严重，也没什么需求。所以房地产去库存，应该主要是解决三四线城市的问题。补短板应该是克服经济发展的一些瓶颈约束，比如基础设施、研发创新、社会保障等。最后，降成本是要通过一系列的政策改革降低企业的运行成本。

应该说，现在改革的任务已经很清楚了，但究竟能落实多少，还不太清楚。从 2013 年年底到现在，市场人士对改革的信心其实是在下降，普遍感觉政策公布了很多，真正实施的关键步骤很少。当然，这个也并非中国独特的问题，世界各国都存在。2008 年全球金融危机以后，各国政府齐心协力采取了力度非常大的货币与财政刺激政策，对于稳定经济与金融起到了十分重要的作用。之后各国政府都宣示要强力推进结构改革，以实现可持续的经济增长，5 年过去，各国进展都不太大。以日本为例，安倍首相的"安倍经济学"三支箭中，迄今为止只成功地射出了两支箭，即量化宽松与财政扩张，结构改革却举步维艰，经济复苏也十分乏力。欧洲的情况也差不多，而全球金融危机前增长势头很猛的金砖国家俄罗斯、巴西和南非已经走入巨大的经济困境。全球经济中，形势相对比较好的是美国和印度。但美国也没有采取多少改革措施，状况相对较好是因为其体制比较灵活，企业的资产负债表调整比较快，创新能力也很强。去年全球投资者一度对印度经济前景十分看好，因为"印度的邓小平"莫迪总理誓言积极推进改革。后来发现真正的改革很少，主要还是引进投资项目、建设基础设施等，最近印度经济增长的下行压力也挺大的。

最近投资者对中国经济前景失去信心，可能有几个方面的原因，近期关于股市、汇市的政策沟通出现一些问题，让投资者无所适从。政府一再说稳增长却一直稳不住，也是一个很大的问题。但更重要的是改革的进程一直慢于预期。原先很多投资者觉得中国政府是全世界最有能力的政府，现在开始发生了动摇。

这个时候确实需要采取一些措施来稳定信心。老余的建议是加大刺激力度，稳定经济，稳定信心，我觉得可能这不是最佳策略。固定资产投资基本上是三大块，基础设施、制造业和房地产，它们在2015年年末的同比增长率分别为20%、10%和0。也就是说，现在基础设施投资的增速并不慢，是否需要进一步的刺激？当然我们希望把资金更有效地投向真正短缺、回报高的领域，问题是，如果决策机制没有发生变化，我们如何确定这一次的投资决策一定比2008年更高明？从目前新增信贷投放的方向看，跟以前没什么大的变化，主要还是流向国有企业和地方平台。这一次还有一个跟2009年不一样的地方，可能投资对经济增长的拉动作用已经明显减弱。边际资本产出率已经从全球危机之前的3上升到现在的8，也就是说，如果以前每新生产一个单位的GDP，都需要三个单位的新增资本，现在已经需要八个单位的新增资本。所以，即便采取刺激政策，也可能造成钱投下去了、经济增长却没有上来的尴尬局面。近年国务院领导一直焦虑的金融不支持实体经济，可能也是这个原因。另外，最近各级政府官员不作为的问题比较突出，也可能影响刺激政策的效果。如果执行不当，刺激政策不但不能发挥如老余所说的为改革创造良好条件的作用，甚至可能适得其反，让本来应该关闭的企业苟延残喘，拖延改革。浙江绍兴有一家企业远东化工，2008年已经准备开始进入破产程序，却意外地被"四万亿"救活。最近再次开始破产程序，唯一的区别是，企业的负债已经从当年的100亿元增加到150亿元。

目前决定中国经济走势最关键的既不是周期性因素，也不是结构性因素，恰恰是中间的产业结构变迁因素。我的政策建议是把重点放在改革上，同时辅之以适当的稳增长措施。政府可以三管齐下稳定信心，一是放弃过高的增长目标，守就业与金融稳定的底线。二是明确宣示加大改革的力度，并采取看得见的、实质性的步骤。三是适当加大稳增长的措施，主要是财政扩张。这三项举措中，核心是改革。改革的关键是去产能。为什么去产能最重要？因为大量的僵尸企业不但制约经济增长，遏制创新和产业升级，还明显阻碍其他领域的改革如利率市场化。为什么金融支持实体经济的力度不断减弱？有人说是因为钱在股票市场空转，我觉得更重要的原因是很多钱去了僵尸企业，资金只是在维持僵尸企业的生存，没有创造新的价值。凡是国企特别是僵尸国企主导经济的地方，民营企业就很难发展，创新、创业也就更加艰难，所以僵尸企业的存在，其实也严重影响了新兴产业的形成与发展。市场上有很多软预算约束的企业，利率市场化就无法真正推进。

明确了去产能的目标，还有一个如何去产能的问题。现在从中央到地方层层分解去产能指标的做法，很难赢得市场的支持。一是因为去产能本来应该是一个市场化的过程，不能把它当行政任务来执行。客观地说，现在的很多产能本来就是政府调控出来的。政府需要做的是消除软预算约束，究竟哪一家企业需要关闭，让市场来决定。二是政府制订的去产能计划远远低于市场预期，对解决当前的结构性问题帮助不大。三是让别的企业来兼并收购僵尸企业，而不是破产清盘，相当于把安置失业工人和处置不良资产的责任推给了其他企业。去产能，最后就落到两个字：人、钱，即钱从哪来、人往哪去？在这两个方面，政府特别是中央政府应该主动承担责任，清理历史遗留问题，建立真正的市场机制，一切向钱看。

最后总结一下，我和老余在两个方面的看法是共同的，一是认为经济下行的压力还会持续，政府必须尽快采取措施稳定局面，二是可能需要改革与宏观两个方面的政策配合。差别主要在于老余认为现在经济已经面临全面通缩,经济增长也存在突然失速的风险。我的看法是传统行业如劳动密集型制造业和重工业已经发生硬着陆,但新兴行业正在兴起,宏观层面看经济没有老余判断的那么悲观。但这并不意味着我不担心中国经济前景,可能我所看到的问题比老余看到的问题更难解决。老余也是一向主张全力推进经济改革的,只是建议近期内加大刺激政策的力度,而我更愿意把重点放在改革上面,如果要挑一个关节点,那就是去产能,哪怕短期内承受增速放缓。唯有如此,中国经济才会有好的未来。

(中国社会科学院世界经济与政治研究所,张斌整理)

应再次引入一揽子刺激措施打破通缩局面

中国经济处于通缩状态，存在硬着陆危险

《上海证券报》：您过去一直强调中国经济结构调整和增长方式转变的重要性，为什么最近提出再次引入经济刺激的主张，这种主张与您对当期中国经济形势的判断有什么关系？

余永定：我认为中国经济现在处于通缩的状态，存在硬着陆危险。结构改革要继续推进，但通过需求管理打破通缩，保住经济增长底线也十分必要。

所谓通货收缩是指物价的普遍、持续下降。到2016年1月，PPI已经连续47个月为负。我认为，在中国，PPI比CPI更能全面反映整个经济的供求失衡状况。PPI篮子不仅包括原材料、中间品价格，还包括最终产品价格；不仅包括生产品价格还包括消费品价格。不仅如此，2015年GDP减缩指数也由正转负。

CPI略微为正、PPI为负这种情况在1997—2002年的通货收缩时期就出现过，只不过当时两者背离的时间不太长，只有八个月。在CPI的1%左右的增长中，有50%多来自食品价格的上涨，食品价格

---

* 本文刊于2016年3月23日《上海证券报》。

上涨很大程度上是外部冲击造成的，不反映经济的供求失衡状况。CPI增长的另一个主要来源是服务价格的上涨，而服务价格上涨又是由工资上涨和人口老龄化造成的对服务需求的增加造成的。

通胀（物价普遍上涨）的危害大家都理解，但物价普遍下降又有什么不好呢？在经济学文献上，通缩对经济的破坏作用主要来自通缩导致的实际债务上升。债务是按名义货币计算的，物价的下降导致实际债务上升，而企业的去杠杆则会导致经济陷入衰退。中国的情况略有不同。通缩是从产能过剩开始的。产能过剩导致PPI下降，但产品价格下降的同时，名义工资却在上升，这样就导致企业利润下降和亏损增加。事实上，中国非金融企业利润率是世界上最低的。2015年企业利润已经开始负增长，中国企业本来就背负沉重的债务负担。PPI下降导致实际债务增加，并进而导致企业利润减少和亏损增加。企业盈利下降和亏损增加最终都导致企业减少投资。

投资是当期有效需求的重要组成部分，投资的减少必然导致当期产能过剩的进一步恶化。这样，以产能过剩作为起点，以PPI为作用渠道，经济增速和通缩相互影响以至形成恶性循环。通缩同物价的一次性调整不同。一次性调整持续时间短、产出损失小。通缩则意味着物价和产出会一路持续下跌。除非出现某种良性外部冲击，通缩的结果很可能是金融危机和经济危机爆发。

CPI为正这个事实是否能够否定通缩的存在呢？答案是否。CPI为正，主要是工资上涨、老龄化的结果（对食品、娱乐教育与文化、医疗保健的需求增加）。工资上涨快于CPI上涨，意味着企业利润受到进一步挤压。此外，中国大量借债的企业是制造业企业、国有企业、大企业。其产品和服务价格微升的企业大多是从事服务业的民营、中小企业。这些企业的负债负担本来就不高，因而，CPI上升对于实际债务上升的抵消作用十分有限。总之，CPI为正并不能否定中国存在通缩。相反，同CPI和PPI皆负相比，CPI微正、PPI为负，对经济造成的下行压力更大。

如果你接受中国处于通缩状态这样一个判断，你就必须警惕经济增速下滑的顽固性和持续性。事实上，我们从2012年开始等待增速反弹，但增速没有反弹，而是逐年下降。一种比较乐观的看法是，中国经济将在2015年下半年出现反弹。如果真是如此，中国确实没有必要引入什么刺激措施。大家认为中国经济增长将走出一个L型，问题是：我们并不知道中国经济是处在L的一竖上还是在一横上。经过四年的等待和失望，我现在倾向于认为，经济增速下降还没有见底，因为我们没有看到PPI回升的迹象。换言之，物价下降和有效需求减少的恶性循环还未结束。尤其令人感到不安的是，2015年商品房库存在迅速上升。2015年年末商品房待售面积7.18亿平方米，其中，4亿平方米为住宅库存；加上在建面积，商品房待售面积要多得多。正常情况下，年住房出售面积13亿平方米（2015年售出12.8亿平方米）。据说，在最好的情况下，消化待售商品房要用9年时间。在这种情况下，房价还能强撑多久？在这种情况下，去库存还来不及，还有哪个头脑正常的房地产开发商会投资盖房？还有哪个负责任的银行会为房地产开发投资提供贷款？2015年年初，房地产投资增速10%左右，到年底增速掉到1%。2016年房地产投资增速会掉多少呢？假设2016年少盖7亿平方米，房地产投资增速会下降多少呢？房地产投资在GDP中的比重大致为10%左右。如果房地产投资增速急剧下降，如下降20%，2016年GDP增长就会减少2个百分点。

但是，难道我们不可以通过增加消费需求增速的办法来抵消房地产投资增速暴跌的影响吗？当然，这最好不过。而且政府确实应该采取措施，鼓励居民消费。但居民消费需求主要是居民收入和财富变动等一些变量的函数。很难设想，如果GDP增速大幅度下滑，居民消费能保持足够快的增速，以至能够抵消投资增速下降对经济造成的下行压力。此外，出口增加也能帮助维持经济增长。但是，其作用也是有限的。

为了实现政府翻两番的目标，在未来5年内，中国经济年均增速必须保持在 6.52% 以上,这个目标还要不要保?目前,银行不良债权正在加速上涨,如果经济增速大幅度下跌,不良债权就会进一步大幅度增加。不仅如此,虽然目前房价依然居高不下,但除极少数大都市外,在未来的某一个时刻,房价下跌恐怕是难以避免的。这种情况一旦发生,中国金融体系的不稳定必将进一步加剧。2015 年以来资本外流和外逃加剧,市场信心急需提振。如果 GDP 增速进一步下降,信心从何提振?资本外流和外逃如何遏制,人民币汇率如何稳定(应不应该稳定是另一个问题)?

总之,中国必须保持经济增长速度不会跌破某一底线。如果认为:(1)中国经济将在今年下半年企稳;(2)中国可以接受或承受在相当长一段时间内的 5% 以下的增长速度(按官方数字),甚至负增长,我们就无需过于担心经济增速下滑问题,引入大规模刺激政策就没有必要。否则,就必须采取措施,打破通缩的恶性循环,防止经济的大幅度下滑。

短期需求管理和长期结构调整并无矛盾

《上海证券报》:供给侧结构性改革已成为当下最热的词语,您是什么观点?

余永定:我不太清楚"供给侧结构性改革"是什么意思,大概可以把它理解为结构改革吧?结构改革包括经济结构、产业结构、人口结构、劳动结构、产能结构、区域经济结构等。"供给侧结构性改革"大概也包含对经济增长方式的调整:变人力和资本投入驱动为创新驱动、改善人力资本、提高全要素生产率等。这些问题学界已经讨论了 20—30 年,在学界早已形成共识。供给面的结构改革必然包括对某些工厂和生产设备实现"关、停、并、转",即对现有资本存量的调整。更重要的是,为了使供给结构合理化,必须调整需求结构,只有这样,未来的供给结构才能变化。例如,旧产业的淘汰和新产业的发展是要靠投资（包括人力资本投资）实现的。在调整需求结构的过程中很难避免出现有效需求不足。例如，在房地产投资减少的同时，消费需求未必能够相应增加。在这种情况下，就会出现由于有效需求不足产生的产能过剩。但是，此时的过剩产能（如钢铁产能过剩）并非完全无法利用。如果增加基础设施投资，这部分产能中的相当大部分就可以得到利用。而基础设施投资，如果计划得当，不仅可以弥补因投资结构调整导致的有效需求不足，而且可改善未来供给结构。中国基础设施投资缺口依然很大、公共产品供给匮乏。只要规划得当，基础设施投资并不会导致生产效率的下降和经济结构的恶化。把北京的地下管线修的好些，把地铁的安全隐患减少些，把城际交通搞得更为现代化总不至于会恶化经济结构吧？相反，稳定经济和收入增长是为结构调整的深化奠定坚实的基础。需求管理同结构调整、增长方式转变是相辅相成的，不应该把它们对立起来。总之，供给面的结构改革不排斥需求管理，需求管理也不排除结构调整。

《上海证券报》：2015年，中央经济工作会议提出2016年五大任务，即主要是抓好"去产能、去库存、去杠杆、降成本、补短板"。您如何理解？

余永定：中国的去库存现在主要是指房地产去库存。2015年房地产库存一直在增长。2015年年末的商品房待售面积7亿平方米，占平均商品房年销售额的54%。但是，尽管库存增加，房价却并未下跌，这种状况难以持续。经济学常识告诉我们，去库存必须伴随价格的下跌。最近，政府开始试图通过解禁政策刺激购房需求。但是，这种政策能够在多大程度上奏效还有待时间证明。除少数国际化都市外，房地产价格的大幅度下跌大概终究难以避免。政府恐怕应该为房地产价格大幅度下降可能对经济增长和金融稳定带来的冲击设计好预案。需要强调的是，尽管去库存非常必要，但在短期内，去库存并不能抑制经济增速下滑。此外，去库存主要是企业的事情，政府作用是辅助性的。当然，在发生危机的形势下，政府可能不得不入市干预。

同去库存问题相比，去产能的含义可能会引起更多争议。产能，顾名思义是生产能力，而生产能力又是同资本存量相联系的。过剩的产能可以包括两部分：永远无法使用的产能（死产能）和由于暂时的需求不足导致的闲置产能。第一类过剩产能是无效产能。例如，生产电子显像管的产能是无效产能、死产能，应该在物理上消灭和从统计中扣除。值得指出的是，这种产能的产品没有需求，不会造成物价下降压力，去掉这部分产能也不会导致物价上升。第二类过剩产能并非无法利用，而是当期需求（需求曲线左移）减少所致。这类产能不是绝对过剩而是相对过剩。在价格下降过程中，一部分竞争力较差的企业完全或部分退出生产，相应产能被闲置，成为我们通常所说的过剩产能。应该看到，供给量减少和产能闲置有助于价格稳定。但如果有效需求增加，部分被闲置的产能还会得到利用。

在过去，钢材过多就盖更多的钢厂，新钢厂需要钢材，可以吸收过剩产能。但新建钢厂在未来会提供更多新产出，从而使未来的产能过剩更为严重。我们不能重复这种做法，但也不应该让所有过剩钢铁产能闲置。我们完全可以通过增加有助于结构调整和增长方式的需求，使至少部分"过剩"产能得到利用。否则不仅资源浪费严重，还会加重通缩。总之，去产能的重要内容是增加有效需求。

去杠杆应该是指减少企业债务。中国企业债务居高不下，对中国的金融稳定造成严重威胁。去杠杆自然是题中应有之义。但是，去杠杆如果意味着企业投资意愿和能力的减弱，其结果也是 PPI 和经济增速的进一步下降。在目前，更重要的问题似乎是控制信贷增长速度。

降成本和补短板属于提高生产效率和改善资源配置，这些措施在任何时候都是正确的。在当前情况下，两者都有助于打破通货收缩的恶性循环。但降成本，特别是如果涉及降工资成本，对宏观经济的影响更复杂一些，需要进一步分析。

不难看出，尽管"三去、一降、一补"十分必要，但这些都不是针对通货收缩开出的药方。例如，由于需求不振，房地产库存迅速增加。尽管房价未降，面对住房需求减少的现实，房地产开发企业一直在压缩房地产投资（少盖房）。由于房地产库存居高不下，2016年房地产开发企业的第一要务必然是去库存。在把积压的房子卖出去之前，房地产开发企业是不会盖新房的。由于房地产投资和相关投资在GDP中的比重极高，房地产投资增速暴跌必将使GDP增速大幅度下跌。尽管"去库存"可以帮助房地产开发企业渡过债务难关，"三去、一降、一补"解决不了经济增长因房地产投资增速锐减而急剧下降的问题。如果政府的判断是，房地产投资增速不会大幅度下降、也不会对经济增长造成巨大冲击，或者即便经济增长速度明显下降也不要紧，则只要不在本应由企业决定的问题上越俎代庖，把政策着力点放在"三去、一降、一补"是没有问题的。然而，如果答案是否定的，中国政府就必须刺激有效需求，用政府部门的加杠杆抵消企业部门的去杠杆对经济增长的抑制作用，防止经济硬着陆。

应该清醒地意识到，中国目前主要问题是经济的持续下滑压力大。为防止硬着陆，打破通货收缩的恶性循环是关键。通货膨胀对经济有很大的消极作用，特别是严重的通货膨胀。通货收缩可能比通货膨胀更难克服，延续的时间更长，其经济、政治和社会后果可能比通胀更严重。

再次引入一揽子刺激措施

《上海证券报》：如何打破通缩？还是采取老办法，加大投资刺激力度吗？2008年，政府为应对全球金融危机出台了"四万亿"的刺激政策，到现在还难以消化。中国还能承受再一轮的大规模刺激政策吗？

余永定：为了防止硬着陆，我们需要一整套比较完整的适合国情的经济政策。其核心是在不恶化经济结构的前提下，刺激有效需求，使中国经济增长速度能够保持在合理的水平上。

为确保2020年实现全面建成小康社会人均收入翻番的宏伟目标，这也是"十三五"规划一个核心的指标，"十三五"时期经济年均增长速度一定要略高于6.5%。因此，我们应采取各种政策，防止经济出现进一步下滑。我个人认为，按照现在发展态势，中国今年的经济增长速度要比去年更低。为了保证经济增速不进一步下跌，应该要采取扩张性的财政政策、货币政策和充分灵活的汇率政策。

扩张性的财政政策是指政府增加财政支出，扩大财政赤字。对于中国来说应该是政府主导投资于基础设施，改善公共产品的供给。相比其他国家，中国的基础设施投资的余地依然相当大。包括城市的管网建设、北京地铁改造、长江生态环境改善、现代化的卫生系统建立和完善等。所以说，现在不是没有能够利于改善经济结构的投资，再搞比较大规模的基础设施投资的余地是存在的。

《上海证券报》：担心大规模刺激政策会带来以前曾经出现过的问题，会走老路？

余永定：为了吸取2008—2009年的经验教训，必须仔细规划、从长计议，把刺激计划设计得更为周详，尽量避免重复建设和浪费资源，使刺激计划完全可以和"十三五"规划有机结合。

需要强调一点，刺激计划的融资方式应该与"四万亿"显著不同。具体说，应该以财政融资为主，而不是主要依靠银行信贷。

这次应该靠财政支出，政府出钱。公共基础设施的投资应该是政府带头投资，政府花钱。这里有一个挤入效应，而不是挤出效应。政府承担主要风险，政府让利，民间跟进。财政的钱从哪来？很简单，发国债。

还记得1998年东亚金融危机中，中国陷入通缩。政府通过发行国债方式解困，当时不少人担心财政赤字。但事实上，经济增长速度上去之后，中国的财政赤字反倒减少了。日本当年十分害怕公共债务增长。当公共债务占GDP比为91%的时候，日本政府就开始搞财政重建，使公共债务占GDP比重降下来，结果很快出现经济衰退。现在日本的公共债务占GDP比已经达到230%以上。日本官僚当年害怕的公共财政危机依然并未发生。根据国际经验，考虑到中国目前公共债务对GDP之比还不算太高，如果可以使中国经济增速维持在6.5%的水平上，把财政赤字提高到4%应该是安全的。

增发国债一个非常大的好处是推动国债市场的发展。党的十八届三中全会的公报明确要建立一个无风险的收益率曲线。如果涉及面非常广的国债市场，这条曲线建立不起来。一旦所有的金融产品不能正确定价，会出现大量的投机和套利等混乱现象。因此，这是一举两得的事情，刺激了有效需求，发展了中国金融市场，何乐而不为？

政府应该通过发放国债为刺激措施融资，国债的发放对象应该是中国居民和中国金融机构。中国人民银行则应进一步实行宽松的货币政策，为扩张性财政政策提供支持。例如，货币政策应该有助于国债的发放、有助于降低国债成本。理论上，克服债务—通缩恶性循环，不但要刺激有效需求，而且要实施债务重组。中国20世纪90年代末期的经验也证明了这一点。在未来一两年中，中国恐怕也难免再次开展大规模的债务重组。

此外，为了确保中国人民银行能够执行宽松的货币政策，人民币汇率必须有充分的灵活性。同时，鉴于中国金融体系中的一些脆弱性，必须继续坚持资本管制。

总之，2016年，面对通缩和经济增速进一步下滑的严重挑战，中国在推进结构改革、增长方式转变的时候，应该结合"十三五"规划的落实，执行以增加基础设施投资和公共产品提供为主要内容的扩张性财政政策，中国的货币政策应该为扩张性财政政策提供支持。同时，中国应该加快现汇率制度改革，减少对外汇市场干预；通过市场供求，并辅之以资本管制，实现汇率稳定和双向波动。中国还有很大政策空间，只要政策对头，就一定能够实现经济稳定、较高速度增长。

我为什么主张出台新刺激政策[*]

财新网：近期，你提出一个观点，认为中国已经陷入通货紧缩的恶性循环，并建议政府再次开始新一轮的大规模财政刺激。有学者指出，现在中国的 CPI 仍然为正，因此，难以断定中国已经进入了通缩阶段。你主要通过哪些经济指标的表现，得出了当前中国已经陷入恶性通缩循环的结论？你如何看待当前"PPI 为负，CPI 为正"的现象？

余永定：通货收缩是指物价的普遍、持续下降。到 2015 年年底，PPI 已经连续 46 个月为负。不仅如此，2015 年 GDP 减缩指数也由正转负。物价普遍下降之所以值得担忧，是因为它会导致实际债务上升，进而导致经济陷入债务—通缩的螺旋式下降。同从通缩定义出发讨论中国是否处于通缩状态相比，更重要的是分析不同物价指数变动对债务—通缩恶性循环形成的影响。目前，中国 CPI 上涨的主要原因是食品和劳动密集型服务业价格上涨，而这种上涨的主要原因又是结构性因素以及工资上涨。尽管提供这些产品和服务的企业的利润会因价格上升以及原材料成本下降而有所上升，但是，这种上升恐怕早已被工资和各种税费用的增加而抵消。因而，这些企业的偿债能力并不会因 CPI 的微升而增强。此外，这些企业中的相当大部分属于民营的服务业，负债水平一般并不高，在企业总债务中的比例很低。因而，即便这些劳动密集型企业的实际债务负担因 CPI 的上升而下降，从而

---

[*] 本文刊于 2016 年 2 月 9 日《财新传媒》。

部分抵消了作为一个整体的所有企业的实际债务因 PPI 下降所导致的上升,这种抵消作用也是有限的。总体而言,CPI 微正将加强而不是削弱债务—通货收缩的恶性循环。

有些学者指出,中国的物价指数未能准确反映房地产价格的上涨。而中国的房地产价格,特别是北上广的房价,还在上涨。鉴于房地产投资在中国 GDP 中的特殊重要地位,是否可以认为中国的问题是通货膨胀而不是通货收缩呢?在北上广地区,住房需求依然强劲似乎无法否认,但就全国来讲,房地产市场供大于求也难以否认。否则,为什么 2015 年房地产存货以两位数增长、房地产投资增速则由以往的 20% 以上急剧下降到 0?在房地产市场供大于求情况下,房价依然居高不下,应该是供求关系之外的原因造成的。除极少数大都市外,在未来的某一个时刻,房价下跌恐怕是难以避免的。

财新网:PPI 的下降难道不是大宗商品价格下降造成的吗?

余永定:大宗商品价格下降是导致 PPI 下降的重要原因,但是,有效需求不足是主要原因。钢铁行业的现状可以很好说明这种情况。这一断言也可以从 PPI 由正转负始于 2012 年,而大宗商品价格下跌始于 2014 年这一事实得到佐证。其实,大宗商品价格的下跌同中国经济的减速也不无关系。作为大宗商品进口国,如果 PPI 是原材料价格(如石油价格)下跌造成的,经济增速理应上升,而不是处于持续减速这种状况。

财新网:那么,中国目前 PPI 负增长和 GDP 增速下降的原因,究竟是有效需求不足还是"有效供给不足"?

余永定:进入 21 世纪以来,房地产投资(这里的投资概念与理论上的投资概念有所不同)成为中国经济增长的主要引擎之一。几经反复,2008 年"四万亿"刺激计划之后,房地产投资增速强劲反弹,由 2008 年年底的 0 增长飙升到 2010 年年初的 37% 左右。2012 年,政府再启房地产调控,房地产投资增速一度急降到 15%。虽然 2013 年有所回调,房地产投资增速一路下跌的趋势并未改变,2015 年年底增速几乎降到0。最近这几年，尽管房地产价格仍居高不下，房地产开发企业开始大幅度减少房地产投资。房地产投资增速下降导致对钢铁、水泥、电解铝、平板玻璃等一系列相关原材料、中间产品需求等减少。例如，中国钢铁年产能为10亿吨，由于房地产投资增速大幅度下降，钢铁行业出现4亿吨的过剩产能。简言之，是房地产投资增速锐减导致制造业出现普遍的产能过剩，进而导致PPI的负增长和GDP增速的持续下降。

毋庸讳言，房地产投资增速下降很大程度上是政府调控的结果。同时，也应该强调，政府为优化资源配置、改善经济结构、转变增长方式和防止资产泡沫而对房地产投资所实施的调控非常必要，大方向上是正确的。有效需求减少、经济增长速度下降是这种调控所必须付出的代价。如果政府不对房地产投资加以调控而坐等市场纠正房地产投资热，经济恐怕会受到更大的冲击。

有效需求不足的含义是十分清楚的。什么是有效供给不足呢？首先，顾名思义，它似乎是指"产销不对路"，生产出来的东西没人买，有人买的东西却没有被生产出来。如果确实如此，则"有效供给不足"就不是一个宏观经济学概念，也就不是宏观经济管理的对象。其次，既然供给不足，那无论它是"有效"还是"无效"，物价就应该上升。但是，我们看到的是PPI连续46个月负增长，GDP减缩指数也由正转负。这种现象很难用"有效供给不足"来解释。再次，以产能过剩最为严重的钢铁行业来看，钢铁产品价格的下降和利润锐减，显然是需求不足而不是"有效供给不足"造成的。如果某种产品存在有效供给不足，这种产品的价格应该上升才是。请问：这类产品是什么？在其他产能过剩行业，情况也大抵如此。最后，市场经济条件下，有效需求不足是政府干预经济的重要理由。但是有效供给不足的问题应该尽量由市场解决。

指出有效需求不足是PPI负增长、GDP增速下跌的主要原因，并不意味着否认"有效供给不足"的存在，也不否定消除"无效供给"

的重要性。把有效需求不足和"有效供给不足"这两个不同层面的问题通过修辞关系对立起来，是把宏观经济问题和结构问题、短期问题和长期问题混为一谈了。

财新网：你所说的通货收缩恶性循环的含义是什么？能否请你进一步阐述认定中国存在通货收缩恶性循环的理据？

余永定：通货收缩是一般物价水平的持续下降，而不是一次性下降，明白这点十分重要。关于后一性质，可用一个微观经济的例子说明。在正常情况下，如果出现供大于求，物价在市场机制作用下下降，进而导致需求量增加、供应量减少，供求将在较低物价水平上实现平衡。通货收缩与物价一次性下降的不同在于：物价的下降并不能导致供求在较低物价水平上的平衡。通过某种机制，物价下降非但未能导致需求量的增加，反而导致需求量的进一步减少。用宏观经济学的语言来说，由于总需求曲线本身不断向左方移动，物价不是在供大于求缺口作用下沿原有总需求曲线向右下方一次性下移，而是沿总供给曲线持续向左下方移动。除非总供应曲线左移（供给减少）抵消了总需求曲线左移对价格施加的下行压力，物价的下跌和经济增长速度的下降就不会停止。通货收缩的危险在于：除非出现有利的外部冲击，由于物价和总需求的盘旋下降，经济平衡的恢复可能会以经济的硬着陆为代价。

在实践中，区分物价一次性下调和通货收缩是困难的。但是，如果PPI连续46个月负增长，就很难否认中国经济确实处于通货收缩之中了。不同的诊断意味着不同的药方，判断中国经济是否处于通货收缩状态，对于我们是否能够出台正确的应对之策至关重要。直到2015年年初，我对中国经济增速的下降并不十分担心，认为这是经济结构调整必须付出的代价。但是，PPI和中国经济增长速度的持续下降，以及这种下降对国内、外市场信心的巨大破坏，迫使我不得不重新考虑PPI负增长和中国经济增速下降的性质。

中国"大规模刺激"是没有更好选择的选择[*]

《前海传媒》：您的大规模刺激一说，引发很多争议，如何避免2008年的后果是外界最关注的。

余永定：这个我当然不能保证可以避免。这个事情取决于许许多多的因素，作为经济政策来讲，只能假定在政府政策层面，在执行力上，没有什么太大的问题。我们这么做可能不是一个最优的选择，但是没有更好的选择。

我一再强调现在处于通货收缩时期，因为产能过剩所以物价下降，主要指的是PPI，物价下降使得企业非常困难，利润越来越少，就必须要减少投资、去产能。银行即便给它贷款，它也不会跟银行借款，银行也惜贷，这样就造成了产能过剩进一步恶化，这是一个很清楚的恶性循环，所以必须采取方法来遏制住。在所有的国家，去杠杆的同时，如果有效需求不足的话，要在另一个地方加杠杆。欧洲国家是这样的，美国是这样的，日本是这样的，没有任何国家是例外。

加杠杆加什么呢？从现在来看，只能是政府，找不到第二个。我让你私人投资，投吗？你不投嘛，所以必须由政府带头，政府去冒风险，政府承担责任，企业才会跟进，这样整个投资项目就可以推进了。

---

[*] 本文刊于2016年3月10日凤凰财经综合。

除了投资可以考虑消费，如果消费起来了，本身等于居民部门有效需求增加，那这时候投资需求是能成正的了。我们希望发生这种新局面，这种局面在一定程度上也发生了，但远远不够，居民消费的增长远远不足以抵消由于产能过剩导致的物价下降。企业利润摊薄，企业减少投资，企业惜借、银行惜贷，这个过程对经济造成的下行压力，不足以遏制，所以需要帮助。

这不是个最好的选择，但在没有其他更好的选择下，是我们不得不面对的选择，如果不做，做什么？我不投资，就等着居民的消费需求上去，等得上吗？这个通货收缩越来越厉害，企业盈利都没了，怎么涨工资？消费需求这块也要压缩。我说给老百姓减税，给老百姓增加福利，或者把钱给老百姓，那这就是扩张性的财政政策，如果我提出这样的主张，可能更多人反对。

现在的投资是为以后的经济发展打下基础，也算是提供公共产品人人都能享受。当然也不排除对非常贫困的地区和非常贫困的人群直接采取补贴，美国也有食物券之类的。

总而言之，要确定一个基本方向，当我们经济处于目前的状态时，它的主要矛盾是什么，是要把有效需求推上去，而这个时候能够承担这种责任的唯一力量就是政府。

《前海传媒》：您怎么看刺激造成浪费的代价？

余永定：很多人担心钱又浪费了，这种担心完全是合理的。我们怎么办，有没有更好的办法，而且现在为什么有这么多外资撤出，为什么人民币贬值压力这么大，是因为它没有信心。没有信心其中一个非常重要的原因并不一定是人民币贬值本身，人民币贬值的预期在相当大程度上，是对中国经济增长的信心不足。

如果一旦政府宣布搞大规模刺激计划，马上市场可能会为之一振，有好消息好故事，人民币就不会贬值了，资本外逃也没必要了，资本放在中国可能有比较高的回报。有了这样一种信心提振，再加上其他的措施，包括汇率制度改革，贬到底或者宽幅，宽幅其实也是让人民币贬到底，再加上资本管制，汇率就稳定下来了。稳定后市场就安心了，整个经济建设就能够顺利推进了，要不然整天提心吊胆，人民币贬到哪去了，资本逃到哪去了，那就没办法推进经济建设。

因此，我说到一揽子计划，这是一个比较大胆的刺激经济计划，而且要大张旗鼓，让老百姓都知道。老百姓会有疑问，那就设法消除这种疑问。比如深圳政府，基础设施投资搞得不错，当然也有人提出问题，浪费了多少钱，但提出这些问题本身，就是解决这些问题的前提，那我就针对你提出的问题解决嘛。

像钉子户，老百姓不走，他也不是不讲道理，也有办法可以解决的，比如一些房子，你需要拆，那我就不搬迁，但要知道这房子是建立在沙滩的基础上，你这房子是危房，为了安全，必须要搬，要不然出了问题谁负责，所以不搬也得搬。很多是这样一种情况，而且我觉得老百姓是讲道理的，如果政府做耐心的解释工作，是可以做通的。

浪费是有，但不能因为浪费就不去做了，浪费什么时候都有，政府应该尽量减少浪费。

上一次2008年、2009年那次，我就写过文章。这么急急忙忙地推，虽然大方向正确，但代价可能太高，浪费太多，我们应该总结过去的经验教训，过去是出重拳快拳，萝卜快了不洗泥，想在短时期内把摊子铺开不是件容易的事，有没有项目，设一个项目，完成可行性研究，不是一天两天，它可能是几个月，一年，甚至更长时间才出来。

还有一个干脆刺激房地产投资，房地产投资刺激上去了，但房地产供求矛盾的很多问题都没解决，而且政府当时还怕房价不断上涨，房地产泡沫造成很多后果，又不得不调控，前面做的努力都成了废功了。

这次要从容一些，计划得周到一些，一时推不出来，也不着急，把计划做得好一些。总而言之，只要不懒政不惰政，我们总是能找到合适的投资项目。一旦政府出头，企业是会跟进的，这样的话，在遏制经济增长下滑的同时，我们是改善了经济结构，这跟供给侧改革并不矛盾，但光靠供给侧改革解决不了现在有效需求下降的难题。

《前海传媒》：外界会担心如果用大刺激，会延误结构性问题。您前面也谈到这跟结构性不矛盾。

余永定：我一再强调，这完全不矛盾。投资投什么，过去钢铁产量过剩，为了吸收过剩的钢铁产量，就盖更多的钢厂，这样就会使结构进一步恶化。现在不能那样做，不能盖钢厂，还要关闭，减少钢铁的产能。

但这不能一天、一个月、一年实现，因为太快了，会造成非常严重的问题。

可以使得刺激有效需求的政策变成导致结构进一步恶化的政策，但也可以把它变成使结果进一步改善的政策，纠正 2008 年、2009 年的偏颇之处，这两个东西并不矛盾。这个药是补肾的，这个是治心脏病的，肾坏了死，心脏坏了也死，但治心脏病的药并不排斥治肾的药，二者并不排斥，没有必要把它对立，结构性问题成不了反对采用刺激政策的理由。

必须扭转经济增速进一步下滑的趋势[*]

谈到宏观经济，我们有两个问题值得好好讨论。第一，经济形势现在处于好转还是继续恶化，或者是在一段时间内有没有什么大的改善，这是对经济形势的判断问题。第二，要判断一下我们到底能够忍受一种什么样的经济增长速度，是必须6%以上，还是可以接受哪怕5%的速度。不同的回答，对应的宏观经济政策分析也不太一样。

对于这两个问题，下面是我的答复：

第一，我认为中国经济形势是在持续的下滑中。虽然今年2月经济形势有所好转，但是我认为这恐怕不是一个转折性的，至少现在还不能做这个结论。我们在2012年开始就期待着中国经济反弹，每年我们都分析今年反弹了。原来我一直强调要结构改革，对于刺激政策我也是非常避讳的。但是熬了这么多年，一直熬到去年，我看经济形势还在下滑，所以不得不对过去的看法重新思考。这时候，我就开始觉得中国经济的下滑恐怕不是一种暂时的，不是周期性的，可能会持续相当长一段时间。如果我们不采取必要的应对措施，那么经济的增长速度可能还要下滑，甚至可能突破底线。

第二，如果经济增长速度进一步下滑，突破了底线，我们无法完成所谓百年目标的第一个目标，就是2020年中国人均收入比2010年

---

[*] 本文原题为《供给侧改革还是需求侧管理》，为2016年3月29日北大格政论坛讲话记录。

翻一番。为了达到这个目标，从现在开始一直到2020年，GDP的增长速度必须是6.52%以上，否则达不到这个目标。这是一个非常严肃的目标，如果想保这个目标，还是得保增长速度。

虽然现在的经济形势可能不像1998年那么严峻，但是我们仍然要高度关注下岗失业问题，毕竟这不仅是一个经济问题。更何况一旦我们经济增长速度太低，这些问题就可能恶化。

所以我对两个问题的判断是，第一，经济还会继续下滑；第二，我们不能忍受比6%低的经济增长速度，应该采取一些措施。

英国《金融时报》最近做了一个预测，从他们的预测来看，我们会发现增长速度过去几年一直在持续下滑。根据他们的分析，这个下滑有可能会突破6%的界限。就海外的投行来讲，这还是一个比较居中的分析。就是说有可能突破6%。我的底线是不突破6%，我认为突破6%是有问题的。

经济增长速度下滑的原因是什么？原因比较复杂，有长期的，有结构性的等，我不再去——分析。我采取比较传统的分析方法，就是看总需求，其中最关键的一个就是投资需要，这是中国现在最关键的。投资需求里又有三个投资，一个是基础设施投资，一个是制造业投资，还有一个是房地产投资。一般在谈中国投资时，主要谈这三类。

三类投资都呈现下滑趋势，特别是房地产投资的增长速度，去年年底已经是零增长。我曾打电话给一些房地产开发商，请他们分析一下房地产投资形势。他们认为，凡是对自己资产负责任的开发商，库存去掉之前都不应该再投资。今年房地产投资最终将是什么速度？我倾向于认为是负增长，甚至是负的比较大。那么问题就来了。房地产投资在GDP中的比重是非常高的，虽然没有统一的说法，最少的是10%，多的人认为是15%，有人认为更高。假定是10%，如果房地产投资今年的增长是-10%，就会把GDP的增长带下1个百分点。去年的经济增长速度是6.9%，那么带下1个百分点就突破了底线。

房地产投资下降导致固定资产投资下降,对经济增长产生的下行压力,是否会被其他有效需求的增长所抵消呢?这是可能的。比如说消费增长。大家知道,消费增长实际上也不能完全脱离房地产投资的增长。房地产投资每下降1个百分点,消费的增速就会下降0.5个百分点,所以房地产投资增速的下降会导致总需求其他的重要组成部分增速跟着下降。如果不能通过某种方法使消费的增长速度有一个比较大的提高,就难以抵消房地产投资对GDP的下行压力。进出口看来也很难对经济有一个很大的推动作用。

回过头来再看投资的其他部分,似乎都在往下走。有人说基础设施的投资增长速度是比较高的,但这是直觉,真实的数据分析是,它也在下行。

大家需要再好好注意一下房地产投资的变化。这是中国经济增长最主要的推动力之一,曾经起着巨大的推动作用,最高是年增长百分之四十几,一般是百分之二十几,现在增长速度降为零。这对中国经济增长速度的负面影响有多大,最好不要低估。

总而言之,应该如何看待投资增速的下降呢?我认为总体上来讲,中国的投资率过高,我们应该降低投资的增长速度,这样才能降低投资率,这是我长期坚持的观点。投资率降下去,那就必须使投资的增长速度低于GDP的增长速度。

如果投资增速下降过大就会对GDP的增长造成比较大的冲击,因为投资在GDP中的增长占了很大的比重,比如说由20%降到7%,一下子降这么多个百分点,GDP的增长速度就会大幅度下降,所以肯定是不行的。

因此,我的建议是投资的增长速度逐步往下降,比如说每年降几个百分点,这样的话才能逐渐地实现可持续的稳定增长,让投资率也达到一个比较适度的水平。

一般认为,投资率应该是在35%左右,但是不要超过40%,大家在这个认知上比较一致。海外的经济学家也认为中国的投资应该降到这个水平，但是要想降到这个水平就需要相当长的时间，逐渐地调整投资的增长速度。这个过程我们害怕的是投资的增长速度调整太快，因为投资占 GDP 中的比重太高，调得太快，对 GDP 增长的冲击就会非常大。近年来投资增速下降过快就令人担心。

也有人认为中国经济已经触底，即将进入反弹的通道。我觉得还不能太早下这样的结论，这个时候我关注的还是中国的 PPI 到底是怎么样，我关注的是中国是否真正走出了通缩收缩。中国现在的 CPI 还是正的。既然如此，为什么还要说中国处于通缩收缩阶段呢？CPI 上涨主要是和服务业有关的，食品占 54%，食品价格大幅度上涨。这样的上涨导致工资上涨，与此同时 PPI 持负增长，使资本密集的企业的利润受到挤压。在这种情况下，企业的投资意愿可能进一步下降。

为什么我们要注意分析经济是处于通货收缩还是膨胀？这关系到货币政策和很多决策，关键是要看债务是在上升还是下降。如果物价下降，那么实际债务就在上升，对于中国目前的情况来讲，CPI 上涨的企业，主要是服务业，这些部门的债务水平是不高的，一般服务业是中小型的，是非国有的，它们的债务水平不高。尽管 CPI 上涨使它们的实际债务下降，但是它们的债务在中国的总债务中所占的比重比较低。真正大规模的债务是在制造业，是在国有大型企业，它们的产品价格 PPI 是在下降，实际债务在上升。

通缩收缩的问题是当物价下降的时候，企业的利润受到挤压，于是企业减少投资，总需求就减少，物价更低，利润进一步受到侵蚀，企业进一步减少投资。这是一个持续往下的过程，与经济的一次性调整完全不同。

为什么等了好几年我们都等不来反弹呢，很重要的就是我们处在通货收缩阶段。连续 48 个月，每个月 PPI 都是在下降，而且是最近一段时间每个月下降 4%—5%，可以想象制造业的企业利润能下降多少，这种情况下怎么能不压缩投资。短期内肯定是有效需求不足，经济增长速度下降。

如果大家对当前处于通缩状态有共识，就要面对三个相对突出的问题。第一个是产能过剩。特别是联系到供给侧改革的问题，非常值得深入讨论。第二个是中国公司债务占 GDP 的比重居高不下，已经世界第一。我和同事做过一个数字模拟，如果经济增长速度保持在 7% 左右，其他的基本经济变量都保持目前的趋势，到 2020 年中国的公司债对 GDP 的比可能会达到 200% 左右，相当危险。第三个是中国企业的利润过低，特别是非金融企业，几乎是世界上最低的。2015 年，总利润是负增长，最近总利润又实现了正增长。至于这种正增长能维持多久我们不知道。

把这些现象结合起来，动态地来看，就会发现中国经济中可能存在一个恶性循环，这个恶性循环的起点是信贷扩张支持的过度投资。除了过度投资外，产能过剩还有其他的来源，我们就不一一分析。过度投资不仅造成产能过剩，还造成过度负债，因为我们的投资是信贷支持的。产能过剩也造成 PPI 下跌，PPI 下跌造成利润下跌，在利润受到严重侵蚀的情况下，企业减少投资，银行惜贷。这样的过程又返回去影响了产能过剩，使产能过剩进一步恶化，最终形成恶性循环。

还有另外一个恶性循环。这个起点是投资过度造成的产能过剩，产能过剩导致 PPI 下降，PPI 下降导致实际债务上升。实际债务上升又导致了企业惜贷，减少投资，银行惜贷，又成为一个循环。

我们看到，有两个恶性循环。如果持续下去，就会造成硬着陆，就会产生金融危机。这是在我眼中的中国目前的大形势，虽然有起伏有波动，但基本上是这样的状态。

那我们应该怎么做呢？

第一，要鼓励创造调整，使企业过剩的产能去掉，包括一些企业需要关掉。像一些僵尸企业要关掉，低效率、高耗能、不环保的，果断关掉。

第二，要刺激有效需求以保证增长底线。这个产能过剩有结构性的原因，也有需求不足的原因，而且需求不足这个原因可能还比较大。要刺激有效需求需要做什么呢？我主张增加财政赤字。今年财政赤字增长不到3%，当然财政赤字也是要逐步增长的。从目前的状况来讲，5%的财政赤字不会有什么问题。增加财政赤字来支持基础设施投资与过往的方式不同，历史上我们是主要靠发行国债来融资，而不是靠增加银行信贷来给基础设施融资。我们自身和世界的经验都告诉我们，目前情况下，增发信贷的结果会使钱流入资本市场，很难进入实体经济，但财政方式解决信贷融资就可以避免类似的问题。货币政策的主要目标是压低国债融资的成本，而且我也主张应该尽快地从数量目标转到债务目标，中国人民银行应该钉住利率，而不是货币供应量。同时钉住美元的汇率政策非常不利于我们发展，我主张人民币汇率尽快实现浮动。我强调一点，中国基础设施投资的余地非常巨大，而这种基础设施投资既可以稳定增长，同时又可以改善经济结构。其实中国有许多投资，经济效益不是特别大，但社会效益大，这恰恰是国家可以发挥作用的地方。因为市场并不能包罗万象，很多东西的投资和改善不能全靠市场，国家在有些方面应该带头，别怕亏本，这样还能产生一些"挤入效应"，使私人投资能够进来。

最后，我们应该在结构调整和有效需求管理的长期和短期之间搞好一个平衡，这也是非常重要的，值得好好研究。

结构改革和宏观管理*

以利率为目标 而非货币供应量

《第一财经日报》：今年以来，中国人民银行行长周小川在多个场合都提到，货币政策要"灵活适度"，但他同时也表示我们对货币政策存在过度依赖。你认为，应该如何理解当前的货币政策？如何理解将 M2 增速目标定为 13%？

余永定：在一方面经济下行压力巨大，另一方面又存在资产泡沫的时期，货币政策既不能从紧，也不能过于宽松。"灵活适度"的提法反映了当前货币当局所面临的两难局面。

按我的理解，"灵活适度"的货币政策的目的有两个：一是使有投资和消费意愿且信用良好的企业和居民能够得到贷款，二是降低贷款成本。通过增加货币供应量可以降低利息率；通过降低利息率也可以导致货币供应量的增加。在发达国家，央行调控的中间目标是短期利息率，货币供应量增速不是调控的中间目标。利息率和货币供应增速的方向一致，但利息率目标和货币供应增速目标两者之中，只有一个目标能够准确实现。例如，在通缩、经济增速下行时期，增加货币供应可以降低利息率。但由于货币需求的不确定性，很难事先判断对

---

* 原文刊于 2016 年 4 月 2 日《第一财经日报》。

应于给定的货币供给量增速，利息率会下降到何种水平；央行只能通过经常性的公开市场操作把短期货币市场利息率维持在合意水平，至于此时的货币供应量的增速是多少就难于顾及了。

过去，企业对利息率的敏感度低，只要有贷款就敢借，因而控制信贷（控制货币供应量）十分重要。现在，随着市场化改革的深入，企业对利息率的敏感程度不断提高，利息率水平的高低对企业借贷和投资决策的影响越来越大。中国人民银行确实有必要加快实现由数量（货币供应量）调控到价格（利息率）调控的转变。按过去经验，13%的M2增速是偏紧的。但现在经济的名义增长速度已经处于20年来的历史最低水平，13%应该是相当宽松的。在通缩时期，银行信贷资金不进入实体经济而是进入资本市场吹大资本泡沫的可能性不可低估。考虑到利息率市场化已经取得的进展，似乎可以考虑仅把M2增速作为参考目标，而把某个货币市场基准利率作为必须实现的货币政策中间目标。

从当前的经济指标来看，虽然CPI在上升，但PPI已持续下降48个月，同时GDP平减指数（GDP Deflator）2015年起已为负值。CPI上升主要是食品价格、其次是服务价格上涨所致。而这种上涨的背后则是"成本推起"。而PPI下跌则反映了制造业存在的巨大"供大于求"的缺口。在这个缺口的压力下，经济增长从2010年起持续下跌。综合三个主要价格指数，尽管存在结构性特征，从总体上看，中国经济处于通货紧缩状态。

当一个国家处于通货紧缩状态的时候，货币政策往往是无效的。简单来说，企业不愿意贷款，银行也不愿意给企业贷款。企业方面，没有好的投资项目，利息率再低，也不愿意从银行贷款；银行方面，企业盈利能力降低，不良债权风险高，不愿意给企业贷款。企业惜借，银行惜贷，在这种情况下，中国人民银行的货币政策再宽松，也无法刺激经济增长。欧洲、日本在量化宽松无效之后，推出负利息率政策，经济依然没有什么起色。鉴于国内外的历史经验，中国经济增速的企稳也不应该过多寄希望于宽松的货币政策。

《第一财经日报》：我发现你在文章和采访中几乎从来不用"供给侧"这个词，为什么？你是如何理解供给侧改革和需求管理之间关系的。

余永定：在学术研究中有一种大家都遵守的约定：除非无法用旧名词表达，新名词能不用就不用。"Supply Side"的中文翻译是"供给面"或"供给方"。几十年来都是如此，我已经习惯了。其实"供给侧"一词应该是源于日文。日本人是把"Supply Side"翻译成"供给侧"的。当然，如果大家都说"供给侧"，某一天我也就只好随大流了。

提出"供给侧结构改革"的初衷肯定是好的。中国政府始终是重视结构改革问题的。例如，"十二五"规划就强调，"我国发展中不平衡、不协调、不可持续的问题相当突出，主要是经济增长的资源环境约束强化，投资和消费关系失衡，收入分配差距较大，科技创新能力不强，产业结构不合理，农业基础薄弱，城乡区域发展不协调，就业总量压力和结构性矛盾并存，社会矛盾明显增多，加快转变经济发展方式已经刻不容缓"。党的十八届三中全会描绘的改革蓝图更是属意于为实现上述转变提供制度保障。由于种种原因，中国经济增长方式转变和结构调整的进展始终差强人意。长期以来，中国始终存在保增长和调结构之间的两难选择。在理论上，大家都承认合理的经济结构是经济可持续增长的基础。在实践中，由于经济结构调整会触及既得利益，难度很大，而且会在当期导致经济增长速度的下降，当必须在保增长和调结构之间做出选择时，政府往往选择前者而暂时放弃后者，以致使结构问题日益固化、变得积重难返。针对这种情况，本届政府强调结构调整的必要性和迫切性是完全正确的。

最近一段时间以来，不少学者和官员开始把"保增长和调结构"问题纳入"供给侧"和"需求侧"的框架内进行讨论。确实，供给和需求是经济学中最简单但又最重要的一对"范畴"。诚如萨缪尔逊所言，只要学会供给和需求两个词，鹦鹉也可以成为经济学家。但经济问题错综复杂，有增长问题、发展问题、结构问题、宏观调控问题、人口问题、社保问题、产业组织问题、区域经济问题，等等。不是所有经济问题都可以分装在供给和需求两个篮子里的。应该承认，中国"供给学派"拥趸者的许多观点是正确的。但凡事都有度，过犹不及。对宏观经济管理、宏观经济刺激政策的污名化也是错误的。中国目前使用频率最高的经济术语大概是"供给侧结构改革"。媒体对这个提法更是大加发挥，似乎只有"供给侧"才有"结构改革"，"需求侧"不存在"结构改革"或只有"供给侧结构改革"才是重要的。但是，把结构改革（或结构调整）区分为"供给侧"和"需求侧"两种类型，对指导经济政策制定有何裨益呢？例如，提高创新能力可以算是"结构改革"的核心内容吧？创新能力的提高离不开投资。增加旨在提高创新能力的人力资本投资、设备投资是属于"需求侧结构改革"范畴还是"供给侧结构改革"范畴呢？事实上，2016年"供给侧结构改革"的"五大任务"（去库存、去产能、去杠杆、降成本和补短板）中，如果非要归类，大部分是应该归入"需求侧宏观管理"范畴的。

　　宏观经济学研究的是需求管理。需求管理政策之所以必要，是因为相对于给定供给，经常出现需求不足或过度的情况。需求管理的目的是使现实经济增速同潜在经济增速保持大体一致，避免高通胀和大规模失业。经济增长理论研究的如何在资本、劳动和技术进步共同作用下使经济能够保持尽可能高的增速。经济增长理论假定增长不受需求的影响，只要有供给就有需求。两者的不同假设，决定了两者理论的不同适用范围。传统宏观经济理论和经济增长理论实际上已经为我们提供了处理结构调整和经济增长之间关系的理论框架。中国目前的问题是：一方面，潜在经济增速已由10%左右下跌到6%—7%，而且可能还会进一步下跌；另一方面，中国的现实经济增速自2010年以来几乎逐季下滑，很难说何时能够企稳，更遑论回升。中国目前面对的是双重挑战：一是遏制潜在经济增速的进一步下跌；二是使现实的经济增速企稳、回升。前者无法直接观察、后者则可以直接感受。这里涉及两个基本公式。其一是 Y = F（K，L，t），即产出取决于资本、劳动和技术进步。其二是 GDP = C + I + G +（E − M），即 GDP（产出）等于消费、投资、政府支出和净出口之和。前一个公式指，潜在经济增速取决于资本、劳动投入和技术进步的增速。后一个公式指，在不超过潜在经济增速条件下，现实的经济增速取决于消费、投资、政府开支和净出口的增速。从前一个公式看，中国经济增长存在的问题是过于依赖要素投入（资本和劳力）。从后一个公式看，中国经济增长存在的问题是过于依赖投资，特别是房地产投资（一度还有出口）。顺便指出，尽管供给和需求的两分法不应滥用，但把经济的长期增长趋势和短期增长现实的决定按供给方和需求方两个方面分别加以分析不但可行而且有益。

为了提高潜在经济增速（当然，还要保证这种增长是绿色的、包容性的，等等），除了增加资本和劳动的投入外，中国还必须提高"技术进步"对经济增长的贡献度。换言之，在减少对资本和劳力投入的依赖的同时，中国必须提高劳动生产率增速、降低资本—产出率或提高全要素生产率增速。而要实现上述目标，一项不可或缺的必要条件就是实现党的十八届三中全会所确定的各项改革目标。如果说"结构改革"的目的是使中国的潜在经济增速保持在可持续的较高水平，需求管理的目的则是使实际的经济增速同潜在经济增速保持一致，实现产能的充分利用（"保增长"）。尽管供给决定需求的说法在一定条件下成立，如创新性产品一般是会有人买的。但从宏观经济的角度来看，供给并不会自动等于需求，对应于给定产出，有效需求不足（通货收缩）或有效需求过旺（通货膨胀）的事情是经常发生的。如果有效需求不足，实际经济增速就会小于潜在经济增速。此时，政府就要通过扩张性的财政、货币政策刺激有效需求；反之则反。不难看出，结构改革和宏观需求管理是两件不同层面的事情，两者之间并不存在非此即彼的矛盾,更不存在"由需求侧到供给侧的宏观调控的根本性转变"问题。

在发达市场经济国家,需求管理对象是总量,结构问题是由市场解决的。在中国,需求管理是调整经济结构和转变经济增长方式的重要工具,需求管理对象不仅包括总量,而且包括需求结构。中国要想实现经济的可持续、较高速增长,就必须通过需求管理,调整需求结构。例如,中国的投资增速长期高于GDP增速,投资率高达46%,为了提高资本效率,中国就必须适度降低投资增速,使投资率下降到一个合意水平。为了避免概念的混淆,应该指出,当我们谈论投资时,我们是在谈论需求(投资需求);当我们谈论投资率过高导致资本效率下降时,我们是在谈论供给(哈罗德-多玛模型)。可见,需求管理的对立面不是结构调整。不仅供给方存在结构调整问题,需求方也存在结构调整问题。需求结构的优化,将提高经济的潜在增长速度。

尽管理论上,"保增长和调结构"并无矛盾,在现实中,两者则常常发生冲突。这种冲突实际是政治家如何对长期和短期政策目标进行排序的问题。目前中国经济增速的下降既是潜在经济增速下降也是需求结构调整造成的。对于前者,短期需求管理并不能起立见功效的作用。但对于后者,短期需求管理则不但能够而且必须发挥作用。具体来说,作为需求结构调整的重要内容,中国政府采取了各种措施以抑制房地产投资热。但是,由于消费增速的提高一时难以抵消投资增速下降对总需求增速的下行压力,现实经济增速低于潜在经济增速,造成产能过剩。除了会产生一系列众所周知的问题外,现实经济增速低于潜在经增速本身就是对资源的巨大浪费。为了使现实经济增速尽可能接近潜在经济增速,政府可以通过改善公共产品的提供,刺激消费需求;通过支持基础设施投资,部分抵消房地产投资增速大幅度下跌对经济增长的抑制作用。政府不应该做的则是重新刺激房地产投资,因为这将恶化经济结构并导致潜在经济增速的进一步下降。在

2009年，出于对经济增速暴跌的担心，政府重新点燃房地产热就是为"保增长而牺牲结构调整"的例子。2015年的股市波澜和2016年年初的房市升温是何缘故也值得玩味。但认为一切刺激有效需求的措施都不利于结构调整有失偏颇。我已经一再强调，中国在基础设施领域，投资余地尚大。这里不再赘述。

有人会问：如果搞了基础设施投资，相当一部分目前面临关停并转的"僵尸企业"岂不又找到苟延残喘的机会，结构调整岂不又被延误？这些企业的倒闭和产能的消灭是难于避免的，但是也必须看到，相当大一部分产能过剩是经济结构调整所产生的有效需求不足造成的。通过刺激有效需求，这部分产能是能够而且应该得到利用的。宏观需求管理的目标是实现低通胀条件下的充分就业（保增长"底线"）。"僵尸企业"问题应该通过市场和根据政府的相关法律、法规解决。增加企业经营困难、倒逼企业改革不是宏观需求管理的目标。

值得提出的是，中国的"供给侧经济学"确实不能同美国的"供给经济学"相提并论。后者强调的理念是政府不干预，减税则是其主要政策措施——尽管此措施非常失败。中国的供给侧经济学强调的是政府政策应聚焦于"供给侧"。在这种政策环境下，对生产领域中本应由企业根据市场形势做出的决策，地方政府是否会越俎代庖值得警惕。

总之，保增长和调结构在理论上并无矛盾。但在短期，调结构可能会——不是一定会——导致经济增速的下降。因而，在实践中，在"保增长和调结构"之间确实存在一个短期和长期利弊的取舍问题。经济学家有责任说明相关的利弊。至于如何取舍，在相当大程度上是政治问题，经济学家无法也不应置喙。中国经济问题的性质和解决办法本来是清楚的，在大多数情况下，对普通事物持常人见解，比创造新名词、新理论更重要。

"供给侧结构性改革"不能代替需求管理[*]

总供给与总需求

宏观经济学是从需求和供给、长期和短期的不同角度出发分析经济增长问题的。现实的 GDP 增长路径，从理论上可以分解为两个构成部分：长期经济增长趋势和沿趋势线的波动。决定经济长期增长趋势，即潜在经济增长速度的因素是资本、劳动和技术进步。新古典经济增长理论假设经济增长不受需求约束，生产函数 Q = F（K，L，t）代表的就是经济的供给方。凯恩斯之前的古典经济学认为，总供给会自动创造总需求，因而不存在需求管理问题。作为 20 世纪 30 年代大危机产物的凯恩斯主义则认为，（有效）需求不足是市场经济的常态。总需求按定义包括四个主要构成部分：消费、投资、政府支出和净出。Q = C + I + G +（X - M）代表的就是经济的需求方。因此，当现实经济增长速度低于潜在经济增长速度，出现产能过剩（或生产过剩）的时候，国家必须干预经济，通过扩张性的财政、货币政策，刺激有效需求，以实现充分就业。同古典经济学不同，凯恩斯假设经济增长不受供给约束，现实的经济增长速度取决于总需求的增长速度。

---

[*] 本文原题为《"供给侧结构性改革"不是大杂烩》，刊于 2016 年 6 月 6 日《财经》。

换言之，只要有需求就有供给。当然，在现实中，总需求可能大于或小于总供给。现实的经济增长受到短边约束。当总供给大于总需求的时候，现实经济增长速度低于潜在经济增长速度、出现失业和通货收缩。反之则反。新（老）古典经济学和凯恩斯主义经济学在逻辑上都是自洽的，但两者各有特定的适用范围。经济学家在讨论中国经济应该是投资驱动还是消费驱动，是内需驱动还是外需驱动时所暗含的假定是：中国的潜在经济增长速度大于现实经济增长速度、供给大于需求。需求的增加和结构的变化，只是潜在经济增长速度得以实现以及未来供给发生变化的必要条件。他们不会愚蠢到相信仅仅靠增加需求，特别是消费需求，就能实现经济增长。总之，对新古典主义和凯恩斯主义既不能全盘否定也不能全盘肯定。一切都要具体问题具体分析，要首先确定讨论的前提条件。

中国面临的双重挑战

如何看待中国目前的经济增速下降呢？首先，中国的潜在增长速度在下降，从过去30年的10%降到了增速较低的"新常态"。但是，潜在经济增长速度是个"慢变量"而不是常数。目前中国的潜在经济增长速度还有进一步下降的趋势。其次，中国的现实经济增长速度可能低于已经降低了的潜在经济增长速度，不能排除现实经济增长速度进一步下滑的可能性。总之。一方面是长期潜在经济增长速度下降；另一方面是短期经济增长速度也在下降。两者的共同作用造成了中国自2010年以来经济增长速度的逐步下降。

中国的潜在经济增长速度到底是多少？学界看法不同，一般认为"新常态"下的潜在经济增长速度在7%左右。我也长期赞同这种观点，但现在已经不再如此肯定。

囿于数据的不可靠性和问题的专业性，我们只能更多依靠直觉和经验判断中国目前的实际经济增长速度是否低于潜在经济增长速度。

间接依据有二：物价指数和失业。中国有三个重要物价指数：CPI、PPI 和 GDP 平减指数。目前的事实是：PPI 连续 51 个月负增长，2015 年 GDP 平减指数为负（2016 年第一季度微正），核心 CPI 长期处于 1% 左右的低水平。从物价指数的角度来看，很难因 CPI 微正而否认中国的现实经济增长速度低于潜在经济增长速度这一判断。事实上，许多国家在经济衰退期间都存在 PPI 为负和 CPI 微正的状况。美国自 2008 年历经次贷危机、经济衰退，但直至目前，其 CPI 依然为正。①

中国的城镇失业统计缺陷严重，说明不了什么问题。作为失业指标的替代，可以观察中国的产能利用状况。中国的产能过剩应该说是普遍和严重的，可以说中国的产能过剩是"结构性"的。但所有国家的产能过剩都可以说是"结构性"的，只是"结构性"的程度不同。而"结构性程度"似乎还得依靠 PPI 衡量。中国在 1997—2002 年曾经有过一段有效需求不足、产能过剩时期。本次 PPI 下降的深度和长度已经超过上次公认的通缩时期。从国际上看，中国 PPI 的下降速度已经超过日本 20 世纪 90 年代通缩时期的 PPI 下降速度。根据以往经验，中国进口的持续大幅度减少也可以作为国内需求不足的重要佐证。

此外，按定义，潜在经济增长速度的下降应该是缓慢的，在短期不应该有明显变化。但中国经济增长速度从 2010 年开始连续 5 年、几乎是逐季持续下降，而且降幅明显。这就很难把现实经济增速的下降看作是潜在经济增速本身的下降。

权威人士最近指出：中国经济运行"是 L 型的走势""这个 L 型是一个阶段，不是一两年能过去的"。人们会问两个问题。第一，L 型的横画是指中国的潜在经济增长速度还是低于潜在经济增长速度的某种平衡状态？第二，中国经济现在是运行在 L 型的竖画上还是横画上？如果 L 的横画是指潜在经济增长速度且中国经济已经到达 L 型的

---

① 邹静娴：《CPI、PPI 分化与通缩》，《国际经济评论》2016 年第 7 期。

横画，中国就的确没有必要采取扩张性的宏观经济政策刺激有效需求，而应该集中力量进行结构性改革。如果 L 的横画是指低于潜在经济增长速度的某种平衡状态，中国就必须采取有力的扩张性宏观经济政策，防止经济陷入或打破这种低于潜在经济增长速度的平衡状态。

判断中国现在的经济增长速度是否低于潜在经济增长速度至关重要。如果答案是肯定的，就意味着中国目前面临双重挑战：一是遏制潜在经济增速的进一步下降；二是使现实经济增速尽可能接近潜在经济增长速度。前者主要涉及公式 $Q = F(K, L, t)$；后者主要涉及公式 $Q = C + I + G + (X - M)$。从前一个公式看，长期以来，中国经济增长过于依赖要素投入（资本和劳力）。为了提高潜在经济增速（当然，还要保证这种增长是绿色的、包容性的等），除了增加资本和劳动的投入外，中国还必须提高"技术进步"对经济增长的贡献度，包括提高劳动生产率增速、降低资本—产出率或提高全要素生产率增速。而要实现上述目标，一项不可或缺的必要条件就是实现党的十八届三中全会所确定的各项改革（或"结构性改革"）目标。从后一个公式看，就总量而言，目前中国经济存在有效需求不足问题；就结构而言，中国经济增长过于依赖投资——主要是房地产投资（一度还有出口）。解决需求方的这两个问题的手段则是宏观需求管理。

权衡结构改革和宏观需求管理

中国面对的经济问题错综复杂。这些问题包括增长方式问题、经济发展问题、产业政策问题、收入分配问题、就业问题、物价问题、国际收支平衡问题、需求结构问题、财政和货币政策问题、公司治理问题、金融监管问题、金融深化和自由化问题、人口问题、社保问题、产业组织问题、区域经济问题等。在讨论短期或长期经济增长问题时，为了方便，经济学家往往把相关问题分为两大类：结构改革（Structural Reform）和宏观需求管理（或调控）。凡无法用宏观经济政策解决的（增长）问题就称为结构问题，而为解决结构问题进行的改革则称为结构改革。在西方国家，结构改革的内容包括深化资本市场、发展更为富有竞争性和灵活性的产品和劳动市场、培养熟练工人队伍、增加研发和新技术投资、降低准入门槛、简化审批制度、鼓励企业家精神等。其最终目的是通过提高生产效率，提高潜在经济增长速度。西方国家所说的结构改革的内涵同我们所理解的结构改革是一致的，但中国式结构改革包含更多体制改革内容。

在使用结构性改革这一概念的同时，经济学家和国际经济组织也常使用结构调整（Structural Adjustment）的概念。结构调整和结构改革两者在国际上是经常混用的，但前者的含义略宽广些。如国际货币基金组织的结构改革计划（Structural Adjustment Program，SAP），开出了发展中国家获得贷款的条件。其具体内容包括，贸易自由化、资本项目自由化、竞争政策、私有化、放松管制和宏观经济政策体系的方向性调整（如要求受援国提高利息率、减少财政赤字和汇率浮动等）。在中国，结构调整概念往往还包含经济中某些比例关系的变化，如第三产业、投资和消费在GDP中比例的调整等。中国现在所说的"供给侧结构性改革"似乎不仅指国际上所理解的结构改革和结构调整（两者基本上是同义词），还包括中国意义上的（经济）结构调整。

同主要着眼于未来、内容繁复、手段多样的结构改革不同，宏观需求管理的目的是通过宏观经济政策影响需求总量，使现实经济增速同潜在经济增速保持一致，实现充分就业和产能的充分利用（"保增长"）。宏观需求管理的目标比较单一、手段也比较规范。在中国的特定条件下，为了使产能得到充分利用，且有利于未来经济的可持续、较高速增长，宏观经济管理在增加总需求的同时还要改善需求结构。例如，中国的投资增速长期高于GDP增速，投资率高达46%，为了提高资本效率，中国宏观经济管理也要考虑适度降低投资增速，使投资率下降到一个更为合理的水平。

总之，结构改革和宏观需求管理要解决两个不同层面的问题——前者见效慢但效果持久，主要解决长期潜在经济增长速度（可持续增长）下降问题。后者见效快但效果一般短暂，主要解决当期经济增长速度下降、产能过剩问题。"解决中长期经济问题，传统的凯恩斯主义药方有局限性，根本之道在于结构性改革"，此言不差，但凯恩斯主义的宏观需求管理从来就不是解决中长期问题的药方。还需指出的是：结构改革和宏观需求管理相辅相成，并不相互排斥。例如，为了增加消费需求，除运用宏观经济政策手段如减税外，还需完善社保体系，后者正是结构改革的重要内容之一。反之，在全面贯彻党的十八届三中全会关于市场化改革的决议的同时，并不妨碍必要时执行扩张性财政货币政策，刺激经济增长，防止经济硬着陆。

结构改革和宏观需求管理在理论上无矛盾。但在实践中，在某些具体问题上，可能存在一个短期和长期之间的利弊取舍问题。如何取舍则需具体问题具体分析。例如，我们希望提高消费在 GDP 中的比例，但消费增长速度过于缓慢，我们可能就不得不提高投资增长速度。中国的投资率本来就已经过高，进一步提高投资增长速度可能导致投资效率的进一步下降。但为了保住增长底线，在某些情况下我们可能不得不进一步增加投资。尽管不利于短期经济增长，为了治理污染，我们可能不得不关闭一些企业。经济学家有责任说明相关抉择的利弊。至于如何取舍，在相当大程度上是政治问题，经济学家无法也不应置喙。

"供给侧结构性改革" 正本清源

应该看到，结构问题一般是长期问题，结构改革的效果一般（但也不尽然）要通过较长时间才能表现出来，其影响的存续时间也较长。由于种种原因，中国的经济增长方式转变和结构调整的进展始终差强人意——这也并非中国的独有现象。针对这种情况，政府强调结构改革的必要性和迫切性是完全正确的。结构改革会更多地影响到公式 $Q = F(K,L,t)$ 所表达的供给面,并最终体现为潜在经济增长速度的提高。决策者把结构改革和供给面更多地联系起来也是自然的。提出"供给侧结构性改革"的最积极意义大概在于这个提法所隐含的对技术创新的重视。30多年的改革、开放实践,已经为我们在发展自主创新能力问题上提供了极其丰富的正、反两方面的经验教训。

"供给侧"一词源于日文。日本人是把"Supply Side"翻译成"供给侧"的。在结构改革之前加上"供给侧"这个定语,应避免导致对结构改革内涵的理解发生偏误。"供给侧结构性改革"并不意味着"供给侧"才有"结构改革","需求侧"不存在"结构改革",或只有"供给侧结构性改革"才是重要的。例如,提高企业创新能力可以算是"结构改革"的一项核心内容。创新能力的提高离不开投资。为鼓励和支持创新投资所进行的公司体制和融资体制改革很难被简单归入哪一"侧"。

2016年"供给侧结构性改革"的"五大任务"(去库存——去房地产库存、去产能、去杠杆、降成本和补短板),按我的理解,应该并非是指这些任务本身就是结构改革,而是说为了完成这些任务,必须进行结构改革。同时,也不一定非要把为完成这"五大任务"而进行的结构改革统统归入"供给侧"。例如,"去库存"不外乎是想办法让人把已经盖好的房子买走,除非你以把盖好的房子拆掉的方式"去库存","去库存"就主要是需求面问题。"去库存"不仅离不开结构改革,还离不开宏观需求管理。

对"供给侧结构性改革"应该有全面的理解。第一,结构改革主要解决长期问题,但不意味可以忽视短期问题。第二,"供给侧"非常重要,但不意味"需求侧"不重要。一定要具体问题具体分析。特别是,在执行"供给侧结构性改革"政策时,应该防止地方政府为追求政绩,对企业进行不当干预。例如,"去库存、去产能、去杠杆、降成本和补短板"本应该是在政府创造一定的宏观经济、制度和政策条件后，由企业和金融机构根据市场供求自行完成的。而"结构改革"一般需要政府通过法律、法令和行政手段自上而下贯彻执行。只有避免机械地理解"去库存、去产能、去杠杆、降成本和补短板"和"供给侧结构性改革"的关系，才能防止各级政府为了完成层层分解下来的任务，越俎代庖，用行政命令手段解决本应由市场和企业根据具体情况自行解决的问题。

"过剩"根源之争

不少经济学家认为，当前中国产能过剩的原因不是有效需求不足，而是"有效供给不足"：一方面生产出大量无效的产能，另一方面企业却又没有能力满足不断升级的消费需求。这里所说的其实是我们已经说了几十年的"适销不对路"问题。到日本"爆买"之类的现象是微观或营销问题、是个案，不能用于回答总量问题。把产能过剩归之于"适销不对路"，是用微观现象解释宏观问题。确实，不少企业和行业的产能过剩确实是决策错误的结果。例如，中国政府和企业对技术替代问题的错误判断，导致中国显像管电视（CRT）生产线全部报废。大量这类错误决策造成了资源的巨大浪费，并在宏观上最终体现为中国的生产效率和潜在经济增长速度的下降。但过去对显像管电视生产的错误决策，并不会影响现在对液晶显示屏电视（TFT LDC）的需求。如果现在国内无法提供液晶显示屏电视，消费者就会转向进口。从国际贸易角度看，如果中国的问题是"有效供给"不足，进口就会大量增加。而现实情况是中国的进口已经连续多年大幅度下降。从总量来说，如果中国的问题是供给不足，那么就应该出现通货膨胀，但中国的现实是通货收缩。商务部近日就正确地指出，"全球需求萎缩和经济下行是目前钢铁和其他一些行业产能过剩的根本原因"。

产能过剩是市场经济中经常发生的现象。即便所有产品都适销对路、不存在"结构性错配",在市场经济中,周期性地出现产能过剩也是不可避免的。日本产品如此受国人青睐,它不依然要在20多年里饱尝产能过剩之苦吗?中国钢铁行业产能过剩最为突出。但工信部告诉我们,全世界的钢铁都普遍存在着过剩。中国2015年粗钢的产能利用率为67%,同年全球钢铁企业的产能利用率均值为69.7%。可见,在市场经济完善的国家,产能过剩的情况也比中国好不了多少。

如果用有效供给不足来解释产能过剩,我们所能推出的政策结论只能是,加速结构改革,以便让企业以后生产出适销对路的产品。这无疑是正确的,但对于现有过剩产能怎么办呢?逻辑的结论是:让它们自生自灭,或通过政府帮助把它们消灭掉。但这岂不又回到了前凯恩斯的危机处理方法上了吗?

如何提振经济增长?

自20世纪80年代以来,中国多次经历由投资过热到产能过剩的周期性波动。中国目前的产能过剩的最重要直接原因之一是政府对房地产投资的调控。2005年之后,政府多次对房地产市场进行调控。2008年全球金融危机爆发之后,除了在基础设施方面进行大规模投资外,中国政府改变以前的房地产调控政策,鼓励房地产投资。大量资金流入房地产市场导致房价和房地产投资的飙升。房地产投资增长速度由2009年年初的0,飙升到2010年年初的近40%。面对急剧飙升的房价,2010年4月国务院推出号称史上最严的房地产调控政策。房地产投资增长速度开始逐步下降,但依然维持了20%左右的增长速度。2013年国务院颁布抑制房地产热的"新国五条",房地产投资增长速度进一步下降。随着房地产待售面积的急剧增加,时至2015年年底,房地产投资增长速度降到1%。

2003年8月,国务院出台"18号文件"(《关于促进房地产市场持续健康发展的通知》），首次提到房地产业"已经成为国民经济的支柱产业"。房地产业的发展极大带动了上游产业的发展。2010年以后随着房地产投资增长的下跌，钢铁、煤炭、化工等领域出现严重产能过剩。2015年房地产投资在GDP中的比例高达14.2%，加上与房地产相关产业，房地产投资增速下降对经济增长速度的下行压力之大是可想而知的。中国政府采取各种措施以抑制房地产泡沫和房地产投资热是完全正确的。但是，由于外需疲软、消费需求增速的提高还难以抵消房地产投资增速持续下降对总需求增速的下行压力。自2010年以来，中国经济增长速度持续下跌。

面对严重产能过剩、如何提振经济增长？一种做法是："关、停、并、转"，用减少产能的办法来消灭过剩产能。通过淘汰僵尸企业，减少产量，PPI就有可能回升、企业生产效率将会得到提高。另一种做法是通过扩张性的财政、适度的货币政策，用刺激有效需求的办法来消灭过剩产能。前一种做法可以增加企业的竞争压力，优胜劣汰，提高相应行业的生产率。但如果没有新的经济增长引擎出现，这种做法可能会导致经济增长停滞。不仅如此，僵尸企业的形成是一个非常复杂的问题，很难定义什么是僵尸企业。一些现在的明星企业曾长期亏损，但它们的最后成功就在于再坚持一下的努力之中。后一种做法可以使经济在较短时间内恢复增长，可以为结构改革争取喘息时间，但不会自动导致企业生产效率的提高。前一种政策可以归类为"供给侧结构性改革"，基本上是前凯恩斯主义的解决办法。后一种则可以归类为"宏观需求管理"，基本上是凯恩斯主义的解决办法。当然，也可以把两者相结合，走中间路线。

我认为，根据中国目前的情况，有必要进一步强调宏观经济管理的重要性。现实经济增速低于潜在经济增速本身就是对资源的巨大浪费。更重要的是，由于经济处于通缩状态，通过关、停、并、转，"去产能"不一定能够稳定物价。即便物价稳定了，如果没有新的增长引擎，经济增长速度也不会回升。相反，在"产能过剩—通货收缩"和"债务—通货收缩"两种恶性循环的作用下，经济增长可能会持续下降。

基础设施投资和历史机遇

基础设施是支持经济活动的各种不同生产过程所共同消耗的固定资产。由于基础设施的"公共产品"性质、其"非排除性"（灯塔一旦点亮，就不能阻止一艘船看见它）和"非排他性"（一艘船看见灯塔灯光，并不妨碍另一艘船也看见灯光），基础设施投资离不开政府参与。在美国，核心基础设施包括：交通设施、电力设施、配送系统、水务和污水处理系统等，但更广义的基础设施还包括社会基础设施，如学校、大学、医院、养老院等。

在有效需求不足、经济增长速度持续下滑、消费需求增长速度又难以进一步提高的情况下，政府不应该通过信贷扩张刺激房地产投资。抑制房地产投资增速、降低房地产投资在GDP中的比例，本来就是中国政府为改善资源配置、维系中国经济可持续增长的政策目标。中国政府不应因为经济增长速度的下降而放弃这一目标，走回头路。在2009年，出于对经济增速暴跌的担心，政府重新点燃房地产热就是为"保增长而牺牲结构调整"的例子。

2016年第一季度中国经济增长速度为6.7%，创2009年以来的季度历史新低，但好于市场预期。经济增长出现一些趋稳迹象在相当大程度上应归功于基础设施投资的持续高速增长；同时，房地产投资的反弹也起到重要作用。房地产投资增速回升对中国经济来说不一定是好消息，这种回升恐怕也难以持久。但是，基础设施投资对增长的拉动作用值得充分肯定。

从统计数字来看，最近几年中国基础设施投资保持了近20%的较高增长速度。这本是无可厚非的，但由于四万亿刺激计划声誉欠佳，短期宏观经济刺激政策已经被污名化。中国政府一再声明，没有且不打算采取短期强刺激的政策。事实上，基础设施投资的增长速度也确实在从高位逐步下降。中国学者对中国的四万亿持批评是有根据的。我在2009年年初也指出"在中国，地方政府始终具有强烈的投资冲动。如果刺激方案并未导致居民、企业（特别是民营企业）需求的增加，而仅仅或主要是唤起了地方政府的投资冲动，刺激方案就不能说是成功的。我们应该对可能出现的各种后果有充分的估计"。

现在看来，当时中国政府对全球金融危机的冲击多少有些反应过度。在天量信贷支持下，中国地方政府债务和企业债务的急剧上升。四万亿的另一个突出问题是由于强调"出拳猛、出拳快"，在项目储备不足情况下，匆匆推出，造成不少浪费。但无论如何，四万亿的大方向是正确的。四万亿使中国经济实力上了一个台阶、进一步缩小了中国经济同发达国家的差距。没有四万亿，很难说中国现在会是什么样子。中国的1万千米高铁最好不过地说明了四万亿的成绩（当然，也暴露了四万亿的缺陷）。四万亿的问题在于基础设施项目的确定、组织实施和融资方式，而不在于增加基础设施投资以抵御全球金融危机冲击的决定本身。

连主张不干涉主义的美国政府都认为，如果政府清楚地知道有哪些需要投资的基础设施、知道如何有效地为这些投资项目融资，而且知道经济处于疲软状态，政府就有非常充足的理由增加公共投资。

在美国，一般来说联邦政府负责新投资，州和地方政府负责运营和维修，而私人投资则通过PPP参与其中。根据美国经济分析局的结算，联邦政府和州—地方政府基础设施投资的支出乘数分别为1.54和1.65。在近、短期，基础设施投资可以通过增加需求刺激经济增长。在中、长期，基础设施投资可以通过提高生产效率、资本密集度和全要素生产率，提高经济的潜在增长速度。总之，基础设施投资既能在短期刺激需求，又能在长期增加供给。一举两得为什么不做？事实上，2016年美国总统经济报告正文300页出头，整整40页被用来讨论基础设施投资的必要性和实施办法。

在产能过剩情况下，作为一个发展中国家，中国政府更没有必要对增加基础设施投资犹豫不决。真正需要考虑的问题是如何总结四万亿的经验教训，认真研究应该如何确定基础设施投资项目？如何同地方政府协调组织投资的实施？以及如何为这些投资融资。

事实上，"十三五"规划已经勾勒出中国基础设施项目的详尽蓝图。其中的基础设施投资项目包括：高速铁路、高速公路、"四沿"通道、民用机场、港航设施、城市群交通、农村交通、交通枢纽、智能交通、高效智能电力系统、核电、能源输送通道、江河湖泊治理、城市供水设施改造和建设、市政地下管网设施改造和建设等。中国的基础设施虽然明显好于其他发展中国家，但同发达国家相比，从总体上看依然十分落后，在基础设施领域进行大规模投资的余地极为巨大。当然，蓝图不等于项目实施计划，各级政府需要做的事情还很多。如果不能明确各个项目由谁主导、如何组织实施、如何让民众在项目选择上有更大发言权、如何融资等，一切都会变成空头支票或劳民伤财的烂尾工程。

"十三五"规划还开出了一份基本公共服务项目清单，其中包括公共教育、劳动就业、社会保险、卫生计生、社会服务、住房保险、文化体育、残疾人基本公共服务等。在这些领域内的投资不仅会增加一般意义上的有效需求，还会增加消费需求、促进社会稳定、提高人力资本素质并最终导致潜在经济增长速度的提高。但是，进行社会基础设施投资比进行经济基础设施投资难度可能还要大很多。

在美国传统的基础设施投资的资金来源是政府财政收入，全体纳税人为新基础设施投资项目出钱，其他融资方式包括使用者付费和PPP等。后者有许多优点，在美国正在逐渐推广，但通过这种方式融资的项目还不多。除铁路货运外，联邦政府在交通运输基础设施投资中起关键作用。联邦政府的基础设施投资融资方式包括：直接开支、项目拨款、贷款补贴、地方政府债补贴、免税债券、贷款担保等。为了鼓励州和地方政府发债，为关键基础设施投资筹集资金，美国联邦政府还根据《建设美国债券》规划，补贴借债者或投资者，以便降低融资成本。

根据四万亿的经验教训，基础设施投资资金应该主要来自中央政府财政开支。中国的财政状况良好，债务对 GDP 比只有 50% 左右，完全可以进一步增加财政赤字。通过发行国债，我们不仅可以在不进一步提高企业杠杆率的情况下，解决基础设施投资融资资金问题，同时可以推动中国的国债市场的发展。此外，政府投资应该能产生"挤入效应"，带动民间投资，扭转民间投资比重下降的趋势。总之，中国政府应该参照各国经验和自己的经验教训，探索更多的融资办法，使基础设施建设投资尽量减少对银行信贷的依赖。中国的研究机构应该加强对世界各国基础设施投资融资方式的研究。

在通货收缩期间，货币政策的效用是有限的。货币政策应该配合财政政策，为市场提供足够的流动性，以压低国债的收益率。在中国的特定条件下，如何一方面维持低利息率，一方面防止资产泡沫的发生和发展，确实是对中国货币当局提出的一项严重挑战。

特别值得注意的是，2016 年美国总统经济报告强调，当前的低利息率，为美国进行大规模基础设施投资创造了极好条件。事实上，西方国家都希望能够像中国那样增加基础设施投资，只可惜是力有不逮。中国的储蓄对投资的"正缺口"和大量经常项目顺差，说明中国不缺乏资金，中国的产能过剩说明中国不缺乏生产能力。当前全球经济的不景气、大宗商品价格下跌、西方国家的超低利息率和中国的产能过剩（钢铁、水泥、煤炭、化工产品等都价格便宜）实际上为中国进一步增加基础设施投资提供了绝佳的时机。如果在未来 5 年中，能够根据"十三五"规划大力推进基础设施建设，我们不仅可以抑制经济的进一步下滑，而且能够为未来经济的持续增长打下坚实基础。如果中国不抓住目前的大好时期，不大力增加基础设施投资，中国可能错过一次难得的历史机遇。我们不是常喜欢说"弯道超车"吗？这就是一次"弯道超车"的绝好机会。

基础设施投资不是拯救"旧经济"

不少学者担心,搞基础设施投资、经济形势好转,将使钢铁、水泥、煤炭、化工之类的"旧经济"被拯救,使僵尸企业得以苟延残喘。毋庸置疑,中国钢铁行业中肯定有不少污染严重、技术落后的企业,中国钢铁行业规模大、生产集中度低。但钢材品种极多、生产方法各异,很难说钢铁行业就一定是旧经济,否则欧美政府为什么要对中国进行反倾销,保护它们的"旧经济"呢?如果基础设施投资导致对钢铁、水泥、煤炭、化工产品需求增加,这些有需求的产能就不能说是过剩产能;如果原来处于亏损状态,勉强维持的企业现在转亏为赢,这些企业就不是"僵尸企业"。只要尊重市场规律,在任何宏观经济形势下,应该消失的"僵尸企业"自然会在竞争压力下消失。

宏观经济形势肯定会对结构改革造成一定影响,但两者之间到底是什么关系则很难说。形势不好,背水一战,可能推动改革;但投鼠忌器,顾虑重重,则可能影响改革。形势好,缺乏紧迫感,安于现状,可能影响改革;但掣肘减少,回旋余地大,则可能加速改革。

执行扩张性财政政策,进一步增加基础设施投资力度,稳定经济增长,总体上应有利于结构改革的推进。加强宏观需求管理与深化和加速结构改革并无矛盾。结构改革必须应对的挑战是多方面的,结构改革是否能够成功首先取决于改革方案本身设计的合理,以及是否能够在实施过程中实现各种利益的再平衡。党的十八届三中全会提出了一份详尽的结构改革蓝图,但这些蓝图仅仅是意向的表达。虽然面面俱到,但各项改革措施缺乏有机联系。更重要的是,没有具体落实改革目标的行动计划、没有具体的路线图和时间表。如同刘尚希教授所说的,"冰上开车,空转",第一个文件还没有学完第二个文件又来了,没有时间消化和落实。确实是值得十分重视的现象。即便有了路线图和时间表,为了实现结构改革的目标,还必须排除各种非经济干扰，克服各种懒政、怠政现象。否则，不但结构改革无法顺利推进，基础设施投资也无从谈起。

宏观经济刺激和杠杆率的上升

在认真执行结构改革计划，加强宏观经济管理的同时，如何处理债务问题，特别是企业的杠杆率问题是中国面临的一项重要挑战。我们的研究发现，导致中国企业债务对GDP比（杠杆率有不同定义）上升的因素包括：资本使用效率和企业利润率持续下降、过度依赖债务融资、利息率过高、通货收缩。我们的模拟显示，如果中国经济基本面不发生变化，到2020年，中国企业债对GDP比可能会上升到200%。当然，这是一个十分令人担忧的数字，政府对去杠杆化的重视是理所当然的。

在20世纪90年代末，中国也曾经历过不良债权的迅速上升和对处理不良债务可能会使公共债务对GDP比急剧上升的担心。但由于当时保持了低利息率和较高经济增长速度，中国很快就摆脱公共债务负担增加对经济增长和金融稳定的威胁。与此相反，日本则因为过于担心国债对GDP比快速增长，采取了财政紧缩政策，反而导致国债对GDP比的进一步增长。

一般认为，杠杆率过高，投资者对借款者的还债能力丧失信心，发生挤提，并最终导致银行破产。个别银行的破产可能导致整个金融体系信心丧失、金融链条断裂，从而发生金融危机。中国由于其体制特征，由于中国居民的高储蓄率，只要不发生大规模资本外逃和外流，银行挤提导致系统性危机的可能性极低。更大的可能性是由于不良债权上升，银行惜贷、企业惜借，使通货收缩进一步加剧，并导致经济增长速度的进一步下降。

企业去杠杆化应该逐步推进，不能操之过急，银行贷款也不应该轻易划入不良。企业部门去杠杆对经济产生的下行压力应该由政府部门加杠杆加以抵消。降低债务对 GDP 比例的出路，短期在于提高经济增长速度，长期则需依靠结构改革，特别是企业制度改革、银行体系治理和监管体系改革及资本市场的发展。此外，如何消除过去数年来影子银行金融产品带来的隐患，如何抑制房地产泡沫，预防房地产市场崩盘对中国金融稳定的冲击等，都是我们必须应对的挑战。

在其他情况不变的条件下，增加基础设施投资肯定会导致债务的进一步上升。但如果这次基础设施投资主要通过增加财政支出的方式为其融资，企业债务不会大幅度上升。政府债会有大幅上升，但政府还有相当大的扩大财政赤字的余地。以中国目前的高储蓄率，国债融资成本应该是比较低的。但条件是货币政策要配合财政政策、抑制住各类资产泡沫、加强资本管制，防止资本外流和外逃。如果通过宏观经济管理，中国的经济增长速度有所上升，分母跑赢分子，企业杠杆率就会不升反降。如果基础设施投资切实改善了中国的经济结构，中国的潜在经济增长速度也会得到支撑。这样，从长期来看，中国总体的债务状况将会逐渐好转。

总之，中国应该把目前的经济困难想得多一些，应付挑战的办法准备得多一些。但更重要的是总体思路必须十分清楚。而这只有通过政府、企业、经济学界的充分讨论才能实现。

抑制债务—通缩恶性循环，稳定经济增长*

中国的潜在和现实经济增长速度

目前在中国，学界无法取得共识的一个非常重要的问题是：中国的长期增长潜力到底是多少？一派观点认为中国经济的潜在增长依然很高，8%甚至更高一些。大部分学者则认为中国潜在的经济增长速度现在应该在6.5%—7%。

为什么中国的潜在经济增长速度会明显下跌，进入了一个增长速度较低的"新常态"呢？理由包括：第一，从家庭联产承包责任制到国企改革，中国的体制改革进入深水区，通过改革释放增长潜力的空间在缩窄；第二，经过30年的高速增长，中国的经济规模已经不可同日而语，中国的经济增长潜力越来越受到规模报酬递减的制约；第三，由于中国同先进国家技术差距的缩小，通过学习和模仿赶超先进国家的后发优势逐渐丧失；第四，人口结构的变化，人口老龄化导致劳动供给的减少，人口红利正在转化为人口负债；第五，过去30年的超高速增长导致资源、环境承载能力的急剧损耗，经济增长成本

---

* 本文原题为《中国经济面临的挑战》，是余永定2016年6月24日在第六次"CF40—NRI中日金融圆桌闭门研讨会"的主题演讲。

急剧提高；第六，2000 年以来，房地产投资和出口成为中国经济需求方的增长引擎，但同时也造成供给方资源的严重错配，资源过度配置于房地产和劳动密集型产品出口，严重削弱了中国经济的长期增长潜力；第七，政府对经济的管理能力未能跟上经济日新月异的发展，治理能力的相对落后，导致政策制定和执行能力的弱化。总而言之，中国潜在经济增长速度之所以下跌，原因在于经济的基本面。而经济基本面的改善，很大程度上取决于制度创新和结构调整。结构改革的目标是培养创造和创新能力，提高资本效率、劳动生产率和全要素生产率。但制度创新和机构调整难以在短期内完成和取得成效，潜在经济增长速度的稳定和回升也要在相当一段长期之后才能实现。

在中国潜在经济增长速度下跌的同时，还有另外一个问题，即中国目前实际的经济增长速度到底是否低于潜在经济增长速度？大家的共识是，中国的潜在经济增长速度在 6.5%—7%，而官方统计显示，中国的实际经济增长速度最近是 6.7% 左右。

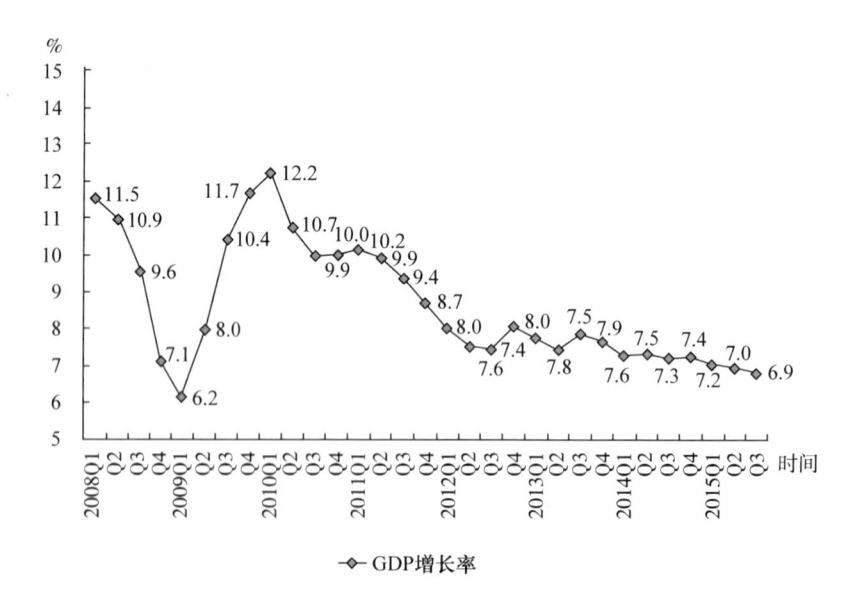

图 1 中国实际经济增长速度

如果你相信中国的潜在经济增长速度已经下降到6.5%—7%，而中国实际经济增长速度是6.7%左右，根据这两个数字你只能得出一个结论：中国的现实经济增长速度大致等于中国的潜在经济增长速度。但目前的现实却是：在中国存在着非常严重的产能过剩、有效需求不足和通货收缩。因而，中国的现实经济增长速度不可能大致等于中国的潜在经济增长速度。逻辑的结论只能是：要么中国潜在经济增长速度被低估，要么实际增长速度被高估。我以为两种情况都存在，但比照"克强指数"，我倾向于认为，在更大程度上是中国的实际经济增长速度被高估了。

判断经济增速是否低于潜在增长速度、是否处于通缩状态，我们可以用几个不同的指标来衡量。首先是通货膨胀的指标。第一，中国的CPI现在是2%左右，在相当长的时间是1%—2%。中国的核心通货膨胀率实际上只有1%左右，这对于发展中国家来说是相当低的。第二，中国的PPI已经51个月负增长。第三，中国GDP的减缩指数，2015年是负的，2016年稍微为正。从物价指标来看，应该说中国经济确实处于通货收缩状态，中国现实的经济增长速度确实低于潜在经济增长速度。

另外一个重要的指标是失业，中国的失业统计不太可靠也不够全面。我们可以看另外一个指标，就是企业的设备利用率。虽然我们没有官方正式的统计，但是企业家调查系统显示，就整个经济而言，中国的设备利用率应该在70%以下，和正常水平相比有一定差距。从这几个角度可以说明中国确实存在着产能过剩，中国现在的现实经济增长速度低于潜在经济增长速度。

图2是中国CPI和PPI的月度同比数据，近几年CPI相当低，在1%—2%，最近几个月有所好转。PPI在过去51个月中持续显著下降，最近有所回升，约为-3%。

说明中国产能过剩的另外一个重要指标就是中国的进口增长速度是负值。2015年中国的进口增长速度是-13.2%，中国经济发展的

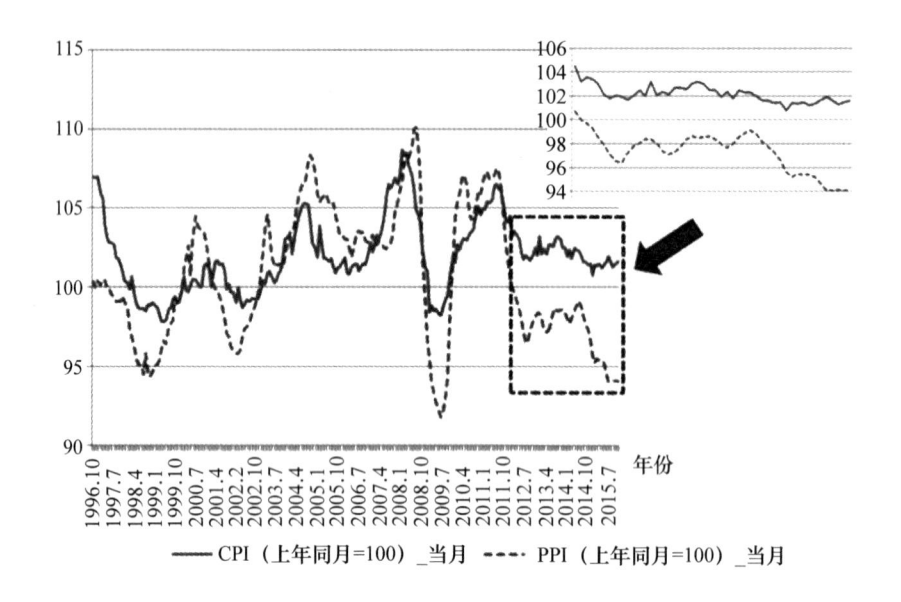

图 2　CPI 和 PPI 月度同比（1996 年 10 月—2015 年 12 月）

资料来源：wind 数据库。

经验告诉我们，当中国经济增长较快的时候，中国需要有比较高的进口增长速度。一旦中国经济形势不太好、需求不足，进口就会急剧减少。我们过去这些例子也说明了从中国的进口这个角度来看，中国存在着比较严重的产能过剩。

因为我不是统计学家，所以我没有资格判断中国的潜在经济增长速度到底是多少，也没法判断中国现实经济增长速度的统计到底有多大问题。但是有一点我觉得是可以肯定的，即中国现实的经济增长速度低于潜在经济增长速度。

房地产投资下降加大经济下行压力

在这种情况下，中国应该怎么做呢？我觉得有两点是非常重要的，第一，从长期来看，我们需要加强结构改革，使我们的潜在经济增长速度不至于进一步下降。因为潜在经济增长速度本身也不是一个常数，它也会下降，只不过它下降的速度比较慢，是一个渐进的过程（但也不尽然），所以我们要通过结构改革的方式来防止它进一步下降。第二，当前我们应该采取必要的政策措施来提高中国现实的经济增长速度，特别是要消灭中国目前的产能过剩。为了做到这一点，我们需要考虑中国为什么会出现产能过剩？为什么现实的经济增长速度低于潜在经济增长速度？

原因很多，这里我仅想说一个我认为比较重要的直接原因。在2011年以后，中国政府为了控制房地产市场，采取了一系列措施，试图降低房地产投资的增长速度。从图3可以看到，在2010年左右，中国房地产投资的增长速度大约在38%—40%，非常高。但是，房地产投资的增长速度在逐渐下降。到了2015年第四季度，中国房地产投资增长速度已经下降到1%。同时中国房地产投资占GDP的比重在14%以上，在GDP中占比很大。中国房地产投资增长速度的急剧下降对于中国经济增长的下行压力是非常巨大的。

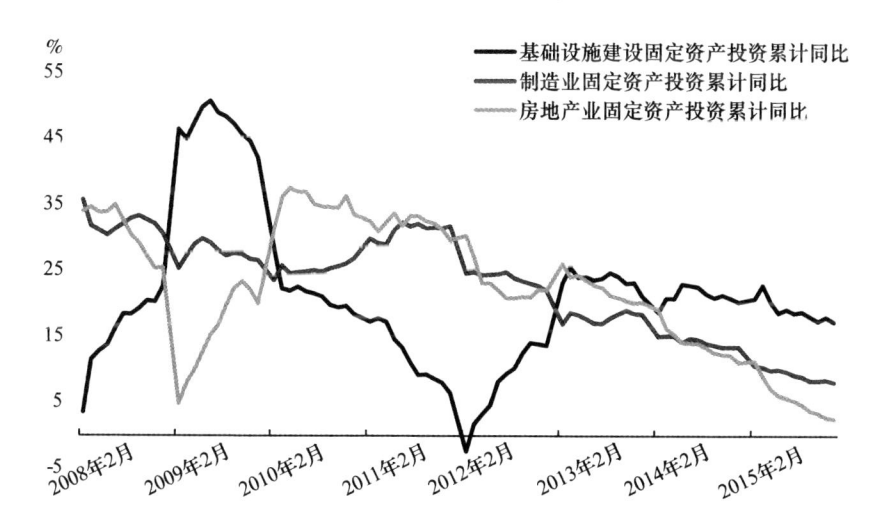

图3 基础设施、制造业和房地产固定资产投资增长率（2008年1月—2015年12月）

那么，怎么看待房地产投资？学界有不同看法。有人认为房地产业存在严重的泡沫，中国必须要抑制房地产投资；有人说没有泡沫，我们不应该对房地产投资进行打压。我觉得有一点是肯定的，就是中国房地产投资占GDP的比重太大，中国经济增长不能够依靠房地产投资来推动。前文提到，中国房地产投资占GDP的比重是14%以上。与此同时，日本、韩国在房地产投资最兴盛的时代，这个比例也不会超过10%。和欧洲国家，如跟西班牙相比，中国也远远高于他们，这是一种非常严重的资源错误配置。政府抑制房地产投资的增长速度是正确的。

但问题是，由于房地产投资在GDP中的比重高达14%（加上相关上游产业则比重更高），政府抑制房地产投资增长，必然造成经济增长速度下行的压力巨大。我们希望总需求的其他构成部分的增长速度——如消费的增长速度能够进一步提高，以便抵消房地产投资增长速度下降对GDP增长速度下降的压力。我们的消费增长速度确实已经提高，但提高速度还不足以抵消房地产投资的下行压力。同时，中国出口增长速度也在急剧下降，中国经济增长速度面临需求不足导致增长动力不足的问题。

一种需要讨论的观点是：中国的产能过剩不是有效需求不足而是"有效供给不足"造成的。换言之，在被计算为产能的部分产能，实际是没有需求的产能。不可否认，在中国的过剩产能中有一部分是以往错误投资决策的结果，还有一部分产能因技术进步或需求结构变化而变成过剩产能。但是，一般而言，在市场经济条件下，大部分过剩产能应该是有效需求不足造成的。在潜在经济增长速度的计算中，前两类过剩产能是不应该作为供给能力的一部分加以考虑的。

以产能过剩最为突出的钢铁行业为例。2004年中国的钢产量不超过4亿吨，当时大家就惊呼产能过剩。但以后钢产量却持续急剧增加，目前产能已经超过12亿吨，其主要原因是中国房地产投资的急剧增长。现在，钢铁行业产能过剩的主要原因则是房地产投资增长速度的下降。作为经济调整的结果，钢铁产能的压缩是不可避免的。但是，也应该看到，作为一种上游行业，钢材不仅可以用于房屋建筑领域，还可能用于其他领域，例如，基础设施领域。因而，基础设施投资的增加，必然会减少钢铁行业的过剩产能。推而广之，有效需求的增加必然会减少整个经济体中的过剩产能。

必须高度警惕通缩恶性循环

许多人主张：在经济下行的时候，应该让市场来调节，政府不必过多地干预，我们只要集中精力强化结构改革就行了。在微观经济中，在供给大于需求的时候，价格的下降将导致供给减少、需求增加。价格的一次性下降将导致供求均衡的实现，这种推理不适用于宏观经济问题。仅仅去产能，不一定能使经济增长速度实现稳定，更遑论经济增长速度的上升。中国现在存在着严重的通货紧缩，实际上已经出现了一个通货紧缩的恶性循环。在这种情况下，经济难以自行稳定。我们可以看下通货紧缩的恶性循环。从图4可以看到，由于投资过度出现了产能过剩，产能过剩导致了PPI的下降，PPI的下降又侵蚀了企业的利润。在企业利润下降的情况下，企业就要减少借贷，同时也要压缩投资，银行也不愿意借钱给企业。这样形成了投资需求减少，投资减少进而又造成了产能过剩进一步恶化。

还有一个是更为经典的恶性循环，就是由于投资过剩、产能过剩、PPI下降，企业实际债务上升。由于实际债务上升，企业就不得不减少借贷和投资，这又进一步加剧产能过剩。如果这个恶性循环不加以制止，中国经济不会自然稳定在一个虽然比较低但是可以接受的水平上，它有可能继续恶化，而且会造成严重的不良债权，企业可能倒闭。搞得不好最后会导致中国经济的硬着陆，这是我们必须高度警惕的。

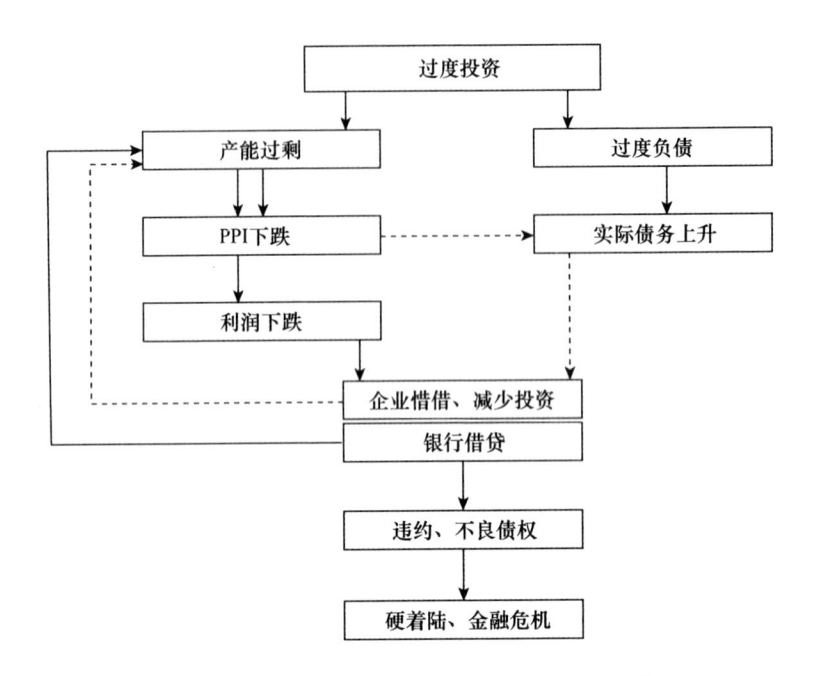

图 4　产能过剩—通缩循环和债务—通缩循环示意图

财政政策应着眼于基础设施投资

应该用什么样的政策来应对中国目前的经济形势呢？我赞成政府所提出的，加强供给侧的结构改革。这是毫无疑问的，因为没有供给侧的结构改革，中国长期的经济增长速度是无法维持的。

现在有争议的是，中国目前是否应该采取规模比较巨大的、扩张性的财政政策。我觉得，中国的货币政策余地虽然还有，但不是特别大。在通货紧缩期间，货币政策不能扮演主要角色，应该由财政政策来扮演，而财政政策应该着眼于加强基础设施投资。中国的经济发展阶段和日本相比，大概要落后 20 年甚至更长的时间。当时日本采取扩张性的财政政策，比如在 20 世纪 70 年代加强基础设施建设是个成功的经验。

有人担心债务问题，我认为和其他国家相比，中国的企业债问题十分严重，但中国的财政状况相当不错，中国的公共债务（加上地方债）占GDP的比例只有41%左右。在这种情况下，政府完全可以通过发行国债的方式筹集资金来支持基础设施建设。这样的政策具有两种好处，一方面可以恢复经济增长，另一方面中国的国债市场小而浅，发展国债市场对于中国的金融改革非常有利。所以这是一石二鸟，我觉得中国政府不应该在加强基础设施投资方面有过多的犹豫。

中国有能力克服债务问题

关于汇率政策，我个人的观点是政府应该尽量减少对于外汇市场的干预。人民币即便贬值也不必过于担心。同时我认为，中国在推行资本项目自由化的过程中，应该采取比较谨慎的态度，特别是中国面临着一系列的挑战，如果彻底放弃对资本跨境流动的管理，会产生一系列其他的问题。

最后是关于债务问题。中国企业债确实相当高，具体数字很难说，因为有不同的统计口径。中国社会科学院的观点是企业债占GDP的比例大约是140%，跟其他国家相比处于比较高的水平。但是从总体来看，中国的债务占GDP的比重处于中等水平，不算特别高。企业债我们应该非常关注，其之所以不断上升，基本上可以归结为下述几个原因：第一，中国资本的使用效率在急剧下降。第二，企业的利润状况不好，2015年中国企业利润的增长速度为负值。第三，中国的名义利率较高。中国资本市场不够发达，所以企业筹集资金需要依赖银行，而不是通过资本市场。当然我们在这方面取得了一些进步，但是和发达国家相比，差距还是比较大的。第四，中国的通货收缩使得企业实际债务负担增加。

为了解决这些问题，我们有两种选择。一种是加速去杠杆，比如要求公司尽可能地降低杠杆率，同时要求银行要更加谨慎，减少对那些可能还不了债的企业的贷款等。但我觉得，在实际经济增长速度低于潜在经济增长速度的条件下，更重要的还是应该通过另一种，即经济增长来逐渐缓和企业债务的问题。20世纪90年代中国的经验证明，如果没有比较高的经济增长速度，债务问题会越来越严重。如何处理去杠杆问题，是对我们政府智慧的一个严重挑战。尽管我们面临着比较严重的公司债问题，但是中国是高储蓄国家，拥有大量国有资产、没有外债、经济增长速度依然比较高，所以中国完全有能力克服债务问题，不至于导致经济危机和金融危机。

央行"缩表"并不意味紧缩货币[*]

"缩表"概念不能套用于中国

《财经》：针对季末中国人民银行"缩表",市场主要声音认为是因外汇占款减少、美联储缩表预期导致的被动缩表,你怎么看美国这次缩表?

余永定：2014年10月29日,美联储主席耶伦宣布美联储将终止于2008年年底开始执行的购买长期国债和MBS的"资产购买计划"。当时美联储资产负债表的规模是4.48万亿美元。

两年多以后的今天,美联储资产负债表的规模是4.5万亿美元,其中国债2.5万亿美元,按揭贷款支持债权(MBS)1.8万亿美元。2017年3月美联储货币政策会议纪要显示,美联储可能在年底开始缩减资产负债表规模。

美联储可以选择两个不同路径"缩表":把所持国债和MBS卖掉,或两者到期后不再重新投资。前者的缩表速度快,但对债券市场冲击较大;后者的缩表速度慢,但对债券市场冲击也较小。特朗普和共和党倾向前者,而美联储的大多数成员和民主党倾向后者。

伯南克表示:"试图积极管理平仓过程可能在金融市场引发意想

---

[*] 本文原题为《央行应该紧缩货币吗?》,刊于2017年5月29日《财经》。

不到的巨大反应。"伯南克在2013年5月仅仅表示美联储将会减少证券购买量,就立即在全球掀起了巨大波澜。

市场人士普遍预测美联储可能从2017年年底开始缩表,但也有市场人士预测缩表可能在更早的时间开始。一般预料,在缩表的最初阶段,美联储将只是停止重新购买部分满期证券。

此外,美联储的缩表进程还将和升息进程挂钩。例如,有美联储成员称,缩表速度慢一些,升息次数就可以少一些;反之则反。美联储表示会提前通知市场有关缩表的决定,使市场有充分准备。

美联储的量化宽松政策主要包括两个组成部分:"资产购买计划"和零利息率政策。两者相互联系,但又相互独立。在终止资产购买计划之后,美联储在2015年12月16日宣布升息25个基点,结束了长达7年的零利率政策。

需要强调的是:美联储无论是对退出零利息率政策还是对缩表都小心翼翼。美联储仅仅是终止了资产购买计划,缩表还没有开始。

《财经》:中国和美国在此之前都实行了宽松的货币政策,两者有何不同,缩表反映的货币政策变化是什么?

余永定:尽管中国和美国在金融危机爆发后都实行了扩张性货币政策,但两者在中间目标、货币政策工具和货币政策操作方式等方面都有很大不同。美国执行的是非传统的扩张性货币政策,而中国执行的是传统的扩张性货币政策。

在传统上,为了实现最大限度就业和物价稳定的最终目标,联储是以买、卖短期国债券为手段,以联邦基金利息率为中间目标。但在推行量化宽松政策时,美联储不但购买国债券而且购买其他金融资产(MBS),不是购买短期国库券而是购买长期国库券。美联储的中间目标不仅是让联邦基金利息率维持为零,还要直接压低长期利息率,使整个收益率曲线下移、扁平化。

美联储资产负债表资产方的急剧膨胀导致基础货币急剧扩张。由于后危机期间货币乘数的急剧下跌(M1由危机前的1.6左右下降到危机后的0.8左右），广义货币扩张速度大大低于基础货币的扩张速度，再加上次贷危机的一系列后遗症，美联储的扩表并未导致通货膨胀和资产泡沫。

但是，一旦经济增长恢复常态，美联储就需要考虑减少基础货币，抽干堰塞湖的存水。美联储的负债几乎完全由基础货币（流通中的货币和银行机构存款）构成，"政府存款"等项目在资产负债表上的比重极小，以致可以忽略不计。

减少根据"资产购买计划"买入的资产，几乎可以导致基础货币一对一的减少。就美联储的货币政策而言，缩表就等于减少基础货币（中国所说的"储备货币"）。

在中国，压缩基础货币规模可能会导致中国人民银行资产负债表规模缩减，但中国人民银行没有也不需要通过压缩资产负债表规模来实现减少基础货币（抽紧"银根"）的目的。因此，用"缩表"一词来描绘当前中国货币当局货币政策的执行情况是非常不准确的。

中国人民银行货币政策调整，是中国人民银行根据自己对中国宏观经济形势和未来发展路径的判断而做出的。即便中国人民银行采取了中性偏紧的货币政策，也只能说是中国人民银行采取了中性偏紧的货币政策，而谈不上什么缩表不缩表。

美联储缩表肯定会对中国货币政策的选择产生影响。但直到目前为止（以后另说）这种影响还是有限，这里也谈不上什么被动缩表的问题了。

外汇储备发生变化会导致基础货币发生相应的变化。但中国人民银行的货币政策不会因外汇储备的变化而变化。如果中国人民银行判断货币政策应该从紧，外汇储备无论是减少还是增加，中国人民银行都可以通过相应的公开市场操作对冲外汇储备的变化以减少基础货币，实现货币紧缩。因而，尽管对冲操作本身存在一些问题，但目前并不存在中国人民银行因外汇储备减少而必须缩表的问题。

"缩表"不等于货币政策紧缩

《财经》：中国人民银行缩表或者扩表与货币供应量是什么关系，缩表是否真的意味着货币政策会进一步收紧？

余永定：从 2017 年 1 月到 3 月，中国人民银行的总资产从 34.8 万亿元下降到 33.7 万亿元，减少了 1.1 万亿元。其中，外汇储备（以元计价）由 21.73 万亿元减少到 21.62 万亿元，减少了 1100 亿元；"对其他存款性公司债权"（中国人民银行对商业银行体系的债权）由 9.13 万亿元下降到 8.07 万亿元，减少了 1.06 万亿元。

从资产方可以看出，资产规模的减少主要是中国人民银行对商业银行体系债权减少导致的。中国人民银行资产的减少必然同时反映为中国人民银行负债的等量减少。事实上，中国人民银行资产负债表中负债方的大多数科目都出现了不同程度的下降。其中，基础货币（商业银行存放在中国人民银行的准备金、流通中的货币）由 1 月的 30.78 万亿元下降到 3 月的 30.24 万亿元，减少了 5423 亿元；政府存款由 1 月的近 3 万亿元下降到 3 月的 2.4 万亿元，减少了 5945.5 亿元。

1 月末到 3 月末，中国人民银行资产负债表收缩了 1.1 万亿元，降幅达 3.1%。这是否能够说明中国人民银行是在紧缩货币呢？不一定，中国人民银行资产负债表上任何一个科目的变化都会影响中国人民银行资产负债表的规模。同美联储的情况不同，看中国人民银行货币政策是否已经抽紧，不能根据中国人民银行资产负债表规模的变化做出判断，而要看负债方之中的基础货币的变化情况。

前三个月中国人民银行资产负债表规模变化的一半以上是"政府存款"减少导致的。而基础货币（负债方的"储备货币"项目）的下降幅度不太大，只有 1.76%。

因而，客观地说，2017 年以来中国人民银行确实抽紧了"银根"，但幅度远不如"缩表"1.1万亿元给人感觉那么大。根据3月中国人民银行资产负债表规模减小这一事实还很难判断中国人民银行货币政策是否发生了重要变化。

中国人民银行资产负债表规模减小为我们观察中国人民银行货币政策提供了一个视角，但它本身只是中国人民银行货币政策的结果，而不是什么先导指标。判断货币政策是否进一步收紧，应首先看准备金的变化，其次是看货币乘数的变化。在中国的现实条件下，围绕"缩表"的概念讨论中国人民银行货币政策没有什么意义。

《财经》：许多人说第一季度"缩表"主要是季节性以及财政收支等因素造成的。这种说法正确吗？

余永定：是否能够说财政支出加快（"政府存款"减少）是3月"缩表"的原因呢？在中国人民银行资产负债表中，有些项目是中国人民银行所不能直接控制的，但有些项目，如"对其他存款性公司债权"项目，中国人民银行却可以直接控制。

只有在中国人民银行资产负债表的规模和表中负债方中其他各项规模不变的情况下，"政府存款"项的减少才必然导致"储备货币"项或基础货币的增加。

而实际情况应该是：中国人民银行根据自己对宏观经济形势的判断，认为基础货币应该略有减少，于是通过减少贷款、贴现和逆回购的力度使"对其他存款性公司债权"项减少了1.06万亿元。"对其他存款性公司债权"项和其他一些资产项的减少导致资产规模减少1.1万亿元。而资产规模的减少最终会通过某种传递机制导致负债规模的等量减少。

由于负债规模的减少，尽管"政府存款"项减少了5945亿元，储备货币非但并未增加反倒减少了5423亿元。问题的关键不是"政府存款"减少了，而是中国人民银行不愿意增加基础货币。

如果中国人民银行不在意基础货币的增加，它就不会在资产方减少贷款、贴现和逆回购的力度。在这种情况下，在负债方，基础货币的增加就会抵消"政府存款"的减少。这样,即便"政府存款"减少,中国人民银行资产负债表的规模也可能不会减少。

因而,把中国人民银行资产负债表规模的减少归结于"政府存款"项减少是搞错了因果关系。同样,季节性因素可以改变中国人民银行资产负债表的结构。但如果愿意,中国人民银行完全可以通过公开市场操作抵消季节性因素对中国人民银行资产负债表规模的影响。

《财经》:目前中国人民银行资产负债表规模是 34 万亿元,您认为在当下时点,中国人民银行是否有必要进行进一步缩表?市场为什么特别担忧央行"缩表"?

余永定:我已经说明,"缩表"的概念不适用于中国。更准确的问法应该是:中国人民银行是否应该收紧"银根",例如减小基础货币规模或提高准备金率?

到 2017 年 3 月底为止,中国人民银行资产负债表的规模是 33.74 万亿元。在同期,美联储资产负债表的规模为 4.458 万亿美元。从对 GDP 的比例来看,中国人民银行资产负债表的规模比美联储资产负债表的规模大不少。美联储担心急剧膨胀的资产负债表在经济恢复正常之后会导致通胀和资产泡沫,因而决定"缩表"。

对高达 30.24 万亿元的基础货币和高达 159.96 万亿元的广义货币(M2)余额(2017 年 3 月末)所隐含的通货膨胀和资产泡沫威胁,中国当然更应该感到担心。但是,这是一个长期问题。中国人民银行的法定最终货币政策目标是"保持币值稳定并以此促进经济增长"。货币政策是宏观经济政策,宏观经济政策是短期政策。

因而中国人民银行必须首先考虑短期问题。目前我们既不能肯定中国经济增长是否已经处于 L 型的底部,也不能肯定通货收缩是否已经克服,现在就开始紧缩货币似乎还言之过早。

如果中国人民银行收紧银根导致流动性紧张和利息率上升,投资者持有的各种证券的价格就会下跌、一些金融机构的资金链条就会中断。"金融监管风暴"早已使许多金融机构,特别是没有稳定资金来源的中小金融机构感到压力沉重，货币紧缩可能会成为压倒它们的最后一根稻草。"市场"担心中国人民银行"缩表"是很自然的。

《财经》：2017年4月中国人民银行总资产为34.13万亿元，相比3月末上升3943.17亿元，虽然扩表，但是大摩预计中国人民银行资产负债表在2017年到2018年每个月将收缩850亿元。

余永定：我不知道大摩是如何计算中国人民银行资产负债表未来"缩表"幅度的，我不认为这类计算有很大意义。姑且听之吧。

货币政策现在还不宜从紧

《财经》：在复杂的经济、金融形势下，你认为中国的货币政策应该如何选择？

余永定：2016年12月召开的中央经济工作会议指出，货币政策要保持稳健中性。中性货币政策是一个同"自然利息率"相联系的概念。而自然利息率是无法直接观察的，只能事后判断。我不知道中性货币政策是什么意思，但从中国人民银行的货币政策执行情况来看，中国人民银行不想让货币政策发生太大变化。我认为这种慎重态度是正确的。

2017年第一季度中国经济取得不俗表现，GDP实现了6.9%的增长，延续了自2016年第一季度以来的企稳、反弹。更重要的是PPI已经连续八个月正增长。大多数实物指标也比2016年有较大改善。

但是，也应该看到，自2016年下半年以来的经济企稳、反弹并不稳固。在第一季度的企稳、反弹中，基础设施和房地产投资发挥了重要作用。两者的（名义）增长速度分别达到23.3%和9.1%，然而在未来两者的增速是否可以维持则很难预料。特别是，在严控房价措施下，房地产投资可能会大幅度下降。中国2013年以来CPI一直处于低位。PPI从2012年3月到2016年9月更是经历了54个月的负增长。

2017年3月CPI同比上涨1.4%，依然处于低位。虽然PPI同比上涨7.6%，但翘尾因素约为5.8个百分点。刚刚公布的2017年4月经济指标显示，4月中国经济基本延续了2017年第一季度的变化趋势。特别值得注意的是，尽管目前PPI同比仍然是正增长，但环比在4月下降了0.45%。

总之，虽然中国经济增长已经趋稳，但仍然存在反复的可能性。特别是，如果PPI回到负增长区间，中国企业的盈利状况就会再次恶化、债务负担就会加重，中国经济就有可能重新陷入"需求不足—通货收缩"和"债务—通货收缩"的恶性循环。

此外，中国中小企业融资难、融资贵的问题并未得到根本解决。中国还在执行积极的财政政策，利息率的上升可能会迅速恶化中国的财政状况。加强监管产生的金融抑制效应也需要相应的货币政策加以对冲。

中国人民银行货币政策的选择取决于其对最终目标实现情况的判断。考虑到上述种种情况，中国货币当局在考虑是否退出2014年以来的较为宽松的货币政策时应该采取十分谨慎的态度。如果形势需要，适度放松货币政策也未尝不可。当然，无论采取何种货币政策，中国人民银行都必须加强同市场的沟通、让市场充分理解中国人民银行的货币政策动机，并为迎接这种变化事先做好准备。

《财经》：那么，中国人民银行在制定货币政策时要兼顾什么重要问题？

余永定：中国人民银行2017年的工作重点之一是"切实防范化解金融风险"。中国金融秩序混乱、监管套利活动猖獗。政府狠抓金融整顿、加强金融监管的政策是完全正确的。但是"金融监管风暴"和货币紧缩的叠加效应确实不可低估。

目前业界谈论较多的风险包括：房地产泡沫、理财产品暴跌、公司债务违约、地方政府债务违约等。中国货币政策中的最大问题恐怕是自2009年以来房地产贷款的高速增长。房地产贷款余额由2009年的 7.3 万亿元上升到 2016 年的 26.7 万亿元，累计增长了 264%。

中国房地产价格飞涨同房地产贷款的急剧增长是脱不了干系的。据刘胜军先生提供的数字，2016 年四大行新增贷款超过 60% 流向房地产，其中某一大行的房地产贷款比重超过 80%。这些数字是非常惊人的，其含义不言而喻。

为了防范并化解金融风险，货币的适度紧缩在理论上是没有争议的，但在实践中分寸的拿捏却十分困难。

各国经验证明，面对泡沫化的资产，升息和其他紧缩措施会导致资产价格下跌和流动性短缺。给定资本金，资产价格下跌意味着杠杆率的上升。杠杆率的上升使金融机构更难以从货币市场获得短期融资，于是不得不进一步出售资产，从而使资产价格进一步下跌，杠杆率进一步上升。

恶性循环一旦形成就会最终导致金融危机。金融机构（特别是商业银行）的去杠杆可能意味着实体经济将得不到必要的信贷。这样，在一定条件下，金融危机又会进一步发展为经济危机。

金融整顿是必须的，但当整顿本身已产生强大货币紧缩效应的时候，货币紧缩似乎应该适当延后，以避免重复在其他国家出现过的由于收紧货币政策，导致资产泡沫崩溃，并进而把国家拖入金融危机的错误。

总之，金融整顿应该更多依靠监管措施，应该更多运用货币政策之外的政策手段；而货币政策的主要任务是稳定物价、维持经济增长。

中国是否正在逼近明斯基时刻？[*]

在相当长一段时间里，一些海外金融机构和媒体表达了对中国进入明斯基时刻的担心，最近甚至打赌中国马上就要进入明斯基时刻。

所谓明斯基时刻是指信贷周期进入资产价格的大规模暴跌阶段。在周期的繁荣阶段，投资者在大量借债的基础上购买金融资产。资产价格的上升反过来又进一步刺激了投资者对资产的需求，债务和资产价格盘旋上升，并最终达到某个时刻：在这个时刻，投资者所持资产提供的现金流不足以偿还债务本息；货币市场出现恐慌，贷款人不再续借，投资者无法"借新还旧"，不得不抛售手中的好资产（坏资产没人买），从而导致资产价格普遍下跌；而资产价格的下跌又进一步加深货币市场的恐慌，货币市场上流动性枯竭，利息率飙升。一旦资产价格暴跌、银行挤兑、资本外逃，就可以说明斯基时刻到来了。此后，大批系统性重要金融机构相继破产，并最终导致金融危机和经济危机。

正确判断中国现在在多大程度上面临明斯基时刻，事关中国能否正确把握"守住不发生系统性金融风险底线"和维持必要经济增长底线之间的度。而正确处理两者之间的关系则或许是决定未来5年，甚至更长时间中国经济能否持续、稳定发展的关键问题之一。

---

[*] 本文原题为《中国暂未逼近明斯基时刻，但要严防系统性金融风险》，刊于2017年12月2日《财经》。

中国目前并未面临"明斯基时刻"

从美国次贷危机的经验来看,进入明斯基时刻的充分、必要条件有三个:金融资产价格暴跌,货币市场流动性枯竭,资本金无法得到补充。上述三个因素相互作用,形成恶性循环才会最终导致金融危机的爆发。对比美国经验,中国在近期会出现资产价格的暴跌吗?

首先看股市。经过2015年的调整,中国的股市基本稳定。平均市盈率从当年最高的54倍下降到目前的19倍,平均市净率从当年最高的年8.47倍下降到目前的2.18倍,波动率从当年的133%下降到2017年前10个月的12%。目前国内并不存在股市大幅度下跌的预期。如果不犯政策性错误,近期股市出现2015年式暴跌的可能不大。相反,股市更像是处于向昔日较正常水平回升的阶段。

其次是债市,尽管出现过一些问题,从总体上看中国的债券市场目前是相当平稳的。经整顿,银行通过发行同业存单与同业理财募集资金①,然后委外放杠杆投资于债券市场的行为已基本得到抑制。2016年银行间市场公司债违约规模279亿元,违约发行人13家。2017年到目前为止违约规模32亿元,违约发行人3家。2016年交易所公司债违约规模4.58亿元,违约发行人6家。2017年到目前为止违约规模16.2亿元,违约发行人3家。

再看银行资产。中国银行业确实存在不少风险。中国银行贷款余额的1/4是房地产贷款。2016年有46%的新增贷款流入房地产市场。根据平安银行计算,2017年6月末,银行类金融机构人民币各项贷款余额114.6万亿元,其中,涉房贷款为43.32亿元(房地产直接相关贷款29.7万亿元和以房地产作为抵押物的其他贷款13.6万亿元),

---

① 同业存单是存款类金融机构在全国银行间市场上发行的记账式定期存款凭证。期限从一年到一个月。A银行发行同业存单募集资金,购买B银行的同业理财,B再自营或者委托投资,低价募集资金后投资赚差价。

占比38%。如果再加上通过理财业务流入房地产市场的资金，情况就更严重了。不难想象，房地产价格暴跌对银行系统会造成比较严重的冲击。但房地产价格会暴跌吗？中国政府目前的调控思路是以稳为主，相信至少在相当一段时间内政府是有能力稳住房价的。我认为，中国的房地产问题主要是资源配置扭曲问题而不是资产泡沫问题。

美国的次贷危机是从次贷违约率大幅度上升开始的，目前为止中国的个人购房贷款违约事件十分罕见。更重要的是，中国并不存在美国式的"次贷"。中国个人购房贷款首付比例很高，即便房价下跌，也不会对银行形成像次贷在美国所形成的那种严重冲击。中国也基本不存在以抵押住房贷款为基础的衍生金融产品（如MBS和CDO），即便个人购房贷款违约率大幅度上升，其他金融资产也不一定会因此而暴跌，并造成系统性金融危机。

当然，如果政府继续出台严格的房地产调控政策，房地产开发贷款的违约将显著增加。此外，近年来居民部门杠杆率上升很快。对于这些情况我们自然不可以掉以轻心。

在2017年，除个别股份制银行外，中国银行业经营状况基本稳定，不良债权率维持在2%以下，一些银行甚至实现了不良债权量和不良债权率的下降。尽管不良债权的实际情况可能比公开数字显示的要严重，但没有人认为中国银行不良债权形势会比20世纪末21世纪初时严重。

如果说在近期中国金融机构资产大幅度下跌的风险不大，中国金融机构的负债方，即资金来源出现大问题的可能性则更小。首先，中国是个高储蓄的国家，可借贷资金充裕；其次，由于中国的制度安排，很难想象会出现大规模银行挤兑现象；再次，由于加强了资本管制，资金再次出现大规模外逃的可能性不大；最后，近年来世界各国央行，包括中国的央行已经积累了非常丰富的处理流动性短缺问题的经验。在通货膨胀并不严重的情况下，即便货币市场出现问题，通过降息、注入流动性的办法，中国人民银行完全可以维持货币市场的稳定。

目前中国银行的盈利状况远好于大多数发达国家。2016年中国这类银行的净资产利润率（ROE）为14.7%，大大高于国际平均水平。根据银监会报告，2016年商业银行平均资本利润率（ROC）为13.38%，拨备覆盖率为176.4%，贷款拨备率为3.08%，资本充足率为13.28%且基本稳定。由于中国政府相对良好的财政状况，即便金融机构需要补充资本金，中国政府依然有财力注入资本金。而且，由于中国的制度特点，至少对国有银行来说，中国资本充足率要求应该低于一般国家。

总之，从金融机构的资产、负债和资本金这三个方面来看，中国目前并未面临明斯基时刻。即便其中任何一方出现问题，我们也有足够的手段和空间，防止三方面的问题相互影响形成恶性循环并最终导致金融和经济危机。

同金融体系向明斯基时刻演进的典型过程相比较，中国也不像是正在以某种不可阻挡之势滑向明斯基时刻。明斯基时刻到来之前，美国先是经历了一个持续降息的过程，联邦基金利息率从2001年年初的6.5%降低到1%。低利息率造成严重的资本泡沫（房价、股价等）。为了抑制资产泡沫，从2004年中起货币当局开始缓慢升息，上升幅度超过4个百分点，在这个过程中次贷违约率不断上升，到2007年终于刺破资产泡沫，迎来明斯基时刻。中国的情况则有很大不同。虽然自2008年以来中国的信贷和广义货币的增长速度非常高，但是中国的基准利率自2012年以来就一直处于下降通道。目前，中国政府正致力于推动金融服务于实体，游离于实体经济之外的资金正在逐步回到实体经济。因而，从必要性的角度来看，在最近的将来，中国的基准利率水平应该是下降而不是上升，或至少是基本稳定。换句话说，中国目前利息率的变化方向同美国当年进入明斯基时刻前的利息率变化轨迹是非常不同的。

与西方国家不同，中国2008年以来信贷和债务水平的急剧增长是在特定的经济结构转型背景下,由政府主导、以国有企业和地方政府融资平台为主体的加杠杆,是防范危机的措施。中国杠杆率上升的性质更接近于发达国家在金融危机后的经济刺激措施,而不是金融危机前私人部门的加杠杆进程。

庞氏融资(类似高息揽储之类的融资方式)是进入明斯基时刻的前奏。在影子银行活动猖獗、理财产品爆炸性增长的时期,特别是在2015年,中国确实有逼近明斯基时刻的势头。近年来通过缩短同业链条、减少多层嵌套等整顿措施,庞氏融资形势已经明显好转。如果说中国一度逼近明斯基时刻,现在则可以说正在从危机的边缘后退。

如何防范"明斯基时刻"

尽管我本人不认为中国正面临明斯基时刻,但这并不意味着中国不存在发生金融危机的危险。我们确确实实应该"把主动防范化解系统性金融风险放在更加重要的位置,牢牢守住不发生系统性金融风险的底线"。有关负责人呼吁中国警惕明斯基时刻的到来也是完全正确的。特别是由于存在信息不对称问题,有关负责人担心明斯基时刻出现,必有充分道理。为了防止明斯基时刻的到来,中国应该做什么?

坚持资本管制

中国必须坚持和完善资本管制,防止发生大规模资本外逃。外国经济学家一般都把中国出现大规模资本外逃作为中国进入明斯基时刻的重要条件。在没有资本管制的情况下,资产价格下跌一定会和资本外逃相互作用、相互加强,资本外逃一定会加重流动性短缺,使资金成本飙升,从而加重资产价格的暴跌,使得政府通过注资等方式稳定资产价格更为困难。

宏观审慎管理是防范金融风险的重要工具,但并不是遏制资本外逃的工具,因而并不能代替资本管制。另外,加强资本管制,肯定会造成"误伤",影响正常、合理的资本跨境流动。因而,一方面应该加速各项改革,特别是汇率体制改革。另一方面,其他改革到位之前,政府还不能放弃资本管制,而只能提高对跨境资本流动的管理水平,尽可能避免误伤。

抑制企业杠杆率上升

中国必须努力降低杠杆率。西方经济学家和金融机构认为中国正在面临明斯基时刻的主要理由是中国的"信贷/GDP比"过高,以及"信贷对GDP缺口"过高。后者是指,同"信贷/GDP比"的历史水平相比,当前的"信贷对GDP比"过高。国际清算银行认为,根据历史经验,如果"信贷对GDP缺口"超过10%,一个国家就可能陷入银行危机。

中国确实存在宏观杠杆率过高,特别是企业杠杆率过高和地方政府债务失控的问题。中国非金融企业杠杆率为165%,被普遍认为是世界之最。从宏观层面上说,造成中国企业杠杆率的原因包括:(1)银行对企业提供信贷与企业真正用于投资的银行信贷之间缺口过大(国际货币基金组织观点);(2)中国经济增长速度目标较高;(3)企业投资效率较低(为取得一个单位GDP增长,所需投资越来越多);(4)企业利润不高(缺乏投资的自有资金);(5)缺少直接融资渠道(如股市并未发挥应有作用);(6)实际利息偏高(名义利息率偏高、通货膨胀率,特别是生产者价格在2016年10月前的相当一段时间内负增长)。政府应该同时从以上六个方面下手解决企业杠杆率过高的问题。

不少外国经济学家认为,为了降低企业杠杆率,中国必须降低经济增长速度。但经济增长速度同企业杠杆率之间的动态关系是复杂的。经济增长速度既影响杠杆率的分子也影响杠杆率的分母。不能简单认为,经济增长速度下降就必然会导致企业杠杆率的下降。从短期来看,在其他条件不变的情况下,降低经济增长速度目标可以使企业杠杆率下降。但在某些条件下，经济增长速度下降却可能使企业杠杆率上升。降低杠杆率的根本出路在于提高投资效率和企业盈利水平。此外，也不应该忘记降低实际利息率（名义利息率—通货膨胀率）对降低企业杠杆率的作用。抑制杠杆率的上升，结构改革降低利息率可能更为有效，而且可以避免经济增长速度下降所产生的许多复杂后果。

尽管中国经济已经进入中低速时期，经济增长必须更加注重质量。但中国依然是一个人均收入很低的国家，维持6.5%左右的经济增长速度，对于协调、合理调动中国的资源、维持经济可持续增长不仅是可能的还是必要的。中国不应该放弃在制定五年计划时确定指导性经济增长目标的传统。降低企业杠杆率应该主要在导致企业杠杆率上升过快的其他因素上下功夫。

此外，在有效需求不足的情况下，有效需求增加导致的经济增长并不一定会导致企业杠杆率的上升。相反，企业杠杆率还可能会随经济增长速度的上升而下降。

银行对企业提供信贷与企业真正用于投资的银行信贷之间缺口过大的问题确实存在。一些企业得到银行贷款后并不把贷款用于投资，而是通过复杂的渠道将其用于金融投机或转贷给另一些需要资金但却无法从银行得到贷款的企业，从中赚取息差。信贷与投资融资之间的缺口恐怕也与大型国有企业很容易得到贷款而中、小民营企业得不到贷款有关。不管怎么说，为了降低企业杠杆率，中国政府必须进一步推动金融的"脱虚向实"，使储蓄者的资金通过尽可能简单的通道进入实体经济，压缩金融机构和企业进行"监管套利"活动的空间，从而使银行信贷能够最大限度地用于真正的企业投资。

在没有技术突破的情况下，企业投资效率下降（表现为中国资本—产出率提高）是经济增长的一般规律。数据显示，中国企业整体的投资效率从20世纪90年代以来就一直呈现下降趋势。2008年以来中国基础设施投资、地方政府支持的公共投资大量增加。这些投资的直接经济效益难以在短期得到体现，有些项目本身就难以产生效益，投资效率有进一步下降趋势。我们确实应该要防止盲目投资，杜绝浪费和重复建设，特别是制止地方政府从局部利益出发争抢投资项目。但在短时间内，我们恐怕还不能让基础设施投资增速明显下降。令人鼓舞的是，几年来中国企业的自主创新成果出现爆发性增长趋势。可以预期，假以时日，中国企业的投资效率将扭转逐步下降的趋势。

企业自有资金不足，在给定增长目标和投资效率，从而决定企业投资量的情况下，企业必须依靠外部融资。为了减少企业杠杆率，企业必须提高利润水平。为此，必须通过一系列结构改革，一方面要改善企业的经营状况，另一方面要帮助低效率企业退出、关闭僵尸企业。政府也应该考虑减轻企业税收负担等问题。统计数字显示，民营企业效率普遍高于国有企业。因而，作为提高企业效率的手段之一，政府应该进一步推动民营企业，特别是民营创新企业的发展。可喜的是，最近国有企业的经营状况出现好转。2016 年，国有工业企业利润同比增长 2.9%，2017 年 1—7 月，累计增长跳升至 41.1%。企业盈利状况的好转必然会导致债务状况的改善。事实上，国有企业负债 2016 年仅增加了 0.9%，2017 年 1—7 月仅上升了 2%。

直接融资不发达是中国金融的一个软肋。2015 年股市的暴涨、暴跌严重损害了中国股市的正常发展。2016 年中国股票融资在中国社会融资总额中的比重仅有 7%，还有很大发展余地。中国企业杠杆率的下降在相当程度上依赖于中国股市的发展。

实际利息率是影响债务增长的重要因素。对于中、小民营企业来说，情况尤其如此。直到目前为止，中、小民营企业融资难、融资贵的问题并未得到明显改善。不少中、小民营企业陷入高利贷陷阱无法自拔。银行的考核机制应该重新调整，确立为实体经济服务的原则。银行应该降低对中、小民营企业的融资成本，金融机构和地方政府应该携手帮助中、小民营企业解决融资难、融资贵的问题。最近市场感到信贷比较紧张，利息率有上升趋势。在经济增长回升的前景仍未十分明朗但金融监管风暴日趋猛烈的情况下,中国人民银行应该继续采取相对宽松的货币政策,对升息应十分谨慎。

最近一年多以来,中国经济出现比较明显的向好趋势。目前,随着中国经济增速回升、PPI 由负增长转为正增长,中国企业杠杆率上升势头得到遏制。按目前的趋势,名义 GDP 增速有望保持在 9% 以上,明显高于名义利率。此外,债务置换、债转股等一系列改革措施也有助于降低企业杠杆。当然,中国企业债务居高不下的状况是否发生了方向性变化还有待进一步观察。

防止地方政府债务失控

除金融企业部门杠杆率过高外,地方政府债务过高是海外一些经济学家认为中国正面临明斯基时刻的另一个重要依据。2008 年以后,地方政府债务急剧增长。但是,中国地方政府债务目前到底有多高却是众说纷纭。根据财政公布的数字,截至 2016 年年末,中国中央政府债务 12.01 万亿元,地方政府债务 15.32 万亿元。如果把地方政府的或有债务考虑进来形势恐怕就要严峻不少。有海外经济学家甚至认为 2016 年年底,包括或有债务的中国地方政府债务高达 46 万亿元,占中国 GDP 的 64%。

但即便考虑到最坏的情况,中国的政府资产(包括地方政府资产)也足以覆盖政府债务。目前的地方政府债问题依然主要是资源浪费和错配——滥建开发区就是一例,而不是明斯基时刻。

自 2014 年以来中央政府加强了对地方政府债务的治理力度。改革财税体制实现财权和事权匹配、落实全口径预算管理、加强对地方政府融资实行限额管理、加强地方政府财务硬约束、债务置换减轻地方政府付息负担、引入 PPP 融资模式,所有这些政策举措都在不同程度上缓解了地方政府债务问题。但很难说我们已经找到根本解决地方政府债务问题的办法。最近一段时间,地方政府认为反正中央政府会"托底",不借白不借的"道德风险"似乎有所抬头,这种动向值得注意。在严防地方政府债务失控的同时也应看到，中国的省域乃至县域经济都有很大差异性，地方政府在过去40年的经济增长中发挥了至关重要的作用。地方政府和企业之间的关系应该调整，但地方政府支持地方企业的积极性应该保护。地方债务问题的处理不能一刀切。

压缩影子银行套利空间

影子银行活动过于活跃是中国金融稳定的另一个重要软肋。根据明斯基理论，市场上投机性信贷和庞氏信贷占总体信贷比率越高，金融体系出现明斯基时刻的概率越大。2010年以来，中国兴起的影子银行中，有很大一部分是投机性信贷与监管当局之间博弈的结果。截至2017年9月，中国股份制银行和城商行同业负债占总负债比重仍然超过15%，部分银行接近40%，调整压力仍然较大。中国金融监管和改革的任务依然十分严峻。

一方面，中国金融依然是脆弱的，对任何可能发生系统性金融危机的风险都不能掉以轻心。另一方面，中国必须保持足够高的经济增长速度。如何在防范系统性金融风险的同时维持必要的经济增长速度，是我们当前经济决策所面临的一项重要挑战。如何处理好两者的关系直接决定我们是否能够顺利实现两个"百年目标"。

在20世纪80年代后期，日本银行先是执行了过度宽松的货币政策，而后是过急、过猛地刺破了房地产和股市泡沫，使经济陷入零增长。这是日本第一个"失去的十年"。在经济刚刚恢复增长的20世纪90年代后期，日本政府又高估了发生公共财政危机的可能性，不合时宜地推出财政紧缩政策，使经济再次陷入零增长。这是日本第二个"失去的十年"。正是在这20年中，中国实现了对日本的赶超，经济体量（按美元计）由当初不足日本的1/8变成现在是日本的2倍多。

相反的经验教训是，在IT泡沫崩溃之后，格林斯潘推出货币宽松政策，但在资产泡沫严重的情况下依然不肯及时退出，以致酿成次贷危机。

2017年中国经济出现了恢复增长迹象,但是在金融监管风暴逐步升级、环境治理要求不断强化和中美贸易摩擦加剧的背景下,中国经济的复苏是相当脆弱的,消除系统性金融风险应该是一场持久战。金融风险的消除应该同经济体制改革、经济效率的提高相配合。例如,企业杠杆率的下降,主要应该通过提高投资效率、企业盈利能力的改善,而不是通过压低增长速度实现。又如,为了在防范金融风险的同时,不伤害仍然脆弱的经济反弹,货币政策还需维持中性。

中国目前确实面临许多严重金融风险,"守住不发生系统性区域性金融风险的底线"十分重要。但是,稳定经济增长,防止经济增长速度再度下滑也同样重要。不管你喜欢还是不喜欢,中国过去近40年的经济奇迹就建立在高速增长的基础之上的。尽管我们现在应该把经济增长的质量放到十分重要的位置上来,经济增长的某个底线也是应该守住的。我们需要在实践中通过摸索找到防范金融风险和守住经济增长底线之间的度。最后,值得再次强调的是:"守住不发生系统性区域性金融风险的底线"的最后一环是防止资本外逃。只要不发生大规模资本外逃,中国就可以避免明斯基时刻,就可以为中国调整政策、转换增长动力和深化体制改革争取到必要时间。

2018 年经济增长是否可以实现 L 型筑底？*

2018 年中国的经济前景如何？为了回答这个问题，我们不妨把视野放长一些，看看中国经济目前正处于什么阶段。从 2008 年以来，中国经济大致可以分成四个阶段，第一个阶段是 V 型反弹的阶段。这个 V 型反弹阶段，到 2010 年第一季度结束，就开始往下走了。然后进入第二个阶段，自 2010 年第一季度，一直往下走，这是急剧下降的一个阶段。第三阶段始于 2012 年第二季度。此时，中国经济增速终于"破 8"。尽管 2012 年第四季度一度有所回升，中国经济增速处于缓慢持续下降状态，并在 2015 年第二季度"破 7"。从 2016 年第一季度开始经济增速连续三个季度守住 6.7%，并于第四季度达到 6.8%，这是后危机时期中国经济增长的第四阶段。中国现在可能还处于这第四阶段之中。不少经济学家说目前中国经济增长的 L 型现在已经筑底，但愿如此。但由于中国经济的回稳还很脆弱，我现在还不敢肯定中国经济是否已经实现 L 型筑底。

2018 年中国经济增长前景怎么样，到底能不能实现 L 型筑底？温故而知新，我们需要根据历史经验，找出一些规律性的东西作为预测未来的参考。首先，回顾一下经济增长与宏观经济政策相互之间的关系。2010 年第一季度是中国 V 型反弹的顶峰。2012 年第一季度之

---

* 本文原为国际金融学会上的发言，后发表于 2018 年 1 月 15 日《国际金融》。

前，对于中国人民银行来讲，主要的威胁是通货膨胀。当时的通胀率高达6.9%。与此同时，房价也在疯长。在2010年到2011年11月这段时间中国人民银行采取了紧缩的货币政策，政府也逐步退出了财政刺激政策。在这样一个政策的影响下，经济增速急剧下跌。有人说，没有中国人民银行的货币政策，经济增速也会急剧下跌，这是一个内生过程。这种说法可能对。但是我认为，在中国，所谓经济的波动或者周期，同政策变化是密不可分的。在相当长时间内，很难说谁是因、谁是果。在20世纪90年代和21世纪头10年，中国的高速经济增长难道可以脱离政策刺激吗？没有这些政策刺激，中国能维持30年的高速增长吗？我们最近说中国的经济增长已经进入了新常态，这种认识是怎么得到的呢？不就是因为我们2011年年底以来希望通过扩张性财政、货币政策防止经济增速破8%而未能成功，于是在2013年前后开始改变对中国潜在经济增速的看法吗？我也倾向认为中国经济增长潜力有了一个比较大的下降，但很难断定这个潜在的经济增速到底是多少。只有当对应于目前的经济增长速度，中国通货膨胀率出现上涨的明显趋势，我们才能够比较肯定的说，中国目前的经济增长潜力，就是这么高了。

确实，经济有一个内在的过程，但这个过程是受政府干预影响的。可以把政府和市场主导的经济体看作一个相互影响的整体，要判断经济的近期增长趋势，我们必须要把中国人民银行的行为方程和经济中的各种行为方程合成一个方程组来进行分析，把政策变化和经济运行的相互关系作为我们研究宏观经济形势的重要对象。

前文已经指出，全球金融危机之后，中国经济增长经历四个阶段。第一个阶段是V型反弹阶段。第二阶段从2010年第一季度开始到2011年的11月，是经济增速急剧下跌的阶段，此间中国人民银行执行了货币紧缩政策：3次加息、6次提高准备金率。大家现在都把当时的通胀形势淡忘了。货币紧缩取得成效，经过长度不等的滞后期，各项宏观经济指标的增速都开始下降。房价增速在2010年第二季度开始迅速下跌。但通胀率、投资、经济增长速度则在2011年第二季度后开始下滑。房价由升到降同其他主要宏观经济指标增速发生转折的时间相差了几乎一年。

由于经济增长速度的急剧下跌（由2011年第一季度的10.2%跌至第二季度的9.4%），2011年11月中国人民银行降低准备金率。这是中国人民银行自2008年全球金融危机之后的首次降准，标志着中国经济进入后危机时期的第三阶段。但是，尽管货币政策转向，各项经济指标依然继续下行，2012年第一季度GDP增速跌至8.1%。政府于2012年5月批准了7万亿元的基础设施投资项目，以遏制经济增长进一步下滑，守住8%的心理底线。

2012年第四季度经济终于出现好转势头：GDP增速由2012年第三季度的7.5%回升到第四季度的8.1%。在2012年全年，房价基本处于负增长状态。2012年3月PPI负增长，这在相当程度上标志着中国进入通货收缩时期。

2013年中国人民银行在利息率自由化、推出新货币政策工具方面做了不少工作。但在货币政策方面并未做重要调整，基调依然是"稳健"。2013年广义货币增速目标是13%，为历史最低。

2013年2月CPI同比增长由1月的2%上升到3月的3.2%，市场普遍认为通货膨胀压力将是2013年中国人民银行不得不关注的大问题。2013年6月和12月货币市场利息率两度飙升，引起市场紧张。与此同时，2013年1月房价增速由负转正，以后便开始飙升，这一过程一直持续到2013年年底。

由于中国经济在2012年第四季度有反弹，宏观经济学家纷纷预测中国2013年经济增速是8.4%，甚至更高。但2013年中国经济增速始终未能站上8%的台阶。为什么是这样？一种解释是：中国潜在经济增长速度已经跌到8%以下。这种解释已经被学界接受。但其实有些问题还是没有解释清楚。从宏观调控的角度来看，似乎可以认为，2013年中国人民银行"中性"货币政策、房地产调控和金融风险防控政策三者的叠加，对经济增长起到了抑制作用。2013 年年底房地产价格增速开始了新一轮急剧下跌，2014 年第三季度房价出现 2008 年金融危机之后的第二次负增长。与此同时，房地产投资增速也开始急剧下跌，经济增速大有跌破 7% 的势头。

2014 年 11 月中国人民银行再次调整货币政策方向，降低准备金率。但在此后的相当一段时间内，CPI 依然处于低位，PPI 依然处于负增长状态，房价的下跌状态则一直维持到 2015 年第二季度。房地产投资增速保持了下跌趋势。2014 年年初房地产投资增速接近 20%，在 2015 年年第四季度则进入负增长区间。

2015 年是全球金融危机后中国经济最困难的一年。在 2015 年中国人民银行密集出台了一系列宽松的货币政策，其中包括 3 次降准和 4 次降息。2016 年第一季度开始，中国经济增速回稳。这种回稳趋势持续到现在。可以说 2016 年第一季度是中国经济增长进入后危机的第四个阶段。

从上述简单回顾中可以看出，在中国现在的条件下，中国人民银行货币政策和房地产的发展密切有关。大家都知道在经济学文献上有一个争论，就是中国人民银行货币政策目标应该是什么？经济增长、通货膨胀、汇率，还是资产价格？是多目标还是单一目标？大多数发达国家就是钉通货膨胀。美国既考虑通货膨胀又考虑经济增长，中国考虑什么？中国什么都考虑，货币政策目标太多，其中非常重要的一个目标就是维持资产价格的稳定。维持资产价格的稳定应不应该成为中国人民银行的货币政策目标？这值得我们进一步讨论。就是说中国人民银行能不能担负起这么多的重担，顾了这个能不能顾上别的？比如说在 2013 年的时候大家可以看到，房地产价格是不断上升的。这个时期除了房地产调控政策之外，中国人民银行实际上采取了偏紧的货币政策。但 2012 年 3 月开始中国进入通货收缩——PPI 通货收缩，而且经济增速一直在下滑。如果维持物价稳定和经济增长是中国人民银行的货币政策目标，在这个时期中国人民银行就应该执行宽松的货币政策。但在资产价格飞涨、通货收缩（经济增长速度下滑）并存期间，到底顾谁呢？当然了，中国人民银行两边都顾，但是哪边顾得都不是十分令人满意。幸好在中国的经济体制下，我们还能够找到其他一些工具，如房地产调控。此外，还有一些可以兼做自动稳定器的常规手段可以使用。否则，单靠货币政策，经济整个就乱了。当然，非市场手段的弊端也是有目共睹的。总之，货币政策的多目标问题值得我们思考。

现在，我们回到预测2018年中国经济的问题上来。现在很多研究人员都在讨论所谓周期问题。一种说法是，2018年中国经济将进入一个新周期。中国有什么周期？从中国大多数的宏观经济变量中只能看出波动，看不出什么周期。西方的经济周期主要体现为经济增长由正到负和由负到正的周期性变化。中国经济没有负增长，全球金融危机之后也只不过是在6.5%到8.5%（左右）之间窄幅波动而已。真正有周期性波动是房地产价格，房地产投资也显示了一定程度的周期性。

中国人民银行的货币政策很大程度上是针对房地产周期的。房地产价格的变动导致了中国人民银行采取一些应对措施，这些措施最后必然影响到房地产投资的增长速度。房地产投资在中国具有特殊重要的地位，因为所占的比重非常高，在相当大的程度上，房地产投资的增长速度变化影响到了中国GDP的增长速度的变化。全球金融危机之后，中国宏观经济变化的显著特征是什么呢？中国经济增长很大程度上取决于中国投资的增长。而中国投资的增长，很大程度上取决于房地产投资的增长。虽然房地产投资的增长在固定资产投资中所占的比重是第二位并不是第一位，但是它和制造业投资在固定资产投资中比重已经差不太多了。中国基础设施投资增速的波动也比较大。基础设施投资基本是反周期的，房地产价格下跌，房地产投资减少了，经济增长速度要下去了，就增加基础设施投资。基础设施投资的反周期是非常明显的。

按道理来讲，制造业是决定投资趋势最主要的因素，以后如果经济不靠房地产投资，也不靠基础设施来支撑，制造业投资的增长就决定了这个总投资增长速度，中国经济增长就真正有内生性了。而制造业投资主要应该靠什么？靠新兴产业的投资，是对能够创造需求的供给的投资。还有一个标准，就是看民营资本的投资是否增加了。只有当中、小企业民营企业的投资增加了，创新企业的投资增加了，我们才能对中国经济增长的前景感到放心。

为了预测2018年中国经济，我们是否可以根据2008年以来中国经济增长的路径总结出一些规律性的东西。"规律"似乎是：房地产价格增速上升—货币政策从紧、房地产调控出台—房价增速下降、房价下跌—房地产投资增速下降（甚至负增长）—GDP增速下降—货币政策放松、房地产调控放松—房地产价格回升、房地产价格增速上升—房地产投资增速上升—GDP增速回升—针对房地产的价格增速上升、货币政策从紧、房地产调控出台。以上过程似乎是2008年全球金融危机后中国经济增长过程的主线，周而复始，在这个意义上也可以说是中国的经济周期。

需要注意的是，实际经济变量对政策变化的反应是有滞后的，变量与变量之间的影响也是如此。例如，房价增速开始下降，达到峰值后，投资增速可能还会持续上升一段时间。在2015年底2016年初，我认为2016年投资增长速度会继续下跌，甚至可能出现双位数的负增长。之所以这么想，除了简单外推这种思维模式外，最重要的原因是，官方告诉我们当时存在大量现房存货6亿平方米，而中国年均住房销售量是12亿平方米。在这种情况下，2016年房地产投资增长速度继续下降应该是顺理成章的事。但没想到房地产投资很快就反弹了。错在哪儿？事后想来，当时我没有注意到中国房地产价格变化早在2015年年中就已经恢复了正增长。根据历史经验，房地产价格恢复正增长之后，经过一段时间的滞后，房地产投资也会恢复正增长。应该想到，房地产投资不久可能会由负转正。因而，2016年中国经济的增长速度同 2015 年相比可能会有所提高。

总结这个经验,再来看看我们现在的情况。现在情况是房地产投资增速在缓慢下降,这种情况同 2015 年时类似。与 2015 年年底不同的地方在于:当时房地产价格已经回升了近半年,但现在房地产价格还在继续下降。我猜想,2018 年政府一定是要尽力维护房价稳定,这涉及政府信用问题。如果房价再度明显上升,政府就没信用了。根据历史经验,2018 年房地产投资增速应该会进一步下降。根据以往经验,当房地产投资增速不足以支撑固定资产投资增速,而后者又不足以支撑 GDP 增速的时候,政府会用提高基础设施增速来补充它。基础设施投资增速上升的余地有多大?余地应该比过去小多了。第一,需要考虑中国的财政状况。中国财政赤字对 GDP 比已经超过 3%,且实际情况比 3% 这一数字反映得更为严重。中国能够承受多大的财政赤字而不会发生通货膨胀,是必须认真考虑的。第二,基础设施投资在固定资产投资中的占比已经相当高,这意味着存在资源配置恶化问题。第三,近年来地方政府的道德风险问题可能有所恶化。第四,对理财产品监管的强化,可能对一些基础设施项目的融资造成困难。第五,在美国开启的减税潮流影响之下,通过增加财政支出刺激经济变得更加困难。

我们希望制造业投资增长速度能够有所提高。可能有不少传统旧产业,特别是高耗能、高污染产业中的企业会面临被淘汰的命运。企业不会在这些产业做更多的投资,国家也不应该支持这些投资。我们寄希望于有发展前途的创新企业。但是创新企业是高风险企业,恐怕在短期内也不会有大量的增加。所以明年(2018 年)固定资产投资增速很可能下跌,今年上半年固定资产投资的实际增长速度只有 3.8%。即便下半年有所好转,从房地产投资增速的下降趋势来看,明年固定资产投资的增速可能比今年更低。

今年经济增速的回升在很大程度上是净出口由去年的负增长变为正增加导致的。明年出口情况如何?虽然世界经济总体好转,但是我们跟美国这一最大贸易伙伴的矛盾越来越多。2018年中国出口情况怎么样，是个问号。如果明年净出口没有进一步增长，出口对经济增长的贡献就会消失。消费将会增长，但消费是一个稳定的变量。消费的增长将是，也应该是逐步的。消费增长已经成为中国经济增长的主要引擎，但不会在短期突然大幅度增加，以抵消其他需求增速下降对经济增长的负面影响。

权威人士称，中国经济运行不可能是U型，更不可能是V型，而是L型的走势。中国经济增速是否已经真正呈现L型增长并成功筑底，现在还难以下结论。大家都在谈"守住防止发生系统性金融风险的底线"，这些当然都是完全正确的，我也坚决支持。但是这个时候，我们必须要掌握好度，"度"是辩证法的核心概念，经济增长和金融风险防范是对立统一的。一方面，不能仅仅追求经济增速而置金融风险于不顾；另一方面，也不能因为害怕风险，就听任经济增速下降。很多国外金融机构给中国提出的建议就是降低经济增长速度，好像降低经济增速金融风险就会减少。这种观点并无可信的理论根据。无论是理论上还是在实践中，经济增速上升既可能增加金融风险，也可能降低金融风险，反之亦然。降低金融风险的关键不在于降低经济增长速度，而在于加强金融监管、深化各种体制性改革，一切都必须具体问题具体分析。中国现在还没有面临明斯基时刻，我们还要继续给病人输氧、鼻饲，为病人靠内在力量恢复健康争取时间。过去30多年中国的增长始终是跌跌撞撞。宏观调控的目的实际上就是为中国经济增长内在动力的孕育、发展创造条件，中国经济的未来取决于技术创新。假以时日，我们的创新产业起来了，中国就能靠内生力量走向发展的康庄大道。

我认为，在过去中国货币政策的目标过多：又保物价稳定、又保增长、又防资产价格大起大落、又防范金融风险，货币政策就会变得不堪重负。控制房价政府需多用货币政策之外的其他政策。政府可以引入更多的其他手段，包括财政手段维持房价稳定。希望政府尽早地引入房产税。

今年以来，货币政策虽然基本上是中性的，但最近一段时间以来有从紧趋势。例如，从 RD007 利息率、10 年期国债收益率、收益率曲线等数据都可以看出货币政策趋紧的迹象。考虑到明年经济增长前景依然不明确，存在进一步下跌的可能性，而且通货膨胀率仍相当低，货币政策应该主要以实现 GDP 增速 6.5% 为目标（可设某个不必公布的区间）。其他政策目标应该主要依靠其他政策工具。为了稳定经济增长，中国人民银行应该维持低利息率。由于对经济增长的抑制作用会增加偿债负担，提高利息率不但不能化解金融风险，反而可能加重金融风险。

我们目前还不能放弃资本管制。资本管制跟宏观审慎管理两者不是一回事，不应混为一谈。我们不能用宏观审慎管理代替资本管制。如果想尽快放弃资本管制，就请加速汇率体制改革和其他改革（包括产权保护的法律体系和制度）。

把脉 2018 年中国经济和中美贸易[*]

《第一财经》：您好！年初时您曾提到，2018 年中国经济可能没想象得那么乐观。刚刚公布的 2018 年 1 月、2 月经济数据却一反市场悲观预期，各项指标均超预期。您如何看待中国经济开年成绩单？这是否预示着 2018 年中国经济下行压力较小？1 月、2 月数据中房地产开发投资增速同比名义增长 9.9%。我们应该如何看待这种现象？

余永定：首先，今年 1 月、2 月的数据好于预期，在一定程度上使我对今年经济增长的一些忧虑得到缓解。但我觉得，我们现在还需要继续观察，还需要等待进一步的数据。中国长期以来是一个投资驱动国家，虽然现在消费起的作用已经越来越大了，但投资对经济增长的推动作用依然十分巨大。而房地产投资对中国的固定资产投资增长的直接和间接作用都非常大，因而房产投资增速值得格外关注。鉴于中央目前的房地产政策，中国房地产投资增速应该是下降的，而这种下降又会给中国投资增长造成重要下行压力。如果中国固定资产投资增长速度出现明显下滑，GDP 的增长速度就一定会受到严重的影响。2017 年以来，中国投资的实际增长速度下降严重，第三、四季度同比都是负增长。这种情况是多年来少见的。比较担心这个趋势会在 2018 年继续下去。

从今年头两个月，投资同比增长速度有所提高，名义增速还比较

---

[*] 本文为 2018 年 3 月 26 日《第一财经》专访。

高，这些当然是好消息。但我们也应该看到，近几年来中国投资增长有一个规律，就是在每年第一季度它的增长速度都是有所回升的，然后再往下走，去年也是这样，所以我们还得等待，比如说至少等到第二季度的数据出来后再说。如果我们看到投资增速依然维持在一个比较令人放心的水平上，我们才能够对中国经济增长前景感到放心。

《第一财经》：您的文章中提到固定资产投资的数据并不是那么"纯粹"。在您看来，固定资产投资增速，真的回暖了吗？普通投资者应该怎么理解这个问题？

余永定：如何解读统计数字确实是一个比较复杂的问题。宏观经济学者如果对统计数字没有非常深入、细致的研究，很难根据官方公布的统计数字，直接得出正确的一般性结论。好在有些比较年轻的经济学家对统计数据的研究较细、较深入。根据40人论坛和兴业银行研究团队的研究，今年1—2月的官方统计数据背后还是存在着不少值得深入研究的问题。我希望大家都关注这些细节，如果不掌握细节，你就很难真正了解实际情况。同时我想提醒一下媒体，我们现在看到比较高的投资增长速度是名义增长速度，如果CPI上升、PPI上升，名义的投资增长速度也会上升。我们在最后考虑GDP增长目标（指导性目标）时，与之相比较的投资增长速度是实际增长速度。只有当投资和其他宏观经济变量的实际增速同6.5%上下的GDP增速相一致的时候，我们才会感到放心。

2018年1—2月固定资产投资名义增速7.9%，大大好于预期，其实也仅仅是同去年第一季度的投资增速大致持平。中国社会科学院世界经济与政治研究所和其他一些研究团队都指出，其原因主要是房地产开发投资达到了9.9%。而房地产投资之所以超预期，是因为土地购置费延期支付，导致去年的购置计入了今年的投资。就目前能够得到的各种统计数字来看，我们还不能判断，年初的良好投资形势是否可以持续。

《第一财经》：1月、2月的经济数据中，房地产投资和高端制造业投资尤其亮眼，房地产开发投资增速同比名义增长9.9%，计算机、通信和其他电子设备制造业增加值的增速也大超工业平均水平。您如何看待房地产投资数据超预期？这是否意味着房地产投资依然是中国经济的引擎？新经济是否已经成为中国经济新动能？

余永定：作为一个趋势来看，新经济在中国的经济增长之中确实起到越来越大的作用。但是我们也应该看到一个现实，就是新经济在中国GDP中的比重还依然很小。我们必须创造非常良好的制度环境和政策条件，使得这种新经济产业的发展持续下去，使新经济在GDP中的比重进一步扩大。否则，我们还难以依赖新经济发展的增长来推动GDP的增长。所以说虽然我们非常高兴看到了未来的希望，但是在短期内，我不认为我们的新经济可以对我们现在的经济增长速度起到非常大的作用。关于房地产投资，鉴于我们目前的政策，房地产投资增速应该低于固定资产投资增速，房地产投资在固定资产投资和GDP中的比重应该进一步下降。一方面要摆脱经济增长对房地产投资的依赖，另一方面把房地产投资增速带动固定资产投资增长看作是经济增长的亮点是一种自相矛盾。房地产投资增速应该逐渐下降，应该低于固定资产投资的增速，但应该避免房地产投资增速的急剧下跌。

《第一财经》：作为汇率研究方面的权威人士，您是否可以为我们解读为什么人民币汇率会从前年的大幅贬值，转变到去年的企稳，直到今年开年后大幅走高？对于今年的人民币汇率走势，您怎么看？有观点认为人民币长期均衡汇率处在6.6%—6.8%，您是否同意这个观点？

余永定：对于汇率问题，我从来只敢谈应该怎么样、不应该怎么样，从来都拒绝预测汇率到底会是什么样，特别是中、短期汇率的发展趋势。因为决定汇率的因素非常复杂，具有极大不确定性。一个国家的经济好，你可能认为这个国家的汇率会上升，其实不一定，它可能会下降。一个国家的经济形势好的时候这个国家的进口会增加，贸易顺差会减少，汇率就会有贬值压力。另外，资本外流会减少，流入会增多，汇率就会有升值压力。到底是升还是贬，很难判断。一个国家的经济处于困难时期，甚至陷入了金融和经济危机，你以为这个国家的汇率会贬值，其实也不一定，这个国家的汇率可能会升值。美元和日元都往往如此。人民币最近企稳跟很多因素是有关系的。第一，中国经济趋稳是一个非常重要的因素，在2015年大家对中国经济形势有很多不安，这个时候可能资本外流的情况就比较严重。第二，资本跨境流动管理加强。政府对中国的海外投资、跨国并购实行了一系列管控措施。第三，全球经济形势好转。汇率同我们的贸易形势密切相关，全球经济形势特别是美国经济复苏，贸易出口增长速度大幅度上升，贸易顺差增加。第四，特朗普上台后，由于种种不确定性增加，美元指数一路走强的势头被削弱。

但人民币未来走势如何呢？从贸易项目看，一方面，2018年世界经济形势应该是不错的。美国的经济形势确实很不错，欧洲和日本的情况也不错。这种形势对中国的出口有非常正面的作用，有助于人民币走强。但是另一方面，美国现在准备跟中国打贸易战，在这样的情况下，中国的出口可能会受阻。此外，由于基数作用，中国贸易顺差也应该有所减少。这些会使我们的汇率受到不利影响。从资本项目来看，在2015年，汇率在很大程度上是资本外流或者资本外逃造成的，我们强化了资本管制，这样的外逃外流就大大减少了，这个对于我们的汇率来讲是一个非常有利的因素。我们现在出台了一系列稳定金融、深化金融改革和开放的举措，如果这些举措取得成效，投资者对中国的金融稳定和深化有了更大的信心，资本流入会更多。但也有可能由于我们加强了资本管制，外资认为中国的限制太多了，资金就不流进来了。中国目前的"走出去战略"和美国的升息和量化宽松退出都会通过中国的资本项目造成人民币贬值压力。由于各种相互矛盾、相互抵消的因素太多且难以量化，所以我们现在很难判断2018年人民币的走势。我倾向于认为，从短期来讲，人民币有升值的可能性，也有贬值的可能性。即便有波动，波动幅度应该不会特别大。从比较长远的角度来看,由于美国公共债务形势的恶化,美元应该会承受较大贬值压力。总之,我对人民币还是非常有信心的。目前重要的是汇率体制改革和发展供企业规避汇率风险的各种衍生产品。至于人民币汇率,升还是降都不是什么十分严重的事情。

《第一财经》:对于固定汇率制度、资本自由流动和独立的货币政策的不可能三角,您认为中国目前处在哪一个组合中,未来应该向何种组合发展?

余永定:所谓"不可能三角",从经济学文献上来讲是指在三个角的顶端,如果你处在三角形的三个顶点,那确实是存在一个必须从三里头取二的问题,不可能三点都取到,三点就是你不可能同时有资本的自由流动,有货币政策的独立性,还有固定汇率。但是中国的政策组合它并不是在弗莱明蒙代尔三角的三个顶点上,它是在中间,它是一种组合。就是说我们有资本管制,但是资本也不是说不可以流动,在一定程度上它还是相当自由的。另外,我们的汇率是有管制的,中国人民银行是要不断干预汇率的,但是我们又不是一个固定的汇率制度,更不是钉住美元的这样一种制度。此外,中国经济具有典型的市场经济所不具有的一系列制度特点。所以,我们还是保持了相当大的货币政策的独立性。在过去这 20 多年以来,中国在处理蒙代尔三难问题上还是比较成功的,在这里我们必须强调的是:对冲政策强化了我们货币政策的独立性,如果没有对冲政策,我们的货币政策的独立性确确实实就难以维持。我们也应该看到,尽管我们在过去是比较成功的,但是我们也面临一些问题,比如是否存在流动性过剩的问题,资产泡沫是否和货币政策过松有关等,这都是可以进一步讨论的问题。但从总体来看,我们是克服了蒙代尔所谓的"不可能三角"对中国货币政策独立性的限制。应该说中国人民银行在这方面做得还是不错的,但代价也是巨大的。故事还没有讲完,其中的得失利弊还有待历史的进一步检验。

《第一财经》:您曾提到,汇率最不值得保,外储值得保,请您谈谈这个论断背后的逻辑？您认为未来外储是增还是减？

余永定：这是很清楚的，外储是真金白银，是我们几十年辛辛苦苦挣来的，是我们国民财富的一部分，汇率只是个价格，价格变动，一会儿高点，一会儿低点，让这样一种名义的东西变动，是牺牲大呢，还是实际的财富减少牺牲大？关键问题是这样的，如果我们外汇储备的减少确确实实是"藏汇于民"了，本来是国家持有的外储现在变成了居民海外资产，变成了中国企业、中国居民的财富，那还可以说中国并未遭受重大的损失，这里可能仅仅是资源配置问题，宏观调控以及其他的问题，而不是一个国民财富损失问题。但我们现在的问题是：外汇储备减少并没有转化为中国居民或者企业财富的相应增加，在国际收支平衡表上和海外投资头寸表上，我们找不到这笔钱。这是一个非常关键的问题。如果真是藏汇于民了，减少了1万亿美元外汇储备，那么在统计上就应该看到我们的企业和个人在海外持有的非储备资产增加了一万亿美元。但是我们现在对不上账，我们找不到这笔钱。我们现在所能得到的一种解释就是统计上面有误差与遗漏。虽然统计误差不可避免，有时误差确实可能比较大，但我们这个误差也未免太大了。一场严重的金融危机所造成的损失也很难超过1万亿美元。如果当初中国人民银行不干预汇市，这1万亿美元就不会失掉。人民币汇率会贬值，会贬多少呢？会贬50%、100%或崩溃？没有任何历史经验可以支持这种事后的推想。相反，人民币贬值加上资本管制很快会使人民币稳定下来。市场信心从根本上是要靠中国经济增长的可持续性和中国政治、经济的稳定，而不是中国人民银行干预不干预，或中国有多少外汇储备来维持的。

我觉得现在中国人民银行所采取的政策是完全正确的。一方面加强对资本跨境流动的管理，另一方面对人民币在外汇市场上基本停止常态化干预。我觉得这是非常好的组合，只要坚持下去，我们就能过渡到一个比较完善的资本流动管理体制和汇率体制。我相信在不久的将来，中国是可以实现汇率自由浮动的这样一种汇率体制改革的。所谓自由浮动并不是完全不干预，只不过是把干预减小到最低限度。在一般情况下不去干预，让市场来决定汇率，而不是由中国人民银行来决定汇率，我觉得这一点对中国的改革是非常重要的。一旦完成汇率体制改革，我们就可以抛开进一步改革和开放的紧身衣。

《第一财经》：在较强的资本管制下，居民投资出海难度加大。有观点认为，资本管制限制了投资标的可能性空间，您如何看待？

余永定：中国现在需要解决的问题是什么？首先是要进一步深化我们的体制改革。刚才我仅仅谈到了汇率体制改革。汇率体制改革的基本方向就是尽量减少中国人民银行在外汇市场常态化的干预，让外汇的供求关系来决定汇率。但这只是其中的一个改革，这一个改革还是不够的，我们还有一个非常重要的改革就是要完善我们的经济体制。如果私人企业家对自己财产的安全性没有信心，一有机会，他可能就会把资本移到外国去了，这就是一个很大的问题。或者说我们的企业由于市场各种各样的扭曲，当出现某种形势的时候，它就盲目地把资金引进来，加大人民币的升值压力，导致热钱流入和资产泡沫。这些都是需要通过全面贯彻党的十八届三中全会制定的系统改革方案而非仅仅靠汇改和宏观经济政策来解决的。而在这些问题解决之前，海外投资的受限制感是难以消除的。

《第一财经》：近日全国人大审议通过了《深化党和国家机构改革方案》，组建中国银行保险监督管理委员会。《方案》强调中国人民银行宏观审慎管理职能，强调落实"三个统筹"，将银监会和保监会拟订银行业、保险业重要法律法规草案和审慎监管基本制度的职责划入中国人民银行。这是否意味着中国人民银行在整个金融体系中将拥有更大的作用和权限？

余永定：中国人民银行的法定职责是金融调控、公共服务和金融监管。金融调控和金融监管职能应该由两个独立机构分别负责还是由一个机构统一负责并未定论。例如，2012年以前，英国的金融监管是由金融稳定局（FSA）负责的，但此后金融稳定局被解散，监管职能转移到英格兰银行。日本的情况又有很大不同。金融监管职能本来由"大藏省"行使。1998年金融监管职能从大藏省分离，转移到新成立的直属于总理府的"金融监督厅"。美国长期实行分业管理，美联储一直具有对银行进行监管的权利与义务。2008年全球金融危机之后，美联储对银行业的监管职能得到进一步的强化。

中国当年实行"一行三会"制度是否合乎中国国情是一个可以讨论的问题。现在将银监会和保监会拟订银行业、保险业重要法律法规草案和审慎监管基本制度的职责划入中国人民银行，效果如何只能等待时间的回答。我的直觉是"分"还是"合"不是问题的关键。这里有一些更深层次的制度和文化因素在起作用。同时，机构负责人的素质也有极大作用。制度设计的缺陷可以由领导人的能力来弥补。反之，领导人不行，再好的制度设计也没有用处。

强化中国人民银行宏观审慎管理职能是一种世界潮流，但我对中国人民银行宏观审慎管理的概念始终感到难于理解。首先，审慎管理按性质只能是一种微观管理。例如，银行资本充足率的确定同宏观经济形势应该如何挂钩呢？在经济形势不好的时候，是提高还是降低资本充足率呢？提高必然恶化宏观经济形势，降低则可能有违进行审慎管理的初衷。其次，宏观审慎管理还有越俎代庖之嫌。企业的情况千差万别，应该给予企业在危机时刻充分的自由量裁空间，宏观政策不应微观化。再次，进行宏观审慎管理的工具使用不便，相关参数调整频度有限，难以及时反映宏观经济形势变化。如使用不当，不但不能熨平周期性波动，反而会加大周期性波动。我认为审慎管理应该由监管当局负责。而中国人民银行则应该基本满足于使用现有的货币政策工具，实现法定的货币政策的最终目标。

我希望借此机会再次强调中国人民银行货币政策独立性的重要性。尽管中国国情与西方国情有很大不同。但央行货币政策的独立性应该尽可能予以保证。央行在制定政策时不应受到很多的制约，因为它需要迅速做出反应，而且中国人民银行技术性是非常强的，必须是由专业人士做出判断。具体的货币政策应该由中国人民银行自己来决定。比如说在 2003 年经济已经出现了过热的趋势，很多经济学家都呼吁提高利息率。但是中国人民银行迟迟没有动作，那是为什么？并不是中国人民银行不想提高利息率，而是受到各方面的制约。又如汇率政策，中国人民银行 2003 年就考虑让人民币同美元脱钩、升值，但受制于许多部门的压力，迟迟不能启动汇改。中国人民银行是非常特殊的机构，我认为央行的独立性应该说是非常重要的。应该给中国人民银行充分授权，同时要求中国人民银行对自己的决策承担对应的责任。

《第一财经》：美国政府准备对价值 500 亿美元的中国商品征税，对钢铁和铝进口施加高关税。您认为这一政策将如何影响美国经济？如何影响中国出口以及汇率变动？

余永定：在过去我们已经经历过很多次危机，美国历届政府时不时就会发出某种威胁，特别是在中国加入 WTO 以前，美国动不动就要取消中国的最惠国待遇，所以每次大家都觉得这个危机就要来了，贸易战就要发生了，但是到最后关头，通过双方的努力都化解了。所以说要想打贸易战，对于美国来讲也是需要下决心的，因为中美之间的经济联系是非常紧密的，所以说反对美国对中国发起贸易战的声音不仅来自中国，还来自美国，而且美国内部的反对之声也是非常强的，所以我们现在还很难判断。我觉得对于中国来讲，一方面要相信我们可以解决这个问题，因为像我们国家领导人讲的，我们要建立世界命运共同体，我们的利益是相互一致的，虽然有矛盾，但是总体上是一致的，我好你也能好，你好我也能好，只不过是谁好的多一点，谁好的少一点的问题，那么我们是可以谈判的。特朗普搞边缘政策，中国不能屈服于讹诈。但从中国这个角度来讲，我觉得我们也是有些事情可以做的，比如我们的企业改革，企业的公司治理结构应该尽可能和国际上通行的标准一致，这样的话才能够不落人口实，或者是增加人家的信心。还有一个就是说，我们一些外贸政策，我最近没有太研究，在过去来讲，我们曾经有过一个所谓的建立"创汇经济"的口号，那就是说我们要通过各种各样的政策手段来鼓励企业出口。出口的目的是什么呢？很大程度上是要积累外汇储备，所以叫创汇经济。当然这种情况已经发生了改变，特别是中国加入WTO之后的情况发生很大改变，但是是否还有这样一些残留的东西呢？可能还是有的，那么我们需要对这些政策做一些检查，就看看我们的这些政策里头有没有并不十分符合WTO规则的。如果有的话，我觉得我们是可以改掉的，这个不仅对外国，对我们的贸易对象国和我们自己也有好处。总而言之，我觉得党的十八届三中全会所规定的市场改革的基本方向是一定要遵循的，按照这样一种方案去走，我觉得我们中国无论是贸易体制也好，金融体制也好，一方面能够保持中国的特色，另一方面是能跟国际接轨的。在这样一种情况下，在和美国发生贸易纠纷的时候，我们可以处于一个非常有利的地位。同时我觉得中国还应该更多占据"道德高地"，继续捍卫多边协商机制，特别是WTO。美国搞单边主义，那么我们就要搞多边主义，我们在政治上比它更正确。实际上特朗普也得不到它的盟友的支持的，所以我相信中国和美国之间的贸易战是可以避免的，至少我们现在还有很多的机会去避免贸易战。一旦打起来了，我觉得我们也不必害怕，中国是一个非常巨大的经济体，我们有广大的国内市场，不怕美国的贸易战。它的各种各样的歧视性措施等，我觉得我们不必太担心。总之，中国应该从中吸取教训，减少经济的对外依存度，把更多的力量集中在国内市场的建设。与其他国家相比，中国对外贸易的比重依然是非常高的，随着中国经济体量的增加，世界市场相对于中国正在逐渐变小。我们应该也可以做适当的调整，这种调整本身有利于中国长期的可持续发展，同时也有利于缓解中美之间的贸易纠纷。

《第一财经》：在通胀上行、实体经济平稳向好、美联储加息背景下，中国人民银行今年是否会加息？如果加息，更可能是采取公开市场操作利率变动形式，还是采取存贷款基准利率形式？

余永定：我觉得从过去一年多以来，中国的货币政策是中性偏紧的，在货币市场上也看到一些利息在上升。但是也要看我们中国实际的经济发展状况，就像我刚才所说的，我对中国投资的增长速度有些忧虑，对中国GDP增长趋势，它的动力是否充分也有所忧虑。那么在这种情况下，中国人民银行最好还是继续采取中性的政策，不要急于加息。

尽管美联储今年肯定进一步加息，其他国家，比如欧洲，因为欧洲经济也复苏，可能要加息。除了日本之外，大多数的发达经济体可能都会出现加息的状况，那么中国加不加？刚才谈到了蒙代尔三角的问题，由于中国存在着一系列体制上的优势和一定的货币政策空间，中国完全可以根据国内的经济状况，决定货币政策。我认为维持中性的货币政策是比较稳妥的。

《第一财经》：而且我们还有"MLF""SLF"等创新的工具。

余永定：对，我们有很多工具，所以我们不必，至少从目前来讲，像你刚才所说的，提高基准利息率。

实施积极财政政策和中性偏松
货币政策的必要性*

《**财经**》：如何理解更加积极的财政政策？

余永定：积极的财政政策要看两个指标，财政支出增加和财政赤字增加。对"更积极的财政政策"的最简单理解就是政府要进一步增加财政支出。如果经济处于有效需求不足状态，财政支出增加就会增加总需求，进而增加经济增长速度。

第二个指标是财政赤字，如果财政支出增加了，但财政赤字没有增加，就很难说财政政策是扩张性的。增加的财政支出可能是通过增加税收融资。因而，增加财政支出意味着居民可支配收入的减少。由此，居民的消费需求和企业的投资需求就可能减少。增加财政支出对经济增长的刺激作用就会被抵消掉。当然，情况也并非绝对如此。政府同时增加了100单位财政支出和100单位税收，在纳税100单位后，居民和企业未必会减少100单位消费和投资。在这种情况下，政府的财政政策依然是扩张性的。但在一般情况下，政府财政支出和财政赤字增加是同时发生的。因而，对"更积极的财政政策"的另一种理解就是政府要进一步增加财政赤字。

"更积极的财政政策"也可能意味政府要减税。但是，减税是否是扩张性财政政策的一部分，还要看减税是否会导致总需求其他构成

---

* 本文刊于2018年8月10日《财经》。

部分的增加。"更积极的财政政策"还意味政府要压低国债收益率，从而导致整个收益率曲线的下移。"更积极的财政政策"会导致财政赤字增加，而赤字要通过发债弥补。在其他因素不变的情况下，增发国债会导致国债收益率上升，从而增加政府的发债成本。在这种情况下，中国人民银行必须出台配套货币政策，以压低国债收益率。

"更积极的财政政策"下，政府要多花钱了。但钱花在哪里是个大问题。基础设施肯定是一块，但余地有多大值得考虑。比较明显的应该是提供更多、更好的公共服务和产品。但这又以一系列的改革和政策调整为条件，否则会造成严重的资源浪费。因而，这次财政政策调整大概是和风细雨和渐进的，估计这次也不会出现地方政府"大干快上"、商业银行"配合放水"的情况。

《财经》：积极的财政政策的手段有哪些？

余永定：采取扩张性的财政政策，基本是两个手段：一个是增加财政支出，另一个是减少税收，或者是两者同时并用。增加财政支出和减少税收，这两者的效果可能是不太一样的。

从宏观刺激的力度来讲，财政支出增加的力度比较大，花一百块钱就产生了一百块钱刺激。而通过减税的方法，少收了一百块钱税，居民不见得会因此多花一百块钱。所以，减税对经济刺激的力度要小一些。但是，减税有一个好处。理论来讲，减税直接给企业、居民支配，他们应该会有一个比较好的安排而不至于浪费，这有助于改善经济结构。

不同的学派和国家对积极的财政政策手段的选择是不同的。中国应该一切从实际出发，不必过多考虑凯恩斯主义或供给学派之类的问题。

《财经》：那么，采用积极的财政政策会面临什么？

余永定：如果我们通过增加财政支出和减税的方法执行扩张性的财政政策，就会面临财政赤字的问题。财政赤字有两种弥补方式，一种是向中国人民银行贷款借款；一种是发国债，向社会和居民部分筹集资金。财政赤字向中国人民银行借款的做法是我们法律所禁止的，所以这种做法我们可以不予考虑。那么财政赤字的弥补方式就是发国债，而发行国债一个最大的问题是国债能否发的出去，如果发的出去，国债的利率水平则是一个关键的问题。如果为了弥补财政赤字，得付很高的利息，那么通过增加财政支出的方法可能就达不到刺激经济的效果，因为多发的钱还不够用来付息。欧洲国家之所以出了主权债务危机的问题，就是当时"欧洲五猪"（葡萄牙、爱尔兰、意大利、希腊、西班牙）的发债利率太高。从比较典型的 10 年期国债利息率看，最糟糕的就是希腊。国债收益率不能超过 7%，如果高于 7% 就有问题了。7% 是一个魔术数字，达到 7% 后债务余额 10 年就翻一番，国家又要发更多国债来偿还旧债，发债利率可能还会进一步提高，这就形成了恶性循环。希腊国债收益率超过 7%，所以它的财政状况是不可持续的。

日本的问题是国债占 GDP 的比例从 1996 年的 92% 涨到现在超过了 250%，但是并没有发生大的危机，因为日本的利息率非常低，趋近于 0，所以不构成负担，发新债就可以还旧债，可以持续。

中国 20 世纪 90 年代后期，比较容易发国债，大家对国债的需求也非常高。可以把国债收益率看作在多大程度上可以采取扩张性的财政政策的一个重要指标，因为国债是安全性最高的资产，收益率反映了经济增长的潜力。经济的增长是否能够产生足够的收入，使得政府能够还债，从这个角度来讲，中国采取扩张性财政政策是有余地的，因为我们国债的利息率还不是很高（目前 10 年期是 3.5% 左右）。中国是高储蓄率的国家，只要国债的收益率保持在可以接受的水平，就可以采取扩张性的财政政策。

《财经》：作为高储蓄率国家，中国发国债的空间有多大？尤其是考虑到当前的债务规模？

余永定：这个问题很难根据某种理论模型来回答。可以主要看两个指标：国债余额/GDP 和国债收益率。此外，还要看其他部门杠杆率和外债/GDP，M2/GDP 以及国民储蓄率比之类的数据。拿这些指标同外国经验做比较后可以说中国目前还有相当的发债空间。根据张明他们的估算，"2017 年，中央财政债务余额约为 13.47 万亿元，地方显性债务规模约为 18.58 万亿元，两者之和为 32.06 万亿元，占当年名义 GDP 的比重约为 38.76%，负债率低于国际通行的 60% 警戒线。但如果计入地方政府的隐性债务 23.57 万亿元，负债率就上升至 67.26%，债务风险较高。""但即便如此，中国发行国债依然有一定空间。"

《财经》：去年提出货币政策应中性偏松，原因是什么？是来自宏观经济数据的压力判断？

余永定：从去年开始，固定资产投资增长速度下降非常明显，这种下降主要在第三季度表现明显。这种情况在过去几年中几乎成为规律性的东西。所以我们认为，尽管年初看来经济形势不错，但恐怕今年情况也是如此（"前高后低"）。中美贸易战对中国经济的不利影响将逐步显现，实体经济融资贵、融资难问题仍然严重，许多企业已因流动性问题陷入破产，经济增长速度搞不好可能会跌到 6% 以下。在这种情况下，继续执行中性偏紧的货币政策显然是不适宜的，现在改成中性偏松完全是正确的。多年的经验告诉我们：保持一定的经济增速（现在看来是 6.5% 左右）是做好其他事情的基础。有了增速远远不够，但没了增速就一切都谈不上了。

但应该强调：宏观经济政策只能解决短期问题，只能为我们争取时间。遏制中国经济的趋势性下滑，根本的出路还在于体制改革和新技术革新、革命高潮的出现。

《财经》：回顾上一波宽松，2015 年年初我们也是采取了"积极的财政政策和稳健的货币政策，不搞大水漫灌，注重预调微调"，但是钱总是流不到该投入的地方，最后进行了 5 次降息、4 次降准，影子银行、杠杆率攀升，房地产牛市也是从 2015 年启动的。这一次政策调整会否形成大水漫灌？如何避免重蹈覆辙？

余永定：关于这个问题，可以先看看2008—2009年的经验。首先应该肯定四万亿财政刺激计划的大方向是完全正确的。但四万亿财政刺激计划推出过快、过猛，在执行过程中出了问题。当时很多企业并不想借款，因为看不到投资的前景。但是，商业银行在中国人民银行的压力下层层向基层机构下达信贷指标。相当多的金融机构"力劝"企业接受贷款。地方政府则是借机分蛋糕，"不拿白不拿""不借白不借"，通过融资平台拼命借钱。在这种情况下，打开闸门，自然就会导致大水漫灌。如果只是增加信贷的可获得性和降低借贷成本，而信贷的实现则取决于企业的资信和借贷意愿，就不会出现大水漫灌。

　　应该说当时之所以出现大水漫灌是机制出了问题，导致水流到不该流的地方（房地产、重复建设）；或地方虽对，但流入太多（如光伏发电）。宏观经济政策是水闸、是开关，除全国性重大基础设施项目（如高铁）外，水流到哪里应该是市场的事情。政府应该一方面根据宏观经济形势的需要决定信贷的总流量；另一方面让市场的信贷供求关系决定信贷的分配。如果没有信贷分配机制的改革，大水漫灌的情况就可能会再次出现。

　　针对之前出现的问题，应该是强化宏观和微观审慎政策、加强对金融机构的监管。银监会负责人所说"收益率超过6%就要打问号，超过8%就很危险，10%以上就要准备损失全部本金"绝对正确。现在许多人想发财想疯了，很容易上当受骗。金融监管机构应该坚决打击那些打着金融创新旗号招摇撞骗的机构；同时，那些由于贪财而受损的个人也必须责任自负。

　　《财经》：市场有一种声音认为，货币政策被赋予太多的目标，承担过多，对此，您如何看？

　　余永定：货币政策是总量政策，不应该承担很多结构性任务。在非常特殊、有限的情况下，可以考虑一些结构性问题。总的来讲，货币政策应该考虑经济增长速度和通货膨胀，其他不应该过多考虑。

过去我们对于降杠杆强调得比较多，但是对于降杠杆对经济增长所发挥的副作用，恐怕注意得不够，中国人民银行配合降杠杆的货币政策收紧，如果对降杠杆问题的看法发生了某种变化，那么中国人民银行的货币政策恐怕也会相应地做出一些调整。

《财经》：在您看来，"去杠杆"的合理节奏应该是怎样的？

余永定：从中国整体来讲，特别是企业的杠杆率是偏高的，但是中国是一个高储蓄的国家，杠杆率高对中国经济的影响，实事求是地分析，一方面应该设法使杠杆率降下来，另一方面也必须高度关注"去杠杆"对经济增长速度的影响，否则，在减少债务的同时可能使经济增长速度下降得更快，那么，杠杆率不但不能下降，反而会提高，这是日本的经验教训。

"去杠杆"应该掌握好节奏。第一步应该是降低杠杆率上升的速度；第二步是使杠杆率稳定下来；第三步才谈得上是杠杆率下降。我们不应该一上来就急着考虑把杠杆率降下去，因为这样做对经济增长的冲击还是很大的。

我觉得中央政府确实是对"去杠杆"的政策包括对宏观经济，从总体上做了调整，这种调整是正确的。

在"去杠杆"过程中，资管新规等政策客观造成了经济紧缩，同时对资本市场也产生了一些消极的影响。所以，政府一方面要坚持去杠杆的方向，另一方面要掌握好节奏，避免流动性出现问题而产生不必要的混乱。

"稳杠杆""去杠杆"不能主要通过银行断贷的方式实现，因为这种做法从宏观上看可能意味着经济增长速度的下降。这样，杠杆率可能不降反升。"去杠杆"可以从六个方面推进。其中包括：一是制定一个比较合理的经济增长速度目标，不能将目标定得太高，6.5%左右是适度的。二是改善企业的经营状况，使企业能够盈利，有更多的自有资金扩大再生产。三是提高资本的使用效率。我们现在的资本—产出率一直在提高，资本效率比较低，这种趋势必须扭转。四是维持较低的利息率，如果利率太高，企业的杠杆率就会上升。五是维持必要的通货膨胀率（如 CPI 3%、PPI 可以高一些）。通缩对"去杠杆"不利，通货膨胀则有利于减少压力。六是提高信贷资金的使用效率，即降低新增信贷/投资比，使信贷资金尽快转化为投资，用于扩大再生产，而不是趴在账上，或从事金融投机活动。上述六个方面，有的可以在短期见效，有的要经过一段时间才能够看到效果。

《财经》：在"去杠杆"的过程中，金融机构特别是银行应该如何配合？

余永定：银行的目标函数是什么？管理外汇储备要把安全性放在第一位。经营银行呢？恐怕安全性不是第一的吧？我个人认为，银行的首要目标是服务于实体经济，特别是占中国经济 60% 的中、小民营企业，然后才是安全性和盈利性等。银行片面强调安全性，面对风险时采取"宁可错杀一千也不可放过一个"的态度是不对的。需要强调一下，在西方国家，银行给企业做贷款，到期之后再给企业做贷款，然后，企业把钱还给银行，这是西方的续贷模式。在我们这里，企业要先还贷才能从银行再获得资金，这之间可能会有一段比较长的时间，那么，企业就可能会受到流动性紧张的冲击，甚至可能经营不下去，或者不得不向社会融资陷入高利贷。所以，银行机构在续贷方面应该重新考虑这些政策。

商业银行非到不得已的情况下不要断贷。银行如果先续贷给企业，企业再把钱还给银行，债务就可以一直衔接下去，不能企业还钱了，银行就不续贷或者拖很长时间再续贷，那么，企业就会出现资金问题。

商业银行对于风险要有一个比较客观、平衡的态度，不要追求 100% 的无风险。根据大数定律，风险在可控范围之内就行，所以在"去杠杆"过程中，应该考虑一些其他问题，使得杠杆率有序、稳步下降。

双"宽松",稳增长[*]

《财经》：有市场声音认为，当前经济状况是 2008 年之后的又一个周期，您怎么看？

余永定：我不懂这句话是什么意思。我分析宏观经济形势时也不太敢使用周期的概念，并非什么波动都是可以用周期来描述的。在最近 10 年，我们能看到的有一定周期性的变动是房地产价格和投资增速。这种周期可能有某种内在的机制，但在很大程度上也是政府干预造成的。

中国 2009 年第二季度 GDP 增速年率是 6.4%，为 1991 年以来最低。2010 年第一季度反弹到 12.2%。从此之后，GDP 增速基本上是逐季下降。2017 年一度趋稳，2018 年下半年又重现下滑态势。就经济增长来看，并不存在经济学意义上的周期。CPI 大致如此，2012 年以来基本上在 2% 和 3% 区间波动，很难说有明显的周期。PPI 从 2012 年 3 月开始负增长，共 54 个月，目前的增长率是 0.9%，2019 年可能再次出现负增长。PPI 有比较明显的波动，但也很难说是周期性。总之，从周期的观点出发不一定能帮助我们把握中国经济增长的变动趋势。

我不想谈周期，因为我不知道。我倾向于一年一年地看，一年一

---

[*] 本文原题为《专访余永定：中国经济没那么糟，"双宽松"稳住增速》，刊于 2019 年 1 月 21 日《财经》。

年地比，2018年经济增速下滑并非偶然，从2017年第三、四季度就可以看出这种苗头。2018年第四季度信心问题变得十分突出。悲观情绪很大程度上是由于许多非经济因素和外部因素造成的，但悲观情绪是可以自我实现的。破除悲观情绪的最直接办法是尽快使悲观预期落空。在10年中，经济增长从12.2%（季度年率）一路下跌到6.7%左右（市场普遍认为，实际的增长速度还要低许多），保10%、保9%、保8%、保7%的关口一失再失，我们的增长底限到底在哪里？我不认为中国经济增速持续下跌是潜在经济增速下降决定的一种宿命。"定力"并不等于"淡定"地看着经济增速一步一下滑，而不采取紧急的稳定措施。就中国目前的情况来看，如果做一些政策调整，在2019年遏制住经济增速进一步下滑的趋势是完全可能。经济增长的稳定，悲观情绪的消除将为我们的结构改革创造更为良好的条件。

《财经》：您提到的政策调整，指的是什么政策？

余永定：实事求是地说，2019年我们会面临许多的内外困难，但是经济的基本面并不是像市场的悲观者所说的那么糟，只要政策适度、适当，采取扩张性的财政、货币政策，增加汇率弹性，坚持资本跨境流动管理，那么2019年，中国的经济是可以实现稳定的，甚至实现某种反弹。只要实施得当，宏观刺激政策不会对未来的增长潜力造成损害；加强需求管理也并不意味着我们应该放松体制改革和结构调整。依靠市场活力当然是根本，但发达的市场经济国家也会有经济衰退和经济危机。所以一切都要从实际情况出发，具体问题具体分析。分析的最简单办法就是看导致经济增速下降的直接原因是什么，然后再看原因之后的原因是什么。这样做虽然很传统、很简单，但医生检查病人的程序也是很传统、很简单的。

2018年的突出问题是什么？固定资产投资增速下降，特别是基础设施投资增速明显下降。那么，在2019年，固定资产投资增速是否会回升？如果固定资产投资增速不会回升，消费和净出口的增长是否会抵消固定资产投资增速下降对 GDP 增长的影响？从需求方转到供给方、从短期转到长期、从经济活动转到经济体制，问题一个接一个地问下去，合乎逻辑解决的办法（无论对错）就产生出来了。令人遗憾的是，我们网上的不少分析是漫无边际的，是所谓的"甲乙丙丁，开中药铺"，许多逻辑环节都缺失了。

我所说的政策调整是指应该加大"积极的财政政策"的积极度，变"稳健的货币政策"为积极的货币政策。用宏观经济学术语来说，就是执行扩张性的财政政策，并辅之以扩张性的货币政策。更具体地说，2019 年中国应该显著增加由政府主导、财政出钱的基础设施投资。当然，基础设施的定义要更宽泛一些，不仅包括传统上所理解的交通基础设施、水利工程、城市基础设施、港口水利建设、公共交通网络、节能减排基础设施建设、保障性住房建设、服务业及教育卫生等社会事业、生态环境保护等领域，还应该包括网络基础设施等新兴领域的基础设施。

相对其他国家，中国的财政状况是比较好的，这是中国政府的一项重要成就。但在经济增速下滑的时期，政府就可能不得不增支、减税。政府财政支出应该增加多少应首先看必要性和可能性。财政赤字占 GDP 3% 并不是一条不可逾越的红线。现在世界上已经没有哪个国家把不突破 3% 的赤字率、60% 的国债率当成金科玉律。20 世纪 90 年代后期的日本就因在财政政策上过于教条主义而吃了大亏。

《财经》：中央经济工作会议明确，继续实施稳健的货币政策。如何理解当前的货币政策基调？

余永定：如果把货币政策单独拿出来看，把 2018 年货币政策描述为稳健中性是有道理的。从经济增长速度、通货膨胀率以及非常普遍的企业融资难、融资贵现象来看，货币政策似乎应该更为宽松。同历史相比，从信贷和 M2 增长来看，货币政策并不宽松；但从银行间债券市场利息率来看，货币政策是相当宽松的。中央经济工作会议"继续实施稳健的货币政策"应该是吸取了以往的经验教训，面对种种矛盾，走中间路线。一方面要保证经济的增长，另一方面不希望看到"大水漫灌"的现象。

确实，如许多观察者所指出的，由于传递机制不畅，即便中国人民银行增加货币供给，资金也未必能够流入实体经济。此外，强监管措施的影响也必须加以考虑。

我感觉，无论从稳定经济增长还是支持财政扩张的目的出发，2019年货币政策应该更为宽松一点。但是，更为宽松的货币政策必须是同扩张性的财政政策相配合的。在2019年宏观调控应该由财政政策扮演主角，货币政策扮演配角。

《财经》：宽松的货币政策依然没有解决宽信用的问题，银行依然反映有效信贷需求不足，这个问题怎么解决？

余永定：这并不是新问题，在2009年就发生过，当时很多企业都不愿意借钱，实际上是中国人民银行催银行去和企业谈判，答应企业很多好处，这样才把贷款放出去，所以你说的这个情况并不新鲜。惜贷、惜借在任何经济衰退或停滞阶段都会出现。

企业不愿意贷款是预料之中的事儿，说明中国如果想走出经济持续下滑的那种状态，必须以财政政策为主导，必须先有较大规模的财政刺激政策，才会吸引大量私人企业加入到投资高潮之中。只有在这种情况下，一般企业才会有比较强的信贷需求。

我感觉中国人民银行最近的降准是非常正确的，略感遗憾的是，财政政策虽然有报道称国家发展改革委加速了投资项目的审批。但是财政部的这种低姿态是否同2009年之后"财政刺激"的声誉不佳有关？

2009年推出四万亿是有不少问题，但大方向是正确的。当经济增长速度处于持续下滑，不应该忌惮使用扩张性的财政政策。

《财经》：对财政政策而言，货币政策的配角角色是如何实现的？

余永定：如果银行利率比较高，信贷难以获得，居民和金融机构买国债的积极性就不会很高。西方国家和其他国家均如此，当经济处于困难时期，便采取扩张性的财政政策和货币政策。具体说，即增加信贷的可获得性、压低利息率。这样做除刺激经济增长之外的另一个目的是便利国债的发行。

其实很多国家都是这样做的，欧债之所以出现危机是因为状况不好，大家不愿意买"欧洲四猪"的主权债，结果利息率下跌。欧洲中央银行推出了非常积极的货币政策，2011年12月21日，欧洲中央银行（ECB）推出了为期三年的长期再融资操作（LTRO，Long-term Refinancing Operations）以缓解欧洲中央银行流动性短缺，鼓励商业银行买国债。2012年9月欧洲中央银行许诺无限制购买南欧国家的1—3年期的国债，其实质是对南欧国家国债进行担保。尽管仅仅是一种许诺，"直接货币交易"（OMT）的推出，对稳定欧元区国债市场和银行体系起到决定性作用。

货币政策应该保证国债的销售能够平稳推进，为此，就需要压低利息率。执行扩张性的财政政策，首先是用财政内的资金增加政府开支，而不是一般性开支。当钱不够的时候，就要发债弥补财政赤字，如果货币政策很紧，利率很高，扩张性的财政政策是无法执行的。

货币政策虽然自身直接可以对经济增长起到提振的作用，但现在很大程度上是支持财政政策。没有扩张性的财政，光靠中国人民银行放松货币政策，我们的经济是无法企稳回升的。

《财经》：货币政策是否应该承担结构性的任务？

余永定：货币政策是宏观经济政策，过去承担了太多的结构性微观调控。控制水往哪儿流不应该由中国人民银行决定，应该由市场决定，如果这个市场有问题，就要对市场进行改革调整。所谓的"滴灌"，是把水送到某个具体地块。这种想法有问题。中国人民银行只能管好水闸的闸门，决定放水、不放水，放大水或放小水，并把水送在总渠道之中，至于水能够流到哪块地，不是看水闸人的职责。

中国人民银行的货币政策目标应该是有限的，现在已经太多了，再让中国人民银行承担许多所谓的结构性的任务。过去在计划经济的条件下，贷款是根据经济计划分配到各个企业中去。让中国人民银行承担诸多结构性目标有走回头路之嫌。

《财经》：现在宽松的货币政策是为了支持扩张性的财政政策，但是如何保证宽松货币政策的流动性不进入房地产市场和其他资本市场？

余永定："安得广厦千万间，大庇天下寒士俱欢颜"，安居乐业是中国人自古以来的一种朴素理想。房地产的发展对中国人实现对美好生活的追求起到不可估量的作用。但我们之中不少人对住房的要求和追求有些过头了。至于炒房客们、贪腐分子占有大量住房的问题就更不用说了。中国房价增长速度太快也是无可否认的事实，政府必须通过某些方式把房价稳定下来。

房地产投资在GDP和总投资中的比重应该逐步降下来，中国经济的可持续增长，不能建立在钢筋水泥的基础上。资源配置应该更多向制造业、新兴制造业倾斜。逐步降低房地产投资在固定资产投资和GDP中的比重是中国经济结构调整的一项重要任务。

另外，房地产投资是中国这个总投资的三大组成部分之一，占比在17%—25%波动，2014年在GDP中的占比在15%左右。房地产投资如果急剧下降，对中国经济增长的冲击是十分巨大的。所以，理想状态是通过几年的努力，使房地产投资在GDP的比重下降到一个比较合理的水平，但不应该让房地产投资有急剧下跌。2015年年底，房地产投资增速一度出现负增长，房地产投资增速急剧下降的危险是存在的。

我们希望房地产投资增速低于固定资产投资增速和制造业投资增速，很大程度上是由许多内生规律造成的。从2018年来看，制造业投资的势头还比较好，但是2019年制造业到底能不能够有一个比较快的发展，很难通过政府干预来决定。在这种情况下，我们就不得不增加基础设施投资。

为了支持基础设施投资的增长，政府必须增加财政开支。与此同时，政府还要减税降负。这样，2019年政府财政赤字就可能突破

3%。为了配合财政融资，就必须执行宽松的货币政策。但宽松的货币政策也有可能变成"大水漫灌"。因为收益率低，资金不流入国债市场而流入资本市场，特别是房地产市场，会导致房价再次飙升。因此，抑制房价上涨又成为使货币政策能够发挥对扩张性财政政策的支持作用的重要条件。

《财经》：在您看来，房地产价格应该如何调控？

余永定：政府抑制房价过快上涨的政策完全正确，但是抑制房地产价格上涨的手段应该更加灵活、市场化。房价上升是供不应求的反映，硬性限制房价（或限购）不是市场化的解决方法，弊端很多。抑制房价上涨应该从供求两个方面同时入手。

第一，应加强房地产财产登记的公开化、透明化，特别是政府官员，应该公开自己的房产，并且便于公众在网上查询。

第二，在查明情况的基础上，运用税收手段，如引入房地产税、空置税、水电和物业管理费（不管是否入住必须缴纳一定基数）等办法抑制住房屋的价值贮存、投资、投机需求。

第三，切实把"棚改"这件好事办好。

第四，大力发展住房租赁市场。中国住房空置率比较高，在三四五线城市尤其如此。很多家庭都有超过两套以上的房产，而这些房产，许多都处于空置状态。存量资产的管理是大势所趋，中国的租赁市场具有巨大发展潜力。长租公寓行业作为住房租赁市场的重要组成部分对于解决房产空置，盘活闲置房源可以发挥重要作用。但中小公寓运营公司都面临着融资难、融资贵、税收繁重的问题，难以顺利发展。各级政府应该对这类制度创新给予更多关注，为其发展创造良好的外部环境。

中国经济与宏观调控：问题与出路*

今天我主要谈一下我对2008年以来，特别是最近宏观经济几个问题的思考。

2008年美国金融危机以来中国宏观经济形势的基本特征

自从全球金融危机以来，中国宏观经济形势的基本特点，我认为有两个：第一是GDP增速持续下滑，GDP从2010年实现了反弹之后，开始下滑；2010年第一季度GDP达到12.2%，然后开始下滑，直到2019年第一季度GDP是6.4%。第二是低通胀，CPI在2011年6月达到了全球金融危机之后的最高，有5.75%，在那之后开始逐步下降；PPI从2012年3月连续54个月负增长，这在中国历史上是很少见的，后来PPI逐渐回升，目前PPI又接近于0，可能还要往下走。当前CPI始终稳定在2%左右，这在中国历史上也是少见的。过去我们是比较害怕通货膨胀的，但从全球金融危机反弹之后，中国的CPI和PPI增速都是非常低的。

为什么会出现这样一种状况？我给大家几点解释：其一，随着时间的推移，制度变迁、结构调整对经济增长的贡献将会消失和大大减

---

* 原文为2019年7月2日在国盛证券2019年宏观中期策略会的演讲内容。

少。其二，中国正快速进入老龄社会，劳动力的增长速度将显著下降。由于老龄化和其他原因，中国的储蓄率也将随之下降。而近40%的高储蓄率是过去20年间中国经济高速增长的主要推动力。其三，由于在过去的高速发展时期，中国的环境遭到巨大污染，生态环境遭到巨大破坏，为了治理环境污染、恢复生态平衡，中国将不得不相应付出牺牲经济增长的巨大代价。其四，随着中国经济的发展，中国利用后发（later comer）效应所取得的技术进步速度可能会明显下降。其五，随着印度等南亚次大陆国家和非洲国家更多地进入国际市场，中国低劳动成本的比较优势将逐步丧失，国际资本流入的势头也会逐步减弱。其六，由于边际效用递减规律的作用，中国人均GDP的增长速度也很可能会明显下降。总之，随着时间的推移，从供给方面来看，中国经济维持较高经济增长速度将会变得越来越困难。

要解释为什么中国经济增长速度逐渐在下降，我刚才说的这些理由虽然并不错，但它们是长期因素，是慢变量，解释不了我们几年的变化，也解释不了我们几个季度的变化，更解释不了资本市场投资者所关心的几个月甚至几周的变化。1998年中国的经济规模还很小，直到2008年中国经济规模才是4.6万亿（美元），现在是13.5万亿（美元）。如果20年前大家就根据前面几个理由而把经济增长目标降下来，那我们今天还会不会有这么大的经济体量？

因此，我们要把注意力转到短期——决定经济增长速度的直接原因是什么？拆解最终消费、资本形成、净出口对GDP增长贡献率，可以很清楚地看到经济增长的主要动力是什么？过去固定资产投资是经济增长主要动力，但是最近这几年投资对GDP增长的贡献率逐渐下降。为什么会下降呢？因为它的增长速度急剧下降，低于GDP增长速度。过去固定资产投资增长速度远远超过GDP增长速度，GDP增长是靠它带动起来的，但现在它起不了什么带动作用。所以固定资产投资增长速度下降，是导致我们最近几年经济增长速度下降的重要原因之一。另一个原因是出口增速在下降，这种下降在一定程度上被消费增长所抵消了，而且消费在 GDP 增长中的贡献在增加，但消费的增长速度也不太高，这也就决定了为什么 GDP 无法保持像过去那样的高增长速度。

GDP 增长速度下降的直接原因是固定资产投资增速下降。那么，固定资产投资增速为什么下降？我们把它细分，最通常的分法就是固定资产投资由基础设施建设投资、制造业投资和房地产投资构成。当然也有别的分法，如固定资产投资有私有企业投资和国有企业投资，或者是第一产业、第二产业、第三产业投资。可以从不同角度交叉分析，就找到了固定资产投资下降的原因。

下面我们就从最传统的分析入手。可以看到，固定资产投资增速下降是与房地产、制造业、基建投资相关的，但是不同时期主导因素不同。短期经济增速的变化是不能长期、慢变量来解释，比如在 21 世纪初期，固定资产投资增速是上升的，那么它和老龄化有什么关系？人口老龄化是一个长期过程，肯定也会对短期造成影响，但是这段时间固定资产投资增速是上升的。几年之后，固定资产投资增速是下降的，这个跟人口老龄化有什么关系？肯定是有关系的。但处在人口老龄化不同时期，固定资产投资增速所受影响却可能不同。这是为什么？所以我们只能具体分析，固定资产投资分项走势对固定资产投资增速有什么影响，而不能用人口老龄化、改革进展缓慢等长期因素、慢变量来解释。

潜在的经济增长速度是多少？

关于潜在经济增速，现在有一种大家都接受的观点：应根据潜在经济增速制定增长指导性目标。但如何确定潜在经济增长速度？大体来说，主要有三种方法，一种总量法（Aggregate Approaches），一种是生产函数法（Production Function Approaches），一种是动态随机一般均衡模型（Dynamic Stochastic General Equilibrium，DSGE），各国基本上就是用这三种。美联储就认为哪一种方法都不可靠，都存在方法论上的问题，比如如何把顺周期因素去掉。西方国家自己做的潜在经济增长速度的计算，他们自己都认为是不可靠的。中国的情况呢？不少权威人士都做了计算，但计算结果是从 5% 到 8% 不等，这样的差别对于中国现在的经济体量来讲不是个小事。我不知道中国的潜在经济增速是多少。我以为，我们在确定经济增速的指导性目标时，不妨使用试错法（try and error），出了问题还可以调整。

决定中国政策方向主要看两个因素：通胀和财政

当你想确定增长的指导性目标时，需要看看两个关键因素：一个是通货膨胀状况，一个是财政状况。

第一，中国通货膨胀率是相当低的，对于一个发展中国家，通货膨胀率在 2% 是很低的。因为通货膨胀率对发展中国家来讲，往往存在高估倾向，如果估算值是 1%，实际可能是 0；2% 的实际可能是 1%。同样一个产品，价格没变，但是质量大大提高了，如果按照正确的计算方法，应该把价格往上拉，这很难做到。对于低通胀的发展中国家来讲，通胀很可能就这样被高估了。

大家可以看看中国这些年 CPI 的走势，总体来说有着较为明显的趋势性变化：20 世纪 90 年代的时候通货膨胀率非常高，最高的时候 24%、25%。20 世纪 80 年代也曾经因为通货膨胀率太高出过事。但在 21 世纪之后，特别是在金融危机之后，通货膨胀率一直保持在低水平，没有发生特别的变化。稍微提醒一下，比如说近期猪肉由于猪瘟可能价格会上升，或者伊朗出了事，石油价格上升，要把食品、能源的价格排除，因为它们本身波动很大。这种类型的价格上涨不可轻视，但在决定宏观经济政策时应主要考虑核心通货膨胀率。PPI 从 2012 年 3 月开始连续 54 个月的负增长，2019 年第一季度又快为 0 了，是不是还可能往下走？目前来看，往下走的可能性很高。

第二，中国的财政状况还是比较好的。衡量财政状况有广义和狭义指标，根据张斌提供的材料，中国一般政府收入占GDP的比重狭义上为27.5%。广义上，一般政府收入加上国有土地使用权收入合计占GDP的比重为33.8%。中国的情况比较特殊，我们以狭义27.5%为准，这在世界上属于中等水平。从财政赤字占GDP的比来看，中国比大多数发达国家要强得多。2008—2017年，这个比例的平均数中国是1.5%，美国是6.9%。大家最关心的是公共财政占GDP的比，也就是公共债务余额占GDP的比，虽然在不断地上升，但依然是低于48%，比马斯特里赫特条约规定的60%要低。美国中央情报局（CIA）的资料显示，中国是全世界国债占GDP最低的30个国家之一。所以世界上各个国家和国际组织都承认中国财政状况还是不错的。总而言之，中国就财政赤字占GDP的比来说，在世界上应该属于最好之列。当然地方政府债务是一个大问题。但从政府部门总体来看，中国的财政状况还是较好的。

最近中国的财政收入增长速度发生一些变化，已经低于GDP的增长速度，关于这点，我们是需要注意的。减税必须具体问题具体分析。按CIA的说法，法国政府的财政收入占GDP的比是56.2%，意大利是49%，德国是43.8%，英国是38.4%，加拿大是38%，西班牙是37.7%，中国是21.7%。中国的国家财政收入占GDP的比比西方国家要低得多，这是一个值得关注的问题。减税作为一个基本思想来讲是有合理之处的，但凡事都有个度，不一定凡是减税就好。

为什么不愿意采取扩张性财政政策

为什么在中国大家都不愿意采取扩张性财政政策，或者很少说扩张性这个词？理由大概有这么几条：一个理由是，中国的财政状况实际上比看起来要差，已经很糟糕了（如地方政府负债严重），再增加财政支出，我们中国的财政状况就进一步恶化了。还有一个理由是，如果采取扩张性政策，不就使得僵尸企业得以苟延残喘了吗？还有就是扩张性的财政政策，可能会进一步助长地方政府乱作为。确实，这些说法都有一定道理，但是我想强调的是，扩张性财政政策不能代替结构性改革，反过来结构性改革也不能代替扩张性财政政策，两者是互相促进的。经验告诉我们，经济增长速度比较高的时候，进行改革比较容易。下岗了，可以比较容易地找到工作。如果经济处于一种衰退的时期，那就会造成非常多的社会矛盾，问题也会比较严重。

所以我想强调，扩张性财政政策并不意味着我们可以不改革，我现在说的是假设我们要改革，在这个前提下，作为宏观经济政策制定者，应该敢于采取比较具有扩张性的财政政策，这是有经验可循的。在1998—2002年，当时世界银行认为中国预算外债务（或然债务）非常大，把银行的坏账、不良债权、政府应该补足的养老金等都算起来，中国政府的或然债务占GDP的比例高达74%—106%。这是世界银行当时给出的数字，加上法定的债务，问题就更大了。这种情况下很多人认为中国不应该采取扩张性的财政政策。早已债务缠身，再花钱不是要出事吗？但家跟国是不一样的，家入不敷出就要破产、出问题，国家很难说，不一定的。如果国家花钱使经济得到了发展，债务占GDP的比，不但不会上升，反倒会下降。我们可以用数学来推导，在中国当时的条件下，只要能保证财政赤字对GDP的比不超过3%，同时保证经济增长速度不低于7%，国债/GDP的极限值就是43%。哪怕现在把不良债权等所有东西加起来，债务余额占GDP的比是100%也没关系，随着时间的推移它会逐渐下降，这是动态过程。

为什么当时我们敢于假定中国的财政赤字占GDP的比可以不超过3%，很简单，因为大家都愿意买国债。欧洲国债发不出去，要想把国债卖出去，需要国债收益率是7%、8%，这样高的利率，债务没法收拾了。但是如果利息率很低，国债收益率很低，就卖的出去。有了钱投资、生产，GDP就上去了，最终随着时间推移可以算出来经过多长时间可以达到43%，远远低于马斯特里赫特的标准。实际上中国政府就采取这种政策，尽管当时不良债权非常高，但由于采取了扩张性的财政政策，我们成功了，进入了高速增长。

一个反例是日本，日本1996年的时候，国债占GDP的比是92%。政府很担心，采取财政紧缩政策，结果日本加税陷入经济危机。后来日本改变了财政政策，开始发债，用扩张性的财政政策刺激经济。虽然日本经济状况不好，但是如果不继续采取财政刺激计划的话，日本经济衰退更厉害。现在日本的国债占GDP是230%，92%的时候吓得不得了，现在230%也没人说什么了。因此，中国的正面经验还有其他国家的反面经验，都说明不要太害怕采取扩张性的财政政策，只要扩张性的财政政策能够推动经济增长，同时利息率可以维持在一个较低水平上，财政状况就不但不会恶化，反而会好转。

为什么不愿意使用扩张性的货币政策

为什么我们不愿意使用扩张性的货币政策呢？理由也很多，比如说M2/GDP比过高、公司杠杆率过高、资产泡沫严重、人民币贬值压力、黑天鹅事件等，所以我们在货币上要非常小心翼翼，这种观点很有道理，但也是值得商榷的。

我们先看看M2/GDP比过高的问题，过去大家认为这一定意味着高通货膨胀率。这种想法在20世纪70年代很流行。大家可以对比看看，英国、日本、韩国、美国、中国、印度、南非的M2/GDP的情况。一般而言，M2/GDP越低的国家，通货膨胀率越高。为什么？因为在通货膨胀率高的国家大家不会把钱放在兜里，有了钱就把它用掉，就买股票。相反，M2/GDP高的国家，通货膨胀率反倒可能低。比如日本，现在想达到2%通胀率，但实现不了。这里有一个需要纠正的对"货币数量说"的盲信。大家长期以来都相信通货膨胀率等于货币增速减去经济增速，换句话说通货膨胀无论何时何地都是货币现象。这已经被过去10多年的实践证明是错误的，至少不适应现在的情况了。

简单看，货币增长速度减去经济增长速度的差，按照货币理论，应该等于通货膨胀率。但是看历史数据会发现，实际上两者并不相等，所以说不要死守教条，要与时俱进。那为什么中国M2/GDP比过高呢？因为，居民储蓄存款依然是我们老百姓的主要资产，储蓄主要表现为他们在银行的存款，其他的比如债券、股票，相对这个来讲还是低的。如果中国储蓄率很高，同时我们资本市场还不像美国那么发达，必然要表现为M2/GDP高。

还有一个大家比较常说的，中国公司杠杆率（债务GDP）太高，危险。确实也危险，但是危险到不能采取扩张性的财政、货币政策了吗？也未必。大家看数据可以发现，中国公司债务占GDP的比重有两段时间上升特别明显：第一段是2009—2010年实行四万亿刺激政策时期。当时我们的信贷增长速度确实过快。商业银行追着企业给他贷款，企业接受了贷款也不知道怎么投资。一些本来不错的企业去了自己所不熟悉的房地产，投资失败，债务就起来了。另一段是2013年之后的一两年，中国的非金融企业杠杆率是持续上涨，为什么持续上涨？对比数据会发现，这一中国公司债务占GDP比不断上升的期间，恰恰是通货收缩期。也就是说，企业的产品卖不出去，或者卖不出好价钱。所以说公司债/GDP比上升的原因是非常复杂的，不能简单地说公司债占GDP比高是由于中国人民银行发货币太多了，实际情况要比这个复杂得多。

当我们在去杠杆的时候，重点应该放在什么地方呢，应放在让企业盈利，而不是抽贷，把钱都抽回来，企业没法生产了，债务减少了，分母变成零了，杠杆率下不来的。所以必须全面地考虑这个问题，不要简单地为了去杠杆而去杠杆，不要因担心杠杆率过高而强行采取措施，导致GDP增长速度下降。这样，杠杆率就会不降反升。令人比较宽慰的是，当前中国企业杠杆率已经趋于稳定了，而且似乎已开始下降。

人民币汇率问题

这些年来，中国实际有效汇率基本是稳定的，对于一个国家的出口来讲，实际有效汇率是最重要的。最近人民币对美元出现了波动，这并没有什么特别值得担心的地方。现在比较关键的问题是中国不能对美国承诺"人民币对美元保持稳定"。我们只能承诺，不把人民币汇率作为一个贸易战的武器，但是人民币汇率应该受市场供求关系来决定，该升就升，该贬就贬。本来大家对人民币汇率是否要"破7"这个问题争论比较多，但是最近小川行长和易纲行长都表示不要过于看重某个特定的数字。多年以来，我一直在说6.9和7没有什么区别。我非常赞成他们两位的观点。

中国货币政策的主要问题在什么地方？

谈到中国货币政策的主要问题，最核心的还是货币政策的目标太多，也就是我们大家经常说"六个稳定""七个稳定"甚至"八个稳定"之类的。宏观经济学中目标的数目是由手段数目决定，没有那么多手段就不能有那么多目标。货币政策目标有几个大家比较清楚，发达国家美国两个，一个是通货膨胀，一个是就业（这实际上就是经济增长）。其他大部分发达国家就一个目标：通货膨胀（inflation targeting）。中国有经济增长、通货膨胀、汇率、资产价格稳定、金融资源配置合理、金融稳定、"精准滴灌"。这么多目标，都能实现吗？我想重点说一下所谓结构性货币政策问题，即所谓"精准滴灌"问题。

2018年以来，我到欧洲不少中央银行去访问，每次都要问那里的官员，你们这儿有没有结构性货币政策？答案非常简单，没有。确实，货币政策本身是总量政策，就是开闸门的，大水漫灌或者小水漫灌，不可能决定这个水要流到哪儿。欧洲国家的银行，甚至意大利这个以中小企业为主的国家的央行都没有结构性货币政策，它们所能做的就是采取一些措施，鼓励甚至迫使商业银行给实体经济贷款。但是它们并不决定给什么样的企业贷款。给什么企业贷款是要由市场决定的，是不能够由中国人民银行采取结构性货币政策解决的。否则的话只能鼓励套利，甘泉并不会真正流到干渴的小树苗上去。这是资源的配置问题，所以说我认为，我们把太多的调控任务压在中国人民银行身上，中国人民银行不应该承担这么多的责任。总之，中国货币政策的问题是目标太多了，顾此失彼。

中国应该采取怎样的货币政策和宏观调控？

我们的货币政策在相当大程度上是瞄准资产价格的，目前为止似乎尽管都关注，但没有哪个国家把控制资产价格（主要指房价）作为货币政策的最终目标之一，因为这里会产生许多复杂问题。以货币政策和房地产调控来说，如果货币政策的目标是经济增长速度，当你看到经济增长速度在不断下降的时候，应该松货币。但是松的时候，房地产价格上去了，那怎么办呢，那就要紧缩。但经济增长还要不要保？所以说房地产价格的调控会干扰中国货币政策钉住经济增长速度这个最基本的目标。再来看，2011 年以后中国 CPI 基本都是在 3% 以下，PPI 则长期为负，也就是我们通货膨胀是低的，甚至出现通缩。这个时候应该是松货币的。但实际上这一期间中国货币政策有松也有紧。简言之，除了钉住传统货币政策目标以外，还要钉资产价格目标，那传统的应该钉的目标就不能很好地执行。

那么，房地产价格应该怎么控制呢？有人说不应该控制，有人说应该控制。但是无论如何，不能牺牲货币政策的其他目标，而把货币政策用来调控房地产。当然，中国人民银行也不是这么做的，只是说受到了影响。

还有一个所谓的宏观审慎管理。我们知道，金融稳定有三大支柱，宏观审慎管理是一大支柱。我问过日本的相关人士，日本银行会设定一些金融稳定的危险区、并不定期出分析报告，比如我进入红灯区了或现在在绿灯区，等等。我问他们，你们到底采取过哪怕是一项具体的所谓宏观审慎管理的政策来影响货币供应没有？答案是没有。因此，宏观审慎管理在实践中怎么应用，这是大问题。大家知道宏观审慎政策中的很多参数都是半年甚至更长时间才调整的，比如说资产和资本金的比例，到时候要调一下。这本来是一个微观政策，BIS后来将其上升为宏观，这个可能有点用，也可能没什么太大用。

所以对于我们的货币政策，我们可以仔细地理一理，哪些有效哪些没效，但是有一条是重要的：就是我们中国经济正在继续下行，我们不知道中国经济会不会稳定甚至回升。这种情况下，调控的主要目标应该是制止经济增长速度进一步下滑。

只能用扩张性财政政策来带动经济增长。很多私人企业现在不愿意投资，因为他看不到投资的机会。政府要不惧怕实行扩张性的财政政策，支持基础设施投资。我们现在有大量的需要践行的基础设施投资，比如自来水不敢喝，要把自来水变成可以喝的水，几万亿就要花掉。今年年初我在英国火车站，我特意看火车，十几节车厢过去，整个一列火车不超过10个人，天天这样，虽然没有商业收益，但是是有社会效益的。为了践行基础设施投资，地方政府建立融资平台，去跟银行借钱不是好办法。货币政策要宽松，宽松的目的是把利息率压低，从而压低国债收益率，通过发行国债为基础设施融资，让基础设施投资带动经济增长。

逆周期调控要注意稳定性和持久性

还有一点，大家现在都很不喜欢"四万亿"，一些人把当前中国经济中的问题归结于当年的"四万亿"，其实，我们对"四万亿"的批判是存在偏差的。尽管存在不少问题,"四万亿"的大方向是正确的,在相当程度上当前的问题不是因为当初实行了扩张性宏观经济政策,而是因为过早退出了扩张性宏观经济政策。2008年的时候财政赤字占GDP的比重是0.74%左右,"四万亿"一下子上升到2.7%,但是两年之后又急剧下降,2012年掉到1.62%。同时,基础设施投资增长速度在2009年的时候曾达到50%多,但是在2012年年初,出现负增长,几乎为零。一起一落,变化速度太快了。信贷增长大家都记得"9.6万亿"这个天文数字,2008年12月信贷增长的年率是426%,但是一年多后2010年3月的年率降为负43%。2011年年初许多反映流动性充裕度的利息率也很快就恢复到常态,甚至比危机前、治理通胀时期的利息率还高。

反观美国,美联储金融危机之后实施零利息率(0—0.25%),一直维持到2016年,后来开始逐步加息,退出量化宽松。退到现在开始犹豫了,又说降息了。日本一直是零利息率,欧洲一直是零利息率,这些国家都是实施了10年。中国只有2年,为什么收得那么快?我们老是批评政府不要大水漫灌、不要总是追求速度、要小心通胀等。这些都是出于好心,但有点"本本主义"。面对这种舆论,中央政府很虚心(地方政府的情况则是另外一回事),说是啊,那我们赶紧就退吧。影子银行为什么在2010年左右突然冒出来了?因为原来劝人家接受贷款,劝人家投资,突然给他断贷了,他得活,他得千方百计找资金,影子银行就起来了。总之,除了美国,到现在为止,还没有哪个大国已经退出或者正在退出在全球金融危机之后所采取的扩张性财政货币政策。

增长是硬道理[*]

中国经济目前最突出的问题是经济增速的持续下降。我们有很多问题，我认为这是最重要的。宏观数据是6%，上季度增速6%，是1991年以来的最低，低于全球金融危机时的增速。克强指数之类的物理指数、实务指数也显示了同样趋势，可能更严峻。最重要的一点，现在还看不到已经筑底的趋势，当我们和企业家座谈的时候，他们都普遍认为中国经济增长速度还会持续下降，我认为这样一种预期是相当危险的。

第一，GDP的持续下跌形成的悲观预期会导致投资、消费的减少，非常明显。总需求减少会导致GDP的进一步下跌，形成恶性循环。第二，GDP和GDP增速是几乎所有经济、金融指标的分母，分母的减少导致所有指标的恶化。去杠杆，把分子减了，分母减得更多，杠杆率不降反升。第三，就业形势表面上看好像问题不大，表面上看好像问题不大，因为人口老龄化等因素，但是在下面的调查研究中，大家反应非常强烈，就业问题既有结构也有总量的，所以不可低估就业问题的重要性。第四，经济增长速度下降必然影响经济结构调整。大家回想一下，在90年代，如果我们没有一定的经济增长速度，我们如何解决企业的冗员问题？要请工人下岗，得让他能找到工作，得保证他的养老金，等等，如果经济增长速度下降了，我们结构调整

---

[*] 本文为2019年11月5日中金论坛演讲稿。

的难度将进一步增加。最后一点，中美经贸冲突。虽然我们不必害怕，但是毕竟对中国有非常重要的影响。今后怎么样，明年怎么样，影响会不会进一步加剧，现在不能肯定。所以需要中国有内需的增长去对冲这种不利的外部环境。

回顾一下中国经济增长趋势，从2010年第一季度，中国经济增长速度达到12.2%，从那以后逐季下跌，只有在三个季度有微小反弹，剩下的时间是一路往下走的，一直走到现在的6%，这是第一个特点。第二个特点，我们的通货膨胀率一直维持在低水平，我们的PPI曾经54个月负增长，最近连续几个月又进入了负增长区间。虽然由于猪肉价格的上涨，最近中国的CPI上涨明显，但核心通货膨胀率依然很低。

我们怎么去解释经济增长速度的持续下降呢？我们可以找到很多理由，人口老龄化、环境制约、边际收益递减、改革滞后，等等。

上个月在一次论坛中我念了一段话，说明为什么中国目前经济增长速度持续下降：

"首先，随着时间的推移，制度变迁、结构调整对经济增长的贡献将会消失和大大减少。

其次，中国正以极高的速度进入老龄社会，劳动力的增长速度将显著下降。由于老龄化和其他原因，中国的储蓄率也将随之下降。而近40%的高储蓄率是过去20年间中国经济高速增长的主要推动力。

又次，由于在过去的高速发展时期，中国的环境遭到巨大污染，生态环境遭到巨大破坏，为了治理环境污染、恢复生态平衡，中国将不得不相应付出牺牲经济增长的巨大代价。

复次，随着中国经济的发展，中国利用后发（Later Comer）效应所取得的技术进步速度可能会明显下降。

再次，随着印度等南亚次大陆国家和非洲国家更多地进入国际市场，中国低劳动成本的比较优势将逐步丧失，国际资本流入的势头也会逐步减弱。

最后，由于边际效用递减规律的作用，中国人均 GDP 的增长速度也很可能会明显下降。总之，随着时间的推移，从供给方面来看，中国经济维持较高经济增长速度将会变得越来越困难。"

我问大家，同意不同意我的观点。全场都说同意。我说"错"。为什么错？因为我的解释一字不差是 1998 年写的，1998 年正确，现在还正确，说明它是没用的。1998 年之后，特别是 2002 年之后中国经济进入了高速增长时期。如果那个时候你由于这样一种判断，觉得我们中国经济的潜在增长速度已经下来了，我们要根据潜在经济增长速度制定我们的意向性经济增长目标，那么我们可能失去 10 年经济高速增长的机会。所以在学理上我们应该注意，许多长期因素、慢变量是不能解释短期问题的。当我们谈论宏观经济形势的时候，我们隐含地假定了我们在研究一个短期问题。在研究宏观经济管理问题时，你用那些在数十年中发挥作用的长期变量和慢变量来解释以季度为时间单位的变化是没有太大意义的。例如，由于人口老龄化，中国的储蓄率肯定会逐渐下降，中国的投资率也将会逐渐下降。但我们的固定资产投资在最近几年中的逐季变动，是无法用人口老龄化来解释的。

现在的一种流行观点是：要根据潜在经济增长速度来制定我们的意向性指标。我认为，计算潜在经济增长速度是有用，计算结果可以作为制定经济增长意向性目标时的参考，但是不能太当真。潜在经济增长速度有三种计算方法：总量法（Aggregate Approaches），生产函数法（Production Function Approaches）、动态或然一般均衡法（DSGE）。美联储达拉斯主席讲，这些计算方法大都存在顺周期性的问题，而且当时可使用的数据都是不可靠的（统计数字在多年之后是要调整的）。什么是顺周期因素？例如，如果投资者形成经济增长速度将要下降的预期，他就会减少投资，经济增速就会下降。事实上，如果没有这种预期，经济增长速度可能会高许多。如果在预期影响下经济增速一直往下走，你算出的潜在增长速度肯定是越来越低的。所以我们还是不能够轻信任何一种结果。中国潜在经济增长速度到底有多少？有8%的，有7%的，有6%的，有5%的。这几年大家认可的潜在经济增速越说越低。我信谁的？

我认为，在决定我们经济增长速度目标的时候（国家发展改革委指导目标），应该就看两个东西：一个是通胀到底怎么样，一个是政府财政状况到底怎么样。我们用试错的方法，看这两项指标允许不允许我们使用扩张性的财政政策，如果认为可以就不妨一试，争取实现尽可能高一些的经济增速，如果出了问题可以及早退回。而且过去我们的经济管理人员就是用这样一种方法指导我们经济建设的。过去我曾开玩笑，中国经济为什么搞得好呢，因为我们经济决策者不懂西方经济理论，他们是现实主义者。

看中国目前的通货膨胀指标、看财政指标基本上都是不错的，当然相对来讲。为什么很多人反对使用或主张慎用扩张性的财政货币政策呢？[①] 基本有几个理由：一是地方政府债务太高；二是公司杠杆率太高；三是M2/GDP比太高；四是这样的扩张政策会鼓励不良债权、鼓励影子银行的发展，会制造不动产泡沫、房地产泡沫；五是采取扩张性的政策会减少我们推行改革的压力，日子过好我们别改了。

总而言之，所有这些论据我过去或多或少都谈过，现在需要进一步思考。第一，确确实实不要低估地方政府债务问题的严重性。但是也不要过高估计它的严重性，更不要因为地方债严重就认为我们的经济增长速度必须降下来，就不能采取扩张性的财政货币政策。我们一方面要承认这个制约，另一方面要注意防止过高估计隐性债务的数量。在这方面我们是有经验的。当年世界银行认为，中国政府的预算外债务（或然债务）非常大。其中：银行坏账和银行的注资需求（占GDP的18%—27%）；政府应补足的养老金（占GDP的46%—69%）；政府担保的外债（占GDP的8.1%）；粮食收购和分配的累

[①] 我过去就是这些人中的一个。我只是2015年之后逐渐调整了自己的观点，所以我批评这些人的时候实际是在批评我自己。

积挂账（占 GDP 的 1.5%）；与基础设施项目相关的或然债务（对 GDP 的比例不高）。世界银行当时估计，中国政府的或然债务余额占 GDP 的比例高达 74%—106%。事后证明，中国当时的政府债务（即便包括或然债务）并非像世界银行估计得那么严重。

第二，经济增长是改善财政状况的关键因素。这个我们也是有经验的，我们这个年龄的人经历过一、两个完整的经济"周期"（不是严格意义上的周期），有实感。当年反对执行扩张性政策的学者援引关于中国隐形债务庞大的论据，担心进一步增长财政开支会导致财政状况的进一步恶化。我们则认为当期财政状况只是初始值，只要能够稳定财政赤字对 GDP 的比，使用扩张性财政政策使经济增速保持在一定水平上，无论当前财政状况有多糟糕，国债余额对 GDP 的比，最终一定可以趋于一个可以接受的水平。例如，如前者为 3%，后者为 7%，则随时间的推移（多长时间是可以计算的），中国国债余额对 GDP 的比将趋于 43%。

第三，我们有大量政府能够掌控的净资产，根据中国社会科学院的计算，这个数值为 17 万亿美元。当然这个数字可以进一步讨论，但是我们的政府拥有大量净资产毋庸置疑，我们有 2 万亿美元的海外净资产毋庸置疑。在政府财政出现严重问题时，这样的财富是可以起到缓冲作用的。

第四，我要强调是"没有两全之策"，大家认为中国地方政府的财政问题严重。我全赞成，但怎么办？经济学是个选择的科学，是二选一，是三害取其轻，或是在诸种矛盾中达到某种平衡。什么都想要是不可能的。现在，在财政状况恶化和经济增长下降这两害之中——如果是两害，我宁愿取让财政政策导致财政状况暂时恶化也要稳住经济增长。我们不能让经济增长速度再突破 6 这个界限了。我们从 12.2% 降到 6%，我们可以突破 10% 到 9%，我们可以突破 9% 到 8%，突破 8% 到 7%。现在已经到了 6%，该刹车了。

外国学者和国际经济组织在讨论中国经济问题时，最强调的是中国公司杠杆率过高。这确实是一个大问题。但也应该看到公司杠杆率高在相当大程度上是同我们的制度特点和历史原因相关的。此外，没有人说得清当杠杆率达到什么水平时会导致危机。最后，也是最重要的一点是：降低杠杆率的最好办法不是不给企业贷款，而是想办法通过改革和其他方法使企业提高生产效率，并创造宏观环境使企业能够实现产出和利润的增长，否则杠杆率越去越高。

大家都担心中国的 M2/GDP 太高，我当时也非常担心，而且写过文章。但也应该看到，中国是高储蓄国家，高储蓄国家硬币的另一面必然是高负债。居民储蓄存款是中国老百姓储蓄的最主要的形式，资本市场还不发展，相对于其他国家我们必然有高的 M2/GDP 比，所以我们不必对此过于担心。

大家都担心高的 M2/GDP 比意味着未来的通货膨胀。我 1979 年进入中国社会科学院世界经济研究所，那时候我们研究这个问题，大家最熟悉的词时"笼中老虎"。不得了，现在货币太多了，笼中老虎要出来了，结果没有出来。易纲首先用"货币化"的概念来解释为什么 M2 的高速增长并未导致通货膨胀：尽管货币增长很快，但由于货币化，像大雨被旱地吸收了。所以，笼中老虎不会出笼子来咬你。现在也有类似问题。事实上，在 M2/GDP 比最高的国家——日本，通货膨胀是最低的。相反，在许多低 M2/GDP 比的国家，通货膨胀率反倒很高。所以对所有这些问题我们应该有全面的分析，一方面要警惕，另一方面不要自己吓自己。

大家都批评四万亿。我过去也批评过四万亿。2009 年我还在 FT 上发表过文章批评四万亿上得太快、太猛。但应该看到四万亿的大方向是正确的。四万亿对中国经济恢复增长起到了重大作用，不能对它污名化。现在的很多问题不是四万亿造成的，而是四万亿退出太快造成的。事实上，我们 2010 年年底就退出了四万亿。2008 年 11 月提出，2009 年、2010 年执行。扩张性财政、货币政策持续了两年就退出了，我们退得太快了。

以财政赤字为例，在 2008 年中国财政赤字对 GDP 比不到 1%，2009 年一下子增长到了 2.8%。第二年就开始下降，2010 年是 1.1%，三年就退出，后来不得不增加一点。但是美国花了六年时间，财政赤字才降回到危机前水平。今年它的财政赤字将超过一万亿美元。总而言之，中国财政刺激政策退得很快。这种退出，也反映到基础设施投资增速的回降。2009 年的时候基础设施投资增速一度超过 50%，2012 年年初，跌破零。所以，中国的问题一会儿是"踩油门"，一会儿是"急刹车"，一冷一热造成很多问题。刚才前面演讲者有谈到货币供应、信贷增速的问题，2009 年信贷增速极高，我记得是 9.6 万亿元，总而言之是非常快速的增长。但是第二年就下来了，从数字上看，按季度算，最快的时候增速达到 426%，一年之后，最慢的时候是 -43%。

再看利息率。我们的利息率金融危机之后很快恢复到正常状态。在美国零利息率一直保持到 2014 年，然后退出，现在又开始降息。美联储的缩表也是非常缓慢的过程。

总之，我认为中国退出扩张性财政、货币政策退得太早、太快。经济增长的内在动力还没有形成，我们就撤了。病人进了 ICU，你觉得他行了，早早把他推出。其实他还没好，不妨让他多待两天，然后再撤。结构调整没有得到经济增长的相应支持，因为你撤了，在这个时候进行结构调整，困难是比较大的。其实他还应该留在 ICU，但你却开始让病人锻炼身体。

2012 年后的影子银行和其他金融乱象同过快的一放一收不无关系。为什么会有影子银行，在 2009 年的时候，商业银行的总部已经下达目标，商业银行找到企业，求你们接受贷款，企业不需要贷款也请接受，而且商业银行许诺，如果你接受了我的贷款以后给你什么好处，企业拿了贷款不知道什么用，有的是乱投。浙江很好的厂子拿了贷款不知道怎么用，用于房地产，最后破产了。这类情况是很多的。本来我不想投资（市场不好），你非要我接受贷款，我投资了。没两年，你不借钱给我了。我马上陷入资金链条断裂的窘境。怎么办？为了活下去，我只好千方百计去找别人借。利息率肯定被推高，利息率一高，金融机构趁机牟利，影子银行就蓬勃发展起来。

顺便讲一下，咱们老是说中国人民银行放水，我不太同意这个观点，中国人民银行为什么放水，金融泡沫跟货币供应是什么关系，有时候后者是前者的原因，有时候前者是后者的原因，要具体分析。2015年的时候股票大涨，这是货币发多了，还是其他什么原因造成的？事实是，当时由于某种原因，大家觉得股市一定要大涨，于是乎就拼命往上投钱，股票价格就上去了，但实体经济就没有钱了。中国人民银行怎么办？你不增加货币供应实体经济就等不到流动资金，就可能死掉。在这种情况下，你只好去增加货币供给。我不是说增加货币供给是好事，是不得已而为之。在房地产泡沫或者其他的泡沫膨胀的时候，中国人民银行不提高货币供应增速甚至减少货币供应增速，首先遭受打击的恐怕是实体经济。

我认为货币政策最大的问题是目标太多，美国的货币政策目标是两个，增长和就业还有通货膨胀，一般国家就一个，通货膨胀率。咱们国家"六稳"，我不知道这六个怎么稳定，我知道"三难""两难"，这六稳定太难。"精准滴灌"用意是好的，但这不是中国人民银行能干的事，这是需要通过其他方法来解决的。这里涉及一个理论问题，货币政策是否要钉住资产泡沫或者资产价格，在国际学术界是有争论的。我觉得根据中国的经验，答案应该是否定的。

在过去10年中，中国人民银行多次调整货币政策，准备金率有升有降，经历了多次变化。但自2010年以来经济增长速度是持续下降的。如果你的目标是钉住经济增长速度就不应该在此期间改变货币政策。显然，由于要顾及资产价格，所以我们调整了货币政策。但这样必然牺牲经济增长这个目标。同样，如果以通货膨胀为目标，由于核心CPI始终稳定在很低的水平，PPI长期处于负值，你就应该始终保持宽松的货币政策。就中国的经验来讲，我觉得不应该把资产价格作为货币政策的目标。总之，中国货币政策目标太多，顾此失彼是难免的。

  由于贸易战，中国的增长前景是雪上加霜的，这就要求我们要采取更有力的扩张性财政和货币政策对冲贸易战的不利影响。在这个过程中，财政政策应该起到主导作用，事实上，中国财政政策已经在无声中扩张了，专项债的发行非常大，把专项债发到地方债加上中央的债务，财政赤字占GDP比就不是2.8%，而是显著高于这个数值。现实迫使我们不得不打破财政赤字占GDP比不能突破3%的门槛。事实上，3%的规定也并无坚实的理论根据。

  总而言之，我想强调一句，增长是硬道理。为了实现增长，为了保证我们的经济增长速度不进一步下滑，我们需要采取有力的扩张性的财政政策，辅之以宽松的货币政策，而我们有相当大量的政策空间。我相信中国经济肯定能够维持在6%以上甚至更高的经济增长速度，这也是对特朗普挑战中国经济的最好回答。谢谢大家。

后　　记

　　文集收入文章的时间跨度超过 20 年，在此期间我得到众多师友、同事和学生的帮助。在此我对他们表示衷心感谢。同时我也要对众多媒体人表示衷心感谢，如果没有他们的信任与厚爱，我的一些文章大概是无法发表的。还需要说明的是，文集中不少文章的原文是英文，这些文章的翻译工作全是我的学生和学生的学生完成的，对他们的辛勤重要工作我在此一并表示衷心感谢。最后，我还要对中国社会科学出版社社长赵剑英先生、总编辑助理王茵女士和编辑白天舒女士表示衷心感谢。我本人出身编辑家庭，深知编辑工作的辛苦。借此机会我向他们表示最深切的敬意。

余永定
2019 年 12 月 13 日